让 我 们 一 起 追 寻

以色列总理私人史

I

BY （全 2 册）
Yehuda Avner

〔以〕 耶胡达·阿夫纳 著

马娟娟 译

社会科学文献出版社
SOCIAL SCIENCES ACADEMIC PRESS (CHINA)

献给我的妻子米米

我们的孩子

我们的孙辈

和我们的曾孙辈

目　录

上　卷

第一部分　1939～1952 年，贝京主义者与反贝京主义者

第二部分　1959～1977 年，结盟与对抗

下　卷

第三部分　最后的元老

作者的话

这不是一部普通的传记或回忆录，也不是一部小说。书中描写的都是真人真事，尤其是前总理列维·艾希科尔（Levi Eshkol）、果尔达·梅厄（Golda Meir）、伊扎克·拉宾（Yitzhak Rabin）和梅纳赫姆·贝京（Menachem Begin），我曾经以不同的身份为他们工作，多年来既当过初级职员也做过高级官员。我尽可能地凭借记忆，让他们栩栩如生地出现在这本书中。我在他们身边经历过各种各样的情况，有好的，也有坏的——有时候甚至糟糕到了让人怀疑以色列还能否生存下去的地步——我一直在努力重现当时的情景，用事实阐释他们在重压之下的对策，重现一些令人难忘的私密瞬间，还原他们所处的复杂关系，以及他们同总统、总理及其他重要人物相处的经历——可以说，这是一部暗中观察者的记录。

我在写作过程中使用了一些讲故事常用的文学手法，比如叙述、对话、场景布置、词句润色、印象派手法、人物刻画和合理构建对话等。但我相信，书中的内容并没有太多地违背历史事实。

在个人叙事中不可避免——而且往往很强烈——地显露出自传的痕迹。这首先是为了阐明我所处的时代；其次是为了交代我曾经与之打过交道的一些非同寻常的人物；最后，也是最重要的一点，是为了再次体验我与这些了不起的人物，这些早期的以色列领导人相处的经历。他们如此强烈地闯入了我的生活，因此至今仍然鲜活地存在于我的脑海中。我为有机会为这些总理们工作、同他们朝夕相处、亲眼见证犹太民族的这些传奇人物的存在而心存感激。

随着故事的展开，读者会发现，出于诸多原因，在我眼中，他们之中最不同寻常的人物是梅纳赫姆·贝京。

耶胡达·阿夫纳

2010 年于耶路撒冷

致　谢

　　本书中的许多内容来源于原始文献，尤其是我自己的大量记录和笔记。因为我曾经担任过四任总理的记录员。因此，在准备写作这本书的过程中，我动用了大量自己珍藏的笔记和私人日记。此外，我还查阅了官方公函和文件，阅读了各种传记，参考了总理们的自传。另外，还有许多出现在这本书里的重要人物慷慨地付出时间，为我提供了证言。首先要感谢的是梅纳赫姆·贝京的亲密助手兼知己耶歇尔·卡迪沙伊（Yechiel Kadishai），他始终愿意和我分享他见证的各种事件的详情，虽然勉为其难，但回答了许多我提出的有关贝京的观点及内心想法方面的问题，并且相信我会对相关内容负责任。我还要衷心感谢尊敬的马丁·吉尔伯特爵士（Martin Gilbert），学识渊博的他从一个历史学家的角度仔细阅读书稿，提出了重要建议，并慷慨地为本书撰写了前言。同时，我还要感谢前任美国驻以色列大使、尊敬的塞缪尔·刘易斯（Samuel Lewis）先生，他不仅提供了他在以色列任职经历的详细口述史，而且还为我努力重现他与贝京总理几次至关重要的会面。另外还要感谢《耶路撒冷邮报》主编戴维·霍洛维茨（David Horovitz），他睿智且明断，仔细通读手稿，为我提供了无比宝贵的建议。

　　我还要感谢已故的耶路撒冷梅纳赫姆·贝京遗产中心创始人兼首任馆长哈利·赫维茨（Harry Hurwitz），他审查了初稿中诸多有关贝京的章节。另外还有我非常崇敬的、兢兢业业的已故新闻记者兼同事埃里克·西尔弗（Eric Silver），他自己著有梅纳赫姆·贝京传记，并给了我他搜集的浩瀚材料，其中包括他对本书中一些重要人物的独家采访。

我要感谢贝京遗产中心的全体人员，特别是信息资源负责人伊斯雷尔·米达（Yisrael Medad），他帮我审阅了有关贝京指挥伊尔贡的几个章节。我还要感谢所有我使用过或联系过的资料库的负责人和工作人员，其中包括以色列政府档案馆、吉米·卡特图书馆和罗纳德·里根图书馆。

我还要感谢托比出版社（The Toby Press），他们在这本书的每一个出版阶段中都为我提供了明智的建议和专业的支持。特别是马修·米勒（Matthew Miller），他自始至终极富耐心且通力合作。我会永远感激德博拉·梅格娜·贝莉（Deborah Meghnagi Bailey），她以极高的专业水准对本书进行了编辑。最后，还有我的著作代理人纽约雷恩斯兄弟（Raines and Raines）公司的琼·雷恩斯（Joan Raines），没有他的支持、鼓励和建议，我想这本书恐怕无法完工。

主要人物

梅纳赫姆·贝京：以色列最非凡的总理，心怀强烈的犹太历史意识，是一个极为正直、有先见之明并富有同情心的人。他领导了针对在巴勒斯坦的英国人的残酷斗争，同埃及进行了历史性的和平条约谈判，发动了一场极具争议的对黎巴嫩战争，之后他退出政坛过上了秘密隐居生活。

戴维·本－古里安（David Ben－Gurion）：以色列极具传奇性的开国总理、首任国防部长。他是一位勇敢的先锋，决定着国家的初期发展。他始终与贝京不和，俩人直至上了年纪才达成和解。

兹比格涅夫·布热津斯基（Zbigniew Brzezinski）：波兰出生的犹太裔美国人，美国总统吉米·卡特的国家安全顾问。卡特反对他的亲以色列立场，但从不表现出来。

优素福·伯格（Yosef Burg）：以色列在任时间最长的部长，是宗教和古典文学领域的知名学者，他智慧、犀利，曾担任20世纪70年代末80年代初巴勒斯坦自治谈判的以方谈判小组负责人，谈判最终宣告失败。

埃斯特·凯林戈尔德（Esther Cailingold）：英国年轻教

师，在"以色列独立战争"（第一次中东战争）期间为保护被阿拉伯人占领的耶路撒冷老城，在绝望的战斗中英勇战死。他的妹妹米米后来与本书作者结婚。

吉米·卡特（Jimmy Carter）：美国总统，曾经与以色列总理伊扎克·拉宾和梅纳赫姆·贝京有过激烈的言语交锋。然而从历史上看，他成功地引导以色列和埃及签订了和平条约，赢得了一场历史性的政治博弈。此后，他几乎一直都在唱衰以色列。

摩西·达扬（Moshe Dayan）：以色列著名的独眼将军，以色列国防力量的缔造者，他是全以色列家喻户晓的人物，"六日战争"中的英雄，但是在第四次中东战争（"赎罪日战争"）中深受打击。

戴安娜王妃（Princess Diana）：英国王储、威尔士亲王查尔斯的第一任妻子，认为以色列是个"有胆量的小国家"。

阿巴·埃班（Abba Eban）：以色列外交部长，生于南非，毕业于剑桥大学。他因为老练和丘吉尔式的流利口才在世界各地广受赞誉，但在国内被嘲讽为缺少战略头脑。

英国女王伊丽莎白二世（Queen Elizabeth II）：长期在位的英国君主，当本书作者作为以色列驻英国大使到圣詹姆斯宫递交国书时，女王对作者出生于英国这一点感到大惑不解。

列维·艾希科尔（Levi Eshkol）：表面上看是个平凡的总理，但他对以色列的每一寸水路管线了如指掌，在力图避免"六日战争"的过程中表现出了极强的外交洞察力，同时也为以色列国防军（IDF）赢得生死之战提供了准备时间。

麦克斯·费舍尔（Max Fisher）：底特律慈善家，犹太机构董事会主席，从艾森豪威尔担任美国总统开始便成为美国历届共和党总统可靠的以色列和犹太事务顾问。

杰拉尔德·福特（Gerald Ford）：于尼克松辞职后继任美国总统，但在外交事务方面是个新手。因其支持埃及，而以色列总理拉宾拒绝放弃在埃及西奈半岛的战略资产，使得以色列和美国之间的关系出现重大危机。

雅科夫·赫尔佐克（Yaakov Herzog）：杰出的犹太法典研究者、哲学家、政治家，总理艾希科尔的外交顾问，他同时受邀担任以色列总理办公室主任和英国首席拉比。

林登·贝恩斯·约翰逊（Lyndon Baines Johnson）：健壮的美国德州农场主，当埃及的敌对想法在"六日战争"中达到顶峰时，他感到无力挫败，于是便向以色列提供武器，使美国成为以色列尖端武器的主要来源国，他是第一个将国家战略命运与以色列捆绑在一起的美国总统。

耶歇尔·卡迪沙伊（Yechiel Kadishai）：梅纳赫姆·贝京的长期亲密助手、首席事务总管兼知己。

亨利·基辛格（Henry Kissinger）：美国国务卿，德裔犹太移民。他为遏制"赎罪日战争"对冷战的影响经常惹恼以色列总理果尔达·梅厄。在福特总统任内，他几乎成为美国政府制定外交政策过程中说一不二的人物，因此时常惹怒时任以色列总理伊扎克·拉宾。

尤塞尔·科洛维茨（Yossel Kolowitz）：犹太学校学生，因参与"奥斯威辛卡巴莱（Cabret）"才幸免于大屠杀，与本书作者在前往巴勒斯坦的途中相识。他在企图弃船逃跑时被英国人逮捕。他参加了伊尔贡组织，数十年后与作者不期而遇。

塞缪尔·刘易斯（Samuel Lewis）：美国驻以色列大使，曾在相当长的时期内深得贝京总理的信任，他凭借个人魅力、外交手段和敏锐的直觉结识了无数身居高位的朋友。

卢巴维奇拉比（The Lubavitcher Rebbe）：全球知名的杰出人物，他不仅点亮了全世界犹太人的灵魂，而且衷心拥护以色列领导人，特别是梅纳赫姆·贝京。

果尔达·梅厄（Golda Meir）：在担任外交部长时遭到工党同僚的冷落，她援助新独立的非洲国家，想换取其在外交上支持以色列，结果却遭到背叛。然而作为总理，她虽然完全不懂军事事务，却成为以色列最伟大的战时领导人之一。

理查德·尼克松（Richard Nixon）：美国总统，虽然号称反犹分子，却任命了一名德国犹太移民为国务卿，而且还向面临生存危机的以色列提供了大量援助，甚至在他自己深陷"水门事件"时亦是如此。

西蒙·佩雷斯（Shimon Peres）：永远温文尔雅、彬彬有礼，说话喜欢夸张、反复，是在全世界颇受欢迎的和平缔造者，是伊扎克·拉宾多年的对手。他虽然拥有辉煌的职业生涯，却始终放不下参选失利的包袱，然而最终他成为以色列最受人尊敬的总统之一。

伊弗雷姆·波兰将军（General Ephraim Poran）：人们所熟知的弗利卡（Freuka），先后担任伊扎克·拉宾和梅纳赫姆·贝京的国防部长。

伊扎克·拉宾（Yitzhak Rabin）：高屋建瓴，强于条分缕析，曾经担任"六日战争"（第三次中东战争）期间的以色列国防军总参谋长、以色列驻美国大使，在 1974～1977 年、1992～1995 年两度担任以色列总理，在第二个总理任期内因为有争议的和平政策，遭到民族主义狂热分子暗杀。

罗纳德·里根（Ronald Reagan）：凭直觉发挥领导作用的美国总统，从他强烈依赖提示卡这一点上可以看出，他并未完全掌控冷战中的权力游戏，尽管时常存在误解，但他坚决地站在以色列这一边。

威廉·罗杰斯（William Rogers）：美国国务卿，尼克松和基辛格为了达到各自的目的，让其自作自受。

山姆·罗斯伯格（Sam Rothberg）：来自美国伊利诺伊州皮奥瑞亚的一名商人，经验丰富的以色列债券组织领导人、希伯来大学董事会主席，被贝京视为内阁的当然官员。

安瓦尔·萨达特（Anwar Sadat）：埃及总统，行事豪迈，他深信自己的和平使命是一种神圣的召唤，对贝京坚持的精准协议大为恼火，然而与贝京互信并结下了深厚的友谊。萨达特遇刺身亡后，贝京对失去这个和平伙伴深感忧虑。

玛格丽特·撒切尔（Margaret Thatcher）：英国首相，外号"铁娘子"，她身边聚集着可以信任并听从意见，而非下达命令的幕僚，而且他们都十分崇拜犹太人。虽然她反对贝京的定居点政策，却十分推崇他的原则和信念。

哈里·杜鲁门（Harry Truman）：美国总统，他在和作者一起散步的过程中，讲述了与自己一战时的犹太朋友合作开办男装专营店的事情。他说，正是这些经历使得他在国会力排众议承认了以色列这个犹太国家。

阿迪·亚费（Adi Yaffe）：总理列维·艾希科尔的办公室主任，为作者进入外交界，以及后来进入总理办公室铺平了道路。

前　　言

　　凡是对以色列建国最初 50 年历史感兴趣的人，看了这本书之后都会感到备受启发，意犹未尽。耶胡达·阿夫纳从 1947 年离开英国曼彻斯特前往巴勒斯坦托管地开始，直到 20 世纪 80 年代成为以色列驻英国大使，见证并且日渐深入地参与了以色列建国进程中的诸多重大事件。

　　耶胡达·阿夫纳身上的犹太复国主义源自曼彻斯特。以色列第一任总统哈伊姆·魏茨曼（Chaim Weizmann）就是从那里开始，努力说服英国政府并让他们相信，在巴勒斯坦建立一个犹太民族家园完全符合英国的利益。当阿夫纳抵达巴勒斯坦时，英国人的承诺已经黯然凋谢（1917 年英国人曾经在《贝尔福宣言》上投入巨大热情）；英国士兵、巴勒斯坦官员和争取独立的犹太战士之间关系极为紧张，误解、指责和暴力达到了白热化的程度。

　　耶胡达年轻时写下的日记堪称一份珍贵的当代文献，其中记载了以色列建国前数年中的冲突斗争和恐惧担忧，以及 1947 年 11 月联合国投票决定在巴勒斯坦分别建立犹太国家和阿拉伯国家之后人们的喜悦心情。犹太人抓住了机会。但阿拉伯人拒绝接受这个结果，于是在 1948 年 5 月派出五个国家的愤怒之师向前一天刚刚宣告成立的以色列发起攻击。

耶胡达·阿夫纳亲历了以色列羽翼渐丰的那些岁月。他曾经在时代的巨人们——列维·艾希科尔、果尔达·梅厄、伊扎克·拉宾和梅纳赫姆·贝京这四任以色列总理——手下任职，他的日记、他的回忆以及当年的记录把我们带进一段非凡的旅程，其中充满了深刻见解、戏剧性和诙谐幽默之处。尤其是贝京，年轻的耶胡达从一开始就被他深深吸引，随着两人在工作中的关系日益紧密，贝京在耶胡达心目中的地位也越来越高。耶胡达对其他三位领导人同样偏爱有加，事实上在书中，1967年列维·艾希科尔牢牢掌控着陷入孤立和危难的以色列，地位相当牢固；果达尔·梅厄虽然有诸多弱点，但力量强大；伊扎克·拉宾在以色列人与巴勒斯坦阿拉伯人的漫长而艰难、仍未完成的和解进程中，是一个内心充满挣扎的爱国者。

耶胡达·阿夫纳满怀着真挚的感情刻画了这四位领导人的形象，但他绝不是那种脱离现实的人。他从一个独立思考的公务员和外交官的角度提供了诸多直戳要害的细节和文献——其中有些内容从未公开发表过——使这本书主题突出、引人入胜和意义重大。该书绝不仅仅是一部内容生动的人物传记集。它还是一部新生国家的生存斗争史，这个国家领土面积不大，自然资源匮乏，而且腹背受敌，接纳了从欧洲大屠杀中幸存下来的，以及来自阿拉伯国家和伊斯兰世界的大量移民；它被迫投入大量资源来收留这些通常身无分文的初来乍到者，与此同时还要维持一支军队，使其能在接二连三的战争中保护贫弱的国民。

作为一个毕生的犹太复国主义者，作者满怀热情地在书中描述了以色列经历的各种斗争、挑战和取得的成就。于他而言，犹太复国主义不是僵化的意识形态，也不是什么聪明的理论，而是犹太民族愿望、决心、文化的一种鲜活的表达，也是一个认为犹太精神、犹太人的努力劳动和犹太理想主义需要一个属于自己的国家的世界观。正如 1921 年温斯顿·丘吉尔（Winston Churchill）对一个巴勒斯坦阿拉伯领导人代表团（他们敦促丘吉尔阻止犹太人移民）所说："犹太人散落在世界各地，他们理应有一个民族的中心和民族家园让他们重新团聚，这是完全正当的。三千多年来，他们和巴勒斯坦这块土地紧密深刻地联系在一起，除了这里，他们还能往哪里去呢？"

耶胡达·阿夫纳的这本书，以其刻画的魅力人物、内含的深刻见解、生命力和满腔热情充分说明，丘吉尔当年的想法是正确的。以色列这个国家建立起来了，领导者们守护着它不断前行。而他们身边的这位记录者（在书中，他自己也常常处于事件的中心）足以让他们倍感骄傲。

马丁·吉尔伯特

2009 年 5 月 26 日

第一部分
1939～1952 年，
贝京主义者与反贝京主义者

1939～1952 年

重要事件

1943 年——梅纳赫姆·贝京参加伊尔贡并担任司令。

1944 年——"狩猎季节"围剿行动：伊尔贡组织成员被"哈加纳"（Hagana）移交给英国。

1945 年——第二次世界大战结束。

1946 年——伊尔贡组织与联合抵抗运动联手制造耶路撒冷大卫王饭店爆炸案。

1947 年——贝京命令对英国实施以牙还牙的报复行动。11月 29 日，联合国通过关于巴勒斯坦分治的决议。

1948 年——耶路撒冷被围；以色列宣布独立；随着伊尔贡组织的战船"阿尔塔莱纳"号抵达，以色列内战一触即发。

**1942 年 12 月 12 日梅纳赫姆·贝京身着波兰军服，
与妻子阿莉扎（Aliza）在特拉维夫**

图片由以色列政府新闻办公室和亚博廷斯基研究所提供。

第一章 起初

我第一次见到贝京这个如雷贯耳的名字是在 1947 年，当时
我正走在曼彻斯特犹太人区的一条大街上。街边的犹太教堂的
墙上，血红色的涂鸦狂放刺眼："绞死犹太恐怖分子贝京。"

即便我是个没出校门、临近毕业的毛头小子，也知道梅纳
赫姆·贝京是谁。在巴勒斯坦的英国人眼里，他是个恶魔。有
人悬赏他的脑袋，不论他的死活都要抓住他。三年来，他的秘
密组织——伊尔贡（Irgun Zvai Leumi），意为"国家军事组
织"，通常被称作 Etzel 或 Irgun——为了把英国人赶出巴勒斯
坦，一直在进行着激烈反抗。这是一场殊死的地下战斗，贝京
称之为自由之战，英国人认为它是恐怖主义。

20 世纪 20 年代初，国际联盟批准英国在巴勒斯坦实行委
任统治，目的是依据 1917 年的《贝尔福宣言》在那里建立一
个犹太民族家园。但实际上，巴勒斯坦已经被大英帝国据为己
有，而且从一开始阿拉伯人的敌意就随着犹太移民的拥入而日
益加深。冲突的种子不断膨胀壮大，伦敦方面为了摆平各冲突
方和利益相关方忙得焦头烂额。

我出生在曼彻斯特的斯特兰韦斯（Strangeways），也就在那
里的犹太教堂的墙上我目睹了可怕的反贝京标语。当时的斯特兰
韦斯是个看上去不可救药的贫民窟，空气里弥漫着浓重的烟味，
就连杂草都是一副脏兮兮半死不活的样子。各家工厂的车间里烧
的是兰开夏郡（Lancashire）的煤块，纺织厂的每根烟囱都冒着

饱含煤灰的滚滚黑烟。在死气沉沉的溅着雨的鹅卵石街道上，家家户户的维多利亚式房屋一排排地挤在一起——卧室贴着卧室，厨房挨着厨房，户外的盥洗室也都紧挨着——砖砌的房子永远黑乎乎的。我出生于 1928 年，在家里排行老七，母亲来自罗马尼亚，父亲是加利西亚人。他们俩靠经营一家小小的布料店勉强维持生活。商店后面是厨房，全家人都住在楼上的狭小空间里。

我童年时最初的记忆是一个个周五的夜晚。那简直是充满魔力的时刻。母亲头上裹着白色丝巾，点亮安息日蜡烛，手指盖着双眼安静地祈祷，这时简陋的厨房奇迹般地变样了：破破烂烂的家具不见了，烛光下的每一样东西都看起来富丽堂皇。屋子里弥漫着一股神圣的香味。当我们从犹太教堂回来踏进家门，父亲会穿上他最好的安息日服装站在餐桌的上首背诵祈福，他看上去十分庄严。那时我还无法理解什么是安息日，但在周五的夜里，全家人在一片安宁中挤在一起睡下，让我感到无比幸福。

我们盼来盼去，终于在 1939 年离开了斯特兰韦斯。父母买下一间专做围裙和睡衣的小工厂，全家搬到了一座周围绿树成荫、自带花园的房子里。没过多久，第二次世界大战突然爆发，但作为一个 11 岁的孩子，我一开始并没有遭受什么特别的伤害。硕大的防空气球高高地飘在天上，我在防空洞外玩耍，找弹片，用各种各样的防毒面具搞恶作剧。晚上，警报拉响后，我常和哥哥伊扎克（Yitzhak）和摩西（Moshe）偷偷溜出父亲加固过的地下室，去看那些在云层中扫来扫去刺探敌机的探照灯，直到枪声和爆炸声真的响起来，后背上挨一掌，或者被扯着耳朵拖回地下室。

之后战事愈演愈烈，男孩变成了少年，少年长成了青年。数不清的犹太人遗体、成堆的火化尸骨，以及目光呆滞、虚弱得快要死去的集中营幸存者，那一幕幕场景让我体会到一种钻心的无助感。对大屠杀的恐惧、焦虑和困惑一起撕扯着我的内心。希特勒残害犹太人的"最终解决方案"尚未罢手，焚尸炉里的火苗尚未熄灭，新闻短片里就出现了英国海军在巴勒斯坦附近海域拦截犹太幸存者的破船，逼迫他们掉头或扣留他们的镜头。许多不幸的船在徒劳地寻找安全港湾的过程中，连带着船上那一点点可怜的行李永远地沉入了大海。

毫无疑问，在曼彻斯特的犹太复国主义者圈子里，人们心中深藏的怒火被点燃了。梅纳赫姆·贝京在无以言表的愤怒的驱使下，尽管缺少装备，却凭借胆量率领小而精悍的伊尔贡地下武装展开了对驻巴勒斯坦英国人的冒险反抗。

我母亲支持并深深地同情贝京，我在一次陪同她参加贝京支持者的集会中，第一次了解了贝京的思想。那时，第二次世界大战刚刚结束，在场的有许多大屠杀幸存者。演讲者名叫伊凡·格林伯格（Ivan Greenberg），是英国犹太人中最具影响力的周刊《犹太纪事报》的资深编辑。他主持编辑的《犹太纪事报》挑起了对英国政策的批判，人们渐渐地开始同情贝京和伊尔贡，以至于有些议员要求以煽动诽谤罪起诉该报；最后，《犹太纪事报》的主管只能让格林伯格走人。

在我的记忆中，他中等身材、思维活跃、极具魅力，说一口流利的维多利亚式英语，他的演讲风格丝毫不逊于舞台上的演员。当年，支持贝京的印刷传单上还引用了他那天晚上说的话：

　　自由不会像吗哪①一样从天而降。它必须靠打击敌人，

---

① manna，古代以色列人经过荒野时获得的天赐食物。——译者注

挣脱以往的束缚，向着未来的祝福前进才能赢到手。梅纳赫姆·贝京正领导人们努力地跋涉在这条险象丛生的道路上，越来越远离放逐之地。他正在引领这个民族穿过暴风雨。也许层层乌云令人生畏，但他凭着巨大的决心、钢铁般的勇气和牺牲精神，正朝着犹太历史的发源地，犹太人荣耀、自由、公正的光辉高地进发。

8　这番演讲获得了雷鸣般的掌声，即便像我这样几乎听不明白的人也在热烈鼓掌。接着，格林伯格继续讲起了被贝京奉为"大师"的泽埃夫·亚博廷斯基（Ze'ev Jabotinsky），他是杰出的语言学家、作家、散文家、诗人、哲学家，以及修正派犹太复国主义（Revisionist Zionism）的创立者。

"亚博廷斯基的修正派犹太复国主义，"格林伯格说，"它简单、直接、率真，然而实践起来很复杂。它号召立刻建立一个犹太国家。他的思想源自愤怒和醒悟，因为现在由社会党人主导的犹太复国主义者领导层执行的是主张放弃、妥协的优柔寡断的懦弱政策，而且还过分依赖英国。哈伊姆·魏茨曼博士和戴维·本-古里安博士曾经在十九世纪二三十年代干过这种事，现在到了四十年代，他们开始故伎重演。"[1]

随着了解的深入，我理解并逐渐参与了巴勒斯坦的斗争，理解了梅纳赫姆·贝京对戴维·本-古里安——有名无实的候任巴勒斯坦犹太政府首脑、主流地下抵抗力量哈加纳的军师——赤裸裸的蔑视。在动荡不安的巴勒斯坦犹太人政局中，贝京和本-古里安这两位极具胆量的领导者一直是思想上的对手，一个左翼，一个右翼，在时代的交叉点上，二人除了在政治哲学上存在分歧之外，还在许多方面展开了斗争。在何时向英国人摊牌，将其赶出巴勒斯坦并宣布独立这个极具争议的问题上，二者进行了激烈争吵。

本－古里安非常务实。他绝不会把自己的精力浪费在被他视为堂吉诃德式的圣战上。他坚持认为，只要第二次世界大战还在继续，出于犹太复国主义者的长期利益考虑，他就可以和英国人并肩作战，直至盟军最终完全战胜纳粹。而在贝京看来，这种自我约束的政策存在致命缺陷。他认为，1944 年德国已经不可逆转地在战争中处于劣势。盟军的胜利已经近在眼前，而随着胜利日的临近，成千上万的犹太人却像牲口一样被驱赶进奥斯威辛集中营的毒气室。因此他坚决反对本－古里安的主张，并发布了反抗宣言，其中写道：

> 我们已经到了战争的最后阶段。我们面临的是历史性的决定和几代人的命运……犹太民族和英国托管政府之间不再休战——这个政府把犹太同胞交给了希特勒。我们要与这个政府交战——直到胜利……我们的年轻战士不会被牺牲、折磨、鲜血和痛苦吓倒。他们永远不会投降，绝不会休息，直到我们恢复过去的生活，直到我们保护了祖国、自由、生计和公正……我们的要求是：立即把权力移交给犹太临时政府。我们会战斗；民族家园上的每一个犹太人都将投入战斗。以色列的神，万军之主与我们同在。我们绝不会退却。不自由毋宁死！[2]

数十年后，梅纳赫姆·贝京已经是以色列总理，我试图从他身上找到当年他遭受通缉时亡命天涯的感觉，但丝毫没有。我也无法在当年不屈不挠的伊尔贡地下司令和眼前这位政治家之间找到任何相似之处。我很快发现，总体来说，他的那些伊尔贡老战友也和蔼可亲了许多，他们意气风发，热心公益，完全不像其对手刻画出的那些恐怖分子。梅纳赫姆·贝京非常健谈，后来我听过他给老战士们讲述，当年自己如何花费大量时间与英国人斗智斗勇。其间他提到，伊尔贡的年轻人曾经想尽办法违抗英国人的禁令，在赎罪日当天到西墙吹响羊角号。

实际上这个故事发生在 1928 年的赎罪日，西墙前立起了一道把男女祷告者隔开的临时屏障（mechitza）。对阿拉伯人来说，这是一种挑衅，他们被激怒了。

"圣战！圣战！"集市上喊声震天。"犹太人要重建圣殿，他们要毁掉我们的阿克萨清真寺。"

据目击者讲述，当时，一个身穿黑色上衣的白胡子犹太教哈西德派教徒被一帮暴徒追赶着，穿过巷子向西墙跑去。追赶他的人挥舞着棍棒、刀剑和匕首怒吼道："别让犹太人毁了我们的圣地！""犹太狗去死吧！""真主至大！"奔逃的哈西德派教徒脸色灰白，跟跄着穿过狭窄的巷道，眼看就要被追上了。他猛地打起精神，令人难以置信地转过身，向追赶自己的暴徒一头冲了过去，当他被暴徒砍倒在地时，嘴里还歇斯底里地喊着"听啊！以色列！"

10 　随后的几个月里陆续有上百人遭到杀害，最终导致了 1929 年的希伯伦大屠杀。一个古老的犹太社区遭到灭顶之灾——而所有这一切就是因为西墙前的那个屏障。

随着暴力活动升级，英国人成立了事件调查委员会。然而受敏感穆斯林的影响，委员会宣布阿拉伯人是西墙的唯一拥有者，甚至禁止犹太人从今以后在这一区域内吹响羊角号。犹太社区的民众坐不住了。我们算什么，虚构而来的吗？难道说圣殿山上从未有过圣殿吗？我们的圣书难道只是传说吗？难道这一切只是个神话？

有些勇敢的人违抗了禁令。每年，当赎罪日接近"结束祷文"（Ne'ilah）的仪式高潮时，就会有一名贝塔（Betar）——泽埃夫·亚博廷斯基的修正主义青年运动——成员秘密吹响羊角号，引得英国警察四面出击。

1943 年赎罪日，梅纳赫姆·贝京目睹了此情此景。他看见成队的英国警察荷枪提棒，试图找出谁会是那个吹羊角号的人。到太阳快下山的时候，警察们穿过祷告人群挤到西墙附近架起武器，随时准备开火。

接着，他们听到了羊角号的声音。这声音简直让他们暴怒。

一个红脸的警察小队长，对这种傲慢无礼的行为非常恼火，他朝那个吹着羊角号的矮个子身影冲过去，重重地打在那个孩子脸上并咆哮道："不许吹那玩意儿！"其余的警察纷纷操起棍棒，对试图保护吹号人的祷告者大打出手。小小年纪的吹号人踢跑了警察小队长，钻过拥挤的人群顺着楼梯直冲而上，想跑进西墙附近的一片漆黑杂乱的街区里。

"杀死他，拦住他！杀死他！拦住他！"阿拉伯人喊起来。

"接着跑！快跑！快跑！快跑！"犹太人也在喊。

男孩一路躲闪穿街过巷，直到被一名军官打倒按在地上。

梅纳赫姆·贝京在目睹这一幕后非常愤怒，决定让伊尔贡发起反击。敌人玷污了最神圣的地方，他要挫败敌人的卑劣行径。于是，在 1944 年的犹太新年哈桑纳节（Rosh Hashanah）——赎罪日的前十天，他指示伊尔贡的写手和海报张贴者配合，告知公众，凡是干扰西墙祷告仪式的英国警察"都将被当作罪犯处置"。

11 　　随着赎罪日临近，他的警告变得越来越尖锐，并且传出了可怕的谣言。人们纷纷猜测，贝京的伊尔贡成员到底会怎么对付英国警察。

　　"愚蠢的犯罪行为！"左翼的希伯来媒体担心此举会在西墙造成无辜伤亡，发出了这样的感叹。"在斋戒快要结束的时候吹响羊角号，这只是个习俗而已，不是什么非做不可的事情，"一个胆小的犹太法学博士说。英国情报部门则在推测，西墙的警察如果遭到来自不明方向的袭击，损失会有多大。

　　赎罪日的高潮和"结束祷文"仪式终于到了，穿着白衣的独唱者在渐渐黯淡的暮色中面对着古老的石墙，用高亢的声音唱道："听啊，以色列……听啊，以色列，耶和华，我们的神是独一的主。"整个集会以全心全意的专注和热情，肯定了歌声中传出的宣言。

　　接着，三次，他用颤音唱道："赞美上帝的荣耀……称颂他光荣威严的名字直到永远"，全场三次予以热烈的回应。

　　这之后，七次，独唱者颤抖着激情吟诵道："上帝我们的主。上帝我们的主。"集会者也七次响应了他的宣告。

　　当独唱者吟诵完仪式祷文的最后一个句——"那在他的至高处赐下平安的愿，他赐下平安，给我们，给以色列全家，现在请回应，阿门"，英国警察紧张极了，他们蜷伏着等待命令，只要羊角号的声音一响起就立刻猛扑过去。

　　羊角号吹响了。

　　男孩踮着脚，臂膀都快僵硬了，他紧闭双眼，双手兴奋地颤抖着，再次吹响了羊角号。这个声音持久、强健，音质高亢纯正，简直到了完美的程度——警察们纹丝不动。

"原地解散，"红脸的警察小队长向手下吼道，"回营房。跑步前进——一，二，一，二，一……"

"明年耶路撒冷见，"人群欢呼起来，"明年重建耶路撒冷!"人们一路跳着胜利的舞步回到了各自位于犹太区的家。

第二天，贝京在他的伊尔贡地下报纸上写道：

> 我们古老的石墙不会沉默。它在述说曾经矗立于此的圣殿、跪倒于此祷告的国王、在此慷慨陈词的先知和预言家、在此倒地牺牲的英雄，以及启蒙的火焰是如何在此点燃的。圣殿、土地、先知、国王和战士们早已属于我们，那时候英国还称不上是个国家。

每当后来回忆起这段经历时，梅纳赫姆·贝京都会笑着说："我们根本不想在西墙制造冲突，因为我们担心会造成伤亡。我们在别的地方发动攻击——针对全国各地的英国警察要塞——而且每一桩都做到了。"3

他的崇拜者着迷于这些"红花侠"① 式的故事，更不用说贝京在英国人的追捕下九死一生的经历了。那时候英国人布下天罗地网，贝京只得悄悄地转移，四处藏身。有时候，他会面带微笑地回忆起自己最初指挥伊尔贡时的往事。那时，他在特拉维夫海滨一家名叫"萨沃伊"的旅店租了个小房间，用父亲的名字本·泽伊夫（Ben Ze'ev）当假名。他推测，英国人绝对想不到自己就在他们眼皮底下活动，在一家公共旅店的 17 号房间。

他一度猜对了，但最终还是被英国人发现了踪迹，于是他

①　Scarlet Pimpernel，英国作家艾玛·奥希兹（Emma Orczy）笔下的冒险侠客。——译者注

只好搬到佩塔提科瓦（Petach Tikva）的也门人居住区旁边，马哈耐·耶胡达（Machaneh Yehuda）的一间孤零零的破败小屋里。后来，这里也遭到了监视，他只好带着妻子阿莉扎和年幼的儿子本尼搬到同样在佩塔提科瓦附近的哈斯多夫（Hassidoff）区，化名伊斯雷尔·阿尔佩兰（Yisrael Halperin），假扮成一个带着一大堆书准备参加律师资格考试的难民学生。

"我还清清楚楚地记得住在什特贝尔（shteibel）——家庭般温暖舒适的犹太小教堂的那些人，我经常在安息日等节日去那里祷告，"一次我听见贝京说。"第一个安息日他们很尊重我，就像对待新来的移民一样，让我诵读《摩西五经》。教堂主持按照通常惯例问我的希伯来名字。但信不信由你，"他调皮地一笑，"我回答得结结巴巴。他满腹狐疑地盯了我一眼。'你叫什么名字？'他又问了一遍。我想起来不能告诉他真名，只能告诉他我在伊尔贡的名字：不是梅纳赫姆，而是伊斯雷尔·本·泽伊夫·多夫（Yisrael ben Ze'ev Dov）。从此以后，我就以这个名字诵读经文。至今我还在乞求万能的上帝原谅我故意在圣所犯下的欺骗行为。但是我相信，上帝会理解我在那种情况下也是万不得已。"

1944 年 9 月，贝京在哈斯多夫区经历了最惊险的一次死里逃生。当时，英国巡逻队封锁了整个佩塔提科瓦，并且实行宵禁，展开挨家挨户的搜索。也不知哪来的运气——有些人认为是上帝在护佑——搜查队竟然漏掉了贝京的小破屋。但悲剧还是发生了。贝京妻子的兄弟，同时也是他的挚友的阿诺德博士在听说有搜查行动后去世了。

"当时他在特拉维夫，"贝京伤感地说，"他知道我们躲在哪里，他一想到我们会被捕便难过不已，这个人就这样垮掉并去世了。"

"我和妻子甚至无法参加他的葬礼。英国人在墓地布下眼线，就等着我们露面。那些日子，我们难过极了。我的妻子特别伤心。我失去了一个朋友，但她失去的是亲人：他是她仅剩的一个亲人。我所能做的，就只有到我们的小教堂去吟诵祷文纪念他。"

过了一阵子，爱打听的左派邻居开始和英国人积极合作，展开所谓的"清算不同政见者"。贝京一家人只好再次搬家，离开哈斯多夫区。这次他们找到了一个理想的藏身之处——位于特拉维夫一条名叫"耶霍夏本修女"的小街上，周围垃圾满地，苍蝇乱飞散发着臭味的一间破烂小房子。那里之所有那么多苍蝇且臭气熏天是因为，屋子一边是屠宰场，另一边是养狗场。

贝京在耶霍夏本修女街又换了一次身份，成了伊斯雷尔·萨索弗先生（Reb Yisrael Sassover）。

从照片上看，伊斯雷尔·萨索弗先生在外表上没有一丝值得引起特别注意的地方。他睁着一双深邃而略带倦意的大眼睛，脸庞清瘦，留着胡子，充满智慧的脸上透出宗教学者的谦虚敏感，而不是军事领导人身上的那种冷酷无情。

说实话，当时熟悉贝京的人都说，贝京很容易躲避当局的搜捕，因为从他的外表上看不出一丁点地下战斗者的痕迹，更不用说总司令的了。事实上，一份题为"犹太恐怖分子索引"的英国档案是这么描述他的："长着一个长长的鹰钩鼻子，牙齿很糟，戴一副角质架眼镜。"英国警察一次又一次地和他擦肩而过，甚至都没有多看他一眼，只把他当作一个穷学生，或者是一个普普通通的犹太学者。

住在耶霍夏本修女街时，这位伊尔贡领袖在附近的祈祷室

14　里重启了经常性的集会活动。

1946 年 12 月 12 日，化名伊斯雷尔·萨索弗的
贝京和妻子、儿子在一起

图片来源：以色列政府新闻办公室。

"那是一个多棒的小教堂，"我曾听他回忆道，"在地下生活处于最艰难的时刻，我在那里找到了慰藉。小教堂是我日常生活的一部分。参加聚会的人都很出色：有勤劳的特拉维夫手艺人、小商店主、工人和工匠。他们是真正坚定的、脚踏实地的爱国主义者。我经常参加他们的塔木德①学习班，因为我喜欢和他们在一起，而且他们还能帮我伪装。"

说到这里，贝京长长地叹了口气但很快就笑了，补充道：

----

① Talmud，犹太法典。——译者注

"这些善良的人当时肯定在想，这位伊斯雷尔·萨索弗先生是个一无是处的空想家，是个没用的游手好闲者，没有工作全靠老婆养活，他肯定是想办法从女人那里得到了一大笔嫁妆。"

他半开玩笑半认真地解释着当时的窘境，还不时加上些动作。小街上的教区执事西姆哈先生（Reb Simcha）是一个脾气温和的红胡子矮个儿，一次他找贝京去做个简单的戒律仪式。那天下午，贝京正准备踏进家门就听见西姆哈先生从街对面喊他，"伊斯雷尔先生，我们需要你来做个午祷"。西姆哈先生只 15 能扯着嗓子喊，是因为旁边养狗场的狗正拴在链子上猛吠，另一边屠宰场里的牛也在哼着鼻子叫个不停。

伊斯雷尔·萨索弗先生也喊道："我这就过去。先向我妻子汇报一声，我到家啦。"

他走进家门，等候多时的伊尔贡行动首领长松了一口气："梅纳赫姆，感谢上帝你总算回来了。我们急坏了。两个小时后，我们有行动。"

"他们让我去教堂做午祷，"贝京告诉他，"我必须去。时间不会很长。"

做完午祷走出教堂时，西姆哈先生把贝京拉到一边，说："伊斯雷尔先生，我还有个戒律仪式想叫你来做。"

"是什么？"

"我们的屠夫，道威德先生，他需要帮忙。"

"帮什么忙？"

"道威德先生要更新他的洁食认证书，需要有两个证人证实他在各方面都是个严守戒律的人。来教堂的人里面，其他人都整天忙着干活，看起来只有你有大把的时间，所以我想让你和我一起去大拉比的办公室，给道威德先生帮个忙。只是走个形式，花不了多长时间。你只需要回答法官的几个问题，就这些。"

贝京不自在地挪了挪身子，不知道该怎么回答。如果被目光犀利的拉比们盘问起来，他说不定会彻底暴露身份。

"有问题吗？伊斯雷尔先生"西姆哈先生问。

"当然没有，"贝京一边回答，一边试图保持冷静，他知道行动首领还在焦急地等着他下命令，他们马上就要对一个英国人的警察局展开行动。于是他说："我明白，道威德先生是个真正诚实的人，他的食品信誉没有丝毫问题，但是——"

"但是什么？你只需要告诉法官就行。他们会相信你的。"

"我知道他们会相信我。只是——"

"只是什么？"

"只是你还得再问问别人。"

"问别人？你怎么了，伊斯雷尔先生——难道你突然之间忙起来了？"

"是的。"

"忙什么？"

"急事——必须我亲自做的事情。"

"什么样的急事？"

"重要的事情。"

"呸！"西姆哈先生生气了，厌恶地转身走了。

多年以后在一次政治集会上，兴奋的西姆哈先生走到贝京身边说起了往事。他说，在以色列独立后的第二天晚上，他和两个平时一起上教堂的同伴，一个石匠，一个水管工，坐在一起为新国家致敬干杯。他们呷着杜松子酒把脑袋凑到收音机上，立刻认出了说话的那个人，只听这个声音宣布道："以色列的国民们，压迫统治已经被赶下台了。以色列国崛起了……"

"我们简直不敢相信，你，我们的伊斯雷尔·萨索弗先生居然就是梅纳赫姆·贝京，我们的伊尔贡司令，"西姆哈先生整了整肩膀，兴奋地说着，"当然，你知道，我也是伊尔贡的秘密成员。"

"我当然知道，"贝京说，"我们这个教堂里几乎一半的人都是。但你们都遵守誓言，绝对不会相互透露自己属于哪个秘密组织。"

事实上，到我初识贝京时，他通常不会提从前的秘密活动，除非和他信赖的老战友们在一起；且在谈起这些事时，他的语气中更多的不是愉悦和机智，而是渴望。他的地下工作轶事背后是充满焦虑和危机四伏的逃亡生活，以及肩负的为了反抗英国人压迫而下达生死命令的巨大责任。他一直在被追捕，除了直系亲属、一些伊尔贡高级领导人，以及少数几个信得过的送信人之外，他无法与人交往。然而他的军事、精神和思想权威在整个伊尔贡无可匹敌。追随者们对他崇拜至极。他凭借聪明才智和革命谋略，一次次地羞辱英国人，迫使当局在镇压和撤军之间做出选择，他让小小的伊尔贡在英国人的眼里变得无比强大。

据估计，在1948年以色列独立前夕抗争进行到最高潮阶段时，伊尔贡总共还不到一千人，而且其中只有几百个人具备随时行动的能力。组织里几乎没有全职成员，只有极少数人领过报酬。成员们都从事日常的社会工作，这为他们执行任务提供了理想的掩护，而他们执行的行动有的壮观惊人，有些则极具争议。其中一桩就是1946年7月耶路撒冷大卫王饭店爆炸事件。当时，著名的大卫王饭店是与开罗谢菲尔德酒店、新加坡莱佛士酒店齐名的豪华建筑。大卫王饭店早年曾经招待过一批王公贵族，例如波斯王太后、埃及王太后、约旦国王阿卜杜拉一世，这位约旦国王来的时候还跟着骑着马和骆驼的随从。这家饭店还为三位遭流放的国家元首提供过庇护：西班牙国王阿方索八世、埃塞俄比亚皇帝海尔·塞拉西一世、希腊国王乔治二世。

在1936年至1939年的阿拉伯暴乱中，英国军队租用了饭店顶层作为应急指挥部。1938年，饭店的200多个房间中有2/3被英国当局征用，用于安置军队司令部和政府秘书处。这些机构占据了饭店的整个南翼，使得大卫王饭店成为巴勒斯坦英国托管当局的神经中枢。饭店周围用带刺的铁丝、捕虫网拦起警戒线以防有人朝里面扔手榴弹，手持布朗式轻机枪的阿盖尔和萨瑟兰哨兵在饭店四周竖起了路障。它简直成了一座堡垒。但是到1947年冬天，我见到大卫王饭店时，它已经在废墟中躺了一年。这一年中，巴勒斯坦局势日趋紧张，冲突一触即发。一支伊尔贡小分队装扮成送奶工，把装满炸药的搅拌机送进厨房，将饭店建筑炸成碎片，整个南翼成了乱石堆。总共有91人在这场爆炸中丧命：28名英国人、41名阿拉伯人、17名犹太人、2名美国人、1名俄罗斯人、1名希腊人和1名埃及人。行动中在放置爆炸物的伊尔贡成员中也有1人丧生。

这次行动得到了联合抵抗司令部——一个由主流的哈加纳领导，包含另一个名叫"莱希"（Lechi，即Israel Freedom Fighters，以色列自由战士）的地下组织在内的临时联盟——批准。爆炸案是对几周前英国人"阿加莎行动"的直接回应，当时1.7万名英国兵横扫犹太人定居点，没收大量藏匿的武器，逮捕2000多名激进分子，并且拘捕了多名犹太社区的知名领袖。

"阿加莎行动"缴获了一部分哈加纳和伊尔贡的行动计划，

暴露了许多巴勒斯坦犹太人领导们参与的反英行动。据传L8 这些情报文件都存放在大卫王饭店的南翼。它们有可能提供足够的证据令许多犹太人被判死刑。于是，联合抵抗司令部批准伊尔贡采取行动。

不仅英国媒体谴责这起饭店爆炸案，就连希伯来媒体也持同样的看法。《犹太卫报》（Hamishmar）将这次行动说成"叛国和谋杀"。《国土报》（Haaretz）称其"沉重地打击了犹太人的所有希望"。《达瓦尔报》（The Davar）的头条是"没有原因，无法赎罪"。哈加纳首领戴维·本–古里安为了和整个事件脱净干系，在接受一家法国报纸采访时说，"伊尔贡是犹太人的敌人"。

梅纳赫姆·贝京此后一直在为大卫王饭店行动辩护，称其是一个合法的军事打击目标，他声称事前他们为人们撤离饭店发出了应有的警示。饭店总机早在爆炸发生前半小时就被告知疏散大楼中的人员，《巴勒斯坦邮报》（《耶路撒冷邮报》的前身）以及附近法国领事馆的话务员也接到了相关电话，通知他们打开所有窗户以免被爆炸后飞溅的玻璃碎片打伤。贝京的人甚至还在饭店的车道前挂了一串鞭炮，以便让行人远离这个地方。

"是的，我们已经尽我们所能了，"1977 年贝京对我这个总理办公室的新成员说道，"我们发出了警告，英国当局也及时收到了警告；我们留出的时间都够他们从饭店撤退两次了。是某些人出于阴暗的目的，或是丧失了理智，也有可能是出于维护所谓的威望，下令饭店中的人员不许撤退。"

英国人采取了严厉报复。掌控巴勒斯坦的伊夫林·贝克（Evelyn Barker）中将反复扫荡整个犹太人社区，发布了一道臭名昭著的反犹命令，要求自己的部队立刻中断与犹太人之间任何形式的友善交往：

　　我认为他们应该受到惩罚，要让人们知道，我们对这种行为是多么蔑视和憎恶。我可以肯定，只要向部队说清楚，我的士兵们就会明白自己的职责，然后用犹太人最害怕的方式来惩罚犹太人：让他们受穷，以此表明我们的嫌恶。[4]

1946 年 7 月 22 日，爆炸后的大卫王饭店沦为一片废墟

图片来源：雨果·门德尔松（Hugo Mendelson）、以色列政府新闻办公室。

铺天盖地的抗议之后，英国当局取消了这项命令，但严格的宵禁成了家常便饭，而且还伴随着大规模的围捕和搜捕行动。每个犹太人家庭都是怀疑对象。英国警察驻扎在贝京的藏身处——特拉维夫耶霍夏本修女街后面的空地上时，贝京只好躲进一个提前准备好的应对此类事件的极小的房间，以防万一。这个狭小的空间内几乎没有任何食物，也没有水和新鲜空气。三天过去，谁也不知道英国兵会驻扎多久。到了第三天晚上，贝京因为脱水加缺氧而变得十分虚弱。最后，到第四天早上，英国人终于走了，贝京爬到外面大口地呼吸新鲜空气，然后一头扎进一大盆凉水中。

英国政府中出现了一些审慎的说法，有人感觉英国在巴勒斯坦的 30 年统治即将走到尽头，敦促政府放弃并撤离。然而，大多数人对此持反对意见，他们装聋作哑。有些人甚至断言，英国对于这片圣地的统治是上帝的意志，因此是永恒不朽的。

伊尔贡的反抗日益坚决，英国人的镇压也越发残忍。当局开始以最野蛮的方式给被捕的伊尔贡战士判刑：轻者鞭打，重者绞刑。贝京立刻发出警告：

> 监狱里的犹太战士被非法的英国军事法庭判处了耻辱的鞭刑。我们警告英国政府，停止这种侮辱军人荣誉的惩罚。如果你们挥起鞭子，以色列土地上的每一个英国官员也会受到同样的惩罚：每人 18 皮鞭。[5]

贝京的警告没有得到回应，于是他铤而走险兑现承诺，开始公然反抗强势的大英帝国。他命令手下绑架了两名英国军人并鞭打他们，以牙还牙。随着反抗的加剧，抓捕行动也愈演愈烈。监狱里人满为患。绞刑一桩接一桩，有些甚至没经过正常的程序，没通知家属，完全是秘密进行的。贝京同样毫不留情。夜深人静的时候，他的地下印刷所就会散发专门针对英国人的英语传单，上面写道：

> 没有一边倒的战争。如果英国人决心要，走一条铺满绞刑架、站满我们哭泣的父母、妻子和恋人的路离开这个国家，那么我们保证，在这条路上不存在种族歧视。绞刑架不会只有一种……你们欠下的都要还清。

他下令绑架了一批英国士兵，将他们作为人质：以绞刑换绞刑。

第一个被绑架的英国人坚称抓错了人。他自称根本不是英国军人，而是刚从开罗到巴勒斯坦的伦敦商人，名叫科林斯。但行刑者根本不相信他。他们当然也不相信科林斯自称是犹太人这一点：怎么会有犹太人叫"科林斯"这样的名字呢？于是，他们在一处偏僻的橘园里把套索挂到已经半晕的科林斯的脖子上，此时，科林斯开始含含糊糊地念叨"Adon olamasher malach"——这是希伯来语"世界的主"祷文的开头。接着，他又以同样可怕的呜咽声，喃喃地背诵为死者哀悼的祷文——"Yisgadal v'yiskadash sh'mei rabba"。刽子手吓坏了，差点杀死一个犹太同胞，于是迅速把科林斯送回特拉维夫。科林斯很快从那里回到了伦敦。

于是，伊尔贡又抓了两名英国军士克里夫·马丁（Cliff Martin）和默文·佩斯（Mervyn Paice）代替科林斯。俩人夜里接到贝京的通知："你们对我们的人做了什么，你们俩也一样要经受。"

英国人大多在阿卡（Acre）堡垒行刑，这是一座土耳其人重建的十字军堡垒，看上去很雄壮，据说无法攻破。1947 年 5 月，伊尔贡采取最大胆的一次行动，破坏了这座要塞的一面墙，放走了许多人。但是，3 名参与进攻的伊尔贡成员——阿夫沙洛姆·哈维夫（Avshalom Haviv）、雅各布·魏斯（Yaakov Weiss）和梅厄·纳卡（Meir Nakar）——被抓并被处以死刑。

在 1947 年 7 月 29 日行刑那天，一个名字很特别的叫作索恩·索恩（Thorne Thorne）的加利利地区委员在监狱专员哈克特（Hackett）的陪同下视察了阿卡监狱，确保监狱方面已经做好了和行刑相关的一切必要准备。

这些人并不见得心肠歹毒，他们只是几个履行公务的官僚。他们手上的文书不会涉及毁灭一个健康的、意识清醒的人有多么邪恶。他们的任务只是监督行刑的各项手续。所以，当阿卡监狱负责人在自己的房间明确告诉他们不打算执行死刑时，可以想象这些官员是何等吃惊。

地区委员索恩·索恩把三个人那天到底说了什么，做了什么，记录在一份官方报告中，这份文件属于"最高机密"。以下是从索恩的证词中节选出来的部分内容：

查尔顿〔阿卡监狱负责人〕：我想你们已经知道了，22 我不打算执行这些死刑。

哈克特〔监狱专员〕：你是具体负责行刑的人。我这里有委任状。

查尔顿：我不能认同政府下令执行这些绞刑时所依据

的政策。整件事情都糟透了。政府为什么不能以一种正常的方式行刑，像平时一样事先通知这些犯人和他们的家属？我不想参与这件事。整件事情都让我感到不快。请把我送回英国去吧。我已经受够了。

哈克特：你完全拒绝执行死刑？

查尔顿：是的。我在为这个国家服役期间，已经执行了44次死刑，以前我从来没有拒绝过。但这一次，我很坚决。之前的监狱专员布罗姆菲尔德（Bromfield）先生曾经向我保证过，今后再也不会有像绞死多夫·格鲁纳（一名年轻的伊尔贡指挥官）那样的秘密行刑了。我不会按照你们规定的来做。如果履行了必要的公开程序，我会在本周五（8月1日）或下周二（8月5日）行刑，也就是说，要提前宣布行刑日期，这样家属就有机会在行刑前见犯人们一面。

哈克特：但目前犯人和家属的律师会提前得到通知。

查尔顿：我觉得这不够。政府为什么不能以正常的方式行刑，就像平常一样事先通知犯人和家属？整个监狱会乱。如果秘密行刑，以后我就没法维持监狱的秩序。我不愿意执行死刑，不是出于害怕，我只是觉得这种做法违背了我的良心。如果按照我的建议推迟行刑，而且是以一种恰当、正常的方式，我当然愿意按照命令去做。

索恩〔加利利地区委员〕对哈克特：现在是下午4点15分，我们要在1小时45分钟后公布行刑时间。这样到晚上6点，在耶路撒冷的犯人家属就都知道了。〔对查尔顿〕：除非你能找到一个你信得过的人来替你行刑，要不然我们就得把这里的情况报告政府。如果这次行刑被迫推迟，而且其原因竟是大英帝国的官员拒绝执行，我想其政治影响和其他后果就不用我多说了吧。

查尔顿：我在等克洛（Clow）先生〔纳布卢斯（Nablus） 23 监狱负责人〕，他5点到，我会问他是不是愿意行刑。我不能保证他愿意。

索恩：既然如此，考虑到克洛可能无法及时赶到，而且事情又这么重大，我现在马上出发去海法（Haifa），向政府汇报这里的情况。（海法是距离阿卡监狱最近的可以使用电话的地方。）

稍后，索恩从海法给哈克特打了个电话。

索恩：政府确认，必须按照之前的安排行刑。如果查尔顿还是拒绝行刑，那么无论如何就由你或者克洛去执行。即便查尔顿回心转意，他现在情绪那么激动，也不适合承担这项工作，所以进一步向他施压是没用的。

下午5点半，纳布卢斯监狱负责人克洛赶到阿卡监狱。

哈克特给索恩打电话：克洛到了。虽然他也要求推迟行刑，但如果这是政府的最终决定，他会执行。

索恩：根本不可能推迟。必须按照命令执行。你已经确认委任状是写给"阿卡监狱负责人"的（上面写的并不是查尔顿的名字）。所以，我解除查尔顿先生的职务，任命克洛先生代替他负责这个监狱。

哈克特给索恩打电话（当天半夜）：事情已经没那么紧张了。行刑不会有什么障碍。

行刑确实没再遇到什么阻碍：阿夫沙洛姆·哈维夫在凌晨4点被执行了绞刑，梅厄·纳卡是在4点25分，雅各布·魏斯是5点。

那天晚上，所有在阿卡监狱的人都度过了一个不眠之夜。一个关在附近牢房，在伊尔贡里被叫作纳坦〔Natan，真名是哈伊姆·瓦塞尔曼（Chaim Wasserman）〕的犯人把当天晚上的所见所闻写成一封信，偷偷送出监狱交给梅纳赫姆·贝京。他写道：

24　　　　清晨，我们的三位同志慷慨就义。凌晨四五点的时候，我们已经知道即将发生什么事情，一个个都把脸贴在牢房的栅栏上，屏住呼吸，无助地看着监狱里发生的一切。监狱负责人查尔顿少校昨天下午就离职了，我们中再也没人看见过他。昨天傍晚来了一群行刑的刽子手。

几个军官走进来，告诉死刑犯们，行刑的时间是早上4点到5点之间。听到这个消息，三位同志高声唱起了《希望》① 等歌曲。他们大声告诉我们，行刑将从4点开始，顺序是：阿夫沙洛姆·哈维夫、梅厄·纳卡、雅各布·魏斯。接着他们高喊："为我们的鲜血报仇！为我们的鲜血报仇！"

我们高声回应："要坚强！我们和你们在一起，千千万万以色列人在精神上和你们在一起。"他们回答"谢谢！"然后歌声又响了起来。

2点，一个瑟法底（Sephardic，西班牙裔犹太人）拉比被带进来，在牢房里待了15分钟。我们离得太远认不出这个人是谁〔其实是尼西姆拉比（Nissim Ohana）〕。

4点，阿夫沙洛姆唱起《希望》，大家都凑到牢房的栅

---

① Hatikva，后来的以色列国歌。——译者注

栏前，大声地跟着唱起来。很快，一队武装警察走进我们旁边的牢房。4 点 03 分，阿夫沙洛姆被执行绞刑。4 点 25 分，牢房里响起梅厄铿锵有力的歌声，听得我们浑身战栗。虽然大家感觉都快窒息了，但还是跟着一起唱起来。4 点 28 分，梅厄英勇就义。5 点，雅各布也唱起了《希望》，歌声穿过牢房，大家一起汇入合唱。两分钟以后，他也被行刑了。他们的遗体在被悬挂了 20 分钟后才一具具地运走。

　　这次行刑的主刽子手是监狱专员哈克特和纳布卢斯监狱负责人克洛。

　　拂晓时分，我们通过一名阿拉伯看守通知监狱方面，但凡有英国人敢走进这座监狱，我们不会对他的生命负任何责任。我们宣布开始绝食祷告。上午，我们发现三位同志的牢房墙上刻着这样的话："绞刑吓不倒祖国土地上的希伯来青年。千千万万的人将前赴后继。"旁边是伊尔贡的标志和他们三个人的名字。

　　行刑的消息很快就传开了，当时整个国家正处于宵禁状态下，梅纳赫姆·贝京履行了他的诺言——以绞刑还绞刑。马丁和佩斯立即经过审判，双双上了绞刑架。事后第二天，我就在曼彻斯特街头犹太教堂的墙上看见了让人浑身战栗的血红色口号："绞死犹太恐怖分子贝京。" 25

　　英国报纸的头版上全是两个英国人的尸体被挂在内坦亚（Netanya）一座果园桉树上的照片，舆论一片哗然。但贝京丝毫不肯让步。他趁着夜深让人在每个犹太人区的墙上贴传单："皮鞭还皮鞭，绞刑还绞刑，直到不再有死刑为止。"这种以牙还牙的报复行动最后终于奏效。英国政府终于在遭到羞辱之后屈服，悄悄下令停止死刑。由此，士气低落的英国陷入了更深的挫败感。到 1947 年的时候，英国已经不再那么强大了。

第二次世界大战让英国国库空虚、上上下下精疲力竭，它实质上已经无法在世界事务中发挥影响力。失业率高涨，到处都在实行紧缩，每一样东西都要定量供应。酒吧因为没有啤酒只能早早打烊。两个英国人被绞死后，1947 年 8 月极为闷热的一天，无所事事的酒吧常客们愤怒地谈论着这条可怕的消息。很快，一种想法就被人们传开来：要让犹太人看看，英国人到底是怎么看待他们的。当天下午晚些时候，一伙暴徒聚集起来，来到曼彻斯特犹太贫民区中心的奇塔姆山路（Cheetham Hill Road）。

"犹太佬滚回巴勒斯坦去"、"痛打犹太人"、"打倒犹太人"，暴徒们高喊着沙文主义口号朝犹太人的商店、住房、教堂和其他公共场所扔石头和砖块。在其中一座教堂里，有一对新人正在举行婚礼。暴徒们像所多玛城的人到了罗德家门口一样①，野蛮地捣毁婚礼大厅的大门。惊恐的客人们在里面试图阻挡。好在警察及时赶到，这群暴徒暂时散去。但很快，他们重新集结起来包围了教堂，隔着窗子威胁辱骂里面的人，往里面扔东西。

那天晚上，暴徒们大量集结，但这次他们遭遇到犹太退伍军人组成的治安维持会。警察接到命令要下狠手结束这场殴斗。最后，混战终于结束，奇塔姆山路看起来像回到了几年前刚被

26

---

① 出自《圣经·旧约》，上帝决意毁灭所多玛和蛾摩拉这二城，并差派天使前往营救罗德一家。所多玛城的人见两个天使在罗德家，一拥而上，要把门砸破，让罗德交出两个天使。——译者注

德国人轰炸后的样子。视线所到之处，人行道上全是碎玻璃渣，鼻青脸肿的暴徒们懒散地在自己祸害过的地方四处游荡。

第二天在学校，有个家伙过来搭讪想欺负我，他的父亲当时正在驻巴勒斯坦的英国警察部队服役。他把我摁倒在地，准备挥起拳头朝我的鼻子打下去，这时，地理老师霍登（Hogden）正好进门。老师大喊一声"哈夫纳"——我最早的姓氏——"干什么呢？"

霍登生就一副矮粗的身材，红润的脸上长着连鬓胡子，每次给我们发下考试卷子就昏昏欲睡。他先叫的是我，并不只是因为我是犹太人，还有一个原因是我不信英国国教。霍登讨厌所有不信英国国教的人。对他来说，通向万能上帝的道路只有一条，他坚信这条路既不会经过犹太教堂，也不会穿过罗马。

"没事，先生，"我站直身体，结结巴巴地说着，"什么事也没有。"

"不，有事，先生，"那个坏小子突然开口，"哈夫纳的恐怖分子头领，那个贝京，把我们的两个人绞死了，接下来贝京会杀了我爸爸。"

"是这样的吗，哈夫纳？"霍登的语气中带着嘲讽，"你们的贝京先生会干这种事吗？"

"他不会，先生。"

霍登手里提着一根手杖，他经常用它指着墙上的地图告诉我们大英帝国的领土和殖民地有多大，在整个地球上占了多大的比例。他把手杖递给我，得意地笑着说："我要你在地图上给全班指一指，你们的贝京先生到底是在哪里施暴的，我们的人正在那里冒着生命危险为国家服务。"他转身问全班："孩子们，谁在冒着生命危险为国家服务？"

"我们的人，先生。"

"没错！那么，来吧，"——他抓住我的衣领，提着我走到地图前——"指给我们看看，你的巴勒斯坦在哪儿。"

班里的同学一边窃笑，一边做着鬼脸。

"在这儿，先生。"我结结巴巴地指着地中海东海岸的狭长地带。

"太对了！你是犹太复国主义者吗，哈夫纳？孩子们，哈夫纳看上去像不像犹太复国主义者？"

"像，先生。"

"那么孩子们，他看上去像什么人？"

"一个犹太复国主义者，先生。"

27　　"你的妈妈是从罗马尼亚来的，是吗？我猜，她说的英语还有待提高。孩子们，哈夫纳的妈妈说英语怎么样？"

"有待提高，先生。"

"好，那么你告诉我们，罗马尼亚是不是有许多犹太复国主义者——可能，也是恐怖分子？"

霍登先生像动物学家给学生展示活的红毛猩猩一样，向全班展示着我这个罗马尼亚产的犹太复国主义者。他知道我母亲来自哪里，因为她曾经用口音浓重的英语在一次家长会上做过自我介绍，这使我倍感难堪。

"现在，你在地图上指指，你母亲是从哪里来的，"他冷笑着。

我确实不知道我母亲从哪里来。我知道 derheim——那是我们家的老宅，在一个叫内盖什蒂（Negresht）的地方——但是我根本不知道内盖什蒂在哪里。

"别耽误工夫了，"霍登猛地发话，"整个班级都在等你。"

为表示强调，他在我头顶上嗖嗖地挥舞着手杖。

直到今天，我也无法完全解释那天后来发生的事情。我只记得，一股勇气无法抑制地窜出来，战胜了我内心的屈辱和绝望。"在 Geh in drerd，先生。"我脱口而出。

"Gay 什么，哪里？"霍登的嗓子嘶嘶作响。

"是 Geh in drerd，先生。"我勇敢地重复了一遍。

"这几个字是什么意思？"

"是我母亲的故乡，先生。"

"是吗？到底在哪儿？在地图上给我们指出来。"

"在这儿，先生。"我一边说，一边指着喀尔巴阡山。

他盯着我肩膀上方的地图。"我可没看见什么 Gay 什么的。"

"先生，是看不见。那是个小村庄，太小了，地图上没有的。"

霍登聚精会神地盯着地图上的喀尔巴阡山。"你再说一遍，叫什么？"

"Geh in drerd，先生。"

这个偏执的人摸着下巴，边想边大声说："啊，是的，当然。这名字很有特色，带点拉丁味道，这是罗马尼亚语最大的特点，因为它主要是从拉丁语变来的。孩子们，罗马尼亚语是从哪里来的？"

"主要是拉丁语，先生。"

这时下课铃声响了，霍登收拾起东西走了，我心中一阵狂喜。因为我刚才把这个反犹分子狠狠地教训了一顿。在意第绪语中"Geh in drerd"就是"下地狱"的意思。我着实羞辱了他一番。28

我之所以表现得这么勇敢，也许是因为那之前我发现了一个名叫"Bnei Akiva"的犹太复国主义青年宗教运动——它的意思是"阿齐瓦（Akiva）的孩子们"，阿齐瓦是一名学者兼战士，是古代犹太人中反抗罗马侵略，争取自由的英雄。如今，人们对每一种价值观都存在争议，有些读者可能无法理解：为什么大屠杀之后，像我这样的人竟然会愚蠢到近乎支持神秘崇拜的地步，认为一种虔诚的新犹太人正在受到召唤。这种新犹太人是学者兼农民兼战斗者，致力于通过成立宗教性质的基布兹（kibbutz）定居点开发荒地，从而在应许之地建立乌托邦，尽快争取民族自由。

这种浪漫的想法占据了我的心，一周后，我从学校毕业，去英国乡下参加了一个农场训练班，为让自己成为一名耕耘以色列土地的拓荒者做准备。鉴于我已经成为"阿齐瓦"理念的模范追随者，因此被选中到耶路撒冷的"海外青年领导者学院"（The Institute for Overseas Youth Leaders，常被简称为"学院"）参加为期一年的犹太复国主义者运动精英培训课程。那时候，获得去巴勒斯坦的签证非常难，我拿到签证后便暗下决心：此去再也不回来了。

1947 年 11 月 3 日星期一，分别的日子到了，我在火车上向我亲爱的家人挥手告别。耳边的火车轰鸣声是出门冒险的年轻人所能听见的最动听的送别曲。当时我 18 岁，准备从马赛登上"爱琴海之星"乘船前往巴勒斯坦。

火车缓缓开动，哥哥姐姐们挥舞着的双手渐渐远去，忧郁一下子涌上心头，我的兴奋劲儿凉了半截——这种感觉有点奇怪，让我紧张而不安。我正在离家的路上，很可能就是永别。只有上帝知道，我什么时候能重逢家人，更别提罹患癌症的母

亲。于是我打开之前买来的日记本,在第一页上写道:

> 妈妈,再见了。她病得那么重。亲爱的上帝,请让妈妈快点好起来吧。今天早上我跟她道别的时候,她是那么真诚而高尚。她掉了几滴眼泪,尽管她身体那么弱,但还是紧紧地拥抱着我,用她特有的勇气祝福我。我心里特别不好受,但忍住了。接着,我跟父亲告别。我欠他太多,简直无以回报。他为我提供了最好的条件,他所做的无人能比。上帝,请求您保佑我亲爱的父亲和母亲,他们受之无愧。
>
> 我就这样离开了。11月的清晨那么美丽。此刻我坐在这里,全身心地热爱并感激我的整个家庭。上帝啊,请保佑他们平安。我心里有一种无法言说的感觉。它不是兴奋,而是对自己所爱的人的一种深深感激。
>
> 到达伦敦后,我用哥哥姐姐们送别时赠我的钱,买了块手表。

29

30

1947 年 11 月，作者在海外青年领导者学院

第二章　一线希望，拼死反抗

"爱琴海之星"锈迹斑斑，船长是个希腊人，他大摇大摆地走来走去，身穿浆洗得雪白的制服，袖口、领子和肩膀上绣着镶金边的纹章。他站在船桥上向下俯瞰，脏乱的鹅卵石码头熙熙攘攘，正在为起锚做准备——满是绞车、起重机、板条箱、装卸工、滚筒、麻布袋和一队队穿着蓝色制服的搬运工，工人们举着旅客的大箱子往跳板上走。随着一阵嘎吱嘎吱的声音响起，远处驶来几辆黄绿相间的破旧巴士，一群脸色苍白、瘦骨嶙峋的男人、女人和孩子走下车，身上穿得破破烂烂，衣冠不整。

没有任何人发命令，他们在几个穿制服的法国军官摆开的桌子前自动站成一队，一个挨着一个。他们好像早已习惯了排队点名，眼神黯淡，看起来像是在领救济。绝大多数人都没有护照，只是紧紧抓着国际红十字会的文件，那上面证明他们是无国籍、无身份的大屠杀幸存者。浑身肌肉的管理员把他们轰进统舱，船长眼神刻薄地从上面紧盯着他们。他也许在恨自己，只能靠运送些这里不欢迎，那里不想要的大屠杀幸存者，来赚点犹太人的慈善捐款。

"你们听着，"船长手持扩音器，用英语向那些犹太人大喊："在我的船上，凡是没有合法证件的人想去巴勒斯坦，不管发生什么事情都后果自负。如果到了海法，英国人把你们抓起来，你们要听命令，乖乖地下我的船，不许抵抗。"紧接着，他又大喊一声："不准在我的船上捣乱。"

难民们顺从地仰望着船长，显然他们早已习惯别人用各种他们听不懂的语言，从扩音器里对他们大声咆哮。我想看得更清楚一些，便来到下面的甲板上，只见那些犹太人正用意第绪语嘟囔着，想弄明白船长到底在说什么。

"*Vos zugt der admiral？*"——他在说什么？——一名正统的犹太男孩问旁边的人。

"*Zol her ge'in brechen a fus.*"——祝他好运。——他旁边的人窃笑着回答。

"爱琴海之星"是一艘破旧的老爷船。它抽动着、颤抖着、摇摆着穿过地中海，只有胆子最大的人，才敢在船上找乐子。最让人兴奋的是下层尾甲板上的乒乓球比赛，统舱的难民们在那里支起一张歪歪扭扭的球桌。在生锈的锚链、成堆的脏衣服和被扔掉的帆布椅中间，两个十岁出头的孩子在打球。他们看上去像得了病，但挥拍时像两个战士。他们脸色凝重、浑身紧张，仿佛每一拍都能置对方于死地。

其中之一就是那个正统的犹太男孩。他身着传统服装，看上去和我年纪相仿。只要猛地一挥拍，他的黑袍（*bek sh*）就会飞舞起来，露出掖在黑色马裤里的缝子。他每次用力挥拍，两鬓的边落（*peyot*）就会像马的缰绳一样飞起来越过肩膀。他头戴黑色天鹅绒帽子，从后面露出了里面的白色针织圆顶小帽（yarmulke），两条眉毛中间有几道深深的疤，下巴上的胡子软软得像棉花糖一样，身上松松垮垮地披着脏兮兮的衣服，活像一个憔悴的稻草人。

他轻而易举地赢了对手，崇拜者们叽叽喳喳地围着他，但他穿过众人径直走到我面前，摆出一副找人打架的样子。他慢条斯理地打量着我，用球拍扇着汗，无礼地问："你是哪儿来的大人物？你不是我们的人。你不是统舱的。你是谁？"

我说了名字，并告诉他，我从曼彻斯特来，准备去耶路撒冷参加一个学习班。他自称尤塞尔·科洛维茨（Yossel Kolowitz），从波兰的奥斯威辛集中营来，准备自告奋勇加入梅纳赫姆·贝京的伊尔贡。"伊尔贡会把英国人赶出巴勒斯坦。"他夸耀起来。接着，他得意地笑了，好像在说，我随时都能把你揍扁；然后他刺激我说："我猜你一定不会下棋。"

"不，我会。"

"那么来，下一盘。我打赌，我肯定能在十步之内赢你。想不想试试？"他假装自信十足地说。

半个小时后，我在船舱里摆下一副棋，他没敲门就闯了进来。"我给咱俩拿了些点心，"他说着，从袍子下面拿出来一个黄金瓜，"从你们头等舱的厨房里拿的。"

"你偷的？"我心里一惊。

他轻轻一笑，根本没把我的话放在心上，"欺骗是我的秘密武器，大人物。我就是靠它从奥斯威辛活下来的。"他卷起袖子，苍白的胳膊上文着一个蓝色的死亡集中营编号。他从皮带内侧抽出一把匕首，切着厚厚的瓜肉，只见骨质的刀把上刻着纳粹党卫军标志。

"我走黑棋，"他说，"我从来都拿黑的。你先走。"

我们俩一语不发地下了三局，他每次都能轻松地赢我。

"这是我的'塔木德'训练，"他骄傲地说，"它能让我的脑子保持清醒。在奥斯威辛的时候，我在心里背诵《塔木德》，也在心里下棋。我还参演了卡巴莱。"

"卡巴莱？"

"是的，奥斯威辛卡巴莱。"

他像个老谋深算的演员一样，给我讲了个可怕的故事。尤塞尔的父亲是传统犹太婚礼上的表演者，因此尤塞尔肚子里有许多关于婚礼的小把戏。在奥斯威辛，他常常给受苦的犹太人讲笑话、表演模仿秀，有时候还玩个小杂耍。一次，就在圣诞节前一天，他被几个守卫带走了。他料想，接下来不是枪杀，就是绞死，要不然就是被折磨死，但没想到他被带进了集中营指挥官的办公室。有人已经注意到了他的独角戏，并且要他到德国人的圣诞晚会上去表演，在此之前，他可以在厨房干活，顺便把自己稍微吃胖点。

"好大一个晚会！"尤塞尔惊叹道，脸上扭曲着笑了，"我表演得那么成功！"

模仿秀、口技、魔术、喜剧，他把自己会的挨个儿演了一遍。他演得那么好，德国人要求他为纳粹刽子手表演更多娱乐项目。

德国人的条件是："只要你让我们笑，我们就让你活下去。"

"可是我运气不好，"他接着说，"我得了痢疾，被赶出了厨房。几天后，我实在饿得不行，就偷偷溜回厨房偷了点剩饭，正好被一个纳粹看守抓住，他的步枪枪托狠狠地打在我前额上。所以我这儿有疤。"他指着眉毛中间的伤痕。"后来，集中营解放了，这个看守死在一个俄国人手里，我就从他身上拿走了这把匕首。"

他一手挥舞着纳粹匕首，另一只手摸着两鬓的边落，不自觉地拧着。突然他伤心起来，呜咽道："你想不想知道我的家里人在奥斯威辛怎样了？他们用毒气杀死了我的父亲、母亲、哥哥，还有两个姐妹。全家除了我，都死了。”

我们俩沉默了，只能听见尤塞尔的哭泣声伴随着引擎的轰鸣和海浪的声音。我浑身颤抖。他经历过的噩梦，我无论如何也无法感同身受。

当我俩的目光最终相遇时，他露出一丝阴郁的苦笑，所有的故作姿态都不见了，他表示很信任我。尤塞尔一心要加入伊尔贡，因为在波兰的时候，他父亲就是泽伊夫·亚博廷斯基和梅纳赫姆·贝京的坚定支持者。他从父亲那里得知，只有靠伊尔贡的军事手段，才能把英国人赶出巴勒斯坦。但无论如何，他得先去见叔叔和舅舅。他们两个都表示愿意收留他。只是，他不知道该去谁家。

“你看，”他说着，从口袋里掏出两封几乎快被磨烂的信。

第一封信是他叔叔写的，叔叔是耶路撒冷梅阿谢阿里姆区（Meah Shearim）的一名正统犹太学者。整封信用希伯来语写成，字斟句酌，像一卷《托拉》（Torah）一样无可挑剔。

“你那被害的双亲，”他的叔叔在信里写道，“活着只为了一件事——把你和你的兄弟姐妹培养成为可敬而知识渊博，敬畏上帝的犹太人。现在你，尤塞尔，作为这个家庭幸存下来的唯一一员，一定希望在耶路撒冷有一个自己的犹太家庭，延续对家人的纪念，有一个捍卫《托拉》和犹太性的堡垒。我以他们的名义，向你伸出双手，我会把你当作自己的亲生儿子一样拥抱你，请你回到属于你的地方来。和我们一起住在耶路撒冷。”

第二封信是他舅舅写的，舅舅住在耶斯列山谷（Jezreel Valley）一个名叫米什马尔·哈马卡（Mishmar HaEmek）的世俗基布兹里。信上说：“尤塞尔，你现在应该摆脱老式的贫民窟心态，抛开那些繁文缛节和痴迷犹太法典的拉比，他们的反犹

35

太复国主义狂热将成千上万的人投入了纳粹的死亡陷阱。重新开始吧，尤塞尔。把你自己变成一个全新的犹太人。忘掉过去，连同那些宗教迷信。脱掉那件犹太袍子，去争取自由。加入我们，我们是一个有社会主义理想的基布兹。你属于这里。"

"诺，你说怎么办？"尤塞尔问我，他那双焦虑的眼睛紧紧盯着我。

我能说什么呢？我两眼空洞地看着他，他阴郁地看着我，拧着两鬓的边落。最后，我含含糊糊地嘟囔道："这事儿你得自己做决定。"

尤塞尔·科洛维茨倏地站起身朝门口走去，他很恼火，竟然在我这个一无所知的人身上浪费了这么多时间。他到门口转过身，虚张声势地咆哮道："我会做点让你大吃一惊的事情，大人物。我没有证明，没有护照。我是个非法的人。我不会让英国人抓住我，把我关到牢里。我在集中营里待够了。到了海法，我会跳船的。"

"你去哪儿？去谁那里？"

"谁知道？我只知道，我要学会开枪，加入伊尔贡。"他说着，啪的一声关上舱门，我心里一阵颤抖，心想要是我成了像他这样的孤儿那该多么可怕。

五天的航程即将结束，"爱琴海之星"马上就要在巴勒斯坦靠岸，人们纷纷挤在甲板两边，远眺海法的景色。尤其是统舱里的犹太人，他们看上去容光焕发。有一个人唱了起来，一开始还有点犹豫，后来越唱越响亮，直到整艘船都充满了激动人心的歌声，这是犹太复国主义者的《希望》之歌：

只要心灵深处，

尚存犹太人的渴望，

眺望东方的眼睛，

注视着锡安山冈。

我们还没有失去，

两千年的希望，

做一个自由的人，

屹立在锡安山和耶路撒冷之上。

以为自己已经流不出眼泪的幸存者们，在那里啜泣着。

"爱琴海之星"停靠在码头上，一营戴着红色贝雷帽，身着制服的英国士兵慢跑到船边站定。他们一副战无不胜的样子，身后站着好几群英国警察，穿着笔挺的制服，腰扎镶铜皮带，头戴蓝色尖顶帽，脚蹬锃亮的靴子。他们像查验罪犯的狱卒一样自信，用眼神扫过下甲板上的大屠杀幸存者，仿佛只需要凭神色就能分辨出谁是非法偷渡者。

船上的一扇金属门打开，伸出一块沉重的跳板。一名英国军官大吼一声，戴红色贝雷帽的士兵便迈着小碎步，挎着枪上了船。船长的扩音器里传出一个带着英国上流社会口音、权威而冷静的声音：

"所有乘客注意了！女士们，先生们，请大家听我说！有票的乘客，请你们到大餐厅集中，在那里检查护照。统舱里有进入巴勒斯坦合法证明的乘客，请你们待在船尾，一会儿有人带你们到主甲板上去检查证件。其他人，凡是没有进入巴勒斯坦合法证件的，你们都在统舱里等着，等别的乘客先下船。请大家配合，谢谢。"

我奔进船舱收拾东西，然后拎起箱子往大餐厅走去。大厅里充满了疑惑和不安。每个人都一边排队一边留心着自己的行李。弯弯曲曲的队伍的尽头是一张桌子，一名英国移民官正在军官们的监督下，忙着核实护照上的照片是不是持证者本人。

正在这时，一大群穿着肮脏灯笼裤的阿拉伯脚夫和穿着脏兮兮棕色短裤的犹太脚夫争先恐后地登上船，他们背着长长的打包带和厚重的绳子，运气好的人已经扛上了大箱子。他们一边相互间吼着不知所云的骂人话，一边抓起乘客的行李往海关走去。

持有证明的幸存者在英国兵的看管下，集中在通往散步甲板的陡峭铁梯旁。他们人贴人地紧挨着，母亲紧紧搂着襁褓里的婴儿，父亲紧紧抓着孩子们的手，抓着他们的肩膀，告诉他们不守规矩就会受到各种惩罚。人们紧张地抬头望着，脸上流露出焦虑而兴奋的神色，等待被叫到上一层甲板接受检查，然后得到放行。

非法偷渡者在船尾焦急地走动，没有任何证件的人只能等着被捕。

"天哪，他们真臭。"一个健壮的英国兵吐了口痰，他好像刚刚吃了个柠檬似的浑身抖了抖。紧接着，警报声大作。

一个瘦骨嶙峋、大眼睛、皮肤惨白、穿着黑色衣服的矮个子犹太男孩，从一个盖着篷布的救生艇里冲出来。他冲进统舱的人群，奔向船舷准备跳海。

一个英国兵在后面猛追，他一脸怒气，举着手里的枪。

"不许跑，"他吼道，"谁也不许从船上跳下去，回来。"他抓住尤塞尔的脚，把他拖倒在地。其他英国兵一拥而上，尤塞尔使劲用脚踢开他们，奔回尖叫着抛下行李、惊慌奔逃的难民中间。其他非法偷渡者看见尤塞尔这么做也大起胆子，冲进行李堆，推倒袋子阻挡后面追来的英国兵。"继续跑，尤塞尔！"有些人喊起来，"跳呀！"

尤塞尔一路躲闪，跳过散落在地上的行李，穿过惊慌失措的给他让路的乘客。追兵越来越近，尤塞尔不知道该往哪里逃，在甲板上四处乱跑。两个伞兵蹲在一边打算把他扑倒在地，但尤塞尔动作太快，根本抓不到。他像运动员一样巧妙地四处躲闪，拼命寻找逃跑的出路。但是他找不到，于是只好奔上楼梯朝船桥跑去，结果被怒不可遏的希腊船长一把抓住。船长使劲踢他的肋骨，直到他倒地不起。

尤塞尔不跑了。他的胸口剧烈起伏着，鼻子淌着血。三个英国兵面无表情地举枪对着他，另外一人给他锁上了手铐。

尤塞尔·克洛维茨被英国兵推搡着走向跳板。"嗨，大人物，"他张开被打肿的嘴，冲我大喊，"贝京很快就会把这些英国混蛋赶走的，然后——" 38

那个健壮的英国兵一拳打在尤塞尔头部，让他住嘴，将他拖上一辆警用卡车。他们要把他送到某个围着带刺铁丝网、天知道在哪儿的拘留营。卡车驶离了码头，一名英国官员在我的护照上盖了章，我兴奋地走下"爱琴海之星"，坐上开往耶路撒冷的巴士。尤塞尔·克洛维茨马上成了我头脑中消失的记忆。那一天是1947年11月14日，星期五。

耶路撒冷！它的个性是那么独特。

走进耶路撒冷，我感觉内心有种东西在涌动。我当时不知道如何称呼这座城市，现在也不知如何形容它。它像一部古老的史诗，朴实的外表下藏着巨大的沧桑。它像一部伟大的音乐作品，既古老又现代，既是宗教的，又是世俗的，犹太人、穆斯林、基督徒在其中同时唱出各自不同的音调，组成了一首不怎么和谐的大合唱。

然而，人们都说耶路撒冷是历史上最具争议的城市；人们在这里洒下的鲜血比在世界上其他任何地方的都要多。几个世纪以来，有多少支军队想征服这里：亚述人、巴比伦人、希腊人、波斯人、叙利亚人、罗马人、撒拉逊人、法兰克人、阿拉伯人、土耳其人、欧洲人，然后再是阿拉伯人。然而三千年来，只有犹太人把耶路撒冷当作都城。

大巴从海法一路蜿蜒穿过朱迪亚山（Judean Hill）中的曲折峡谷，天色向晚的时候，我终于第一次远远地望见了耶路撒冷。落日的余晖把天空染成了猩红色。我看惯了曼彻斯特的阴雨天，从未见过这样的天色。接近市中心的时候，耶路撒冷的石头建筑看上去好像着了色一般，呈现半透明的、金闪闪的模样。汽车在接近雅法路（Jafa Road）和乔治王街（King George Street）的交叉路口时慢下来，一名健壮的阿拉伯巡警穿着白色短裤，戴顶羊羔毛毡帽站在台子上，用警棍指挥交通。突然，路旁传出两声叫喊声。巡警马上吹响警笛，胳膊摇晃得像风车一样，笨拙地试图阻断安息日前的车流，给两名持枪的英国警察让路。我们的司机激动地从座位上跳起来，大喊："快看！——警察！他们正在追一个人。那人在撒传单，他准是个伊尔贡。"

传单在交叉路口上空飘扬，像洗过的手帕在风中舞动。有一张粘在我的窗子上。只见上面粗糙地印着贝京的口号："犹太人站起来！解放祖国！"标语上边是一个徽章——一个紧握枪的拳头，下面围着一句口号"唯有如此"，它是伊尔贡的标志。

所有的人都很紧张，司机把头探出窗外想看得更清楚些。"天啊，"他喊起来，"他们把他逼得走投无路了。可怜的人，他倒下了。他们在打他。啊，我的上帝，他流血了。"

街上的人惊恐地看着那个人——实际上，他还是个孩子——脸朝下躺在对面的马路上，他的胳膊被铐在背后，不停地扭动着，脖子后面的伤口在流血，染红了灰色夹克的领子。深蓝色的贝雷帽歪斜着戴在他卷曲的黄头发上，身体周围是散落一地的传单。他像一头被制服的公牛，徒劳地踢着摁着他的英国兵。

两个拿枪的英国警察气喘吁吁地跑回来，打着手势指挥堵塞的交通，大声吼着命令人们给警车让出一条小道。在他们把戴手铐的男孩扔上车后，路口迅速恢复了常态。

这一切都发生在光天化日之下，不知道谁是谁，没有人说情，一切都发生得这么快，我目瞪口呆，惊恐多过羞辱。我初来乍到还不足 24 个小时，就目睹了两起英国警察殴打、拘捕年纪轻轻、孤注一掷的贝京追随者的事件。最让我吃惊的是，英国人那种赶尽杀绝的高效率。这里好像到处潜伏着英国兵和英国警察，随时准备采取行动，猛扑过来。

大巴沿着雅法路驶过交叉路口，路过一个像是警察局的地方，墙上的一张海报让我感觉后脊梁一阵发凉：

> 捉拿梅纳赫姆·贝京
>
> 无论生死
>
> 凡提供有用信息者
>
> 抓获后
>
> 奖励一万英镑

40　海报上印着一张阴郁的脸，胡子拉碴，长长的脸上那双黑眼睛好像能看到人的心里。他戴着眼镜，脸上是逃亡者的那种绝望神情。

　　犹太学院坐落在拜特凯雷姆（Beit Hakerem）绿树成荫的郊区，我在拥挤的宿舍里迅速解开行李后，便直奔附近的犹太教堂去做安息日晚祷。回来后，我和同学们坐到一张放着安息日晚餐的桌子旁。我们一共 24 个人，都来自英语国家，每个人都非常渴望在这一年时间里亲密接触希伯来语言、希伯来文化、犹太历史、犹太复国主义思想，以及其他学科知识，这些都是渴望成为一流战斗先锋的一流年轻领导者不可或缺的。

　　晚饭结束时，话题不可避免地转到了这个国家越发动荡的局势上。事实上，我们这些人几乎代表了犹太复国主义政治的每一个分支，因此谈话很快就变成了争论。其中有两个人，一个来自利物浦，另一个来自克利夫兰，他俩为了哈加纳和伊尔贡之间的恩怨，争到几乎快要打起来的地步。这时有人突然生气勃勃地唱起了歌，吵闹声戛然而止，大家齐声用最高音量唱起了爱国歌曲。

　　晚上我躺在床上，眼前挥之不去的是海报上梅纳赫姆·贝京的脸。初到耶路撒冷，这种介绍方式虽然可怕，但代表了英国即将结束托管的那几个月里，巴勒斯坦的绝望处境。就像古希腊合唱队开始演唱最后一幕角色摊牌时的激情唱段一样，这部血淋淋的巴勒斯坦作品也进入了喧闹的高潮部分。暴力丑恶的报复行动极为频繁——深夜有枪战，路上有地雷，还有各种破坏、恐吓、绑架、汽车炸弹和暗杀。英国军队渐渐开始采取保护措施，限制自己人的行动。比如英国人外出必须四人以上，影院、咖啡店，实际上整个地区都禁止外人入内。大量犹太家庭被逐出自己的居所，给英国军人家属——女人和孩子腾地方，英国人住进了指定的封闭安全区，周围圈起高高的围墙。当局渐渐地把自己锁在了一个装着铁丝网的区域内。这就是我初到巴勒斯坦时见到的光景，正好赶上犹太历史上最重要的事件之一：绝望的英国人认输了，他们把巴勒斯坦的烂摊子扔给联合国大会。1947 年 11 月 29 日，联大投票决定通过巴勒斯坦分治决议，在这个满目疮痍的地方建立一个犹太国家和一个阿拉伯国家。

41

11 月 29 日是安息日，直到周日凌晨我们才从学院会议上听说这个消息。我在 11 月 30 日的日记上方，用加粗的大字写下了"伟大的一天"，日记中写道：

> 凌晨 1 点半被叫醒，赶紧穿好衣服。要成立犹太国家了！人们跳起舞，吵醒了整个街区。大家一直忘情地跳着，直到清晨 5 点。酒是免费的，大家都喝醉了，然后进城。这是多么盛大的欢庆场面。人群朝着犹太事务局拥去。每个人都又笑又唱又跳。我们直到下午 1 点半才回到宿舍，5 点躺下睡觉。晚饭后，我和同伴们去了丽娃咖啡馆，那里有好多英国警察。他们真不招人喜欢。9 点半大家回来上床睡觉。

两天后，12 月 2 日中午 11 点半，我在希伯来语课上接到一份从家里发来的电报。我悄悄打开一看，上面只有一句话："妈妈昨晚平静离世。"

我觉得嗓子一紧，好像无法呼吸一样，浑身麻木地走出教室回到房间。我好像在梦游，感觉一切都那么不真实。我关门坐到床上，浑身麻木。我想哭，却哭不出来，只是震惊地全身发抖。我不知道哪种哀悼方式是正确或错误的，但远离家人、独自坐在这里确实很痛苦。我感到非常内疚，三周前母亲病重的时候我离开了她，而且现在无法参加葬礼。于是我按照犹太悼念习俗坐七（shiva），独坐了七天。学院的同学们每天组一个 10 人的祈祷班（minyan）和我一起背诵珈底什①，其余的时候，我只是一个人坐在房间里哀悼母亲。

其间唯一的干扰是，有消息传来说，阿拉伯人为了联合国的分治决议，正在到处武装集结。他们吹响武装的号角并且发誓，只要犹太国家一出现就马上搞破坏。渐渐地，小规模冲突变成了武装行动，行动变成了战斗，战斗变成了战役，战役变

**1947 年 11 月 30 日，作者在日记中描写联合国
分治决议出台后的欢庆场面**

---

① Kaddish，为死者祈祷时唱的赞美诗——译者注。

成了全面战争。当年年底，在我抵达耶路撒冷两个月后，这座城市陷入了重重包围。

1947 年 11 月 30 日，联合国支持建立犹太国家的分治决议
出台后，耶路撒冷犹太事务局外的欢庆场面 43

从我潦草的日记中可以看出事件逐渐升级的过程以及我当 44
时的反应：

12 月 28 日星期天：一整天，附近的枪声越来越密，形势越来越严峻。伊尔贡袭击了阿拉伯人居住的罗梅马（Romema，大致在如今耶路撒冷国际会议中心的位置）。穿过罗梅马进城有点危险。阿拉伯人肆意攻击大巴。公交车上渐渐配备了护卫。

12 月 29 日星期一：枪声太密了，没法进城去犹太教堂诵珈底什。

12月31日星期三：今年的最后一天，到处是死亡的景象。我不觉得害怕。我只希望自己能得到些训练，阻止这场悲剧性的屠杀。虽然苦难看不到头，但我还是相信上帝。家里没有来信。他们从报纸上看到最近这里的新闻，肯定会担心我的。

一个小时后：通知1月3日参加训练。万岁！

1月1日星期四：下午4点，罗梅马的方向传来密集的枪声。入夜，各处传来密集的炮火声。房后的河谷响起枪声。几声剧烈的爆炸后，火焰蹿了起来。进城的交通中断了。有人说，英国人走的时候会有一场大战。必须坚信上帝。我更加担心家里人收不到我寄出的信。我努力坚持我的犹太拓荒者（chalutz）的理想，并身体力行。生命的每一天都会遭遇威胁，但我并不害怕，上帝与我同在。我要像大卫一样说："你的杖，你的竿，都安慰我。"

1月2日星期五：晚上本来要听果尔达·梅厄森（Golda Meirson，即未来的果尔达·梅厄总理）的演讲。但她没来。早早上床睡觉了。

1月5日星期一：还是没法去犹太教堂。我们被动员起来挖战壕、筑工事。

45　　1月6日星期二：去纪念摩西（Zichron Moshe，靠近耶路撒冷市中心的一个社区）做祷告。进城路上穿过罗梅马时，发现哈加纳干得真彻底，不但将这里破坏殆尽，而且把住在这里的阿拉伯人都清走了。我在周围没发现一个阿拉伯人。所有的商店都关门了。许多店铺被出租给犹太人。在城里，我看见一支特拉维夫的护卫队，由两辆武装的巴士和几辆装甲卡车组成，后面的敞篷卡车里是犹太人区警察（可怜的家伙！）。

1月9日星期五：今天上午，我不顾劝告去了犹太教堂。之所以要这么做是因为，我发现在这里（学院）诵祈祷文是徒劳，每个人都在谈天、吃东西，丝毫不尊重戴圆顶小帽的祈祷习俗。他们懂的并不比我更多。我最近听到了更多有关英国人行动的报道。雷是一名合众通讯社的记者，他告诉我，1月7日伊尔贡在雅法门救了他们的人。当时那个人被英国警察抓了起来，雅法门外停着一辆装甲车。伊尔贡丝毫不惧怕这些，四个成员假扮成医生的模样，大模大样地从英国警察和装甲车的鼻子底下把伤者转移到了安全的地方。我要赞扬伊尔贡。

英国人不愿意给留在老城的1500名犹太人提供补给，而且也不让其他犹太人提供帮助。我在脑子里把每件事串起来，清楚地发现英国人把这里搞成了一团糟。第一，这个国家的首都事实上已经被与外界隔绝；第二，人们无法去哈达萨（Hadassa）医院就医；第三，去希伯来大学的道路已经不通了；第四，因为无法安葬到橄榄山墓地，耶路撒冷的医院里停着上百具尸体；第五，法院已经无法正常工作；第六，英国人明显偏袒阿拉伯人，对犹太人抱有偏见。他们走得越快越好。

1 月 10 日安息日：没有发生特别的事情。

1 月 11 日星期天：挖战壕。

46　　2 月 4 日星期三：因为在学院凑不齐一个祈祷班，于是喝过茶，我准备去犹太教堂做午祷背诵珈底什。正要上车，我听见一个女孩叫我名字。一转头，我看见埃丝特·凯琳古德（Esther Cailingold）站在公用电话亭旁边。上次见她还是几个月前。晚上我们在本·耶胡达大街见面，一起去阿塔拉（Atara）咖啡馆聊天。

2 月 22 日星期天：我好几天没写日记了，因为感觉情绪已经麻木。早上 6 点半，我被一阵可怕的爆炸声惊醒，赶忙穿好衣服去纪念摩西做祷告。犹太教堂的几扇窗户碎了，但我直到离开也没打听出来是怎么回事。公交站旁边炊具店的老人说是本·耶胡达大街出事了。我沿着雅法路奔去，离得越近，我看到的毁坏就越严重。最后来到乔治王大街，那景象就像刚刚经历了一场闪电战。我继续往本·耶胡达大街走。上帝啊！这是一派怎样的景象！完全是一片废墟。55 人死亡，超过 100 人受伤。路过比古尔·奥利姆医院（Bikur Cholim）时，我耳闻目睹了受害者家属的痛苦呻吟状。后来的一整天里，我无法集中精力。这都是英国人干的。（实际上是阿拉伯人花钱雇英国逃兵干的。）群情激愤。伊尔贡贴出海报，上面写着要消灭耶路撒冷的每一个英国人。我听着哈加纳的地下英文广播，那是埃丝特·凯琳古德的声音。

1948 年 3 月，耶路撒冷被围困时，作者在菜园里劳动　　47

1948 年 2 月，22 岁的埃丝特·凯琳古德

第三章　埃丝特

几周后的一天，一阵急促的电话铃声响起，我睡眼惺忪地瞄了眼桌上的钟，现在是上午 11 点。我睡得很沉，昨晚值了一夜的警卫班，还在黎明的寒风中挖了战壕。

"谁啊？"我不耐烦地问。

"快起床啦！我要你来见见这些人。"

电话是埃丝特·凯琳古德打来的，她比我大几岁，我通过英国"阿齐瓦的孩子们"认识她。她 1946 年到耶路撒冷定居，在伊莲娜·罗斯柴尔德学校（Evelina de Rothschild School）教女孩子英语。耶路撒冷被围后，她成了哈加纳的全时志愿者，但不是很喜欢分配给她的任务。她做了几个月的地下广播员，当过信使、部队情报员、战地厨师、福利干事、志愿者审核员等，总之是个打杂的。

"你在哪儿？"我冲着电话喊。

"施内勒尔。"

施内勒尔是座废弃的德国孤儿院，哈加纳接管后，把它当作在耶路撒冷的大本营。

"你会喜欢他们的。"她开玩笑地说，"他们都很有个性。"

"谁？"

"你要见的人啊。"

"什么人？"我没有一点开玩笑的心思。

"一小时之内，到阿塔拉咖啡店来，来了就知道啦。"

"阿塔拉咖啡店？那里什么都没有。我已经两天没吃东西了，都饿死了。"

"别急啊。我在施内勒尔搜罗下，看看这边有什么剩下可吃的。一小时后见。"

那是1948年4月。连接耶路撒冷和特拉维夫的小道已经被彻底切断。这条路蜿蜒曲折，穿过陡峭的峡谷地带。阿拉伯人的非正规部队在每个转弯和掉头处布下埋伏，袭击过路的犹太人。英国人准备撤离巴勒斯坦，阿拉伯人和犹太人为争夺战略要道展开了血腥厮杀。只要路上的阿拉伯武装人员没有清走，耶路撒冷成千上万的犹太居民就只能等死。

英国人撤离的最后期限是5月14日半夜。直到最后一刻，英国人依然保持着不参与的严格中立政策，避开犹太人和阿拉伯人之间的争斗。

末日论者认为，这都是英国政府设下的圈套。他们说，英国人根本不想撤离巴勒斯坦。巴勒斯坦对保卫苏伊士运河具有极其重要的战略价值。英国政府实际上在密谋维持巴勒斯坦的乱局，让阿拉伯人和犹太人相互争斗，相互杀戮。到5月14日深夜，围城的阿拉伯军队就会打进巴勒斯坦，把数量和火力上都处于劣势的犹太人赶进大海。到那天的24点，联合国就会实施英国人唆使制定的紧急方案，让英国人留在巴勒斯坦重建和平。这样一来，背信弃义的阿尔比恩人——拿破仑对英国人的称呼——就能得到国际社会的认可，继续统治巴勒斯坦，彻底毁灭建立犹太国家的希望。

这是末日论者的设想。

在这个时常遭到炮轰、经常挨饿、完全孤立的城市里，类似的谣言加剧了疯狂的想象。运送外界食品变得更加困难，市场上根本看不到鱼肉蛋奶。大街上、商店里、教室和电影院里都是空的。汽油更是极度短缺。公交车很少开，出租车全部停运，私家车也被强行征用。没有电，阿拉伯人还切断了供水管道。大多数所谓的水都是从地下蓄水池抽上来的，其中有些都存了上百年了；人们修好了市中心一个当年罗马人挖下的蓄水池，储备冬天的雨水。

哈加纳的规模比伊尔贡大得多，很早就加入了争取独立的斗争，只是苦于缺少武器。随着战斗的扩散蔓延，老城的犹太人居住区和耶路撒冷的其他犹太人区失去了联系，那里的居民们遭到重重围困。但英国人自始至终在一边旁观，保持中立、冷漠的态度。

这个阴冷郁闷的四月早上，埃丝特的电话和她许诺带来的施内勒尔的剩饭，给痛苦已久的耶路撒冷带来了一丝安慰。为了去阿塔拉咖啡店，我得绕过胡达街（Ben Yehuda Street）上一堆乱七八糟的电线、扭曲的钢铁碎片、大石块和混凝土残骸，那里原来是一幢六层带店铺的居民楼。瓦砾堆中散落着破损的椅子、桌子、文件柜、床、瓷器、衣服和盆栽植物。中弹着火的汽车成了一堆黑黢黢的废铁。这是一个月里耶路撒冷遭到的第三次汽车炸弹爆炸——第一次的袭击目标是巴勒斯坦邮政大楼，然后是犹太事务局，而现在的这次似乎要把圣城炸到天国去了。

阿塔拉咖啡店外，三个骨瘦如柴的人正在用树枝点火加热一盘黑乎乎的食物。那东西叫苦贝扎（khubeiza），是一种杂草，煮熟后吃起来像特别老的菠菜。

阿塔拉咖啡店的玻璃已被炸坏，窗户上封着皱皱巴巴的铁皮，上面大胆地写着"照常营业"，牌子不久前被人泼了白漆。店里的

51

蜡烛和防风灯发出黄色的微光，散播着装饰派艺术的魅力。

"来这儿，我们在角落里，"阴影中传来埃丝特的声音。

她穿着男式战斗服，苗条的身形在大两号的厚重卡其布衣服里显得格外柔弱。她的束腰外衣外面，是一件巨大的英军毛线衣，脚上穿着笨重的中长靴。她脖子上的那条卡其色羊毛围巾可以卷成一个军便帽。唯一能看出埃丝特年龄的是一副时髦的白手套和她肩上挎着的黑色皮包，那是她常常念叨的那个在伦敦的妹妹米米送的礼物。

昏黄的灯光遮不住埃丝特眼里的疲倦，但当她的眼睛转向你的时候，那种光彩是任何化妆品都无法比拟的。她的瓜子脸上，神色与往常一样平静，从她娇小的体格和温柔的嗓音中也丝毫看不出她马上就要以非凡的毅力和勇气，投入保护老城的殊死决战。

我的注意力全在埃丝特身上，几乎没有注意到她身边背对着昏暗灯光的那个男人。直到他站起来自我介绍的时候，我才发现他 30 多岁，身穿哈里斯牌粗花呢夹克和苏格兰式短裙，有一张饱经风霜的脸，长着一头浓密的浅黄色头发。

"小伙子！"他说话声音隆隆作响，握住我的手用力摇着。"我叫乔克·麦克亚当（Jock McAdam），从苏格兰来。多亏了这个姑娘，才让这阵风把我们吹到一起。很高兴认识你。"

他旁边还坐着个人，独自阴沉着脸。埃丝特介绍说他叫利奥波德·马勒（Leopold Mahler），战前是柏林爱乐乐团的小提琴手，是著名作曲家古斯塔夫·马勒（Gustav Mahler）的侄孙。他抱着个灰色的背包，上面露出一把小提琴的琴颈。

马勒微微站起身，伸过来一只软绵绵的手。他个子很高，带点学者风度地弓着背。他可能四五十岁，脸上瘦骨嶙峋，神色焦虑，棕色的破外套前系着长形的木纽扣。他身上的哪个物件看着都不合适，但每一样都很精致。

埃丝特介绍说，麦克亚当先生是地道的苏格兰牧羊人，他是来耶路撒冷朝圣的，因为围城而被困在这里。他和马勒都住在大卫王饭店对面的基督教青年会（YMCA）。

麦克亚当带着浓重的盖尔人口音大声说："女士，你要知道，我一直在争取加入贝京先生的队伍，伊尔贡。"他对此的发音是"饿尔贡"，像是某个偏远的苏格兰湖。"但看上去他们不要我这样的非犹太人。所以我去了施内勒尔，到哈加纳去碰碰运气——为了打仗，做什么都行——这位女士接待了我。她让我通过了选拔，说是你这里有些活儿可以干。是不是？"

埃丝特打断他，建议我带他去参加我们的志愿部队，在耶路撒冷西边挖战壕、构筑防御工事。

不知什么原因，这个苏格兰人一听这个主意马上就乐坏了，他大笑着，兴高采烈地摩拳擦掌，狠狠地在我肩膀上拍了一下。坐在另一头的马勒先生，满脸愁容地看着我，郁郁寡欢地说："既然我已经被困在耶路撒冷，也许最好也做点什么。"接着，他惨然一笑，说起了他被困的经过。

1933 年纳粹开始掌权，马勒是柏林爱乐乐团的第二小提琴手。因为是犹太人而被逐出乐团后，他受聘到了新成立的巴勒斯坦交响乐团。然而，一整年的暴力冲突——那是 1936 年阿拉伯暴乱的前奏——迫使他意识到自己根本不适合待在巴勒斯坦，于是他加入巴黎歌剧院管弦乐团。接下来，他被关进德朗西集中营，后来又到了奥斯威辛集中营。1946 年他偷渡到巴勒斯坦，现在正准备去澳大利亚，悉尼交响乐团给他留了位置。可是等他拿到所有证件并得到批准后，出耶路撒冷的道路就断了。

53

他想尽办法在武装护卫车队搞到一个容身之处，准备跟着他们炸出一条通往特拉维夫的路。护卫队成功粉碎了三处路障，就在即将走出山区，到达安全的海岸平原时，队伍遭到伏击。车队中段完全被摧毁，阻塞了道路。于是，车队前段继续向特拉维夫开进，后面的部分只能艰难地开回耶路撒冷。而他就坐在后面的车上。他就这样被困在了耶路撒冷。

一名穿着红色羊毛衫的女招待拿着菜单穿过昏暗的店堂，摇摇摆摆地走来。菜单上的食物简直糟糕得不像话。本来开胃肉汤、鸡蛋杂烩、豪华沙拉、包糖巧克力蛋糕和蜂蜜果子奶油蛋糕是阿塔拉咖啡店的拿手菜，可现在他们只有一片涂着黄色酱汁的灰色面包，半个鸡蛋粉做的煎蛋卷和苦贝扎草。

埃丝特提议要苦贝扎，她弯腰打开立在身边的一个棕色皮箱，拿出一个鞋盒，把里面的东西倒在桌上。

"再加上从施内勒尔拿来的这些。"她兴致勃勃地说着。

盒子里滚出来一大块黑面包、一块人造黄油、几块奶酪、一些橄榄和几根大葱。我贪婪地伸手就抓。

她关上箱子的时候，我往里瞥了一眼，想看看里面还有什么东西。箱子里塞满了埃丝特的个人物品。我问她，现在被围成这样还想上哪儿去。埃丝特轻轻推了我一下说，别那么爱打听。但是，她马上用希伯来语告诉我，刚刚接到一个自己要求的新任务，具体是什么工作不能当着其他人的面说。

我没有追问下去，因为女招待端着一盘煮过的苦贝扎朝这边走来。每个人都大吃起来，只有马勒例外。他叉起一小块黏糊糊的草，满腹狐疑地看着它，闻了闻，嚼一口就吐了出来。

乔克·麦克亚当一下子惊了。"嘿，嘿，马勒，"他责怪道，"虽然看上去有点糟，可还有什么绿色植物比得过上帝的蔬菜，摩西花 40 年带领以色列人走过旷野，抛下了埃及的肉锅（fleshpots）。听着，埃及的'肉锅'！他们在旷野里吃什么？——天赐的吗哪。还有比那些人更严格的素食主义者吗？上帝说什么？他说，'饼是我的身体'。是饼，不是肉。"

马勒听了正色警告道："你们这是在吃定时炸弹，你们这些人。现在吞下去，到了半夜人就炸了。"

麦克亚当突然大笑，但脸色很快阴沉下来。他轻咳一声，好像佣人希望引起主人的注意那样，眼神闪闪烁烁暗示"大家小心"。

咖啡店门口的暮色中映出两个英国兵的轮廓，一名下士和一名二等兵。他们朝店内张望着，双手插在兜里，肩上挂着轻机枪。他们朝埃丝特看了一眼，经过我们身边走到隔壁的桌子。女招待过去递上菜单，他们当然没心思看，只要了覆盆子水。女招待捧着玻璃杯回来时，下士在桌上放了几枚硬币，然后从帆布挎包里翻找出一个黑色酒瓶。他转过椅子背朝我们，拧开瓶子喝了一大口。他用手抹了抹下巴，从同伴那里借火点上一支烟，让女招待打开收音机。一个男中音正在唱着《兄弟，能给我一毛钱吗？》，下士又把手伸进袋子掏出酒瓶喝起来。

我小声说，这个收音机肯定是用电池的，因为供电早就被掐断了。但埃丝特基本没听我说话。她瞥着那两个英国兵，表情里带着蔑视和谨慎。她尖刻地小声说："他们已经不讲纪律了。感谢上帝，我们很快就会摆脱他们，那时候我们就可以宣布独立了。"

马勒尖酸地说，埃丝特完全是在胡说八道。难道还看不出来吗，5 月 14 日半夜，阿拉伯军队就会攻进来把我们打得落花流水？像她这样没有受过正经训练、拿着玩具枪的犹太爱国者怎么敌得过地球上最强大的大英帝国？

"因为这都是上天注定的，"麦克亚当庄重地说，"如果上帝站在我们这边，谁还能反对我们？万能的上帝已经赐予贝京把英国人赶出巴勒斯坦的勇气。"

55　"算了吧，贝京！"音乐家怒了，"就算英国人走了，贝京也会让犹太人陷入内战。本－古里安担心得有道理，贝京会发动武装暴动建立独裁政权。"

麦克亚当宽厚地看着小提琴家："胡说！贝京是上帝指派的。就像《圣经》上写的那样，'凡祝福以色列的，我祝福他'。到了那天你会明白的，马勒，那时候你会更聪明，更快乐。"

"会吗？你真是疯魔了。和你这种救世主似的圣人在一起，真是比自己当圣人还要糟。"

埃丝特和我对视一眼。这俩人同住在基督教青年会，这显然不是他们在宗教和政治问题上的第一次较量。

麦克亚当脸上热烈地泛着红光，用一副老实委屈的样子回应说，没错，这么想也许很疯狂，他不否认这一点。毕竟，疯狂是相对的，对他来说，这是把疯狂用在有益的事情上。但同理，马勒也很疯狂。俩人不都是追求完美和卓越的狂热者吗？哪有不疯魔的狂热？马勒，你难道不崇拜小提琴吗，就像他本人麦克亚当崇拜上帝一样？难道当马勒拉小提琴时，他的琴弦没有回应他吗？这就像当麦克亚当祈祷的时候，上帝会回应一样。

我从没听过这样的自夸。谁也不能责怪乔克·麦克亚当缺少自信和灵魂。好像是为了进一步表明自己的态度，苏格兰人紧握拳头坐在一旁，眼神似火一般补充道："马勒，我向上帝祈祷，你不会去澳大利亚，你不会离开这片圣地的。"

音乐家不知道说什么好，疲倦而憔悴地端坐着，两眼无神。最后他问："你为什么祈祷我不会离开这里？这跟你有什么关系？"

"让他早点到来，"麦克亚当平静地说。

"谁要来？"

"救世主。"

马勒恼火地摇了摇头。"我不明白你在说什么。"

"那我来告诉你。你是个犹太人。你的地盘在这儿。你属于这里。所有的犹太人都属于这里。所有犹太人都应该住在巴勒斯坦。只有所有的犹太人都离开异邦回到巴勒斯坦，才会有基督复临。"

"完全胡说。"

"闭嘴，你们这些犹太佬！"，英国下士突然大吼一声，摇 56
摇摆摆地走到我们面前。"没看见我们在听收音机吗？"

空气中弥漫着艾伦·琼斯（Allan Jones）的歌声。下士说话的时候，满嘴威士忌的味道。

利奥波德·马勒害怕了。

乔克·麦克亚当站起身，弹掉夹克袖子上的苦贝扎碎屑，整了整苏格兰短裙，向两个英国人走去。他走到他们桌前，深沉地盯着他们，笑着对下士说："我叫乔克·麦克亚当，从苏格兰来。你刚才的话不是当真的吧？应该是个口误。"

英国兵鼓起勇气，从烟盒里抖出一根烟点着，撮起嘴往麦克亚当脸上吐了个烟圈。

麦克亚当闭上眼，咳嗽几声："我不会还手的。你就告诉我，你不是故意的就行。"

"抱歉，先生，"下士说，又吸一口烟，"太晚了，我已经说了。"

"但是，你可以收回。"

"收不回了。"

"为什么？"

"因为犹太人就该闭嘴。他们说得太多了。话太多。"

"他们现在话多吗？"

"他们是杀人犯、恐怖分子，和贝京一样。"

"他们现在是吗？"

"他们还是两面派。是犹大，是杀害耶稣的凶手。"

"他们现在是吗？"

"他们还干其他坏事。"

"比如说，哪些？"

"偷鸡摸狗。"

"什么样的偷鸡摸狗？"

"你懂的——就是他们那种偷鸡摸狗。"

乔克·麦克亚当朝那个懒散的下士微笑着俯下身子，猛地用手背扇了他一记耳光。英国人摇晃了一下，倏地坐直，捧着脸，眼里含着泪水。

女招待背靠在墙上，发出一声尖叫。

苏格兰人仍然笑着，从英国人手里夺下酒瓶，不紧不慢地浇了他一头。这时，旁边的二等兵坐不住了，他跳起来，像个拳击手一样紧张兮兮地围着桌子打转。那个醉鬼，闻闻自己身上的酒味儿，瞅了瞅弄脏的制服，大声地骂起脏话来。

57　　"行了，行了，别骂了，"麦克亚当还是那么好脾气。"你们还是起来走吧。"

英国下士骂骂咧咧地站起身。他的同伴迅速扛上轻机枪，挎着他的胳膊，领着他往门口走。二等兵走到门口停住脚步，转身朝我们大声说，语气里分明带着悔悟："我们不全是他这样的人，你知道吗。你们不能以偏概全地看我们。"

"走！快走！"麦克亚当咆哮着，作势要朝门口冲过去。

我们都看傻了，一动不动地张着嘴盯着这个苏格兰人。他心满意足地拍拍手上的灰转回身，走到一半，突然停住了。收音机里正在播放一则公告，所有的人都在凝神细听。英语播音员的语气波澜不惊，好像他念的不是什么公告而是板球比赛的得分。其大致内容是，英国人已经启动程序逐步撤出巴勒斯坦，为加快物资撤离进程，从第二天早上 6 点至中午 12 点，当局将对耶路撒冷的几个地区实施封锁。他详细说明了封闭的街道名称，以及负责封锁的机构。

埃丝特起身准备离开，去附近的锡安广场（Zion Square）乘车回施内勒尔，她嘱咐我把马勒和麦克亚当收编进我那支杂乱无章的防御工事挖掘队。她祝福俩人好运，让我帮她提着箱子送她一程。锡安广场上，家庭主妇们提着水桶、茶壶、坛坛罐罐，在一辆驴拉的水车前默默排成一队，等着领取定量配给的水。附近的政府大楼前，两个戴头盔的英国兵满腹怀疑地看了一眼埃丝特的皮箱和制服，然后继续在辖区巡逻。突然，老城方向传来机枪交火的声音，接着是陆陆续续反击的声音，紧接着传来一声闷闷的巨响。然后一切重归平静。

埃丝特看看表，恼火地叹了口气说："车也该来了啊。"

"你要去哪儿？为什么还带着箱子？"我急切而好奇地问。

她两手插在战斗服的衣兜里，盯着我看了好一会儿。"我有新岗位了，"她最后说实话了，"我要去老城的犹太人居住区。"

58

　　我惊呆了。在危机四伏的耶路撒冷城里，那是最危险的地方。那是一个人人逃之唯恐不及的地方，没有人会往里进。我劝她理智点，冷静下来好好想想，好好待在施内勒尔别去惹麻烦。但这根本无济于事。她早已下定决心，我感觉自己完全是白费口舌。

1947 年 12 月，埃丝特·凯琳古德学习使用步枪

　　她一反常态，满怀爱意地紧握我的手，笑着（我不知道这是出于紧张还是真情表露）说："我从英国人那里骗来一张警局通行证，我的身份是教师。我现在只想在运输护卫队的车上弄个位置。车不多，所以只能每天到他们的集合点去等着，希望能搭车走。他们莫名其妙地随机挑人，能不能走全凭运气。所以我得每天随身带着箱子，说不定哪天就撞大运了。"然后她好像故意轻描淡写似地淡淡说道："老城犹太人区的抵抗者急需支援。"

我了解情况。那个被老城墙圈起来的世界里还留有大约 2000 名犹太人，其中大多是虔诚的老年人。几个月来，阿拉伯非正规军一直在连续不断地打击他们，只有不到 300 名装备低劣的犹太战斗人员——不到 200 名哈加纳加上不足 100 名伊尔贡——在抵抗，保护犹太人免遭大屠杀之祸。英国士兵和警察掌控着进出老城的大门，表面上是出于严格中立，实际上有效地阻挡了外界增援。

这时，一辆汽车形单影只地驶来，车身上草草涂抹着伪装漆。它开足马力，摇晃着驶进锡安广场，刺耳地戛然停住。埃丝特爬上车，我把皮箱扔到车后部。灰头土脸的司机发动引擎，松开刹车，车轮转起来，咆哮着开走了。

我和埃丝特甚至都没来得及好好道别一下。

1948 年 5 月 7 日，埃丝特终于坐上运输护卫的车，开进老城同哈加纳并肩战斗去了。

研究老城保卫战的历史学家们证实，一开始哈加纳和伊尔贡之间互不信任，但双方随着接触和了解日益深入，开始紧密合作。5 月 14 日，老城犹太区和其他耶路撒冷犹太区彻底断绝联系，最后的决战打响了。

有幸存者见证了被敌人包围时，埃丝特·凯琳古德最后一次不屈不挠顽强应战的经过。他们说，她艰难地穿过一片片碎石，从一个前哨到另一个前哨，给筋疲力尽的抵抗者传递消息，给他们送去仅有的一点点粮食和越来越少的补给弹药。虽然自己受了伤，到处是伤亡、臭蝇和残垣断壁，但她想尽办法鼓励大家。

5月28日，终于到了弹尽粮绝的日子。大部分抵抗者不是战死就是受伤。埃丝特·凯琳古德伤得很重，老城犹太区举起白旗投降的那天，她也死了。

最后的时刻，她给住在伦敦的家人潦草地写了封信，虽然不知道这封信能不能到达他们手里。最终，这封信居然寄到了。她在信里写道：

亲爱的爸爸妈妈，以及所有人：

不知你们能不能收到这封仓促之间凌乱成文的信。我想写这封信请求你们，无论我发生了什么，请一定理解，这正是我想要的结果，我丝毫不后悔。我们经历了痛苦的战斗：我体验了欣嫩子谷①的滋味——但这一切都是值得的，因为我相信犹太国家终将建立起来，我们的渴望终将实现。

我只是千千万万牺牲者中的一员，我之所以写这封信是因为，一个对我极为重要的人，今天牺牲了。我很难过，但我不想让你们难过——一定要记住，我们是战士，我们为最伟大、最高尚的事业在战斗。我知道，上帝与我们同在，就在他的这座圣城，我为此感到骄傲，我愿意为之付出代价。

你们不要认为，我是在进行"无谓的冒险"。在人力短缺的情况下，说这种话没用。我是多么希望你们都有机会来见见我的战友，如果我牺牲了，他们活了下来，那么在他们说起我的时候，请你们不要感到难过而是开怀愉悦。

60

---

① Gehenom，过去位于耶路撒冷城墙外的一个谷地，异教徒献祭的地方，后用于焚烧垃圾和罪犯的尸体。——译者注

请求你们千万不要太过悲伤。我的生命虽然短暂，却过得很充实，我觉得这是最好的生活——"短暂而甜蜜"。在我们自己的土地上，这一切是多么甜蜜。我希望，米米和亚瑟能弥补我给你们带来的缺失。请不要遗憾，这样我才会幸福。我一直在想念你们，这个家庭里的每一个人，一想到终有一天（希望这一天很快就会到来）你们会到这里来，享受我们的战斗成果，我就充满了快乐。

非常非常爱你们，祝你们幸福，要开心地记起我。

愿你们平安，

　　　　　　　　　　　爱你们的埃丝特

埃丝特·凯琳古德被安葬在耶路撒冷赫茨尔山（Mount Herzl）的军人墓地。她牺牲的时候年仅22岁。她的妹妹米米后来成了我的妻子，她的弟弟亚瑟是我最亲密的朋友之一。

第四章　独立日

1948 年 5 月 14 日，星期五，天气炎热难耐。沙漠的风自东边刮来，像吹风机一样吹干了田野乡村。我们已经连续三天三夜轮流在耶路撒冷城西的白垩质山腰上挖战壕，从这里可以俯瞰一个名叫艾殷卡陵（Ein Karem）的阿拉伯村庄。这支临时挖掘队一共 25 人——背着镐头、铲子，还有 12 杆从一战中淘汰下来的李恩菲尔德步枪——既无经验，也不体面，目的是在耶路撒冷西线的狭长地带构筑一道防御工事。

实际上，我们所处的地方根本不是什么真正的前线，除了零星的狙击枪声和一枚偶然落下的迫击炮弹，这里一片寂静。但有传言说，入夜后阿拉伯人要从艾殷卡陵对被围的西耶路撒冷发动攻势。听说伊拉克非正规军已经潜入艾殷卡陵和一支来自杰里科（Jericho）的约旦旅汇合。我们的任务是阻止他们进攻，但谁也不知该怎么做，尤其是这支队伍的头儿以利沙·林德（Elisha Linder）。就凭 12 杆老旧步枪，再加上我们这些杂牌军，他能干成什么事呢？

一个难以克服的问题是，他根本无法和外界取得联系——既无军用电话，也没有情报人员，甚至连个收音机都没有。由于缺乏确凿事实，谣言满天飞：戴维·本-古里安向华盛顿方面屈服了，以色列不会宣告独立；梅纳赫姆·贝京正在筹划一场起义；阿拉伯军队已经入侵；联合国正在召开紧急会议准备通过一项让英国人继续驻扎的决议。

　　事实上，那天我们的主要敌人并不是什么阿拉伯人，而是极度口渴。我和利奥波德·马勒的任务是打水（乔克·麦克亚当去了红十字会当救护车驾驶员）。一路上，我们得躲过狙击手的冷枪，沿着陡峭曲折的山路飞奔而上直至山顶，翻过山头下到一个果园。那里的树林里有一口井，水很脏但很凉。我俩一人提两个简易油桶，装上水运回阵地。大家喝水的时候只能用手绢过滤着喝，以免把虫子吞进肚子里。

　　在正午的烈日下，打水是件苦差事。每个桶好似有一吨重，我俩拽着水桶跌跌撞撞地爬过岩石堆，穿过晒干的蓟丛，因为赤裸着上身，所以还要遭受苍蝇蚊子的骚扰。利奥波德·马勒已经竭尽全力，但仍然难以保持速度。他不时停下来喘气、喝水，把湿毛巾攥在起泡的手里痛苦地提起水桶，背包里还塞着他的小提琴琴盒。刚过中午，我俩正往回走，狙击手的一颗子弹呼啸而来，擦着马勒的脸飞过，打断了我们脑袋上方的一根树枝。随着一记脆裂的声响，树枝重重地落在马勒的琴盒上，砸得他一下子跪倒在地。他抬起头，一脸惶惑地看着我。"我的琴，"他大口喘着粗气，"它碎了。我完了。"

　　我抓住马勒的肩膀，劝他振作起来。但他甩开我，站起身踉跄地走到岩石边，卸下背包轻轻地取出木制小提琴盒。它确实开裂了。他小心翼翼地打开盒盖，拿出琴，翻来倒去，一寸一寸地慢慢细看。在我看来，这把小提琴简直精致优美得像一只蝴蝶。他把小提琴放在颌下，闭起眼睛，一丝不苟地调着每根弦，然后精心地收起琴，把琴盒塞回背包里绑在身上。他一开口满是疲惫，"这把琴太完美了。要是我死了，你就把它交给爱乐乐团。另外，再帮我个忙。你每天做祷告的时候顺便帮我告诉上帝，来拯救我的灵魂，如果真有上帝，真有灵魂的话，"

说着他笑了，幽幽地有些凄惨。

"全是傻话。"我一边说，一边帮他收拾起东西，俩人一路磕磕绊绊回到挖掘队。医生——一名退休的放射技师——给马勒做了全身检查，发现他处于脱水和极度疲乏的状态。以利沙·林德向我们传达了从最近的一块阵地听来的新谣言：阿拉伯人正扑向耶路撒冷城；他们在协同一致发动攻势；英国人和阿拉伯人沆瀣一气；本-古里安已经推迟宣布独立；贝京正在集结人马准备和他摊牌。

为证明伊尔贡领导人确有其意，以利沙从其他队员手里接过一份贝京办的地下小报《希鲁特》①递给我们，上面有篇评论这样写道：

> 如果安息日传来消息说："犹太国家从此建立起来了"，那么所有人，所有年轻人将为我们的国家和人民肩并肩地团结作战。但是如果到那天有人发布可耻的投降宣言，如果领导人屈服于敌人的伎俩，扼杀了襁褓中的犹太人独立事业——我们就要反抗。

以利沙发着牢骚，"咱们得弄清楚，贝京到底想干啥。闷在这儿，两眼一抹黑什么也不知道。"他指示马勒先去休息，然后无论如何想个办法搭便车进城，去看看到底发生了什么事。"带点确实的消息回来。"他命令道。

白天过得很快。遥远的天边，落日的最后几抹余晖渐渐藏到朱迪亚山背后，仿佛在预告安息日即将到来。一座石头建筑

---

① *Herut*，希伯来语意为"自由"。——译者注

的废墟挡住了敌人的视野，建筑大门上挂着一盏防风灯，满身泥垢、精疲力竭的挖掘队员在灯的微光下站成一队背诵安息日祷告——"欢迎安息日"（*Kabbalat Shabbat*）。这是一种无比神圣的停顿；安息日的寂静仿佛瞬间笼罩了一切。然而此时，山里回荡起一阵零星放空枪的声音，几秒钟后从艾殷卡陵传出狂暴的隆隆声，一颗炮弹呼啸着击中我们下方的山体，炸起一堆尘土。一束车灯的光突然照亮村庄旁边的柏树丛，只见那是一群戴头巾，穿着卡其制服，身背各式步枪的阿拉伯人。以利沙·林德尖叫起来，"那是装甲车！进战壕！开火！"

我们连滚带爬，匆忙穿过蓟丛，四处寻找掩护，所有身上带枪的人都在盲目地朝黑暗中开火。我不知道这一切持续了多久。最后，从一条条战壕接力传来停火命令，每个人都在困惑，到底发生了什么事。这到底是又一场小规模战斗、一次试探，还是不光彩的撤退？谁也不知道。

一阵嘎吱嘎吱的脚步声伴随急促的喘息声打破了刚刚恢复的安息日寂静，是马勒！他从暗处朝着防风灯的光亮跑来，上气不接下气地喊着，"我有消息啦！我有消息啦！"

我们纷纷往回跑，奔向摇曳的微光下站着的那个人。以利沙·林德一把抓住马勒抢着问："快说。打听到什么了？贝京造反了？本－古里安宣布建国了？阿拉伯人打进耶路撒冷城里了——到底是啥？"

马勒呼哧呼哧地喘着粗气说，没有打听到贝京的消息。至于说阿拉伯人占领耶路撒冷，那正好完全相反，掌控那地方的是犹太人。为了证明自己说的话，他敞开破外套，露出里面缠在腰上的英国国旗。接着，他开始从鼓鼓囊囊的口袋里往外掏刚才忘记汇报的"奢侈品"：三角形的卡夫奶酪、玛氏士力架、

64

吉百利巧克力。然后，他解开背包，从侧面的口袋里倒出了桃子罐头、罐装的营养品，还有一瓶卡梅尔酒。

我们看得眼珠子都快要瞪出来了，听着马勒讲述这些战利品的由来：这是从广场附近废弃的英国军官办公室淘来的。当天上午，英国人撤离了那片地区，于是犹太人不费一枪一弹就踏进了英国警察总部。除此之外，他还从阿塔拉咖啡馆的收音机里亲耳听见，当天上午 10 点英国驻巴勒斯坦地区高级专员阿兰·坎宁汉（Alan Cunningham）在大卫王饭店外检阅了告别仪仗队，全面撤下英国国旗。坎宁汉已经从阿塔洛特机场（Atarot Airport）飞抵耶路撒冷以北的海法，他在那里登上一艘巡洋舰，将在午夜驶离三海里领海界线，进入公海，正式结束英国对巴勒斯坦的统治。

"本-古里安有没有宣布独立，有还是没有？"以利沙·林德已经快要疯了。

马勒深吸一口气庄严宣布："戴维·本-古里安今天下午已经在特拉维夫宣布独立。以色列国将在午夜正式成立。"

一片死寂。就连空气也似乎屏住了呼吸。再过几分钟就是午夜。

"哦，天哪！我们这是怎么啦？"一名女队员喊起来，手指不停地摩擦着双颊。"我们都干了些什么？哦，天哪！我们这是要干吗？"不知是因为狂喜还是震惊，她的眼泪夺眶而出。紧接着，空气仿佛被引爆了一般，到处弥漫着喜悦的泪水和笑声。每个人心里都充满欢腾，大家互相鼓励、拥抱，高声唱起了国歌。

"嘿，马勒！"以利沙·林德的大嗓门盖过了喧闹声。"我们的国家——她叫什么名字？"

小提琴家回头茫然地看着他。"我不知道，忘了问了。"

"你不知道？"

马勒摇摇头。

"叫'耶胡达'怎么样？"有人提议，"毕竟，大卫王的国家就叫'耶胡达－犹大'（Yehuda－Judea）。"

"锡安（Zion），"另一个声音喊道，"当然应该选这个名字。"

"以色列！"又有人叫着，"以色列不也挺好的吗？"

"来，为胜利干杯，"以利沙开心地打开那瓶酒，把锡制的杯子倒得满满地快要溢出来了，"不管她叫什么，为我们的新生国家干杯！"

"等等！"哈西德派教徒努塞恩·德尔·沙扎恩（Nussen der chazzan）大声说——他来自耶路撒冷极端正统的犹太社区百门区（Meah Shearim），是志愿挖掘队里最勤快的一个，大家都叫他独唱家。"叫安息日（Shabbos）吧。优先考虑祝祷文。"

人群迅速围住了他，努塞恩·德尔·沙扎恩紧握杯子，用他独唱家般的甜美嗓音唱起了神圣的安息日祷告"*Yom Hashishi*"——祝福神圣的安息日。

努塞恩吟唱的神圣之词逐渐升至安息日祷文的高潮部分。他放开嗓门，如泣如诉的歌声穿透黑夜，声调越来越高，他闭上眼睛，伸出手举起杯子。唱到最后一句——"祝福你啊神，你给了我们神圣的安息日"时——他踮起脚尖，双手僵直，前后摇摆起来，他的嗓音也因为包含感情而颤抖起来，他给独立的第一天带来了欢欣鼓舞的节日祝福——"*shehecheyanu, vekiyemanu vehegiyanu lazman hazeh*"——祝福你，我们的上帝，万物之王，你给予我们生命，支持我们，带领我们走到现在。

"阿门！"

那天晚上，艾殷卡陵再没传出什么异动的声响，第二天一早，一批训练有素的战斗人员接手岗位，给我们腾出 24 小时的休息时间。回到城里，那里已经一片欢腾。安息日这一天，从中午到下午，再到晚上，大家的情绪从兴奋、激动变成骚动。尽管有可能遭到炮火袭击，但人们还是兴高采烈地大批拥上街头。他们在胡达街几周前被炸出来的大弹坑里点起熊熊篝火，年轻人围着它跳起狂热的民间舞蹈——霍拉舞（horah）。一个神采奕奕的年轻人，打着侧手翻来到我和马勒身边，兴奋地拍着我们的背。锡安广场上，一位吹长号的老者和一名弹吉他的姑娘正在合作演奏一曲情绪高昂的《一起欢庆吧》①。两人瞥见利奥波德·马勒背着小提琴，便邀请他一起加入。马勒跟上拍子，把曲子演绎成了狂热的渐进变奏曲，连连地即兴演奏，他的音符四处跳动，就像他和小提琴都沉浸在久别重逢的喜悦中。

阿塔拉咖啡店仍然只点着寥寥几根蜡烛，亮着几盏防风灯，但顾客只要进店就能喝到一杯免费的红酒。四个灰头土脸，腰里别着手枪的人——听说他们是第一次公开露面的伊尔贡战士——正在角落里摆弄着那台靠电池发声的收音机，最后他们终于搜到了想听的电台。

"大家安静一下，"其中一人喊道，"贝京要讲话了。"

"他在哪儿？"有人问。

"特拉维夫，伊尔贡的秘密电台。"

"他能给我们带来什么——内战？"马勒的口气里分明带着

---

① *hava nagilla*，是一首传统的希伯来语犹太民俗音乐，它是犹太婚礼和犹太成人礼中经常演奏的一首乐曲。——译者注

挑衅。

"闭嘴，听着！"

兹拉兹啦的电波声中传来一个忽高忽低的沙哑的声音，贝京开始庄严地发表对全国讲话：

"犹太国家的公民们、以色列的战士们、希伯来的青年们、锡安的兄弟姐妹们！在经历了多年的地下斗争、熬过了多年的身心迫害之后，反抗压迫的战士们终于能站在你们面前，他们感谢你们，在心里为你们祝福。多少年来，我们的祖先一直在圣日祈求上帝赐福。而今天是个真正的节日，一个神圣的日子，摆在我们面前的是一个新生的果实。1944 年到 1948 年的犹太反抗运动取得了成功。"

"好哇！"人们大声喊叫着，只有利奥波德·马勒嗤之以鼻，"有什么值得欢呼的？贝京马上就会发起第二次反抗运动，这次是针对自己人。"

"住嘴，否则要你好看。"一名伊尔贡战士攥着拳头威胁道，他被马勒气得脸都扭曲了。

马勒不说话了，贝京的讲话仍在继续。

"我们推翻并根除了这个国家遭受的压迫统治，它已经崩溃瓦解。以色列国是经过浴血奋战建立起来的。它的立国之本——它的根本，是真正的独立。我们结束了为自由而战的阶段，让以色列的子民回到祖国，重新夺回了这块上帝的应许之 67 地。但这仅仅是一个阶段而已。

"以色列国是从血与火中走出来的，它双手和臂膀充满力量，经受过各种牺牲和考验。它别无选择。然而，在建立正常的政府机构之前，它依然要同这片土地上（以及空中和海上的）那些邪恶的敌人和嗜血的雇佣兵进行战斗。"

　　说到这里，贝京顿了一下，声音变得凌厉起来。"建立一个国家很难；维护一个国家更难。一代又一代数以百万计的流亡者在各个屠杀之地间逃亡；会有人遭到流放；会有火刑柱，会有地牢的折磨。我们必须经历无数次痛苦的幻灭。我们要接受先知和预言家的警告——虽然他们往往得不到重视。我们需要一代代的建设者与开拓者付出汗水和辛劳。我们必须起来斗争，将敌人打得粉碎。我们必须直面绞刑架、需要漂洋过海的流放、监狱，以及沙漠里的洞穴。这一切，都是必需的，只有这样我们才能像现在这样，60万犹太人定居在自己的故乡，把压迫者赶出去并宣布独立，这整个国家都是我们的。"

　　接着，他强有力地说："我们目前正面临敌人的重重包围，他们妄想破坏这个国家。那些被我们打败的压迫者，依仗着来自南方、北方、东方的雇佣兵，正虎视眈眈地想要间接地逼迫我们投降。我们的国家诞生仅仅一天，她是在烈火和战斗中出生的。因此，我们国家的首要支柱必须是在这场已经席卷整个国家的战争中取得胜利，彻底的胜利。没有胜利就没有自由、没有生命，为了这场胜利，为了和敌人斗争，赶走侵略者，把整个国家从潜在的破坏者手里解救出来，我们需要军队，需要各式各样的武器。

　　"但是除了武器装备，我们每个人还需要另一种武器，一种精神武器，它能为面对进攻、面对痛苦的伤亡、面对灾难和暂时挫败的我们提供无所畏惧的忍耐力，以抵抗各种威胁和诱骗。如果在未来几天或是几周内，我们能用这个不朽民族的精神武器来武装自己，那我们就有能力赶走敌人，为我们的民族和国家带来自由与和平。

　　"然而，即便胜利之歌开始唱响——我们必然会获得胜利——我们也仍需付出超乎寻常的努力，来维护独立和自由。首先，必需提升与加强以色列的战斗部队，否则就不会有自由和生存。我们犹太人的部队应该，也必须成为世界上素质最高、装备最好的部队。现代战争比拼的不是人数；其决定性因素是人的智力和精神。我们所有的年轻人已经证明了，他们拥有这种精神……"

贝京的声音戛然而止，被淹没在收音机发出的电波干扰中。聚集在收音机周围的人发出一阵烦躁的抱怨声。一个家伙怒气冲冲地砸了下收音机，但显然是徒劳的，旁边的人胡乱摆弄着收音机的旋钮，直到电波里断断续续地再次传出贝京的声音。"……我们国内政策的另一大支柱是重返锡安。船只！老天保佑，让我们拥有船只吧。不要再空口白话地质问自己有没有能力吸纳移民。不要再借口什么'效率'，采取措施限制移民。要迅速！再迅速！我们的民族已经等不及了！马上去把成千上万的犹太人接回来吧！如果房子不够，我们就搭帐篷，或者干脆以我们的蓝天，以天为顶，以地为屋。我们正在经历一场生存之战，我们的明天——所有犹太人的明天——取决于我们能否以最快的速度召集起我们的民族流亡者。"

接着，他稍微平和了一些，"在我们的祖国，公平是至高无上的统治者，是王者之王。我们必须摒弃一切暴政。政府阁僚和官员们必须是人民的公仆，而不是人民的主人。这里绝不能存在剥削。这里绝不能有任何人挨饿——不管他是以色列公民还是外国人。《圣经》中说：'因为你们在埃及地也作过寄居的。'当我们在自己的国土上同陌生人打交道时，这句至理格言必将继续照亮我们前路。我们的《圣经》说，'你要追求公义，只当追求公义。'这句话是我们共处的指导原则。"

说到这里，贝京似乎再次深吸了一口气，接下来，他的声音里迸发出火热的信念。"现在，伊尔贡不再是一个地下组织。犹太人统治着自己的国家，在这里，我们实行犹太政府的法律。它是这块土地上的王法，是仅此唯一的法律。因此，我们不再需要什么地下武装。从今往后，我们都是以色列国的战士和建设者。我们都要尊重当下的政府，因为它是我们的政府……"6

69　利奥波德·马勒终于坐不住了，他跳起来朝门口走去，脸上写满不忿。"我真是听够了，"他吵吵着，"你真的相信他会解散伊尔贡，向本－古里安政府让步？没门儿！我压根就不信，本－古里安也不会信他。看着吧，你们等着瞧。"

利奥波德·马勒说得没错。独立日当天，戴维·本－古里安就任新生的以色列国的临时总理，他压根不信梅纳赫姆·贝京的话。他对贝京抱有根深蒂固的不信任，认为后者会极尽残忍之事。所有的政治都充满摩擦，但本－古里安和贝京之间的多年宿怨似乎比蒙太古家族和凯普莱特家族①之间的怨仇还要深。

这其中的原因之一，与耶路撒冷的战斗部队有关。尽管犹太复国主义领导层一再反对，但1947年的联合国分治决议中还是决定将耶路撒冷国际化，将它作为三大宗教的圣城。它既不属于犹太人，也不属于阿拉伯人。因此，虽然在以色列国宣告成立的过程中，犹太地下组织主动解散并组成了以色列国防军（Israel Defense Forces），但是在耶路撒冷，哈加纳和伊尔贡仍各归其主，各行其是。

在这片混乱中，6月中旬，一艘名叫"阿尔塔莱纳"号

---

① 莎士比亚的著名戏剧《罗密欧与朱丽叶》中的两大家族。——译者注

（*Altalena*）的伊尔贡改装船，满载着数百名志愿者和急需的武器装备开来了。本－古里安命令船上人员将全部武器上缴以色列国防军，然而贝京坚持认为其中一部分装备应专属耶路撒冷城里装备简陋的伊尔贡部队所有。本－古里安从一开始就确信贝京企图挑起一场暴乱，没有任何调解、解释和谈判的余地。本－古里安提出"阿尔塔莱纳"号违反了联合国发起的、由他主持的休战协定，其中规定：不管是阿拉伯人还是犹太人，任何人都不得将新的武器装备和人员运进以色列国。因此，"阿尔塔莱纳"号显然违反了协定。由于低效的官僚手续，这艘船在一个法国港口耽搁了很长时间，抵达特拉维夫时早已迟到多日。于是，本－古里安命令以色列国防军向"阿尔塔莱纳"号开火。船身随即陷入一片火海，熊熊火焰夺去了二十几条无辜的生命，船上的贵重货物也一并葬身海底。

新生的以色列国成立还不到一个月就濒临一场内战——犹太人打犹太人，而此时阿拉伯部队正从四面包围过来。就在"阿尔塔莱纳"号抵达特拉维夫并在距城市的中心步行街远处遭遇炮火攻击的那一天——6月22日，我和学院的学生们一起设法离开封锁之下的耶路撒冷。撤离耶路撒冷是由学院的年轻主管亚伯·哈曼（Abe Harman，后被派往华盛顿成为驻美大使，曾长时间担任希伯来大学校长）一手操办的。为确保我们的安全，他向红十字会撒了个小谎，称我们都是被困在耶路撒冷，正准备回国的清清白白的外国学生（实际上根本不是）。红十字会当然答应帮这个忙，于是我们就这样突破了阿拉伯军团的防线。

平时坐巴士仅需一个半小时的路程，这次却耗费了5个钟头，但是谁会计较呢？特拉维夫一直没受到战火波及，在经历

70

了数月的困顿和危险后，我们都要去享受一下海滨大都市的高质量生活。抵近位于特拉维夫市中心的住处的时候，我们才发现这个地方有些异样，实际上还挺危险，通向海边的道路尽头传来的是熟悉的枪声和迫击炮声。

1948 年 6 月 22 日，星期三，我在那天的日记本上记录了乘坐红十字会车辆驶出耶路撒冷，听到特拉维夫枪声大作和对"阿尔塔莱纳"号事件的思考：

此刻我正坐在开往特拉维夫的汽车上，那里有电、浴缸、莲蓬头、厕所、雪茄、热闹的街市、冰激凌，前提是阿拉伯军团能放行。我们全都接受了检查，而我是个无辜的英国学生。现在是上午九点半，我们出发了。再见，耶路撒冷。我会回来的。路过罗梅马的路障时，卫兵冲我们喊"祝你们好运"（是啊，我们太需要运气了）。车沿着道路行驶，这是我们的兄弟洒下鲜血的地方。道路两旁是烧毁的卡车和装甲车残骸……我的右边是拿比·撒母耳（Nebi Samuel）高地，我们曾不止一次地在那里遭到敌人的轰炸。车辆渐渐接近"山谷之门"（Bab el Wad），只见一辆辆运送食物的卡车卷着尘土行驶在"滇缅公路"（Burma Road，那是在崎岖的岩石地带凿出来的一条临时通道）上，正朝着耶路撒冷驶去。这种感觉真好。

车停下，一名武装警察上车通知我们，前面就是阿拉伯人的防线。同行的人中有个家伙带了把左轮手枪和子弹。他把枪藏在睡袋里，每个人都拿了些子弹分别藏在火柴盒里。

我们继续上路，前面弹痕累累的拉特伦（Latrun）警察局旁边就是联合国营地和阿拉伯军团的守卫。我开始暗自祈祷。两名军团士兵和一名联合国观察员一起上车，我感觉口袋里的子弹快要派上用场了。他们看上去像猪一样壮实，不过搜查并不怎么严格。貌似对检查结果还算满意，我们被允许继续上路。我们穿过阿拉伯人的防线，现在开到了通往胡尔达（Hulda）的路上。我们成功了！

我们已经在路上走了5个小时（这段路平时只需要一个半小时），已经可以望到特拉维夫。我感觉到莫名的兴奋。洗个澡，换个衣服，干净的房间、大街上的人群，经过这么长时间后，这么丰富的生活简直让人难以置信。一切就像做梦一般。路边的报亭里堆满了巧克力和雪茄。每个人都在看着我们，脸上带着愉悦的笑容。在耶路撒冷最艰难的日子里，他们的确努力帮助过我们。

亚伯·哈曼把我们带到一家豪华旅店。我打开每一盏灯，拉了每一根冲水绳，打开每一个水龙头，向大街上熙熙攘攘的人群一声声地说着"你好"。能看见这么多人真好啊！大家纷纷排队洗澡。我冲刷掉身上的尘土，打算发一封电报给家里人，告诉他们我还活蹦乱跳地活着呢。

窗外，港口的方向腾起了一根巨大的烟柱。那好像是大家都在纷纷议论的那艘船。

亚伯·哈曼把我们带到一家高级饭店，点了上等的食物。我想自己可能需要稍微长胖点，于是满满地吃了几大口，回到旅店就觉得有点不舒服。我猜想，可能是胃部一下子承受不了。其他人也和我一样难受，医生只能让我们吃东西悠着点。

窗外，那艘船的方向一直枪声不断，我感觉自己又回

1948 年 6 月 22 日，中弹的"阿尔塔莱纳"号正在冒烟

图片来源：汉斯·宾（Hans Pinn）、以色列政府新闻办公室。

到了耶路撒冷。尽管如此，我还是在一尘不染的床单上沉沉地睡着了。

9 个月后，梅纳赫姆·贝京在一次公开大会上谈起"阿尔塔莱纳"号。这是我第一次亲眼看到他，只见他眼里噙着泪水。会议地点在太巴列（Tiberias），我和几个从英国来的"阿齐瓦"组织代表一起搭车赶到那里。我们一行大约 40 人，开始住在一个名叫雅夫内（Yavne）的退伍军人基布兹，渐渐适应了下地干活的艰苦环境。几个月后我们搬到加利利（Galilee）一个名叫塞耶拉（Sejera）（现在改名为伊利亚尼亚，Ilaniya）的大本营，装配建设基布兹基础设施的设备。接下来便是我人生中最辛苦的一段经历——做清除岩石和碎石等繁重的杂活，所以我才那么渴望去太巴列听贝京演讲：我实在是太想休息一会儿了。

1949 年 2 月，拉维（Lavi）基布兹成立当天，肩扛工具的拓荒者们　　74

第五章 加利利的采石人

　　我们的定居点位于太巴列以西 10 公里，这里极度缺水，面积广大。我们给基布兹起的名字"拉维"——意思是"母狮子"——源于一个古老的客栈。我们的车队（其实就是一辆卡车、一台拖拉机和一辆拖车）艰难地攀上这片布满岩石的山坡，路途的艰难也预示了之后的辛苦劳作。凌厉的风中夹杂着隐约的雷声，青灰色的云层在头上翻滚，我们就这样在加利利的郊外扎起帐篷。

　　中午时分，帐篷终于搭好了，简易厨房里煤油炉上的汤碗散发出一阵阵撩人的香味，馋得人真想马上扔下工具大吃一顿。但是我不能去，因为手头有一件要紧的活儿还没干完：挖个泥坑——公用厕所。

　　这是件可怕的活儿。我费劲地翻动湿乎乎的泥土，搬走大块石头，坑挖得越深，积水越多，直到挖出一个泥泞的大坑。我一度累得滑倒在泥坑里，心里一阵作呕，感觉生命似乎正在往下沉。我不禁自问：我到底在这片烂泥地里忙活什么？还好有人来替班，一盘热气腾腾的食物下肚后，我的情绪又高涨起来。

　　下午，来了几个中层干部，他们在一阵讲话、拍照之后便离开了。此时，太阳钻出云层，我们终于能好好看看周围的乡野风光。太壮观了。左右风景截然不同，我们的右边是肥沃的亚夫涅尔峡谷（Yavniel Valley）延伸出来的狭长地带，上面纵横交错地排列着果园和田地。在我们的左边，一直往北，矗立着一座险峰，两侧的峭壁像号角一样——因此得名"哈丁角"（the Horns of Hittin）——萨拉丁曾经在那里重挫十字军。远处隐约可见的是绵延起伏的下加利利，犹太教卡巴拉传说中的古城萨法德（Safed）就坐落在它的最高处。往东走一点点，跃入眼帘的是加利利海，水浪轻轻拍打着太巴列的古城墙，冲刷着对岸戈兰高地（Golan Heights）的紫色山麓。

虽然风景很诱人，但我根本没时间驻足细赏。还有很多大石头等着我去搬。这片贫瘠的土地上一千五百年来从没出现过犁的影子，大自然唯一的馈赠就是石头——这里的石头简直比泥土还多。石头缝里，上上下下嗡嗡嗡地飞着苍蝇、蚊子，爬着蝎子，偶尔还会蹿出蛇来。

当务之急是搬石头，得把石头一块块捡起来放进篮子，装上拖车拉走，再运到远处倒掉。我们就这样从早到晚地干着采石头的活儿，双手磨出泡，脊背疼得直不起来。即便我喊号子，想尽办法节省力气，但这终究是桩没完没了的苦差事。这样的活儿要持续干好几个月，基布兹的每一名成员，不管是谁，都要轮流下地采石头。

拉维基布兹最初就是这么荒凉原始——没有电，没有卫生设备，甚至连一片结实的屋顶都找不着；只有些军队剩余的帐篷和最简单的食物：早餐是粗麦粥、蔬菜、一块抹着人造黄油的面包和茶；午饭是汤、蔬菜、半个鸡蛋加一碗饭；晚餐的汤会多一些，外加白奶酪、橄榄和抹着稀释过的果酱的面包。等到每周一次的安息日大餐时，每个人能吃到三片意大利蒜味腊肠。落脚几个月之后，大家的安息日的餐盘里终于添了一块鸡肉。

我每周都给住在曼彻斯特的家人写信，信里字斟句酌地把拉维基布兹的建设进展吹得天花乱坠。那些日子里，如果有人碰巧走进那间被用作食堂的木质工棚，就会看见这样一幅景象：在劣质木板做成的桌子前，一群人正围着几盏煤油灯坐在长凳上，他们头戴软毡帽，身穿挂满泥浆的工作服，脚上蹬着厚重的靴子。这景象像极了凡·高的名作《吃土豆的人》。大多数人都在埋头吃着白铁皮盘子里的东西，胳膊架在桌子上，无声地喝着勺子里的汤，谁都累得不想说话。

尽管如此，这张桌子上还是不乏深切的兄弟之情和难以名状的快乐时光。人们以一种近乎神秘的方式相互关爱着，彼此亲密得就像一家人。我们都是抱着自我牺牲的信念、带着英雄主义色彩的志愿者，这其中部分是出于贫穷，还有一部分则源于相互支持的集体主义意识。但最重要的是，大家共同意识到，我们正在从事一项极为浪漫而虔诚的冒险。

当然，在一个如此狭小、联系紧密又与外界隔绝的社会里，每个人都不可避免地生活在别人的视线之下，几乎藏不住什么秘密，因此难免会产生一些小小的争执。一天，关于梅纳赫姆·贝京的话题引发了一场争论。起因是有人不经意地提到，当天晚上贝京要在太巴列发表演说，他想去听听。

"你不能去，"另一个人大声说，"他是恐怖分子。"

"他绝不是这种人，"说话的人有点不快，"他是个英雄。"

这就是贝京：只要提到他的名字就会引发激烈的情绪对抗。追随者毫无理性地崇拜他，批评者毫无理性地诋毁他。他在一些人眼里是伟大的演说家，在另一些人看来却是个危险的政治煽动者。

这场争论出现在以色列第一次全国选举之后，当时贝京解散了伊尔贡，成为他新成立的赫鲁特党（Herut，即自由党）领导人。

眼看双方都急了眼，一个名叫乌尔夫（Wolfe）的人站出来解围。"谁想去听贝京演说，那就去，"他仲裁说，"咱们大家正好都休息休息。"

乌尔夫有点像村务顾问，他个子不高，看上去很瘦弱，但厚厚的镜片背后那张历尽沧桑的脸透出一股坚定的力量。这里的每一个人都信任他。

集会地点是一家摇摇欲坠的电影院，听众主要是塞法迪犹太人，以及和我们一样来自周边新成立的基布兹和莫夏夫①的疲惫的拓荒者。贝京讲话时，有些人听得睡着了，直到突然下起雨来，雨点啪啪地打在铁皮屋顶上，几乎淹没了演讲者的声音，人们才重新打起精神。在噼里啪啦的大雨声中，贝京镇定自若地举起双手大声背诵雨季祷告。此时，塞法迪犹太人都站了起来，兴奋得又是跺脚，又是喝彩。

此情此景不禁促使我更加仔细地观察眼前这个人，越发地留意他到底说了些什么。他是个天才演说家，他的讲话时而感人，时而诙谐，时而鼓舞人心，时而亲密无间，能够让听众极其清楚明白地理解他的观点。他看上去三十五六岁，中等身材，很清瘦，身穿一件灰色的宽松外套，看上去仿佛散发着一股樟脑味儿。他有一双明亮而智慧的眼睛——命运迟早会让我记住它们——戴一副金属丝架眼镜。他的额头很高，一头直直的黑发向后梳着，苍白的圆脸上留着厚厚的小胡子。他一点也不像敌人描述的那么可怕。

他在演讲的第一部分中声明，和其他犹太地下武装相比，

①　moshavim，以色列的一种合作农庄，实行私人租地集体耕作制。——译者注

伊尔贡一直以来都是逼迫英国人撤离以色列的最重要力量，是伊尔贡帮助本－古里安宣布了独立。

"本－古里安有宣布独立的特权，"他说，"但这个国家并不是他建立起来的。是犹太民族建立了国家。如果没有伊尔贡冲在前面，我们就仍然生活在英国人的管制下。"

这个话题正是哈加纳领导人和伊尔贡领导人之间争议的源头之一，双方都争着把驱逐英国人的功劳划归在自己名下。实际上，这场争论一直延续至今。而在当时，所有党派都在这场争论中投入了巨大精力，纷纷招募历史学家、教育家、新闻记者，以及回忆录作家甚至是神话作者来助阵。因为 1949 年首次选举的政治价码实在是太高了，谁驱逐了英国人，谁就占据了道德制高点，掌握了领导这个国家的民族权利。

梅纳赫姆·贝京谋求占据一个更高的道德制高点，他试图提醒人们，正是在他的干预下，这个国家才免受内战之苦。他以先知一般的热情讲述了他如何两次将暴怒的自己人从内战边缘拉回来。

"我们几乎已经到了剑拔弩张的地步，"他说，"不只是'阿尔塔莱纳'号事件，在此之前的 1948 年，伊尔贡就曾经不顾本－古里安的命令阻挠，开始起来反抗英国人。"

他压低声音仿佛是在窃窃私语，让听众详细了解 1944 年的事件的黑洞——陷入困境的伊尔贡到底进行着怎样的地下斗争："这一年，我们经受了无法言说的折磨，"他的语气里满是绝望。"我们的兄弟姐妹，成千上万地在欧洲遭到屠杀。本－古里安坚持认为，我们要先加入同盟国打败纳粹，之后再把英国人赶出我们的土地。但我和我的战友们不这么想。本－古里安对我们的反抗行动充满敌视，他甚至想发动哈加纳来镇压我们的反抗行动，包围我们的战士，把他们抓起来送到英国人手里。这简直是疯了。这是要把犹太人一分为二。我闻到了内战的腥臭味。"

说到这里，他停顿了一下，当他再次深情开讲时，他的嗓音微微地颤抖起来：

"于是，我告诉自己的人一定要悄悄行事。让人抑制复仇的本能，这实在是太难了，但我必须这么做。我不得不这么做。因为我们是犹太人！"

会场上响起热烈掌声，震得剧院房梁都摇晃起来，但贝京似乎什么也没听见。他用手背擦了擦眼角，苍白的脸上写满痛苦的回忆："是的，太难了。但我们的战士完全理解我的命令，他们压抑住复仇的本能，默默地做出让步，很多人被送进了厄立特里亚的英国拘留营。他们给这次围捕起了个名字，叫'狩猎'。他们说，这是'狩猎季节'，而我们就是猎物。"

贝京取下眼镜用手绢擦了擦，试图平复情绪："你们很多人可能还记得那个'狩猎季节'。我们的伊尔贡战士从各自岗位上被撤下来。在被移交英国警察之前，他们遭受了可怕的待遇。犹太告密者提交了我们的名单，名单上有军官，有士兵。天天都有围捕行动。我们的武器仓库和安全的藏身之处全被暴露了。"

他突然停下来，轻轻咳嗽几声，清清嗓子，换一种轻柔的语气接着说："我们的地下战士从不退缩、毫不畏惧，他们的战斗精神让人感动，每当回想起他们，我心里就充满爱怜。他们被人送进拘留营，扔进黑牢，他们受饿、挨打，遭到恶意的中伤诽谤。但是他们中间，没有一个人——"他把嗓音提到最高，眼神因为痛苦而变得令人生畏，"——他们中间没有一个人背叛庄严的誓言，没有一个人采取报复行动！不要还击，这是从犹太人的历史深处传来的声音，所有人都遵从了。"

他一边大声说一边拿手指一指，脸色和眼神一样坚毅，听众再次热烈鼓掌。接着，贝京突然严厉起来，像个行进中的士兵一样提起双肩道："现在，你们每个人都听着，仔细听好。我活着就坚信一条铁律：犹太人永远不能对犹太人动手，绝不能。犹太人永远不能流犹太人的血，绝不能。两千年前，我们的第二圣殿经历了一场噩梦，耶路撒冷惨遭破坏。这是为什么？因为我们竟然麻木到相互仇视，这种仇恨酿成内战，使我们遭到彻底毁灭：这是几代人的血泪啊。因此，我早就立下誓言，不管受到什么样的挑衅，我永远不会参与内战，绝不会！"

他站得笔直，脸上毫无畏惧，双手握拳，语气里充满诚恳："难道历史没有告诉我们，内战对一个国家意味着什么吗？难道我们不明白，一个经历过内战的国家要历经数代之后才能愈合伤痕吗？所以，今天晚上我要告诉你们，谁鼓吹内战，谁就该受到诅咒。我们要砍掉他的双手，阻止他向犹太同胞举起屠刀。以色列永远不会发生内战——绝不会！"

人们激动地跳起来，我也身在其中。我有一种从未有过的感觉，既无法形容，也不知它是什么。直到数年以后，我才想明白。那天晚上，就在太巴列那间摇摇欲坠的剧院里，我听到了一位领导人的演讲，他非但对犹太历史了如指掌，而且还有自己独特的理解。梅纳赫姆·贝京追忆了犹太人数千年的历史，展望了今后数千年的未来。犹太人过往的经历赋予贝京最坚定的信念和本能，给他强烈的民族自尊，并让这位未来的总理得以向世界上的国王和王子们、统治者们宣布"除了上帝，犹太人绝不向任何人低头。"就在太巴列的那个夜晚，我感觉某种东

80

西激起了我内心的共鸣。

在人们的喝彩平息下去后，他换了种轻松的姿态，以一种不容置疑的权威从容地说："女士们，先生们，你们知道，我必须老老实实地告诉你们，地下工作毕竟还有让人愉快的另一面。地下工作迫使我们过着与世隔绝的生活，这是件好事情，隐居能让人保持头脑清醒，进行深度思考。生活在地下的我们甚至能创造出奇迹，把漆黑一片的地窖变成高高的瞭望哨。"

眼看听众们困惑地盯着自己，贝京微微一笑，眯起深陷的双眼，这个波兰犹太人的脸上摆出一副精明的神态。

"是的，从地窖的瞭望哨望出去，我们看得很远，"他用苦乐参半的口气逗趣地说，"能见度非常好。我们能从地窖的瞭望哨看见天亮，但首先我们得熬过夜晚。那么，晚上能看见什么呢？"

81

他神色阴沉下来，用拳头砸着讲台一字一顿地说："在夜晚我们看见，无穷无尽的犹太人在欧洲死去。我们看见犹太贫民区的熊熊大火。我们看见敌人在密谋反对我们——哈加纳和伊尔贡的战士们。顺着时间的长廊，我们听见两千年前的毁灭性内战发出可怕的回声，那是耶路撒冷陷落的声音。目睹这一切，一种深层的犹太人的本能在我们心里油然而生——它和我们的民族一样古老。它在召唤我们——不，是命令我们：不能以牙还牙！你可以被掳走，可以蹲监狱，可以受折磨，但不可以对这些施暴者动手，他们是我们的犹太同胞。"

他深吸一口气，喝了一小口水，眼里噙着泪花将话题转到了"阿尔塔莱纳"号上。

"历史告诉我们，"他拖长声音说，"大多数解放战争之后，几乎不可避免地会有血腥的内战接踵而来。政权倒塌犹如一场地震，而地震之后，地下往往孕育着连串的余震。

"我们伊尔贡确实制造了余震，至少批评者的心里是这么认为的。这些余震之多甚至使英国人预测，只要他们一走，这里就会爆发一场犹太人之间的内战。出于我先前提到的理由，内战没有发生。出于同样的理由，我们从来不会向伊尔贡战士灌输对政敌的仇恨思想。相反，我们要他们相信，终有一天战士们会组成一支独一无二的犹太军队，大家会为守护这个犹太国家而肩并肩地共同战斗。"

他又停顿了一下，拿起手绢轻轻拍了拍前额，喝口水继续道："记住，建立犹太国家是伊尔贡的唯一目标。我们之所以脱离哈加纳起来反抗英国人，是因为镇压和克制让我们别无选择。我们的反抗是为了我们的人民而战，而非统治他们。但本 - 古里安从不相信这一点。多年来，他和他的同党一直在诽谤我们。他们固执地认为我们的斗争一文不值，只不过是想夺权而已。本 - 古里安在犹太世界到处诋毁我们，说我们正在谋划一场暴动。所以，他下令向'阿尔塔莱纳'号开炮。他向全世界散布谣言，说我正准备发动一场政变，实际上，我们是为了运送应对战争急需的武器和志愿者。"

为说明这一切，他详细地列举了"阿尔塔莱纳"号上的货物：5500 支步枪、300 挺布朗式轻机枪、50 挺施潘道机枪、400 万发子弹、1 万枚空投炸弹、50 架反坦克机枪、1004 辆装甲车，除此之外还有 900 名志愿者。

他一边列举清单，一边前后摇晃着身体。

那天晚上，他没有在演讲中提及自己在"阿尔塔莱纳"号中弹着火后的经历。直到后来，才有目击者向我讲述当时的情况。他们说，贝京一直用船上的高音喇叭向特拉维夫海滩上的人群喊话，人群中有的在围观这艘摇摇欲坠的船，有的则在朝它开枪。

"特拉维夫的人们，"贝京大喊，"伊尔贡给你们带来了打击敌人的武器，但是政府不让我们交给你们。"然后，他又对着海滩上朝他开枪的士兵喊话："看在上帝的分上，帮我们把武器卸下船，这是我们保卫国家需要用的。如果我们之间有什么分歧，那就坐下来说清楚吧。"

伊扎克·拉宾听到了这番喊话，他是帕尔马赫（Palmach，哈加纳的一个分支力量）的副司令。当时，拉宾借着联合国休战协定请了几天假，碰巧在帕尔马赫在特拉维夫的总部办事。他看见"阿尔塔莱纳"号搁浅在距离陆地约 700 码的地方，船身陷在礁石之间没法动弹。

"我当时确实相信本－古里安说的话，认为贝京正在谋划一场政变，"数年后拉宾对我说，"所以上面下令让我指挥帕尔马赫开火时，我照做了。附近有个炮台，有一架非常老式的加农炮，它没有瞄准器，几乎不可能直接命中目标。但是很显然，上面不是让我们开炮吓退船上的人，而是要击中要害。我们确实击中了要害。"

目击者称，当时船甲板上燃起熊熊大火，刺鼻的浓烟把梅纳赫姆·贝京熏得黑黢黢的。他就像神话寓言里的人物一样矗立在那里，挥舞着双臂发疯一样地向自己的部下大喊："不要还击！不要开火！不要打内战！"

随着火势蔓延，船舱里的军需品随时可能发生爆炸，"阿尔塔莱纳"号只得升起白旗，船长下令弃船逃跑。尽管贝京坚持要最后一个离开，但战友们不由分说把他抛下船。众人的描述是，他被人从水里救起，抬到岸上，情景非常凄惨。

当天晚上，满脸焦虑、一身疲惫的贝京通过伊尔贡的秘密发报机，含着眼泪宣布了"阿尔塔莱纳"号的遭遇，船上的武器葬身海底，那么多战友失去了生命。他把攻击"阿尔塔莱纳"号的行为称作"一场犯罪，一种愚蠢而彻底无知的行为"。贝京指控有人要蓄意谋害他的性命，并且早有狙击手把枪口直接对准了他。"但是，你无法通过杀害一个信仰的忠实信徒来消灭这种信仰本身。"他大声说。讲话结束时，他提出了 ahavat Yisrael——犹太人之间相互关爱的号召。"以色列人民万岁，"他用嘶哑的嗓音宣布，"犹太人的故乡万岁。以色列的士兵万岁，以色列的英雄万岁万万岁。"

在事件发生的几个月后，我们坐在太巴列这座破败的剧院里听贝京痛陈："战友的尸体还没有埋葬，可本-古里安说，朝'阿尔塔莱纳'号开火的大炮是神圣的武器，值得在圣殿里拥有一席之地。哦，太可耻了！难怪道德高尚、光明磊落的人会指责他夸夸其谈，亵渎神明，提醒他只要犹太人手上沾着同胞的鲜血，圣殿就永远立不起来。"

他接着说："直到今天还有敌人在嘲笑我，他们笑我那天晚上竟然在广播讲话中落泪。让他们嘲笑去吧！我一点都不觉得可耻。有些时候，我们不必为流泪感到羞耻。相反，我们应该为此感到骄傲。眼泪并不一定来自双眼；有的时候，它们像血一样，是从心里涌出来的。

"所有了解我的人都知道，命运并没有过多地眷顾我。从小我就知道什么是饥饿，深谙痛苦的滋味。死亡的阴影经常笼罩着我。但我从来不会为这些事情哭泣。那天晚上我确实掉眼泪了，但那是为'阿尔塔莱纳'号在哭泣。为什么？因为在一些决定命运的时刻，你必须在鲜血和眼泪之间选择其一。在抗英斗争中，我们必须以鲜血取代眼泪。但是在决定'阿尔塔莱纳'号命运的时刻——当犹太人抗争犹太人的时候——就必须用眼泪替代鲜血。与其让这么多犹太人在坟墓边哭泣，不如让一个犹太人发自心底地流泪。"

他抬起头，挺起胸，演讲进入了尾声：

"今天晚上，我要告诉你们，上帝绝不允许任何人用武力推翻民选的以色列政府所做的决定。不管我们之间有什么分歧，不管我们对互不相同的信仰持有多么坚定的态度，不管我们之间的争论有多么刺耳喧嚣——依照我们的议会民主制度，所有持不同政见者只能通过合法的途径来表达意见。在专制的风暴中，我们需要这样的民主来克服障碍，通过考验；在上帝的帮助下，我们将越来越强大。"

这番话引发了经久不息的掌声。[7]

84

梅纳赫姆·贝京在1949年的选举中落败，之后他遭遇过诸多失败，而这只是第一次。戴维·本－古里安明确地将贝京排除在自己领导的联合政府之外。他坚信贝京的赫鲁特党，以及以色列共产党（Maki，马基派）都是对民主的一种威胁：赫鲁特党只想建立右翼政府，马基派想要的是左翼独裁。

"他从来不明白，"贝京说，"泽埃夫·亚博廷斯基思想的核心恰恰是建立一种自由的议会民主制。"

直到1967年，本－古里安的继任者列维·艾希科尔才结束了这种排斥，列维·艾希科尔邀请梅纳赫姆·贝京在"六日战争"前夜加入了民族团结政府。

不过，那是16年以后的事情了。在1949年这个凄风苦雨的冬天，我们这些疲惫不堪的拓荒者还要继续在拉维基布兹的凛冽寒风中清理石块，严寒冻得人脊背发麻，大雨下个不停，到处泥泞不堪。然而春天终究还是来了，那是大自然送来的慰藉。温暖的阳光下，山坡上的野草绿油油地闪着金光，山谷中野花遍地。向日葵一丛丛地抬着头，仿佛正钦佩地望着拔地而起的新村庄。清走了岩石和石块的田地里，农作物发芽了，灰色的大地变成一片碧绿。白天变得越来越长，人们在田间小道上散步，不时查看着即将成熟的稻米，期待迎来第一个丰收。

一天傍晚，乌尔夫在食堂拍拍我的肩，建议一起出去走走，看看庄稼的长势。实际上，他是要和我做一次推心置腹的谈话。他说基布兹收到一封伦敦来信，犹太复国主义青年组织"阿齐瓦的孩子们"想让我回英国，担任其秘书长。我的任务是监督各青年组织的工作，协调夏令营、冬季研讨会等培训教育项目，并负责编辑杂志。

乌尔夫认为我应该接受这个任务，因为我本来就是拿了"阿齐瓦"的奖学金到以色列参加青年领导者培训项目的，所以理应为"阿齐瓦"服务三至四年。另外他提到，拉维基布兹还需要新成员加入，我也正好可以帮忙招募新人。

我耸耸肩同意了乌尔夫的意见，并表示愿意服从基布兹的安排。实际上，我心里正同时感到巨大的遗憾和强烈的庆幸——遗憾的是，我已经被拉维基布兹强烈地吸引，有点不舍；庆幸的是，清理岩石的工作已经快把我累垮，这回可以解脱了。1949 年夏天，我带着复杂的心情告别拉维基布兹，回到英国，投入"阿齐瓦"的事业中。

第六章　牛津辩论社

回到英国，我仿佛换了个人。我感觉自己有了一种新身份——一个货真价实的以色列人。我在伦敦北郊加入"阿齐瓦"组织，天天穿着拉维基布兹的工作服——开领衬衫、卡其色棉布裤子，外加一件防风夹克——依旧生活在基布兹的幻想中。无论走到哪里，只要有人能听得懂，我就要磕磕绊绊地说几句希伯来语。我再次和家人团聚，但在"阿齐瓦"工作几年后，我更加坚定了返回拉维基布兹的想法。

我最喜欢的工作是安排各种培训项目。1952 年 10 月的一个下午，我到牛津安排冬季研讨会的地点事宜。那天时间宽裕，我一路闲逛走进一间牛津著名的二手书店，在微微散发着霉味的空气中，瞥见一张广告，上面写着当晚牛津辩论社要举行一场辩论：

> 议题：我们认为，犹太复国主义是帝国主义。
>
> 正方：阿里·埃尔－侯赛尼（Ali el-Husseini）博士，阿拉伯国家联盟秘书长阿卜杜勒—哈利克·哈苏纳（Abdul-Khalek Hassouna）的顾问。
>
> 反方：格申·利维（Gershon Levy）博士，以色列总理戴维·本－古里安的顾问。

格申·利维曾经在学院讲过课，我认识他。于是我怀着极大的期待准备去听一听这场辩论。

牛津辩论社被誉为世界最知名的辩论社团，因为其极具争议的辩题而名声在外。它是英国社会各种思想交锋的主战场。1933年希特勒掌权，牛津辩论社举行了一场著名辩论，当时的辩论主题堪称最离谱的议题之一：我们无论如何不会为国王和国家而战。结果大部分人赞同这个议题，由此引发一场全国性的强烈抗议。温斯顿·丘吉尔指责这是个"最不知羞耻的议题"，专栏作家们暗示其使希特勒产生了英国人不会参加战争，即便入侵波兰，也不用害怕英国宣战的错觉，以至于最终在六年之后引发了第二次世界大战。

我准时到达辩论会场，在旁观席找了个座位。辩论大厅里挤满学生，许多人都是一身牛津辩论社的特色着装打扮——古怪的帽子、花哨的背心、闪亮的领带，留着各式各样的小胡子。

牛津辩论社是未来政治家的圣殿，它所在的建筑看上去不像为学生辩论团体所有，更像一座大教堂。古老的橡木长凳像极了教堂长椅，都铎风格的窗户直通橡木雕刻的拱顶，房顶上垂下铁质的枝形吊灯。四周墙上挂着历任牛津辩论社主席的肖像，其间点缀着几座前任英国首相的大理石半身像，他们都曾经主持过牛津辩论会。

在我找到座位坐下时，作为主辩论的热身，一场唇枪舌剑已经开始了。这一天的热身辩题是：我们认为，不打孔的邮票对社会构成威胁。这完全是一场华丽的表演，展示闪亮的智慧、机智的妙语和各种爆笑的奇闻轶事。当最后一名辩手做总结发言时，整个会场沸腾了："那么，我尊敬的朋友，第一次世界大战后，战胜国把欧洲分割成一小块一小块的，他们说，这么做是为了全世界的民主考虑。实际上，他们不过是造就了大量毫无价值的、没有打孔的邮票，它们给像我这样的集邮爱好者带来了巨大的麻烦。"

话音刚落，全场一阵哄笑。此时，身穿传统燕尾服打着白色领带的辩论会主席走上讲台，他让计数员数一数到底有多少人举手表示支持，听众们开心地欢呼起来。欢笑声平息后，和下议院的规矩一样，格申·列维和阿里·埃尔－侯赛尼坐到演讲席旁边的位置上，准备发表演讲。

凡是 1948 年以前在巴勒斯坦待过的人，都相当熟悉"埃尔－侯赛尼"这个姓氏。他们是这个国家最富有、最有权势的几个家族之一。该家族里最出名——或者说最臭名昭著——的人是哈吉·阿明·侯赛尼（Haj Amin el-Husseini），他曾经当过耶路撒冷的大穆夫提①，是巴勒斯坦民族运动领袖，早期的恐怖主义实践者，希特勒的同党。

他族里这个名叫阿里的年轻人嗓门洪亮，长相英俊，口才流利而自信，一听就是出身于整天搞政治的巴勒斯坦大家庭。他用夸张的言辞刺激听众，不时插进一些和听众套近乎的题外话。演讲结束时，他发动听众为他热烈鼓掌。

下一个轮到格申·列维。他的说话风格和外貌相得益彰：高冷、阴郁、博学，而且发人深省。他的话语里没有阴谋诡计，而是准确地摆出各种事实，充满智慧的力量。当他在言语中点缀上一些讽刺挖苦的成分时，他的话就像一把锋利的外科手术刀。因此当他讲完坐下时，人们也为他使劲鼓掌。

接下来是一场简短的会场辩论，学生们发表简明的观点，表达支持或反对意见。然后，两名辩论者再次受邀发表各自的

①　Grand Mufti，旧时耶路撒冷伊斯兰教教法的最高权威。——译者注

结束语。现场的气氛越来越紧张，争论在逐步升级，两人都为自己的论点辩护，为击败对手巧言如簧。最终，双方的"炮火"集中到一个名叫代尔亚辛（Deir Yassin）的地方。

代尔亚辛——现在称哈尔诺夫（Har Nof）——是耶路撒冷西郊的一个阿拉伯小村庄，坐落在贝特克雷姆（Beit Hakerem）的山谷对侧，1948年耶路撒冷被围时，我曾经在贝特克雷姆住过。那年初春，代尔亚辛村的枪手开始向贝特克雷姆山谷放枪。4月9日凌晨5时，代尔亚辛方向传来一声巨大的爆炸，巨大的威力震撼了整个山谷，直接把我从床上掀到地上。两小时后，又传来一声爆炸，震得房子直摇晃。我当时听说，那是伊尔贡战士和莱希组织——一个更小、更激进的地下组织——成员正在合力攻打代尔亚辛村。

"代尔亚辛村的遭遇，"阿里·埃尔－侯赛尼在牛津辩论会上用极尽讽刺的语气煽动说，"象征着犹太复国主义者的大屠杀和帝国主义罪行，它针对我的人民，它是如此臭名昭著、令人恐怖。代尔亚辛这场蓄意的残忍大屠杀夺去254条生命，其中还包括孩子。梅纳赫姆·贝京应该为此受到起诉。是他指挥手下的暴徒潜入这个安静祥和的小村庄，他们残害妇女，把许许多多残缺的尸体扔到井里，还放火焚毁村民的遗体。在贝京的命令下，屠杀幸存者被装上卡车运到耶路撒冷游街，他们被人投掷石头，遭人唾骂，最后在附近的采石场被枪杀。"

接着，他的发言达到高潮，他强忍泪水哽咽着道："代尔亚辛大屠杀及其后来在巴勒斯坦人心里引发的恐惧，标志着一场针对巴勒斯坦阿拉伯人的灭绝性屠杀已经开始。对于成千上万的阿拉伯人来说，这个小村庄的名字象征着犹太复国主义的帝国主义式背叛、残忍、侵略和扩张主义。"

话说到此，他回到座位上。格申·列维立刻站起来，他因为愤怒而咆哮起来，掌声戛然而止，他怒斥："刚才各位听到的，是一场精心编排的阿拉伯神话创作，是宣传。我们在这里要讨论的不是代尔亚辛发生了什么，而是迄今为止关于代尔亚辛人们都编造了些什么。"

然后，他像法庭上的律师一样简洁、生动、有力地发表了自己的观点：代尔亚辛村坐落在山脊上，极具战略重要性。村民们事先早已受到警告，称那里极有可能遭受攻击，而且他们事先是有机会逃离的，所以谈不上什么突袭；那里根本就没有发生过什么蓄意的屠杀；那场战斗是逐门逐户进行的，因此造成重大平民伤亡；但是，死亡人数根本不到阿拉伯人所宣传的一半。

他转过头冷冷地看着阿里·埃尔－侯赛尼说：

"阁下，我给你提些忠告，牛津辩论会的听众都有强烈的感知能力，请不要在这里，在他们面前装得如此虚伪。你无法蒙蔽他们的眼睛。因为他们知道，我们犹太人和你们阿拉伯人不一样，我们不是好战民族。我们和阿拉伯民族不同的是"——他再次转向台下的听众——"犹太民族传说中的英雄从来不是武士，也不是征服者，而是预言家、作家。我们的文化中没有战争。我们的血液里也没有这两个字。我们从来没有，也永远不会有蓄意攻击平民的贝京政策，只有阿拉伯人才会一直以来固守这样的策略。我指的是在 1920 年、1921 年、1929 年、1936 ~ 1939 年的骚乱中，犹太人遭到的屠杀和残害；在最近发生的战争中，又是阿拉伯国家想扼杀、残害新生的犹太国家；在这场战争中——我只举几个例子——一辆载着 77 名医生和护士并且带有明显标志的救护车，竟然在开往耶路撒冷哈达萨

（Hadassah）医院的途中遭到屠杀；35 人组成的平民护送队在驶向古什埃齐翁（Etzion Bloc）的路上遭遇埋伏，继而是杀戮；佛艾辛（Kfar Etzion）基布兹也遭到屠杀，只留下四名幸存者……"

91

就在此时，大厅里突然响起一阵充满厌恶的叫喊声，随之一阵恶臭迅速弥漫整个会场，打断了他的讲话。一个满嘴脏话的人不知从哪儿，朝着主席座位的方向扔了一把臭气弹。臭气弹落在辩论主席脚边，刺鼻的臭味甚至飘到了旁观席上。我们都捂住鼻子，皱起了眉头。大家挥舞胳膊努力地想把臭味轰走。辩论会主席一边用手帕捂着鼻子，一边喊："肃静！肃静！"但听众们仍在纷纷跑向会场外，他只得宣布终止辩论。

一群愤怒的学生在入口处相互叫骂着，抢起拳头。我在那里看见格申·列维和辩论社工作人员在一起，他坚持邀请我参加辩论后的招待会。

招待会就在离会场不远的地方，30 多名嘉宾兴致正酣，谈笑风生地聊着英国著名人物。辩论会主席手持酒杯，提议大家干杯。

"只干杯，不讲话。"一个身形高大酷似近卫兵，留着恺撒式胡子的男人嘲讽地说着，周围的人开始窃笑。他听起来有点喝醉了。

辩论会主席对此报以客气一笑，说道："首先，我敢肯定每个人都认为，我们的两位辩手出色地展示了自己的论点和论据。"

"说得对，说得对。"人们咕哝着表示赞同。

"第二，我们的辩论因为一场不可原谅、让人无法容忍的突发事件而被迫中止，我为此致以最深的歉意。无论是恶作剧还是蓄意制造麻烦，我一定要找到肇事者。这种行为反映的是一种时代精神，我们身在其中。"

有人插话道："人们所说的时代精神其实在很大程度上是其自身的精神，他们从时代这面镜子里照出了自己，这话不是歌德说的吗？哈哈！"

说话的人机智诙谐，看上去不到40岁，却像学究一样弓着身子，过早地谢了顶。我得知，他叫以赛亚·伯林（Isaiah Berlin），是一名杰出的哲学家、热心的犹太复国主义者。他日后会被尊崇为英国最知名的学者、哲学家、观念史学家，得到不列颠君主授予的最高荣誉——功绩勋章（the Order of Merit）。

房间的另一头，有人在三角钢琴上奏起一首流行的曲子，人们围拢在一起唱着。伯林缓步走到格申·列维身边祝贺他的精彩发言，他推测扔臭气弹的是个恶作剧的学生，并非出于政治目的。 92

听列维介绍过我之后，伯林问起我的家世，然后主动而迅速地介绍了自己的情况。他说，自己出身于里加一个虔诚的犹太家庭。他的外祖父是一名传统的卢巴维奇①哈西德派拉比，是18世纪卢巴维奇教派著名人物 Tzemach Tzedek（首位卢巴维奇拉比的孙子）的直系后裔。在当地的犹太圈子里，没有比这更高贵的门第了。

"我说，老伙计，能插一嘴吗？"

说话的是那个留着恺撒式胡子的掷弹兵模样的男人，旁边陪着个瘦骨嶙峋，顶着蜘蛛网式头发的长脖子女士。

"当然，请。"格申·列维说。

———————

① Lubavitch，俄罗斯摩棱斯克州的一个村庄，犹太哈巴德运动的发源地，哈巴德·卢巴维奇是犹太教极端正统派的最大支派。——译者注

"好吧，这件事情——无关个人，你们知道的，我想说的是……"他话音里带着酒气，继而降低嗓门悄悄说，"我和我妻子刚才在谈论，我们想知道……好吧，你刚才在辩论中说，以色列是个犹太国家。我们想知道的是，究竟什么是犹太人？我的意思是，你们到底是一种宗教，一个民族，还是什么别的？我想说的是，你们看起来什么都是，你知道我的意思吧。"

"都是，"列维眼里藏着一丝笑意，"这么说吧，我们既是一种宗教，又是一个民族——一种民族信仰。"

这时，伯林神秘地补充道："还有记忆！别忘了记忆。犹太人很看重记忆。我们的记忆比任何其他人的都更长。因此，相比世界上其他任何幸存下来的群体，我们有更强的延续和传承意识。"

"哦，亲爱的，"那位女士神情茫然地叹了口气，"现在我明白了，为什么你们犹太人的排他性这么强。"

她的丈夫大笑起来，"说得好，埃塞尔。"接着，他又冲着我们说："老兄们，你们必须承认——你们自称犹太人，是不是有点过分。你们有没有想过，我到处自称我是非犹太人的模样？这听起来会非常滑稽，你们不觉得吗？你是什么人？——我是非犹太人。对我来说，这听起来非常不可思议。"

以赛亚·伯林毫不掩饰地转过身背朝这对令人厌恶的夫妻，愤怒地对我们说："作为一个观念史研究者，我可以告诉你们，历史上最顽固的偏见就是反犹太主义。它是全球事务中最强大的几股势力之一。不可思议的是，不知有多少反犹太主义者其实并不知道自己是反犹主义者。"

格申·列维说，"这让我想起一个故事。德国人占领巴黎时，没收了法国贵族们的大房子。其中一处房产属于菲利普·

罗斯柴尔德（Philippe de Rothschild），霸占这座房子的是纳粹党卫军的哈勒将军。战争期间，罗斯柴尔德大部分时间都住在英国，和自由法国部队（Free French Forces）在一起，战争结束他回国时，房子还到他手里。他的老管家菲利克斯在战争期间没离开这座房子。'菲利克斯，'罗斯柴尔德问，'我不在的时候，这里肯定特别冷清吧，你那时候都干些什么呢？''不，先生，'菲利克斯说，'一点儿也不冷清。''很热闹？'菲利普·罗斯柴尔德追问。'是的，'菲利克斯毕恭毕敬地回答，'纳粹党卫军的将军天天晚上在这里招待客人。''天天如此？'罗斯柴尔德有点困惑，'可是，谁来呢？''还是那些人，你离开之前经常招待的那些客人，先生，'菲利克斯说，'没错，就是那些人。'"

以赛亚·伯林听完笑起来，他看了看表，表示自己得走了。我们送他到门口，他让门卫替他叫一辆出租车。等车的时候，他又夸赞起列维的辩论技巧。但同时，他低声地表达了一个鲜明的保留意见："在代尔亚辛这件事上，你对梅纳赫姆·贝京太宽容了。想想你的老板，本-古里安不是还为此专门写了封道歉信给约旦的阿卜杜拉国王吗？"

"没错，"列维反驳道，"但是从目前我所见到的证据来看，我们无法证明那是一场蓄意的屠杀，我想表达的就是这一点。另外，"——他苦笑了一下——"今晚这场毫无拘束的辩论谈论的是犹太国家的生存权，我要用尽我所有的武器来赢得这场辩论。"

"你的确赢了，"以赛亚·伯林钻进出租车，"但无论如何，代尔亚辛都是梅纳赫姆·贝京身上的一个污点。"

几十年后的 1977 年，当我听到贝京说，他其实事先对代尔亚辛行动毫不知情，直到事后才知晓时，心里着实大吃一惊。他解释说，当时耶路撒冷被围，他只得四处藏身，和特拉维夫方面的通讯联络非常不畅。在那种情况下，他授予伊尔贡地方指挥官极大的自主行动权。然而，作为伊尔贡的最高首领，他从未推诿，为这次行动承担了全部责任。

1980 年，我发现一起共事的，竟然就是当年代尔亚辛行动的指挥官。他叫耶胡达·拉皮多特（Yehuda Lapidot），说话温和，是希伯来大学生物化学系教授。当时他受总理之命离开学校，领导联络事务科（Lishkat Hakesher）的工作。这是一个半公开性组织，其任务是在冷战期间联络"铁幕"另一边的犹太人。

一天一起喝咖啡时，我拿出在耶路撒冷被围时期写下的日记，翻到 1948 年 4 月 9 日——代尔亚辛行动当天那一页。他仔仔细细地翻看，破译着我那稚嫩的笔迹，其中写道：

> 凌晨 5 点，一声爆炸把我从床上震下来了，接着 7 点又传来一声巨响。爆炸声是从山谷那边的代尔亚辛村传来的。听人说，伊尔贡和莱希组织对那里发起了进攻。那个村子一直非常安静且友好，但是阿拉伯帮派溜进了村子。10 点我们出发去侦查情况。沿着山谷往下爬，躲在岩石后面，只见犹太人正在部署人员位置，山上停着一辆撞坏的卡车。正请求哈加纳援助抢救伤员等等。下午 2 点，村子被占领。村政府的屋顶上飘起犹太旗帜。

日记中接着写道：

俘虏们举着双手在卡车上绕城游街，据说这样做是为了鼓舞士气。有谣传说，他们会被枪毙……（后来）在走回家的路上，我看见一辆运送俘虏的卡车，上面都是妇女和孩子。他们一个个目光呆滞。周围有好多看热闹的犹太人，这些人嘻嘻嘻哈哈的，我真为他们感到羞耻。听别人说，哈加纳要把这些人交给英国人去处理。

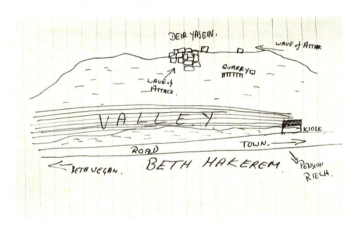

作者的日记，标记着他在 1948 年 4 月 9 日看到和
听到的有关代尔亚辛事件的情形

拉皮多特静静地坐着，显然是在整理思绪，开启尘封的残酷记忆。他开口时带着一抹淡淡的忧伤：不，不存在什么蓄意的屠杀，他说。这场战斗和预想的不一样。他们一次又一次地遭到袭击，伤亡惨重。战斗开始没多久，指挥官本 - 泽恩·科恩（Ben - Zion Cohen）就倒下了，于是他接过任务。

他详详细细地告诉我说："我命令手下要尽可能避免大规模流血。我们在一辆装甲车上安了个高音喇叭，这辆车行驶在最

95

前面，目的是警告村民，给他们提供或逃跑，或投降的机会。我们本打算直接把车开到村子中央播放警报，可是车刚进村就掉进一条新挖的壕沟，灾难就从那时候开始了。你看见的山顶的撞坏的车，就是那辆装着高音喇叭的车。虽然车翻了，但我们还是打开喇叭警告他们：'你们马上就要遭到一支精锐部队的攻击。代尔亚辛通往艾殷卡陵的道路现在是畅通的！赶快离开！不要犹豫了！我们的部队已经过来了！往艾殷卡陵跑！快走！'密集的子弹朝着卡车射过来，有人受伤了。当其他部队展开进攻时，他们遭到了最猛烈的抵抗。每座房子都是一个要塞。我们的人大量受伤。"

他几乎羞愧地继续道：

"我们原以为阿拉伯人会投降，可是没想到，他们听到警告后竟然火力全开，把能用的都用上了。一名阿拉伯哨兵发现情况异常，立刻喊了声：'马哈茂德'，紧接着我们的坏运气接踵而至。因为我们当中的一个人把'马哈茂德（Mahmoud）'听成了自己人的暗号'Achdut'，于是他回应了暗号的下半句'Lohemet'。这一声喊招来了更加密集的火力攻击。我们被敌人压制得动弹不得。他们的装备比我们强。我们80个人左右，一共20杆步枪，三支布朗式轻机枪，还有三四十支斯特恩式轻机枪——大多数都不太好用——以及一些手榴弹。敌人挨家挨户地开火，我们在这方面却没经验，从来没打过这样的仗。"

拉皮多特说，村子里的房子需要一座一座地攻破。他们没有没别的办法，只能扔手榴弹，不停地开火。有些房子被轰倒了，那也许就是我在贝特克雷姆听到的爆炸声。因此，他们并没有按计划攻进村子的中央，而是苦战两个小时，最后才占领村政府升起旗帜。

　　"所以我要再说一遍，没有，绝对没有：代尔亚辛没有发生过蓄意的屠杀。"耶胡达·拉皮多特发誓道。"那个周五的下午，你看到的那些迷迷糊糊、瑟瑟发抖的阿拉伯人也没有被枪杀。那是反伊尔贡势力散布的恶意谣言。一到阿拉伯人控制的村庄，俘虏们就被释放了。"

　　和耶胡达·拉皮多特共事的时间越长，我就越发钦佩他的宽容和正直。所以，我很乐意相信他描述的事件版本。但是有关代尔亚辛的谣言依然存在。就像谢赫拉莎德①讲述《天方夜谭》一样，阿拉伯人没完没了地编着可怕的故事，代尔亚辛的鬼魂就这样一代代地活了下来。

---

　　①　Scheherazade，《天方夜谭》中的苏丹新娘。——译者注

过渡期

　　人的一生中，七年是一段相当长的日子。对我而言，从牛津辩论会到 1959 年进入以色列外交部之间的七年，是充满活力、高度紧张、忙碌而充实的。那是杜鲁门和斯大林、艾森豪威尔和赫鲁晓夫的时代，也是侯赛因国王和加麦尔·阿卜杜勒·纳赛尔（Gamal Abdul Nasser）的时代。那些年里发生了全球核军备竞赛、1956 年苏伊士战争，而巴勒斯坦解放组织中出了个亚西尔·阿拉法特（Yasser Arafat）。至于我个人，我结识并恋上了埃丝特·凯琳古德的妹妹米米，1953 年我俩在伦敦举行盛大的婚礼。大约一年后，我把她带到初具规模的拉维基布兹（那里我当初挖下的厕所，仍在使用中）生活，住进一个单间小屋。但我从她的感受中得知，我们的未来生活并不在那里。不到一年，我们搬家了——随着家庭成员的增加，我们靠微薄的收入挤进了耶路撒冷的一处出租公寓，整天围着尿布、幼儿园、食物配给、煤油炉打转。最终，我的运气终于来了，一份外交部的工作把我带上了总理们的轨道：列维·艾希科尔、果尔达·梅厄、西蒙·佩雷斯，还有梅纳赫姆·贝京。

第二部分

1959～1977 年，
结盟与对抗

列维·艾希科尔总理

1963~1969 年

1895 年——出生于乌克兰奥罗塔瓦（Oratova）村的犹太哈
西德教派家族。

1920 年——德加尼亚基布兹①的早期拓荒者。

1937 年——以色列国家水务集团（Mekorot）创始人。

1951 年——担任农业部长。

1952 年——担任财政部长。

1963 年——担任总理和国防部长。

担任总理期间的重大事件

1964 年——以色列国家输水系统（National Water Carrier）
完工并投入运行。

1964 年——叙利亚从约旦河上游引水，试图阻碍以色列国
家输水系统运行。

1967 年 5 月 23 日至 6 月 5 日——埃及总统加麦尔·阿卜杜
勒·纳赛尔动员部队封锁以色列港口城市埃拉特（Eilat），担任
阿拉伯联合部队司令，宣布准备摧毁以色列。

1967 年 6 月 2 日——梅纳赫姆·贝京加入紧急民族团结

---

① Kibbutze Degamya，"Deganya" 意为 "粮食之地"，建于 1909 年，是以色列
农业合作社 "基布兹" 的母体。——译者注

政府。

1967 年 6 月 5 日——"六日战争"打响。

1967 年 9 月——阿拉伯国家在喀土穆（Khartoum）召开的阿拉伯国家首脑会议上拒绝以色列提出的和平倡议。

1967 年 11 月 22 日——联合国安理会通过第 242 号决议，要求以色列撤出在战争中占领的领土并确立牢固和被认可的疆界。

1968 年 1 月——鉴于苏联重新武装了埃及和叙利亚，艾希科尔要求美国总统约翰逊提供支援重新武装以色列。

1969 年 2 月 26 日——总理列维·艾希科尔逝世，享年 74 岁，果尔达·梅厄继任总理。

第七章　外交部里的新手

我进入外交部凭借的是运气。当时每个主要公共机构都是
马帕伊党①的内部地盘。马帕伊党不仅仅是政治实体。它有且
只有一个政府理念，即凭借其在整个犹太复国主义运动中的历
史主导地位，牢牢掌握政治权力不受侵犯并流传下去。它构成
了以色列的统治阶级，及其社会主义治理的实体和灵魂。马帕
伊党人的家族之间彼此通婚，相互支持，相互提携，将外人挡
在圈子之外。职位提升主要依靠对党的忠诚度，以及找对关
系——说白了就是保护伞。马帕伊党人会出现在各个级别的行
政部门、市政厅、地方委员会、大学评议会、军官团体、工业
企业等的每一个重要岗位上。

甚至连外交部内也有马帕伊党的一个分支在运作；职位越
高，就越容易成为党内活跃分子。这个马帕伊党分支不仅决定
工作委员会每年的选举，而且还能拍板所有的外交任命。

在这个新生的国家里，梅纳赫姆·贝京被认为是一切反动
事务的吹鼓手，谁一旦以积极的口吻说起他，就会被置于门外，
或者被委派到世界另一端去从事毫无前途的工作。所以，要想
在以色列外交部有所发展，你必须神通广大，掌握好几门语言，
还得是个优秀的马帕伊党人——要不然就会像我一样有点怪。
我非但不是马帕伊党人，而且还是左翼宗教犹太复国主义政党

---

① Mapai，希伯来语"以色列工人党"的首字母缩写，由本-古里安领
导。——译者注

"精神中心工人党"（Hapoel Mizrachi）的支持者。

我进入外交部全靠安迪·亚费（Adi Yaffe）帮忙，他是外交部政治新闻司的负责人。我当时正在犹太事务局做杂志编辑，挣着一份微薄的工资。然而走运的是，我的一个朋友认识安迪·亚费，因此我时不时有机会在他的部门做兼职，写点向刚刚独立的非洲国家示好的宣传材料补贴家用。

安迪是个性格开朗的人，浑身散发着抑制不住的乐观主义精神。一天，他来电话说，他的老板、外交部长果尔达·梅厄在非洲启动了一项雄心勃勃的新计划。这件事让他所在的部门备感压力，他已经获得授权招募额外的工作人员。"你有兴趣吗？"他问。

"非常有兴趣。"我回答，想想未来的前景心里有点激动。

"那好，我把你推荐给外交部的任命委员会。"

"可我不是马帕伊党人。"我脱口而出。

安迪笑了。"没错，但你是个老基布兹啊，对果尔达·梅厄来说这就是个够格的社会主义者。"

我凭借基布兹的证明、流利的英语，以及对非洲事务的一点肤浅认识，通过任命委员会的考核，很快成为耶路撒冷外交部的一名试用人员。作为一个被围困的节俭小国的发言机构，以色列外交部自然是由军营一般单调的小屋子组成的了。

1959年上班第一天，我作为15个新人之一正襟危坐地聆听外交部长果尔达·梅厄讲话。她是以色列最著名的严苛廉洁的模范，她告诉我们，她正陷于和非洲的痛苦"恋爱"中。

她语气坚定，说着一口带密尔沃基（Milwaukee）口音的希伯来语，提出要往我们的头脑里反复灌输两件事情。"第一件事是，我认为帮助这些经历了数十年殖民统治的刚刚获得独立的非洲国家，是出于感情，"她说，"是为了获得全世界的民族自决和国际公正，这是我的社会主义犹太复国主义价值观的核心内容。实际上，我新提出的非洲政策是我一直笃信的社会主义原则的合理延伸。第二件事是，我们犹太人和非洲人民一样，都经历过长达几个世纪的屈辱。犹太人和非洲人有许多相似之处，比如都切实经历过种族歧视、压迫、奴役——它们并不仅仅是用来吸引听众的说法。它们也不是数百年前的遭遇，而是昨天和今天我们所受的痛苦和折磨。我给你们念一段文字，来说明我的观点。"

她打开一本书，翻到做有标记的那一页。"我手里这本小说名字叫《特拉维夫——新故土》（*Altneuland*, *The Old New Land*），你们应该知道，这本书写于1902年，作者是犹太复国主义运动创立者西奥多·赫茨尔（Theodor Herzl）博士。这本书里……"她停顿一下，从黑色手提包的最下面找出一副镶着厚框的眼镜戴上，"赫茨尔博士在这本书里按照自己的想象，描述了未来的犹太国家。我给你们念念，他笔下的非洲是什么样的。记住，这些文字是于1902年写下的。'……还有一个因民族灾难而产生的问题迄今没有解决，其深刻的悲剧性只有几个犹太人能理解。这就是非洲人问题。请回想一下可怕的奴隶贩卖事件；那些人，仅仅因为肤色是黑的就像牲口一样被偷、被关押起来、被抓捕捉被贩卖。他们的孩子在异国成长，他们因肤色不同而成为被贱视和敌视的对象。虽然我这样说会被人笑话，但我还是要说，如果我能亲眼看见犹太人、我的人民得到拯救，我还希望能帮助非洲人获得救赎。'"[8]

果尔达·梅厄的女统领的形象中透着一股热切与专注，当她坦率表露心迹的时候，她的嗓子变得沙哑起来："实现西奥多·赫茨尔博士的愿望，这项使命落在我的肩上。每一年，越来越多的非洲国家获得民族独立。和我们一样，他们的自由是经过多年斗争得来的。和我们一样，他们必须为国家的地位而战斗。而且和我们一样，他们的主权也不是从天上掉下来的。在这个被划分成'富人'和'穷人'的世界上，以色列可以凭借其独特的建国经历向新生的非洲国家提供一臂之力。我们可以提供大量的专家意见。因此，我建立了一个新的国际合作部门——注意我说的：是国际合作，而不是国际援助——你们即将成为其中的一员。我们即将向非洲国家派遣众多，甚至上百、上千各领域的以色列专家——技术人员、科学家、医生、工程师、教师、农学家以及灌溉方面的专家。他们只有一项任务——无私地向非洲人民分享他们的专业技术。"

她坐下来斜靠在椅子上，双手的手指梳理着弯曲的短发，然后点起一根烟，透过火柴的火焰看着我们说："所以，你们现在明白了，为什么对我而言非洲是个感情问题。大家还有什么问题吗？"

有人举起一只手。"您不担心非洲人把我们当作新殖民者吗？"

"不，我不担心。不同于欧洲国家的是，以色列完全没有殖民剥削的污点。而且，和财大气粗的美国不一样，我们没有能力花钱购买影响力。我们只能提供自己的建国经验，没有别的，没有附加条件。很少有发展中国家能取得我们现在的成就。作为一个新生国家，我们自力更生，白手起家。现在在他们这些新生国家，也正打算从头做起。我们掌握着诀窍，有大量实践经验可以和他们分享。我们应该在农田、在车间和他们并肩劳动。我们想从非洲得到的只有友谊。"

"没有政治上的交换条件吗——完全没有吗？"有人冒失

地问。

果尔达·梅厄吐一口烟，深深吸了口气，抿紧嘴唇，眼光掠过我们的头顶，盯着缓缓升向天花板的烟圈。然后，她小声地说："最终，我们给予非洲的，都将是无条件的。"

"可是，为什么不在政治上索取些回报呢——比如，联合国的投票？"先前的提问者很执着。

外交部长双臂支在桌子上，向质疑者投去不满的一瞥，恼怒地说："当然，我希望能有所回报，但是我绝不会在公开场合这么说。现在，独立的非洲国家正在崛起，我想越过这些充满敌意的阿拉伯近邻，在我们和非洲之间搭起一座友谊之桥。"

她掐灭香烟，目不转睛地盯着自己别在黑色西服翻领上的紫水晶胸针，显然是在思考接下来的话。然后她坚忍不拔地说道："但是，我不是跟你们说过吗？这首先，是原则问题，是思想意识！最重要的是社会主义信仰，以及我的劳工犹太复国主义信仰。"

劳工犹太复国主义信仰！

当时刚刚六十出头的果尔达·梅厄 1898 年出生于俄罗斯，在美国密尔沃基长大。她本来想当教师，但在 1921 年改变想法转而到疟疾横行的巴勒斯坦沼泽地带成为一名基布兹拓荒者。她的丈夫莫里斯·迈尔森（Morris Myerson）是个保守的人，依靠当广告画家挣钱。他热爱音乐和诗歌，无法与妻子的激进思想、各种怪念头，以及宏伟的劳工犹太复国主义狂热保持同步，最终在婚后第十年离她而去。

她像底波拉①一样大胆，有时像王尔德一样机智诙谐，在

①　Deborah，古代希伯来人的唯一一位女士师，曾率领希伯来人成功反击迦南王耶宾及其军长西西拉的军队。——译者注

提到劳工犹太复国主义的时候她会像耶利米①一样满面春风。这些性格在她那天对我们滔滔不绝地讲述劳工犹太复国主义思想的时候就显露出来了。在她的描述中，犹太复国主义思想包罗万象、所向披靡，永远不会屈服于任何压倒性优势。她充满热情，决心将她的劳工犹太复国主义信念与世界其他地方的思想竞争，她要帮以色列超越由阿拉伯国家强加的地区隔离，让其视野超越国界，延伸到更远的非洲。这将成为以色列在国际事务中的平衡因素，而我们就在这种精神的鼓舞下投入工作，向"果尔达的非洲"宣传"果尔达的以色列"。

果尔达·梅厄大胆的非洲计划确实收获了傲人的成绩。一大波以色列援助项目越过阿拉伯国家设置的重重障碍，渐渐在非洲大陆上传播开来。外交部国际合作部的名声响誉全球。很快，各行各业的上百名以色列专家就散布到 65 个国家提供援助、分享技术，其中绝大多数是非洲国家。

---

① 《圣经》中的人物，公元前 7 世纪和公元前 6 世纪时的希伯来先知。他是犹大国灭亡前最黑暗时代里的先知。——译者注

第八章　总理办公室的新人

1963 年，一桩好事从天而降，安迪·亚费被提拔为总理办
公室主任，他安排我跟着过去，为总理写英语演讲稿、做记录，
以及给一般公众写回信。写信来的人多数对发动战争或达成和
平有各种冲动的想法。

当时的总理是列维·艾希科尔，以色列开国元勋、传奇人
物戴维·本-古里安的继任者。本-古里安在 1963 年的一场风
波后突然宣布辞去总理职务，在一场原则之争后离开工人党，
一怒之下搬到一处位置偏远的荒漠基布兹生活。他在那里读书，
经常毫不留情地训斥跟随自己多年的可靠助手艾希科尔，一有
机会就抨击对方。1965 年他出人意料地成立自己的新党——拉
菲党（Rafi），即以色列劳工名单党（the Israel Workers' List），
追随并支持他的是两个年轻的土耳其人摩西·达扬（Moshe
Dayan）和西蒙·佩雷斯（Shimon Peres）。俩人转而不遗余力地
质疑列维·艾希科尔的能力，认为他的才智根本不足以与前任
相提并论；没有本-古里安的国际声望；在军事上毫无建树；
且在各种重要的内阁事务方面只是个彻头彻尾的新手。

最后这一点，在某些程度上确实如此。

1986 年在伦敦的一次音乐晚会上，以色列最卓越的外交人
，前外交部长阿巴·埃班（Abba Eban）向客人们讲述了列
维·艾希科尔刚担任总理时的一则轶事。阿巴·埃班擅长讲幽
默故事，装了一肚子诙谐八卦。他说，艾希科尔曾经特地叫他

到总理办公室，想问他作为总理究竟要承担什么责任。

那天晚上阿巴·埃班心情特别好，他幽默风趣地模仿了当时的情景：艾希科尔把他叫进办公室，关上门，切断电话，然后让阿巴·埃班尽可能清楚明了地说一说，以色列总理要做些什么。艾希科尔说，自己以前当过农业部长、财政部长，做了很多具体工作，职责非常明确。可是现在，他已经在总理办公桌前坐了好几天，却不知道自己应该做什么。艾希科尔还说，他很不习惯这个新岗位，因此前一天在一个公众场合，当有人宣布总理到时，自己竟然环顾四周，想看看是谁来了。

埃班描述了他是怎么回答艾希科尔的，首先，总理的岗位很像
111　交响乐团的指挥。指挥不演奏任何乐器，但是他的情感、个性，以及他对音乐的理解，决定整个乐团会演奏出什么样的乐曲。

1986 年作者和阿巴·埃班在伦敦

"至于您，艾希科尔先生，您就是我们的指挥，"埃班一边大声说，一边模仿着大音乐家挥舞指挥棒的样子，"您的任务是

说服我们——您的内阁部长们齐心协力，和您的在行动、视野，以及见解上保持一致。"

对于 1986 年的那个夜晚，这个比喻真是再恰当不过了。当时我任以色列驻英国大使，这场晚会是我和夫人为支持"以色列爱乐乐团之友"① 而特意在自己的官邸举办的，阿巴·埃班是基金会主席。众多社会名流和商界大佬聚集在宽敞的休息室里，聆听丹尼尔·巴伦博伊姆（Daniel Barenboim）演奏贝多芬的钢琴奏鸣曲。演奏会结束后，埃班在气氛热烈的酒会上讲了这则轶事。说到结尾处，他突然严肃起来，"同时，我也建议艾希科尔先生，按照历史经验，他很快就会直接投入与这个犹太国家生存攸关的事业中去。"

事实的确如此。不到一年，艾希科尔就遇到了问题——叙利亚谋划从约旦河上游引水，企图切断以色列的主要水源。我就是在这个关键时刻，成了总理办公室的一名新成员，开始新的工作。

总理的办公地点位于耶路撒冷市中心新建的政府大楼里。艾希科尔的办公室装饰着雅致的镶木板，我一进门就被它透出的权威感震慑住了，以至于当总理伸出手并问我名字的时候，我竟然好像喉咙被卡住一样，僵硬地站着说不出话来。他示意我坐下，于是我像一个新兵一般笔挺地坐下了。

"年轻人，再告诉我一遍，叫什么名字？"他咕哝着。

我清了清嗓子，终于说出来了。

"你从哪儿来？"

① Friends of the Israel Philharmonic Orchestra，非营利性组织，成立于 1980 年，目的是向以色列爱乐乐团提供资金援助，扩大其在全世界的影响力。——译者注

"曼彻斯特。"

"曼彻斯特？"他像开玩笑一样稍稍扬起眉毛，饶有兴味地眯起眼睛。"我们的第一任总统——哈伊姆·魏茨曼博士（Dr. Chaim Weizmann）有一次告诉我说，曼彻斯特总下雨——适宜迁出，不宜迁入。哈哈！实际上，我听说那是一个很不错的地方。来这儿很久了？"

"快 20 年了。"

"结婚了？"

"是的。"

112

"唉。这可不是个好消息。有孩子吗？"

"四个——一个男孩，三个女孩。"

"唉！那就麻烦了。"但紧接着，他又开心起来，"这就意味着你不可能做到白天晚上有求必应。不过没关系，我会尽量自己想办法解决的。"

我很快就发现，他非常招人喜欢，是个容易接近，待人随和的上司，既不摆架子，也不会装腔作势。他完全没有个人虚荣心。一天，他嘱咐我起草一封给美国前总统哈里·S. 杜鲁门的信，在交代完事情后，他转过身用意第绪语苦笑着问开着车门等他上车的门童："杨克里，作为你的总理，我今天干得怎么样？你还满意吗？"

杨克里弓着背，身体瘦削，脸色阴沉，他眯起一只眼睛好像要瞄准什么，然后严肃而果断地说："不，我不满意。我交的税太高了。您得降税。我觉得自己简直像被抢劫了一样。"

总理一只脚已经跨进车里，他把手拢在耳边以便听清楚杨克里的话，然后花了几分钟解释税收高的原因，以及税费去向的问题。

"我们必须给军队买武器来对付敌人，"他解释道，"那就花掉了一大笔钱——我们预算的20%。我们得给逃难到这里的移民们盖房子，给孩子们建学校，给病人造医院，给大家盖工厂解决就业问题。我们越是在发展经济上下大力气，我就能越快地把税费降下来。所以，耐心点，杨克里。要耐心啊。"

"我希望您说的是对的。"杨克里嘟嘟囔囔，一副没有被说服的样子。他敬个礼，关上门，送总理上车，眼睛里分明露出怀疑的神色。我张口结舌，目送轿车远去，心想有多少总理会像艾希科尔一样去征求一个门童的意见；他不但愿意倾听，而且还努力解释自己正在为之奋斗的是什么。

那一年艾希科尔68岁，略微有些胖，高高的额头下面是一张坚毅的四方脸。那副半镶框眼镜使他看起来总是一副有点困惑的样子，显得聪明博学而又平易近人。他身体敦实，肩膀粗壮，手指粗糙，走起路来略微蹒跚。看得出来，那是他从前在沙漠地带和约旦河谷的酷热环境下，挖掘灌溉水渠、挥舞镰刀、推犁耕地、背沙袋等留下的印记。他是那里的老一代拓荒者，曾经在不同时期当过基布兹成员、工会领袖、农村改造计划的制定者、村镇工厂的建设者，后来当上农业部长，接着是财政部长，成为以色列经济发展最重要的监督者。

艾希科尔生来是个思想者，从领导风格来看，他是个安静的说客。他会花几个小时讨论问题、收集意见、权衡利弊，喜欢用轻快的、唱小曲一般的口音说意第绪语方言，说一些饱含深意但不乏或伤感或贪婪或热烈之情的话，缓解紧张气氛。他既大胆不羁、和蔼可亲，同时又真实可靠，这样的性格源自乌克兰的Oratova——一个靠近基辅的哈西德犹太人小村庄，他从那里学会了无拘无束的小玩笑，以及各种意第绪语俏皮话。他的家庭靠贩卖木材、牲畜和水产品为生，他幼年时在犹太儿童宗教学校学习基本的犹太教义和希伯来语，接着上了犹太初等学校，以及维尔纳（Vilna）的犹太高级中学。他在高中阶段追随一批犹太复国主义者，他们启发了一代以色列的建国先驱。

作为一个政治家，他外表看上去平淡无奇，很少在意物质财富和衣着外表。作为公众人物，他有明显的不利因素：他毫不善辩，没有流利的口才，也没有非凡的领袖气质。然而，他能以某种神秘的方式，靠谦逊的举止、灵活的头脑和敏锐的直觉，以及毫不做作的和蔼、朴实的诚恳态度赢得他人彻底的信任。人们本能地感觉到，他绝非那种华而不实的政客。

第九章　与哈里·杜鲁门散步

艾希科尔让我起草一封给杜鲁门的信，主要内容是感谢杜鲁门同意将名字借给希伯来大学哈里·杜鲁门促进和平研究所使用。艾希科尔高度赞扬杜鲁门，并以此举表达以色列对杜鲁门的感恩之情：是杜鲁门出于道义勇敢地决定，并在国务院力排众议，以美国的权威对1948年以色列建国给予了历史性支持。

早上我把信放到总理办公桌上让他签字的时候，他正在接见一个15人左右的代表团。他们是犹太人联合委员会（Council of Jewish Federations）——现在叫北美犹太人联合会（Jewish Federations of North America）——的高级领导人，满腔热情来到以色列，正在热切地和他握手。艾希科尔给予同样的回应，他知道，这些美国犹太领导者都是货真价实的奉献者。他们不知疲倦地走遍美国，想办法进入各个冷漠的犹太人社区呼吁帮助以色列，发动大家捐款，毫不留情地撕毁各种他们认为远远不够的承诺书，有时候干脆在筹款大会上锁起大门，直到筹集到更多的钱才让人离开。

如果问起为什么要花费这么多时间、想尽办法来做这些，这些慈善家可能大多会说，犹太国家的命运事关每一个犹太人的责任。有些人可能还会表示，为以色列筹募资金是他们为犹太人作贡献的唯一方式。还有些人可能是为老一辈的所作所为感到愧疚——大屠杀时期的美国犹太人领导者被惰性、无知和冷漠麻痹，在救助欧洲犹太人方面做得太少，行动得太迟。现在，他们下定决心，在对待犹太国家的问题上绝不能再走老路。

正如所料，艾希科尔在欢迎词中加入了一段欢快的插曲——国家输水系统项目的好消息。一些代表团成员通过购买以色列债券在这个项目上投入了相当可观的资金，现在工程终于完工并开始运行。他们衷心地祝贺艾希科尔，大家都了解这个巨大的项目完全是他个人创意、愿景和热情的产物。

国家输水系统是以色列迄今为止最大的发展项目，至今仍是以色列整个水资源系统的核心。冬天的降雨和融雪大大补充了最终流入加利利海的约旦河的上游流量。以色列国家输水系统是一套由运河、水道和管线——有些地方只有一辆吉普车那么宽——组成的网络，它将剩余的水量从北方输送至干旱的南方，沿途整合各地方的供水系统成为单一的国家水网。艾希科尔当然对此充满骄傲，他用各种照片和地图给大家讲解这项工程。

当他做完讲解展示后，一名代表团成员激动地说，他要当着总理的面，发表一项个人声明。所有人都坐笔直了，准备听他说什么。他叫鲁比，是洛杉矶的一名富豪，说话时带着浓重的欧洲口音。

鲁比是个上了年纪的小个子，长着细脖子大脑袋，一头长长的白发梳向一边，让人联想起爱因斯坦的样子。他起身闭上眼睛，嘴角吸了口气，用手捻着一边的耳垂，吸了吸鼻子，用力眨着眼睛不让眼泪掉下来，然后卷起袖子露出文在胳膊上的死亡集中营代号。接着他重新坐下，哽咽着宣布，作为一名大屠杀幸存者，自己有幸活到今天看到这些成就，他准备将捐款加倍，拿出一百万美元。

所有人都在鼓掌，总理靠过去和他握手，送上衷心的祝福。

"看吧！就是这样。"代表团的领队大声说。他是个身材修长很修边幅的老人，一头浓密的银发，看上去很有贵族权威，他深邃的蓝眼睛一直没有离开过艾希科尔的脸。

总理迅速转过身疑惑地看着他。"就是怎么样，亨利？" 117

"你看，鲁比被你了不起的输水项目感动了，把他的捐款翻了倍，我们其余的人和他一样，因为热爱以色列而在日夜奔忙。"

"是的，我们当然非常感激。"艾希科尔说。

"没错，我知道，而且我们不要求任何回报。然而，恕我冒昧地说一句，有多少以色列人会感谢我们付出的这一切呢？我们这些在美国的犹太人很关心这里每一座新建的基布兹和莫夏夫，但是又有多少以色列人哪怕是稍稍知道一点儿，美国的犹太人社区究竟在发生着什么？他们知不知道，我们在四处筹集捐款时遇到了多少困难？他们知不知道美国的犹太人需要什么？他们知不知道，我们为你们做了多少政治游说？他们知不知道我们还在为援助铁幕背后的犹太人四处筹钱？

"告诉我，小伙子，你上一次去美国是什么时候？"

亨利——我记不得他的全名了——正在问我。

"我？从来没去过。"

"啊！"亨利高声说，"所以你们都看到了。即便是你自己的工作人员，也根本不了解我们，不了解我们从哪儿来，不知道我们是怎么组织在一起，不了解我们如何投入自己宝贵的时间，不了解我们美国犹太人……"

"那你为什么不让他去了解了解呢？"总理打断他的话，话音里带着笑意，"邀请他去美国。我同意了。"

"是的，我会的。你答应我们一个条件，我们就向他发出邀请。"

"什么条件？"

"他得闭嘴，别发表大番的演讲。我们会招待他一个月左右，让他看看美国的犹太人社会到底是什么样子。而你"——他转向我——"你得观察、倾听，尽可能提出问题，这样你就能比现在更加了解我们。说定了？"

"可以，"艾希科尔替我回答，"他的行程里会不会包括密苏里州的独立城（Independence）呢？"

"如果有必要，当然可以。那里距离堪萨斯城很近。堪萨斯城有个十分慷慨的犹太人社区。"

"既然这样，"艾希科尔露出满意的微笑，把写给杜鲁门的信递给我，"你就亲自替我把这封信交给总统本人吧，向他表达我的敬意。"

118　　我心里充满了期待，一再向亨利表示感谢——他的邀请将带我走遍美国大陆，到大大小小各个社区，最终还要上门拜访美国前总统哈里·S. 杜鲁门。

密苏里州的独立城北特拉华街 219 号是一处宽敞、淳朴的白色维多利亚式住宅，它有陡峭的山墙、精细的飞檐、方方正正的凸窗，以及华丽地装饰着精致铁艺的细长门廊。

载我前往的出租车司机对这幢房子的身世如数家珍，他用慢吞吞的堪萨斯口音告诉我，贝丝·杜鲁门的外祖父于 1860 年盖起这座房子。哈里·杜鲁门夫妇在这里住了半个世纪，1945 年到 1953 年杜鲁门担任总统期间，这里被称为"夏季白宫"。

一个打扮整齐的中年黑人女佣打开门，听说来意之后便说知道我要来，带我进门。她领着我走进前厅，接过总理的信，请我稍等。

前厅简直是一座装满传家宝物的珍贵博物馆。大理石壁炉的台架上摆放着各种各样的白宫纪念品，其中最显眼的是一座安德鲁·杰克逊①的小型青铜雕像。角落里有一架钢琴，上面摆放着《密苏里华尔兹》的曲谱，我试图琢磨出它的调子来。

"我一点儿也不喜欢那首华尔兹，年轻人，但是这只能私下里说，毕竟它是密苏里州的州歌。"

哈里·S. 杜鲁门正站在门口，他那出了名的充沛精力掩盖了 80 多岁的高龄——虽然从外表上看他的确已经到这个年纪。他拄着拐杖，令人熟悉的脸上有点憔悴和瘦削，厚厚的银边眼镜后面是一双和脸部不成比例的大眼睛。他的衣服扣得整整齐齐，戴着围巾，头戴一顶干净利落的软呢帽。

"我正要出去例行散步，年轻人，"他愉快地说，"如果你能一起走走，我会很高兴。"

杜鲁门出门走到大街上，脚步细碎而僵硬，一名特工小心翼翼地跟在后面，保持着一定距离。我调整步子和他保持一致，他轻轻一笑，"我最近老啦，所以得稍微走慢点。"接着，他亲切地说："非常感谢艾希科尔总理让你亲自跑一趟来送这封信，更要感谢你们为国家独立而给我这样的荣誉。但是他真正应该感谢的是埃迪·雅各布森（Eddie Jacobson），而不是我。"

"为什么这么说呢？"我问。

119

"因为我动摇过——而且动摇了好一阵子——是埃迪让我下决心，要在以色列最需要的时候以美国的力量来提供支持。"

想到埃迪，他停下脚步喃喃道："老埃迪，是我最好的朋

---

① Andrew Jackson，美国第七任总统。——译者注

友——就是太实诚了。愿他安歇。"

说起埃迪，杜鲁门的声音柔和起来。埃迪不但是他一战时期的好伙伴，还是他的长期商业伙伴。接下来，他变得更加温和了，"除了有一次，他非要让我去见一个我并不急于见面的犹太复国主义运动领导人。在我们30年的交往中，我和埃迪从来没有发生过争执——我们俩确实共同渡过了几段艰难时期。先是第一次世界大战，接着是我俩一起冒险投资开男装服饰用品店，那次并不是非常成功。"

埃迪·雅各布森出身于一个贫困的立陶宛犹太移民家庭，他的父母从纽约下东区搬到堪萨斯城。从传记上看，他个子不高、性情开朗、做事认真谨慎，头发稀疏，戴着眼镜。"杜鲁门和雅各布森"服饰店专门经营男士穿戴用品——衬衫、袜子、领带、腰带、内衣和帽子。哈里负责订货，埃迪负责销售，俩人轮流接待顾客。这家店于1919年11月开张营业，于1934年在大萧条中关门。

"早上好，杜鲁门先生。天气不错，是吧？"

前总统抬头看看天空中飘过的云彩，吸了口气，然后向对面过来的一位上了年纪的女士略微抬了帽子，和蔼地回应道："当然是个好天，贝琪。请代我向吉姆问好。"

"贝琪是我的老邻居。"他亲切地解释。接着，他继续刚才的话题，"所以那天埃迪没事先通知就闯进总统办公室来——那应该是1948年3月——我着实吃了一惊。在我当总统的那些年里，他从来没这么干过——他从来没跟我提过任何要求。但是那天在白宫，看得出来，他很沮丧。他说，想跟我谈谈巴勒斯坦。"

我们俩沿着林荫道边走边聊，路两边是和他家一样优雅的传统维多利亚式建筑。突然，他停下脚步一脸惊诧的样子。"你看看!"

只见水沟里躺着两个空啤酒罐。杜鲁门蹲下身子,把它们捡起来扔进垃圾箱。他掸掸手抱怨说:"现在我几乎每天早上都要干这个,捡垃圾。堪萨斯人把独立城给毁了。"

眼前糟糕的环境所带来的无奈似乎触动了他敏感的神经,他突然转过身对我大声说:"不说这些废话了。我来告诉你,为什么他突然闯进办公室会让我难受——因为他的犹太复国主义朋友们一直在没完没了地纠缠我。其中有些人对我态度相当粗暴、无礼,我不想再和他们打任何交道。许多人认为,他们的犹太复国主义计划和我制定的美国对巴勒斯坦政策是一致的。可是两者不一样。他们要我答应,让美国去阻止阿拉伯人攻击在巴勒斯坦的犹太人,阻断英国人对阿拉伯人的支持,部署美国兵去干这干那。而英国方面一直认为,我之所以帮助犹太人进入巴勒斯坦是因为美国不愿意收留他们。"

他抿着嘴唇,显得有些愠怒,目光锐利地看着我继续道:"年轻人,我要给你上一堂重要的课:别在大热天里踩新鲜屎(Never kick a turd on a hot day)。刚才所说的那个时候,就是所谓的大热天。我的耐心已经快被耗尽,于是我发布命令,今后再也不想见犹太复国主义代言人。正因如此,我推迟了和魏茨曼博士的会面。他是特意到美国来拜会我的。但埃迪坚持让我立刻见他。我告诉他,如果我见了魏茨曼博士,其结果只能是为我的巴勒斯坦政策招来更多误解。我已经受够了。"

我们走到街尾,枝繁叶茂的大树下有一条长椅。"我经常到这里来做做深呼吸。"他说着坐下来。

我明显觉察到,他还在为那些游说白宫的美国犹太复国主义活动家生气,正在努力控制自己的情绪。从他一动不动的眼

120

神和紧锁的眉毛可以看出来，那段回忆深深刺痛了他，他的激动心情至今难以平复。

"我和埃迪就是因为他们吵起来的，"他言辞激烈地说，"犹太人命运多舛，是希特勒主义的受害者，我个人非常关心这件事情。灭绝犹太人是古往今来最触目惊心的罪行。希特勒对犹太人发动战争并不仅仅是犹太人的问题，它也是美国的问题。我从当上总统那天起，就为这个问题所困扰。现在事情发展到这个地步，我希望整个巴勒斯坦分治问题能被放到联合国去妥善解决。"

他驼着背坐在长椅的边沿上，下巴靠着拐杖把手，看上去完全是一个地道的小镇老人。杜鲁门出身于中西部乡村，没上过大学，也从来不假装博学，我感觉到他说话虽不留情面，却简单、直接、果断、诚实，这也正是他的出名之处。

"我们走。"他一边说，一边僵硬地站起身。他倚着拐杖抬头看着长椅上方茂密的枝叶笑着说："多好的一棵树。这是棵银杏树。"他轻轻拍拍树干，爱抚地对它道："你是好样的。"

在接下来的十分钟里，一路上我们俩谁也没说话，只是中途遇到两个女学生要他的签名。他家门外已经聚集了一群游客，见他过来，人群开始鼓掌。他一个接一个地同游客们合影，表现得极有风度。

我心想自己该走了，但哈里·杜鲁门坚持挽留。于是我跟随他进前厅。女佣薇薇塔说，夫人刚刚出门去参加教堂的慈善义卖活动。薇薇塔帮他脱下双排扣外套，露出里面大红色的裤子背带，然后扶他坐到摇椅上。不一会儿，女佣送来波旁威士忌、咖啡，还有两本厚厚的书。杜鲁门说那是他的回忆录，是想要送给我的纪念品。

他啜了一小口威士忌，指着大理石壁炉台架说："看见那个安德鲁·杰克逊雕像了吗？"

他指的是那尊美国第七任总统骑在马背上的小型铜像。

"它以前放在我的椭圆形办公室里。杰克逊一直是我心目中的英雄。那天埃迪和我在白宫吵起来，他坚持要我会见哈伊姆·魏茨曼，他冲那尊铜像挥舞着手臂说，我俩一起开服饰店那时候，我一直在看有关安德鲁·杰克逊的书。他提醒我，是我在堪萨斯城广场上立起一尊杰克逊的塑像。接着他又说——我至今还记得他的原话，他说：'你心里的英雄是安德鲁·杰克逊。我心里也有个英雄。他是活在这世上最伟大的犹太人。他就是哈伊姆·魏茨曼。他是个老人，而且还患有疾病，他不远万里来看你。而现在，你却把他推到门外。这不像你，哈里。'他就是这么说的。我记得自己冷漠地看着窗外，然后艰难地回过头看着站在那里的埃迪对他说：'你这个狗娘养的。你赢了。我见他。'"

杜鲁门意犹未尽地继续道："我和魏茨曼博士谈了将近一个小时。他很有成就而且品格高尚，他经历过无数次失望并从中获得了耐心和智慧。他告诉我，他的人民要在建立国家或者遭到灭绝这两者之间做出选择。于是我向他保证，我将支持以色列建国。"

他往后靠在躺椅上架起二郎腿，接着说起了美国国务院，听上去仿佛那是他的敌人似的。

"我知道接下来该干什么，"他说，"我必须去对付那些说话带着哈佛（他带着口音念了这两个字）口音的先生们。国务院的那些家伙总想在巴勒斯坦问题上欺骗我，他们说我其实根本不了解那里的情况，应该把问题留给专家去解决。很遗憾，

122

其中有一些人还持有反犹太主义。和他们这些人打交道不能客气。他们最不想见到的就是，美国立即承认以色列国。我在这件事情上也曾经存在犹豫和怀疑。但我已经向魏茨曼博士作出承诺。我的态度是，只要我还是美国总统，我就要做主制定政策，而不是当什么国务院的二传手、第三梯队。所以，在以色列宣布建国那天，我提前半个小时通知这些官员，我打算要干什么。只有 30 分钟，不能给他们留出捣乱的时间。接下来，在以色列宣布建国 11 分钟后，我让新闻秘书查理·罗斯（Charlie Ross）发布一份声明，表示美国已经承认以色列国。事情就是那样。"

他掏出笔在回忆录的扉页上为我签名，瘦削的脸上隐隐流露出一丝得意的微笑。当我提起儿子丹尼马上要接受犹太教成人仪式时，他又愉快地提笔在另一本书上写上了丹尼的名字。

杜鲁门把书递给我说："现在，你帮我想想，老埃迪过去用希伯来语说'祝贺'的时候是怎么说的——*mozol* 什么来着？"

"是 *tov*，"我告诉他。

"没错，是'*tov*'，这就对了。*Mozol tov*。"他热情地握住我的手，让我向艾希科尔总理转达他个人最美好的祝愿，并感谢他的来信。

以色列总理艾希科尔和英国首相哈罗德·威尔逊在唐宁街 10 号

图片来源：大卫·艾登（David Eldan）、以色列政府新闻办公室。

第十章　背信弃义的叙利亚计划

　　我从美国回来没多久，艾希科尔把我叫到办公室，听完简短汇报之后，他有条不紊地递给我一份备忘录，上面详细列着他的访英计划。他准备前去拜会同样怀有社会主义幻想的英国首相哈罗德·威尔逊（Harold Wilson）。他想当面告诉威尔逊叙利亚背信弃义，蓄谋改变约旦河上游水道的用意所在，并且就购买武器和英国展开谈判，以防未来局势升级。特别是，他想获得英国的新型坦克——酋长式坦克（Chieftain）。

　　艾希科尔一直对充实以色列稀缺的水资源怀有巨大热情，且众所周知，他熟悉这个国家每一条灌溉渠的每一段。因此对他来说，以埃及为首的阿拉伯国家所支持的叙利亚计划不仅是令人憎恶的宣战行为，而且还是粗暴的对他个人的挑衅。

　　"给我准备一份机场落地声明，"他嘱咐我，"只需要几行字。话要说得不露声色。另外再帮我起草一份在联合以色列求助会（Joint Israel Appeal）——现在的联合犹太以色列求助会（United Jewish Israel Appeal）——晚宴上的重要演讲的演讲稿。这是一场正式活动。英国犹太社会的所有大人物都会到场。"

　　突然而至的任务让我有点惊慌失措，这是我第一次全权负责起草演讲稿，我觉得嗓子发干，"可是，您想说什么呢？"

　　"说些鼓舞人心的。谈我们的难民移民，接收的流亡人士，他们的人道主义需求，以及我们对和平的渴望。但是看在上帝的分上，我不想说以色列是别国的榜样什么的。我已经听够了。

让我们首先做自己的榜样。还有，哦对了，提一两句我们的国
家输水系统和叙利亚，但不要带一丁点儿威胁的意思。我不想
在伦敦宣战。"

飞抵伦敦那天，艾希科尔身着裁剪得体的深色西装，头戴
暗色小礼帽，看上去很像个饱经风霜的政治家。这是我的第一
次外交之旅，因此当我们乘坐的以色列航空公司飞机降落在希
思罗机场的时候，我努力让自己看起来像那么回事。总理在停
机坪受到热烈欢迎，孩子们手持蓝白旗帜，兴高采烈地高声唱
着"*Heveinu shalom Aleichem*（欢迎您为和平而来）"。艾希科尔
走近他们，像挥舞信号旗一样笑着挥动帽子，孩子们疯狂地欢
呼起来。他走到孩子们中间轻轻抚摸他们的头，喃喃地说着
"*Sheina Yiddisher kinderlach*（漂亮的犹太儿童）"，孩子们一个
个容光焕发，周围的相机闪光灯闪个不停。

我们在机场贵宾休息室受到热情款待。一位高大英俊、仪态
优雅的绅士以哈罗德·威尔逊首相的名义正式欢迎艾希科尔总
理。他留着笔直的小胡子，手持一把卷得紧紧的雨伞，头戴圆顶
硬礼帽，看上去一副坚决果断的样子，自我介绍是外交部礼宾司
的某某陆军上校。在场的除了英国犹太社区领导人之外，还有以
色列官员，大家挤在一起没完没了地拥抱、称赞艾希科尔。欢迎
仪式结束后，总理在各种卫兵——苏格兰警察、都市警察、外交
护卫队、以色列安全人员——的簇拥下，大步走到外面媒体区的
一大片话筒边，庄重地宣读抵达声明。幸亏他在飞机落地前抓紧
时间检查并修改了讲稿。只听他用极富特点的粗哑嗓音说道：

　　　以色列和大不列颠交往已久。在第二次世界大战中，
　　我们的人民都生活在巨大而痛苦的悲剧中，而在此阴影下，

两国之间曾经数度产生过矛盾。但是，两国关系并不是由过去的冲突，而是由现在的友谊塑造而成的。当苏联指使叙利亚以及其他地区独裁政权向我们发起挑衅时，是这种友谊把两个民主国家结合成为牢不可破的联盟。我希望能就此，及其他事关双方利益的话题和威尔逊首相展开富有成果的会谈。我非常高兴能有机会和犹太同胞、这片伟大土地上的优秀公民见面。谢谢大家。[9]

127　记者们提出几个我们事先早有准备的问题，总理愉快地做了大致的回答。随后，他坐上一辆装饰着以色列国旗的劳斯莱斯汽车，在警车和身着制服的摩托车警卫队护送，以及随从们的车队的护送跟随下，沿着公路向伦敦驶去。车队驶入伦敦西区，一路沿着著名的街道，穿过漂亮的公园，绕过装饰讲究的广场来到伦敦上流住宅区——梅费尔（Mayfair）——到达当地最高档的克拉里奇酒店（Claridge's）。

　　接近傍晚时，总理把我叫到他的套房，要排练一遍即将在楼下举行的联合以色列求助会晚宴的演讲内容。他习惯于在出访前进行长时间的磋商，因此几乎没有时间看我拟的演讲稿，现在基本上是第一次看。

　　在准备演讲稿的时候，我曾经连撕数十份草稿。我努力想为总理写一篇掷地有声的讲稿，但作为新手，我在脑子里奋力搜索各种简洁的、有节奏感的、押韵的表述，并在纸上不停地涂改，一页一页不断重写，甚至还在钢笔上咬出了牙印。在描述以色列多样化的移民社会时，我这样写道：

　　　　了解我们这个犹太国家的人觉得，以色列人的生活奇特且具英雄主义。我们喜欢夸张、富于激情——我们是梦想的火炬手、圣经的追随者、特拉维夫的玩乐家、宗教的狂热者，当然我们还是党内的教条主义者。在我们的土地上，冷静沉着就像一片柔软的青苔，令人难以立足。

"*Stam narishkeiten*"——全是废话——总理咆哮着，用他那支粗大的自来水笔划掉了这一段。"你就不能写得通俗易懂些吗？"

我从没在写作技巧和风格方面受过任何培训，立刻认识到犯了大错。然而，即便承认自己的语言过于华丽，我还是力劝他紧扣已有的主题——作为一个由移民组成的民主国家，我们是一个嘈杂而难以驾驭的社会，每个公民都是自己的总理。为强调自己的观点，我说，犹太复国主义开国元勋曾经承诺，民族自由会让我们摆脱"隔都心态"，驱走"流浪的犹太人"的鬼魂，治愈我们的"永恒受害者"综合征，将我们改造成正常国家的正常公民。但现在，我们仍然会自然而然地用怀疑和战斗的心态看待即便是细微的事情。

艾希科尔从眼镜的上方凝视着我，脸色严峻地皱起眉头。128 "小伙子，"他说，"你脑子里在想什么？你难倒不明白我们仍处于战争之中？我们仍然被包围着。我们仍然面临恐怖主义。我们仍然面临威胁。我们仍然在不断接纳成千上万的难民移民。你怎么可能希望我们是个正常国家？我们是一群形形色色的长途跋涉回家的部落，每个部落都有自己的精神包袱。"

他沉默了一会儿，可能是在仔细琢磨精神包袱之重。最后，他重重地叹口气，动动肩膀好像卸下什么负担一样坐进沙发，用他那著名的意第绪智慧想着办法，"我的年轻人，难道你不明白争议已经溶入我们的血液了吗？我们是倔强的民族。我们靠相互争吵团结在一起。争论是我们的民族特性。"

他拿起演讲稿，一边大声朗读，一边涂改着无数需要修改的地方，我天真地在一旁试图劝他把话说得活泼一些，在稿子里添加些活力。但他没理我，而是告诫我，"我到了这个年纪，就不想再装了——我不是演员。"

他显然很疲倦，重重地把头靠在长沙发的靠背上，两腿伸直闭上眼睛打起盹儿。几分钟后，他不知不觉张开嘴，开始大声打呼噜，一下子把自己惊醒了。他不知所以地环顾着酒店套房，眨眨眼，继续打起精神看他手上的那几页纸。

"我睡着了。"他说了句多余的话，然后从沙发上起身，在镜子里凝视着自己，用手指梳梳头发，整了整领结，扯了扯西装的袖子，说："来，咱俩把演讲稿过一遍。"

"来不及了。所有客人都落座了，在等您下楼。"安迪·亚费站在门口，他是来催总理下楼的。

总理把那几页纸递给我，"我上台的时候，你把它们递给我。我希望剩下的内容能有点意思。"

列维·艾希科尔步入宴会厅，人们起身兴高采烈地鼓掌。没有一个座位是空的。这么多黑色领结和华丽的长裙！这么多兴奋的笑脸！这么多欢呼声！

我坐到事先预留的前排座位上，总理在人陪同下走到讲台边，坐在几个大捐款人中间。宴会主席冗长而华丽地介绍完之后，身着燕尾服，戴着金色项链的司仪给我一个暗示。我迅速递上演讲稿，那上面布满忙乱中写下的潦草字迹。只见总理仔细看着讲稿，好像在琢磨几段晦涩难懂的话。

他用低沉的声音一字一顿地念起讲稿，舌头磕磕绊绊地绕着那些难念的元音和辅音，努力想把意第绪语转化成英语，不时地停下来仔细检查自己刚才说了什么。很快，他就念到了还没来得及审读的段落，内容是关于身无分文、毫无技术的难民移民大量拥入，给以色列国家经济带来了沉重负担。

这毕竟是一次筹款活动。

总理眼睛里流露出怀疑的神色，说话声音越来越小。他靠在讲台上，眼睛直盯着我，用希伯来语喊，"这到底想说什么？"

来宾中发出窸窸窣窣的低语声、窃笑声，人们点着头轻轻推搡着，我羞愧地缩紧了身体。

"我刚才说的，并不是事实，"列维·艾希科尔面对困惑的听众们宣布，丝毫看不出任何尴尬，"情况正好相反。"接着，他不顾英语语法，详细阐述了为什么新移民不是负担，而是以色列经济未来发展不可或缺的资产。

当他讲完落座时，会场上响起零星掌声，紧接着鼓掌声越来越大。人们长时间起立鼓掌。他们热爱他，爱他的真实，他的可靠，还有他的自然。列维·艾希科尔满面红光地看着大家拿出支票簿，旋开钢笔帽，慷慨地追加捐款数目。

热闹过后，艾希科尔先生召唤我过去，我俩的鼻子几乎快碰到一起，他特别小声而严厉地说："小伙子，如果你继续写这些花里胡哨的废话，不会用我的说话方式来说我想说的话，那我就去另外找个会写的人。"

"明白，总理。"我含含糊糊地嘟哝着，其间的羞愧足够我用一辈子的时间来回味。

随后几天里，艾希科尔参加电视节目，对议员们发表讲话，参观犹太学校，向记者、学者、商界大亨和犹太人领袖介绍情况，其中最重要的是，他和哈罗德·威尔逊首相在那扇世界最著名的黑色大门——唐宁街 10 号的大门后面，进行了将近一个半小时的密谈。

唐宁街 10 号从外观上看很小，但门后有 60 多个房间——主要是办公室——在其之上，是首相全家的独立公寓，那是前首相内维尔·张伯伦（Neville Chamberlain）的夫人从阁楼改造过来的。就在唐宁街 10 号门口，我又丢了一回脸。

现在唐宁街入口出于安全考虑设置了阻挡公众闯入的铁门，但过去没有，示威游行者可以聚集在唐宁街和白厅街角处的人行道上。那天就有大约 20 名这样的示威者，他们都是阿拉伯人，手里拿着粗糙的标语牌，艾希科尔乘坐的轿车经过时，他们正聚在那里。我在车队的最后一辆车上，等我们的车转过街角时，示威者已经有点失控，妨碍了交通。于是毫无经验的我决定下车走到首相官邸。徒步赶上前面的车需要极强的速度和体力，因此当我赶到唐宁街 10 号门口时，大门关上了。

"走开。"负责警卫的警察说。

"我是和以色列代表团一起的。"我向他解释。

"你是吗？"他上上下下打量着我，盯着我的西服翻领问，"那么，你的安全码别针呢？"

该死！我把它忘在昨天晚上穿过的晚宴西装上没摘下来。

"快走。"他厉声说道，然后双手叉腰站到示威者面前。那些人正不断往前拥着，嘴里喊着脏话。

"你们别在这儿。回去，"他冲他们大喊，"谁也不能在这条街上示威游行。说你呢，回去，"——他看向我——"马上离开那扇门，否则我就逮捕你。"他一脸凶相地朝我走过来，一边去摸皮带上的警棍。

我退回到那群阿拉伯人中间，警察直直地面朝我们，像摆动钟摆一样在空中挥舞着警棍。一名示威者歪斜着标语牌好像要往前冲，警察立刻朝他的肩膀打过去，那人惨叫一声，标语牌掉在地上。

"是的！就这样，"他朝我们呼喝着，"你们赶紧走，否则我要把你们都铐起来！赶紧滚！"他轻蔑地看着一个个溜走的示威者，用一种谁也听不懂的语言低声咒骂着。

"你也是！"他冲我喊道。

131

我绝望地摸索着找出我的外交护照。他打量一眼护照，和另一名巡警商量了一会儿，翻开护照，对我先前所说的情况属实感到满意，然后道："对不起，误会了，先生。请跟我来。"

我拾起最后那点尊严，跟随他进门。在我往里走的时候，他立正并转身冲我敬了个礼。

我被领进楼上一间铺着红地毯的会客厅，总理和首相正坐在一个巨大的大理石壁炉前，壁炉上方是一幅18世纪身着制服的上将肖像。他俩正在闲聊，身边围着一圈助手，身穿蕾丝领子黑色长裙的女佣用一把银色茶壶小心翼翼地倒着茶。安迪·亚费冲我抬抬眉毛，我在门边的椅子上悄悄坐下，迅速翻开记事簿做笔录。

"在我看来，做一个成功的首相首先要有充足的睡眠，还要有历史感，"哈罗德·威尔逊愉快地和列维·艾希科尔交谈着，说话带着浓浓的北方口音，"比如拿这幢老房子来说。这并不是个安静睡觉的好地方。它最早建于17世纪80年代。我记得是在1732年，乔治二世国王把它送给英国第一任首相罗伯特·沃波尔（Robert Walpole），可是沃波尔并不喜欢这里。这房子不舒适，差劲地盖在沼泽地一般的土地上，就像我们现在的工党——不可靠、不稳定，还很嘈杂。"

"我住的地方更嘈杂，"艾希科尔笑起来，"把三个以色列人关在一个房间里，就会生出四个政治党派。"

两个人好像交往多年的社会主义老同志一样你一句我一句地说着。哈罗德·威尔逊整洁利落，身着浅灰蓝色衬衫、条纹西装，打着鲜红色领带——一点儿不像人们印象中典型的英国首相。我从一份简报上得知，他还不到50岁，出身卑微，依靠奖学金成为牛津大学本世纪最年轻的教师之一。

"现在，咱们来谈正事儿，"他脸上挂着一丝顽皮的笑容，"我可先要告诉您，我是个地道的约克郡人，我们约克郡人都喜欢直来直去。我们实话实说、开朗诚实，并且很看重钱。那么，咱俩就像好朋友一样坦率而诚实地说说，自己心里到底是怎么想的。我知道您心里在想什么，艾希科尔先生——叙利亚在约旦河捣鬼。跟我说说吧。"

132　　威尔逊表情严肃，随着会谈的继续，他的脸色变得阴郁起来。在随后的一个小时里，俩人一个啜着英国茶，一个品着俄罗斯茶，认真仔细地讨论了叙利亚约旦河改道计划可能带来的各种危险。

"我们的国家输水系统刚刚完工，"艾希科尔脸色阴沉地概括道，"现在工程已投入使用并开始运转，叙利亚却在想尽办法断我们的水。世界上没有哪个国家可以容忍这种有预谋的侵略行为。如果他们做得太过分，局势就很容易升级成为全面战争。"

"这实在是个烫手的山芋，"威尔逊说着吸口烟，接着道，"您再给我说说，叙利亚到底是在哪儿动工？"

安迪·亚费迅速站起身，在两人中间的咖啡桌上展开一幅地图。艾希科尔俯身指着叙利亚境内戈兰高地上的两条约旦河支流——巴尼亚斯（Baniyas）河和哈斯巴尼（Hasbani）河。

"如果他们在这里成功改道，"艾希科尔说，"就会夺走约旦河年流量的一半。如果那样，对我们来说，就等同于战争行为。"

"哎呀，哎呀！"英国首相非常熟悉复杂的中东形势，因此表现得极为关注。"除了战争，您难道没有别的办法可以阻止他们吗？"

艾希科尔脸上闪过一连串表情。"我们正在努力想办法——竭尽全力。我们用枪对付他们的河流改道设备——拖拉机和挖泥船——不会造成人员伤亡。我们只想打击他们的设备，让他们回归理智。但谁知道管不管用？他们作为报复，从上方的戈兰高地向胡拉谷地（Hula Valley）中我们的村庄开枪。有时候双方的冲突非常激烈。事态很容易升级扩大。"

艾希科尔真正想说的是中东局势的蝴蝶效应，然而威尔逊显然并不这么看问题。他正在端详摆在自己面前的一份备忘录——估计是英国外交部写的——上面还有他做的边注。他极为严肃地说道："我丝毫不怀疑，你们为阻止局势失控采取了负责任的态度，展示出最大限度的克制。我们最不希望看到的是，中东再出现一个'火球'"。接着，他满怀善意地说，"我会向议会通报这个情况。我会向叙利亚提出警告，明确表态对大马士革方面所作所为的不满。"

不过，当以色列总理提到为及时阻止敌人而购买英国酋长坦克的可能性，并且指出英国已经向阿拉伯国家提供了相当数量的类似重型武器时，英国首相突然显得不自在起来。首相夸

133

张地举起双手做保证，含含糊糊地说着"一线希望"、"军事平衡"、"以色列的勇气"、"不要让社会主义同志失望"之类的话。说够了宽慰人心的话后，他把客人送到门口亲热地告别，热情挥舞双手好让媒体的相机抓拍到这一幕。作为回应，艾希科尔先生转过身挥挥手，脸上挤出一丝笑容。上车时他用意第绪语小声对我们说："各说各话，谁也没听进去。"语气里充满不祥的预感。[10]

第十一章　山雨欲来

叙利亚的约旦河水改道计划像漂浮的水雷一样持续威胁着以色列。1967 年暮春，局势彻底恶化，成群结队的战地记者纷纷来到以色列。埃及总统迦玛尔·阿卜杜尔·纳赛尔联合叙利亚肆无忌惮地发起一次又一次挑衅，将大量军队和空中力量调入西奈半岛，驱逐了联合国维和部队，阻断狭窄的蒂朗海峡（Straits of Tiran），封锁了以色列红海港口埃拉特，还与约旦国王侯赛因签订了一份战争协定将约旦军队置于埃及的调遣之下。其他阿拉伯国家迅速加入这个联盟，纳赛尔告诉欢呼雀跃的埃及人，这个联盟将"一劳永逸地彻底消灭以色列"。

即便在此危难之前，以色列人的情绪也一直低落。整个国家遭遇到前所未有的经济衰退，成千上万的人失去工作。投奔他国的人数创下历史纪录，大家都在说着一个关于洛德机场——现在的本-古里安机场——指示牌的可怕笑话，"最后一位离开的人，请关掉所有的灯。"

随着敌人的力量在北部、南部、东部不断集结，开罗、巴格达和大马士革的暴徒们纷纷叫嚣"杀死犹太人！""把犹太人扔进大海！"人们都心怀恐惧地谈论着死亡的可能性。

战地记者源源不断到来，政府新闻办公室竭尽全力处理他们的资格认证，承受着巨大工作压力。他们请我在业余时间帮忙翻译官方公报，发布例行简报。5 月 27 日下午，我去大卫王饭店咖啡厅见两名记者，一个来自《休斯敦纪事报》，另一个来自英国《卫报》，他们想全面了解前沿阵地的情况，并且去那里迅速地走一趟。在 1948 年独立战争中，那里曾经被用来阻隔耶路撒冷中心地区，在约旦占领东耶路撒冷后，那一带从此便成了所谓的前线。

咖啡厅里坐满新闻记者，他们嚼着花生，吃着饼干和薯条，等着战争开打。这些人从 20 多岁到 60 多岁不等，他们大声地用德语、法语、西班牙语和英语交换着各种小道消息。从外表上看，其中一大部分人好像是直接从常青藤名校毕业册中挑出来的。多数人穿着随意的运动衣和牛仔裤，或者狩猎装，从他们悠闲的聊天中可以看出，他们以前在其他战场上相互打过交道。咖啡厅里一片嗡嗡之声，像是一群评论家正在剧院酒吧里等着大幕升起。

大幕的确拉开了。

以色列国防军的后备部队全部动员起来，打断了人们的日常生活，平日熙熙攘攘的街道成了可怕的战区。当我们离开大卫王饭店走到圣朱利安大道（St. Julian's Way）——现在的大卫王街（King David Street）——时，空袭警报响起来。虽然只是一次测试，但还是引得路人纷纷躲进附近堆着沙袋的巷子里。商店紧闭的百叶门上贴着海报，上面是民防、防空洞和急救的相关知识。走到街角，我们被一名骑摩托的军警粗暴地挡住去路，以便给驶向边界地带的装甲车让路。那是以色列控制下的西耶路撒冷和约旦控制下的东耶路撒冷交会的地方。

那里垒起了粗糙的混凝土墙和高高的木栅栏，用来保护行人和车辆，因为不远处就是阿拉伯狙击手的藏身处，老城的土墙和附近的屋顶上架起了枪支，有些据点距离这边只有几码远。一道防狙击墙阻断了玛米拉（Mamilla）大街，1948 年战争之前，这条通向老城雅法门（Jaffa Gate）的路虽然算不上干净优雅，但十分热闹。路两边曾经排列着各种各样的小商店，到处是手推车、驮着货物的驴，以及小商贩和购物者，其中既有阿拉伯人，也有犹太人。现在这里成了一条废弃的边境街，到处堆满碎石瓦砾、垃圾，废弃建筑的墙缝里长出奇奇怪怪的杂草。国防军士兵戴着头盔，身穿战斗背心，站在混凝土墙下的阴影里举着双筒望远镜侦查，看见有人靠近，连忙挥手示意我们后退，其中一个大声喊，"有狙击手！你们会被发现的。"

于是我们转身沿圣朱利安大道去了叶明莫什（Yemin Moshe），那里距离大卫王饭店也只有一箭之遥。

叶明莫什位于山坡地上，有一片红色房顶的石头建筑，最高处矗立着一座扎眼的风车房，它面向以色列控制的锡安山（Mount Zion）和阿拉伯人控制的老城西南角。1948 年战争后，这里的房子就被废弃，到处散发着荒废和腐烂的特殊气味。靠下方的那片区域架着厚厚的带刺铁丝网，上面挂满破报纸、碎布条和其他肮脏的垃圾，是块无法靠近的无人之地。铁丝网外面也是荒凉一片，只有野狗野猫潜行其间。

可以俯瞰叶明莫什的小路连着一片橄榄树林——现在是殷巴尔饭店（Inbal Hotel）和自由钟公园（Liberty Bell Park）的所在地——那里停着一辆敞篷吉普车。两个灰头土脸、身穿皱巴巴后备役制服的士兵坐在车里，另有两个肩上背着步枪的士兵斜靠在车上，他们正在和一个平民打扮的人说话。后者穿得干净整洁，50 岁左右。

"那是谁？"《休斯敦纪事报》的家伙问。他一身西部装扮——牛仔靴、蓝色牛仔裤、西式衬衫、一条领带，嘴里叼着一支骆驼烟，和穿得毫无生气的英国同行形成鲜明对比。

"梅纳赫姆·贝京，"我回答，"反对党领袖。"

"天哪，原来是这样。嗨，贝京先生，能不能问您几个问题？"

"马上，马上。"贝京回答道。他又和士兵们说了几分钟，然后和他们一一握手，好像立正一样站得笔直，目送司机发动引擎，松开刹车扬长而去。

"您在视察部队吗，贝京先生？"《卫报》记者出于职业习惯冒失地问。

贝京勉强挤出一丝笑容，"这么说吧，简单点，我在熟悉这儿的地形。"

"您觉得今天这儿怎么样？"英国人阴郁地问。

"它一如既往地那么美。"贝京回答他。

138　"很美，但也很危险，不是吗？"得克萨斯人说话直冲要害。"你们这片小小的土地上人不如他们多，枪和坦克不如他们多，你们准备得不如他们充分，而且还被包围了。你们准备怎么逃过这场纳赛尔正在筹划的阿拉伯人的袭击呢？"他热切地盯着贝京，好像在期待令人兴奋的答案。

"全世界的人都在热情地支持你们，"一旁的英国人补充道，"诺贝尔奖得主们同情你们的处境，正在一个个签署请愿书。大家担心，这会成为第二场大屠杀。您觉得会吗，贝京先生？"

贝京摆摆手，但得克萨斯人继续追问："华盛顿方面让艾希科尔忍耐，忍受困难，直到约翰逊总统发起国际支持行动，解除对埃拉特的封锁，去除战争借口。您对这些怎么看？"

梅纳赫姆·贝京的语气里既有抗争，又透着忧郁，"先生们，我担心你们所谓的国际支持是个错觉。其中更多的是同情，而不是支持——同情一个行将灭亡的国家。好，我向你保证"——他特别强调——"以色列不会灭亡。我们不希望开战。我们憎恨战争。艾希科尔总理正在竭尽全力避免战争。但是如果非要将战争强加于我们，那么被伤得更深的是阿拉伯人，而不是我们。"

贝京说话的时候，两名记者不停地飞快记录着，写了一页又一页。"那天我在以色列议会上说，以色列人必须用同一个声音、十分明确地警告敌人，他们胆敢侵略，后果将十分可怕。只有那样，才可能让他们恢复理智。"

英国人抬起头问："现在说这些，太晚了吧？"

"永远不会太晚。你可以回想一下你的同胞，爱德华·格雷（Edward Grey）先生的著名故事。第一次世界大战前夜，他作为英国外交大臣曾经说'整个欧洲的灯光都要熄灭了'。后来战争结束时，分析家们质疑爱德华·格雷在面临德国的侵略计划时，是否向德国方面发出过足够直白的警告。如果他当初出于英国的利益，将这一切说得更清楚、更具体一些，那场可怕的战争也许就可以避免。我给以色列议会讲了这段历史。我告诉我的同事，为阻止局势进一步恶化成为全面战争，我们以色列人必须说得响亮而明白，不管发生什么，我们有决心和能力保护我们的妇女和儿童，不让敌人对此抱有丝毫幻想。"然后，他看看表，"哦，先生们请原谅，我得走了。我得回到车上去了。"

他用下巴指指半藏在橄榄树丛里的一辆破旧标致汽车，双目炯炯有神，他说："我自己没有车，你们看，这是议会的车。我的一个同事还在等着用它——所以，抱歉。"

他向汽车走去，眼睛不时看向叶明莫什破败的石头建筑，它们在长长的落日余晖中披上了一层金色。他沉思着道："如果没有那道难看的铁丝网，这个城市该有多美。"说着钻进车里坐在司机旁边离开了。

第二天一早我乘公交车去特拉维夫的一座海滨酒店赴约，那里住着另一批记者。公交车在中央公交站放下所有乘客——大多数是后备军人，我还得步行一段。快到酒店时，只见海滩边的小公园门口停着一辆灵车。6名身穿黑色长袖衣服、头戴礼帽、留着胡须的治丧义工委员会（chevra kadisha）成员正在车外忙碌着。我认出其中的灵车司机是耶路撒冷治丧义工委员会的人。我之所以一眼就认出他，是因为他比其他人年纪大，比他们高一头，体格像公牛一样健壮，饱经风霜的皮肤看上去像皮革一样。

两名义工迅速地用双脚步测公园的草地，大声地将距离测量结果告诉另一个负责记录的人。另外三人绕公园外围大步走着，用哀怨的声音念着咒语。健壮的司机靠在灵车的引擎盖上，捻着鬓发，嘴里哼着哈西德歌曲，看上去这似乎是他们每天的例行工作。

我脑子里瞬间闪过一阵不祥的预感，急切地上前询问这是在干什么。司机镇定地答道，耶路撒冷治丧义工委员会接到通知，到特拉维夫帮忙把城市公园改造成墓地。全国的拉比都在忙这件事情。他亲眼看见仓库里堆着成吨包裹尸体用的尼龙布卷。伐木场也接到通知要准备好棺材板。

"我们估计会有一万或两万人死亡"，他面无表情地说，"有些人说会有四万——谁知道呢？"

我告诫他不要散布这种有害的谣言，可是当我继续上路往酒店去时，我的每一根神经都战栗起来。

　　记者们立刻感觉到情况不妙。酒店大堂桌边坐着六个人，看上去百无聊赖。其中一名说话带爱尔兰口音的女士冷冷地瞥我一眼，说："你很紧张。你真的很紧张。为什么？"

　　"我怯场，"我含糊着道，"我刚开始干这份工作。"

　　"那么，你有什么新消息要告诉我们吗？"一个身穿亚麻西装、大腹便便的家伙问我，"是发生了什么我们还不知道的事情吗？"

　　我抽出早晨拿到的官方新闻发布会稿件，逐字念道："约翰逊总统已经致电艾希科尔总理，承诺会采取国际行动解除对埃拉特的封锁。外交部长阿巴·埃班今天下午将在华盛顿会晤美国总统，希望美国总统能提出派遣国际小型舰队通过蒂朗海峡抵达埃拉特的具体计划，打破埃及的封锁。"

　　"这是旧消息，"他突然地打断我，眼睛里透着轻蔑，"我们早就从自己的消息源知道这些了。"

　　"约翰逊根本不可能组织起一支国际舰队，"一个系着俗艳领结的小个子瘦男人高声说，"他请求 18 个国家签字，最后只有四个国家——冰岛、新西兰、澳大利亚和荷兰——同意。这件事不可能成功。约翰逊是个得克萨斯大笨蛋，他希望能帮到你们，但是他没这个能力。他已经在越南陷入了困境。这整个儿就是空想。"

　　我在椅子里扭动着又憋出一句话："我还得到消息说，以色列已经接到美国总统的保证，绝不会在任何情况下，在以色列的国家安全上作出妥协。"

　　"胡说八道！"有人骂了一句。

　　"你从耶路撒冷赶来就是为告诉我们这个？"另一个人道。

140

"我根本不相信你说的任何一个字。我觉得你们的人隐瞒了什么。我觉得你们会偷跑，先开枪，要直接发动战争。"

"未经授权，我不能再说更多的了。"我结结巴巴地说着，没拿我的发布会稿件就仓皇离开了那里。

三个小时后，我回到耶路撒冷的办公室，又震惊又沮丧，一屁股坐进椅子里。正当我出神地望着窗外的夏花时，对讲机像警铃一样响起来。总理秘书说，艾希科尔要见我。在恢复外表平静之后，我沿着走廊来到总理办公室外的门厅处，那里铺着漂亮的地毯。

141 　"他让你去处理这些支持信，"秘书一边说，一边埋头打字，"它们都是成袋送来的。"

她的办公桌旁边有两个茶叶箱大小的纸箱，里面装满信件。

我迈进总理办公室的时候，艾希科尔正低头处理文件，他看上去显然比之前更加苍白憔悴。

"我们收到大量信件和电报，都是一些非常重要的大人物发来的，"他咕哝着，连头也没怎么抬，"你去看一遍，要是有必要就替我写个人回复，我签名。如果你把握不好说什么，就去找雅科夫商量。"

雅科夫·赫尔佐克博士是以色列最有地位的知识分子之一，他极富洞察力，很有头脑，他对巴赫的精通程度丝毫不亚于他对《圣经》的把握。他穿着无可挑剔，浑身散发着令人叹服的魅力，精明的脸上透着学者的敏锐和领袖气质。他是虔诚的犹太教徒，其父是以色列前任大拉比，哥哥是未来的以色列总统。本－古里安称他外交天才，在同行眼里他是个精通《塔木德》、哲学、神学的奇才，列维·艾希科尔很早就把他当作最信任的外交政策顾问。雅科夫·赫尔佐克对我的世界观产生了重要影响。他是我的导师、引路人和顾问。他很信任我，经常给我讲解他的观点及其来龙去脉。作为宗教犹太复国主义者和国家公仆，他那精细的洞察力和强大的头脑给我留下了难忘的印记。

正当我要离开总理办公室的时候，赫尔佐克大步走来，后面跟着艾希科尔的军事秘书、陆军上校伊斯雷尔·利奥尔（Yisrael Lior）。赫尔佐克早年在都柏林求学，他的父亲曾是当地的大拉比，因此说希伯来语时带着一股爱尔兰腔。他向艾希科尔汇报情况时口音愈发浓重：约翰逊总统刚刚通过驻华盛顿使馆传来消息，警告以色列绝不能开第一枪。消息还说，如果以色列触发战争，就得独自承担一切后果；为消除战争理由，美国需要更多的时间来组织一支国际舰队来解除埃及对埃拉特的封锁。

艾希科尔满脸阴郁地听着，一语不发。

"还有，"赫尔佐克拿起另一份电报接着说，"这是从苏联发来的。主要写的是：'如果以色列政府坚持要为武装冲突爆发负责，它将为这种行为付出全部代价。'"

总理仍然不说一句话。他面对赫尔佐克，但却并没看他。

"还有一件事，"赫尔佐克继续道，声音里隐隐带着一丝寒意，"战场情报说，在西奈半岛发现了毒气装置。埃及人有可能想对我们发动毒气战。纳赛尔以前用过毒气，在迈斯对也门的战事中。"

"而且我们的库存里没有防毒面具。"以色列·利奥尔上校脸色苍白地补充说。

"没有防毒面具？"总理问，双眼紧盯着赫尔佐克。

"确实没有。"赫尔佐克证实说，他一改平日里彬彬有礼的风度，变得非常不安。

总理转过头，咬着嘴唇，静静地坐了一会儿。"马上就要血流成河啊，"他轻声地自言自语。他们三人凑到一起小声而秘密地谈论着，我预感到大事不好，走到屋外关上门。只听见艾希科尔对赫尔佐克说："我必须找那个有学问的傻瓜谈谈。"他指的是阿巴·埃班。

艾希科尔和埃班目前就是这种关系，后者出生于南非，毕业于剑桥大学，是前者的外交部长。全世界的犹太团体都崇拜埃班那丘吉尔一般的口才，他凭借精彩而有见地的演讲在联合国赢得一片掌声，因为博学和教养受到上流社会的热烈追捧。然而在国内，他的权力基础很薄弱，更有甚者，还被那些讲求实际的内阁同僚看作是个不和谐的、自命不凡的外来者。这些人几乎不相信阿巴·埃班在决策上的敏锐程度。在他们眼里，他只会动嘴不会思考。谁都不否认他是个超乎寻常的外交天才，具有令人眼花缭乱的沟通能力，但几乎没人相信他的战略思考能力。列维·艾希科尔不信，果尔达·梅厄不信，伊扎克·拉宾不信，如果去问梅纳赫姆·贝京，他八成也会说不信。提起阿巴·埃班，列维·艾希科尔曾经讽刺地说："埃班不会给出正确的方案，他只会正确地发表演讲。"

"总理必须找埃班谈一谈，"雅科夫·赫尔佐克从门里探出头朝秘书喊道，"他马上要去见约翰逊总统。应该在华盛顿。"

秘书忙乱地找着电话簿，我抱起一个装满信件的纸箱往自己办公室走去。当我回来取第二个纸箱时，清清楚楚地听见虚掩的门里传出艾希科尔的声音，他正冲着电话吼："你听见我的话了吗，埃班？对——是毒气。把我的话记下来。你要提醒总统，他对我做出过承诺。他保证过，如果我们受到威胁，美国会站在我们这边。是的，是的，在任何情况下——他就是这么说的。你还要提醒他，我曾经问他，如果有一天埃及攻击我们，而美国自己还有其他事情要解决，那时候怎么办？你记下来，他说他们的态度是不会变的。你告诉他，现在这种情况真的要发生了，而且还有毒气。告诉他，现在的问题不再是能否自由停靠埃拉特，而是以色列能否生存下去。"愤怒和失望让他完全失去了控制，他用意第绪语尖叫着，"告诉那个异教徒，我们是在和畜生打交道。你听见了吗——畜生！"

　　总理怒气冲冲地摔下电话，吓得我差一点把纸箱扔在地上。

1967 年 5 月 25 日，"六日战争" 前的危急时刻，艾希科尔总理和总参谋长伊扎克·拉宾上将、塔勒上将在一起

图片来源：以色列政府新闻办公室。

第十二章　一份不寻常的建议，
　　　　　一次灾难性的广播

　　总理官邸是一栋方方正正的二层小楼，坐落在耶路撒冷上
流社会聚居的里哈维亚（Rehavia）区一条不显眼的街上。一名
警卫在花园门外的路灯下站得笔直，梅纳赫姆·贝京向他道声
晚上好，径直向前门走去。

　　艾希科尔突患感冒，他鼻子塞着、满眼焦虑地在书房接待
了贝京。这间屋子和他本人一样，看上去含蓄朴素——毫无特
色的家具、朴实无华的地毯，墙面颜色也十分黯淡。他向这位
反对党领导人通报了最近不断恶化的事态进展，并试探着提出
要在这样的危急时刻建立一个由所有主要政党组成的紧急联合
政府来团结整个国家。梅纳赫姆·贝京在一旁听着，列维·艾
希科尔觉得从贝京的眼神里看出了赞同的意思。因为贝京和他
本人一样，都是出生于东欧犹太小村庄的犹太教徒，虽然他们
在政治观点上存在冲突，却相处融洽并且能相互理解。

　　但是，那天晚上贝京的眼神里还有一样艾希科尔没觉察到
的东西：百折不挠的决心。他并不知道，梅纳赫姆·贝京不仅
仅是来听消息的，更重要的是，他要劝说总理辞职。他想让艾
希科尔靠边站，降职成为本-古里安的副手，掌管国内事务，
转而让戴维·本-古里安主政。持这种看法的并不止贝京一人。

　　"我们很快就要打仗了，"贝京的声音温和而坚决，"当敌
人叫嚣要毁灭我们的时候，我们首先得相信敌人是当真的。人

们过去不相信希特勒。现在阿拉伯人说要毁灭我们，所以我们必须相信。我们必须抓住先机，率先消灭他们的军队。"

"可是你怎么能让我站到一边，转而去支持那个处处伤害你、为难你的人呢？"艾希科尔惊讶地问。接着，他执拗地说："再说，我们所有的行动都必须和美国保持一致。只要美国打破封锁的行动还有一线希望，我们就不能轻举妄动，否则就是最愚蠢的行为。我们是个拥有 250 万人口的国家，我们承受不起蔑视美国和世界上其他国家的后果。我们别无选择，必须顾及世界舆论。"

"我不相信美国人真的会整编出一个国际舰队去打破封锁，"贝京回答，"至于国际舆论，我同意那很重要，但我们绝不能被异族人的想法吓到。况且，我们已经号召起所有的后备力量，想想看，这样的动员对我们的经济消耗有多大！"

"那么，你的建议是什么？"

贝京心平气和地看着艾希科尔，"我建议，我们立刻动手。时机是关键。而且我建议你把政权交给本－古里安，你在民族团结政府里担任他的副手。我个人非常敬重你，但我认为现在局势非常紧迫，你身上的责任太重，你的双肩无法扛起如此重担。我完全相信，在如此危险的时刻，得让本－古里安来领导这个国家。他是个战争领袖。"

艾希科尔目光锐利地看了他一眼，沉默了一小会儿后突然厉声说："不可能！本－古里安已经 81 岁了。"

"没错，但是我再说一遍，他是一个可靠的、久经考验的战争领袖。"

总理很难过，他抬头盯着天花板努力倾听着这一切。最后，他反击道："本－古里安这些年这样对你，你居然还让我这么做？他甚至把你比作希特勒。"

"是他对我有敌意，而我没有。我的原则是，犹太人之间永远不能相互仇恨。"

列维·艾希科尔打了个大喷嚏，他擤擤鼻子深吸一口气，站起来走到窗边，脸色阴沉地盯着黑夜。他仿佛看见街对面有几个抗议者正在扎营，他们举着一块牌子，牌子上写着让他靠边站。在似乎过了很长时间之后，他转过身忧郁地盯着贝京，摇摇头。

"如果你是这么想的，"贝京说，"那我该走了。"

"不，不，留下，"艾希科尔连忙说，回到座位上，"我们得深入谈谈。国家陷入如此险境，我们做出的每一个选择都必须事先经过深入探讨。"

在接下来的近一个小时里，俩人以一种从未有过的亲密关系，坐在一起反复斟酌，从每一个角度权衡正反两面。最后，艾希科尔疲惫地站起身，伸伸胳膊打个哈欠，一脸倦容地看着贝京，摇摇头说："这两匹马不可能齐心协力地拉动同一辆马车。"

"我理解，"贝京道。他起身往门口走去，正要开门时，艾希科尔抓住他的胳膊伤感地一笑说："无论如何，谢谢你来一趟。我知道，你认为这是对国家最有利的道路。当务之急是扩大联合阵线，你得在里面。"

"但前提是本－古里安和摩西·达扬也在里面。"

列维·艾希科尔举起双手，意思是贝京无须再次强调这一点，他说："看看接下来的几天会发生什么事，然后再决定走哪条路。"[11]

在接下来的几天里，许多以色列人都在不安地往窗户上贴胶布条，希望能抵挡炮弹和炸弹爆炸后飞来的弹片。这个活儿干起来很费劲，每个人都相信这场生死攸关的战争随时可能爆发。总理和他的高级助手们都在作战室，我因为无权进入，就在家和妻子一起忙着在窗户上贴胶条。这时，收音机里传来艾希科尔即将发表对全国讲话的通知。我们和这片土地上成千上万的老百姓一样，都希望听到鼓舞人心的话语，于是大家纷纷停下手里的活儿，把耳朵贴到收音机上。

我们听到了翻动纸张的声音，接着是一声咳嗽，一阵清嗓子的声音，然后收音机里传来了独具特色的沙哑嗓音。艾希科尔坦率地说，阿拉伯军队集结引发了全国性的焦虑，尤其是埃拉特遭到了封锁，接着他喋喋不休地提到，我们的政策是支持一个由美国主导的、旨在避免战争的国际计划，为保持这种政策的延续性，政府制定了几条原则。

148

收音机里又传来窸窸窣窣的声音，这一次还不停地伴随着"呃，呃"的咕哝声，听起来艾希科尔似乎是忘了念到什么地方，或是正在努力从潦草的字迹中辨认"负责任的决策"、"共同目标"这些词句——就像几年前在伦敦的联合以色列求助会晚宴上那样。他和当年一样，磕磕巴巴地念着，不时停下来，一遍一遍"呃，呃"着。但这次不是筹款晚宴。他的听众是饱受惊吓的国民，他念得越结巴，他听起来就越是优柔寡断、惊慌失措，即便他在讲话结束时保证，以色列知道在受到袭击时该如何保卫自己，也无济于事。

广播震动了每个人的神经。突然间，整个国家好像失去了力量，失去了领袖。紧接着就有报道称，当以色列士兵在战壕里摔掉收音机痛哭流涕的时候，敌人们正在欢呼雀跃。

梅纳赫姆·贝京在特拉维夫的家中听到广播时非常震惊。

他转动收音机旋钮寻找 BBC 全球广播，想听听他们对这场演讲有什么评论。他听到的却是 BBC 驻开罗记者正在用温文尔雅的声音介绍埃及军队在西奈半岛的军事集结，其中还引用了一段当天埃及军队接到的命令：

> 全世界都在注视着你们，注视着这场针对以色列的光荣之战，他们侵略了我们父辈的土地。这是一场神圣的战争，你们将用武器和信仰夺回阿拉伯国家的权利，夺回遭到劫掠的巴勒斯坦……

贝京厌恶地关掉收音机，对妻子阿莉扎说："我知道艾希科尔感冒了，可听起来他好像是心脏病发作了。"然后他坚定地说："毫无疑问，他必须下台，让位给本-古里安，把国防部交给摩西·达扬。"

第二天上午，以色列发行量最大的日报《国土报》也发表了同样的观点：

> 如果艾希科尔能让我们相信他有能力在目前的危急时刻为国家这条船掌好舵，我们当然愿意追随他。但是，听了昨天晚上的讲话后，我们并不这么认为。
>
> 有人提议让本-古里安担任总理，摩西·达扬掌管国防部，艾希科尔主管国内事务，对我们来说这看起来倒是个明智的想法。

那天，当我踏进总理办公室时，屋里的气氛非常沉重。安迪·亚费把我拉到一边，告诉我到底是什么搞砸了广播讲话。

那天一开始就不顺，他说——内阁磋商让人心烦，电话没完没了，政党拉票，还有国防军总参谋部的人像被关起来的狗一样急着要在敌人筑牢工事之前先动手。国防军方面认为，迟迟不动手并不是因为军事储备不足，而是政治上的优柔寡断。一些将军甚至还谴责艾希科尔胆小懦弱。但艾希科尔对他们的种种说法充耳不闻，他认为这些指挥官过于冲动，急于让他下令开战，等不及他为避免战争想尽最后的办法。他坚持认为，如果美国最终没能解除封锁，那么华盛顿方面唯一的道德选择就是在战争中支持以色列。

安迪说，艾希科尔本来打算事先在家把演讲录好。可是，因为日程排得太满，一直到很晚也没顾上。他看了一遍赫尔佐克等人起草的演讲稿，迅速做了些修改。因为秘书下班回家了，只好由安迪坐下来笨拙地重新打一遍字。他还没开始打字，录音室那边就打电话说来不及录音了，如果总理想在黄金时段演讲的话就得立刻赶到广播大楼去。

艾希科尔被压力折磨得十分疲惫，而且感冒导致他嗓子嘶哑。他在走进录音棚开始念稿子之前，根本没有完整地审查过演讲稿，也没弄明白上面各种勾勾画画的更正内容。"在广播过程中，"安迪沮丧地说，"他一度向我们——赫尔佐克和我——示意，他想中断录音，可是我们告诉他，除了继续说完别无选择。然后，事情就变成那样了。"

第二天晚上，戴维·本-古里安家响起轻轻的敲门声，他的妻子——矮胖健硕的宝拉穿着便袍打开门。"啊，是你，"她亲切地说着，给梅纳赫姆·贝京和他的党内同僚带路，"戴维正在等你。"

虽然当天天气炎热潮湿，但贝京还是按照他的习惯穿着正装打着领带。他真挚地向本－古里安夫人问好。宝拉很赏识贝京，贝京也很欣赏她。事实上，她丈夫在 1969 年 2 月写给贝京的一封特殊的信里承认了这一点：　　　150

> 无论出于什么原因，我的宝拉一直很赏识你。以色列建国前后，我反对你的路线，有时候还带有攻击性……甚至直到建国初期我也坚持反对你的某些立场和作为，我对此毫不后悔，因为我相信我做得对（任何人都会不知不觉地犯错误）。但是在个人层面上，我从未对你怀有敌意，过去几年里，对你了解得越多，我就越敬重你，对此宝拉感到很开心。

从这封和解信中可以看出，这位老人最终冷静下来，打消了长久以来对政治对手的深仇大恨。但是，在那天晚上，当贝京和同僚们踏进特拉维夫的那套寓所时，却几乎感觉不到这一点。

本－古里安长得很敦实，身穿绣着他名字的开领卡其布衬衫和宽松的棉布裤子坐在摇椅里，他那一头银发像往常一样桀骜不驯地立着，脸上也一如既往地摆着一副好斗的神情。他是个注重结果，不拘小节的人，张口就问，"咳——你们来见我，所为何事？"

从贝京的语气里听得出来，他们早已对今晚的一切做过一番深思熟虑。他解释道，希望成立一个紧急民族团结政府，由本－古里安替代列维·艾希科尔担任领导人。老人皱起眉头，下嘴唇往外突着陷入痛苦的沉思。最后他大声道："我，再当总理？绝不！"

接下来，他迅速否定了他们的战略构想，谴责他们竟然鼓吹先发制人，认为这会将国家置于险境；他坚称没有美国这样的大国支持，以色列国防军绝不可能赢得战争；他建议军事行动仅限于重开通往埃拉特的通道；他认为以色列光凭一己之力不可能赢得战争，指责他们的做法会危及这个犹太国家的生存。

贝京和同僚们出门来到附近一家咖啡馆反复琢磨本－古里安的长篇大论，得出的结论是：本－古里安完全不知道外面发生了什么事，想法非常过时，对国防军的真实能力毫无概念，竟然相信以色列没有决心拯救自己。简言之，他已经老了，已经退出政治舞台，这让梅纳赫姆·贝京非常失望。

要强硬起来为打赢这场生死攸关的战争作准备，人们只得呼唤达扬。大量民众在集会上齐声高喊："我们要达扬！"预备军官的妻子们——被人称作"温莎的风流娘儿们"——在特拉维夫列队高喊"达扬！达扬！"。达扬是个富有传奇色彩的独眼勇士，蒙着标志性的黑眼罩；他是国际知名的以色列英雄；他是以色列坚忍不拔的象征；他曾经是哈加纳的指挥官，带领人们建立以色列武装力量，领导以色列取得一个又一个胜利。只有他能重整力量保卫国家，抵御另一次正在逼近的大屠杀。至于优柔寡断的列维·艾希科尔，大多数评论家都毫不犹豫地断定他以后只能当名义上的总理。

艾希科尔脸色苍白而阴沉地再次找到贝京，邀他加入扩大的紧急内阁，贝京的回答是，"除非达扬担任国防部长。"这让时任工党秘书长果尔达·梅厄大为不满，她强烈反对任命达扬。梅厄一直没有原谅达扬当年弃工党而去，追随本－古里安加入反对阵营拉菲党。然而，随着战争的枷锁越勒越紧，她还是勉强同意了。

于是在 6 月 1 日，星期四，人们收听晚间新闻时终于欢呼着松了口气——许多人甚至流下眼泪——以色列历史上首个民族团结政府终于成立了。当天晚上，摩西·达扬被任命为国防部长，梅纳赫姆·贝京为不管部长，俩人在内阁会议上就座，为先发制人投下了赞成票。

同一天晚上，雅科夫的兄长哈伊姆·赫尔佐克（Chaim Herzog）——前任军事情报局长、后备役将军、未来的以色列总统——在他颇受好评的每日动员广播节目里说："我必须真心诚意地说，如果让我选择，愿意驾驶埃及轰炸机开往特拉维夫，还是愿意待在特拉维夫，那么出于纯粹自私的自我保护心理，我的选择是待在特拉维夫。"对于那些每天在自家后院挖掩护壕沟，准备应对埃及轰炸机的人们来说，这些话确实起到了抚慰人心的作用。

1967 年 6 月 4 日，星期天，战时内阁通过以下决议：

> 在听取有关军事和外交形势方面的报告后……政府判定埃及、叙利亚和约旦军队正准备从各条战线上对以色列予以打击，并将威胁以色列的生存。因此，以色列将发动军事打击，目的是解除对以色列的包围，阻止阿拉伯联合司令部发动攻击。[12]

随着决议公布，等待期终于结束。26.4 万以色列士兵严阵以待，准备对抗 35 万阿拉伯联军，以色列军队要以 800 辆坦克对抗阿拉伯军队的 2000 辆，以 300 架战斗机对抗阿拉伯方面的 700 架。

这就是战争的实力对比。

第十三章　哭墙边的祷告者

第二天，6 月 5 日，早上 7 时 45 分，远处的天空传来隆隆声，南部战壕里的士兵抬头看见战斗机排着紧凑的队形呼啸而来，它们飞得那么低，连机身上的"大卫之星"都能看得一清二楚。几个小时后，梅纳赫姆·贝京在他最亲密的助手耶歇尔·卡迪沙伊（Yechiel Kadishai）陪同下，来到特拉维夫的总理办公室，此时列维·艾希科尔正精力充沛地和 6 个同样情绪高昂的部长们愉快地交谈着。

"我们得背诵下感恩祝福。"艾希科尔向贝京提议，向他透露了自己此生听到的最惊人的消息。在当天早上的突袭中，以色列空军几乎摧毁埃及的空中力量。300 多架埃及战机被炸成黑黢黢的残骸，躺在基地跑道上冒烟。叙利亚、约旦和伊拉克都开火了，结果他们的空军也遭到破坏。

"谢天谢地！"贝京欢呼道，眼睛里洋溢着兴奋，紧接着问，"告诉我，和约旦的战斗——有多激烈？"

艾希科尔又变得愁容满面，"目前为止只是大炮交火，主要在耶路撒冷，还有斯科普斯山周边发生了一些小规模战斗。我已经通过联合国和美国给侯赛因国王传话，如果约旦不介入战争，我们就不会对他们动手。西奈半岛的战斗要激烈得多。我们的坦克正在突破埃及的防御工事，但是我们掌控了天空。在北部，叙利亚人正从戈兰高地轰炸我们的村镇和定居点。我们正在还击。"

艾希科尔刚说完这番话，他的军事秘书伊斯雷尔·利奥尔上校从前厅进来递上一张纸条。总理扶了扶眼镜仔细地读着。

"啊！约旦人正在加紧轰炸。我猜想这就是侯赛因国王给我的回答。他想打仗！"他的话里透出一股尖刻和挑衅。

贝京的眼中露出深思的神情，仿佛正在考虑什么惊天动地的事情。他确实是！他在想，如果约旦人坚持要打，那么犹太人在 1948 年战争中失去的神圣且具有历史意义的国宝——老城、圣殿哭墙就有可能很快获得解放，耶路撒冷将重新统一成为以色列的首都！

他把这种遐想告诉了一个人——劳工部长伊加尔·阿隆（Yigal Allon）。阿隆是个老兵、基布兹老战士、工党领袖，是个不可知论者，还是对于在以色列土地上争取犹太民族权利的热心拥护者。贝京提议两人到前厅好好聊一聊。他们在那里讨论起各自的期望，艾希科尔从办公室虚掩的门里看见他俩，于是便推了推眼镜冲他们喊道："嘿，告诉我你俩在谋划什么？"

"耶路撒冷，"阿隆说，"贝京和我想要耶路撒冷老城。"总理像拉比捋胡子一样摸着脸颊，眼睛一闪答道："这是个有趣的主意。"

梅纳赫姆·贝京坐车行驶在特拉维夫通往耶路撒冷的公路上。这条路上挤满吉普车、半履带车、运兵车、燃料车、坦克运输车、修理车、弹药车以及其他各种军用交通工具。车速像蜗牛爬行一样慢。和贝京在一起的是耶歇尔·卡迪沙伊以及另外几个关系亲密的支持者。从贝京危险的地下工作时期到身为反对党的漫长蛰伏期，他们一直坚定不移地和贝京并肩作战。

现在他们要一起去耶路撒冷，见证贝京正式宣誓就职内阁部长。对他们——实际上对所有伊尔贡老战友们来说，议会就职仪式是一个为自己正名的重要时刻。因为这是一个标志，虽然它的分量有点轻，但它表明在经历了工党主导的权势集团近 20 年的排挤政策后，构成以色列政治的各个板块终于松动了。

155

志愿为贝京开车的司机实在受不了路面上的拥堵，便把谨慎二字抛到九霄云外，一脚油门开上路肩朝前冲去，超越一辆载着一台百夫长坦克（Centurion tank）的隆隆作响的运输车和一辆装满炮弹的弹药车，差一点和它们撞上。

"笨蛋！"卡迪沙伊受到惊吓，责备道："你疯了吗？到下一个路口下高速，换条小路走。至少那样我们还能活着到耶路撒冷！"

耶歇尔·卡迪沙伊四十五六岁，是个擅长交际、机智灵敏、傲慢自信的人。为适应贝京当上部长之后的新需求，他刚在后备警卫部队熬了几天几夜回来。小路的个别路段情况非常糟糕，他们贴着山谷边缘穿过峻岭，沿着通往耶路撒冷的路线逶迤前行。

"停车！"汽车一个急转弯时，贝京大喊一声，"我们刚才超过了果尔达的车。我必须和她说几句话。"

贝京还没下车，耶歇尔·卡迪沙伊已经跳出车外，打着手势拦下果尔达·梅厄的车。"出什么事儿了？什么紧急情况？"她把头探出车窗问，嘴边叼着一支烟，烟雾浮过面前。

"好消息！好消息！"贝京喊着，他满面笑容，让他更为兴奋的是一种新奇感，作为内阁成员的他要把这个特别消息告诉一个内阁局外人。他气喘吁吁地把捣毁敌人空中力量的事情告诉她。果尔达用手蒙住脸，旋即抬头望着万里无云的天空感叹，

"我简直不敢相信！几个星期来，我们一直在担心可怕的空袭——感谢上帝，这个威胁解除了。"

其他车辆都不由得慢下来，人们透过车窗看见这两个经年的政治宿敌竟然在一起相互笑着握手，他们当然无法理解他们在笑什么，相互祝贺什么。因为整个国家还尚未得知初战告捷的喜讯。

贝京的车队从耶路撒冷空无一人的街道上疾驰而过，那里刚经受了近9个小时的炮轰，耳边仍有隆隆的炮声，城里绝大多数居民都躲在掩体内。他们简短地拜谒了导师泽埃夫·亚博廷斯基的墓，之后驱车前往会议。议会大楼是一座平顶带廊柱的建筑，是现代两院制议会颇为偏爱的风格。大楼里挤满了急着打听战事消息的新闻记者，有些人试图上前拦住贝京，但贝京摆摆手拒绝了。他径直上二楼——当然是略带得意地——要去找戴维·本-古里安好好谈谈。

一阵阵炮声清晰地传来，大家马上都被带进地下掩体。当人们看见贝京和本-古里安穿过人群，像老朋友一样面对面走去时，不由得纷纷鼓掌。所有人都坐在长凳上——部长、议会议员、官员、办事员、清洁工，有信教的，有世俗的，有左派，有右派——大家都在愉快地交谈，有些人兴致勃勃地唱起铿锵有力的歌。以色列人从未像现在这样有共同的目标，如此团结。

一枚炮弹从空中呼呼地飞过，砰的一声落在附近的以色列博物馆。炮声逐渐减弱后，贝京回到楼上的议会餐厅。他心头一直萦绕着夺回老城的想法。随着时间的流逝，这个问题显得越来越急迫。他让卡迪沙伊到议会外的车道上去等候从特拉维夫赶过来的总理。

"你看见他来了，就赶紧告诉我。我必须和他谈谈，"他

156

说，"我要请他召集一次紧急内阁会议，哪怕议会还没有举行宣誓仪式。我要劝说他，就在此时此地决定耶路撒冷的命运。"

一小时后——晚上 7 点半——耶歇尔·卡迪沙伊从外面飞奔进餐厅。"他来了，"他嚷道，"他的车过来了。"

贝京朝门外走去，就在艾希科尔即将踏进大门时叫住了他。在那一刻，梅纳赫姆·贝京是整个以色列准备得最充分的人。他动用所有的热情、坦率、逻辑劝说总理，让总理立刻召集部长们到内阁会议室。

内阁会议室是一间雅致的，镶着木板的圆形房屋，巨大的红木圆形会议桌占满了铺满整个屋子的红地毯。泛光灯下的以色列著名画家鲁文·鲁宾的巨幅加利利风景画是会议室的焦点，艾希科尔在这副背景前嘭地敲了下小木槌，请梅纳赫姆·贝京发言。

157

"总理先生，"贝京庄严地说，"摆在我们面前的是一个史无前例的历史性结果——"

"快走，快走，炮弹就要落下来了。快走，快走！"警卫官突然推门而入喊道。只听见一枚迫击炮弹落在议会大楼草坪上，震碎了餐厅玻璃。两名引导员把部长们领到楼下，那里唯一的掩体是一间狭长的储藏室，里面塞满扫帚、桶、拖布，以及一些旧家具。总理一行人在积满灰尘的椅子上坐下来。

临时内阁会议室里，轰炸声不绝于耳，艾希科尔让贝京继续发言。虽然空间很挤，气氛紧张，但总理并不焦虑。他身形平静，目光坦率而安宁，掌控着局面。他把手拢在一侧耳边，听贝京严肃地说道："总理先生，我们面临的是个史无前例的历史性结果。这是对我们的政治考验。我们必须占领老城，回应侯赛因国王无视我们的警告，以及约旦人一直以来对我们的炮击。联合国安理会目前正在开会讨论停火。如果我们不迅速行动，就很可能又一次被隔在耶路撒冷的围墙之外，就像 1948 年我们丢失犹太区和那些圣址一样，这座城市被一分为二——一切都是因为联合国宣布停火。因此我建议立即采取军事行动解放老城。"

艾希科尔用一种近乎冷漠的口吻说，国防部长摩西·达扬虽然没到场，但他对此持强烈保留意见。"他的观点是，"艾希科尔说，"进入老城就必须挨家挨户地战斗，那样代价很大。而且，还有可能破坏其他信仰的圣地，那样的话全世界都会谴责我们。目前，我们仍拥有全世界许多国家的同情。"

"说得很有道理。"一名在场的部长说。

"而且，"艾希科尔继续道，"达扬的意见是，只要包围老城就够了。它会像熟透的果实一样落到我们手里。"

伊加尔·阿隆坚决反对。他以军事权威的口吻坚持认为，约旦人的战线正在迅速崩溃，考虑到这一点，国防军能够通过夹击作战迅速包围老城。"然而，"他继续道，"除非犹太人的双脚踏入老城和圣殿山，否则耶路撒冷仍将永远处于分裂状态。我们必须实质性地占领它。"

另一名部长沉思着说，梵蒂冈永远不会让犹太人控制基督教圣地。此时艾希科尔透露，梵蒂冈已经发表声明宣布，耶路撒冷是个开放的城市，任何一方都不得对它采取袭击行动。他说，华盛顿方面也对此表示赞同。

"先生们，"贝京激动地说，"约旦军队差一点就要被打垮了，我们的部队已经开到城门口。士兵们几乎已经望见了哭墙。我们怎么能告诉他们别去呢？我们手里握着一份历史的馈赠。如果不抓住它，我们的后代是不会原谅我们的。"

158

人们的情绪高涨起来，可是从老城的方向，敌人的重炮又重新掀起攻势。在那间拥挤狭小的掩体里，每个人都能清清楚楚地听见炮弹爆炸的声音。然而，艾希科尔并没有受到干扰。他仍在仔细地听着辩论，他赞同贝京和阿隆提出良机不可失的恳求，但是又得考虑达扬没有必要进行正面攻击的论点中的军事和外交利弊。赞成达扬观点的人对未来表示悲观，他们相互强调并坚信，基督教和伊斯兰世界不会容忍他们的圣地遭到损坏，更不必说占领了，即便以色列真的占领了老城，最后也一定会被迫撤出。所有这一切的背后，还得考虑到苏联说不定会出手干预。

最后，总理让部长们安静并提出，考虑到耶路撒冷目前正遭受约旦轰炸，侯赛因国王没有理会以色列的警告，"也许这正好是一个占领老城的机会。"

"如果真是那样，我会否决达扬的意见。"会议结束时，艾希科尔对贝京咕哝着说。

当天晚上，议会发言人敲响小木槌，新近任命的民族团结政府部长们正式宣誓就职。同一天晚上，以色列国防军在西奈半岛大败埃及部队，在约旦河西岸追击约旦部队并占领了老城周边的战略要地，梅纳赫姆·贝京脑海中萦绕着各种想法，根本无法入睡。他辗转反侧，脑海里全是犹太人的古老历史。丰富的犹太历史学识让他产生最深的信念，他在思考，为了让老城围墙内最神圣的珍宝重新回到犹太人的怀抱，以色列还要等待多久？他的内阁同僚中，除了阿隆，还有谁能够勇敢地提议立即攻下老城？

凌晨4点，他打开收音机，听到BBC播音员说，联合国安理会马上就要以绝对多数通过停火决议。这是最后的机会了！

他立刻打电话给艾希科尔。

"怎么了？"总理打着哈欠。

"抱歉打扰您休息，"贝京说，"但是我刚才听了 BBC 的广播。安理会马上就要通过停火决议。我们没有时间了。我提议马上命令部队进入老城，否则就太晚了。"

"你马上跟达扬说，"艾希科尔的声音听起来突然清醒了。"看看他怎么说，然后告诉我。"

贝京找到达扬，敦促他同意召开紧急内阁会议决定是否攻打老城。达扬同意了。贝京再次致电艾希科尔，决定早上 7 点召集内阁开会。这是一次速战速决的会议，大家一致同意立刻攻入老城，由伞兵旅作为先锋。

经过三个小时激战，部队攻破狮门（Lion Gate）。不久，电报中传来指挥官的消息："圣殿山已经在我们手里了！圣殿山已经在我们手里了！"

上百名士兵冲向哭墙，齐声高唱"金色的耶路撒冷（Yerushalayim Shel Zahav）"——以色列崭新的，非正式的国歌。

"赞美上帝！"贝京欢呼起来，他当即提议重建在 1948 年战争中被夷为平地的古老的犹太区，那里的居民有的遭到杀戮，有的成了囚犯，还有的遭到了驱逐。[13]

第二天，贝京和两名陪同穿过狮门，沿着已经关闭的狭窄通道向哭墙走去。一队精疲力竭、汗渍斑斑的伞兵挤在一处看着贝京一行人，有的欢呼，有的跟在他们后面，肩上扛着枪，看上去像一支非正式的卫队。到处都是烧焦的气味，让人想起他们刚刚进行过的战斗。

160

那时候，哭墙的一边是条肮脏狭小的小巷，其两侧是大片摇摇欲坠的阿拉伯贫民窟，贫民窟向西一直延伸到一片陡坡边，再过去就是被毁的犹太人区。他们走在这片名叫穆格拉比（Mugrahbi）的污秽街道里，远处传来零星的枪声，附近阴暗的巷子里传来步话机声和口令声。

贝京沿着通道一步步走向哭墙，1948 年后他就再也没来过这里。他戴着眼镜，气质高贵，眼神里洋溢着渴望，流露出一种对遗失已久、失而复得的宝物的敬畏感。阳光照射着古老的哭墙上的大石块，它们有些经历过风吹雨打，有些看上去像刚从采石场运来的一样粗粝。阳光给哭墙抹上一层肉桂色，照亮了高处墙缝中长出来的刺山柑。

更多的士兵赶来了，他们围拢在贝京身边，一边跳舞，一边大声唱着《诗篇》，"Zeh hayom asah Hashem"（这是耶和华所定的日子，我们在其中要高兴欢喜）。

当贝京的双手触摸到哭墙时，歌声停止了。他把头靠在饱经风霜的岩石上，四周笼罩着一片死寂。他伸出双手拥抱这面墙，从口袋里掏出一张纸，上面是他写好的一段祈祷文。这段文字是他专门为这一刻而作的——一段充满与犹太人眼里最神圣的集结地相关的《圣经》和礼拜典故的祷文。这是他们被放逐了几个世纪的地方；这是由过去发生过的一切塑造而成的地方；这是塑造耶路撒冷和以色列的地方；这是让犹太人成为犹太人的地方。

"我们列祖的神，亚伯拉罕、以撒和雅各，"他背诵道，"万军之主，是你帮助了我们。敌人包围我们——他们围攻我们，要毁灭我们的民族。但他们的计划失败了，他们的罪恶流产了。因为我们的祖国成长起新的一代，他们是新一代的解放

者，一代战士和英雄。当他们和敌人交战的时候，他们的心里 161
迸发出回响在几代人心中的召唤，那是父辈和先知的召唤，那
是从埃及的奴役之下逃脱出来的以色列救世主的召唤：'愿神兴
起，使他的仇敌四散；叫那恨他的人，从他面前逃跑。'

"我们驱散了敌人，打垮了他们，他们真的逃跑了。

"溃不成军的敌人至今还没有放下武器。以色列军队还要继
续追赶他们，打击他们。主啊，以色列的上帝，请保佑我们的
部队，他们正拿着武器，践行您和所选之人制定的圣约。让他
们平安归来吧——他们是父母的孩子，孩子的父亲，妻子的丈
夫。我们是一个被掠夺、被迫害民族的幸存者，我们一代一代
血流成河。

"今天我们站立在荣耀之殿的遗迹——哭墙前，站在收复的
耶路撒冷城里，这座城市现在终于统一了，我们从心底祈祷要
迅速重建圣殿。

"我们还应当去希伯伦（Hebron）——基尔雅阿巴（Kiryat
Arba）——去那里拜倒在我们民族先辈的墓前。我们应当去通
往犹大伯利恒的以法莲（Ephrat），在拉结（Rachel）墓前祈
祷，唤回先知的祷告：'在拉玛听见号啕痛哭的声音，是拉结
哭她儿女，不肯受安慰，因为他们都不在了。不要哭泣流泪，
因为你的劳苦必不会落空，他们必从敌国回来。你将来的日子
是有盼望的，你的儿女也必返回自己的疆土。'"[14]

"阿门！"士兵们大声说，然后他们肩并肩围在一起，狂喜
地又唱又跳起来。

那天晚上，一名和贝京相识多年的记者拜访了贝京，并问
道，当你抚摸哭墙的时候，脑海里在思考什么。

"今天触摸哭墙的时候，我哭了，"贝京简单回答，"我猜

想，每个人眼睛里都有泪水。谁也不需要感到羞耻。它们是男人的眼泪。因为这是个重大事实，今天我们犹太人，从公元70年被罗马人征服至今，第一次收回了圣殿山的所有权，为自己赢得了自由，从此可以不受任何限制地去那里祈祷。"

三天后，以色列国防军攻占东耶路撒冷，从约旦人手里夺过整个约旦河西岸，从埃及人手里夺得整个西奈半岛和加沙地带，从叙利亚人手里获得整块戈兰高地。以色列接受了联合国的停火决议，感受到了哥利亚仆倒在地时，大卫的那种喜悦之情。

枪声最终平息后，推土机碾平了穆格拉比贫民窟，开出大片广场，哭墙拥有了一片呼吸的空间，大批犹太人可以在那里祈祷。犹太人祈祷和平，阿拉伯人却在祈祷复仇。阿拉伯国家首脑聚集在喀土穆峰会上，他们检视着残兵部队，为这种无法容忍的耻辱感到愤怒，他们挑衅地发誓："绝不和以色列达成和平，绝不承认以色列，绝不和以色列谈判。"为了能把犹太人赶回无法防御的海岸地带——最窄的地方只有10英里宽——他们愿意采取任何无情的手段，首先就是派遣采购人员去苏联，把威胁变成枪支武器。苏联迅速重新武装了哥利亚，大卫的投石器似乎就要失去威力。

在华盛顿，林登·贝恩斯·约翰逊总统评估了一触即发的中东局势。这片奇异的区域横跨世界两大可燃能源库，约翰逊认识到这片地区拥有极其珍贵的商品，极易重燃战火，因此决定和以色列总理列维·艾希科尔进行一次私人会谈。巧合的是，列维·艾希科尔也正有此意。

1967 年 6 月 13 日，总理艾希科尔与议员梅纳赫姆·贝京、南部军区总司令加维什（Gavish）将军视察西奈半岛部队

图片来源：摩西·米尔纳（Moshe Milner）、以色列政府新闻办公室。

1967 年 6 月 20 日，总理艾希科尔和以色列海军指挥官什洛莫·哈雷尔（Shlomo Harel）上将在蒂朗海峡的一艘巡逻艇上，"六日战争"因蒂朗海峡遭到封锁而起

图片来源：伊兰·布鲁纳（Ilan Bruner）、以色列政府新闻办公室。

1968 年 1 月 6 日，艾希科尔总理与约翰逊总统在得克萨斯农场

图片来源：大卫·艾登（David Eldan）、以色列政府新闻办公室。

第十四章　深入得克萨斯腹地

1968 年 1 月 6 日，白宫发布了一份简单声明：

> 以色列总理列维·艾希科尔先生已经接受约翰逊总统的邀请，将到访得克萨斯农场……双方将讨论两国关系中共同感兴趣的话题，以及中东总体局势。

与此同时还有一份给新闻官（后来给了我）的机密指令，上面写道：

> 在没有补充说明的情况下，不应就细节展开评论。如果被追问双方是否会讨论武器装备等问题，可以结合背景说明，即该话题涉及全盘局势的一部分，理所应当会在讨论其他话题时有所涉及。[15]

武器装备是艾希科尔最想和美国总统谈的话题。以色列长期以来的支持者法国，突如其来地在"六日战争"前夜宣布对以实施武器禁运。面对苏联向阿拉伯国家提供大量军火补给，只有美国有能力恢复双方的实力平衡。艾希科尔打算说服约翰逊供应以色列军火，美国当时最先进的喷气式战斗轰炸机——F-4"幻影"排在第一位。

那时候我在以色列驻纽约总领事馆工作。战争即将结束时，我出乎意料地被安排到这里主管政治情报部门，辅助外交部长阿巴·埃班的工作。埃班以他令人目眩的外交艺术和雄辩能力，在联合国安理会成功抵挡了阿拉伯国家的攻势，后者计划要求以色列退回到 1967 年 6 月"六日战争"前的分界线，否则就要对以色列予以谴责和制裁。埃班日复一日地向我口授才气横溢的演讲稿，它们是那么完美准确，甚至连一个逗号都不会缺失。

夏天结束之前，我的家人来到纽约，多亏当地好客的犹太社区和优秀的走读学校，我们很快在河谷镇（Riverdale）安家。

令我得到有关艾希科尔总理即将到访的消息的，是安迪·亚费从耶路撒冷打来的一个电话。让我特别高兴的是，他说总理在美期间，我将受总理调遣干我的老本行：撰写演讲稿，做记录和起草文件。

总理一到美国，我便加入了他的随从行列。最初几天，我们住在第五大道上宫殿似的纽约广场饭店。然而我整天忙于各种紧迫的任务，几乎没有时间去享受那里的奢华。我只是模糊地知道众多犹太界领袖络绎不绝地向总理表达他们的敬意，我被夹在位高权重的政治家们和家喻户晓的名人们中间，其中有前副总统兼总统候选人理查德·尼克松，纽约州州长纳尔逊·洛克菲勒（Nelson Rockefeller），总统候选人、参议员罗伯特·肯尼迪，纽约州参议员雅各布·贾维茨（Jacob Javits）。那年正值大选年，人们纷纷要求和犹太国家的领导人合影。同样，还有相当多想要成为参议员、议会议员、州议员和联邦议员的人，他们在第五大道的犹太会堂和总理一起参加安息日上午的聚会，但遭遇尴尬，有些人甚至闹了个灰头土脸，因为考虑到当时当地的圣洁性，会堂根本不允许记者进入。

米里亚姆·艾希科尔（Miriam Eshkol）夫人是位很有魅力

的中年女士，受到纽约各家女主人的慷慨招待。在一场鸡尾酒 167
会和时装表演的间隙，她向我透露说，担心自己受委托为约翰
逊刚出生的孙辈准备的礼物——一艘精雕细琢的木制诺亚方
舟——在这样的场合也许显得有点过于吝啬了。于是她让我去
打听，其他到访的显要人物送什么礼物。这是一项微妙的任务，
得谨慎地向白宫礼仪官打听。还好，我得到的消息足以让艾希
科尔夫人放心，她的诺亚方舟是那个孩子迄今为止收到的最华
丽、最精致的礼物。

　　我们乘坐总统的喷气式公务机抵达约翰逊农场。飞机缓缓
地停在跑道上，几乎直抵约翰逊总统的家门口。一个身形强壮
结实，戴着宽边牛仔帽的人正等在一辆发动了的旅行车旁边。

　　"好了，戴尔，我来接手，"总统说，"我要带总理看看我
的农场。"然后，他转身对我们说："这个家伙叫戴尔·马里切
克（Dale Malechek），是我的农场主管。"

　　打了声招呼，总统把自己庞大的身躯塞进驾驶座，艾希科
尔先生坐在他旁边，雅科夫·赫尔佐克、安迪·亚费和我挤在
后排座位上。

　　总统快速驾车穿过筑着白色围栏的田地，在煤渣路上不断
加大油门，我们在车上被颠得东倒西歪。当车子靠近一块草地
时，牛群看见我们立刻警觉地跑开了，只留下一头牛固执地拒
绝让路。总统按了按汽车喇叭，用挡泥板轻轻地推搡它，牛才
终于逃走。

　　"那是黛西，"约翰逊开怀大笑，"她像得了疝气的得州参
议员一样愚蠢固执。"

　　艾希科尔紧紧抓着头上的小礼帽生怕它飞走，他疑惑地看

着赫尔佐克博士，提高嗓门盖过引擎的咆哮大声问，"*Vus rett der goy?*"——"这个异教徒在说什么？"

"这是我的老宅地，总理先生。"约翰逊用他慢吞吞的南方腔调大声说，完全没有注意到赫尔佐克正要回答总理的问题。"佩德纳莱斯河（Pedernales River）两岸的山地，是我父母把我抚养长大的地方。大多数邻居都是我的老玩伴。我从一出生就认识他们了。"

"很好，"艾希科尔喃喃道，"很好。"

我们来到一个凌乱的畜棚前，一名围着肮脏橡胶围裙的牛仔正用布擦拭着手上的血迹。他慢悠悠地走过来，把脑袋顶在车窗上，"您好，总统先生。内莉刚刚下了小牛犊。"

约翰逊的大脸庞上露出灿烂的笑容。"这是蒂姆·乔克（Tim Chalker），我的首席饲养员。来，我们去看看内莉。"说着，他跳下车，高大的得州农场主身后跟着大腹便便的耶路撒冷老基布兹。俩人朝一个畜栏走去，一起蹲下身检查奶牛和浑身湿漉漉、东倒西歪的小牛犊。这两个人外表和气质大相径庭。一个身高不及五英尺，弯腰曲背，戴着眼镜，一副吃苦耐劳的样子，秃顶的头皮上已经长出老年斑；另一个比他高出一英尺多，精力旺盛，外表讲究，生硬粗暴，威风凛凛，头上抹着发油。然而，看他们俩一起蹲在稻草堆里深入交流着农场经验，接下来对"幻影"战机的需求似乎突然容易实现了许多。

约翰逊总统比先前更开心地驾车穿过颠簸的草场回到寓所，俩人的关系也更加亲密了，尤其是当艾希科尔说这里山丘、谷地和牧场上的树木让他想起了加利利。这番话又引出一段有关降雨、含水层和灌溉术的热烈讨论，俩人都来自水资源稀缺地区，而且都花费了好几年时间寻找补救方案。约翰逊说起他在得克萨斯修建水坝的事情，艾希科尔讲述了他在以色列建造国家输水系统的经历。因此当我们走近寓所时，总统眼里闪烁着友善的暖意，一只斑驳结实的手扶着方向盘，另一只手亲切地搭在艾希科尔肩膀上。

"休息一下，"他边说边大步往门口走去，"晚餐见。今天一早的射猎收获不小。野鸡！相当不错！"

那天晚上，我们在客厅外两张堆得满满的圆桌旁用晚餐，厅里陈设着大大的壁炉、古玩、沙发，以及得克萨斯山间乡村的旧油画。每一件东西上都有总统名字的缩写"LBJ"——包括客厅的地毯、沙发靠垫、桌上的瓷器、花园里的旗帜，以及大门侧面的两根石柱。

男仆端上一大盘野鸡肉，并拿来法国香槟和上等葡萄酒。赫尔佐克博士和美国国务卿迪安·腊斯克（Dean Rusk）坐在一起，赫尔佐克招手示意叫过一个男仆，小声地提出要两份蔬菜沙拉，一份给他自己，一份给我。腊斯克见状皱起眉头低声致歉："哦，天哪，我们的工作人员疏忽了。他们应该知道，你们得遵守饮食教规。请原谅。"

169

赫尔佐克对此并不以为意。"我在渥太华当大使的时候，"他笑着说，"曾经和哲学家阿诺德·汤因比（Arnold Toynbee）有过一次公开辩论。他认为我们犹太人是一种了无生气、僵化、死亡的过时文明的残余。我争论说，我们是个极为生机勃勃的民族，历史没有我们就无法前行。可以想象，如果今晚他在这儿，肯定会说，犹太洁食像化石一样不符合时代潮流。而我要对他说，这就是我们永恒身份的特征。"

我注意到，赫尔佐克虽然和国务卿开着玩笑，眼睛却瞟着邻桌的动静。约翰逊总统身着浅棕色双排扣西装，切了满满一盘子肉，正在大口地往嘴里送，就着威士忌把它们送下肚子，同时他还在热烈地同艾希科尔总理交谈着。

赫尔佐克眼神里闪过一丝戏谑，他凑在我耳边轻声说："你知道他为什么要远离华盛顿的新闻记者和官僚，在农场招待大人物吗？他在这里可以自然行事。他想让艾希科尔看看真正的美国的模样；见见真正的美国人——纯正的老百姓。所以他带着艾希科尔去农场转悠。媒体管这个叫'烤肉外交'。他靠这种方法来了解别人。这在华盛顿或曼哈顿是办不到的。"这时，总统叮当一声敲了下玻璃杯，那6.4英尺的身躯站了起来。他提议大家举杯，然后在蒜头鼻上架起眼镜，从内兜里掏出一张纸念道：

"艾希科尔总理和夫人——欢迎你们和我的家人一起用餐。我们非常荣幸并愉快地邀请到你们来我家。在这里我们只关心温暖的友谊与合作关系，它们对我们每个人，对两国人民都非常重要。总理先生，我们的人民有许多共同的心灵品质。我们都要应对挑战，都有足智多谋的平民军人。我们从昨日的英雄身上获取今天的力量和意志。我们都明白，给一片满是苦难却蕴藏着回报的土地带来生机是一件多么让人激动的事情。但所有美国人和以色列人也都知道，只有成功是不够的——我们这不安分的一代不能只依靠面包生活。因为我们一样，都是追求梦想的国家。我们能够让沙漠盛开鲜花，但我们的愿景和目标远远不止于此。我们从出生到长大一直在追求和平。在这种共同的精神的鼓舞下，我尊重我们的希望，那就是以色列和她的邻国之间将获得公正、永久的和平。"

"阿门！"艾希科尔说着，提议总统详细说说美国为世界各地——越南、塞浦路斯和中东——的和平事业所做的努力。于是约翰逊又道："上帝曾经向以色列的孩子们许下诺言：'我要与他们立平安的约，作为永约。'"

说完这些，他高高举起酒杯大声说：

"在此新年之际，让我们彼此干杯——为我们的政府和人民。总理先生，未来是光明的，你的到来点亮了它们，你会留下精神财富。为你们的 shalom（和平）干杯！"

"Shalom！"每个人都高举酒杯大声祝福着，列维·艾希科尔双颊泛起一丝愉悦。

"注意到他提'圣经的约定'了吗，"雅科夫小声对我说。"这很重要。他受过很好的宗教教育。他的祖父曾经忠告他要照顾好犹太人，他的姑妈可能曾经告诉他，如果以色列被毁灭，那么世界也就走到了末日。所以他对我们怀有一种特殊的感情。"

艾希科尔起身致辞时，我靠在椅背上放松下来，这么长时间以来我早已适应了按照他的风格和意图来写他的演讲稿。

"总统先生，约翰逊夫人——对艾希科尔夫人和我来说，来到得克萨斯，到您的家里做客是一次美妙的经历。我们一路上再次领略了美国的辽阔和丰富多彩，我们在您家里感受到温暖的友谊，以及您深邃的见解，即所有人都是平等的，我们拥有自由自在地生活在和平环境中的平等权利。总统先生，就像我白天所说，你们得克萨斯伟大的土地让我想起了自己国家的一些地方，虽然二者在大小上并不具备可比性。但是和在家乡一样，我在这里也看到了你们开拓奉献的成果，看到了一个自由的人所能创造出来的美景。"

艾希科尔阐述了以色列对和平的渴望，并赞颂约翰逊总统在全世界范围内为世界和平所做出的努力，之后他举起酒杯准备结束讲话干杯，这时，艾希科尔夫人轻轻拍了拍他的袖子小声提醒他。他随即即兴说道："哦，是的，当然。约翰逊总统和夫人——距离我们上次见面已经有将近四年了，我有三件事情要祝贺您。你们嫁出了两个女儿，现在又有了第一个外孙。请收下艾希科尔夫人和我送给孩子的小小礼物。"（他指指放在近旁桌上的诺亚方舟。）"这一杯祝您和夫人健康快乐，祝您的和平梦想成真。*L'chayim*（干杯）。"

171

"*L'chayim*"每个人都举起酒杯应和着，大家都在赞叹那艘诺亚方舟，约翰逊笑得很开心。大家继续聊着，身着柠檬色套装的第一夫人伯德夫人（Lady Bird）容光焕发地笑着站起身。她绕着桌子挨个向客人们敬酒，很快就把目光落在雅科夫·赫尔佐克和我面前那两盘几乎没动过的沙拉上。她皱起眉头问："哦，先生们！我发现你们没吃鸡肉。这是林登今天早上特地去打来的，很新鲜呢。"

"我们的朋友遵守犹太洁食的规定，"国务卿和善地说，"显然，礼仪官忘记告诉您了。"

"不，不，他们说了，他们说了，"第一夫人困扰地说，"但他们告诉我说，犹太人只是不吃肉，飞禽也许是可以吃的。我太蠢了，请原谅。"她真的很沮丧。

"这没什么，"雅科夫·赫尔佐克机智地说，他飞快地向约翰逊夫人大致解释了犹太教教规中有关洁食的内容。

"可是我看你们的总理好像吃野鸡没问题啊。"伯德夫人说着，用下巴指了指她尊贵的客人所在的方向。

赫尔佐克博士做出一个天真的表情，坦率地说："约翰逊夫人，我能告诉您一个秘密吗？"

"当然，当然。"

"总理有个不为人知的恶习。他无法抗拒美食。您可以把他的不拘小节，当成是对大厨的最高褒奖。"

"哦，我会的，我会的。"约翰逊夫人高兴起来，去招待其他客人了。这给我这个新手外交官上了第一堂课：如何在高规格的场合急智应对犹太洁食。

第二天，会谈在总统的书房举行——房间里摆放着温暖的皮革、老式沙发和一张低矮的橡木桌。约翰逊总统请总理坐在一张放着毛绒垫子的长沙发上，总理一坐上去就深深地陷了进去。总统自己则坐在艾希科尔上方的一张木制摇椅里。这看起来像是一种有意的安排。

大家互道"早安"并开了几句玩笑后，艾希科尔整整眼镜、清了清嗓子，专心陈述自己的主要观点。"我这次访问的核心，"他说，"是探讨如何在中东创造和平。当前叙利亚和埃及正在苏联的指导下以极具威胁的快速重建军队，他们动作很快，阿拉伯领导人正在考虑重启战争。"

"有多快？"约翰逊问。他坐在椅子边，聚精会神，现实冷静的谈判冲淡了昨天的宽宏大度。一条白色的狗在他脚边一边叫着一边闻着总理的鞋，总统拍拍它，"安静小雪（Yuki）！趴下！"

172

以色列空军司令莫蒂·霍德（Motti Hod）上将因为了解情况而在场，他递给总理一页纸，总理念道：

"埃及、叙利亚和伊拉克已经重新填补了空军力量，共有460架战斗机和47架轰炸机。埃及的空中力量目前已经恢复到战前水平。至此，今后苏联提供多少即意味着他们的空军力量净增了多少。除此之外，他们的飞机性能也得到了大幅度提升。"

"他们的地面力量呢，怎么样？"总统问。

"在坦克方面，"总理看着另一页纸回答，"埃及几乎已经恢复到战前水平。埃及在战舰上装备了火箭，海军力量比以前更加强大。他们的地面部队数量激增，超过 6 月的水平。我们掌握的证据显示，苏联向埃及提供了地对地导弹。"

"你们发现那里有苏联人在场吗？"总统问。

"当然。我们估计，现在至少有 2500 名苏联军事专家在埃及。"

"好，那是阿拉伯那方面。那么，现在说说你们这边？你们有什么？"约翰逊总统目不转睛地盯着总理，仿佛想要摸清楚他心里在想什么。艾希科尔的回答缓慢、温和、令人不安：

"我们的飞机不过 150 架，都是法国产的，其中的 66 架事实上已经老旧过时了。法国人签订合同说要再提供 50 架，但我们推测，由于禁运，我们得不到这些飞机了。总统先生，一句话"——他们俩的目光碰到一起——"我们目前不具备最起码的自我防卫手段。"

约翰逊的眉毛一动，和他的顾问们交换了一个眼神。"那你们有什么确切的要求？说说吧。"他的声音简洁而严厉。

艾希科尔整个人紧张起来，他想了约莫一秒钟，心里清楚这是决定性的时刻。于是他整了一下眼镜，清了清嗓子，用斟酌的口吻说道："总统先生，我想要的是一种能让我们压制敌人的，具备一定打击范围的多功能战机。我指的是你们的 F-4 '幻影' 喷气式战机。"

约翰逊的眼神奇怪而含蓄。他一句话也没说。

"总统先生，"艾希科尔继续道，他的声音听起来已经到了绝望的边缘，"请您理解，我的国家非常脆弱。一次作战失败就是对我们生存的致命打击。我向您提出的，是用来自卫的最小数量。没有这些'幻影'，我们就没有最起码的安全。我们需要尽快获得 50 架'幻影'。"

"50 架！"

约翰逊表示无法接受地看了艾希科尔一眼，谈话瞬间蒙上了阴影。然而总理此时真的已经到冲锋陷阵的时刻，他紧接着又抛出一颗"炮弹"：

"总统先生，去年 6 月敌人妄想毁灭我们，被我们击退。但凡我们在抢先一步动手之前迟疑一天，甚至一个小时，结果就会大不相同。我到这里来，丝毫不是来炫耀胜利的，我也不是作为胜利者来争取和平的。我只有一丝安慰，庆幸我们逃脱了一场国家灾难，我为此感谢上帝。我现在只想要获得和平——通过势均力敌的荣誉之战获得和平。"

"这是个高尚的想法，总理先生，"约翰逊配合地说，"荣誉地获得和平，您的想法很重要。"

"谢谢，可是我们需要实现和平的工具。非常遗憾，美国是我们获得工具的唯一来源。我们的阿拉伯邻居们会在两年之内拥有 900 至 1000 架飞机。所以，这是一种非此即彼的情况。"他的声音里突然显现出苦涩的讽刺。"美国要么向我们提供需要的武器，要么让我们听天由命。事情就这么简单。如果我两手空空地离开这里，那么阿拉伯人就会得知，不光法国人对我们说'不'，美国人也这么做了。总统先生，以色列在恳求您的帮助。"

林登·贝恩斯·约翰逊用结实的手背抵着嘴，一边沉思一边咬着指关节说："您的话打动了我，总理先生。美国极其关注中东局势。然而您知道，我们在越南面临严峻的局势，那里也正需要我们提供物力。与此同时，我们已经向全世界明确宣布，我们不相信强权即公理，大国可以吞并小国。至于您寻求得到的武器，我建议您去别处找找，而不只是美国。"

列维·艾希科尔朝他报以讽刺的一笑。"总统先生，请告诉我去哪里。如果由您给我指点，我很乐意去别处找一找。"

174 　　"情况可能是这样，可是我很遗憾，您这次到访是冲着'幻影'来的，飞机无法从根本上改变你们的现状。最大的问题是，250万犹太人（当时以色列人口）如何在浩瀚的阿拉伯人的海洋中生存下去。"

艾希科尔面无表情地看着他，仿佛在说，"我说的话，你只字未懂"。约翰逊发现后，举起一只手作势安慰道："看，您别误会了我的意思。我知道你们要什么。我说的这些话并不代表我不同情你们的军事需求。我细致地追踪着你们的防卫局势，当然不会眼看以色列遭殃而袖手旁观。"

这时，身形结实、头脑聪明而且心地仁厚的国务卿迪安·腊斯克用一种极具理性和说服力的口吻插话道："总理先生，说实话，以色列不管在军事装备方面做出多大努力，阿拉伯人每次都会超越你们。如果阿拉伯人看到一个他们无法与之共存的以色列，一个他们无法容忍的以色列，那么他们是不会停止军备竞赛的。相反，他们会越发地依赖苏联，这对美国的利益非常不利。所以，我们今天想从您这里知道，您想让阿拉伯人和一个怎样的以色列共存？您想让美国人民支持一个什么样的以色列？我相信，这些问题的答案并不在武器装备中。"

总统靠在椅背上，满意地盯着天花板，总理则身体前倾正面直视腊斯克先生。

"您说的话很难理解，国务卿先生，"他冷冷地说道，"我所能告诉您的是，我们在'六日战争'中取得的胜利，避免了苏联接管中东，那就是美国的利益。至于什么样的以色列能和阿拉伯人共存，美国人会支持怎样的以色列，我只能给您一个答案：那就是一个版图不同于'六日战争'前夜的以色列。"

"有多大不同？"腊斯克谨慎地问。

总统飞快地写了一张纸条递给国务卿："迪安——在这件事情上要慎重。"

艾希科尔的话语中洋溢着真诚，他回答道："请您理解，我们不想打六月份的那场战争。我们本来完全可以无限期地生活在旧的停火线以内。但是现在，战争已经发生了，我们不可能回到过去那条脆弱的停战边界，事实上正是它召来了战争。我们为赢得那场战争付出了沉重的代价。我们不可能不获得和平。我们需要实实在在的和平条约，以色列经历过三次战争——1948年、1956年、1967年——理应获得和平。为了和平我们会不屈不挠。我们会尽可能地抱着合作的态度去参与和平谈判，但我们必须有能力阻止另一场战争。"

约翰逊总统显然不想让这番气氛高度紧张的对话升级为全方位的辩论，于是他打断谈话，建议稍事休息。在两位主要人物离开后，大家纷纷起身留下助理们继续想办法。我准备去卫生间，却发现门锁了，正要转身，门开了，走出来的是身材高大的美国总统。

"你用吧，小伙子，"他笑着说，"请自便，别客气。"

1968 年 1 月 9 日在得克萨斯农场，约翰逊总统匆忙中潦草地写给国务卿迪安·腊斯克的纸条，告诉腊斯克在和艾希科尔总理的谈话中涉及敏感话题时要"慎重"

"谢谢您，总统先生，"

卫生间的座位还是温热的。

一个小时后，会谈继续。约翰逊总统说："总理先生，在和平目标和保障以色列安全需求方面，我绝对和您的意见一致。但至于如何达到这个目标，可能在判断上有一点偏差。对我来说，首先最能发挥作用的是美国和苏联达成避免军备竞赛的协议，与此同时努力推动某种和平进程。"

"*Halaveye*（这可能吗？）"艾希科尔自言自语。

"您说什么，总理先生？"

"没事！只是一声叹息——但愿我们能够推动和平进程。"

"机会也许不大，"总统继续道，"但在美国着手做这件无法回头的事之前，必须留出足够的时间。"

"总统先生，需要多长时间？"艾希科尔突然异常坚决地插话道。"此时此地，我很乐意知道这个世界上是否能有人告诉我，我要在什么时候，在哪儿，怎么做，才能和阿拉伯人一起搞和平进程。如果有人告诉我办法，我就不会坐在这儿请求'幻影'飞机。可是我们现在面对的不是和平，而是阿拉伯人正在史无前例地重整军备，他们再一次威胁到我们的生存。眼下的问题是，面对又一场有计划的袭击，我们要用什么手段保护自己。当然，这些您都理解。以色列现在比'六日战争'之前更弱了。为什么？因为，就像您刚才所说，总统先生，我们是一个只有 250 万犹太人的小国家，被包围在阿拉伯人的海洋里。他们在任何一个方面都远远超过我们。所以我们该怎么做呢——坐等苏联人给他们足够多的飞机，任由他们随意发落？人们过去常说，只要我们的飞机数量和阿拉伯人的达到 1∶3 的比例，我们就能保卫自己。的确是这样，我们的飞行员很优秀。但我的上帝，这也是有限度的！"

艾希科尔脸色苍白。"总统先生，"他继续飞快地说着，"以色列国是犹太人最后的机会。我们犹太人是在自己的土地上重建一个独立主权国家，我们希望它的人口越来越多。我全心全意地祈祷，不要再有战争。但是我们需要自卫的武器，要获得这些武器，我只知道一个来源——那就是你们。若干年后，阿拉伯人会拥有 900～1000 架随时可以投入战斗的飞机。为了阻止他们，我们必须拥有 350～400 架。我们会努力保持那个比例。如果我两手空空回国，没有从您这里得到任何有关'幻影'的承诺，那么我们的人民会意志消沉，我们的阿拉伯邻居会兴高采烈，他们知道，我们被抛弃了。那就意味着战争。据我所知，没有什么其他办法可以阻止这场战争，除非你们向我们提供办法——'幻影'。"

国防部长罗伯特·麦克纳马拉坐得笔直，他举手伸出一根手指。他长相英俊，五十出头，下巴方方正正，头发中分，一副无框眼镜让他显得聪明理智，颇为受人尊敬的样子。从外表丝毫看不出来，他正深陷美国有史以来最为血腥的越南战争。

"我已经研究过这些情况，"他极为冷静地开口道，"很清楚，250 万犹太人确实难敌整个阿拉伯世界，尤其是如果阿拉伯人得到苏联的协助。因此，以色列同样的需求，也就是大量最先进的战机，只能加剧苏联对阿拉伯国家的支持。与此同时，以色列没有理由认为自己被抛弃了。只要约翰逊总统还在任上，这种事情就不会发生。然而，美国向你们提供飞机有可能促使苏联大幅增加对阿拉伯国家提供飞机。因此，考虑到这些未知因素，我们必须倍加谨慎。"

这番晦涩且矛盾的评论激起了莫蒂·霍德上将的愤怒，他毫不掩饰地讥讽并回敬道："麦克纳马拉先生，我们手里有什么，从来没有对军备竞赛产生任何影响。苏联向埃及人提供各种型号的飞机，他们不会考虑我们在用什么样的飞机。唯一的制约因素是，埃及人有多大的吸收能力。"然后，他像个胆大妄为、铤而走险的飞行员一样对约翰逊总统道："总统先生，您的国防部长说，只要您还在任上，以色列就不会遭到抛弃。那么我的建议就是，要确保美国军队永远不要介入，其方法之一就是确保以色列空军的强大。"

总统听得很认真。他建议在商讨之前再次短暂休息一下。之后，他总结道：

"根据我们的会谈精神，我认为双方可以在三件事情上达成一致。第一，我们确实需要做一些力所能及的事情来争取持久的和平。第二，如果有可能，我们都非常渴望阻止一场军备竞赛。第三，如果有必要，美国希望并且有意保证，会向以色列空军提供足够的装备用于自我防卫。关于这个目标，我建议在会谈结束时把下面的内容写进我们的联合公报。"他拿起一张纸念道："鉴于所有相关因素——包括其他势力向中东地区运送军事装备，经过积极而切实的考量，总统同意保持以色列的防卫能力。"

作为解释，他补充道："这份声明有助于阻止阿拉伯国家，甚至还能促使他们稍事克制。它同时也对苏联表示，'住手，且看，且听。'它会给你们一些具体实在的东西作为依靠。"

把这段外交辞令翻译过来就是，"是的，你们会得到'幻影'。"艾希科尔总理大大松了一口气答道："谢谢您，总统先生。我从心底感谢您。"[16]

178

第十五章　出人意料的大使，
　　　　　一位总理的逝去

　　艾希科尔回到耶路撒冷，向总参谋长伊扎克·拉宾通报了得克萨斯会谈的情况，并提出，如果林登·约翰逊恪守承诺——就像他所说的那样，那么未来耶路撒冷和华盛顿之间的关系就会因此发生深刻变化。"它甚至可能在将来促成一个实质性的战略同盟。"他说。

　　"所以，"拉宾接着道，"我离开部队后，希望被任命为以色列驻美国大使。"

　　艾希科尔止住笑，由衷地感到吃惊，他喘口气道："你最好还是在我倒台之前先拽着我。你当大使？我可不会干出这种事情。"

　　"为什么？"

　　"你是说，你愿意站在冗长乏味的鸡尾酒会上，坐在烦人的宴会上，去参与那些外交官不得不玩的、枯燥沉闷的外交游戏？听我的，伊扎克，你不适合当外交官。"

　　表面上看，艾希科尔是对的。这位英俊的中年上将即将卸任，他看上去几乎不具备一般意义上从事外交的相关品性。他喜欢直言不讳，有时候脾气暴躁。他极为害羞，缺少张扬的魅力。他不愿意耐着性子和蠢人周旋，即便是陌生人一句无伤大雅的"你好吗？"也能让他感到不安，好像他的个人隐私遭受到不可原谅的侵犯。

1946 年 7 月 22 日，爆炸后的大卫王饭店

1947 年 11 月 30 日，联合国支持建立犹太国家的分治决议出台后，耶路撒冷犹太事务局外的欢庆场面（上）

1948 年，中弹的"阿尔塔莱纳"号（下）

以色列总理艾希科尔和英国首相哈罗德·威尔逊在唐宁街 10 号

1967 年 6 月 13 日，总理艾希科尔与议员贝京、南部军区总司令加维什将军视察西奈半岛部队（上）

1967 年 6 月 20 日，总理艾希科尔和以色列海军指挥官在蒂朗海峡的巡逻舰上（下）

1968 年 1 月 6 日， 艾希科尔总理与约翰逊总统在得克萨斯农场

1974 年 3 月 10 日，果尔达·梅厄总理在议会发表讲话

"赎罪日战争"期间，总理果尔达·梅厄在
戈兰高地同以色列部队在一起

1975 年 7 月 12 日，伊扎克·拉宾总理与美国国务卿基辛格在记者招待会（上）

1977 年 3 月 7 日，拉宾总理与卡特总统在美国白宫（下）

“让我考虑考虑，”艾希科尔对他并不抱偏见，“而且，当然，我还得和阿巴·埃班谈谈。毕竟，他是我们的外交部长。”

“哦，我肯定他会持保留意见，”拉宾直率地表示，“他并不是很欣赏我，这种感觉是相互的。”不过，他很认真地接着道：“我之所以想去华盛顿，是因为今后几年，加强与美国的关系将是一项最大的政治挑战，也是维护以色列国防军力量的关键条件。这是一个我能发挥作用的领域，非常感谢您的支持。”

艾希科尔最终把这个职位给了他。之所以任命拉宾，是因为自从三年前拉宾当上总参谋长后两人就一直密切合作，他知道此人思想敏锐，头脑极具判断力，很有潜力。即便是阿巴·埃班，在和拉宾经过一番长谈之后，也认可了这项决定。关于这次长谈，拉宾后来尖刻地写道，“众所周知，和埃班的对话都会变成自言自语，我很难从中得知，对于我，他到底有些什么想法。”[17]

1969 年 2 月 17 日，伊扎克·拉宾抵达华盛顿。在不到十天后的 2 月 26 日，他下令挂在使馆前门的以色列国旗降半旗，门口放上一本供贵客签名的吊唁簿。吊唁簿前忽明忽暗的烛光中，立着一张镶黑色丝带的列维·艾希科尔总理官方肖像。艾希科尔断断续续病了一年，因心脏病发作于当天去世，享年 74 岁。

许多人怀着深深的崇敬前来吊唁列维·艾希科尔。越来越多的人逐渐理解了他在“六日战争”前夜表现出来的搪塞、模棱两可，以及令人费解的外交举动。他用坚忍不拔的耐心、敏锐的直觉和精明的眼光最终让世界相信，以色列已经到了生死存亡的关键时刻，这个犹太国家为避免战争已经竭尽所能。正因如此，以色列才会得到广泛的道德支持，尤其是美国总统的支持。除此之外，人们越来越欣赏战前他作为总理和国防部长所持的谨慎观点，他为以色列国防军的生存之战做好了充足准备，正是他的勇敢无畏帮国家渡过了难关。所以，实实在在地说，"六日战争"是列维·艾希科尔的胜利。

181　　1970 年 8 月 4 日，梅纳赫姆·贝京从果尔达·梅厄——她取代艾希科尔就任总理——主持的民族团结政府辞职，当天他在内阁会议上的一席话说得再好不过：

　　　　1967 年 5 月末，我去见列维·艾希科尔总理，带着一个令他痛苦的提议：让他邀请戴维·本－古里安担任民族团结政府总理；而他，艾希科尔，让位做古里安的副手。我在向他解释自己的想法后表示，如果他不能接受这个提议，就可以马上阻止我说下去，我不会责怪他。然而他非但没有阻止我，而且还提议一起好好商量这件事，我们俩讨论了近一个小时。实际上，我可以实实在在地说，从那天起我们俩不但互相理解，而且建立了亲密的关系。

　　　　我的提议并没有什么结果，几天后民族团结政府成立了，总理是艾希科尔。我们不妨在这里回忆一下"六日战争"前的那些日子。我们的回忆里有焦虑，有警报，还有果断的历史性的决定。

　　　　列维·艾希科尔证明了人们那时候扣在他头上的所谓优柔寡断、举棋不定并不是真的。事实正相反：他亲自做出了生死攸关的重要决定，采取措施并支持了具有历史意义的决断。"六日战争"期间，是列维·艾希科尔在为这个国家掌舵。没有他的领导，就不会有后来的成果。1967年 6 月 5 日，我们在议会防空洞里决定解放耶路撒冷。没

有列维·艾希科尔，我们就不可能做出这个决定。"六日战
争"的最后关头，我们决定进一步占领戈兰高地。没有艾
希科尔，就不会有这个决定。"六日战争"结束时，列
维·艾希科尔授权政府将以色列的司法和行政延伸到覆盖
整个耶路撒冷。没有他，就没有这部法律。正是在这部法
律的基础上，我们统一了耶路撒冷。我可以实事求是地说，
没有艾希科尔的支持，耶路撒冷就不可能重新统一。在故
去的列维·艾希科尔担任总理期间，民族团结政府取得的
成就远不止于此。事实上，我相信他所领导的政府是以色
列历史上一个独特的存在。

182

后来我从阿巴·埃班处得知，他曾经在为华盛顿的职位面
试拉宾时，对后者不怎么完美的英语水平表示担忧。拉宾问，
是否可以推荐一个英语流利的人与他合作共事，埃班推荐了我。
于是新任大使给我打来电话，让我考虑从纽约领馆调到他的华
盛顿使馆工作，头衔是参赞。我抓住这个机会，在他身边度过
了紧张而极具收获的四年时间。在此期间，拉宾很少表扬人，
他给我的最热情的赞美是"B'seder"——不错。

第一次见面，拉宾提出对我的工作要求，而我问他，准备
成为怎样的大使。他站起身，双手插兜，走到窗边凝视着外面，
整个人显得越来越忧郁，然后转身道："我在华盛顿的目标是：
第一，确保美国向以色列供应武器。第二，协调美国和以色列
的政策，为将来可能采取的和平行动，或者政治解决谈判，或
者起码为避免两国出现严重的政策分歧做准备。第三，确保美
国提供财政支援，用于我们购买武器并支撑起国家经济。还有
第四，确保美国动用其遏制力量，防止苏联在发生战争时进行

针对以色列的直接军事干预。"

我很快就发现，这就是标准的拉宾：高屋建瓴，心思缜密。但凡遇到棘手的事情，他就会习惯性地做出我第一次见他时的动作：双手插兜，两眼盯着窗外，脑子里分析着手头的问题，把它整理成一个抽象模型，然后照例会说，"整件事情可以归结为四个要点。它们是……"他会明确无误地将它们一个个罗列出来。

那天下午，他正在为翌日和亨利·基辛格博士的会面做准备，后者当时是总统理查德·尼克松的国家安全顾问。阿巴·埃班一直在一丝不苟地推动落实"六日战争"后著名的安理会242号决议，基辛格想知道，拉宾对这项工作有什么想法。他尤其想听拉宾解释其中关于撤军的条款：要求以色列军队从"最近的冲突中占领的土地"撤离，以及建立"安全的公认边界"。

拉宾双手插兜，意味深长地凝视着窗外，我坐在那里等呀等呀，好像等不到头似的，最后他终于开口道："我会从原则上处理，不谈细节。"然后他断断续续地用希伯来语口述，由我翻译成通俗易懂的英语。他说：

"撤军至安全的公认边界，其含义是：第一，犹太人对《圣经》中所指的整个家园拥有不可剥夺的历史性权利。第二，由于我们的目标是建立一个犹太民主国家，而非两个民族的国家，因此我们寻求的边界是让以色列拥有尽可能多的《圣经》中所指的家园，容纳尽可能多的、我们能尽最大限度保护的犹太人。以色列渴望和平地成为一个人口统计学、社会和价值观意义上的犹太国家。"他接着道："至于获得这样边界的方式，和平不可能依靠像和平会议这样的单一行为来实现。通向和平的进程是一步一步循序渐进的过程，需要花费时间。它依赖四个主要步骤：第一步，各方撤军。接着是第二步，各方之间冲突消散。接下来是第三步，各方之间取得信任。由此最终通向第四步，各方谈判。”

就是这样——不加修饰，话不多余，没有华丽的辞藻。

对照伊扎克·拉宾的战略档案去衡量以上的话就会发现，他在往后的日子里一直绝对恪守这些指导性原则。它们促成了他的和平外交思想，即循序渐进的和平进程，这体现在他和埃及于1975年达成的西奈临时协定、与约旦签署的和平条约、与叙利亚的未来和平准则，以及备受争议的1993年《奥斯陆协议》中他与巴勒斯坦人达成的和平愿景。所有这些都建立在同一种观念的基础上，即以色列作为一个犹太民主国家的完整性只能依靠在两种人——犹太人和阿拉伯人——之间划分土地才能确保实现，二者民族信仰不同，语言不同，民族不同，命运不同。

工作第一天，我在这首篇讲话稿上付出了大量时间和精力。拉宾头脑犀利，他的希伯来语言简意赅，所以翻译时着实需要一番技巧。等我润色并打印完稿子，拉宾已经回家吃饭了，留下话让我把稿子送到他家，他要再看一遍，为和基辛格会面做准备。

开门的女佣把我领进一间宽敞的L形休息室，只见拉宾正在款待两位穿衬衫的客人用餐。其中一位身材矮小，充满活力，坚韧的皮肤像精心打磨过的靴子；另一位身形高大孔武，长着一头绒毛般的银发，左脸颊上有一道疤。利亚·拉宾（Leah Rabin）是个黑眼睛的漂亮女人，她一边分发水果沙拉，一边讲故事逗得大家欢快地笑，我正好可以从她身后墙上的一面镜子

184

里清楚地窥见两位客人的模样。

他们很快就来到休息室，拉宾把我介绍给妻子和两位客人——据称是两名老战友，并邀请我在他审稿前一起喝杯咖啡。

伊扎克（大家都这么称呼他）松开领带，脱掉外套，喝着咖啡，一支接一支不停抽着烟，兴高采烈地听老战友细致地讲述着军中小道消息。他从年轻时加入帕尔马赫成为一名战士开始，就和他们一起出生入死。矮个子客人——我不记得他的名字了——无拘无束地喝着咖啡，并哼起一首旧日的帕尔马赫歌曲，眼里流露出伤感。其他人也跟着唱起来，声音低沉而和谐——只有拉宾找不着调，他那认真的男低音跟不上节拍。

我听着他们的歌声心想，眼前是多么特殊的一群人：帕尔马赫一代——他们是热爱国家的不可知论者，深深地沉浸于希伯来文化，为保卫国家奉献了一切。他们无论出身，似乎都拥有同样的执拗性格，说着不太合乎语法的希伯来语，讲一口极为难懂的俚语，非常讨厌穿西装打领带。

利亚·拉宾站起身留下男人们继续闲聊，拉宾充满爱意地笑着对她说："谢谢你在这么短时间内给我们做了顿吃的。要知道，这些家伙就喜欢搞突然袭击。"每个人都笑起来，我坐着思忖，说着这些暖心而深情话语的拉宾和白天我见到的使馆办公桌后面那个生硬而冷淡的人真是大相径庭。

由此我认识了伊扎克·拉宾：和家人、老战友在一起的时候，他会本能地流露温暖的激情。这时他是放松的、自然的、慈爱的，甚至还会宠爱。但到了其他地方，他就会无一例外地沉默下来，变得内向而羞涩。他就是这样的性格，他自己也无法左右这一切。他不是在公众场合点亮气氛的那种人。他只会僵硬呆板地念我起草的英文讲稿。他的言语无法引起听众的共鸣。他简洁的风格里没有充满感情的语言。他要是想故作姿态，那会显得很滑稽。他无法扮演别人，他就是他自己，他毫不修饰地坦率表达自己的思想，不怎么在乎其他人的想法。他会经常激怒跟他想法不一致的人，但支持者对他怀有牢不可破的信任。当然，谁都不会怀疑他是什么人。至少他具备领导力中最容易缺失，却绝对必要的品质——真实可靠。他从来不戴面具。

第十六章 年度大使

以色列驻美使馆坐落在华盛顿特区破败的第 22 街和 R 街交会处，那里全是连栋的房屋，使馆就在其中一座相当破旧的建筑物里。1969 年 12 月，梅纳赫姆·贝京前去拜访拉宾，向他表达敬意并且听取华盛顿的近况。贝京到美国是为了他最心爱的事业：以色列债券组织（Israel Bonds Organization）。这是一个总部在纽约的机构——现在仍然在——致力于出售以色列政府为发展国家基础设施项目发行的证券。它至今仍是一项相当成功的事业，拥有价值数十亿美元的全国发展项目投资组合。

当时梅纳赫姆·贝京仍在果尔达·梅厄领导的民族团结政府中担任不管部长。他抵达美国时，正值媒体密集报道白宫和国务院之间日益扩大的分歧。确实，《华盛顿邮报》称，每天早上尼克松总统都在发愁，担心国家安全顾问亨利·基辛格和国务卿威廉·罗杰斯（William Rogers）之间的争吵会妨碍美国外交政策，进而对美苏关系、越南战争和陷入僵局的中东冲突产生严重影响。贝京想了解，大使对此有何看法。

"现在是特殊时期，"拉宾说，"昨天，比尔·萨菲尔（Bill Safire，当时的美国总统演讲稿撰写人，后成为《纽约时报》著名专栏作者）私下告诉我，尼克松对这两人不融洽感到非常遗憾。他引述说，'他们俩之间的争议根深蒂固。亨利认为威廉不够深谋远虑，威廉认为亨利为权力疯狂。'总统就是这么说的。"

"那萨菲尔就此又是怎么说的呢?"贝京轻松地问。

那天下午拉宾很健谈,他笑着道:"萨菲尔说,他们俩都是极端自我主义者!"

贝京笑了,语气中带着些许嘲讽,"这听起来有点像你和外交部长在国内时候的情形。"

拉宾脸色一变。"什么意思?"

"意思是说,在耶路撒冷的时候,你和外交部长阿巴·埃班几乎不相往来。你别生气,我只是转述一下我听到的话而已。"

"我很高兴,你告诉我这些,"拉宾认真地说,"作为内阁部长,你必须了解事实。事实上,尼克松的看法是,国家领导人之间应该尽可能保持直接接触,而不是通过他们的外交部长——换句话说,这是一条非常规渠道。所以,果尔达在这儿的时候,他私下建议她把消息通过我交给基辛格,基辛格再直接给他,反过来也一样。果尔达同意了。所以,如果这暗示尼克松不信任罗杰斯,果尔达不信任埃班,这就不是我的错,是吧?麻烦的是,我被夹在中间,不得不首先面对埃班对我的怀疑。"

贝京对此毫不诧异。外交部长埃班曾经对各个内阁成员抱怨过拉宾,贝京也是其中之一。埃班认为,拉宾刚愎自用的外交行为显示出他并没有真正理解大使的任务。因此埃班埋怨说,拉宾错以为国防军的等级制度并不适用于大使馆和外交部长之间的关系。这在拉宾的电报中一目了然。它们有的经过深思熟虑,语气温和;有的言辞激烈,咄咄逼人。它们无一例外地将矛头指向外交部的工作人员,或者是埃班,或者是其他大使,偶尔还会涉及整个以色列政府,更不用说前不久还在他领导之下的陆军司令部了。简而言之,他虽是一名外交部下属官员,但其表现更像一名政府的部长。

然而贝京并不想卷入这场口水战。他只想弄清楚事件的核心，于是他问起拉宾和尼克松总统的关系。"有传言说，他为你大开方便之门，"他说。

189 　"那是夸张，"拉宾冷淡地答道，"事实是，我在去年的总统大选中表达了对他的支持，他似乎很感激。"

"真的？你，我们的大使，明确表示支持理查德·尼克松，而不是休伯特·汉弗莱（Hubert Humphrey，民主党候选人）？"

从贝京的提问方式可以看出，他显然没有贬低的意思，而是对此充满好奇；而拉宾回答的方式则表明，他在这个问题上虽谨慎，但更大胆，他尖刻地说："这么做也许不符合我们外交部里那些敏感人士的口味，在如此至关重要的问题上，一个以色列大使竟然押宝在一个总统候选人身上，而反对另一个。如果他们这么想，那他们根本不懂美国政治。一名以色列大使仅仅在这儿说，'我要依据规则追求我们国家的最大利益'，那是不够的。在华盛顿，这种方式不起作用。为提升我们的利益，以色列大使必须利用民主党和共和党之间的竞争关系。如果不这么做，那他就等于没做工作。如果一个以色列大使既不愿意，也没能力在复杂的美国政治格局中摸索出一条路来扩大以色列的战略利益，那么他还是打包回国算了。"[18]

贝京完全理解拉宾这番掷地有声的话，但他什么也没说。他尊敬拉宾，首先拉宾是一名宿将，无论政治立场如何，贝京作为旧日伊尔贡的指挥官对以色列昔日的将军们怀有极大的崇敬和一种特殊的好感。虽然拉宾曾经把矛头对准"阿尔塔莱纳"号，而贝京当时就在船上，但贝京在和这位帕尔马赫老战士对话时，心里真的不存在丝毫怨恨。事实上，他非常佩服拉宾，因为拉宾曾经是一名战士，诚实，正直，说话既权威又入木三分。因此，贝京此刻毫无顾虑而又冒失地问道："我听说尼克松是个反犹分子。这是真的吗？"

拉宾笑了，但眼里没有笑意。"说心里话，"他说，"我推断他是。他不喜欢犹太人以压倒性的优势投票给民主党，当然也不喜欢自由派犹太人领导反越战运动和他作对。而且，他可能认为犹太人控制了媒体，怀疑其中的相当一部分犹太人更效忠于以色列，而不是美国。但无论如何，这并没有阻碍他任命亨利·基辛格这样的犹太人担任高官，前提是他们能力出众。我认为，他对我们的领导人评价颇高，佩服我们为保卫国家利益所付出的勇气。比如现在，"——他一向严厉的脸上荡漾开一丝笑意——"对于我把国务卿威廉·罗杰斯晾在一边，他看起来似乎并不反对。" 190

"我想你做得很周到，"贝京表示赞同，脸上表现出对罗杰斯的不屑，他一点儿也不喜欢这个人。

总理果尔达·梅厄也对罗杰斯极为不满，整个以色列内阁同样如此。罗杰斯没打招呼就径直宣布了一份自己提出的全面和平倡议，最不能接受的是，其中要求以色列退回1967年之前的边界，阿拉伯人却不需要作出和平安全方面的约束性承诺。罗杰斯提出，四个大国——美国、苏联、英国和法国——要确保建立一种所谓的"和平状态"。值得注意的是，这并不是简单直白的"和平"，而是一种朦胧的所谓"和平状态"。

"荒谬可笑！"果尔达一听这个想法就火了。"这对以色列是个灾难，"她怒气冲冲地说，"任何以色列政府只要接受这样的计划，那就是背叛国家。"果尔达要求身在华盛顿的伊扎克·拉宾和耶路撒冷的梅纳赫姆·贝京帮她起草一份表达强烈抗议的内阁声明，表明以色列明确反对"罗杰斯计划"。它是一种强加于人的解决办法——美苏共谋将其强加于以色列。此时，耶路撒冷恰好一直在担心——以色列成为大国政策的牺牲品，而阿拉伯人却能从这个强加于人的解决方案中获益。

此刻，贝京正和驻美大使拉宾坐在一起商议此事，贝京说："梅厄夫人难道没有写一封尖锐的私人信件让你交给尼克松总统吗？"

"她当然这么做了。"

"她没授权你在美国展开密集的公关活动对付罗杰斯？"

拉宾靠着椅背，双手大拇指搭在皮带上，嘴角挤出一丝微笑狡黠地说："是的，我收到了。我正要说这个问题。耶胡达"——他指的是我——"可以给你看看我们的材料，我们把它分发给特别挑选出来的记者、国会议员、犹太领导者，以及其他重要意见领袖。我们称它'粉单'。"

我把一份粉红色的印刷材料递给贝京。

"为什么是粉色？"贝京翻着材料问。

"因为我们想出这个主意的时候，已经很晚了——秘书都下班了，"我解释道，"而我必须快速地把它做完，亲手送交，当时我在打印室只能找到粉色的纸，就用它了。"

"从此以后我们就这么称呼它了，"拉宾补充道，"这个名字显得它很特别。'粉单'实质上是"——他指着贝京手中的材料——"我专门给高级行政官员的一份扩展版立场声明。我们确认，媒体和其他收到这份材料的人知道这一点。他们知道这是我真正的想法，是我真正想说的话——这么说吧，绝对权威可靠。"

贝京喜欢读备忘录，看报告，听简报摘要，快速阅读大量文字材料。因此他扫了眼"粉单"，仿佛只需看一眼就能掌握其内容，然后道："确实说得直截了当！"他对其中一段话特别感兴趣，而那段文字恰好在前一天被《纽约时报》一字不落地引用了：

> 从美国目前的政策来看，美国方面会同意并主张一份强判的解决方案。此举可能欠妥，但是其构成和动态正在朝着那个方向发展。以色列拒绝接受这个方案。美国的建议涉及实质性问题，不但破坏谈判原则，而且还抢占了先机。如果美国已经断定什么是"安全的公认边界"，那么以色列与任何人参与任何谈判都是毫无意义的。美国的公开建议业已如此，阿拉伯人怎么会同意给予以色列更多呢？

"这个说法切中要害"，贝京表示赞成，"但国务院是怎么想的，我们在他们的地盘上抨击他们？"

拉宾嘲讽地说："哦，'粉单'顺利引发了一场争议的风暴。罗杰斯怒了。他说，在东道国的首都如此公然攻击，这是不能接受的。阿巴·埃班向果尔达抱怨，我们大使馆竟然未经他同意就发布如此强硬的内容。美国近东事务助理国务卿乔·西斯科（Joe Sisco）私下对我说，耶胡达可能会因为写了这些东西而被美国列为不受欢迎的人。"

除了事实，拉宾语气里更多的是戏谑和嘲笑，而我并不觉得这件事有什么好笑。

"但是，对于这一切，你好像对他们的愤怒并不是很在意，"贝京问，"这是为什么？"

大使刚想回答，传来一声轻轻的敲门声，一名秘书端着托盘悄然走进来，托盘上面是两杯冒着热气的咖啡和一杯柠檬茶。192

贝京接过茶，道了一声"谢谢"，然后拿起一块方糖放在嘴里，又问："这是为什么？"

拉宾点上一根烟，说："因为尼克松和基辛格根本不信任罗杰斯执掌的国务院。贝京先生，你是一名内阁成员，大家都知道你为人诚心，办事谨慎。"

"我努力，我努力。"贝京客气道。

"那么我要私下里跟你分享一下，他们之间的关系到底坏到了什么程度。"他说着，打开一个上了锁的书桌抽屉，翻找着文件，从中抽出一个棕色的信封并从里面取出一张纸。

"这是几天前基辛格和罗杰斯之间的一段对话内容，"他说，"那是我和基辛格见面的后一天。它很能说明问题。别问我这是怎么搞来的。"

我越过贝京的肩膀，看见上面写着：

> 罗杰斯：昨天晚上你和拉宾的会面，把它搞砸了。
>
> 基辛格：别开玩笑了。
>
> 罗杰斯：我没开玩笑。
>
> 基辛格（大声喊）：你真荒唐。如果有意见，你直接去跟总统说。我对这些话已经厌倦了。
>
> 罗杰斯：你和我在这些事情上意见不一致。以色列人认为他们可以通过两种渠道和总统接触，他们用不同的渠道干不同的事情。
>
> 基辛格：哪有什么两种渠道。
>
> 罗杰斯：那你说，他们为什么找你？
>
> 基辛格：他们想采取迂回战术绕过你，让总统来否决你。
>
> 罗杰斯：没错！

基辛格：但事实并不是这样。

罗杰斯：那你为什么让他们这么想？我认为，你不该见那些人。[19]

贝京递回那张纸，目光炯炯地说："太受启发了！我看基辛格这是——丘吉尔在议会说'谎言'是什么来着？——'用词方面稍欠准确（terminological inexactitude）'。给我说说，基辛格断定接触总统不存在两条渠道，这个用词有多不准确？"

"有这么不准确，"拉宾大笑着展开双臂，然后接着道，"我之所以在反对罗杰斯的公关活动中这么轻松，是因为最上面有人支持。"

"他们的地位有多高？"

"尼克松和基辛格他们自己！"

贝京看上去瞠目结舌的样子。

拉宾一反常态地活跃起来，忍不住讲起有关他外交生涯中这条幕后渠道的种种事情，以及他如何带着果尔达·梅厄给总统的信去找基辛格摊牌。"我坦率地对基辛格说，"他告诉贝京，"我们正在举行一场反对'罗杰斯计划'的大规模公关活动，我会在美国法律允许的范围内，尽我所能地激起美国民意，让他们对行政当局产生反感。"

"真强硬！"贝京说。

"强硬得足以让基辛格无法淡定。"

拉宾重新打开抽屉拿出一个黄色拍纸簿，第一页上是他的笔迹。"这个本子，"他挥舞着拍纸簿说，"逐字记录了基辛格给我的回答。会面一结束，我就把它们记下来了。他说'既然木已成舟，那么无论在什么情况下，我请求你，都不要把矛头指向总统。那意味着和美国起冲突，以色列承受不起。总统没有提过罗杰斯计划，所以他与此无关。他让罗杰斯放手去干。但是只要总统没有公开对这份计划做出承诺，你们就有机会采取行动。你们怎么做，那是你们的事情。你们对罗杰斯说什么，或者怎么反对他，那是你们的决定。但我要再一次建议你，不要把矛头指向总统。'"[20]

拉宾从未如此意气风发，他又加了些猛料，"基辛格接下来着实让我吃了一惊。我正准备走，他说，'总统想和你握个手。''你在开玩笑吧。'我说。'不，没开玩笑。'他说。'咱们现在过去跟他见个面？'我完全不知所措。就这么片刻的工夫，一个小国家的大使就要去见美国总统了——真是闻所未闻！"

"然后呢？"

"我们穿过马路进了行政大楼里的一个房间，每逢尼克松想要清净的时候就会到这里来。我们进屋时，他正站着和国防部长梅尔文·莱尔德（Melvin Laird）说话。总统对我表示欢迎，他说"——拉宾再次指着手里那张纸——"'我知道，现在对我们大家来说都是艰难时期。我相信，以色列政府完全有权利表达自己的感受和观点，我对此完全理解。'然后他对基辛格说，'以色列要求获得武器和装备的事情怎么样了？'基辛格像平时一样支吾着说，'我们正在核实以色列的需求。'总统极为亲切和蔼地说，'我保证，我们不但会满足以色列的防卫需求，还要满足其经济需求。'基辛格回应道，'核实工作覆盖了这两个方面。'接着，尼克松转身对我说，'我能理解你担心的事情。我知道你们在对抗恐怖行动的过程中面临许多困难，我特别关注你们的防卫需求。和军火供应相关的所有事情，可以随时找莱尔德和基辛格。当然，最好找基辛格。'这就是他的原话。"

"这次见面持续了多长时间?"

"七八分钟。回到车里,我把每一句话都记了下来,一直在想这一切到底意味着什么。尼克松和基辛格是不是在向我证明——通过我向我们的政府证明——总统对以色列的态度和国务院的不一样。他到底是想让我公开介入二者之间的矛盾,还是仅仅试图确保我们不会将火力对准白宫?不管怎么样,这对我来说都是个进步。仔细看看那份'粉单',里面没有一个字是针对尼克松、基辛格或者是行政当局的,它只针对罗杰斯和他的国务院。而且,我可以告诉你,那人已经开始打退堂鼓了。一名专栏作家引用几天前基辛格对尼克松所说,'罗杰斯像个手气欠佳的赌徒。他一直想增加自己的分量。这整件事情注定是徒劳的。"

事实确实如此。"罗杰斯计划"慢慢走向了命中注定的终结,拉宾大使完全可以因为"助其一臂之力"而自夸一番。华盛顿的人开始注意这个家伙——这位经常和基辛格结伴同行,还能不时面见美国总统的大使。

拉宾拥有丰富的军事经验,因此也成为五角大楼的常客。高级官员和将军们邀请他做战略评估。1972年3月,基辛格邀请他私下聊聊,就北越的进攻趋势征求他的意见。拉宾仔细研究地图后,指着地图上美军力量明显非常薄弱的一个点说,"你们的力量在这边不够强,我猜想北越方面会从侧翼发动进攻,试图在那里包围你们。"

195

"好像你是唯一一位这么想的将军。"基辛格满腹狐疑地说。后来,当拉宾预测的战事真的打响后,基辛格毫不留情地嘲笑他的高级军官们道:"准确预测出敌军进攻方向的唯一一名将军，竟然是以色列驻华盛顿大使。"

事实上，没有哪位大使能够在这么短时间内获得最高行政部门、无所不能的媒体、国会山的重要幕后操盘手、有影响力的犹太组织的信任和尊敬。拉宾在五年任期内成功地将一座不起眼的使馆改造成一个负有盛名的地方，以至于 1972 年他卸任时，《新闻周刊》竟然称他为"年度大使"。

我那时候已经回到耶路撒冷，给他发去一封贺信。1972 年 12 月 9 日，他以特有的坦率直白的风格给我写了封回信：

> 我承认，成功结束任期的感觉真是太好了，尤其是想到外交部长（阿巴·埃班）以及他在外交部的同僚过去、现在一直对我施以各种诽谤。过去两年间，外交部的所作所为在任何一个自尊、文明的社会都是闻所未闻的，其目的就是诋毁我本人。
>
> 我不需要《新闻周刊》给我捧场，让人知道我在这里干得很棒。问题在于，我们的世界有点像蠢人的社会。犹太人仍在经受着一种过度的流亡情结（"焦虑"的委婉说法）的折磨，我们的以色列公众也是一样。他们永远需要外界的认可，承认以色列人，承认以色列真的能够做成有价值的事情。单从这一点来看，《新闻周刊》的评论——并不是我发动他们写的——相当重要。
>
> 同时，这里的情况并没有发生变化。美国想早日解决越南问题，但形势在恶化……与此同时，我毫不怀疑这是美国介入越南意料中的结局，这个问题会在 1973 年得到解决。不管怎么样，我们已经赢得了宝贵的时间，我们会平安入夏，不会再遭遇什么特别的（强加于人）提案。

我再次见到拉宾是在耶路撒冷的阿塔拉咖啡厅。那是 1973 年 3 月，他刚从华盛顿回来不久，脾气很暴躁。"三个不同的党内大佬三次许诺我一个内阁职位，"他告诉我，"可是一切石沉大海。看起来，如果我想从政，就必须吃苦——全靠自己努力——而不是仰仗果尔达·梅厄的诺言。"

"果尔达自己真的许诺你什么了吗?"我问。

"她有一次说过，可是现在她告诉我没有空缺。我得等到 1973 年 10 月的选举之后。她希望到那时候她能给我找个位置。这就是果尔达所能办到的。"

1972 年 12 月 9 日以色列驻美大使伊扎克·拉宾给作者的一封信，其中抱怨了阿巴·埃班执掌的外交部对他的态度

果尔达·梅厄总理

1969 ~ 1974 年

1898 年——出生于乌克兰基辅。

1906 年——和家人一起移民到美国密尔沃基。

1917 年——从教师培训学校毕业，与莫里斯·迈尔森结婚。

1921 年——移居巴勒斯坦，加入梅尔哈夫亚（Merhavya）基布兹。

1924 年——离开基布兹，成为以色列工人运动领袖。

1938 年——和丈夫分居。

1948 年——担任驻莫斯科公使。

1949 年——担任劳工部长。

1956 年——担任外交部长。

1966 年——担任工党总书记。

1969 年——担任总理。

担任总理期间的重大事件

1969 年 4 月——苏伊士运河消耗战。

1970 年——美国倡议停火；梅纳赫姆·贝京从民族团结政府辞职。

1973 年 10 月——在苏联犹太人移民以色列的问题上与奥

地利总理布鲁诺·克赖斯基（Bruno Kreisky）发生对峙。

1973 年 10 月——赎罪日战争。

1974 年——辞去总理职务，伊扎克·拉宾继任。

1978 年——80 岁去世。

1974 年 3 月 10 日，果尔达·梅厄总理在议会发表讲话

图片来源：摩西·米尔纳、以色列政府新闻办公室。

第十七章 换岗

1969 年 3 月 7 日，工党中央委员会选举果尔达·梅厄作为列维·艾希科尔的继任者——以及以色列第一任女总理。当时她控制不住地啜泣起来，6 年后她在回忆录中特别提道：

> 有人常常问我，当时是怎么想的，我真希望对这个问题能作一番富有诗意的回答。我知道投票结束时我双手遮住脸，流泪了，但我记得我的感受是有些恍惚。我从未打算当总理。事实上我从未打算担任任何职务。我只知道，现在我每天必须做出会影响几百万人生命的决定，我想这也许是我哭泣的原因。[21]

虽然之前有过许多足以让人掉泪的痛苦时刻，但作为她工作人员中级别较低的一名成员，我从未见她哭过。果尔达生性顽强。正如阿巴·埃班所说，她是一位"刚愎自用的强势女性"。她"的智慧在于简化问题。她能直捣每个问题的关键与核心……当官员们分析影响决策的各种矛盾因素时，她会打断他们，要求他们直接说出关键点。遇到复杂情况时，拿出简单事实可不容易"[22]。

对她而言，最关键且务实的答案首先根植于她的劳工犹太复国主义信仰中——虽然她的信仰屡次在联合国遭到她的社会主义代表的抵制，但她从未发生过动摇。她曾经与这些抵制她的人在社会党国际（Socialist International）的会议室里愉快地畅谈。社会党国际是由社会党、社会民主党、工党组成的世界性团体，她在其中发挥过积极作用。因此她常常冥思苦想，在地毯上来回踱步，手臂僵硬，低着头，滔滔不绝地苦述以色列在国际社会中的孤立地位。在对待以色列国的态度上，社会主义国家的代表们和他们的反动对立面是一致的，竟然通过了反对以色列的决议。

"在联合国，我环顾四周，"我有一次听见她说，"我在想，我们在这里没有家人。以色列在这里完全是孤立的，不受欢迎的，当然还遭到了误解。我们只能求助于我们自己的犹太复国主义信仰。可是为什么会这样？为什么？为什么？"

奇怪的是，果尔达·梅厄并没有试图回答她自己提出的这个惊天动地的大问题：为什么犹太国家长时间地在国际大家庭中显得如此另类？

1972 年我从华盛顿回国，接手总理外国媒体办公室的领导工作。我很快发现，果尔达在以色列对外关系上的见解也同样适用于外国媒体：以色列屡屡被媒体相中。在某家外国大新闻机构，这个犹太国家每天都是——直到现在依然如此——主角。在我看来，这反映的不仅仅是超越国界的兴趣、好奇或关注，而是一种超越国界的困扰。

外国记者到以色列会习惯性地住进美侨酒店（American Colony Hotel）。以耶路撒冷的标准来看，这座酒店自成一格。它曾经是 19 世纪土耳其帕夏的官邸，弥漫着一种低调奢华的贵族气质，散发出一股英帝国的威严之气。不难想象，阿拉伯的劳伦斯曾经在它郁郁葱葱的庭院里和艾伦比将军畅谈，阿加莎·克里斯蒂曾在楼上宽敞明亮的房间里和罗纳德·斯托尔斯勋爵品茶。

几年来，犹太人和阿拉伯人之间的冲突愈演愈烈，世界各地的记者发现这座舒适年代留下来的非犹太上流社会遗迹，对他们的报道工作来说真是再好不过。美侨酒店正好位于东西耶路撒冷的交界处，这里的酒吧存货充足，气氛友善，一直以来被公认为中立地带，犹太人和阿拉伯人都可以在这里同外国记者会面——或者相互见面——不用受任何约束。

我第一次踏进那里是上任第二天，去见一个来自芝加哥的独立电视新闻记者。见他不在大堂，我漫步上楼，想去看看"帕夏之屋"，那里正准备举行一场阿拉伯婚礼。房间的圆顶上装饰着彩带和气球。屋里身着深色西装的男人和一身传统打扮的女人们，正泾渭分明地各自闲谈着。手风琴师、萨克斯演奏者和曼陀林演奏者组成一支三人乐队，正在演奏轻柔的东方音乐。当他们改换节奏打起小鼓时，男人们走进舞池跳起了狄布开舞，每个人把一只手放在旁边人的肩膀上，跟着小鼓断断续续的拍子齐声跺脚，唱着赞美真主的歌。

两个留着长胡子的中年人——应该是新郎新娘的父亲，戴着耀眼的装饰有白色流苏的阿拉伯头巾，被众多肩膀抬着，在女人们刺耳的尖叫声和拍手声中，极为兴奋地旋转着，欢呼着，挥舞着锻造精美的装饰匕首。他们旋转得越来越快，直到音乐达到高潮，进入命令式的最终和弦，这种像托钵僧似的狂舞旋转才缓和下来，喝彩声渐渐平息。

我约的人发现并认出了我，他拍打着汗津津的额头，向正在门口徘徊的我大步走来。他对没有在约定的大堂等我表示歉意，气喘吁吁地说："就是这舞蹈，让我忘记了时间。请原谅。"

他身穿俗丽的条纹衬衫，戴着圆点花纹的领结，看上去很显眼，他的名字和他兴高采烈的样子很般配：巴迪·贝利（Buddy Bailey）。

在酒吧喝了一杯后，巴迪告诉我，他受委派要做一部关于果尔达·梅厄以及耶路撒冷的未来的电视专题片，他的巴勒斯坦摄像师就是楼上新娘的父亲，所以他刚才也在舞池里跟着一起参加派对。他想让我协助安排几个采访，如果有可能，安排一次对梅厄总理的采访，另外几次是深入探访目前的耶路撒冷。

巴迪·贝利承认，他对这个话题只掌握了最粗略的一点知识，需要做的功课太多。"我知道这听起来很疯狂，"他爽快地承认，"但是我只对你们的'六日战争'和你们如何占据阿拉伯人的东耶路撒冷有一点点模糊的记忆。"

"我能不能在你做片子之前先推荐你一两本书？"我问。

他好像大吃一惊。"我——读一本书？我没有时间看书。我们得靠你这样的人来获得信息。"

"那么，你想怎么拍——"

"你看见那边那些家伙了吗？"他打断我，指着一群新闻记者说，"你觉得他们当中有多少人真正地做过什么研究？你去，问问他们！问问有多少人了解犹太复国主义历史，冲突是怎么开始的，或者你们是怎么到约旦河西岸的。你去，问问他们。"他傲慢地为自己的无知辩护。"你问问他们，有多少人了解你们的语言——就算是贴在这里的海报也行。我敢打赌，一个都没有。我们这些新闻记者就是时时刻刻被截稿时间折磨的奴隶。我们靠这个生活，做完一条又是一条。谁有时间去做研究？我们老板要的是行动，而不是复杂的事实。"

"那么，你们究竟是怎么挖掘信息的呢？"我天真地问。

"到处打听，你们的电视摄像机和新闻记者出现在哪儿，我们就奔向哪儿，还有就是从你这样的人那里获取信息，从当地阿拉伯人那里弄点鸡零狗碎的小道消息，比如楼上我的摄像师。"

突然，他转过身。一只手从后面搭在他肩膀上，他愉快地喊道："说曹操，曹操就到！法耶兹——正说你呢！我刚才正提到你，一块儿来吧。婚礼进行得还好？"

法耶兹灿烂地笑着，用头巾一角擦擦额头，痛快地大口喘着气，"我和女儿，那个新娘，跳得时间太长了，溜出来凉快凉快，趁着客人们都在楼上没人看见，偷偷来一点点'兴奋剂'。"

"请给这儿来杯苏格兰威士忌，伙计，"巴迪·贝利打着响指招呼。"黑方的，要双份。"

法耶兹一口气喝下半杯，环顾四周确认没有被哪个同胞抓着现行，然后灌下了另一半。放松下来后，他笑着说："请原谅我这么激动。因为婚礼太让人兴奋了。"

"法耶兹，"巴迪·贝利嬉皮笑脸地冲他眨眨眼，"我有个问题。我刚才跟耶胡达说，作为一个我这样的外国记者，要搞清楚你们两者之间的冲突到底有多难。你觉得，你和耶胡达之间有没有可能讲和并且握个手，嗯？"

法耶兹打了个嗝，"你这话什么意思，讲和，握个手？"

"和平。制造和平。让过去的事过去吧。"

法耶兹上上下下打量着我，眼睛里流露出懒散的笑意，他用纯正的希伯来语说道："你和我——和平？"

他取下头巾，用指关节梳理着卷曲的白发，向后收收肩膀抬起下巴，带着些许醉意道："亲爱的——我的朋友——这不可能。我们的基因不一样。你们犹太人来自四面八方。你们是杂种混血儿。我们阿拉伯人从沙漠里来。我们都是纯种的。你们想问题的方式很微妙，我们用三原色思考问题。"

"三原色是什么意思？"我问。

他把一只手搭在我肩膀上，不知道是为了表示亲热还是为了让自己站稳，东拉西扯地继续道："三原色的意思就是说，沙漠没有什么难以捉摸的。那里的一切都是极致——火热的天气、冰冷的夜晚、干燥的沙子、甘美的绿洲。所以我们阿拉伯人最喜欢极致。它流淌在我们的血液里。我们可以前一分钟慷慨大方，后一分钟就变得无比贪婪；前一分钟热情好客，后一分钟残酷凶狠；前一分钟信宿命，后一分钟灵活应变。现在嘛"——他用手抓着我——"现在我非常好客，请到楼上来参加我女儿的婚礼吧。你不去？还有别的事情？好！那我就自己上去，"说完，他迈着醉酒之后过于刻板的大步子走了。

"这是什么意思？"巴迪困惑地问。

我沉思着答道："我也不是很确定。不知道他说的有几分真话，几分醉话。但我可以肯定，对于冲突，他们确实很坦然。"

第十八章　果尔达和奥莉娅娜：
一段罗曼史

　　我在外国媒体办公室工作了两年，其间发现果尔达·梅厄总理最钦佩、最喜欢——甚至喜爱——的记者是奥莉娅娜·法拉奇（Oriana Fallaci）。

　　奥莉娅娜·法拉奇是地道的意大利人。她是个无所畏惧的战地记者，很有才气，作品时常引起争议。她关于越南战争的第一手资料《任其一无所有》（*Nothing, and So Be It*）——是一本世界性畅销书。法拉奇因擅长强势而有冲击力的政治访谈闻名于世，据说再出名的政治家也不敢在她面前轻易说"不"。

　　她的采访技巧独一无二。和巴迪·贝利他们这些人不同的是，她会花费好几周时间去详详细细地研究题目。任何人企图以高人一等的态度对待她，或者虚情假意地迎合她，或者为任何形式的不公平作辩护，都会招来她那罗马式的愤怒——她曾经在采访大阿亚图拉鲁霍拉·霍梅尼（Ayatollah Khomeini）的时候，因为对方说伊斯兰妇女永远不该露出她们脸，愤而扯下自己的黑色方巾；菲德尔·卡斯特罗因为在她身边靠得有点太
近，而被她指责散发出体臭；她还曾经冲着拳王阿里扔过录音机的麦克风，因为对方冲着她打嗝。

　　奥莉娅娜·法拉奇就像舞台上的女主角，她能够在转瞬间表现得傲慢无礼，也能马上展现甜美迷人的一面。她能够从貌似肤浅的回答中梳理出深层价值。她会假装无辜，让人觉得提

出的问题仅仅是为了满足她自己的求知欲，即便最难对付的采访对象也会放下戒备。基辛格在自传中回忆 1972 年自己与法拉奇的谈话，称之为"与新闻界人士有过的最具灾难性的谈话"。在那次访谈中，基辛格顺着法拉奇的思路承认越南战争是"一场毫无价值的战争"，他还荒谬地承认，常常把自己想象成"牛仔，独自一人骑马领着篷车队"。

当我在美侨酒店大堂见到奥莉娅娜·法拉奇，为她采访果尔达·梅厄总理做准备的时候，真是忍不住要仔细打量她。法拉奇四十多岁，长得很结实，身高不过五英尺，意大利式的脸上充满胆量和勇气，非常引人注目：她长着一头浓密的赤褐色头发，高高的颧骨上方是一对倔强的眼睛。当我说，总理想了解她准备谈些什么的时候，终于领教了她的口才：

"我跟她谈话时，梅厄夫人当然就知道我准备谈些什么了。如果她觉得这样有问题，那我现在就可以收拾东西回家。"

梅厄夫人听了我的汇报，略微调皮地一笑，嘱咐我到约定的日子邀请奥莉娅娜·法拉奇去她家里舒舒服服地聊聊，而不是到她的办公室。那天，果尔达像所有女主人一样穿上了时髦的黑色裙装。她首先感谢法拉奇送来漂亮的玫瑰花束，然后去厨房煮了一壶茶来给大家倒上。她像任何一位母亲一样，坚持让法拉奇尝一尝她的奶酪蛋糕，称赞她虽然工作严酷却依然看上去那么年轻而时髦。接着，果尔达深入探讨并赞扬了法拉奇最近出版的关于越南战争的书，把越战和自己面临的反恐之战进行对比。

1 小时 15 分钟后，法拉奇女士被折服了，她发现自己并没如预想的那样和果尔达战斗好几个回合，而是一直和颜悦色地沉浸在女人之间的聊天中。果尔达也同样被法拉奇吸引，表示愿意很快再找个时间继续聊，并让我安排时间。

209　　奥莉娅娜·法拉奇在门口拥抱果尔达·梅厄，上车时，法拉奇对我脱口而出，"碰到这样的女人我该怎么办？我还怎么保持客观？她总是让我想起我母亲——一样的白色卷发，饱经风霜的脸上满是皱纹，看上去亲切而充满活力。我觉得，我是爱上她了。"接着，她像葛洛丽亚·斯旺森[①]那样叹了口气道："我得喝一杯。送我回酒店，我得好好想想。"

　　三天后，俩人第二次见面时，法拉奇已经完全恢复了她战士般的职业精神。她向总理抛出一连串强硬的政治问题，果尔达则像底波拉降服西西拉一样，凭借其坚韧和非凡的热情左右抵挡。可是，谈话进行到一半的时候，法拉奇的风格从狂飙突进变成了轻柔表白，女战神化身成为魅力公主，亲切地询问了许多非常私人的问题。她首先抛出的是，"梅厄夫人，您信仰宗教吗？"

　　总理不屑一顾地挥挥手，她的语气让人丝毫没有怀疑的余地，"我，信教？不!! 我的家庭是老式的，但不是宗教的。只有我的祖父信教，不过那还是我们在俄罗斯的时候。我们在美国过各种传统节日，但很少去教堂。我只在赎罪日的时候陪我母亲去过。你看，对我来说，作为犹太人意味着，而且永远意味着作为民族一分子的骄傲感，这个民族两千多年来一直维持着独特的身份，承受着所有的痛苦和折磨。"

　　突然，她的声音小了，整个人深深地埋在摇椅里，眼光越过法拉奇凝视着远方，仿佛在思考更深刻的问题。她静静地，几乎是虔诚地道："我只在莫斯科的一个犹太教堂里真正祈祷过

---

① Gloria Swanson，美国女演员。——译者注

一次。那是在以色列建国后不久，我当时担任驻苏联公使。如果我一直在苏联，可能早就信教了——也许吧。谁知道呢？"

"那是为什么？"

"因为在苏联，犹太教堂是犹太人可以见到犹太人并相互说话的地方。在犹太新年和赎罪日，人们成千上万地拥向那里。我从早到晚一直待在教堂里。我是个容易动感情的人，于是就真的祈祷了。实际上，我应该是你见到过的最敏感的人。难怪许多人说我在处理公共事务的时候是感情用事，而不是用头脑思考。好吧，那又怎么样呢？我不认为这有什么错。我为那些害怕自己的感觉，隐藏自己感情，无法由衷哭泣的人感到难过。不会全身心哭泣的人，同样也不会痛痛快快地大笑。"

"那么和平呢——什么时候才能有和平？"

210

总理耸耸肩。"恐怕和阿拉伯人的战争还会持续几年，因为他们的领导人对于送人民去赴死，根本就是漠不关心。"

"那么耶路撒冷呢？您会不会同意重新划分耶路撒冷？"

"以色列绝不会放弃耶路撒冷。我甚至不会同意讨论这件事。"

"还有戈兰高地——以色列会不会同意放弃戈兰高地？"

"不，以色列绝不会从戈兰高地下来。"

"再说说西奈——您愿不愿意从西奈半岛撤兵，换取与埃及之间的和平？"

"是的，以色列会做好准备从西奈半岛的多个地方撤军来换取和平。但是我们不会冒险，我们不希望一觉醒来发现西奈半岛又囤满埃及军队，就像'六日战争'前夜一样。"

"还有阿拉法特的巴勒斯坦解放组织——他们也是和平伙伴吗？"

"绝不，绝不，我绝不会和亚西尔·阿拉法特（Yasser Arafat）那个恐怖分子谈。"

"再说说巴勒斯坦难民——您会同意让他们回来吗？"

"不。阿拉伯国家在利用他们，蓄意将他们圈在肮脏的难民营里，将他们作为武器来对付我们，要是一直这样，阿拉伯难民还能有什么希望？"

他们就这样针锋相对地聊着，一个是总理，一个是记者。法拉奇不断变换着角色，她的甜言蜜语让果尔达心甘情愿放松了警惕，开始吐露她以前从未向任何人如此充分谈及的关于自己的一些事情：

"当您作为拓荒者来到这里的时候，这是不是您梦想中的以色列？"法拉奇问。

果尔达点燃一支烟，从鼻子里喷出烟雾叹口气道："不，这不是我梦想中的以色列。我原来天真地以为，犹太国家里不会有其他社会的弊病——偷盗、谋杀、卖淫。这就是让我痛心的地方。另一方面"——她的声音变得洪亮起来，甚至带着些欢快——"作为一个犹太社会主义者，我认为以色列比我梦想的还要好，因为实现犹太复国主义是我所信仰的社会主义的一部分。犹太人获得公平正义一直是我此生的目标。四五十年前，我根本不奢望犹太人能有一个属于自己的独立主权国家。现在我们有了一个国家，我似乎不应该过多地抱怨它的缺憾。我们拥有了可以踏足的土地，这已经很不错了。"

211　　"至于我的社会主义，老实说，理想中的社会主义和实践中的社会主义之间存在很大差别。所有取得政权的社会主义政党都不得不作出妥协。我从前的梦想，也就是建立一个公正团结的社会主义世界的梦想，早就见鬼去了。一个人什么美梦都可以做，但是做梦的时候人是睡着的。当你从梦中醒来时，就会发现梦境与现实很少有什么共同之处。"

两个女人相互之间越靠越近，简直就像在说悄悄话，好像我根本不存在似的。果尔达显然是中了法拉奇的魔法，开始透露一些让我听了脸颊发热的闺房私密话：

"太难了，太难，太难！"她遗憾地感叹，回忆起孩子们年纪尚小最需要她的时候，她作为母亲却忽视了他们这一点。"你上班时，你会一直想着独自在家的孩子们；然后当你回家时，你又想着工作上要做的事情。我的心都要碎了。我的孩子，萨拉和梅纳赫姆，他们因为我受了很多罪。我经常把他们独自留在家里。我从来没有在应该陪伴他们的时候和他们在一起。每当我因为头疼之类的身体不舒服而待在家里的时候，他们俩是那么开心。他们会跳上跳下，边笑边唱，'妈妈在家了，妈妈头疼了，妈妈在家了。'"

她温柔地继续说：

"如果你的丈夫不是个像你这样的社交达人，对像我这样活跃的妻子又感到不安——对他来说，妻子不像个妻子——那么两人之间势必会产生摩擦。而且，这种摩擦还会导致婚姻破裂，就像我这样。所以，是的，"——她停下来从手包里取出一块手绢擤了擤鼻子——"我为成为我自己付出了代价。付出了很大的代价。"

法拉奇俯身靠她更近了，低声说："您对孩子们觉得愧疚，对您的丈夫也是一样吗？"

果尔达身体坐得笔直，晃着一根手指告诫她，"奥莉娅娜，我从不，从来不谈论我的丈夫。换个话题。"

"但真的就不谈吗？"意大利人的眼睛里充满推力和磁性，

她的声音听起来像在催眠。

总理端详着手指甲默默沉思了一会儿，释然道："好吧，行，为了你，我试试破个例。"

她用手绢擦着眼睛忧郁地说："我的丈夫，莫里斯，是个特别好的人——有学问、性情温存、善良。他各方面都很棒。我15岁认识他，我们很快就结婚了。我从他那里学到了许多美好的事物，比如音乐和诗歌。可是，我和他真是太不一样了。他只关心他的亲人、他的家庭、他的音乐、他的书。而对我来说，只有家庭幸福是不够的。我生来不会只满足于音乐和诗歌。他要求我待在家里，忘掉政治。而我却总是不在家，总是在忙政治。我必须做我当时正在从事的工作。我无法控制自己。"

她拿出打火机又点上一支烟，眼神忧郁地追随着烟雾的踪迹，突然道："是的，我当然对他怀有愧疚感。我让他受了这么多苦。因为我想来这里，他就跟我来到这个国家。因为我想去基布兹，他就为我去了基布兹。因为我离不开这种生活，他就过起了一种根本不适合他的生活。这是个悲剧，"——她紧紧抿住嘴——"一个大悲剧。他是一个这么出色的人。要是和别的女人在一起，他会活得非常开心。"

"您有没有尝试过让自己去适应他，让他开心？"

果尔达深棕色的双眼中满是痛苦。"我为他做出了一生中最大的牺牲：我离开了基布兹。基布兹是我最爱的：那些工作，那些同志之爱。我们刚到基布兹的时候，那里除了沼泽和沙子什么都没有，但很快它就变成了一个栽满橘子树、结满果实的花园。只要看它一眼，我就非常快乐，我本来打算在那里度过一生。但莫里斯无法忍受那种生活。他受不了辛苦劳作。他受不了酷热的天气。他也不愿意成为集体中的一分子。他个性太

强，太内向，太脆弱。他病倒了，我们不得不离开基布兹，去
了特拉维夫。"

她烦躁不安地轻轻敲着椅子扶手，咬紧牙关继续道："离开
基布兹让我感到痛苦，就像针扎一样难受。对我来说这真的是
场悲剧。但是为了他，我忍受了，我以为在特拉维夫我们的家
庭生活会变得宁静和谐一些，但结果不是这样。1938 年我们分
居了。1951 年他去世了。"

"他难道不为您感到骄傲吗，至少在最后几年里？"法拉奇
满腹同情地问。

果尔达别扭地笑笑："我不知道。我觉得不会。我不知道他
最后那几年都在想些什么。他这个人非常孤僻，不可能让人猜
中他的想法。无论如何，他的悲剧并不在于他不理解我。他的
悲剧在于，他太了解我了，但无法改变我。他知道我除了做这
些别无其他选择，而他不赞同我做的工作。事情就是这么简单。
谁知道"——她耸了耸肩膀，像是啜泣着说——"他是不是对
的呢？"

"但是您从来没想过离婚，从没想过再婚吗？"

213

果尔达·梅厄使劲摇了摇头。"不！我从来没有过这样的念
头。你必须明白，我一直认为我是莫里斯的妻子。虽然我们俩
如此不同，无法生活在一起，但我们俩之间爱情永存。我们的
爱是一种伟大的爱情。它从我们相识的那天开始，一直延续到
他离开人世。这种爱情是无可替代的，绝不可能。"

总理站起身，语气中重现了愉悦，"所以，现在你知道了，
奥莉娅娜，这些我可从来没告诉过别人。下次再来，可别带那
个东西了，嗯？"她指指录音机。"来就只是聊天，喝茶！"

"哦，我会的，我会的。"法拉奇说着，给梅厄一个大大的

拥抱。我开车送她回美侨酒店，门房告诉她，已经为她确认了第二天飞往罗马的机票。分手道别时，我想，以后可能再也不会见到她了。

但是我错了。第二天晚上，在一个特别离谱的时间——我看了看床头的闹钟，是凌晨两点——电话铃突然响了，我猛地起床摸索到听筒，打着哈欠问："谁呀？"

"奥莉娅娜·法拉奇。我在罗马。"她听起来心烦意乱。

"我知道你在罗马。怎么了？"

她啜泣起来，"我被抢劫了。"

"抢劫——抢走什么了？"

"采访果尔达的录音带。所有果尔达·梅厄的录音带都被偷走了。"

我一下子醒了。"怎么回事？什么时候？谁干的？"

她像机关枪密集扫射一样向我详细叙述了经过："我在酒店办了入住手续。我从包里拿出录音带，装进信封放在书桌上。我离开房间，锁上门。我把钥匙给了前台接待员。我离开的时间不超过15分钟，回去的时候，钥匙找不着了。我房间的门大开着。我所有值钱的东西都没有丢，只有这些录音带不见了。警察已经来了。他们怀疑这是一起政治盗窃案，好像我不知道这一点似的。"

"但那是谁干的呢？"

"也许是搜集情报的阿拉伯人，也许是果尔达的仇人，甚至还有可能是对我心存妒忌的记者。有一件事可以肯定：我被跟踪了。有人知道我今天到达罗马，知道我到达的时间，以及我入住的酒店。"

"那你需要我干什么呢？"

她停顿了一会儿，我能从电话里听见她的呼吸声。"我想让你再安排一次对梅厄夫人的访谈。"

"这个要求太过分了。"我彻底清醒了。

"请再试一下，求你了。"她又开始啜泣起来。

"好吧，我再试一次。不过，我什么也不能向你保证。给我发一份电报过来，解释一下发生了什么事情，我把它拿给果尔达。这或许会有用。"

第二天一早，电报来了。上面写着：

梅厄夫人／全被偷了／全被偷了／求您再见我一次

听完我的解释，果尔达的脸色变得非常难看。"可怜的人，可怜的人。"她像母亲一样为她难过。但接着，她的眼神变得像钢铁一般坚毅，声音也倔强起来，"很明显，有人不想让她发表这份访谈，所以我们就要再来一遍。告诉她，可以，然后尽快给我安排出几个钟头的时间。"

几个星期之后，两个女人再一次快乐地拥抱在一起。她们重新做了访谈——比上一次的还要好。果尔达·梅厄为奥莉娅娜·法拉奇留够了时间。

法拉奇在回忆这段往事的时候，写道：

就录音带失窃的谜团，警方自然调查不出结果。但是有一条线索自己暴露了。几乎就在我采访果尔达·梅厄的同时，我也提出了对穆哈迈尔·卡扎菲（Muammar el - Kaddafi，利比亚总统）的采访要求。他通过利比亚情报部的一名高官通知我，他会接受采访。但是突然，就在录音带失窃的几天后，他接受了我们的对手媒体，意大利另一家周刊的采访。巧合的是，卡扎菲对那名记者说出的话，听起来很像梅厄夫人曾经对我说过的话……卡扎菲先生怎么可能了解从未发表过的，除了我自己之外没人知道的内容？难道卡扎菲先生听过我的录音带？难道他从偷我东西的窃贼那里得到了录音带？[23]

215 　　很快，我收到了奥莉娅娜·法拉奇寄来的书，那本记录越南战争的《任其一无所有》。她在赠言中写道：

　　　　致我的友人耶胡达·阿夫纳，我们共同经历了我的一场闹剧，感谢上帝，你没有经历越南战争的那场。送上我的爱与感谢。

　　　　　　　　　　　　　　　　　　——奥莉娅娜·法拉奇

　　这个勇敢的战地记者是我所知的唯一一位和果尔达·梅厄总理交谈过四次，时间超过 6 个小时的记者。我依然清楚记得她最后一次采访时提出的最后一个问题，那听起来像是即兴发挥：

　　"梅厄夫人，您真的要退休？"

　　果尔达的回答十分坚决：

　　"奥莉娅娜，我可以向你保证。明年 5 月，我就 75 岁了。我老了，而且筋疲力尽。人老了就像一架穿越暴风雨的飞机一样。一旦上了飞机，你就没有办法了。你可以让飞机降落，但是你不可能让暴风雨停下，你不能阻止时间流逝，所以最好还是平静地接受这一切，这才是明智的。我不能永远这样发疯似的干下去。我不知道对自己说过多少次了：让一切见鬼去吧，让一切的一切都见鬼去吧。我已经尽了我的责任，现在轮到其他人了。够了！够了！够了！"

她一边说着，一边在空中挥舞着拳头，好像是针对那些让她过得如此不易的人。但很快，她又靠回到扶手椅中，嘴角带着一丝笑意："关于我这个人，奥莉娅娜，人们不知道的是，我生来是个懒女人。我不是那种一定要让每分钟都排满工作的人。我喜欢待在那里什么也不干，要不就坐在安乐椅上，或者做点无关紧要的事情作为消遣，比如，整理房间，熨衣服，做点吃的。我是一个好厨师。哦，还有别的——我喜欢睡觉。啊，我多么喜欢睡觉。我喜欢和人们在一起聊天，让正式发言、政治演说见鬼去吧——我只喜欢聊一些日常的、琐碎的事。我喜欢看戏，我喜欢去电影院，但是不要有卫兵跟着我。每当我想去看电影时，总会有一大堆以色列士兵跟着。这叫生活吗？我有时候会想，不如现在就收拾收拾，不通知任何人悄悄离去。我之所以至今仍留在这里，没有其他原因，完全是出于责任。是的，是的，我知道，很多人不相信我会退休。他们应该相信。我还可以宣布日期：1973 年 10 月。1973 年 10 月将举行选举。等选举一结束，就再见了。"

政坛上的怀疑论者对她的表白持怀疑态度。毕竟，果尔达·梅厄从来没有拒绝过任何挑战，而且当时她正深陷其中——迎战日益蔓延的阿拉伯恐怖主义。在这样的战争面前，她不是爱神维纳斯，而是战神玛尔斯。

NOTHING,

AND

SO BE IT

To my friend
Yehuda Avner
who shared a drama of mine
and thanks god,
did not share this vietnam one.

With love and thanks

[signature]

Jerusalem 1972 november

217   奥莉娅娜·法拉奇在《任其一无所有》的扉页上写给作者的赠言

1973 年 4 月 10 日总理果尔达·梅厄与国防部长摩西·达扬商讨事务

图片来源：赫尔曼（Chanania Herman）、以色列政府新闻办公室。

第十九章　舍瑙之辱

　　如何应对恐怖分子？与其交手，你会疲倦不堪；无所作为，会让无辜者丧命。

　　1972 年至 1973 年，针对以色列和犹太人的阿拉伯恐怖主义像瘟疫一样蔓延到整个西欧：一架比利时飞机在飞往以色列途中遭到劫持；一名黎巴嫩妇女因为携带武器在罗马机场被逮捕；11 名以色列运动员在慕尼黑奥运会上被残杀；一名携带武器的情报人员计划飞往以色列，登飞机前在阿姆斯特丹机场被逮捕；一名巴勒斯坦人在伦敦机场被逮捕，他被指控计划攻击斯堪的纳维亚半岛的各个以色列使馆；在巴黎，有人计划袭击以色列使馆；在罗马机场，有人企图袭击以色列航空公司班机上的乘客；在尼科西亚，有人图谋袭击以色列使馆和以色列客机；在罗马，有人袭击了以色列航空公司办事处；在英国与荷兰，有人将书信炸弹寄到犹太人和以色列人居住的地址；在雅典，以色列航空公司办事处遭到袭击。

　　接着就发生了舍瑙之辱——一起发生在 1973 年 9 月欧洲委员会会议期间的声名狼藉的事件。

　　设在斯特拉斯堡的欧洲委员会大致相当于欧洲大陆的众议院。讨论议题的过程中，总理果尔达·梅厄驼着背，迈着坚定的步伐，在将近 400 名怀着不同程度好奇心的代表的注视下登上讲台。她受欧洲委员会之邀，要站在以色列的立场上说明该事件。

一般情况下，果尔达愿意即兴发言，但由于这是个正式场合，根据惯例她需要一篇事先准备好的演讲稿。我作为她的讲稿撰稿人，为她起草了一份。这篇演讲稿首先对委员会、各欧洲国家的议会支持苏联犹太人有权移民以色列的主张表示感谢〔此时一场世界性的"让吾民去（Let My People Go）"运动已经进入高潮阶段〕，探讨了中东地区的冲突，呼吁"欧洲委员会促使中东地区效仿委员会树立的和平共处的榜样"，并引用伟大的欧洲政治家让·莫内（Jean Monnet）的话作为结语："和平并不仅仅依赖条约和诺言。和平主要依靠创造出来的条件，这些条件如果不能改变人的本性，至少能引导他们和睦相处。"

让我惊讶的是，果尔达没有采用这篇讲稿中的任何一个字。她环视会场，伸着下巴，挥舞着手里的讲稿，语气中透着刻薄，"我已经写了一篇讲稿，我想这篇讲稿已经摆在你们面前了。但我在最后时刻决定不用它，请你们原谅我打破了规矩，做一次即兴演讲。我这么说是鉴于过去两三天内发生在奥地利的事情。"

她在离开以色列赴斯特拉斯堡之前得到了那骇人听闻的消息，很显然，她认为在这种情况下再去念那份正式讲稿是愚蠢的行为。

1973 年 9 月 29 日，两名阿拉伯恐怖分子在奥地利边界劫持一列从苏联出发的火车，车上都是准备取道维也纳投奔以色列的犹太人。七名犹太人被扣为人质，包括一名 73 岁的老人、一名患病的妇女和一名 3 岁的孩子。恐怖分子发出最后通牒称，除非奥地利政府立即关闭舍瑙城堡（犹太事务局设在维也纳附近的中转机构，是犹太移民飞往以色列之前办理手续的地方），否则不但这些人质会被处死，奥地利也会成为暴力报复行动的目标。

总理布鲁诺·克赖斯基领导的奥地利政府匆忙召开会议，立即屈服。克赖斯基宣布将关闭舍瑙，并急急忙忙地让恐怖分子通过机场安全通道飞抵利比亚。

整个阿拉伯世界都欢呼雀跃，怒不可遏的果尔达·梅厄让助理立即安排她在斯特拉斯堡会议后飞赴维也纳，她要去面见克赖斯基总理，克赖斯基和她同为社会党人，并且也是犹太人。

221　　她对欧洲委员会说："阿拉伯政府资助并教唆的恐怖分子，在以色列本土遭到失败后，已经将针对以色列人和犹太人的恐怖活动逐渐带到欧洲。"

这番话在整个会场引发一阵不安的嗡嗡声。当她带着极大的痛苦，提到去年夏天在慕尼黑奥运会上遭到绑架并杀害的11名以色列运动员时，人们议论得更加厉害了，因为当时德国政府事后抓捕了凶手，但为了交换被劫持的汉莎航空客机和乘客释放了杀人犯。

"哦，是的，我完全理解你们的感受，"果尔达冷笑着，双臂紧紧地合抱着像一座吊桥，"我完全理解一位欧洲总理会这么说，'看在上帝的分上，别让我们卷在里面！到你们自己的土地上去，打你们自己的仗。你们的敌人和我们有什么关系？赶紧走！'而且，我甚至还理解"——她的声音变得更加冷酷——"为什么有些国家可能得出结论，让自己摆脱这种潜在威胁的唯一办法是不准犹太人入境，就算不是所有犹太人那么至少是以色列犹太人，或者前往以色列的犹太人。在我看来，这是每个欧洲国家政府这些日子里必须做出的选择。"

接着，她用冷酷无情的语气大声道："欧洲国家的政府别无选择，必须做出抉择。我认为，每个捍卫法治的国家都只有一个答案——绝不同恐怖分子打交道，绝不与恐怖主义同流合污。任何同杀手做交易的政府，本身就是在冒险。在维也纳发生的事情是，一个民主政府，一个欧洲国家政府同恐怖分子达成了协议。这样的行为让其蒙羞。这种行为违背了法治的基本原则，违背了人们行动自由的基本原则——或者我能不能说，违背了逃离苏联的犹太人之行动自由的基本原则？哦，这是恐怖主义的一次胜利！"

会场立刻响起鼓掌声，果尔达知道相当一部分欧洲委员会成员领会了她的意思，她随即搭飞机前往维也纳。

果尔达·梅厄进门时，只见奥地利总理布鲁诺·克赖斯基衣着考究，戴着眼睛，身材魁梧，看上去 65 岁左右。她知道他是维也纳一名犹太制衣商的儿子。克赖斯基没有迎上去，只是从办公桌后微微欠身，俩人握了握手。"请坐，梅厄总理。"他拘谨地说。

"谢谢您，克赖斯基总理，"果尔达坐在他对面的椅子上，把鼓鼓囊囊的黑色真皮手包放在地上，"您知道我此行的原因吧。" 222

"我想我知道。"克赖斯基所有的身体语言都表明，他根本不想进行这次会面。

"您和我相互认识很长时间了。"她轻声说。

"是的。"

"我知道，作为一个犹太人，您从来没有对犹太国家表现出任何兴趣。我没说错吧？"

"没错。我从不隐瞒这个想法，我认为，犹太复国主义并不是解决犹太人可能遇到的各种问题的万能之法。"

"所以我们要更加感谢您的政府，一直以来帮助成千上万苏联犹太人通过奥地利前往以色列。"果尔达婉转地说。

"但是舍瑙中转站对我们来说一直是个问题。"克赖斯基冷冷地说。

"什么样的问题？"

"首先，它明显是恐怖分子的目标——"

果尔达打断他，用强烈的指责语气说："克赖斯基先生，即便您关闭了舍瑙，恐怖分子的活动也不会停止。前往以色列的犹太人不管在哪儿集结，都会遭到恐怖分子劫持。"

"那为什么要单单让奥地利承受这个负担？"克赖斯基反唇相讥。"为什么不是别人？"

"比如谁？"

"比如荷兰。移民们可以飞到荷兰。毕竟，你们在苏联的代表是荷兰。"

这番话说得没错。自从"六日战争"期间苏联与以色列断绝外交关系之后，荷兰驻莫斯科使馆就成了以色列的利益代表处。

"哦，我想如果可以的话，荷兰一定准备在这件事上共同负担，"果尔达努力让自己听起来心平气和，"但是他们现在不能。这不取决于荷兰人。这取决于苏联人。苏联人已经清楚表明，他们不同意让犹太人坐飞机离开莫斯科。如果可以坐飞机，犹太人就可以直接飞去以色列。他们只能坐火车离开，且苏联人只允许他们在你们的国家中转。"

"那么火车一到维也纳，就请你们的人把犹太人接走，直接飞往以色列。"奥地利总理坚持自己的意见。

223　　"那是不可行的。你我都知道，对犹太人来说，即便提出离开苏联的申请都需要极大的勇气。他们丢了工作，丢掉了公民身份，他们要等待很多年。一旦许可证批下来，他们最多只有一周时间收拾东西，告别离开。他们零零散散地前往自由之地，我们从来不知道，到达维也纳的每列火车上载有多少犹太人。所以我们需要一个集合点，一个中转站。我们需要舍瑙。"

克赖斯基把胳膊肘架在桌上，指尖搭在一起，直视着果尔达伪善地说："梅厄夫人，不管难民来自哪个国家，向他们提供帮助是奥地利的人道主义责任，但如果这会将奥地利置于险境，那就不行。我绝不对奥地利土地上的任何流血事件负责。"

"那么屈服于恐怖分子的敲诈勒索，也算人道主义责任吗，总理先生？"

起先的对手间的观点冲突，此刻已经变成了敌手之间短兵相接式的激烈争论。

克赖斯基回击道："奥地利是个小国家，不是大国，小国家在应对恐怖分子的敲诈勒索时别无选择。"

"我不这么认为，"果尔达激动地说，"在任何情况下，都不应该和恐怖分子做交易。您的所作所为肯定会引发更多的绑架人质事件。您背叛了犹太移民。"

克赖斯基皱起眉头感觉受到了冒犯。"我不能接受这样的话，梅厄夫人。我不能——"

"您为恐怖主义打开了大门，总理先生，"我们的总理没有被他吓住，继续争论道，"您给奥地利带来了新的耻辱。我刚刚从欧洲委员会来到这里。他们几乎无一例外地谴责您。只有阿拉伯世界称赞您是英雄。"

"好吧，我对此无能为力。"奥地利人面无表情，他没说什么，但看上去很不安。然后，他轻轻耸了耸肩道："你我属于两个不同的世界。"

"我们确实是，克赖斯基先生，"果尔达·梅厄用一种犹太人式的疲倦，声音沙哑地嘲讽道，"您和我属于两个非常非常不同的世界。"说着她起身，拎起手提包向门口走去。这时，克赖斯基的助理走进来说，媒体正在隔壁的房间里等待他们的联合记者招待会。

果尔达摇摇头。她自言自语地问，这有什么意义？她对媒体无话可说，什么也改变不了。克赖斯基想和阿拉伯人搞好关系——事情就是这么简单。于是她转过身用希伯来语对自己的助理轻声道："我不想和那个人站在同一个讲台上。他想说什么就说什么。我要去机场。"她对克赖斯基轻蔑地说："我不想参加这场记者招待会。我没什么可说的。我要回国了。"她从后门的楼梯离开了。

5个小时后，她在本-古里安机场对守候在那里的以色列媒体说："我想，对于这场和克赖斯基总理的会面，最好的总结就是：他连一杯水也没让我喝。"

正如我们所担心的那样，舍瑙中转站被关闭了。这场危机一连几天成为国际新闻的头条，人们对此问题的兴趣焦点是，面对暴虐的阿拉伯恐怖分子，该如何保护苏联犹太移民的权利。果尔达·梅厄的抗议引发了一场国际性抗议热潮，奥地利总理别无选择，只能为犹太移民提供其他安排。苏联犹太人又开始陆陆续续经由奥地利前往以色列，但相比之前，奥地利政府在操作的时候要谨慎小心得多。然而回国后，以色列总理的精力却被拖入另一桩更加紧急的危机中。情报显示，埃及和叙利亚正在大规模调动部队，总理手下的军事专家称那只是演习——这次灾难性的误判很快演变成一场突发的不对称战争——"赎罪日战争"。[24]

第二十章　苏伊士运河的萨姆导弹

1973 年"赎罪日战争"的前奏是现在几乎已经被人淡忘的
"埃以消耗战争"。这一前奏是由 1967 年"六日战争"后，苏
联向埃及派出的上千名顾问精心编排的，他们快速重整并武装
了被打垮的埃及军队。

"六日战争"结束时，以色列国防军控制了苏伊士运河东
岸。1968 年秋，埃及方面开始从运河对岸开炮轰炸，其中一枚
炮弹造成 10 名以色列士兵死亡。作为报复，以色列战机轰炸了
尼罗河上的桥梁，并开始沿着整条运河修筑工事。人们将这道
防线称作巴 - 列夫防线（Bar - Lev Line），这一名称来自当时的
总参谋长哈伊姆·巴 - 列夫（Chaim Bar - Lev）。从那天开始，
炮击变得更加猛烈和致命，炮弹像雨点般落在国防军在运河沿
岸的阵地上，伤亡数字不断上升，以色列的还击也逐渐升级，
愈发凶猛。然而埃及人并没有收手，他们凭借精密的苏联地对
空导弹——萨姆导弹——应对以色列的空中力量优势并向前推
进，抱定决心要让以色列国防军放弃巴 - 列夫防线。埃及人希
望先将以色列空军驱离运河上空，以便其两栖部队渡河作战，
之后用武力夺回西奈半岛。苏联人操纵的萨姆导弹保护伞就是
用来完成这个任务的。到 70 年代中期，不但有大约 200 名苏联
飞行员在驾驶埃及战机，还有 1.5 万名苏联官兵在操控埃及的
80 个萨姆导弹发射点。

消耗战持续两年多，直到 1970 年 8 月，美国总统理查德·

尼克松通过国务卿威廉·罗杰斯的调解让双方达成停火。"第二罗杰斯计划"——与先前果尔达·梅厄直接拒绝的"罗杰斯计划"完全不同——是一份政治军事一揽子方案，其中提到双方同意在联合国支持下停火并开始谈判。设想中的谈判以著名的联合国安理会第 242 号决议为基础，尤其是，要求以色列部队从"最近（1967 年）的冲突中占领的领土撤出"。

贝京当时仍是民族团结政府的一员，在他看来，美国的这番话简直就是诅咒。但是经过反复争论，果尔达·梅厄总理接受了这份计划，并要求贝京及其党内同僚辞职。正如贝京所料，在具体的和平提案尚未出台之前，以色列就被要求撤军。贝京认为，这是不负责任的做法——是浪费宝贵的领土资产，只有在一个完全成熟的和平条约框架之下才能做出退让。

然而紧接着更糟糕的事情发生了，1970 年 8 月，就在停火生效数小时后，埃及悍然违反协议，将萨姆导弹保护伞迅速推进到邻近苏伊士运河的"停火区"，窃取了先前无法在消耗战中获得的战果。这样，开罗方面就可以在任何时候打击运河对岸并驱离以色列战机。

果尔达怒不可遏。她立刻要求埃及方面撤出导弹。但此时深陷越战泥潭的尼克松总统担心和苏联发生直接冲突，搁置了这个问题。他向以色列总理做出充满希望的保证，最后，果尔达出于美以之间的重要战略关系考虑只得屈服。这让贝京更愤怒了，尤其是华盛顿方面甚至拒绝正式承认有人违反了协议。盛怒之下，他在座无虚席的议会上做出了一连串可怕的耶利米式的预言：

埃及人在他们的俄罗斯顾问的帮助下，以极为恶劣的方式违反停火协议，威胁到我们的安全和未来。他们已经部署了9枚强大的萨姆导弹，目前正在安装另外9枚，所有这些都可以打到运河对岸，深入我们的阵地10至15公里。因此，我们必须得出结论，且议会和人民必须对此结论提高警惕，那就是，当埃及总统纳赛尔决定重启战火的时候——鉴于目前的现实情况，我们必须假设肯定会有这一天——他将占据决定性的优势……在他的那张不断扩大的导弹保护伞下，我们的空军抵抗难度相当大，会损失大量飞行员和战机。这就是现实，美国人心里很清楚。

换句话说就是，美国误导了以色列，将以色列的安全置于危险的境地。

贝京义愤填膺地结束演讲，被崇拜者簇拥着走下讲台，风度翩翩地回应着各种赞美。接着，他来到议会餐厅，总理果尔达·梅厄和伊扎克·拉宾正在那里交谈，拉宾当时仍是以色列驻美大使。

"真是一腔愤怒之火啊。"眼看反对党领袖经过自己身边，果尔达略带嘲讽地说。她已经在自己的办公室通过扩音器听见了贝京的发言。

"我希望您能记下我说的每一个字，总理女士。"贝京傲慢而又不失庄重地答道。

"你好像还不明白，"果尔达叱责道，"如果我们不接受'第二罗杰斯计划'的所有条件，就不会有停火。我们无法只接受其中的一部分。"

"可是，他们根本就没和我们商量呀，梅厄夫人，"贝京反驳道，他把声音放得很温和以免让自己的谴责听起来过于咄咄逼人，"罗杰斯给了一份文件让我们签字。我们一开始拒绝了。我们有保留意见，您非常正确地寻求做一些变动，但是最后，这份文件还是强加给我们了。"

"荒唐！"

"是吗？还记得当初那个企图强加给我们的'罗杰斯计划'吗，想让我们从'六日战争'中合法占领的领土上完全撤出，你让拉宾大使"——他赞许地看一眼拉宾——"发动一场十分成功的公关活动来抵制它。为什么现在不搞那样的活动？"

"因为形势完全不一样了，这就是原因。"

"我认为美苏在酝酿一场阴谋，"贝京怒气冲冲地说，"尼克松把我们出卖了！"

果尔达烦恼至极，她提高嗓门道："你心里很清楚，我已经完全拒绝了强加给我们的任何一点企图。我不会回到1967年之前的边界，我已经清楚明白地把这一点告诉了罗杰斯和美国总统。我告诉他们俩，以色列既不会成为美国人安抚阿拉伯人的牺牲品，也不会成为美苏大国强权政治的牺牲品。"

"没错，可是您不该对他们最近姑息违反停火协议的行为做出妥协。总有一天，我们会为此付出沉重代价。而且，我真的相信，您接受242号决议中'撤出'的字眼，是为从停火线大范围无条件撤军开了个头。"

"我的天哪，贝京，你的伶牙俐齿简直让你得意忘形了！"果尔达责备道，她挑起眉毛挑衅地说。"要是你有时候会结巴，或者说话吞吞吐吐该多好。"

贝京丝毫没受干扰，继续反驳道："现在的情况是，您被自己的一厢情愿带入歧途。我担心，尼克松是在拿以色列的命运做博弈。这可能会成为中东的慕尼黑。相比以色列的未来，美国看起来对阿拉伯的石油更感兴趣。"

"恕我直言，贝京先生，尼克松总统最近告诉我的话，与你刚才说的正好相反。"大使伊扎克·拉宾发话了，他的声音听起来很有礼貌，但很坚决。

贝京不请自便地坐下来。"那么，如何与'第二罗杰斯计划'取得协调呢，那分明在取悦阿拉伯人?"他问。

"可以协调，"拉宾用他低沉的男中音说道，"因为尼克松和基辛格早就知道，在持久战中，苏联人和埃及人是在试探我们——不只我们，还有美国人。美国人知道，苏联人正在扶持并操纵埃及的战事。所以我一直强烈主张，我们的空军力量要对埃及领土纵深打击，向美国人证明我们有勇气面对他们。最近尼克松觉得最令人鼓舞的消息是我们抵抗埃及及其苏联顾问和武器的军事行动。我们的所作所为破坏了纳赛尔和俄罗斯人在整个中东地区的公信力和地位。我说得更明白些：美国愿不愿意向我们提供武器，取决于我们能不能把埃及人和苏联人打得头破血流。我们的空军在持久战期间深入埃及领空，这不仅打破了前线的力量平衡，而且让超级大国的对抗天平倒向了美国这边。但即便如此，尼克松还是想维持力量平衡，他们不想因为我们而失去整个阿拉伯世界，将其拱手让给俄罗斯人。"

拉宾取出一张纸。"你还记得埃班最近和尼克松见了一面，当时我在场。他问我们，他是这么说的，'考虑到苏联的介入，以色列的态度还是——之前我听拉宾大使说过——"给我们武器，我们就上"吗?'让埃班懊恼的是，我立刻作了回答。我说：'是的。'听听总统是怎么回答的。"拉宾念道：

很好！这就是我想知道的。如果这只是你们和埃及人，和叙利亚人之间的问题，那么我会说，"打吧！打吧！狠狠地打。"每次听说你们深入他们的领地，狠狠打击了他们，我就很满意。但是这次不仅仅是埃及和叙利亚的问题。其他阿拉伯国家也在观望。我丝毫不怀疑这一点。我们没有选择。我们必须下好这盘棋，这样才不会在中东输掉一切。我们希望在不伤及自己的情况下，向你们提供帮助。

接下来，还有：

该死的石油！我们可以从别的地方搞到它。我们必须和中东值得尊重的国家站在一起。我们会从军事上支持你们，但军事升级不可能无休止地进行下去。我们必须在政治上做点什么。[25]

拉宾自我满足地又道："我个人认为，之前的任何美国总统都从来没有表达过如此亲以色列的立场。"

"好吧，那么我再问一遍，怎么和'第二罗杰斯计划'取得协调，那分明在取悦阿拉伯人？"贝京步步紧逼。

"可以协调，因为他必须这么操作，既不能让苏联胜过以色列，与此同时还要保证美国不会把中东输给苏联。所以，他大幅度提高了对我们的军事援助，这很好，至于'第二罗杰斯计划'，它并不见得每一条都讨我们喜欢，但它足以安抚阿拉伯人，可以带来停火。"

"另外，"总理接着道，她对大使的高水平分析十分满意，"作为对我们接受罗杰斯一揽子倡议的回报，尼克松保证除非和

平协议满足我们的安全需求，否则不会让我们从停火线撤走一
个士兵。而且，就像刚才拉宾所解释的那样，如果我们不接受
这份'第二罗杰斯计划'，那就不会再得到美国武器。所以，
你还有什么可争的呢？"

贝京敷衍地挥挥手放过了这个问题。"你们说，不会再得到
美国武器是什么意思？我们会要求得到它们。"

"你知道，贝京，"果尔达语气里带着讽刺，"有时候我觉
得，你这个人真是难以捉摸。你也知道，我们所能做的，就是
不断告诉美国，我们不会屈服于压力，如果我们坚持下去而且
声音足够大，那么总有一天这些压力会消失。"

"我的女士，"贝京用同样盛气凌人的口气回应道，"您把
以色列对于美国的重要性看轻了。"

"是吗？我认为美国的承诺对以色列的生存虽说极为重要，
恐怕我们需要尼克松先生和罗杰斯先生的程度要远远超过他们
对我们的需要。"

"我不这么认为！"贝京说道。"美国人向我们提供武器并
不是因为他们心地善良。以色列为帮美国把苏联拖入中东僵局
做了很多，超过了美国对以色列在自我防卫方面提供的帮助。
我敢说，尼克松先生很清楚这一点。此外，你们万万不能低估
美国犹太人的声音。"

"哦，我不会的。但是，我们的政策不能完全建立在对美国
犹太人的假设基础上，他们既不会，也没能力命令尼克松先生
接受一个违背他自己意愿和判断的立场，更何况他不喜欢思想
开放的犹太人。"

"那我们走着瞧，"贝京说着站起身，转过脸微笑着对拉宾
说，"我请求您不要误解我和总理之间的这场争论，我不是在针

230

对她。梅厄总理和我在许多问题上存在分歧，但我向你保证，我对她怀有最高的敬意，她是个高尚而有胆量的犹太女人。"

"别瞎扯了。"果尔达鼻子里哼了一声，笑了，她上了年纪满是皱纹的脸瞬间柔和了许多。

"不，不，夫人，我这话绝不是恭维。我回头看看在民族团结政府里的这三年，一开始是在艾希科尔领导之下，后来是您，这是我人生中非常美好的一段经历。我非常怀念同志之爱，怀念我们在一起商讨，有时候是关于生和死的重要问题。在我眼里，您总是最重要的那一个。但是现在，我又回去当了反对党，那么只要我认为您错了，我就会提出反对，就像我今天在议会所做的那样。但是在个人层面上，我对您的尊敬永远不会动摇。"

231　　贝京说着握住拉宾的手，"希望你为了我们，在华盛顿连连得胜。"他对梅厄夫人低下头道："总理女士，我祈祷，让事实证明我所有的预测都是毫无根据的。然而，我担心它们并不是。"果尔达听了，责怪地盯了他一眼。贝京走了，他加入旁边的一桌反对派成员，要了杯柠檬茶。

根据亨利·基辛格后来在回忆录中所记录的内容，梅纳赫姆·贝京的推断是对的，美国当时支持以色列并非仅仅是一个善举，而以色列当时强烈要求美国提供支持，这在美国的决策者中引起了共鸣：

世界上没有一个国家会像以色列对美国一样，对一个友好国家依赖到如此地步。在国际论坛上，美国是站在以色列一边的唯一的国家。我们是他们独一无二的武器供应者，唯一的军事盟友（虽然我们之间并没有正式的条约义务）……要把彻底的依赖变成为反抗，坚持取得援助是一种权利而不是接受别人的恩惠，把美国偏离以色列内阁的一致意见变成应予惩处的背叛行径，而不是一种可以谈判的意见分歧——要做到这一切是需要一种特殊的英雄气概的。然而，以色列的固执尽管十分令人恼火，却最适合我们两国的需要。以色列若是一个奴颜婢膝的附庸，则很快就会招致日益增加的各种压力。它将诱使以色列的邻国不断把他们的要求升级。还将使我们为每一次僵局承担各种责难……我们和以色列的关系既令人振奋，又令人沮丧，它由于彼此真诚相待并恪守信义而变得高尚，对于当今这个自私自利、信任缺失的时代来说是颇有教益的；又令人懊恼是因为，一个超级大国的利益和一个区域性小国的利益并不总是容易协调一致的。以色列通过启发、坚持，以及对我们国内政策的影响来影响我们的决策，他们所施加的影响是有见识的，并不总是难以捉摸或谨慎小心的。[26]

第二十一章　苏克往事

　　曾经有段时间，我们大多数人都像堂吉诃德一样，或多或少被自己的幻想所蒙骗。甚至连被认为绝对可靠的以色列情报部门也未能幸免。因此，当 1970 年 9 月 28 日的新闻头条爆出埃及总统纳赛尔死于心脏病，继任者为副总统安瓦尔·萨达特时，我们对萨达特这个四肢修长、秃顶、郁郁寡欢、笃信宗教、毫无魅力可言的人仅有的了解让我们认为，他不过是个藏在华丽制服下的软弱之人。人们广泛猜测，萨达特只是个临时替身，会有级别更高的人来坐总统的位置。

　　因此可以想象，1973 年 10 月赎罪日那天，当萨达特派出大批部队突袭苏伊士运河，配合叙利亚人侵入戈兰高地，令以色列国防军疲于双线作战时，人们是多么震惊。以色列最高层似乎刚结束一个抛开现实的长假——不到一个月前，他们曾经估计近期不会爆发战争。就在事件爆发 24 小时之前，他们也还是这样认为的。

　　作为外国媒体办公室的负责人，我当然没有理由去怀疑上层对形势的把握。赎罪日前一天晚上，我早早锁上办公室的门——那天每个人都一样——走到外面，我遇见英国记者埃里克·西尔弗（Eric Silver），他为英国《观察家》和《卫报》工作。他问我，赎罪日当天，包括电台在内的所有公共服务部门 都关门了，一旦发生全国性紧急情况怎么办。

　　我自信满满地回答他："可是会发生什么呢？这可是赎

罪日。"

"是的，可是万一真的发生了呢？"

"比如什么事情？"

"我不知道——一场战争，或许是。"

"一场战争？不可能发生战争！"

"但是如果发生了呢？"

"赎罪日怎么可能发生战争？"

第二天，就在犹太人一年中最重要的圣日当天，战争爆发了，随之而来的是难以形容的震惊，人们惊恐地听见空袭警报响彻天际。执行紧急任务的军车在往常空无一人的街道上飞驰，打破了圣日的宁静；收音机里发出嘟嘟的密码代号，号召人们迅速动员起来。礼拜仪式上独唱者唱着令人心碎的犹太礼仪诗——"谁应该活着，谁应该死"——歌声一停，拉比就让裹着祷告用披巾的集会者立即赶赴预备役部队报到，并叮嘱他们可以打破最严格的斋戒日惯例。

战后特设的阿格拉纳特调查委员会（Agranat Commission）事后总结，如果以色列领导人把耳朵贴在地上听一听，他们就会在大战之前听见战车正在轰鸣声中渐渐逼近。然而，即便那些倾听过的人，也被自己先入为主的想法蒙骗了，他们误读了自己听到的一切。阿拉伯人的突袭对以色列人深信不疑的军事信条简直是奇耻大辱，以色列人原本认定，当时的埃及和叙利亚根本就不具备重新发动全面战争的能力。就像带妆彩排时演员给焦虑的舞台监督宽心一样，"不用担心，晚上的表演不会有事"，以色列军方也让果尔达·梅厄总理放心，"不用担心，如有真有这么一天，以色列国防军会做好准备。"

然而这一天真的到来时，国防军没有做好准备。北线和南线力量薄弱，在埃及和叙利亚的重拳突袭下伤亡惨重，节节后退，防线遭到撕裂和突破。在卓有成效的备战和干扰下，敌人狡猾地让行动看上去像一场训练演习，这使得埃及人和叙利亚人在开战第一天获得了巨大胜利。

235　　正如贝京所料，10 万埃及部队在 2000 门火炮的掩护下渡过运河，空中还有世界上最昂贵的萨姆导弹组成的保护伞，而苏伊士运河沿岸只有 450 名以色列士兵和 50 门火炮徒劳地想要阻止他们。萨姆导弹很快击落 50 架以色列战机，两支埃及部队在几天之内占领了以色列控制的整个苏伊士河东岸。与此同时在北线，1400 辆叙利亚坦克扑向以色列的 160 辆坦克。以色列守军近距离勇猛抗击，双方在坦克、装甲运兵车、榴弹炮和其他致命武器上力量极不均衡，以军战车轰鸣咆哮垂死抵抗，最终在这场意志的较量中损失惨重。

　　战争开始那几天，最血腥、最惨烈的战斗发生在戈兰高地一个叫库奈特拉谷（Kuneitra Valley）的地方，在那里参加过战斗的人称它为"眼泪谷"。果尔达·梅厄想亲眼看看这个可怕的地方，于是在她的坚持下，在战争爆发第 7 天，为她安排了一次紧急视察。视察队伍中包括我带领的 6 人外国记者团。她想让世界了解，以色列正面临怎样的境况。

　　"梅厄夫人，可以问您一个问题吗？"在总理准备登上直升机时，一名记者团成员问。

　　"如果是关于战争，那就不行。"她不耐烦地答道。

　　"不是关于战争。是关于非洲。"

　　"非洲怎么了？"

　　"哦，据说因为战争，您在担任外交部长期间发起的，在非洲的援助事业已经全部停止了；非洲国家领导人在阿拉伯国家的压力下切断了同以色列的外交关系，有些国家甚至把您称作战犯。当然，您对此肯定感到很难过，您的幻想破灭了。"

"很难过，是的；幻想破灭，那不见得。"

"但是您不觉得这是在浪费时间和精力吗？"

"这种事后的嘲笑一钱不值。"

"但是您必须承认，您对您慷慨的非洲政策太认真了。您简直想成为他们的救世主。"

"一派胡言！挫折不等于失败。失望不代表毁灭。挫败不是灾难。不是每一项事业都能得到立竿见影的回报。任何事情都不会白干。时间会告诉我们。"

"可是，你怎么能保证非洲人在公然侮辱了您之后，还会请您回去呢？"

"因为我为非洲所做的一切并非只是利己主义的进步政策。 236 我这么做是为了让非洲人民受益，他们在心底里明白这一点。这是我作为一个犹太人最深层的历史本能，是我作为一个劳工犹太复国主义者最深刻、最珍视的价值观的表露。"

说着，她在国防部长摩西·达扬和粗犷英俊的总参谋长大卫·埃拉扎尔（David Elazar，绰号叫"达杜"）的搀扶下登上直升机。不到一个小时后，这两位因缺觉而脸色苍白的内行专家就看见：一队队灰头土脸的人正在给坦克装弹、加油，其中有些人已经累得脚步踉跄。随后坦克又轰隆隆地咆哮着开回杀气腾腾的前线。还有一些铁家伙则一路颠簸，沿着岩石铺就的小路往山坡上的平地开去，那是一个坦克补给点，总理和她的随从们就站在那里。破烂不堪的百夫长坦克乱七八糟地停在那里，准备在装上弹药，加满油后重回战场。

果尔达·梅厄从这个制高点眺望着眼泪谷，脸庞上刻写着仇恨，眼睛红红的。那天正值犹太教节日住棚节期间。通往大马士革的公路上远远地传来重磅炮弹的爆炸声。总参谋长在一辆破旧的坦克上铺开一张地图，拿出钢笔指指点点，为这个显然对军事问题一窍不通的老妇人讲解战斗情况。

摩西·达扬把自己的双筒望远镜递给她，以便她看清远处谷底一片狼藉的战场景象：炸得粉碎的榴弹炮、炸毁的卡车、破损的装甲运兵车、从要害处被击穿的坦克，其中有些还在冒烟——还有士兵的遗体。尸体的恶臭、火药味、柴油味和废气的味道混合在一起，让人喘不过气来。

她用望远镜扫视着尸横遍野的景象，脸上的皱纹更深了，然后她从黑色手提包里摸索着掏出一盒烟。达杜为她划了根火柴，她深吸一口烟，我带去的随行记者们见此情景纷纷摁下相机快门。

由于这次行程属于临时决定，而且性质相当敏感，因此之前大家一致同意不召开记者会，但还是有记者好事地大声问："告诉我们，总理，您能不能告诉我们，当您看到这个战场时，脑子里在想什么？"

果尔达瞪了他一眼，脸色铁青地挥挥手，好像在驱赶她灰色外套上的一只苍蝇。她转身对达扬和达杜说道："来，我要和苏克（sukka）那边的人谈谈。我想听听，他们想说什么。"

说着，她朝一辆装甲运兵车走去，那辆车看上去极不协调地罩着一个苏克棚——算是纪念住棚节①。他们用棕榈枝作屋

---

① 犹太民族和犹太教的节日，为纪念以色列人出埃及后在旷野中40年的棚屋生活而设立。每年从公历9、10月间开始，为期7天或9天。每逢节日，除病弱者以外，所有犹太人都要住进棚中，献上祭品，以感谢上帝的恩赐。——译者注

　　"赎罪日战争"期间，总理果尔达·梅厄和国防部长摩西·达扬在戈兰高地同士兵们交谈

图片来源：罗恩·弗伦克尔（Ron Frenkel）、以色列政府新闻办公室。

顶模仿以色列人走出埃及在沙漠流浪时住过的草棚。当她走近这间移动的苏克时，执着的摄影记者们立刻跟在后面，把她跨出的每一步用相机记录了下来。

　　15名以色列士兵正背对着果尔达一行人在里面吟诵着祈祷词。他们每人身披一件祷告披巾，手持住棚节的四样植物——

"赎罪日战争"期间，总理果尔达·梅厄在戈兰高地同以色列
部队在一起

图片来源：罗恩·弗伦克尔、以色列政府新闻办公室。

枣椰树叶子、香橼果实、香桃木枝条和柳树枝条。他们模仿犹
太教堂里的住棚节仪式，轻轻摇动枝条，先向前向东，再向右
往南，越过右肩向西，再往左向北，然后分别向上向下摇动。
完成这套仪式之后，他们才发现有人正默默注视着他们。

"*Chag sameach*！（节日快乐！）"果尔达大声说，士兵们惊
讶地瞪大眼睛纷纷回敬节日问候。他们都是后备军人，是赎罪
日那天从犹太教堂匆匆赶来支援的，他们的任务是伸长战线沿
着戈兰高地山顶拖住叙利亚人，想方设法不让对方占领山下的
公路，因为一旦公路失守就等于打开了通向海法的大门。此刻
他们正趁着坦克加油，补充弹药进行保养的间隙，抽时间在这
个临时凑合的苏克棚里面做祷告，背诵住棚节祈祷文。

果尔达·梅厄整整裙子，询问他们的家庭情况，她的表情看
起来像一位和蔼的祖母。她从谈话中渐渐得知，这群士兵中有律

师、面包师、教师、三明治小贩、会计、商店老板，以及高技术企业的管理人员。其他士兵也逐渐围拢过来，总理问了他们许多问题。谈话结束时她问："现在，有没有人想问我问题呢？"

一名二十多岁的坦克手举起手。他从头到脚都是黑色的岩石粉尘，和眼白形成了鲜明对比。"我有个问题，"他嘶哑的嗓音里透着疲惫，"我父亲死于1948年的战争，那时候我们赢了。我的叔叔死于1956年的战争，那时候我们也赢了。我的兄弟在1967年的战争中失去一条胳膊，那时候我们又赢了。上周，我最好的朋友死在那儿，"——他指着眼泪谷——"我们会赢得这场战争。但是我们的牺牲值得吗，果尔达？如果无法赢得和平，我们为什么要牺牲？"

240

一阵躁动不安的低语声在士兵中传开来，他们都没刮胡子，一个个看上去满脸疲惫，蓬头垢面。

总理转过身，长久而悲伤地望着这个年轻人，她的眼神复杂而深沉，好像正在自己心里寻找答案。住棚节这一天，这位不屈不挠的执拗老妇人正是犹太人自我防卫精神的代表。她强烈认同这种看法，即宁可去应对纷繁芜杂的各种状况，也不愿意再次变得弱小。

于是，她用一种满怀慈悲的语气回答道："我为你所失去的而哭泣，就像我为所有的死难者感到悲伤一样。晚上，我心里想着他们，躺在床上睡不着。我必须毫不隐瞒地告诉你，如果我们的牺牲只是为了我们自己，那么也许你是对的，我不确定他们是否值得。但如果我们的牺牲是为了所有犹太人，那么我全心全意地相信，任何代价都是值得的。"

她嘴角露出一丝迷茫的微笑，那张脸虽然因为年老而变得粗糙，但她的眼神仍像女孩一般，她说："我给你们讲个故事。

1948 年，也是在这个季节，我作为以色列首任驻苏联大使到达莫斯科。那时候，以色列是个全新的国家。斯大林正如日中天。犹太人因为是犹太人而没有正当的权利。从 1917 年革命开始，他们和同胞们分离了 30 年。斯大林提出向犹太教宣战。他宣称信奉犹太复国主义是一种犯罪，禁止人们使用希伯来语，禁止学习《摩西五经》。对违反禁令的犹太人唯一合适的惩罚就是送到古拉格集中营或者西伯利亚。

"递交国书后，我第一次同使馆工作人员一起去莫斯科的犹太大教堂做安息日礼拜。教堂里非常空旷。但是我们到莫斯科的消息很快就传开了，当我们第二次前往的时候，教堂门前的大街上挤满了人。有将近五万人正在等待我们——有老人，有十几岁的少年，有父母怀里的孩子，甚至还有穿着红军制服的军官。他们冒着所有风险，无视所有不准同我们接触的官方警告，这些犹太人是来表明和我们的亲属关系的。

"进了教堂，"她继续道，"人们同样在表达他们的感情。没有演讲，没有游行，这些犹太人只是在表达对以色列和犹太人的爱，而我就是犹太人的象征。在那个安息日，我和他们一起做礼拜。哦，我是多么诚心地祷告。我被卷入一股爱的激流中，它如此强烈让我真的喘不过气来。人群从四面八方向我拥来，他们伸出手用意第绪语喊，'欢迎你，果尔达'，'果尔达，祝你长寿'，'节日快乐，果尔达'。而我只能一遍一遍说着，'谢谢你们仍为犹太人。'有些人哭着回答我，'我们感谢以色列国。'我就是从那时候起，确切地明白了，我们的牺牲并非徒劳。"[27]

一天后，一脸失意的国防部长摩西·达扬走进总理办公室。

他关上门，站到她面前直截了当地问："您想让我辞职吗？如果您觉得我应该辞职，那么我已经做好准备。除非有您的信任，否则我真的干不下去了。"

果尔达·梅厄左右摇着头。"不，摩西，无论如何我也不会让你辞职。如果我有这个打算，我早就说了。"

达扬如释重负，向果尔达说起了最近自己感觉到越来越明显的征兆：这场战争持续时间不会短。即便敌人被拖入困境，甚至在某些地方被打退，以色列的伤亡数字也在持续上升，弹药很快就会消耗殆尽。

"我们在戈兰高地往北所看到的一切，"国防部长说道，"证实了我的担心，战争还会再延续一段时间，消耗非常巨大。"

"那么你想说什么？"

"我想说的是，除非我们迅速补充库存，否则就没有足够的武器来保卫自己——坦克和飞机不够用，也没有足够多的受过专门训练的人手。"

迄今为止达扬一直象征着这个犹太国家不屈不挠的反抗精神，如今这番描述以色列毁灭性前景的话竟然出自他的口中，果尔达被惊到了，她倒吸一口凉气道："你是说，我们最终会因为缺少武器，被迫向叙利亚人和埃及人投降？"

这感觉就像大卫已经用投石器瞄准了目标，结果却没有打中。

"我要说的是，"达扬道，"如果我们不以更快的速度补充库存，那么我们可能要撤退到更短、更易防守的战线上，尤其是在西奈半岛。"

"后退？撤退？"

果尔达·梅厄变得脸色煞白。她绝望地看着国防部长，把脸埋进颤抖的双手中，然后起身凝视着窗外。经过一番深思，她的双颊渐渐恢复了颜色，她逐渐镇定下来。她转身对达扬道：

242 "摩西，无论如何我会让你得到武器。你的任务就是给我们带来胜利，我的任务是为你提供获胜的手段。"接着，她拿起电话对秘书道："给我接通西姆哈。"

西姆哈·迪尼茨（Simcha Dinitz）是当时的以色列驻美大使。

"可现在那边是凌晨三点。"秘书说道。

"把他叫醒！"总理突然说。然后，她又对达扬道："西姆哈得去说服美国总统，让他们加快大批量空运，否则我就自己去华盛顿。苏联人正在夜以继日地给阿拉伯人补充力量。所以，是的，整个阿拉伯世界都在结盟反对我们，但是到最后，这场战争不只是我们和他们之间的，这是冷战中美国和苏联的一场决斗，华盛顿方面当然能够理解。"

她的红机电话响了。"大使已经上线。"秘书说。

"西姆哈——达扬在这儿和我在一起。我要你马上给基辛格打个电话——"

"我现在没法给任何人打电话，果尔达，"迪尼茨说，他猛然清醒，"现在太早。这里是凌晨三点。"

总理根本不理会这些。"我不管现在是什么时候。我们现在急需一架飞机空运武器。马上给他打电话。我们今天就需要援助，因为明天就来不及了。"

"那您到底想让我跟他说什么？"

"告诉他，他必须和总统说。告诉他，他已经知道的那些——苏联人正在从海上和空中，向叙利亚人和埃及人提供大量军事援助。告诉他，我们正在发疯似的到处找外国公司购买并运输军备，但遭到了拒绝。告诉他，当我们在为生存而战的时候，欧洲国家政府，特别是法国和英国，却向我们实施了武器禁运。告诉他，因为苏联的萨姆导弹，我们正在以无法承受的速度损失飞机。告诉他，如果有必要，我现在就准备秘密飞去华盛顿亲自见尼克松。"[28]

　　但是果尔达不用去了。华盛顿方面完全了解，这场战争目前正在将美国拖入与苏联的一场危险对抗之中，其结果可怕得让人难以想象。一开始，它是一场残酷的中东战争，然而实际上，它正在逐渐成为世界两大超级大国之间的险恶对抗。于是10月14日，就在果尔达和西姆哈·迪尼茨通电话之后不久，在她无数次地亲自同华盛顿方面交涉后，尼克松总统从佛罗里达州比斯坎湾给国务卿亨利·基辛格打了电话。当时，尼克松正因为水门事件，在那里躲避来自法律界和国会不断升级的压力。

243

　　权威人士称，当时尼克松因为怕遭弹劾而酗酒、失眠、心烦意乱，没有完全把心思放在中东的可怕局势上。有传言说，他实际上把所有事情都交给国务卿基辛格处理。虽然这仅仅是猜测，但读者还是能从他含糊不清、杂乱无章的话语中听出，他确实处于醉酒的状态。然而不管这是否真实，到了决策的关键时刻，他的态度还是非常决绝的：他不想让以色列输掉这场战争，但他也不想让以色列痛痛快快地打赢战争。

　　以下是10月14日——战争打响第九天——的电话通话内容：

　　尼克松（以下简称"尼"）：嗨，亨利，你好吗？
　　基辛格（以下简称"基"）：还可以。

尼：今天上午有什么新消息吗？

基：的确有。埃及人已经发动了进攻，不过目前进攻刚刚开始，我们还不清楚战场局势怎么样。

尼：那是当然。

基：以色列方面称，他们已经损毁了敌方150辆坦克，他们自己损失15辆。不过这些数字并不能说明什么问题——一切要取决于埃及人的行进方向。我们得到的最新消息是，对方已经接近米特拉山口（Mitla Pass），不过这个消息并不十分确切。米特拉山口距离苏伊士运河只有30公里，那里很可能是以色列军队防守的主要阵地。我们猜测有两种可能：一种可能是，以色列这样做的目的是将埃及军队吸引到萨姆导弹防御带之外，这样他们就能歼灭一大部分敌军，如此一来，这场战斗就会是决定性的（有利于以色列）。另外一种可能是，以色列军队目前的确陷入了困境之中，不过不管发生了什么，我们都将在今晚之前得到消息。

……

尼：你看，现在我们必须要面对的是……我们必须解决一些外交层面的问题。如果我们走停火方案路线的话，苏联人知道我们能办到，然后以色列会掘壕防守，我们会一如既往地支持他们。我这么说虽然很直白，但这是事实，亨利，难道不是吗？

基：你说得很有道理。

尼：他们现在肯定不这么想，所以我们要给他们（苏联人）点东西。

基：好吧，我……

244

尼：因为战争结束后，我们必须对以色列人施压，这一点也要让苏联人弄清楚。我们必须对以色列人狠狠施压。事情就该这么办。不过我不知道怎么把这个想法告诉他们（苏联人）。我们曾告诉苏联人我们会施压的，但我们没这么做。

基：是的，我们会这么做的；我们准备在 11 月份启动外交进程，就是在以色列（大选）之后……

尼：我知道，但是……

基：我们已经做好一切准备，但现在已经是覆水难收。我认为，现在我们需要做的是——我们能不能达成一份（联合国）决议，它不用直截了当地提"1967 年边界"，而是先不下结论——可以援引类似联合国第 242 号决议提出的撤军，各方都曾经对此表示同意。还可以加上和平会议什么的。这样的话，也许到明天，我们就能在联合国安理会上促成投票。

尼：是的，是的，召开会议当然好啊。

……

基：事情会进一步明朗。不管在叙利亚发生了什么，西奈半岛的战事都不可能一直拖延下去，因为双方的补给都要经历相当长的距离。

尼：沙漠战事是没法拖延的——我们很清楚这一点，而且变化得非常快。我还要强调的一点是，我们（对以色列）的补给进行得怎么样了？

基：我一个小时之后再给你打电话……

尼：好的。

基：……到时候，我会在电话里向你准确汇报。基本上，我们现在想做的是，不再提供军用飞机，改成商业性出租。

245 　　尼：好的，好的。就像我说的那样，我们必须要这么做。我的意思是——无论我们提供 3 架飞机还是 300 架飞机，都会遭到（阿拉伯人）指责。所以我们绝不能让苏联人这么慷慨大方地就去了。另一方面，我知道这也是一项致命的事业，我想说的是，亨利，一想到苏联人投入了 60 架，但我们只投入几架，我就失去了耐心……我想说的是，只要我们采取行动，就要付出代价。不过我并不认为，我们向以色列投入越多，就意味着付出更多代价——我必须向你强调，我认为目前局势仍然对我们有利——我们的确在提供援助，但目的只不过是希望保持平衡（与苏联向阿拉伯国家提供的援助保持平衡）；这样就可以为公平地解决问题创造条件。问题的关键在于，如果你不这么说，那么看上去就像是我们提供这些物资是为了让战争无限期地进行下去，那种立场肯定站不住脚。

　　基：是的，是的。即便之前没有说过，我们今天也肯定要这么说。

　　尼：这个想法基本上是，提供物资不是简单地给这场战争火上浇油；我们的目的是保持平衡，这才是我们正确的选择。接下来——只有保持地区平衡，才能公平地解决问题，才不会偏袒任何一方。这才真正是我们所要谈的。

　　基：是的，总统先生。

　　尼：但现在，对苏联人来说……

　　基：我希望能得到俄罗斯人的正式回复。直到昨天晚上 10 点，我才和俄罗斯人说上话。我给了他们一个非常……

尼：我们不能因为这件事到处替他们辩解……事情应该是这样的，尽管以色列人会叫苦不迭，但是我们应该告诉俄罗斯人，勃列日涅夫和尼克松会解决这个问题的。事情就该这么办，你是知道的……

基：的确如此。

尼：如果他（勃列日涅夫）明白了我们的想法，我认为他可能会赞成。一个小时后，我打电话给你；还是一小时后，你打电话给我吧。

基：好的，总统先生。

尼：好，再见。

两个小时后，理查德·尼克松给亨利·基辛格打了个电话。这一次，他说话更加语无伦次，此时他是真的醉了。

尼：嗨，亨利。我有消息了（关于空运援助物资）。我很高兴，听说我们已经全面出动了。

基：哦，这次的空运规模非常大，总统先生。每15分钟就有一班飞机落地。

尼：好的。让他们做好准备。只有一样要补充——我让他们去欧洲看看，是不是还有以色列需要的小型飞机（"天鹰"攻击机，Skyhawks），这样他们就可以用这些飞机来替代他们损失的那些。还有一个问题，就是关于这些大飞机（C-5运输机），如果需要的话，可以把那些M-60坦克放在飞机上，如果这些坦克能发挥积极作用，就放几架上去。

基：好的，总统先生。

尼：所以，换句话说，不要——如果我们决定去做——那就不要惜力。只要让……

基：事实上，这些大运输机，总统先生，我们是有一定灵活性的。我们甚至可以把"天鹰"攻击机带过去。

尼：你是说，把它们装上飞机？

基：是的，除此之外，我想不出别的办法——没有哪个（欧洲）国家会同意别国的战机飞过自己的领空（也不会同意让它们加油）。

尼：好的，一架这样的大型运输机能装下几架"天鹰"？

基：差不多五六架。

尼：好的——放一些"天鹰"进去，就这么办。你明白我什么意思——如果我们打算去应付这些麻烦的话，好吧，开始动手。

基：我也认为是这样。总统先生，我认为，我们可以提出，如果签署停火协议后，苏联停止空运物资，那我们也可以停止空中运输。

尼：没错。我认为，我们应该说——我想现在可以私下传递消息了。我的意思是，你一直在传递消息，但是其中有一则消息应该由我传递给勃列日涅夫。

基：我的每一条消息都是以你的名义发出去的。

尼：好的。我觉得他应该知道——现在看来：不仅是中东地区的和平，还有整个未来（我们和苏联）的关系都陷入了危险的境地，如果你们有准备，那么我们会马上做好停战准备——你明白我的意思。我不清楚——你知不知道这方面有什么进展，那样的话，我们就不用……？

基：是的，的确有进展。我现在正在推动它，我想我　247
会给多勃雷宁（苏联驻美大使）打电话，我会把你强调的
这些告诉他。

尼：好的，好的。你要用一种非常具有安抚性，但又
十分强硬的态度告诉他，我非常后悔做这件事（向以色列
空运援助物资）——也很不情愿——不过现在事已至此，
那么所能做的也只能是以牙还牙。目前为止，有没有战场
局势的新消息？

基：在今天上午的战斗中，以色列人——还没对外公
布，他们炸毁了敌人的150辆坦克。

尼：而且他们自己只损失了15辆。是的，我今天上午
已经听说了。

基：上午10点半左右。

尼：埃及方面呢……

基：他们还是在继续向南推进，而没有向东，目前的
情况下，他们真的不想突破西奈半岛。所以他们只是在运
河沿岸维持防守。他们也许会（含混不清地说了些什么）。
但是，呃……

尼：叙利亚方面有什么新消息吗？

基：关于叙利亚，今天上午以色列人告诉我们，他们
已经停止向大马士革的方向推进。他们在距离不足20公里
的地方停了下来。一些外国记者从叙利亚人占领的大马士
革往前线方向出发，他们说叙利亚军队眼下士气低落，丢
盔卸甲。但是，总统先生，叙利亚军队是埃及人现在还在
持观望态度的原因……我们的团队估计，以色列军队还需

要三天时间才能击退叙利亚人，他们不可能再花上四五天时间去对付埃及人。

尼：那我们打算怎么办？

基：我们计划尽量在本周结束战事。

尼：（含混不清地说了些什么）

基：是的。

尼：……至少我现在感觉好多了。关于空运援助的问题，如果说我为这次讨论出了什么力的话，那就是别总围着那三架飞机转。天哪，不管这些飞机有多大，让他们一起干吧。

基：总统先生，我从你身上学到的一条就是，如果你要做这件事情，最好把它彻底做好。[29]

248　　　他确实这么做了。在接下来的数天以及几周里，美国向以色列重新派出 815 架次运输机，运送了 2.79 万吨物资，为以色列补充军备，帮助以色列国防军果断地转守为攻。

在尼克松和基辛格通话几天后，睡眼惺忪、满脸疲惫的总理在议会发表讲话，她向美国总统及其人民表达了以色列最热情的感谢。当她透露，就在她讲话的同时，以色列国防军的一支突击队已经成功渡过苏伊士运河，在运河西岸逼近敌军时，全场轰动，洋溢着乐观的气氛。

然而战事仍紧，以色列还是处于危险之中，果尔达·梅厄那天发表议会讲话的主要原因是，她要让全世界知道，如果以色列在持续的国际压力下让步，退回 1967 年"六日战争"前的边界，那么以色列的命运就完全是另一番景象了。她要让全世界知道，为什么她和前任总理列维·艾希科尔要如此坚决地抵挡住这些压力。梅纳赫姆·贝京一边听着，一边赞许地点着头，只听她断然说道：

人们不需要丰富的想象力便能理解，如果我们将军队部署在 1967 年 6 月 4 日的边界上，以色列的形势将会怎样。如果有人认为想象这幅噩梦般的图景有困难，那么他应该将他的思想和注意力集中到战争头几天在北方战线的戈兰高地所发生的一切。叙利亚的野心不仅限于夺取一块土地，而是要再次在戈兰高地部署炮兵部队袭击加利利定居点，设置导弹组袭击我们的飞机，掩护他们的军队向以色列的心脏突破。

也不需要丰富的想象力就能想到，如果埃及军队在广阔的西奈半岛上战胜了以色列国防军并全力推进到以色列的边界，以色列国的命运将会如何……这是一场影响到我们作为一个国家和一个民族的生存的战争。阿拉伯国家的统治者自称他们的目的只限于到达 1967 年 6 月 4 日边界线，但我们知道他们的目的是全面征服以色列国。我们有责任了解这个事实真相；我们有责任向容易忽视这个事实的所有好心人说清楚。我们必须承认这个事实的极端严重性，我们才能动员我们自己和犹太人的全部资源来压倒我们的敌人，进行反击，直到我们打败攻击者。

临近 10 月末，阿拉伯人要求停火。三个星期前让以色列人蒙羞的撤退已经变成了埃及人和叙利亚人的几乎全面溃败，他们的保护者苏联丢尽了脸面。重整旗鼓、装备一新的以色列国防军行军至距大马士城门 40 公里（并非基辛格告诉尼克松的 20 公里）处，然后沿着公路向开罗方向行进，一路上摧毁了两支埃及部队，包围了第三支，正准备狠狠打击埃及人的第三军团时，尼克松和基辛格开始向以色列施加压力，实际上等于在说："行了，果尔达！干得好！够了！停下，一切都结束了！"

正如美国总统和国务卿两周前在电话里语无伦次闲聊的那样，这番施压让埃及残兵死里逃生，而以色列则失去了决定性的军事胜利。梅厄总理焦躁而听天由命地在议会演讲中讲道：

> 让我们明明白白地说话。黑就是黑，白就是白。我们只能向一个国家求援，有时我们也必须对它让步，即使我们知道不应该这样。但它是我们唯一的真朋友，而且是很强大的朋友。我们不需要事事说"是"，但名正才能言顺。像以色列这样的小国，在这种情况下，有时候必须向美国让步，这没有什么可耻的。当我们确实同意时，看在上帝面上，我们不要装作没有同意，把黑说成白。[30]

事实是，埃及残兵——第三军团——既没有溃不成军，也没有投降，于是萨达特向他的人民宣布，他已经洗去了 1967 年的耻辱；于是，美国国务卿基辛格飞到中东来收获美国外交的政治成果。他靠着以色列的让步，让萨达特相信，从今以后仲裁中东事务的是华盛顿，而不是莫斯科，和美国交朋友是有回报的。

1973 年 11 月 13 日，议会进行了首次关于"赎罪日战争"情况的全面辩论。反对党领袖梅纳赫姆·贝京身着灰色的双排扣西装来到议会大厦，摩拳擦掌准备一战。他没有在战争肆虐期间对总理以及政府批评过一个字，但现在战争结束了，他可以在政治上强硬起来了。果尔达·梅厄要对为什么她会允许战争爆发这一点做出解释——毕竟这场战争导致2688名以色列士兵丧生。

下午4点，一名新闻秘书把头探进议会餐厅的大门喊道："贝京要讲话了！"议会通讯记者一听，立刻蜂拥着跑出餐厅大门，上楼直奔记者席，盯着下面挤得满满的会场里站在讲台上的反对党领导人。贝京平常喜欢在大家讨论得最热烈的时候抛出个冷幽默，然后心满意足地看着它冒泡、发酵，可是今天他没有这样的兴致。今天不是耍嘴皮子的日子。今天他要严峻、清晰、简练地提出控诉，要无可辩驳地提出反对意见，击败政府迫使其下台。

我挤在楼上的记者席中，被外国记者团团围住，他们有的跪着，有的坐在地上，一边听我跟着扩音器里发言人的声音低声而业余地做着同声传译，一边飞快而潦草地记录着。梅纳赫姆·贝京此时正伸出手指指着坐在下面政府席上的总理。果尔达·梅厄弯腰驼背、脸色苍白、头发凌乱，周围是脸色阴郁的部长们，所有的人都知道接下来会发生什么事情。接着传来的是贝京的咆哮声，他用鄙视的目光轻蔑地指责道：

"总理女士，赎罪日那天中午，我们在北线和南线两条战线上，有没有武装部队可以动员起来，能够先发制人地打击敌人？不，女士，我们没有。我们的前线有什么？"他审视着议会，仿佛在期待答案。"我们有任何国家所希望拥有的最精良、最勇敢的部队，但他们部署得如此分散，任何先发制人的动作都等于是自杀。也许我们的空军原本可以有所作为，但敌人的武器是

251

那么先进，他们有致命的地对空导弹——萨姆导弹——他们还有4000辆坦克以及多支准备投入进攻的部队，让我们的飞行员去阻止这么一场精心策划的协同进攻显然是不切实际的。"

他发言时，挤得满满当当的听众们不时看看他，又看看总理，好像在观看一场网球比赛似的。

"每一户以色列家庭都在问，"贝京火力全开地道，"为什么过完犹太新年，你们没在赎罪日之前把后备军人动员组织起来，把部队开到前线？总理女士，是什么阻碍了您采取最基本的预防措施？您早就知道埃及人和叙利亚人准备发动进攻，但您甚至没向政府通报，您的总参谋长想要先发制人展开进攻，可您驳回了他的意见。"

他的声音突然由高转低，继续理性地说道：

"哦，是的，我承认在这样的环境下，决定发动这么一场全面抢攻事关重大，必须三思而后行。但是，敌人正在你眼皮底下集结"——他再一次提高声调，尖锐而严厉地道——"还能无所作为吗？而且，您在犹太新年和赎罪日之间一直收到有关部队和武器集结的报告，然而您仍然没有采取最基本的预防措施。怎么会这样？"

他挥舞手臂做出挣扎的样子，双眼紧盯着总理和她的内阁部长们，挨个儿审视着他们的脸。果尔达·梅厄坐在那里专心看报告，好像在忙别的事情。其他人之中——国防部长摩西·达扬面无表情，一脸冷漠；外交部长阿巴·埃班一脸知识分子的模样；不管部长以色列·加利利目光含蓄，他是果尔达身边一个斯文加利式人物①；内务部长优素福·伯格眼光犀利，一

---

① Svengali，达夫妮·杜穆里埃小说《特丽尔比》（*Trilby*）中的虚构人物。他用催眠术控制女主人公，让其唯命是从。——译者注

脸智慧；财政部长精明世故，眼神聪明。

"想象一下"，贝京对坐在政府席上的人说道，"我克制着自己的情绪说这些话，心里有着无法形容的失望，假设我们在赎罪日前四天调动后备军，与此同时把重型武器开到前线。我在这里说的是，500 辆坦克开到戈兰高地，700 辆开到苏伊士运河，即便那样我们还能余下充足的战略储备；想象一下，如果有 1200 辆坦克分布在北线和南线，那该会有多大的差别。那么，就会出现以下两种情况之一：要么根本就不会有战争。苏联的间谍卫星会发现我们的部署，他们会提前警告开罗和大马士革方面：'不要动手——犹太人已经做好准备，正等着呢'；要么，敌人发动了进攻，但埃及人的 7 万步兵、900 辆坦克和几百门重炮根本过不了运河。以色列国防军会实现自己的誓言：'决不让他们过河！'这样我们就不必撤回北线，丢掉将近一半戈兰高地，下面山谷里的村庄也不会遭遇如此难耐的威胁。我们会像阻断埃及侵略者一样，粉碎叙利亚人的进攻，因为我们拥有完成这些任务的手段。"

接着，他真的抛开谨慎，直言不讳地展开了强大的谴责攻势：

"可是，总理女士，赎罪日那天中午，当我们不共戴天的仇敌出发来摧毁我们的时候，我们的部队在哪里？那 1200 辆坦克在哪里？坦克手在哪里？枪手在哪里？总理女士，我来告诉您他们在哪里：武器在仓库里，人都在家里。"

此时，在一片愤怒的骚动中，有几个声音突然喊道："好了，好了。我们知道那些。坐下。够了！"还有几个声音几乎尖叫着："停止煽动情绪！你根本不知道自己在说什么！你根本不了解实际情况！你这是胡思乱想！"

"我吗？我不这么认为。"贝京咬着牙，语气中夹杂着讽刺挖苦。接着，他一字一句地明确说道："我陈述的是，我们在最开始的时候阻断敌人的能力，这不是我凭借想象虚构出来的。这是客观事实。我的证据是，我们虽然没有及时动员后备军，虽然没有及时把坦克开到前线，虽然出现了可怕的混乱，虽然后勤系统不可避免地出现了问题，虽然发生了那么多可怕的事情，但是在危急关头——我们的国防军永远值得信任——我们的队伍凭借那些坦克，设法在两条战线上打败了敌人，把他们踩在脚下，打得他们节节后退。"

他越说越自信，手指在空中猛戳，好像检察官告诫证人似的道："然而，总理女士，您并没有及时动员我们的部队。您没有及时把我们的武器调动到前线。所以我不得不问您，这种不负责任的轻率从何而来？您为什么不站出来向整个国家承认您犯了个错误？"

果尔达突然抬起头，同样严厉而毫无惧色地盯着梅纳赫姆·贝京，好像在说，你非常清楚其中的原因。你知道美国人缚住了我的手脚，他们明确告诉我绝不能开第一枪，他们的情报部门和我们一样受到了误导，因此警告我们大规模调动部队可能会把敌人的训练演习变成一场进攻。

然而，不管贝京是否了解这些，他的情绪都无法被平息。他的演讲已经到了高潮部分，他仍然紧紧盯着这个执拗的老妇人以一种几乎是亲密的方式，丝毫不怀恶意地对她道：

"梅厄夫人，您完全清楚，一个政府在事关国家存亡的、如此重大的问题上存在疏忽——这个问题对我们的国家尤为重要，因为我们周围是一心要摧毁我们的敌人——这样的政府不可避免地会失去人民的信任。所以，我要问您，您对这么大的灾难负有责任，在这之后您还能凭借什么样的道德权威待在办公室里？鉴于您之前做出了如此致命的决定，您怎么还自认为可以继续管理我们国家的各项事务？我不得不对您说，不是作为一个政治人物，不是作为一个党派成员，而是作为一个父亲和祖父，我不再认为你们的政府能够确保我的孩子们，我的孙辈们的未来。所以，我对您充满尊敬，但我不得不对您说，请您离开吧——现在就走。去向总统递上您的辞呈。这么做是您义不容辞的责任。请您离开吧！"

反对党座席上喊出了"对！对！辞职！辞职！"，但果尔达·梅厄总理没理会他们。梅纳赫姆·贝京走下讲台回到座位时，整个议会一片哗然。当他经过果尔达的位置时，她一直厌恶地盯着他。

让果尔达厌恶甚至暴怒的，还有她共同信仰社会主义的同志、欧洲国家的领导人。美国为遭到严重削弱的以色列国防军提供紧急援助运输军备物资，而他们却拒绝让其中的战斗机在自己国家的领土上降落并加油。于是果尔达致电社会党国际中德高望重的西德总理维利·勃兰特（Willie Brandt），要求和大家见面谈。

254

"我不想向任何人提出要求，"她生硬地告诉对方，"我只是想同我的朋友们，我的社会党伙伴们谈谈。为了我自己，我需要知道，在全欧洲没有一个社会主义国家准备援助中东唯一的民主国家时，社会主义还有什么意义。民主和兄弟情谊竟然不适用于我们的情况，这可能吗？无论如何，我想亲耳听听，是什么东西阻碍了这些社会党政府的首脑们向我们伸出援手。"

总而言之，她要当面质问。

很快，社会党国际领导人会议在伦敦召开，所有社会党领导人都参加了会议，包括那些当政的以及议会反对党的。因为会议是果尔达要求召开的，所以她第一个发言。她站起身，她必须让自己强硬起来：她毕生都是劳工犹太复国主义者，她知道接下来将要面对的是最根本的事实。以色列这个犹太国家是否真的是这个社会党圈子的正当成员？这个与众不同的国家是不是已经无可挽回地被逐出了这个圈子？

她向这些社会党人讲述，以色列是如何被愚弄，以致曲解了阿拉伯人的意图，遭到了突袭；又是如何连日里陷入危急的形势，直到打退敌人，艰难地取得胜利。

然后她强调说："鉴于我说的这种情况，我只想了解，今天社会主义到底是干什么的。现在你们全都在这里。你们没有提供一寸土地供我们的飞机加油之用，而这些飞机曾让我们免遭毁灭。现在假设理查德·尼克松说'我很抱歉，但是由于我们在欧洲没有地方加油，我们无法为你们做什么'，那么你们大家会做什么呢？你们认识我们，知道我们是什么样的人。我们都是老战友、老朋友。你们过去是怎么想的？你们决定不让那些飞机加油是出于什么样的理由？请相信我，我决不会忽视这样的事实，我们只是一个极小的犹太人国家，而那边有二十多个阿拉伯国家，它们有广阔的领土，有用不完的石油和几十亿美元。当然你们有你们的利益。但今天我想从你们这里知道的是，这些东西在社会党人的思想中是不是也算决定性的因素？"

255　　"有谁愿意发言吗？"果尔达坐下后，会议主席发问。没有人回答。会场一片寂静。只有坐在果尔达身后的一个人打破沉默，那个声音清楚地说道："当然，他们没法说话。他们的喉咙被石油堵住了。"

"我不知道说话的是谁，"回国的路上，她对一名同僚说，"我不想回过头去看他，因为我不想让他为难。但是那个我未曾谋面的人，说出了全部。"[31]

如果当时贝京在场，他很可能会说："果尔达，我的老朋友，欢迎回到犹太人民中间来。"

与此同时，尽管果尔达·梅厄极为沮丧、饱受挫折，但她绝不打算辞职。她仍觉得有许多事情要做。美国国务卿基辛格正穿梭来往于耶路撒冷和开罗、耶路撒冷和大马士革之间，煞费苦心地设计军队脱离接触协议和交换俘虏计划。除此之外，埃及陷入困境，有了实现外交突破达成和平的可能性——如果这会发生，那么当这一切发生时，她想要成为当事人之一。

于是果尔达·梅厄继续坚持着，让人惊讶的是，工党竟然赢得了战后的选举，而她曾经对奥莉娅娜·法拉奇说过，这将是她参加的最后一次选举。工党回来了，只是减少了在议会中的席位。公众仍在不断质疑和批评工党，主要围绕着梅纳赫姆·贝京在议会演讲中提出的问题：情报评估出现失误，没有及时进行全面动员，动员后备军人的时候误判了国防军正规军坚持抵抗的能力。这些致命的错误，应该由谁来承担？当然是政府！而且，"赎罪日战争"打破了公众的错觉，"六日战争"的辉煌胜利曾让人相信以色列国防军是不可战胜的。果尔达就是这么想的。她认为，以色列在"赎罪日战争"中的表现超过了其在"六日战争"中的军事胜利。许多专家也同意这种看法。

然而，一旦大选尘埃落定，公众的抗议就正式开始了。最初是有人在总理办公楼外静坐抗议，但随着越来越多的后备军人被遣散后带着愤怒还乡，静坐很快就演变成了全国性的大规模抗议活动。后备军人的愤怒来自他们倒下的战友。在这种情况下，1974 年 4 月，在调查委员会不可避免地宣布战争调查结果后，曾经不屈不挠，象征着史诗般传奇和传奇真理的果尔达·梅厄，一下子在疲惫而悲伤的国民的眼中变得名誉扫地，她和部长们失去了道义上的立足点，被迫辞职。她的离开，为伊扎克·拉宾走上前台铺平了道路。

伊扎克·拉宾总理

第一个任期：1974～1977 年

1922 年 3 月 1 日——出生于耶路撒冷。

1941 年——加入哈加纳下属突击队帕尔马赫。

1948 年——领导帕尔马赫的"哈雷尔"旅（Harel Brigade），协助击溃对耶路撒冷的围攻。

1964 年——担任以色列国防军总参谋长。

1967 年——"六日战争"期间担任以色列国防军总参谋长。

1968～1973 年——担任以色列驻美国大使。

1974～1977 年——担任以色列总理。

担任总理期间的重大事件

1975 年——通过基辛格的谈判，与埃及签订临时协议，从西奈半岛撤军。

1976 年——乌干达恩德培机场营救行动。

1977 年——因为妻子的非法银行账户辞职。

1992 年——再次当选总理。

1995 年——遭犹太极端分子刺杀。

1975 年 7 月 12 日，伊扎克·拉宾总理与美国国务卿基辛格在联合记者招待会上

图片来源：摩西·米尔纳、以色列政府新闻办公室。

第二十二章　匆匆上任

拉宾一直想从政，1973年春，他从华盛顿卸任将近一年
时，荣耀突然降临在他身上。他在毫无准备的情况下迅速成为
以色列总理。原因是工党内部因为"赎罪日战争"这场几近致
命的突袭、可怕的战争成本、果尔达·梅厄的辞职而陷入乱局。
党内大佬们都在寻找与战争责任没有牵连的新面孔，经过筛选，
他们把目光落在了拉宾身上。虽然他在政治方面还是个生手，
但看起来是个合适人选：既当过以色列国防军总参谋长，又曾
经是工作高效的驻美大使，这些经历让他对以色列两大最关键
的使命——国防和对美关系——有了近距离的、直观的认识。
除此之外，他还是个"萨布拉"（sabra）——出生在以色列的
犹太人——人们乐于见到一个土生土长的以色列人首次登上总
理宝座。

反对拉宾的是他的工党同僚西蒙·佩雷斯（Shimon Peres）。
佩雷斯和拉宾一样禀性率直。自从60年代初俩人在个人和工作
方面发生过几次冲突后，拉宾就一直不喜欢他，也不信任他。
他们俩能力都很强，但个性和性情大相径庭，只要在政治场合
相遇，彼此的分歧就会演变成争夺影响力和权力的论战。当拉
宾以298票对254票击败这名主要对手之后，工党中央委员会
内部照例充满了火药味。鉴于这名竞争者实力强大，毫无经验
的新任总理别无选择，只能将内阁中第二个最有影响力的职
位——国防部长交给佩雷斯。这次任命令拉宾懊恼不已，他称

自己"会在很长一段时间里为这个错误付出全部的代价"[32]。

1974 年 6 月 3 日，伊扎克·拉宾宣誓就任总理，之后他很快邀请几个昔日在华盛顿的下属加入他身边的随员行列。我被任命为海外流散犹太人事务顾问，兼任他的英文撰稿人。尚未安顿好工作，我们就接到通知，尼克松总统正计划在国务卿基辛格的陪同下访问中东。在此之前，还没有哪个美国总统到访过这个犹太国家，因此前期准备工作极为浩繁。

"不用担心，"拉宾在第一次计划会议上说，"这对我是个好机会，上任这么短时间，就可以与尼克松和基辛格面对面讨论，继续展开果尔达战后开启的隔离谈判，并进一步落实尼克松在未来军事援助方面的承诺。但如果尼克松认为，此行可以冲淡水门事件的话，那么最好还是三思而后行。他只要回到华盛顿，就会发现丑闻还在那儿等着他，这是毫无疑问的。"

两周后，大卫王饭店的主餐厅里挤满记者和摄像师，他们谈论着尼克松的中东之行和水门事件，正在等待基辛格的新闻发布会。我不仅等着发布会，还要见一个华盛顿的老朋友维利·福特（Willie Fort），我们约好在咖啡厅见面。在咖啡厅没见到朋友，我漫步来到布置成会场的餐厅，撞见一名来自波恩的记者，我依稀记得在外国媒体办公室工作时和他打过交道。他正在和一名嚼着口香糖的美国记者激烈争论，他认为自己作为一个德国人，比美国人更懂基辛格。

"不见得吧？"美国人嘲讽道，"今天你对他有什么想法？"

"我认为，虽然尼克松在外交政策上有很多令人头疼的要紧事情需处理，得留在华盛顿，但他还是到中东来了。我想，这是因为基辛格。当然，来这儿访问是尼克松的想法，因为这样可以分散人们在水门事件上的注意力。另外，'赎罪日战争'

后实现了军队脱离接触，他想把基辛格取得的胜利归功于自己。但这一切的背后还是基辛格的想法——他想在这儿干点大事，真正的大事——一些真正有全球意义的事情。"

"小鬼，对这些人来说，每件事情都有全球意义，"美国人嘲笑道，"他们在中东看见的是苏联人，而不是以色列人和阿拉伯人。他们是这么看地图的。这叫冷战，我的朋友。"

"基辛格就像梅特涅。"德国人自鸣得意地说道。

"谁？"

"梅特涅。"

我已经不止一次地听见内行人把基辛格与奥地利人克莱门斯·梅特涅（Klemens von Metternich）画上等号。梅特涅是一个聪明狡猾的 19 世纪政治家，其外交手腕像国际象棋般错综复杂，曾经在维也纳会议——重新描绘了拿破仑战争后的欧洲政治版图的会议——上发挥了决定性作用。人们猜测，基辛格十分崇拜梅特涅，处处都在仿效他。

"那么，基辛格眼下在搞什么梅特涅魔法呢，聪明人？"美国人问。

"基辛格一直在劝说尼克松，现在该把苏联人彻底赶出中东了，"德国人说，"要做到这一点，他只能先让阿拉伯人相信，华盛顿，而不是莫斯科，有能力搞定以色列。美国光凭自己的影响力和资金就可以向以色列施压，让以色列交还阿拉伯在'六日战争'期间失去的土地。如果基辛格做到这一点，阿拉伯世界就会自动地向华盛顿看齐。然后，这里就会实现一种美式和平（pax Americana）——由美国主导整个中东。这就是纯粹的梅特涅做法。"

"胡说！"美国人说道，"基辛格是犹太人。上帝知道，他在大屠杀期间失去了多少亲人。他当然会向以色列施压，但是你真的以为，他会为了赶走苏联人而不顾以色列的存亡吗，你以为事情真的会像你说的那样吗？即便基辛格这么做了，拉宾也不会接招儿。我们在美国已经看见了，他把'罗杰斯计划'扯得粉碎。再说，这些土地是 1967 年拉宾当将军的时候占领的，阿拉伯人拼命想要回去，这是他手里的一张牌。他会把土地交还给他们，但前提是得拿接近和平的东西作交换。他的原则是逐渐实现一寸土地换一寸和平。我已经听他这么说过无数次了。"

"嗨，耶胡达！抱歉，我迟到了。"

前来赴约的维利·福特穿过人群向我走来。我们抓过两把椅子坐到门边的角落里，聊起了家事和政治。

维利和我年纪相仿，四十五六岁，但外表看上去并不像这个年纪。他身材矮胖，一张娃娃脸，中分的头发乌黑发亮，看上去有点像鲍勃·霍普①。他一双机灵的眼睛含着笑意，全身打扮——奢侈的西装里穿着闪亮的衬衫，系着华丽的领带——散发出欢乐的气氛。

我的新职位是海外流散犹太人事务顾问，从这方面来说，认识维利·福特教授可真是太棒了。他和华盛顿的各种要人关系密切，而且还是著名的社区领袖。他活跃于联合犹太求助会（United Jewish Appeal）和以色列债券组织，是以色列文化事业的一名慷慨资助者。他还是天赋异禀的精神病学家，是约翰·霍普金斯大学的教授，同时还在乔治城行医。有传言说，他深受白宫内部精神疾病患者的喜爱，还是那些没有完全随夫姓的

① Bob Hope，美国喜剧演员。——译者注

时髦女主人的座上宾。

附近一名记者打断我们的闲聊，他怪腔怪调地喊了声："他来了——基辛格本人来了。"

电视照明灯的灯光从阳台夹层洒在大理石铺就的门廊上，现场沐浴着一片幽冷的荧光，一辆插着带金色流苏美国国旗的豪华防弹轿车驶过来。车里走出的是基辛格，身边围着一群保安。他像一阵旋风般走进来，浑身散发出无比的权威。他似笑非笑地越过保镖们的脑袋向大家挥手，站在大堂隔离绳索后的客人们在鼓掌，摄像师和摄影师忙个不停。

他迈步走上讲台，用他那著名的巴伐利亚口音说道："我没有什么开场白，所以，直接提问吧。"

十几双手立刻举起来，许多声音在大声提问。嗓音最尖的是个加利福尼亚人，他问："国务卿先生，尼克松总统惹上了麻烦，他这次来中东是为了打一张王牌，试图树立起一个自信的世界政治家形象，以便回国后逃脱那场危机——所有的一切都是为了保住他的位子，不是吗？"

基辛格一开口，所有人都开始疯狂记录。"尼克松总统访问中东是一次最高级别的政治活动。毋庸置疑，总统已经证明他是本地区不可或缺的调停者。'赎罪日战争'后，他的政府促成在埃及和叙利亚前线达成了脱离接触协议，开辟了通向永久性和解的漫长道路。因此——"

加利福尼亚人插话道："可是他怎么能专注于这些重大问题呢？在国内他可能正面临弹劾，他正在为挽救自己的总统生涯而战斗。"

基辛格没有理会这番插话，用手指指另一名提问者。可那人还没来得及开口，基辛格就收回手，突然冲加利福尼亚人指责道："在我看来，你的问题关心的不是总统，而是一种媒体炒作。不管总统这一周以及过去在哪儿"——他列举出各个国家名字：埃及、沙特、叙利亚、以色列——"他都受到了极为热情的欢迎，你们中间那些和我们一起访问的人可以作证。"

"在大马士革可不是这副情形。"加利福尼亚人愤愤不平地低声道。

"那是因为你没看见尼克松在大马士革机场同阿萨德总统告别的情景，"基辛格回答，脸上突然泛起一丝微笑，"叙利亚总统亲吻了他的脸颊，这在阿拉伯文化中是一种极为重要的姿态，更可贵的是，它来自一名阿拉伯世界的反美急先锋。"[33]

一阵轻轻的笑声在大厅里荡漾开来。

"国务卿先生"——这次提问的是一名德国记者——"据说，中东出现了外交倾斜。"

"那得看你说的'倾斜'是什么意思。你的问题是什么？"

"这种倾斜是不是有利于阿拉伯国家，会不会对阿以冲突产生长期影响？"

显然，基辛格喜欢这个问题。他悠闲地靠着讲台，轻拂双手努着嘴，看起来像是在整理思绪，然后用一种权威的语气道："六七个月前，中东分化成阿拉伯世界和以色列两部分。这个地区的每一次冲突中都包含无法解决的超级大国之间的对抗。阿拉伯国家背后有苏联支持，以色列则有美国作为支持。现在情况不一样了。这里正在发生一场外交转向。美国没有放弃对以色列的传统友谊和支持，我们现在转变了立场，可以帮助谈判进程中的每个国家。因为这种转变——或者你叫它'倾斜'——阿拉伯国家正在重新考量他们先前与某一个国家的单边联盟。"

"您指的是苏联？"

"没错！'赎罪日战争'后美国发起脱离接触谈判，尼克松总统这次访问将给谈判画上句号，这在本地区的历史进程中会是一次历史性逆转。美国已经开始和本地区内所有国家建立联系，这种联系并非基于某种特定危机之下的紧急状态，而是着眼于长期的和平、繁荣和发展。尼克松总统的访问明确了这个方向。如果我们将谈判进程朝着这个方向进行下去，循序渐进地推动这项事业——我们都知道，这是世界上最微妙与复杂的问题之一——那么在美国诚恳的调停下，这场谈判将成为实现和平的历史转折点。"[34]

基辛格接下来回答的问题，都是在此基础上的进一步说明，当他步下讲台朝门口走去时，维利·福特站在拥挤的人群中紧挨着天鹅绒隔离绳冲着他大声喊："海因茨！海因茨！"

基辛格猝不及防地停下脚步，瞥了维利一眼。

维利异常兴奋，欣慰地笑着伸出双手，喊："海因茨——还认得出我吗？菲尔特（Furth）的威廉·富特旺勒（Wilhelm Furtwangler）。记得吗？"

美国国务卿脸一红，轻蔑地看了维利一眼，大步走开了。他的保镖们像对待一个病人似的架开维利。

"这到底是怎么回事？"我大吃一惊地问。

维利脸色煞白，看上去想要回答我，却没开口。他只是摇摇头，闷闷不乐地笑笑，默默地向咖啡厅走去。

"你刚才管基辛格叫什么来着？"我拉过一张椅子问他。

维利好像在法庭上作证似的语气坚决地说："我和亨利·基辛格来自同一个地方，巴伐利亚的菲尔特，我的名字叫威廉·富特旺勒。1937 年我和家人从德国逃难到美国，他是 1938 年到的。到的时候，我们都是 15 岁。我们在曼哈顿上西区的华盛顿高地安顿下来，那儿有许多德国犹太难民，他们管那里叫作267 '第四帝国'。我们俩上的是同一所学校，乔治·华盛顿中学，在同一个犹太教堂做祷告，布罗伊尔拉比的教区，非常正统。"

我咽了口口水，问："可是你身上根本看不出哪点像德国人。你和美国人完全一样。"

他露出一个微笑，"我，美国人？我是个伪装成美国人的德国难民孩子，你这个傻瓜。我一直都在装。"

"那怎么基辛格有这么重的口音，而你却没有？"

"因为海因茨小时候很害羞，还有点内向，任何语言治疗师都会告诉你，羞怯会抑制一个人的模仿能力，你必须像我一样去模仿，才能流利地说一口不带口音的英语。我们在乔治·华盛顿中学的英语老师巴克曼小姐非常耐心，她试图帮海因茨改掉他的巴伐利亚口音，'亨利，你的英语讲得有毛病'"——维利模仿着女教师巴克曼甜甜的声音——"'你必须努力让它美国化'。"

"那么，富特旺勒是什么时候变成福特的呢？"

"我从医学院毕业那天。明摆着得做出选择。"

为了证明这一点，他张开嘴呈椭圆形，做了个深呼吸，先念了一遍"F－U－R－T－W－A－N－G－L－E－R"，又念了一遍"F－U－R－T－H"，故意把其中的喉音"R"和元音变音念得很夸张。

"听出来了？从华盛顿开始，威廉·富特旺勒变成了维利·福特。"

在他讲解改名字过程时，我努力回想着他的人生经历。他仿佛看穿了我的心思，轻蔑地笑道："现在海因茨成了美国国务卿。1973 年尼克松任命他的时候，我给他寄去一封贺信和一张老照片。照片上，他抱着个足球，那是他 13 岁成人礼的时候，我送他的。他小时候疯狂地迷恋足球。但是你觉得他会承认这些吗？不可能！"

"你们俩小时候关系很近？"

他眼睛里闪过一道美好的怀旧之情，笑着回忆说："没有人比我俩关系更亲密了。虽然他有点像个书呆子而我不是，但我们俩在一起度过了许多时光。有时候我们还会因为搞了点恶作剧而被大人们打。"

"纳粹来的时候，发生了什么？"

维利让思绪像大坝决堤一样奔涌："纳粹来的时候，邻居们告诉我父母不必担心，希特勒只是又一个在街头传播疯狂口号的反犹太闹事者，最好别理他。可是渐渐的，他们改变了说法，他们看到了希特勒为德国做的一些好事。很快，我们就不可以和他们的孩子一起玩耍，海因茨的父亲失去了在公立学校的教职，只能去一所特殊的犹太学校教课。他们不让我们参加足球比赛，于是我们自己建了一支球队，我们也不能去城里的游泳池，我们不能去任何标有'禁止犹太人入内'的地方。盖世太保会来砸门，希特勒青年团的人会来打我们。于是我们只好逃跑，直到抵达美国。"

维利陷入黑暗的回忆中，失去了平时欢快的样子，变得忧郁起来。他站起身说："我得透透新鲜空气，想出去走走。"

饭店外，大卫王街上人来人往一片嘈杂。一名怒气冲冲的出租车司机正冲着一名以色列安保人员喊叫，因为后者的车占用了出租车候客区。另外两名出租车司机则根本没在意这些，俩人正在无聊地玩牌。衣冠楚楚、留着平头、一身肌肉的美国

268

安保人员在车道上四处走动，时刻观察着周围的情况。

"咱们走走。"维利说，似乎期待阳光和微风能吹散心头挥之不去的伤痛。可是我这边没什么值得一说的事情，能和维利做伴的只有痛苦。他在可以俯瞰旧城城墙的地方找个长椅坐下，沉思着道："这真是太复杂了，太复杂了。"

"什么？"

"基辛格。他在努力抑制自己的感情，他无法摆脱它们。遭受纳粹迫害的那些岁月，深深地锁在他心里。"

维利·福特满怀同情的口气里夹杂着一些失望，他接下来的话解释了这一切："我是从专业的角度来说的，作为一名精神病学家。我相信他需要帮助。"

"什么样的帮助？"

"精神方面的帮助。他的神经总绷着，这影响到他对世界的感知，其结果就是影响他的决策方式。他的个性与其决策是不可分割的。"

这番话引起了我的兴趣和不安，于是我让维利详细说说。

"没问题，"他说，"我即兴给你做一个现成的亨利－海因茨·基辛格的精神分析，我依据的是许多同行都了解的各种可靠传闻和坊间观察。你也许愿意把它们记录下来。你们的总理应该对此感兴趣。"

我掏出笔准备做记录。

他说，亨利·基辛格一贯坚持自己没有童年在德国遭受迫害的长久记忆。那完全是胡说！1938 年，犹太人在光天化日之下挨打、被杀，基辛格全家只得四处逃命，那时候他 15 岁，正值最敏感的青少年时期。他当时的年龄应该记得每一件事情，包括他的不安全感、被驱逐与不被人接受所留下的创伤。这意味着一个人对生活失去了控制，变得无依无靠，眼睁睁地看着自己心爱的崇拜对象在残酷的事实面前突然变得无能为力。这其中最显著的是他的父亲，这个他非常崇拜的人被赶下德高望重的教师职位，整个家庭就这样垮掉了。不管亨利·基辛格如何自欺欺人地想忘掉它们，这些噩梦般的记忆是挥之不去的。

维利继续分析道，表面上，这位美国国务卿展示的是一个自信、意志坚强、傲慢的形象。然而在内心里，由于他压抑并否认自己的情绪，因此他在性情上严重抑郁，有一种世界末日式的人生观。通常，这种内心的疑虑会表现为暴躁、易怒和发脾气。这种性格的人对他们的上级过于热心，对下属极为苛刻。他们格外需要被爱、被赞美，特别想在某方面超越别人。

根据维利·福特的说法，亨利·基辛格的犹太人特征也同样是其精神问题的根源之一。作为一个根深蒂固的犹太人，基辛格于1943年应征入伍，逃离了他的家庭。他反叛得很坚决，同化得很彻底。然而，他虽然可能努力了，却终究无法脱掉他那副犹太难民的瘦弱皮囊。

维利突然嘲讽地笑起来，继续道："有白宫的小道消息说，任何时候只要尼克松觉得基辛格自负过了头，就会冷嘲热讽说些反犹主义言论，挫挫后者的锐气。尼克松甚至还当面称呼他'犹太小子'。基辛格从这种侮辱和嘲弄中收获了一种不正常的满足感，他用反犹太主义言论反讽说犹太人把以色列的利益置于美国之上，犹太人有多么排外，犹太人凭借财富挥霍权力，犹太人掌控媒体肆意发挥影响力，等等。据说，基辛格很谨慎，他不会把犹太工作人员带到他和总统的会面现场，生怕招来尼克松的反犹言论。一旦发生了这样的事情，他会假装耸耸肩，隐藏起他的耻辱，但在回到自己房间里后，他肯定会大发脾气，

270

把气撒在下属头上。"

"那么，这些对于他作为中间人调停我们和阿拉伯人之间的关系，有什么影响呢？"我问。

"像他这样的人，肯定会过度补偿。他们会不遗余力地抑制自己感觉到的各种情绪性偏见，为了证明自己公平、客观，而矫枉过正地支持另一方。"说到这里，维利突然站起来，恢复了往日欢快的样子。我们漫步回到饭店，他给基辛格下了番即兴诊断："从刚才在大卫王饭店大堂里发生的一切可以看出，我们才华横溢的美国国务卿——自托马斯·杰斐逊以来的第44任——表现得很神经质。前一分钟，他是记者招待会上全世界关注的荣耀人物；下一分钟，当他看见我的时候，一下子被打回了他一生努力压抑的犹太记忆中。他当然认出我了。你注意到了吧，当我提到他的名字海因茨时，他轻蔑地看了我一眼。他绝对鄙视我的做法。所以，我只能总结说，这个人很纠结。告诉伊扎克·拉宾，他在和我们的国务卿打交道时应该十分谨慎。告诉他，基辛格在内心深处是个没有安全感的、偏执的犹太人。"

几个小时后，"空军一号"载着美国总统和国务卿从本-古里安机场起飞回华盛顿——回去面对水门事件。完成所有仪式并看着他们起飞后，拉宾总理回到耶路撒冷大卫王饭店召开新闻发布会。他认为这次访问具有积极意义，推动了美国与以色列的关系。

有德国记者问，为什么阿拉伯人会放弃莫斯科转而投靠华盛顿。拉宾直截了当地回答："原因是尼克松总统的政策，他让以色列保持强大，为我们自己保护自己提供帮助。自从'赎罪日战争'中美国向我们空运援助以后，阿拉伯人渐渐明白，美国是不会眼看以色列受到削弱而不行动的。以色列的失败是苏联的胜利。不可思议的是，此举提高了美国在阿拉伯世界的声望，华盛顿因此获得了影响力。今天在中东，莫斯科成了动荡和战争的同义词，华盛顿则象征着稳定与谈判。"

"可是从您的角度来看，这种变化难道没有负面影响吗？" 271 一名《纽约时报》记者问。

"什么样的负面影响？"

"几个小时前，就在这间屋子里，基辛格博士告诉我们，美国今后不会只站在以色列这一边。这难道不会损害美以关系吗？"

"情况正相反，"拉宾争辩道，"美以关系非但不会受损，我们还因此加深了友谊与合作。"接着，他停下来，沉思了一会儿，继续以一贯的坦率风格说道："我必须承认，人们自然会担心，从某些方面来说，我们会失去'赎罪日战争'前美以关系中的排他性。但我们必须认识到，我们生活的环境已经发生了变化，一些不可能被忽略的变化。因此，我们必须从中寻求可能得到的最大利益。这意味着，为发起争取和平的新政治运动，我们有能力在美国的调解之下，利用好阿拉伯联盟与美国的关系。我们不可能通过和平会议这样的单一行动来达成和解。这是个阶段性的、需要耐心的、循序渐进的过程。"[35]

让拉宾高兴的是，他很快从基辛格那里获知，访问开罗后不久，尼克松在6月25日写给埃及总统萨达特的信中也说了类似的话，尼克松在信中写道：

……这次会谈使我们双方对彼此的关切、希望和政治现实有了更进一步的了解。我特别希望有机会向你描绘一下我们有关循序渐进达成最终和解的想法，以便今后的每一步都能建立在之前获得的信心和经验之上……总统先生，我深信，最近几个月来我们见证了中东历史上的一个转折点——转向体面的、公正的、可持续的和平——将美国和阿拉伯国家的关系引向了一个新时代。在此方向的基础上，我会坚定地在我们制定的这条路线上走下去。[36]

但是美国人对尼克松总统的未来另有想法。虽然他在总统办公室里私底下签署了外交照会，但此时众议院司法委员会在国会上发起了针对他的公共弹劾诉讼。随着委员会的调查逐渐深入，尼克松在水门事件中越陷越深，8 月底他认输了，做了一件历届美国总统从未做过的事情：辞职。

272

副总统杰拉尔德·福特（Gerald Ford）替代尼克松入主白宫，福特在国际事务上完全是个新手，因此立刻拿起电话打给基辛格博士说道："亨利，我需要你。这个国家需要你。我要你留下来。我会尽力与你合作。"

"感谢您对我的信任，总统先生。"国务卿放下电话，感觉自己从未如此充满活力，他知道现在自己真的成了制定美国外交政策的权威。[37]

他的首批行动之一便是建议福特总统邀请拉宾总理访美，讨论下一步事宜。

第二十三章　"耶杜哈"

　1974 年 9 月 10 日，拉宾总理同顾问一行人抵达美国首都，会谈大体上进行得十分顺利。双方一致认为，考虑到在目前阶段实现全面和解有点过于理想化，因此接下来最好继续采取循序渐进的方式。然而，拉宾表达了一条重要的保留意见。他告诉福特和基辛格："我的循序渐进方式在国内面临相当多批评意见，尤其是反对党领导人贝京先生的。贝京认为，在没有获得和平的情况下撤军会破坏实现和平的可能性。他认为，仅仅依靠脱离接触和部分和解是不够的，只有采取落实全面和平承诺的政策，才能推动实现和平。我注意到了这一点。如果我们先放弃了一块土地，而没有得到一份和平作为回报，那最终我们会挥霍了一切却一无所获。因此，对于我方未来做出的撤军举措，埃及方面必须采取相应的和平政治举措。"

福特总统和国务卿对此没有异议，双方决定基辛格尽快再次访问中东地区，考察这一进程的可行性。

拉宾的华盛顿之行在盛大的场面中落幕。福特总统——60 出头，看上去身材高大、体格健壮、友善可亲——为表敬意，举办了一次国宴。这次豪华而奢侈的社交活动在国家宴会厅举行。这间屋子极具历史意义，它像博物馆画廊一般尊贵，散发着权力、影响力和财富的气息。亚伯拉罕·林肯从壁炉上方的镀金画框里俯视着 200 多名坐在圆桌后面、系着黑色领结、身着华丽礼服的客人们。细长的琥珀镜子里映出天花板中央闪闪发光的巨大铜质枝形吊灯，令人愉悦的淡黄色灯光笼罩着整个屋子。两名侍者拉开双扇门，领进20位身着深红色海军陆战队制服的提琴手。他们两两一组，手上的琴弓一上一下完全同步，他们一边沿着中间的过道步入大厅，一边演奏着动人的以色列音乐。每桌都有一张卡片，上面介绍这些乐手来自海军室内管弦乐队（Marine Chamber Orchestra），这个乐队隶属于海军陆战队军乐团（Marine Band），在1798年依据一项国会决议成立，是美国历史最悠久的音乐团体，人们习惯上称它为"总统乐团"。

每个人脸上都生气勃勃，福特总统起身欢迎客人并向拉宾介绍说："当我坐在这里和你们夫妇聊天的时候，不禁发现1948年不仅对你们的国家如此重要，它对福特一家也很重要。我们是那一年结婚的。"

"我们也是。"利娅·拉宾大声说道，笑着鼓起了掌。

后面照例是敬酒环节，主人与尊贵的客人们相互赞美经久不衰的友谊、永恒的联盟、共同的价值观，之后在人们毫无觉察的情况下，一身制服的男侍们布满整个大厅，每人手上端着几个大菜：烤野鸡、咝咝作响的烤土豆，以及作为装饰用的豆子。大家很快吃起来，只有我没有动。我事先要了份犹太洁食，不知什么原因还没送来。我想，也许是因为我名牌上的名字被拼错了：上面刻的不是"耶胡达（Yehuda）"，而是"耶杜哈（Yeduha）·阿夫纳"。

不远的地方，参谋长联席会议主席乔治·布朗（George Brown）将军正和坐在我右边的电视名人芭芭拉·沃尔特斯（Barbara Walters）聊天。没聊一会儿，将军看见我空空如也的盘子，便凑过来看我的名牌，声音低沉而洪亮地念道："耶杜哈，您不和我们共进晚餐吗？"恰好此时，男侍者上前一步，把一道素食大餐放在我面前。盘子最底层铺着像一本《圣经》那么厚的生菜，上面堆着水果丁，最顶上的奶酪球上还挤着细细的奶油，整盘菜立着几乎有一英尺高。和别人深棕色的烤野鸡相比，它简直像焰火一样闪亮。

276

The President and Mrs. Ford

request the pleasure of the company of

Mr. Avner

at dinner

on Thursday evening, September 12, 1974

at eight o'clock

Black Tie

白宫晚宴邀请函

Mr. Yeduha Avner

白宫晚宴的餐桌名牌上，作者的名字被拼错了

这道光彩照人的大菜招来羡慕的惊叹，芭芭拉·沃尔特斯鼓起了掌。福特总统的注意力也被吸引过来，他微微站起身看到底发生了什么事，在拉宾耳边低声说着什么，后者也向他耳语了几句。接着，福特总统整个儿站起来，他笑得合不拢嘴，高高举起酒杯连连地大声祝我幸福，"生日快乐，年轻人！来，为我们的寿星干杯。"

听到这番话，所有人都站起身举起酒杯精神饱满地合唱起来，"祝你生日快乐，亲爱的耶杜哈。"他们唱歌时，我不好意思地缩在椅子里，一脸窘迫。

晚宴后，我在舞厅里问拉宾，为什么要对福特总统说今天是我生日，他立刻说："那我怎么说？——告诉他实话？如果真的说实话，明天报纸的头条就会说，你在吃犹太素食，而我却没有，然后宗教党派就会抵制结盟，我就会遭遇政府危机。*Ani meshuga*？我这不是疯了吗？"接着，他突然惊讶地瞪着眼，"哦，我的上帝，看那边！我现在该怎么办？谁来救我！"

只见福特总统笑容满面地邀请利娅·拉宾到明亮的舞池中跳起华尔兹，人们纷纷鼓掌。不出所料，第一夫人贝蒂·福特冲拉宾微微一笑，正等着他上前如法邀请。拉宾无处可逃，只得被迫朝福特夫人走去，他尴尬地弯下腰，用嘶哑的声音说："请原谅，我不会。"

"不会什么？"

"不会跳舞"

"不会跳舞？"福特夫人似乎特别惊讶，好像从未听说过还有这样的事情。

"一步都不会，"拉宾总理脸红了，"我会一直踩您的脚。我曾经试过。我不擅长这个。"

"别害怕，总理先生，"福特夫人轻快地咯咯笑着，牵过他的手，把他带进舞池，"我年轻的时候曾经教过舞蹈，就算舞技比您更差的人，我也没让他们踩过我的脚。现在您这么做：把您的手放在这儿。对了。另一只手在这儿。非常好。然后，现在放松，我们走：一——二——三；一——二——三；一——二——三；非常好！您做得非常好，找到窍门了！"她让满脸通红的总理转了一圈又一圈，后者始终紧盯着第一夫人的脚，直到基辛格博士——他自己并不热衷此道——轻轻拍了拍总理的肩膀，在总理耳边极为严肃地说："伊扎克，见好就收。让我来吧。福特夫人，我能跟您跳一曲吗？"

"当然。"她说着，放开了拉宾。总理跟跄着回到暗自发笑的随员身边，喃喃道："就算基辛格没为以色列做什么，那么他还救了我一次，我永远欠他个人情。"

几个月后，1975 年 3 月，基辛格国务卿回到中东试探政治大气候，开启了一场国际关系史上从未有过的漫长冒险。人们称之为穿梭外交——他旋风般地随时往来于埃及和以色列之间，劝说拉宾和萨达特进行下一步谈判。在基辛格马拉松式的日程表上，时间安排复杂得令人费解，他会在白天最不可思议的时间到达耶路撒冷，然后在晚上一个古怪的时间飞往开罗。他往来乘坐的波音 707 飞机是林登·约翰逊任肯尼迪的副总统时用过的。

由于会谈可能在一天当中的任何时候进行，而且往往匆忙展开，因此人们神经高度紧张。拉宾很快发现自己承受了过度压力，他感觉到基辛格正在诱导他答应让以色列国防军进一步从西奈半岛撤军，且撤退程度超过了他的预期；另一方面，埃及方面迈向和平的步子也没有达到他可以接受的程度。总之，他感觉到基辛格正在不惜一切代价地向埃及总统展示，美国单凭一己之力就可以搞定以色列。

不知疲倦的基辛格提出了让步和交换条件，他或甜言蜜语，或激昂顿挫，或虚张声势，或威胁恫吓，有时候甚至还会不惜力地自嘲一番来取悦主人，缓解紧张的气氛。一次会议上，拉宾就像在华盛顿所说，始终坚持萨达特要在政治上做出实质性举动，来换取以色列国防军在西奈半岛做出相应撤退，此举引发了激烈争吵。他要求埃及总统做出最终的承诺，与以色列"永久性地终止交战状态"。

"萨达特永远不会接受这种说法，"基辛格突然激动起来，"这相当于在你们的军队仍然占领他的领土的情况下，要他承认结束战争状态。我顶多能做到的是，让他承诺以'不使用武力'来换取你们的后撤。"可是拉宾拒绝让步，他的执拗让基辛格极为愤怒。基辛格的副手乔·西斯科（Joe Sisco）是个永远保持冷静的人，他提议休会，让法律顾问们尝试在语言上做些巧妙的让步。其他人忙去了，基辛格开始调侃自己，努力缓和紧张的气氛，"伊扎克，你知道英语是我的第二语言，我可能不一定掌握其中的微妙之处。刚到美国时，我花了好长时间才弄明白'maniac'（疯子）和'fool'（傻瓜）不是什么亲切的称呼。最近，我提出教叙利亚总统哈菲兹·阿萨德（Hafez al-Assad）说英语。我告诉他，如果你让我教，那你就是第一个会说德国味儿英语的阿拉伯领导人。"

这种谦卑的智慧——拉宾自己不具备这种品质——确实缓和了气氛，于是会谈继续进行。

在基辛格往来穿梭的日子里，媒体怎么写基辛格都觉得不过瘾。报纸头条称他是超级明星，相信他有能力干出些当代外交史上闻所未闻的大事。他和苏联达成了缓和政策，把莫斯科推到军控的谈判桌旁，为尼克松访华铺平道路，于"赎罪日战争"后相继在埃及和以色列、叙利亚和以色列之间达成了脱离接触协议，还迫使河内方面参加巴黎和谈，为美国体面撤离越南提供了可能性。

无论他走到哪里，都有成群结队的国际媒体记者跟在后面。其中最享有特权的是"基辛格14人团"——他们都是华盛顿的资深记者，国务卿在他的老旧专机的机舱最靠后的部分为他们留了14个座位，因而得了这个绰号。虽然空中旅行很不舒适，但他们可以假装"高级官员"，独享参与国务卿在空中举行的非正式、不具名的深度吹风会的机会。相比大多数直接和基辛格打交道的以色列官员，这14名记者更了解他的内心想法。我在华盛顿和外国记者办公室工作的时候就认识了其中的大多数人，偶尔会去找他们打听点消息。

一天深夜，"14人团"中的7名记者溜达进大卫王饭店的咖啡厅，当时我正在那里和几个记者闲聊。他们刚刚跟随基辛格第无数次（从3月8日开始到当天的3月21日）从开罗飞过来。他们分别是全国广播公司（NBC）的理查德·瓦莱里亚尼（Richard Valeriani）、美国广播公司（ABC）的泰德·科佩尔（Ted Koppel）、哥伦比亚广播公司（CBS）的伯纳德·卡尔布（Bernard Kalb）、《华盛顿邮报》的马林·伯奇（Marlyn Berge）、《纽约时报》的伯纳德·格韦茨曼（Bernard Gwertzman）、《时代》（*Time*）杂志的杰罗尔德·谢克特（Jerrold Schecter），以及《新闻周刊》（*Newsweek*）的布鲁斯·范·伍尔斯特（Bruce van Voorst）。所有人都是一副长途飞行之后没倒好时差、满脸憔悴的样子。他们进门时，咖啡厅里睡眼惺忪，正因为缺少新闻而百无聊赖的记者们赶紧让出座位，希望能从他们嘴里搞到些信息。我也和他们一样，很想得到点可以提供给拉宾的消息，哪怕是有用的花边新闻。

一个瘦瘦的英国《每日电讯报》（Daily Telegraph）记者发现理查德·瓦莱里亚尼的西装翻领上别着一枚徽章，便喊起来："嘿，迪克，你别着的徽章是什么玩意儿？"

身材瘦长的 NBC 记者回了他一个坏笑，转了个身让屋里所有人都能看清他的西装翻领。那是一枚像竞选徽章一样的别针，上面写着"自由的基辛格 14 人团"，所有人都笑了。

这番展示引来记者同行们一片鼓掌，一名记者拿出相机拍照并喊道："嗨，'14 人团'，基辛格'国王'有没有私下向你们透露，精力旺盛的福特总统也打起瞌睡？"又有人问："这位'救急先生'是不是给你们透露了不少内幕消息？"第三个人干脆简单明了地问："会不会签协议，会还是不会？"

记者们围住这 7 个人，抛出五花八门的具体问题：拉宾是不是真的拒绝让出西奈沙漠吉迪（Giddi）和米特拉（Mitla）两个山口的通道？他是不是仍然坚持要用"永久结束交战状态"模式换取进一步撤军？如果拉宾拒绝让步，基辛格是不是真的威胁要回华盛顿，责怪以色列毁了他的使命？

他们提问时紧张的语气，真实再现了烟雾缭绕的总理办公室中会议室的气氛——精疲力竭的谈判者徒劳地寻求打破他们身陷其中的僵局。我进屋的时候，基辛格把一张地图推给对面的拉宾总理，嘟嘟囔囔地抱怨道："看在上帝的分上，伊扎克，给我画条底线，看看你们到底准备在西奈半岛撤多远。无论什么时候我去见萨达特，他都会立刻给我答案！"

拉宾刻意用强调的语气回答："亨利，以色列和埃及一样是个民主国家。我不会由人任意指挥。那两条通道是牵制埃及人入侵以色列的关键。我只有在得到内阁的最终认可之后，才能给你底线。"

"那需要多长时间？"基辛格轻蔑地问。

"上一次内阁会议开了 10 个小时。"拉宾挑衅地答道。

基辛格扔下手里的钢笔。"你知道吗？我不想知道了。你在地图上想怎么画都行。"

大家突然陷入沉默：没有人走动，甚至没有窃窃私语，直到一名美国安全人员轻轻推门进来。他小心翼翼地靠近基辛格，耳语道："先生，您把它落车上了。"

他手里拿的是一副眼镜。

基辛格对他怒目而视，好像在轻蔑地说，没我允许，谁让你靠过来的？

那位安全人员遭到羞辱，顿时僵在那里，手拿着眼镜不知如何是好。美国驻以色列大使肯尼思·基廷（Kenneth Keating）过来解围，他接过眼镜起身递给桌子对面的乔·西斯科，后者把它递给基辛格。在确保了这种自下而上的传递顺序后，国务卿把眼镜放进口袋，收起桌上的纸，嘟囔了一句"我走了"，便向门口走去。他看上去很沮丧，知道这次使命已经失败了。

"亨利！"

拉宾低沉的声音中包含感情。

基辛格转过身。两人相互凝视着。

"你心里很清楚，我们一直以来每一次都做出了让步，"拉宾怒气冲冲地说，"你知道，我们已经接受了你关于'不使用武力'的措辞，其含义比'永久结束交战状态'要弱得多。你

知道，我们已经同意交还西奈半岛的油田。你知道，我们已经
原则上同意撤回到两条通道的东部。你知道，我们已经同意让
埃及军队从目前的位置往前推进，让他们占领缓冲地带。为了
你的使命能够获得成功，我们已经展示了这么多善意和灵活
性——并且将我们自己置于巨大的危险之中——就这样，你还
要指责我们破坏你的使命，而不是去谴责萨达特的不让步，这
完全是歪曲事实。"

　　基辛格听完转过身，一言不发地走出会议室。以色列谈判
团队——其中包括国防部长西蒙·佩雷斯、外交部长伊加尔·
阿隆（Yigal Allon）、以色列驻美大使西姆哈·迪尼茨——相互
交换了下惊愕的眼神。拉宾立刻拿起电话指示助理打电话给内
阁成员召开紧急会议。会上，通信员送来美国总统杰拉尔德·
福特的一份紧急信件。拉宾向各位部长念道：

　　　　基辛格已经通知我，他的任务即将搁置。我想表达的
　　是，我对以色列在谈判过程中的态度感到非常失望。您想
　　必从我们的会谈中得知，我非常重视美国能不能成功促成
　　这份协议。基辛格此行得到了你们政府的鼓励，表达了美
　　国在中东地区的重要利益。谈判失败将对该地区和我们之
　　间的关系产生深远影响。为确保全面保护美国的利益，我
　　已经下令重新评估美国的中东政策，其中包括我们和以色
　　列的关系。[38]

　　这是一封极为蛮横的外交公文，内阁部长们静静地听着，
只觉得嗓子发干，大家都在心里掂量着作者话语中每一个词的
分量。拉宾心里当然很清楚，这封信到底是谁写的，他的部长

们也都很清楚，它预示两国之间可能会爆发最严重的危机。大家脸色阴沉地讨论着事情的后果，悲观地评估未来形势。这时，一名助理进来告诉总理，基辛格打电话来问他是否可以立刻过去一趟。

拉宾走进指挥室，基辛格正在那里喘着粗气，努力让自己保持镇定。

"伊扎克，我是来告诉你，总统的那封信跟我毫无关系。"他说。

拉宾点上一根烟，透过打火机的火焰看着基辛格，说："亨利，我不相信你。是你让总统写这封信的。是你自己口述的。"

基辛格大为震惊，开口吼道："你怎么能这么揣摩？你以为美国总统是个受我摆布的傀儡？"

拉宾没回答。他只是冷冷地站着，一语不发。

基辛格气得发狂，愤怒地喊："你根本不明白，我是在努力挽救你。美国民众不会赞成这么做。你这是在逼我，堂堂美国国务卿，像个卖地毯的黎凡特人一样在中东四处转悠。这是为了什么——为沙漠里几百米的沙地讨价还价？你疯了吗？我代表的是美国。你正在输掉美国民意这一战。我们的循序渐进原则被扼杀了。美国正在对整件事情失去控制。如果召开日内瓦会议就要和苏联人一起主持，那面临的将是无法克服的压力。一场战争可能就此爆发，苏联人就会回来，那时候就没有美国军用飞机来支援你了，因为美国民众不答应。"接着他的愤怒彻底爆发："我警告你，伊扎克，你得为破坏第三犹太共和国（third Jewish commonwealth）负责。"

拉宾满脸通红地反击道："我也警告你，亨利，评判你的不是美国历史，而是犹太历史！"

第二天上午，两个人——长时间来他们既是朋友，也是对手——把自己关在本 - 古里安机场的一个房间里，据拉宾后来告诉我们，俩人进行了推心置腹的感情交流。拉宾再一次向基辛格说明自己的真正想法——虽然他意识到新的局面可能会恶化下去导致战争，但以色列不能再做让步了。这不仅仅会给他作为总理，带来严重的政治后果；还使他作为个人，感到极为焦虑，因为他觉得自己对每一名以色列国防军战士负有责任，他们就像他的儿子们一样。实际上，当时他的儿子就在西奈半岛前线，是一名坦克排长，他的女婿是那里的坦克营长，他深知战争爆发后他们的命运是什么。

"那么基辛格什么反应？"我们问他。

"我从未见他如此动情，"拉宾说，"他也许想回答，可是他情绪太激动，说不出话来。他该上飞机了，我们各自在机场做简短的告别演说。轮到他时，他激动得几乎说不出话来。虽然他对这次调停失败很失望，但除了这些，我能看出来，作为一个犹太人，作为一个美国人，他的内心很不平静。"[39]

飞机刚一起飞，国务卿就按照习惯，向飞机后部的"14 人团"做通报。他告诉他们，可以"不具名地"指出以色列应为这次谈判破裂负责；这次调停失败将不可避免地激化中东矛盾；现在很可能发生战争，伴随而来的是石油禁运；"赎罪日战争"后埃及和叙利亚的脱离接触协议将不再有效；按照这些协议授权部署联合国部队将不再继续；苏联又将重新取代美国成为中东地区的主导力量；欧洲会彻底抛弃以色列；苏联和阿拉伯国家会迅速召集一次日内瓦会议，对此美国束手无策，以色列则孤立无援；美国民意会转过来反对以色列，因为以色列浪费了签署过渡协议的机会——这次机会是花费了一年半才创造出来的。

听完拉宾的讲述——他是从基辛格的一名随行记者中听来的——我想起维利·福特教授描绘的那幅基辛格博士心理画像：当事情没有按照基辛格希望的方向发展时，他会反应过度；他生气的时候会任性地发脾气；他那权谋政治家式的操纵手法；以及他在所谓客观的名义下，容易矫枉过正的天性。

1975 年 9 月 3 日，拉宾总理和反对党领导人梅纳赫姆·贝京在一起

图片来源：摩西·米尔纳、以色列政府新闻办公室。

第二十四章　萨尔斯堡的一场共谋

议会媒体席上，记者们像听独奏音乐会一样满怀期待。伊扎克·拉宾刚刚做完一场干巴巴的报告，向议会实事求是地通报了与埃及谈判破裂的情况。此刻他走下讲台，梅纳赫姆·贝京走上前去。贝京是个演讲大师，他能完美地掌控说话的风格和节奏，吸引住并主导任何集会。他迅速上前盯了拉宾一眼，用教训式的口吻说：

"总理先生，我一直希望您和您的团队能克制一些，少用'永久性停战状态'这种表达方式。这种说法来源于拉丁语'*bellum gero*（发动战争）'，其实际含义非常模糊晦涩，没人能够完全明白它在法律上到底意味着什么。"

台下四处响起抗议和争辩的喊声。

"议长先生，我的想法是，"贝京打断叫嚷声，用手指着政府席继续道，"我们要求的是停止战争状态，为什么要提出'永久性停战状态'这么含糊的说法？"

台下再次响起一片赞成和反对之声，贝京的语气从抨击变成了怒喝：

"是的，你们说得对，你们完全听懂了我的话。我要说的是 一份和平条约。没有和平条约，就不能从西奈半岛撤军。任何和平条约都不会在第一条提什么永久性停战状态，而是简单直白地提出停止、终止战争状态。因此，应该让所有的自由国家都清楚，尤其是让我们的美国朋友明白，我们敌人的真正意图到底是什么——即便以色列国防军一退再退，他也仍然拒绝结束战争状态。"

拉宾坐在那里听着，脸上的表情让人很难捉摸他到底在想什么。我知道他特别焦虑。这是个僵局，他周围充斥着悲观的气氛。他需要全国团结一致渡过难关；他要让杰拉尔德·福特和亨利·基辛格看看，整个国家都站在背后支持他。因此，此时此刻他关心的并不是贝京的抗议，而是争论结束之后，贝京会不会支持政府的行动。

贝京像听到号角的战马一样继续争论着，一条胳膊在空中挥舞着画出一道弧线，他谴责道："总理为所谓的临时协议做了太多让步，这份协议一旦实施，会断送国家安全，招来更多战争。"

拉宾的支持者愤怒地大叫起来，议长——一位瘦削、谦让的绅士——一遍遍敲打着手里的小木槌，不时高喊着"肃静！肃静！"可是根本没人在意他。贝京耐心地站在那里，任由喧闹声此起彼伏。他再次对拉宾发话，不过这次语气里含着一分同情。

"总理先生，"他面对安静下来的会场，抚慰道，"即便我对您提出不满，认为您没有换来和平，但现在我要说的是，鉴于我们和美国的关系形势严峻，也许还面临战争风险，我认为，现在我们所有人都应该展现出民族团结。"

拉宾的嘴角不由自主地泛起一丝微笑，会场里响起一片赞许之声。这位复杂精明、意志顽强的反对党领导人所提供的支持，必然会让美国总统和国务卿在"重新评估"对以政策的时候三思而行。

"无论如何，这次谈判破裂都不是你的政府的过错，"贝京继续道，他伸出右手仿佛要和总理握手似的，"埃及才应该为基辛格调停失败负责。"

他重重地拍了下讲台，咆哮道："埃及人一直在以厚颜无耻 287 的态度对待我们，似乎我们倒成了战败国，他们是胜利者，要我们接受他们的摆布。太放肆了！感谢上帝，政府制止了他们，从那时起，我们的国家重新站直了，对我们道德正义的事业充满信心。危急时刻到来时，美国和全世界的犹太人当然会和我们站在一起，还有我们的其他美国朋友，不管他们身在国会还是何处。实际上，全世界的满怀善意的好人都将和我们站在一起，支持我们。"

他停顿了一会儿，似乎在重整思绪，而他接下来的一番话语就像感人的号召一样，响彻议会大厅：

"议长先生，议会的女士们和先生们，不管未来遇到什么挑战，我们反对党都将和政府团结在一起，在那个带我们走出埃及人的束缚来到以色列之地的力量的帮助下，我们会共同迎来胜利。"

他走下讲台穿过人群，许多议员纷纷和他握手，祝贺他的发言。伊扎克·拉宾在内阁席位上拦住他。拉宾伸出手，微笑道："从你刚才的举动来看，你是个真正的领导者，贝京。非常感谢。"

"这只是我的职责。"贝京极为正式地回答。但紧接着，他笑着打趣道："现在轮到你去表现了，你是这个国家非同寻常的领导人。你上去告诉全世界，在这个民族团结的时刻，你作为总理，要号召以色列的年轻志愿者在全国各地建立新的定居点——在所有没人居住的以色列的土地上安家落户。"

拉宾假意一笑。"我知道你在追求什么，"他说，"你在追求我的职位。"

"没错，"贝京逗乐地说，"而且要尽快。"但接着，他严肃地说："事实上，如果我们不在贫瘠的耶胡达和撒玛利亚地区①建定居点，那它们就会被恐怖杀手亚西尔·阿拉法特和他所谓的巴勒斯坦解放组织占领。那么，每个以色列村镇都会在他们的射程之内。"

拉宾一如既往的谨慎语气中突然爆发出怒气。"你完全知道我的立场，"他说，"约旦河西岸是我们和巴勒斯坦人未来和谈的一个筹码。在那里建定居点，就破坏了和平的希望。"

288　　贝京顺从地回答："拉宾先生，你走你的路，我走我的路，但愿上帝让我们都能得到和平。"[40]

　　争取美国民意的斗争进行了大约有两个月的时候，伊扎克·拉宾精神饱满，欢快地大步走进我的办公室，手里挥舞着一份报纸喊道："看——美国国会给我们送来了众神的礼物。我们的活动见到成果了。"

这是一封驻华盛顿使馆发来的电报，其中引用一封76名参议员写给福特总统的公开信，他们在信中敦促总统，在未来与埃及就临时解决方案进行谈判时，要支持以色列一方。信中说：

> 　　我们敦促您像我们一样明确，在未来的和平谈判中，美国将根据自己的国家利益，牢固地与以色列站在一起，这个前提是目前重新评估美国中东政策的基础。[41]

---

① Yehuda and Shomron，或 Judea and Samaria（朱迪亚和撒玛利亚），为约旦河西岸地区在《圣经》中的名称。——译者注

"福特和基辛格可不会喜欢这个，"拉宾幸灾乐祸地说，显露出少有的愉悦，"我们得感谢美国的犹太人组织，尤其是美国－以色列公共事务委员会①。"

如果拉宾那天用水晶球占卜下一周，也就是 6 月的第二周，美国总统会如何向埃及总统提及这封信，他就不会这么乐观了。"这封信的重要性，"福特对萨达特说，"完全被扭曲了。参议员中一半人根本没看过，1/4 的人没明白它的意思。只有另外1/4 的人知道自己在干什么。这封信的影响微不足道。"

福特是在基辛格的陪同下说这番话的，当时他们正在奥地利萨尔斯堡老城巴洛克风格的主教宫会见萨达特和他的外交部长伊斯梅尔·法赫米（Ismail Fahmi）。他们坐在高大的会客厅里，墙上挂的是哈布斯堡王朝的王族和教堂元老们的肖像。这些文物是萨尔斯堡作为宗教国家的时候留下来的，那时候主教宫是大主教行使权力的地方。现在，这里是官方的待客场所。

美国人此行到欧洲是为参加北约峰会，而埃及人赶到风景迤逦的阿尔卑斯山赴会则是希望达成一份临时性的西奈半岛协议。

双方在商议过程中摆出了许多改善条约的新想法，以便让以色列人听起来更加顺耳。其中有一条涉及西奈半岛的预警点状态问题。拉宾一直坚持，即便撤军也要将预警点保持在以色列的控制之下。而萨达特对此强烈反对。现在埃及总统经过重新考虑之后，建议这些预警点或许可以由美国人操作。基辛格立刻抓住这个想法，迅速做出修整，毕竟只有他才知道如何让这个想法变成令人眼花缭乱的外交辞令：

289

---

① AIPAC，全称 The American – Israel Public Affairs Committee，是美国最大、最有影响力的亲以色列游说团体。

基辛格（以下简称"基"）：萨达特总统，您再一次展现了一个政治家的修养。我想，我们可以提出这个想法。如果以色列人仔细想一想，他们会发现由美国人来操作这些预警点是个很有意思的主意。它很新奇。从以色列的角度来看，由美国人出面比达成一份有限性协议要更好一些。美国人操作预警点能让美国一直参与其中。这对以色列来说是个更可靠的保证。

福特（以下简称"福"）：我认为，美国大众应该很能接受这个想法。而且，如果以色列接受这个建议，（国会中）以色列的支持者也会帮忙。

基（对福特）：重要的是，下周（届时拉宾会在华盛顿）不要把这件事透露给拉宾。（对萨达特）我们会提示他，您很愿意考虑预警点的问题，但不会谈细节。接着，再过两周拉宾回国后，我们会详详细细地将您这个有创意的想法告诉他。

萨达特（以下简称"萨"）（对福特）：您刚才说，美国民众会接受这个想法？

基（对萨达特）：您千万不要看上去急于达成临时性协议。您就说，您要回到开罗再仔细考虑考虑。如果我们对拉宾来硬的，就有可能搞砸。（对福特）您先让拉宾慌乱一阵，然后再让我出场。

萨：你的意思是，把它作为一个美国人的建议提出来。这样你们就可以作势向我施加压力，让我接受。你们就可以说，是你们坚持让我改变立场。

290 　基：这样我们就可以说，是福特总统打破了僵局。

萨（对埃及外交部长法赫米）：和亨利商量一下这话

怎么说。

法赫米：这会导致埃及和苏联之间出现一场重大危机。

萨（对美国人）：不需要担心苏联人。苏联人又笨，又多疑。美国人会占上风。

基：他们什么也干不了。

福：我相信，萨达特总统的想法是可行的。

基：总而言之——我认为，我们的方式应该是，您（萨达特）回去考虑一下我们每个人说的话，以及我们之间的对话。您不能表现得急于达成临时协议。就说未来成败的可能性是一半对一半。我们可以告诉媒体，我们在这里的谈话气氛非常好，福特总统和萨达特总统准备回国考虑一下这次对话的实质内容。

萨：然后到适当的时候，我会证实，是福特总统最后打破僵局，达成了临时性协议。[42]

由此，经过接下来的穿梭往来，以及各种指责和辩护之后，各方达成了初步谅解，西奈临时协议（也称作"第二个西奈协议"）所面临的障碍开始相继消解。正如在萨尔斯堡商定的一样，萨达特总统对达成协议的愿望摇摆不定，称其成败的可能性是"一半对一半"。福特总统及时"施加压力"让他三思，并提出一个美国人驻西奈的想法。经过长时间的质疑和犹豫之后，拉宾同意了，埃及领导人也认可。然后，萨达特称赞美国总统打破了僵局，国务卿基辛格再一次飞往中东给整件事情收尾。

以色列在西奈半岛吉迪和米特拉两个山口以东的边界最终确定下来，预警点的美国人（Sinai Support Mission，西奈支援部队）也到位了，西奈的油田归还埃及，各方准备签署协议。

291　　毋庸置疑，在 1975 年 9 月 1 日，签署协议的时候，福特总统对自己和基辛格的努力成果感到非常欣慰，他致电拉宾向他表示祝贺。我当时正忙于抄录交换协议文本，他们之间的谈话我几乎一个词也没记下来，因为那只是一通四分钟的陈词滥调。而同一天，福特总统和身在亚历山大的安瓦尔·萨达特也通了电话，那番电话的情形就大不一样了。

有时候，国家领导人也会碰上荒谬的事情，比如高规格外交动作最终变得像马科斯兄弟（美国戏剧团体）的滑稽戏一般。这次通话就是这样的：

福：喂，萨达特总统？

萨：您好，我是萨达特总统。

福：今天上午怎么样？我给您打个电话，祝贺您为最终达成这份协议，您在谈判过程中发挥了巨大的作用。

萨：喂？（听不见了）

福：不幸的是，我也不太听得清您说话，总统先生。我真希望，您能听得更清楚些。虽然我们遇到了逆境和一些批评，但我要代表我的政府特别感谢您的政治家风度，以及您为达成协议所表现出来的精神。我非常感谢您的领导能力，希望继续与您合作……

萨：喂？

福：喂，能听见我说话吗，总统先生？

萨：喂？

福：我是在问您，您能听见我说话吗，总统先生？

萨：我是萨达特总统。

福：我是在问您，您能听见我说话吗，总统先生？

萨：不太听得清。

福：我知道你我都意识到了，中东局势中的停滞和僵局一直很危险，您在同基辛格国务卿以及以色列人的合作中展现了您的领导能力——对此我们所有人都非常感谢。我们会继续合作，作为个人，也作为政府与政府之间……

萨：喂？我是萨达特总统。

292

福：是的，我能听见您说话，总统先生。希望您也能听见我，总统先生。

萨：是福特总统吗？喂？

福：我听不清，总统先生。

萨：是福特总统吗？

福：是的，我是福特总统。

萨：请您说下去。

福：电话连接不太好，抱歉，我听不清您说话，总统先生。我要说的是，如果可以，排除各种困难，我和我的夫人希望您和您的夫人及孩子能在今年秋天访问美国。基辛格国务卿告诉我，您对他们夫妇予以了热情的招待，我们盼望能于1975年秋天在美国招待您。

萨：喂？

福：很抱歉，我听不见您说话。电话连线非常糟糕。希望您能听见我说。总统先生，基辛格国务卿很快就会到亚历山大请您在文件上签字，我让亨利代为向您表示感谢……

萨：喂？

福：喂，总统先生。

萨：喂，总统先生。

福：现在清楚一些了。

萨：总统先生，祝您和您全家身体健康。

福：我很好，总统先生，希望您也健康。

萨：非常感谢您的私人来信。（又听不见了）

福：我没听清您最后说的话。这里的通话信号不如您那里的好，但是……

萨：我听得很清楚。

福：我和基辛格国务卿认为，我们所做的一切努力完全是值得的，但是如果没有您的领导力和政治才能，我们的努力就不会取得成功。

萨：非常感谢您，总统先生。

福：希望能尽快见到您。

萨：我们正愉快地盼望美国之行，向您的家人转达我的祝福。

福：也向您的家人转达我的祝福。

萨：非常感谢。

福：我还希望……

萨：喂？

福：喂？（听不见了）

萨：喂！喂！

电话断线了。[43]

第二十五章　总统来信

以色列议会的总理办公室内有两处座位区，一处位于大书桌旁边，另一处围绕在沙发旁，座位都是浅褐色的，不过与栗色窗帘和地毯十分相衬。总理和访客的私人会谈一般都在这里进行。1975年9月2日午后，总理领着反对党领导人来到沙发附近落座。拉宾希望向贝京解释当年二三月间所发生的一切，他扛住美国的压力和埃及达成一份临时协议，最终于前一天在文件上签了字。

和清爽利落的贝京相比，拉宾看上去有点狼狈。他点上一根烟，慢慢地抽着，好像吸氧似的，整个身体承受着过去数月中的压力和焦虑。他眼睛肿肿的，有点儿驼背；因为谈判到深夜而筋疲力尽，前一天晚上，他当着得意扬扬的基辛格在协议上签了字。

"我想和你——你作为反对党领导人——见面解释一下，我们昨晚签署协议的实质。"拉宾开口道。

"总理先生，"贝京十分正式地回答，"我十分欣赏你的态度。但是，我已经看过文件的内容，所以我认为没什么需要进行解释的。我所了解的是，2月你斩钉截铁地告诉我们，你不会交出西奈半岛的任何资产——油田、山口通道、预警点——更不用说深度撤军了，除非埃及人保证结束战争状态。3月，你告诉我们埃及人承诺的'不使用武力'是毫无意义的废话。现在，几个月之后，你来了个一百八十度大转弯，好像我们的公众没头脑似的。"

拉宾疲惫地说："我没有开倒车。事情从 3 月开始一直在推进。我们现在促成了一种新的、改进了的局面，可以让双方达成谅解。"

"可是总理先生，恕我直言，你不可能指望我们的人民会相信，你昨天的签字会改变今天我们与埃及之间的关系。从 3 月开始，当时你拒绝接受埃及人的指挥和美国施加的压力——你因此赢得了我们所有人的支持……"

"确实如此。"

"……基辛格时不常地提起他所谓的'重新评估'政策和各种可怕的预言，把气氛搞得很紧张，这些并没有成真，可你最后认输了，签了字。"

拉宾由衷地感到沮丧，他坐直身子坚定地说："贝京先生，你的话很荒谬。我没有认输。我的政府按自己的意志接受了这份改进后的临时协议，因为它提出了我们与埃及之间新的战略局势承诺，是获得美国支持的一个新的门槛。如果不接受"——他的语气中带着嘲笑——"那就得重开日内瓦和平会议。"

日内瓦和平会议是"赎罪日战争"后由联合国发起的，美国和苏联主导的官方谈判框架。它只在战争刚刚结束时召开过一次会议，此后便名存实亡。

"那就让他们去日内瓦开会，"贝京怒气冲冲地说，"我们在日内瓦没什么可害怕的。阿拉伯代表会提出他们的论据，我们也可以提我们的。那是个很好的国际平台，可以让全世界知道我们的事业是正义的。"

"正相反，我们会完全受到孤立，"拉宾反驳道，"全世界会站在一条战线上向我们施压，要求我们退回到 1967 年之前的边界。而这次和埃及达成的双边解决方案，使我们有机会诱使萨达特放弃军事选项，接受美国支持的政治方案。如果他觉得这样做值得，他会照做的。"

贝京冷笑道："那是幻想。"

"我不这么认为。"拉宾说着，开始将话题引向他想让贝京了解并接受的基本概念。

"埃及是所有阿拉伯国家中最大、最强的国家。按人口算，它占阿拉伯世界的一半。它是阿拉伯世界的领导者。迄今为止，针对我们的每一场战争都是埃及率先发难，随后其他阿拉伯国家跟进的。每一场战争也都是埃及第一个撤军，之后其他国家效仿的。这次的西奈临时协议第一次将埃及从反对我们的暴力联盟中分离了出来。"

贝京满腹狐疑地看了拉宾一眼道："我们中的许多人并不这么看问题，总理先生。在我们看来，这是一场无法接受的赌博。"

拉宾沿着自己的思路继续道："你完全知道，安全不仅仅事关领土。现在我们愿意退到深入西奈半岛的一条新防线上，萨达特就第一次有了重开苏伊士运河（自1967年'六日战争'开始一直处于关闭状态）、重建运河两岸城市（在1969～1970年的消耗战中遭到破坏）的想法。这本身就会给我们大幅增加安全性。同样，归还西奈半岛的油田也为萨达特恪守自己的契约提供了很好的理由。换句话说，这份协议在很大程度上是用来自我监督的。从广义的战略层面上说，它进一步推动埃及走出苏联的轨道，迈向西方的轨道。而且，它加深了埃及和叙利亚之间的裂痕，阻断了针对我们的最危险的地区联盟——开罗—大马士革轴心。"

贝京脸色凝重，仍然心存疑虑。"这就好比街上的任何一个人，"他直率地说，"他绝不是个傻瓜。他觉得你要带他去花园。你向他保证，往前走一步就是和平，可是他只能眼看着胜利的果实在自己鼻子底下溜走。你命令国防军在西奈半岛大撤退，而萨达特命令继续保持战争状态；他感觉这两者之间是矛盾的。他认为，除非能拿到一份彻底的和平契约，否则不能向埃及归还哪怕是一寸土地。"

拉宾想了一会儿，好像在掂量贝京的话是不是有道理。最后，他迟疑地说："我们只能把这份协议交给时间去检验。时间会告诉我们结果，贝京先生。"

贝京语带怒气道："时间会让埃及人故伎重演，正像我预料的那样，1970 年 8 月我们撤退以后，他们厚颜无耻地违反停火协议，迅速在我们撤出的区域部署了萨姆导弹，为此我们在'赎罪日战争'中付出了巨大代价。而现在，我们又在犯一模一样的错误。你放弃了吉迪和米特拉两个山口，完全颠覆了你原先的立场，你实际上是在让埃及人故伎重施。"

"我们没有放弃那两个山口。"拉宾反驳道，他真的被激怒了。

"你的确放弃了，总理先生。从文件所附的地图来看，你撤出了那两个山口。"

"是这样的，可是我们仍然保持着对它们的控制，"拉宾毫不让步地认真反击道，"我们依然可以从东部的山脊地带包围并控制这两个山口通道。任何从西边进入这两个山口的埃及坦克都会成为我们的瓮中之鳖。另外，山口通道里还有美国人在监督。请你再研究下地图。"

贝京咕哝了一声，随即转移开话题：

"在外交上，没有什么比可信度更重要的了，而你的政府已经失去了信誉。政府在最重要的问题上一开始拒绝让步，后来却屈服了。因此，现在所有人都知道了，当以色列对某个特定的要求说不的时候，只要施压就行，我们会改主意的。最近几个月里，阿拉伯人已经学会了如何同以色列人谈判。"

拉宾很了解贝京，知道他此刻并非在玩弄党派政治，而是真的感到很困扰。于是他用安抚的口吻说："给你说说我的战略构想，这或许能帮你理解，为什么我从这份协议中看到了希望。我之所以从中看到希望，是因为其中包含了对达成和平至关重要的三大基本要素。第一，它加深了敌对力量之间的矛盾。第二，它加强了冲突的消散。还有第三，它显示出加强信任的前景。如果我们要和邻居们达成和平，就要分三步走——脱离、扩散和信任。我们只有具备信任，才能实现真正的面对面谈判。我就是这么认为的。而且，除此之外，我还相信一件事。"

他从口袋里掏出一封信，说："我还认为，只要有可能，我们就必须将自己的最大利益与美国的最大利益保持同步。我认为，要推进和平，美国就必须让我们保持军事上的强大。这份新协议从这两方面巩固了我们和华盛顿之间的联系。它将美以关系置于一个全新的基础之上。请看看这封信。信是福特总统写的。它是昨天晚上签字之后送到我这里的。"

贝京接过信，扶了扶眼镜念道：

　　亲爱的总理先生——以埃临时协议要求以色列从西奈半岛重要地区撤军，此举对以色列追求最终和平具有重要意义，同时也给以色列增加了额外且沉重的军事和经济负担。 299

为此，我决定通过提供 F–16 战机……等先进装备，继续保持以色列的防卫能力；与以色列共同开展包括潘兴地对地导弹（Pershing Ground–to–ground missiles）在内的高科技尖端项目研究……批准美国国会每年提交的军事和经济援助要求，以满足以色列在这两方面的需求……美国在未来提出建议时，将尽力与以色列方面进行协调，以免引起以色列方面的不满。

贝京问起最后那段话的具体含义，拉宾解释说，那意味着美国要永久性去除一直困扰以色列的担忧，不会将强国意志强加给以色列。

接着，贝京读到最后一段：

美国迄今为止还没有在边界问题上拿出最后方案。美国会充分考虑到以色列的立场，与叙利亚签订的任何和平协议都必须将以色列继续保留戈兰高地作为前提。[44]

"嗯，很有意思，"他说道，"这虽然算不上是个支持我们保留戈兰高地的约束性承诺，但还是挺重要的。想想看，基辛格在总统起草这封信的时候，发挥了多大作用？"

"谈判的时候，每个词都是通过基辛格商量确定的。如果没有总统的这些承诺，我是不会在协议上签字的。"

梅纳赫姆·贝京深陷在沙发里，一只手抱着膝盖，用探讨的语气问："我以前从来没有问过你，但我想知道，你对基辛格这个人怎么看？你认识他很长时间了。比如这最后一段关于边界和戈兰高地的话——他对你说过，我们的最终边界应该在哪里吗？"

拉宾不禁苦笑着道："我最近一次去华盛顿时曾直截了当地问过他。我说，'亨利，咱俩认识了很多年，对各种问题讨论过成百上千次。但是我从来没听你说过，你认为以色列的最终边界应该在哪儿？现在就只有咱们俩个人，告诉我，你是怎么想的？'"

"他怎么回答？"

"他举起双手好像在说'不要冲我开枪'，然后说，'伊扎克，你从来没听我说过这个问题，你永远也不会听到。而且，我希望真的到了决定最终边界的时候，我不再是国务卿了。'"

"真机智，"贝京一点儿也不觉得这有什么好笑，"通过这几个月来他的言行，你对他这个人得出了什么结论？"

"他是个复杂的犹太人。对我们来说，他就是个矛盾体。他是个谈判艺术大师。就像谈判失败的时候我们所看见的，他不但强硬，而且还危险。"

"他是个阳奉阴违的人吗？"

"他像梅特涅一样，如果觉得有必要，他会只说一半真话。他不撒谎，一旦撒谎，他就会失去信誉。他只是向不同的听众强调不同方面。这是一种谈判技巧。"

"他是个善变的人？"

"可以这么说。虽然如此，但我认为，他在内心深处还是很在乎我们的。你应该知道"——他突然变得怒气冲冲起来——"忠信社群（Gush Emunim）在示威游行中对他的犹太背景进行了恶意攻击。"

拉宾提到的"忠信社群"是个宗教民族主义集团，在基辛格访问以色列时，他们在大卫王饭店门前和议会外组织了一系列反对基辛格的示威游行。他们的标语上写着："犹太小子滚回家"、"犹太人的叛徒"，以及"希特勒留你一条命，让你完成他的事业"。

"这纯粹是犹太人在犹太国家内部搞反犹太主义，"拉宾激动地说，"这些自封的宗教沙文主义者正在毁掉实现和平的机会。我说过无数次，除了事关我们安全的地区，犹太人不应该在约旦河西岸主张定居权。"[45]

"你所说的整个约旦河西岸，我根据《圣经》管它叫耶胡达和撒玛利亚，"贝京愤慨地说，"对我们的安全至关重要。"

301　　"恕我不能同意，"拉宾冷冰冰地说，"在阿拉伯人口稠密的地区兴建犹太人定居点，本身就会招来暴力。我们犹太人只能在二者之中选择其一，要么继续做个民主国家的犹太人，要么控制整个以色列之地。我们不可能两样全占着。二者明显是对立的。"

"如果让巴勒斯坦的阿拉伯人完全自治，就不对立。"

"他们不会接受的。"

"你总是鼓吹要从我们这么小的领土中割一块给他们，他们怎么会接受呢？"

"可是你不明白吗，正因为阿拉伯人拼命想要得到约旦河西岸和加沙，所以这两块土地是与他们达成和平的真正关键。它们是我们手里最有价值的谈判筹码。可是现在，那些自诩为以色列之地主人的流氓定居者——"

"他们正是，"贝京果断打断拉宾的话，"他们会为以色列之地献出他们的生命。"

"他们威胁到我们的民主，"拉宾反驳道，"他们中的一个首领竟然写道，基辛格应该得到伯纳多特伯爵（Count

Bernadotte）一样的下场。"（伯纳多特伯爵是联合国调解人，1948 年在以色列被暗杀。）

贝京吃了一惊道："我从没听说过这事儿。"

"我听说了。那些狂热的人像乌合之众一样占据了整个耶路撒冷的街道。他们甚至在基辛格到来的时候，包围议会。我们只能走后门才好不容易让基辛格离开议会，安全回到酒店。这是让人不能接受的，太离谱了。我觉得非常羞耻。"

"听起来这些示威游行好像让你挺意外，总理先生。"贝京小心翼翼地说。

"他们打着神权的旗号进行如此激烈的对抗，确实让我很吃惊，"拉宾厉声道，"我不能容忍这样的行径。我已经命令警察局长去驱散他们，如有必要可以使用武力。"

"总理先生，"贝京的语气里充满责备，"我请求你撤回那道命令。这些人并不像你所说的那样。他们是民族的优秀分子，他们是我们精英先驱最后的遗存。是的，我同意，他们的行为有时候过于狂热，但这是因为他们对国家爱得热烈。这些日子里，他们非常非常生气，因为你对我们国家所作所为，所以他们的愤怒也是理所当然的。多年来，每一届以色列政府得不到和平，就不同意撤军。这种态度已经深入这个国家的灵魂。所以，难怪人们会游行抗议。如果不上街，你让他们去哪里表达呢？"

"这些示威游行违背了民主规则。"拉宾同样激动地反击。

"是吗？"贝京的语气里流露出嘲讽，"你的团队没有资格来教我们什么民主规则。整个公共生活都证明了我们是忠诚于民主的，即便有时候我们面临巨大的挑衅。而且，据我所知，示威游行在自由国家并不是对民主的威胁，而是民主的展示。"

302

　　然后，他站起身用一本正经的官方口气道："你懂的，总理先生，我会在议会讲台上，以及其他任何我所能找到的平台上，针对你所谓的临时协议表达我的反对意见。"

　　"我当然知道你会这么做，贝京先生，"拉宾干笑着，"你不是习惯于说，反对党的工作就是反对吗？好吧，请随意——反对意见，我会回应的。"

　　在伊扎克·拉宾看来，1975 年临时协议是与埃及实现和平之路上具有历史意义的一步，让他感到愤怒的是，他的贡献从未被公开地认可。他在 1979 年的回忆录中写道：

　　　　1977 年 11 月 19 日萨达特总统对耶路撒冷进行具有历史意义的访问时，我已经不再是以色列总理了。然而，如果我的政府没有接受并签署 1975 年临时协议，那么这次访问——以及之后为签订和平条约所做的后续工作——都将成为泡影。虽然我们的政策激怒了利库德集团（Likud），但这并没有影响贝京政府收获我们的劳动成果。当然，这是理所应当的事情，因为追求和平并不是两个政党之间的竞争……1975 年与埃及的协议本身并不是个结果。正如协议的名字所言，其设计初衷是推进和平，从这个意义上说，它达到了目的。[46]

第二十六章　恩德培——139 航班

伊扎克·拉宾总理的军事秘书埃弗拉伊姆·波兰（Ephraim
Poran）准将——也有人叫他弗利卡（Freuka）——是个性格冷
淡、说话温和的军人，有个"众人皆醉我独醒"的好名声。所
以当拉宾见他在内阁会议开到一半时闯进来，一脸焦虑地俯身
递过来一张纸条，就知道肯定是发生了极其严重的事情。那天
是 1976 年 6 月 27 日，星期日。拉宾一看纸条上的内容，顿时
脸色煞白：

> 一架由特拉维夫飞往巴黎的法国航空公司 139 航班，
> 在经停雅典再次起飞后遭到劫持。

拉宾身体前倾皱着眉头看着眼前的纸条，好像在仔细研读
上面内容，实际上，他正在冥思苦想怎么办。自从"六日战
争"以来，他还没碰到过如此让人焦虑的突然打击。终于，他
翻转纸条在背后写道：

> 弗利卡——去查清楚：1）机上有多少以色列人？2）
> 上面有几个劫机者？3）飞机要去往哪里？

拉宾随即敲了下槌子，打断一名正在探讨面包价格的部长，
向内阁通报这条令人震惊的消息。他宣布会议延期，让外交部

长伊加尔·阿隆、国防部长西蒙·佩雷斯、交通部长加德·雅科比（Gad Yaakobi）、司法部长哈伊姆·扎多克（Chaim Zadok），以及不管部长以色列·加利利立刻到楼下的会议室商量出一个行动方案。

下楼的时候，拉宾让雅科比联系本－古里安机场，通知他们立刻采取全面警戒。"劫机者可能想制造另一起萨贝纳事件（Sabena）。"拉宾说。

他指的是 1972 年 5 月，一架比利时航空公司（简写为SABENA）的民航客机在从维也纳飞往特拉维夫的途中遭到劫持。飞机降落在本－古里安机场，劫机者要求以色列方面释放上百名巴勒斯坦恐怖分子，否则就将这架飞机连同机上旅客一起炸毁。第二天，以色列突击队成功营救了这架飞机上的人质。

"现在我们唯一肯定的是，"拉宾在紧急部长会议上说，"被劫持的是法国航空公司的飞机。机上乘客的法律地位是什么？"

他问司法部长哈伊姆·扎多克，后者是个圆圆胖胖的中年绅士，脑子里装着一部法律百科全书。

"根据法律，这些乘客受法国主权保护，"他权威地答道，"法国政府对他们所有人的命运负责。"

"伊加尔"——他转向外交部长阿隆——"你们通知法国政府了吗，告诉他们，我们准备发表一份公开声明。让巴黎方面随时向我们通报他们的行动。"他又对我说："准备起草一份声明。"

我开始动笔，阿隆起身离开会议室，刚走到门口就被伊扎克叫住了。"跟他们说，绝不能区别对待以色列乘客和其他乘客。"

"那还用说吗。"阿隆咕哝着，有一点儿不高兴。

这时，弗利卡又闯进来递进一张新的纸条，拉宾大声念道：

> 机上共有 230 名乘客，其中 83 名以色列人，12 名机组成员。利比亚同意让飞机降落在班加西。

"所以现在我们至少知道这些乘客在哪里，"拉宾说着点上烟，皱起眉头，"但还有三件关键的事情我们还不了解。我们不知道班加西是不是他们的最终目的地。我们不知道劫机者的身份。我们也不知道他们有什么诉求。"

接下来的半个小时里，部长们一直在仔细思考这三个问题，直到一名秘书进门递给阿隆一张纸条。"啊，是法国大使写来的。"然后他念道：

305

> 法国政府希望告知以色列政府，法国政府对法航 139 航班上所有旅客的安全，一视同仁地负有全权责任，并会将相关情况通报给以色列政府。

"这很好。"伊扎克说。由于缺乏新的信息，也没有什么有用的事情可以商量，总理宣布休会，嘱咐每个人随时保持电话联系。

下午晚些时候电话响了，傍晚，营救指挥小组重新召开会议。拉宾又像过去一样，成了完完全全的强硬指挥官。他眼睛来回扫视着面前的一份文件说："这是新来的消息。飞机在班加西加油停留了 7 个小时，释放了一名怀孕的女乘客。飞机起飞后，恐怖分子要求降落在喀土穆。虽然苏丹是巴勒斯坦恐怖分子的天堂，但这个要求没有得到同意。我们现在不知道，飞机要往哪里飞。与此同时，本－古里安机场已经进入最高戒备状态。至于劫机者的身份，貌似一共有四个人——其中两个阿拉伯人属于解放巴勒斯坦人民阵线（Popular Front for the Liberation of Palestine），另外两个则是恐怖组织'革命牢房'（Revolutionary Cells）的德国人。目前我们就了解这些。"

接下来，大家焦虑地交换了一阵意见，没讨论出什么新的信息或办法，拉宾结束了会议。那天晚上，他迷迷糊糊地睡着了，直到床头响起急促的电话铃声，他才猛地一睁眼回到现实中。

"谁？"

"弗利卡"

"几点了？"

"凌晨四点。抱歉把您吵醒了。飞机降落在乌干达的恩德培市。"

拉宾立刻警觉道："总比降落在阿拉伯国家强。我们认识乌干达总统艾迪·阿明（Idi Amin）。"

"他是不是在我们这里进行过跳伞训练？"

"确实是。在果尔达·梅厄的非洲援助计划鼎盛时期，我们曾经向乌干达派出不少专家。其中有些人应该和他有私交，因此我希望我们能够马上解决问题。尽量找一找谁认识他。劫机者提要求了吗？"

"没有。"

"先召集会议。"

"好的。您先睡会儿。"

"好的。"

第二天是6月29日星期二，上午8点半，睡眼惺忪的拉宾一脸疲惫地向大家报告最新情况。部长们还没听他说完，弗利卡的助手急匆匆地进门递上一张纸条。弗利卡迅速扫一眼，立刻把它递给总理。拉宾瞥一眼道："我们正在等这个。劫机者通过乌干达电台提出了他们的要求。"

他停下来仔细研究手里的纸条，理解了上面的所有意思，然后用一种缓慢而从容的姿态和周围的人谈论起纸条上的内容。大家都故作镇定，仿佛为了掩饰内心的不安。

"释放人质的条件是，"总理说，"劫机者要求释放分别关押在 5 个国家的恐怖分子——他们所谓的自由战士——我们国家 40 人、西德 6 人、肯尼亚 5 人、瑞士 1 人，以及法国 1 人。他们已经下了最后通牒。要在 48 个小时内把释放的恐怖分子送到恩德培。我们释放的人员由法航运送；其他国家可以自行决定自己的运送方式。"

"如果不照办呢？"以色列·加利利以他特有的冷静而镇定的方式问道，"如果不同意释放这些人，会有什么后果？"

以色列·加利利留一头爱因斯坦式的白发，结实健壮的身形一看就知道他曾经是个基布兹成员，他还有生意人的精明和一双斯文加利式的含蓄的眼睛。他是拉宾在政治上的亲密战友，实际上此前的每一任总理都很重视他的意见。

"如果不释放这些恐怖分子，"拉宾阴郁地回答，"他们威胁从 7 月 1 日，周四下午 2 点开始对人质大开杀戒。也就是后天。"

所有的人都同时倒吸一口凉气。第一个打破沉默的是国防部长西蒙·佩雷斯，他慷慨激昂地陈述了一番屈服于恐怖分子的勒索意味着什么。

拉宾转身轻蔑地看了佩雷斯一眼。他记得自己曾经骂过佩雷斯是个"根深蒂固的阴谋家"，说佩雷斯会为了自己的野心不惜一切代价。此刻他盯着佩雷斯，眼神仿佛在说"你说你的，

307

这事情归我负责"，而后冷笑着打断了佩雷斯："在国防部长进行下一步说教之前，我建议大家再彻底地、全方位地思考一下这件事情。下午 5 点半我们再开一次会，拿出点办法来。"

拉宾随即召集自己的幕僚开会，一开场就痛批了佩雷斯"那番自私自利的说教"。接着他听取了有关劝说艾迪·阿明出面为乘客求情的情况，了解经过后，他苦笑着咆哮道："阿明干出什么来，我都不会惊讶。他把国家当成自己的私人封地来管理。他可能想与恐怖分子合谋，从这起事件中获利。"

他交代弗利卡，让国防军总参谋长莫迪凯·古尔［Mordechai Gur，即莫塔（Motta）］将军参加 5 点半的会议，并让我再召集一场针对外国媒体的吹风会，着重强调法国方面的责任。

"让总参谋长来干什么？"弗利卡问，"您有事情交给他？"

拉宾回答："我想了解国防军对整个事件的看法。可以肯定，佩雷斯所谓的不向恐怖分子屈服的言论绝不只是说说而已，这样他到后来就会说，自己从一开始就赞成采取军事行动。问题是，他的花言巧语很有说服力，甚至连他自己也深信不疑。"

5 点半，总理在会上直截了当地问总参谋长："莫塔，国防军有没有可能通过军事行动解救人质？"

佩雷斯生气地插话道："我们没有考虑过军事方面的安排。我还没有和总参谋长讨论过。"

"什么？"拉宾气急败坏，额头上青筋凸起，"从我们得知劫机事件到现在已经过去 53 个小时，你居然还没跟总参谋长讨论过用军事手段解救人质？"他显然非常愤怒。"莫塔，"拉宾目光锐利地盯着总参谋长，声音听上去干净利落、威风凛凛，"你到底有没有一个军事计划，有还是没有？如果你有军事方面的安排，那就是我们的第一选项。但是记住，任何行动都必须把人质安全地带回来。只消灭恐怖分子是不够的。我们必须把我们的人带回家。"

308

佩雷斯又想说什么，但拉宾抢先开口，坚持让莫塔·古尔回答问题。

"我接到开会通知的时候，"莫塔将军是个肌肉发达的伞兵，曾经在"六日战争"中带领部队解放老城，他回答道，"我猜想，这是要让我在军事行动方面提供建议。所以，来之前我让作战部长进行了初步评估，看看军事行动是否可行，如果可以，需要付出什么代价。现在主要的问题是，关于艾迪·阿明的态度，我们缺少可靠信息。如果乌干达人愿意与我们合作，那么成功的可能性就会大得多。"

"当然是这样，"拉宾对所有人道，"但是我们收到的有关阿明的报告并不乐观。关键是，眼下没有具体的军事行动方案，所以我们必须……"——他停顿了一下，好像在犹豫要不要接着往下说——"……考虑要不要和劫机者谈判释放人质。"

佩雷斯突然起身离开会议室，古尔将军跟了出去，俩人很可能打算迅速回到特拉维夫的国防部去制定军事计划。会议室里其余的人焦躁不安地讨论起来，毕竟需要营救的人质数量那么多，而且还在千里之外的非洲内陆，在和杀手谈条件交换无辜人质的过程中还会产生许多不可想象的变数，一想到这些大家就感到恐惧。

那天深夜，拉宾在自己房间里喝了杯酒——他抽烟喝酒比以前更猛了——说出了心里话："至于和恐怖分子谈判，我早在当上总理之前就定下了原则，即万一恐怖分子在外国领土上将我们的人扣为人质，而我们只能在释放我们手里的杀人犯，和让我们的人质遭到杀戮间做选择，那么，如果不能采取武力营救，我会选择向恐怖分子投降。我会用释放杀手来换取老百姓的性命。所以我现在要说，如果国防部长和总参谋长拿不出可靠的军事行动计划，我打算和恐怖分子谈判。如果一位母亲因为我们拒绝谈判，或者因为我们行动失败而失去了她的孩子，那我就无法面对这位母亲了。"[47]

第二天——6 月 30 日星期三——拉宾在部长委员会会议上宣布了一个令人恐惧的消息：

309　　"恐怖分子做出了选择。他们将犹太人和非犹太人分开，一共有 98 名犹太人。非犹太人已经被释放。他们威胁要处决犹太人质。现在毫无疑问，艾迪·阿明急于讨好阿拉伯人，正在全力配合恐怖分子。现在离最后期限还有不到 24 个小时。所以，我要再问一遍总参谋长——莫塔，你有没有军事行动计划？"

"我们正在考虑三种可能的选项，"总参谋长回答，"一是从维多利亚湖向机场发起进攻；二是引诱劫机者到以色列来交换人质，然后出其不意地把他们拿下；三是派出伞兵降落到恩德培。"会场一片寂静。"这些计划中，哪个可行呢？"总理问，他脸上毫无表情，"你能不能推荐一种方式？"

"不能。"

"那么，"拉宾的语气里有一丝轻松，"既然恐怖分子给出的最后期限是明天下午两点，那么我打算向全体内阁建议，我们和劫机者谈判释放人质。我们可以通过法国方面进行谈判。如果无法用武力营救人质，从道义上说我们不能抛弃他们。我们必须用关在以色列的恐怖分子来作交换。我们的谈判是认真的，不是什么拖延时间的战术策略。我们会不遗余力地做成这笔交易。"

"我反对。"佩雷斯说道。

"我知道你会反对。"拉宾喃喃地从牙缝里挤出几个字，但这一次他没想阻止佩雷斯说下去。

"我们过去从来不同意释放谋杀无辜平民的犯人，"佩雷斯大声说，"如果我们屈服于恐怖分子的要求，释放这里的恐怖分子，那么所有人都会理解我们，但没有人会尊敬我们。然而，如果我们采取军事行动解救人质，那么有可能没人理解我们，但大家都会尊敬我们，当然"——他小声道——"这得看行动结果。"

拉宾怒气冲冲地盯着佩雷斯，怒不可遏地吼道："看在上帝分上，西蒙，我们现在不想听你的豪言壮语。如果你有更好的办法，那就说出来听听。你有什么建议？你我都很清楚，人质家属白天晚上地盯着我们。他们因为害怕而失去了理智，吵着要我们和恐怖分子作交换，但他们有很好的理由这么做。他们说什么？他们说，'赎罪日战争'后以色列释放恐怖分子交换士兵的尸体，所以我们怎么能拒绝用释放恐怖分子来交换活生生的人呢？那是我们的人，是他们挚爱的人，那些人的性命正处于迫在眉睫的危险之中。"

310

佩雷斯愣在那里什么也没说。表决的时候，他和他郁闷的同僚们举手赞成通过法国政府与恐怖分子谈判释放人质。[48]

第二天早上，距离最后期限只有几个小时了，总理向内阁通报，全体一致同意通过法国政府与恐怖分子进行谈判。会议结束时，拉宾说："以色列国防军会继续寻求用武力解决，但这丝毫不会影响我们的谈判决心。"

接着，他脸色苍白地大步走进隔壁的屋子，议会外事和安全委员会的成员们（主要由不担任部长的主要党派领袖组成，其中包括贝京）正在等待听取他的汇报。"先生们，"拉宾紧张地说，"内阁刚刚决定和恐怖分子展开谈判，用我们手里的杀人犯交换犹太人质。"

人们面面相觑，空气中弥漫着不安和焦虑。接着便爆发了激烈争论，拉宾打断道："我们别无选择。我们没有可靠的军事选项。再有几个小时，下午两点，恐怖分子最后通牒的期限就到了，过了那个时间点，他们就会每半个小时处决一名犹太人。"

"总理先生，我可不可以出去和我的幕僚商量一下？"说话的是贝京。

拉宾看看表。"可以，但是请抓紧时间。时间不多了。我们还要把我们的立场通知法国方面。"

贝京迅速起身，朝隔壁的房间走去，身边跟着他的党内成员。他用一种身经百战的命令式口吻说道："在面对原则问题要采取什么立场这一点上，谁能比我更有发言权？我的原则就是，不能和恐怖分子谈判。但是当犹太人的生命危在旦夕的时候，就必须抛弃所有原则。我们必须把我们的同胞救出来。因此，我建议我们向总理表明，我们利库德集团作为反对党负有公共责任，同意和恐怖分子展开谈判。"

没有人表示反对，他们就在几分钟内回到会场。

311　　"总理先生，"贝京极其庄严地说，"这件事无关执政联盟和反对党之间的党派之争。这是一个最首要的全国性问题。我们反对党同意政府为营救犹太人所做的决定。我们会把我们的决定公之于众。"

"谢谢。"拉宾显然很感动。当他把贝京的话告诉部长委员会时，国防部长看上去很惊讶。离开会议室的时候，拉宾嘲讽地对身边工作人员说："贝京先生表现出来的国家责任感给佩雷斯先生当头泼了一盆冷水，好让他冷静冷静少说点煽动性的话。

现在我必须迅速通知法国方面进行谈判。"

接下来的几个小时里，一条新闻传遍了全世界："以色列投降了！"

等待恩德培方面的回音时，总理身边所有的工作人员都处于一种极度紧张的高压状态下——除了拉宾自己。他吩咐我整理当天的各种相关报道。过程中我极力压制着内心的焦虑，他却镇定得非同寻常，似乎那个原则性决定让他有了道德上的底气。他一旦下定决心，专注点就从未动摇过。因此当直通特拉维夫情报部门的红色紧急电话突然响起时，他竟然心平气和地拿起电话，波澜不惊地道了声"你好。"接下来，只见他赞同地点着头说道："是的，我明白。很好，谢谢你。那就为我们赢得了一点点时间。"说着他放下电话。

"有新消息？"我唐突地问。

"是的，"他一边说，一边摁下对讲机按钮通知军事秘书波兰将军，"法国人刚刚通知我们，为了让谈判能够进行下去，恐怖分子把最后期限延长到了 7 月 4 日星期日。请你通知部长委员会。我要直接跟国防部长和总参谋长说。希望他们能在最后期限之前拿出武力解救计划。"

几个小时后，我正在弗利卡的办公室和他聊天，拉宾满脸通红地进来，身边跟着他的新闻秘书丹·帕蒂尔（Dan Patir）。"简直让人难以置信，"拉宾咆哮道，"我等着国防部长和总参谋长在新的最后期限到来之前拿出个军事计划，他们却拿出这么个闻所未闻的怪主意。他们让我派摩西·达扬——竟然是摩西·达扬——到乌干达去和艾迪·阿明谈判！他们是疯了吧，竟然要把我们最知名的公众人物拱手送到那个疯狂的暴君手里，好让他把达扬交给恐怖分子当作他们手里的王牌人质。太离谱了！"

"可是我听说，有个军事行动计划正在酝酿中。"波兰将军在竭力劝他。

"我也听说了，"拉宾满腹狐疑地说，"但是我得眼见为实。莫塔和佩雷斯说，到了早上可能有东西给我看。"

他们确实做到了——拿出了一个非常大胆的计划，拉宾在用老练而专业的军事眼光进行审视并改善后，最终同意了这个方案。他随即召集全体内阁紧急会议。尽管那天是7月3日星期六，恰逢安息日之前，但由于计划日程人命关天，所有信教的部长也都参加了会议，他们是步行赶来的，因为那天不允许开车。

总理发话道："我接下来要说的，是高级机密。我们有了一个军事方案。"

部长们性格各有不同，一些人显然很震惊，有些人倒吸了一口凉气，有些人认真地读着手里的材料仿佛是要掩藏内心的紧张和激动，还有些人则面无表情地坐等总理继续往下说。

拉宾面无表情，直截了当地解释道："大家都知道，之前由于拿不出军事行动方案，我赞成和劫机者展开谈判。但是现在，情况变了。"

"您能不能估计下可能的伤亡？"一名部长担心地问。

拉宾干脆利落地看着提问者答道："营救计划会造成人质和营救人员双方伤亡。但我不知道有多少。但即使会造成15至20人死亡——代价可能相当大——我也赞成这个计划。"

"除了和恐怖分子谈判之外，您确定没有其他办法了吗？"另一名部长问。

"是的，我确定。如果有了军事计划就必须执行，即便代价沉重也比向恐怖分子投降要强。"他停顿了一下扫视着大家的脸，在心里估摸着他们的想法。大多数人面无表情，半信半疑的样子。于是他以不同寻常的激情步步紧逼地大声道："我一直在说，在没有军事计划的情况下，我们被迫坐下来认真地和恐怖分子谈判。现在我们有了军事计划，那就必须去执行，即便要付出沉重的代价。"

莫塔·古尔介绍了这个"大力神行动"的要点。由武装力量乘坐"大力神"运输机，而不是采用跳伞的方式，降落在恩德培。他称计划的核心是秘密、谨慎和用计，所有的一切都是为了让乌干达人放松警惕，一举抓获恐怖分子。他总结道："先生们，昨天晚上我参加了'大力神行动'的演习，现在把它介绍给内阁。"

经过一番简短的讨论，内阁通过了这个计划。于是拉宾走进附近的会议室，再次向应邀前来的议会外事和安全委员会介绍情况。梅纳赫姆·贝京听了总理的介绍后，再次以反对党的名义友好且郑重地表达了同意：

"总理先生，昨天，当你说没有武力行动计划的时候，我说既然是为了解救犹太人，我们反对党会全力以赴支持政府。今天，你有了武力营救计划，我还要说，我们反对党会全力以赴支持政府。愿上帝把我们的人安全完好地带回家。"

一路绿灯，拉宾独自回到自己办公室静静地坐了一会，直到弗利卡进来说："我刚才接到信号。我们的部队已经出发了。"拉宾听天由命地道："顺其自然吧。我也只能做这么多了。"说着，他给自己倒了杯酒。

"大力神"运输机轰鸣着穿过夜空向恩德培飞去，总理回到家试图抓紧时间打个盹儿。一醒来他就开车前往国防部，那里装有一个扬声器，专门播放降落在恩德培的国防军发来的报告。他们什么也看不见，但能通过一架保持着安全距离，监督整个行动的以色列波音 707 指挥机听见一切："大力神"飞机在半夜前抵达恩德培，货舱里开出一辆锃亮的黑色奔驰车、几辆路虎巡逻车，以及几支精英部队，创造出艾迪·阿明在军事人员陪同下抵达机场的假象；国防军突击队员冲进机场候机楼用希伯来语冲着人质大喊："Shalom, shalom（希伯来语，用于打招呼）。我们是以色列士兵，是来救你们的。蹲下，蹲下。"他们闯进一个个房间击毙了恐怖分子；接着更多飞机降落在恩德培机场前去支援，搭载人质回国。

这是伊扎克·拉宾人生中最漫长的一个夜晚，从很多方面来说，也是他人生中最精彩的时刻。回想这段经历，他在回忆录中写道：

314　　　　军方的动作干净利落，预示着这次有史以来距离以色列国土最远的任务必将获得巨大成功。一切都在按照计划有条不紊地进行着。第一架飞机在落地半小时内载着人质、法航人员、一部分突击队员以及伤者起飞离开恩德培……当消息传来，我们得知最后一架飞机离开恩德培时，大家举杯为这次胜利大冒险干杯。几个小时之后，喜悦之情横扫以色列，人们甚至上街跳起了舞。[49]

以色列著名记者乌里·丹（Uri Dan）是个精力充沛、无所畏惧的人，他竟然想办法打通了艾迪·阿明的电话。当他向对方讲述正在以色列发生的一切时——人们载歌载舞，兴高采烈——这名乌干达独裁者悲叹道："你们都对我干了些什么？我怀里正抱着士兵的尸体。我对人质这么好，我给他们汤喝，给他们用肥皂，还给了他们卫生纸。"[50]

五名犹太人在恩德培丧命，其中就有本雅明·内塔尼亚胡［Binyamin（Bibi）Netanyahu］的哥哥，陆军中校约纳坦·内塔尼亚胡［Yonatan（Yoni）Netanyahu］。他在指挥第一批突击队员闯入候机楼时中弹倒下。为纪念他的勇猛，这次行动的名称由"大力神行动"改成了"约纳坦行动"。

7月4日，人质回国那天，梅纳赫姆·贝京在议会特别会议上发言。他说："从'六日战争'开始，我们的国家还没有这么团结过。我们同焦虑，同怀对人民的兄弟之情，决心营救处于危难之中的兄弟姐妹。也许正是因为这种团结，才让我们发现自己竟然有能力完成一个如此重大的任务——一场具有空前的勇气和胆识的营救行动。

"所有的战斗都会伴随着牺牲。让我们低下头为那些失去挚爱者的悲痛的家庭祈祷，牺牲者中就有一位最勇敢的指挥官，战斗中，他冲在队伍前面高喊'跟我来'。

"我们以整个以色列的名义歌颂我们的武装部队、我们的总参谋长，以及他的同志们。这些人证明了新一代的马加比家族①已经站起来了。"

他转向大厅正中坐在内阁席前排的伊扎克·拉宾说道：

"总理先生，你我属于不同的政治派别。我们的愿景不同，在这个自由辩论的议会中，我们肯定还会在一些根本性的重大问题上产生争论，还可能是非常激烈的争论。但今天我们不会。今天，我要代表反对党全心全意地对你说，总理先生，我向你致敬。我为你的付出向你致敬。我还要向国防部长致敬，向内阁所

315

----

① Maccabees，公元前 1 世纪统治犹太王国的犹太祭司家族。——译者注

有成员致敬，这是一个国家的领导层所能做出的最艰难决策，我要向参与其中的每一名成员致敬。但是你，总理先生，你是这个团队的领袖——我对作为团队领袖的感受也略知一二——我要说的是，虽然同事们帮你分担了决策中的责任，但你的肩膀上担负着一份额外的责任。谁能衡量这份额外的责任有多重?"

他对整个议会道：

"我们在恩德培看见了什么？我们看见一个德国纳粹左翼极端分子用手指着人质说，谁去左边，谁去右边——非犹太人去这边，犹太人去那边。我们不禁扪心自问，奥斯威辛大屠杀已经过去将近 30 年，我们依然清清楚楚地记得门格勒医生（Dr. Mengele）站在一排排犹太人当中——其中有男有女，还有孩子和婴儿——用手指着他们说，'走右边，去死；走左边，活命'。当时没有人去营救他们。

1976 年 7 月 4 日，获救的恩德培人质乘坐飞机降落在本 – 古里安机场后，向人群挥手

图片来源：摩西·米尔纳、以色列政府新闻办公室。

"然而，现在有人前去营救了。我们要让所有人听见，这种事情再也不会发生了！这一代人要在我们被杀戮的父亲、母亲、我们被窒息而死的婴儿，以及我们倒下的英雄面前立下神圣的誓言——犹太人的鲜血再也不会白流。犹太人的荣誉再也不会轻易遭受蹂躏。

316

"我们不是个帝国。我们只是个小国家……但是在我们的民族经受过古往今来的各种磨难之后——尤其是大屠杀——我们要说，如果有任何人在任何地方因为作为犹太人而遭受到迫害，或者侮辱、威胁、挟持，或者生命受到威胁，那么我们就要让全世界知道，我们以色列，这个犹太国家会竭尽全力去帮助他们，把他们带回我们的祖国这个避风港。这就是恩德培事件所告诉我们的。"[51]

一周后，羞涩腼腆的伊扎克·拉宾在耶路撒冷官邸的花园里盛情款待了一个庞大的美国犹太人代表团。这一百多名客人仍然沉浸在恩德培行动的胜利喜悦中，轮流和总理握手、拍肩膀，并为以色列的事业做出极为慷慨的承诺。

一名身材修长的拉比大步走到麦克风前。他脚蹬牛仔靴，头戴花色斑斓的无檐便帽，打开一本《圣经》，用浑厚的男中音朗诵了一段犹太人早年间相互救助的文字。它出自《创世纪》第 14 章，说的是亚伯拉罕营救落入敌人手里的侄儿罗得的故事。在拉比叙述营救过程的时候，人们出于对《圣经》的尊重，纷纷从口袋里取出便帽戴在头上。拉宾见此情景，掏出一块手绢盖上，不过浆硬的手绢像白色三脚架一般立在拉宾头上，看上去确实有些别扭。结束时，拉比突然伸出双臂为拉宾祈福，后者笑着，窘迫地涨红了脸，匆忙谢过所有人便离开了，留下我为这次活动收尾。

晚上活动结束时，许多客人在总理办公室门廊的访客留言簿上写下了表达团结和亲密的言辞。客人离开后，我一页一页地翻看着这些词句，沉浸在他们自然且温暖的情意中。这些话虽然并非句句措辞优美，但事实上，其中确实不乏金句。我将它们列在下面，出于礼貌隐去了作者的名字和地址：

317

"拉宾先生，您干得漂亮极了，不过下次您要是戴上一顶合适的犹太小帽，那就更棒了。"

"伊扎克——我们的小伙子们在恩德培干得很漂亮，我因此将我承诺的捐助提高了好几千美元。如果您除掉阿拉法特，我会再提高数目的。"

"总理先生，您证明了一位伟大的领导者必须经历伟大的战争。上帝因此保佑您。"

"美国总统听信阿拉伯人的宣传，这是在是太蠢了。我们犹太人期待您有更多的恩德培式的壮举。让他们见鬼去吧。"

"您在恩德培干得太棒了。很遗憾，我没有机会跟您安静地聊一聊国家的未来。我对此有一些自己的观点。您也许愿意和我通个电话。我的电话号码在门口的安全人员那里。"

"35 年前玛利亚嫁给我的时候，她经历了艰难的过程。

我们鼓励儿子米尔顿做一名阿利亚①，这样他就会遇到一个不错的犹太姑娘。他在贝尔谢巴找到一份工作，娶了一名俄罗斯来的非犹太姑娘。这让我怎么办？不过，尽管如此，我还是要祝贺恩德培行动取得成功。"

"我们的总统要求阿拉伯世界实行改革。我所在的犹太教堂呼吁犹太国家进行改革。请您为此做点什么吧。"

"这是我第一次踏上这片神圣的土地，作为一名基督徒，为了我们的主耶稣基督的荣耀，我支持您的正义事业。这是你们的土地。坚持到底吧。"

"亲爱的伊扎克。你不会介意我这么称呼的。你和我，我们应该年纪相仿。在我眼里，你是最棒的。祝贺你！我去世的丈夫留下一大笔遗产，所以我为你开了一张 2000 美元的支票，请你随意支配。(你的保镖知道怎么联系我。)

"总理先生，我的生意做得很大，如果你在经营这个小国家的时候需要帮助，我非常乐意效劳，不取任何回报。"

"祝贺您完成了这次特殊而了不起的营救行动。但是作为一名临床心理学家，我发现您是个腼腆而胆小的人。所以从临床上判断，您属于抑郁型人格。其根源是无法唤起爱的情感。您在寻找一位英雄。亨利·基辛格也遭遇到了

318

---

① Aliya，从世界各地移居以色列的人。——译者注

同样的问题。"

"我本来打算和您私底下聊一聊，但苦于人太多，我挤不到前面去。我想说的是，您干得很棒，我捐助了一大笔钱。不过，您是不是可以考虑别做社会党人，做个堂堂的意第绪君子？"

"我就要离开这个国家了，这五天里我觉得内心充实，很有力量。您救出了我们的人民，上帝保佑您。当然，您仍然面临一些问题。不过别担心——我们犹太人会迎难而上、愈挫愈勇。如果没有问题，我们会创造问题，不然我们会闷死。坚持下去。明年耶路撒冷见！"

"伟大的国家！伟大的访问！伟大的人民！有个问题：您和佩雷斯合不来，这是真的吗？太妙了！我和您想法一样。"

"太可爱了。我只是希望您的英语能说得更流利些。"

第二十七章　吉米·卡特来了

"贝京先生——有时间回答个问题吗？"

《耶路撒冷邮报》专跑议会的记者阿舍·华尔费什（Asher Walfish）碰巧撞见贝京走出议会，准备去咖啡厅喝下午茶。

"是你啊，请随意，"贝京看见是他，笑得更开朗了，"一起喝杯茶吧。"他把华尔费什叫到角落的一张桌子前，对女招待说了一堆恭维她待客殷勤之类的话，啜了口茶问："那么，现在你想聊什么呢？"

"昨天的美国大选，"华尔费什说着掏出笔和本子，"吉米·卡特赢了，并且宣布不准备让基辛格担任国务卿，拉宾总理说我们会以怀旧之情（nostalgia）来看待基辛格当国务卿的时代，对此您有什么看法？"

那是 1976 年 11 月 3 日，佐治亚州前州长吉米·卡特刚刚在美国总统大选中战胜时任总统杰拉尔德·福特。

"啊，怀旧！"贝京咯咯地笑得像个小男孩，"这说的是什么呀！我甚至搞不清楚拉宾先生是不是真正明白它的意思。nostalgia 这个词出自拉丁语的 *nostos*——暗含的意思是渴望回到过去快乐幸福的日子。"

贝京喜欢炫耀他在华沙大学学法律时掌握的各种古典语言文字，而且他确信坐在对面的这位牛津大学毕业生也很欣赏他小小地秀一下自己的语源学知识。但华尔费什对此回答并不满意，他步步紧逼地追问："您是不是觉得拉宾不该这么说？"

贝京收起笑容道："华尔费什先生——你觉得基辛格博士是个相处起来令人愉快，因而让人怀念的人吗？"

"我要问的，就是这个问题，先生。"

贝京皱起眉头："作为我们国家的总理，表达怀念国务卿基辛格博士，那就等于在对美国人民说，很遗憾，你们竟然选吉米·卡特先生当你们的下一任总统。"

"这么说起来，您很在意这句话？"

"在意？我当然很在意。我向你透露点媒体还不了解的情况。美国大选打得火热的时候，我和几个党内同僚曾经去拜访总理，我们表示，不能理解他发表的一些公开声明，因为这些话会被当成是对美国大选的粗暴干涉。"

"您指的是不是他称赞福特总统，以及提高对我们军事和经济援助的那些话？"

"没错。我曾经提醒他，以色列得到了民主党和共和党双方的支持，但那些带有偏见的话会打破两党之间的平衡。而且，拉宾先生以前做过类似的事情。他在担任驻美大使期间，曾经公然表态支持尼克松，反对休伯特·汉弗莱。实际上"——说到这里，他顽皮地一笑——"它很快就见效了，正如你记得的，尼克松以极大的优势获胜。"

华尔费什嘴角泛起一丝嘲讽的微笑，他开玩笑地问道："现在基辛格马上就要走人了，贝京先生您也会想念他吧——我指的是作为一个犹太人？"

贝京针锋相对地答道："现在你已经喝完这杯茶了，华尔费什先生，你还想再来一杯吗——我指的是作为一个朋友？"

华尔费什笑着摇摇头。他是个跑新闻的老手，知道贝京脾气好而且容易相处，是新闻记者们喜欢的人。

"既然这样,我就给你讲讲我自己的看法吧。"贝京说着,举起一根手指召唤女招待。然后接着道:"至于你的问题,我这些年来对基辛格博士已经很了解了,我想说的是,是的,作为一个犹太人,他对我们怀有某种感情。但是这些年来他向我们施加的这些压力,给我们带来了不可估量的伤害,我怎么会在他离开的时候怀念他呢?"

"这些压力,是指什么时候?"华尔费什双眼紧盯着贝京,他的笔却在飞快地移动,好像它会自动写作似的。 321

"比如,拉宾一开始拒绝和埃及签订所谓的临时协议,基辛格就在去年3月至8月期间对我们实行了所谓的'重新评估'政策。他说这是福特总统的意思,但我们都知道那是他的主意,他施加压力的时候毫不留情,最后终于迫使拉宾在西奈半岛上进行大撤退,放弃吉迪和米特拉两个山口,交出了油田,这一切都是为什么——为了和平?一派胡言!萨达特甚至都没有宣布结束战争状态,他更不会取消抵制,允许我们的船只通过苏伊士运河。"他一口气接着往下说:"请允许我歇会儿,不然我妻子该找我麻烦了。"

贝京把手伸进口袋,取出一个药片,就着茶水服下,笑盈盈地说:"现在你可以作证,我遵照妻子的命令吃了药。"接着,他又回到刚才那个沉重的话题上:"你看卡特和福特之间的第二场电视辩论了吗,是不是没看?"

"不,我没看。"

"卡特指责福特迫使以色列屈服——他的原话就是'迫使其屈服'——那是因为'重新评估'政策。他们还提到了'赎罪日战争'期间的空运援助,那其实是尼克松的作为,而不是基辛格做的。还有"——贝京滔滔不绝地说着——"他在'赎罪日战争'中给本来注定要投降的埃及第三军团放了条生路，夺走了我们与埃及人达成和解的一个机会，是不是？本来整个埃及军队都可以任我们摆布，可是他，基辛格敲着桌子企图威胁果尔达·梅厄总理，迫使她相信，如果我们不解除包围，苏联人就会过来打我们。我看过记录，看过他说的那些话。他说，'梅厄夫人，你想要第三军团？好吧，美国不想因为你这么做而卷入第三次世界大战。'这就是他的原话。"

贝京停下来深深地饮了口茶，突然眼睛一亮，闪耀着怀旧和顽皮。"我有个很棒的故事讲给你听，"他说道，"我曾经在议会演讲时向基辛格致辞，就好像他真的站在我面前一样。'基辛格博士'，我说，'您是个犹太人。您并非第一位在您所在国取得高官厚爵的犹太人。您别忘记那些犹太人，他们害怕被人指责偏袒犹太人，而做了全然相反的事。他们矫枉过正了，请您别忘了这些犹太人，基辛格博士。'"

"我记得，"华尔费什说，"而且我还记得您因此受到了政府人员的批评。"

"没错，"贝京的眼里依然闪烁着亮光，"有些人指责我。但我一点儿也不后悔，因为我说出了真相。你猜怎么样？"——他咧开嘴笑起来——"不久以后，我遇到基辛格博士。他好像刚刚受了我的申斥一般，用他那冷幽默，满脸不快地对我说，'贝京先生，我听说您在议会发言时简直把我骂下了地狱（gave me hell）？'。我说，'基辛格博士，我说的——地狱（hell）？不，您属于天堂。做对以色列有利的事情，您会在天堂得到自己的位置。'"

"他怎么回答？"

"哦，他只是笑笑，但是我俩都心知肚明这不是件可笑的事情。"

　　几个月之后，1977年1月中旬，拉宾让我起草一封给基辛格的信。

　　"几天之后他就要卸任了，"总理说，"我想给他写一封告别信。"

　　"什么类型的，官方的还是非正式的？"我问。

　　拉宾想了想说："兼而有之吧。这几年来我们之间的关系纠缠不清——时好时坏，有友情，也有争执。我得好好想想。"

　　他双手插兜，大步走到窗前，凝视着冬日里昏暗的暮色。有了思绪以后，他转过身把想说的话告诉我。这封信是这么写的：

　　亲爱的基辛格博士，

　　在你即将离开国务院的时候，我给你写了这封信，它不仅仅是一封正式的感谢信。你我相识这么久，彼此非常了解，不需要讲究这些客套。因此，我请您和我写信的时候一样，带着个人情感来读这封信。

　　我期待有一天，我们俩能够有机会坐在一起聊一聊过去八年你在政府工作的经历。对美国和世界来说，这是具有决定性意义的几年；如果说国际社会朝着理智的方向取得些进步，那毫无疑问，其中有你的一份功劳。未来的历史书中，"基辛格时期"这一章会提到美国外交政策中最激动人心、最深刻、最富有创造力的阶段之一。当你收拾办公桌的时候，你会心满意足地发现，如今国际事务的状态已经比你初登这个职位时改善了很多。

323

我希望，我的国家也是如此。我们有过多次的私下和正式讨论，双方在中东事务上并不总是意见一致。但是我相信，我们都能理解对方，正如我深知，我们都被共同关注的事务与和平愿望所推动。

从来没有人能够像你一样，在谈判中展现出如此丰富的地区知识、熟练的技巧、非凡的智慧，以及无限的精力。我希望你努力协助铸就的一砖一瓦，能够成为一座更加持久、更加牢固的建筑物的基石。

从某些重要的方面来看，以色列已经比你就职之初强大了许多。我知道，其中也有你的一份功劳。所以我非常感激你，是你帮助我们将言语化作行动，将情感化为行动，尤其值得一提的是，将美好的愿望化作了政策。我还想说的是，当你离职的时候，你已经在美以关系历史上创造了一段前所未有的谅解期……此刻我正是怀着这样的心情，衷心祝福你未来一切如意。

拉宾看过这封信并签上名字，我问他，在这些年来经历过这么多的争吵和跌宕起伏之后，是不是真的会想念基辛格。他阴沉地看我一眼，点起一根烟，从最下面的抽屉里取出个酒杯，倒上威士忌和水，十分肯定地答道："是的，我会想念他。"

"为什么？"

"有三个原因。第一——他是唯一一个真正理解阿以冲突的美国国务卿。第二——临时协议目前进展得不错；自从我们签订协议以来，就再也没有哪个以色列士兵倒在埃及人面前。还有第三——我们和华盛顿方面的关系是历来最好的。双方目前的关系相当于达成了战略联盟。"

"那么吉米·卡特呢——您对他有什么看法？"

拉宾转了转眼珠。"天知道！从我听说的情况来看，他好像是个爱开空头支票的空想社会改良家，他想拿我们开刀，治愈世界上的一切弊病。我担心他想发动一场幼稚可笑的改革运动给这片应许之地带来和平，最后成为一个被误导的干预者，将我们拖入地狱。"

所以想象一下，当吉米·卡特总统邀请拉宾在 1977 年 3 月 7 日访问美国并致辞时，拉宾心里有多么惊喜。卡特在公开的欢迎辞中强调了美国"对以色列长期的承诺和友谊"，提到"我们两国人民因为共同信奉的民主原则、人类自由，以及对和平的不懈追求，而永远紧密结合在一起。"他说："以色列必须有可防御的边界，只有这样才不会有人违反和平承诺。"他还说："在欢迎您和您的代表团时，我希望从一开始就打消你们的疑虑，总理先生，美国会坚定不移地致力于以色列的安全和幸福。我们无意向您的国家强加任何会让你们感到安全受到威胁的决定。事实上，我们对以色列的安全承诺，比我们在该地区的其他任何利益更重要。"

还能有什么比这更中听的话？可是在闭门的正式会谈中，当卡特总统向拉宾施压，要求重开日内瓦和平会议，要求以色列与所有邻国签订全面协议的时候，气氛突然急转直下。拉宾非常憎恶召开国际和平会议的想法。那意味着苏联将和美国一起作为共同主席国，而且以色列还要面对满怀敌意的阿拉伯国家集团，他们得到了莫斯科和其他中立国家的支持，全都对软弱无力的以色列虎视眈眈——和平会议的想法即便不直接引发战争，也注定会以失败告终。

卡特总统的想法还不止这些：他不但想在日内瓦开会，而且还想探讨是不是要把亚西尔·阿拉法特领导的巴勒斯坦解放组织纳入整个谈判进程。这个核心问题是众议院议长托马斯·（蒂普）·奥尼尔［Thomas（Tip）O'Neill］在卡特为60名重要政治人物举行的一次工作晚宴上提出来的。

蒂普·奥尼尔是个体态臃肿、步态蹒跚的爱尔兰裔美国人，当他站起身问到巴解组织的时候，他装出一副令人怀疑的天真的样子——拉宾怀疑他此举并不仅仅出自本意，而是授意于卡特总统。

1977 年 3 月 7 日，拉宾总理在美国白宫与卡特总统

图片来源：摩西·米尔纳、以色列政府新闻办公室。

327　　"总理先生，"奥尼尔问，"您为什么不去和巴解组织谈谈呢？为什么我们可以，您却不可以呢？我们不但和北越谈了，而且还和越共谈了。如果我们作为超级大国的代表都这么做了，您为什么不能照做呢？为什么法国能和阿尔及利亚民族解放阵线（Algerian FLN）谈判并达成协议呢？为什么英国能和全世界

1977 年 3 月，作者在飞往华盛顿的专机上与拉宾总理夫妇在一起

图片来源：以色列政府新闻办公室。

的地下运动组织——包括你们的——接触谈判，而您却不能和巴解组织谈判？这是什么道理？"

拉宾的回答非常坚定。

"奥尼尔先生，"他说道，"那我就要反过来问问您，越共是不是拒绝承认美国的存在？他们有没有订立什么'越共盟约'去否定美国的生存权？（暗指巴解组织在其民族盟约中否定以色列的生存权。）阿尔及利亚民族解放阵线有没有消灭法国的计划？以色列和其他地方的地下组织有没有威胁到大不列颠的生存？巴解组织公开宣称，其存在就是为了消灭以色列国，用巴勒斯坦国取而代之，那么我们还能用什么议题去和巴解组织谈判？"

但是这番逻辑并没有说动吉米·卡特。这次出访伊始让人乐观，却以两位领导人意见不合而终。

吉米·卡特总统在 1977 年 3 月 7 日的日记中这样写道：

> 拉宾总理从以色列来访。我已经花费了很多时间研究中东问题，现在希望拉宾能给我一些大致想法，说说以色列最终希望达成什么样的永久和平方案。我发现他很腼腆，很执拗，而且或多或少有点局促不安。例如，众议院议长蒂普·奥尼尔在工作晚宴上问他在什么条件下愿意让巴勒斯坦人出席日内瓦会谈，他硬邦邦地表示，只要有巴解组织成员或其他巴勒斯坦代表在场，任何会议他都不参加。他和我一起上楼，当时只有我们两个人，我问他，在我见到阿拉伯领导人时，以色列有些什么事要我做的，比如我是不是可以向萨达特提出什么具体建议。但他的神情毫无松动，也没有回应我的问题。我觉得以色列人，至少是拉宾这个人，对我国政府和以色列的无论哪个邻国都不信任。我猜想，这种不信任有其一定的道理。我迄今还没有会见过任何阿拉伯领导人，不过我很想看看和拉宾相比，他们是不是会更灵活些。[52]

328   对于这段经历，伊扎克·拉宾是这么写的：

> 总统一再（向我）保证，我们之间的谈话内容不会在任何情况下，以任何形式向外泄露。因此当我第二天在记者招待会上听到总统那番意味深长的讲话后，我感到非常震惊，它确实让我受到了打击……卡特阐述了他对和平、边界以及其他有关中东和平谈判的各种问题的看法，实际

上是给美国和美国总统的态度做了一个明确的定位——与他之前在会谈中和我所说的完全相反。其中最糟糕的是有关以色列撤退到 1967 年 6 月 4 日边界线的那番话，他做了一些小小的改动。在此之前，没有哪个美国总统采取过这样的立场。即便如此，我也绝对想不到，仅仅 10 天之后卡特会谈论"巴勒斯坦人的家园"需求，传统的美国政策发生了巨大的变化。[53]

难怪拉宾在离开华盛顿的时候，心里充满不祥的预感。吉米·卡特在发言中提到，以色列必须撤退到 1967 年"六日战争"前的边界线。这几乎意味着卡特已经公开地单方面站在阿拉伯世界那一边，以色列将成为一个极易受到攻击，只有 9 英里宽的狭长国家，而以色列的大部分人口和国家经济基础设施都集中在人口稠密的海岸平原，如此一来以色列便毫无防卫纵深，只能在一次次的打击中受到削弱。更有甚者，卡特总统还鼓吹建立一个巴勒斯坦人的"家园"，这在拉宾看来就是建立一个巴勒斯坦国的委婉说法——而且所有这一切都将通过让巴解组织参与国际会议来实现。虽然卡特总统一再做出保证，但这番话埋下了强加于人的协议的种子，实际上，即便在 1969 年饱受指责的罗杰斯计划中也几乎没有这样的内容。

数十年来，以色列总理和美国总统之间从未发生过这样的争执和信任危机。离开美国之前，拉宾还要发表两场重要演讲，一场是在迈阿密海滩枫丹白露酒店举行的以色列债券组织活动，另一场是在纽约华尔道夫酒店举行的联合犹太募捐协会晚宴。当我问起如何起草演讲稿时，拉宾告诉我，要勇敢面对一切，完全不必张扬他和卡特总统之间的分歧，就像他对以色列媒体

329

表明的态度一样。

我们在美国的最后一天恰逢安息日，晚上登机前大家都放松了一下疲惫的身心。总理一般喜欢在起飞后的睡前和大家一起喝一杯聊聊天，但这一次他完全无心交流，所以我们只得找地方坐下，准备好好睡一觉。7 个小时后，拉宾一边小口吃着飞机上的早餐，一边告诉我们，晚上他一直在反复思考吉米·卡特对以色列事务的极度无知，以及这种状况对 3 个月后的以色列大选的影响。他最不愿意在大选之前和华盛顿方面产生危机。但他还有一件他正担忧的事情没告诉我们，那就是他可能已经噩运临头。噩运正从拉宾身后悄然逼近，最终将他推向政治滑铁卢。他的失败并非来自政敌的选举优势；也不是因与美国总统交恶而起；而是因为外界偶然发现他的妻子在华盛顿的银行拥有一个非法账户。

第二十八章　绝唱

就在伊扎克·拉宾和吉米·卡特在白宫闭门争执的那天，有人看见利亚·拉宾（Leah Rabin）在一名以色列使馆安全人员的陪同下到华盛顿国民银行的杜邦环岛支行提取现金。她在银行的交易数量非常小，完全不至于引起任何注意，但在当时，以色列公民拥有境外账户是非法的。这个账户是拉宾担任驻美大使的时候留下的，本应在其任期结束的时候注销。账户里存有大约两万美元。

以色列《国土报》驻华盛顿记者丹·马格利特（Dan Margolit）听说此事后，立刻赶到银行，急中生智地告诉柜台出纳，他欠拉宾夫妇钱，想用支票存 50 美元到他们的账户上。毫无戒备的出纳员查验顾客资料后确认有这个账户，并在马格利特转账前将拉宾夫妇的银行账号写在支票背面。马格利特像一台超级计算机一样，迅速记住了这几个数字，马上找到总理的新闻秘书丹·帕蒂尔，询问拉宾对此有什么说法。拉宾表示无可奉告，但要求他推迟一天把这件事捅出去，先等自己回国再说。因此在飞回本－古里安机场的路上，萦绕在拉宾脑海里的是这件事情，而不仅仅是他和吉米·卡特的争吵。

以色列当时的最高检察长是阿哈龙·巴拉克（AharonBarak），他后来担任最高法院院长。他最开始认为这件事仅仅是一个技术犯规，可以在行政层面予以处理。但此人有点教条主义，后来改变主意坚持要走法律程序，那就意味着利亚·拉宾必须出庭受审。

"我也得去，"拉宾得知这个消息后怒不可遏，"我不会让利亚一个人去面对这些。我们在道德上、形式上都应该共同负担责任。是的，确实是利亚在使用这个账户，因为她得处理我的财务。但这个账户注册的是我们俩的名字，我对此负有全责。如果要指责她，那也应该指责我。我绝不允许区别对待我和我的妻子。"

有三个人目睹了拉宾发火的场面——弗里卡·波兰正在总理办公室汇报军事事务，拉宾的新闻秘书丹·帕蒂尔正在汇报当天的媒体新闻，剩下的就是我。我正准备向他汇报一份文件。看着这个以色列政坛上最诚实、最体面的人，竟然遭到如此诋毁和羞辱，我们三个人既尴尬又震惊，只能无言以对地坐在那里。

审判的那天终于到了，伊扎克·拉宾在众目睽睽之下护送妻子到法院，利亚被判有罪，并遭到重罚。庭审之前，拉宾就已经决定辞去总理职务。这是以色列政治生活中从未发生过的事情，并被看作是一种高尚的行为。然而，以色列法律规定，一旦新的大选日期已经确定，那么总理就不可以辞职。目前，三个月后确定要举行选举，因此拉宾只得宣布自己作为工党党首退出竞选，取而代之的必然是他的宿敌——国防部长西蒙·佩雷斯。既然无法依据法律辞职，拉宾接下来能做的就是请假。然而，法律并不会因此减轻他的责任，尤其是在公共安全等事务方面，所以他仍然和我们这些工作人员一样，每天到办公室上班。我个人除了偶尔为西蒙·佩雷斯起草演讲稿、信件或者意见书之外，并没有太多的事情可做。佩雷斯平时忙于处理各种政府事务，不是在楼上的内阁办公室，就是在特拉维夫的国防部办公室。

选举日越来越近，我接到佩雷斯秘书的电话，说是要跟我谈一谈大选之后的工作。我大吃一惊，一想到跟着拉宾这么久，现在转而要为西蒙·佩雷斯工作我觉得无法接受，于是我找到拉宾对他说了自己的想法。

作为政治家，没有谁的境遇能比一个失业的总理更糟糕的了：那天我见到的拉宾看上去绝望而孤独。他眼睛红肿、脸色阴郁地站在办公桌边浏览着报纸，佝偻的身影略微显现出老态。

"别在拿那些东西折磨您自己了，"我进屋就说，"媒体是在津津乐道地消费您的苦难。"

"简直是一群猪！"他嗓音嘶哑，"他们歪曲了一切。"但接着，他又打起精神指着《话报》（*Davar*）——工党的一份日报，现在已经停刊——上的一段文字说道："他们说我顽固不化，但又能诚实面对错误。这到底是恭维还是什么别的意思？"

他显然不想一个人待着，于是请我坐下用异乎寻常的率直语气说："你认识我很长时间了，了解我这个人很固执，我当然知道自己是个诚实面对错误的人。这让我遇到了不少麻烦，特别是在军队里。"

"您在华盛顿也是这样，"我提醒他，"阿巴·埃班就曾经因为您直截了当地评价他，多次严厉指责过您。"

他表示认同，并且暴躁地补充道："现在是这起银行事件，我因为坚持辞职而把自己搞了下来——法律并没有要求我这么做——而我觉得只有这么做才是对的。"

"您这是哪儿来的基因？是继承了谁的脾气？"我轻率地问道，希望能缓和下气氛。

拉宾摆弄着桌上的一座小雕像——一个金属制的办公室摆

333

件——苦笑着说："我的母亲，主要是她。我母亲罗莎倔得像头骡子，为人严厉而又诚实。她的性格像她父亲——彼得格勒的科恩。她过去常常讲些故事——说给我和姐姐拉谢尔听——关于我的外祖父是个多么坚守原则的人。他笃信宗教，是极少数被允许留在彼得格勒生活的犹太人。"

"为什么？他做了些什么？"

"他是个木材商人。过去曾经为沙皇的亲戚管理林场，因此才会被允许留在彼得格勒。他们甚至还在他家安了个电话——彼得格勒的第一批电话。我问问你——那个时候，俄国有多少人能用上电话？可想而知，只要电话一响，肯定有大人物要找你。但我母亲说，祖父严格遵守宗教信条，性格倔强，他绝不会在安息日那天接任何电话。我祖父的做法很可能让他失去一切——他享受到的所有特权——但是他从来没在安息日接过电话。现在你能理解这种性格了吧？"

我突然觉得豁然开朗。"您没有继承您外祖父的安息日惯例，这真是遗憾。"我说。

他耸耸肩似乎并没有在意，只是简单地说："我母亲背叛了宗教，离开家来到这里。别光说我了，你来有什么事？"

他的声音里带着一丝尖刻，我知道那意味着他又警觉起来，我熟悉的那个拉宾又回来了——他没有废话，从不花言巧语，只有毫不修饰的坦白。

"你怎么样？"他又问，"我走了以后，现在你准备干什么？"

"佩雷斯想见我，"我告诉他，"他的秘书说，他要给我安排工作。但是在现在这种情况下，我宁可回外交部。"

他目光锐利地盯着我。"你什么意思——在现在的情况下？"

"我的意思是，我已经跟着您将近十年；我对您个人十分忠诚；让我一夜之间去为佩雷斯工作，我做不到。"

拉宾双手插在裤兜里，一语不发地走到窗边。我进门的时候他的情绪就很低落，此刻他转过身来时脸色更加阴沉了。他用记者招待会上常用的冷淡口气责备道："胡说八道！你从没卷入我和西蒙·佩雷斯的分歧，现在我也不会让你参与进来的。"

"那说起来容易做起来难。"我低声嘀咕道。

"也许是这样。可是你在道义上有什么权利因为我，而拒绝为下一任以色列总理工作呢？真正关键的是，西蒙·佩雷斯对你的看法是不是和我一样——我认为一样。难道每件事情都必须和个人忠诚挂钩吗？那么国家呢？人民呢？你没有权利拒绝他。你不是政治家，你是个公务员。要记住这一点。"

他长篇大论的说教让我觉得受到了伤害，于是我刻薄地说：335
"您知道事情并没有这么简单。您无法忍受佩雷斯的野心，他也同样受不了您。想象一下——他马上就要坐在您现在的位置上，且必然会针对您以前说过的话或者采取的立场抨击您。我该怎么办，我站起身不理他吗？"

拉宾漫不经心地回答道："别担心，佩雷斯很谨慎，不会当着你的面恶意攻击我的。再说，我也不会给他留下什么把柄。"

"什么意思？"

"我的意思是，我已经决定继续留在议会，但是会比较低调——淡出公众的视线。那以后，我们再看看事情会怎么样。"

"您觉得会发生什么？"

"麻烦。"

"什么样的麻烦——战争？"

"也许，但也不一定。阿拉伯人肯定会让吉米·卡特瞧瞧，他们有制造麻烦的军事能力，要不然他们的外交努力就起不到什么作用。我们得让卡特看看，我们的军事力量比他们的更强，否则我们的外交努力也会白费。我们必须准备好投入战斗。问题是，自从 3 月我和卡特见面之后，华盛顿方面就让人猜不透。"

"猜不透——什么意思？"

拉宾的声音一下从响亮的男中音变成了粗哑的低音，表示他有些机密的事情要说。"西姆哈·迪尼茨（Simcha Dinitz）拿不到任何确切的消息，但是看得出来，萨达特已经完全赢得了卡特的信任，损失的是我们的利益。他们正在张罗一些什么事情——和日内瓦会议有关的事情。基辛格甚至打电话给迪尼茨，提醒他有个计划即将出台，但就连基辛格也不知道那到底是个什么计划。由于卡特对中东事务实在一无所知，基辛格很担心我们会陷入艰难的境地，他甚至说他作为一个犹太人无论如何不能再袖手旁观，必须提醒我们。我派了一名密使去见一些美国朋友，但目前具体情况尚不得而知。"

我觉得非常不可思议。"您认为情况真的有那么严重？"

他再次大步走到窗前，对着窗外凝视了一会儿，似乎自言自语地轻声道："我认为基辛格夸大了事实。你知道他会有点妄想偏执。"

我问，内阁是否已经彻底觉察到他刚才所说的情况。

"当然，"他回答道，"我感觉，我必须在离职前让大家知道，我已经尽我所能掌控了局势。"

"那么佩雷斯怎么看？"

"他很焦虑，担心大选之前无法弄个水落石出，我很理解这一点。"

"那么大选之后——他会不会无法组建起一个联盟来迅速处

理这件事？”

拉宾把双腿架在桌子上，头枕着双手推测道：“我猜想，如果工党表现不错，佩雷斯应该不用太久就能组建一个联盟。但如果工党表现不佳，那么他就会利用卡特这次危机来凑成一个紧急联盟——和梅纳赫姆·贝京一起组成一个民族团结政府。那么国家就只能这么运转。”

“您那么肯定，佩雷斯真会是下一任总理？”

“从目前的情况看来，是这样的。贝京得了严重的心脏病，病得很不是时候。大选已经临近，他看起来就要出局了。他们找不出其他像贝京一样有威望的人——所以，他们还能选谁？所以我肯定佩雷斯会组建新政府，至于你，耶胡达，你会像忠诚于我一样忠诚于他。”

他好像是下定了决心，“我要给吉米·卡特写一封告别信，可是实在不知道说些什么。咱们一起想想。”

他开始在房间里慢慢地来回踱步，沉浸在思绪中，当他再次开口的时候，眼睛里闪耀着激情，声音里充满了坚定的勇气，“我想出来了！我要告诉他，美国要是进一步疏远以色列就会导致战争，只要美国和以色列强化特殊关系就会迎来和平。来我们试试看——就是这个意思。看看写出来怎么样。”

最后，这封信是这么写的：

亲爱的总统先生——三年以来我一直在不懈地推动本地区的和平事业，现在我作为总理就要离职了。无论过去还是现在，地区和平一直是每一届以色列政府的最高志向。我坚信，能否建设性地通过谈判取得和平与安全，主要取决于传统上标志着我们两国纽带的特殊关系能否得到延续

337

和加强。我相信，我们已经进入了一个关键时期，它将决定我们未来如何进一步迈向和平，最终，通过美以之间的可靠对话和相互理解实现和平。经验一次又一次地告诉我们，对话气氛将影响并塑造地区的和平氛围和环境。

拉宾对这一段非常满意，这正是他想要说的，接下来他干了一件不可思议的事情：这个极度羞涩的人竟然绕过桌子给了我一个大大的拥抱，让我惊讶得说不出话来。

"OK，一切就绪。"他说。

当天下午我如约去见了西蒙·佩雷斯，我承认他的性格和伊扎克·拉宾完全相反，喜欢夸张、抒情、重复，让我觉得受不了。我告诉他，我对拉宾怀着极大的个人敬仰和忠诚，无法在一夜之间转过弯来。但佩雷斯毕竟是个精明而久经沙场的政客，他耐心地听我说完，并没有理会我的话，只是和蔼地说，如果我没有对拉宾如此忠诚的话，他反而会看轻我。

接下来，他继续热情洋溢、充满乐观地说起他马上就要完全击败梅纳赫姆·贝京，说后者因为心脏病几乎已经退出了竞争，所有的选票都会到他这里来。然后他挽起我的胳膊带我走到门边，十分明确地说："耶胡达，一切都在告诉我，我就是下一届以色列总理。从心理上说，我现在日日夜夜都肩负着总理的责任，所以很自然，我现在就得考虑以后和谁一起共事。这其中就有你。我有许多新的想法，我身边有个重要的位置给你。"他紧紧握住我的手，精神抖擞地说道："准备好努力工作吧。大选胜利之后等我电话。"[54]

让 我 们 一 起 追 寻

以色列
总理
私人史
II

BY （全2册）
Yehuda Avner

〔以〕 耶胡达·阿夫纳 著

马娟娟 译

社会科学文献出版社
SOCIAL SCIENCES ACADEMIC PRESS (CHINA)

目　录

上　卷

下　卷

第三部分　最后的元老

第三部分

最后的元老

梅纳赫姆·贝京总理

1977～1983 年

1913 年 8 月 16 日——出生于俄罗斯布列斯特（布列斯特—利托夫斯克）。

1935 年——毕业于华沙大学法律系。

1939 年——成为贝塔青年运动波兰支部领导人。（贝塔青年运动是泽埃夫·亚博廷斯基建立的修正派犹太复国主义运动中颇具影响力的青年团体。）

1939 年——与阿莉扎·阿诺尔德（Aliza Arnold）结婚。

1940 年——因从事犹太复国主义运动被苏联秘密警察判处在西伯利亚劳改营服刑 8 年。

1941 年——苏德战争爆发后获释，加入波兰自由军。

1942 年——与波兰自由军一起到达以色列的土地。

1943 年——担任地下组织"伊尔贡·兹瓦伊·卢米"的司令。

1944 年——领导起义反抗英国统治。

政治生涯中的重大事件

1948 年——以色列独立后，贝京遣散伊尔贡，建立赫鲁特党（Herut Party），即后来的利库德。

1967 年——协助在"六日战争"前夜成立民族团结政府。

1970 年——从民族团结政府辞职。

1977 年 5 月——当选以色列总理。

1977 年 11 月——埃及总统安瓦尔·萨达特访问耶路撒冷。

1978 年——在美国总统吉米·卡特的推动下与埃及签订《戴维营协议》。

1978 年——获得诺贝尔和平奖。

1979 年——与埃及签订和平条约。

342   1980 年——"摩西行动"，秘密营救大批埃塞俄比亚黑人犹太人。

1981 年 1 月——罗纳德·里根当选美国总统。

1981 年 6 月 7 日——以色列空军摧毁伊拉克核反应堆。

1981 年 6 月 30 日——贝京再次当选以色列总理。

1981 年 10 月——埃及总统安瓦尔·萨达特遭到暗杀。

1982 年 6 月——加利利和平行动。

1982 年 9 月——贝鲁特难民营大屠杀。

1982 年 11 月——阿莉扎·贝京去世。

1983 年 2 月——大屠杀调查委员会出具贝鲁特难民营大屠杀报告。

1983 年 10 月——辞去总理职务，退出公众视线。

1992 年 3 月 9 日——贝京去世，享年 79 岁。

1977 年 6 月 7 日，当选总理梅纳赫姆·贝京获得授权组建新政府，在西墙祷告

图片来源：雅各布·萨尔（Ya'acov Sa'ar）、以色列政府新闻办公室。

第二十九章 剧变

1977 年 5 月 17 日晚 11 点，我在妻子及四个孩子的陪伴下盘腿坐在电视机前，只听见节目主持人哈伊姆·雅文（Chaim Yavin）一直重复"Mahapach！"——一场剧变！——然后激动得上气不接下气地宣布根据电视台当天的抽样调查，反对党利库德集团领导人梅纳赫姆·贝京在选举中完胜工党领导人西蒙·佩雷斯。

"我不信，"我难以置信地大声说，"佩雷斯刚刚给我安排了工作。"

电话响了，是弗利卡·波兰将军打来的。他极度紧张地咆哮着："你在看电视吗？看看他们——那些贝京派。他们是我们的新老板了。自从我年轻时加入哈加纳，就一直特别厌恶这个人以及他的追随者。他是个"——他的声音一下子高了起来——"他是个饶舌大王，曾经是个恐怖分子，是个疯子！"

"快闭嘴。"我告诉他。

"我是不会为他工作的。"他喊道。

"可你是个军人，"我生气地说，"你不能因为在政治上心血来潮就决定退出。难道说，你不打算听从下一届以色列总理的指挥吗，"——他知道我和拉宾之间最近一次谈话——"对我来说是这样，对你而言更得听从命令，波兰将军？"

他情绪激动地反问："是吗？那我就告诉你。这绝不是什么心血来潮。这个人会把我们带入战争，我不想参与其中。我要离开军队。晚安！"他挂断电话。

　　我重新回到家人身边，他们依然盯着电视里的政治大戏。　346
屏幕上是特拉维夫的利库德党总部大厅，贝京的上百名拥护者
正在欢呼喝彩，他们有点不敢相信，陷入一片狂喜，用一个声
音齐声喊着"贝——京！贝——京！贝——京！"喧闹声震耳
欲聋，电视记者被推来搡去，已经顾不上描述热烈的场面。接
着，只见他把手拢在话筒边用尽全力喊道："他来啦！他来
啦！"摄像机把镜头焦点对准正在步入大厅的当选总理，他的四
周全是人。虽然我们的黑白电视机画质不是很清晰，但还是能
看出贝京最近刚刚得了一场心脏病的迹象。他的脸有些浮肿，
颧骨突出，半秃的头顶特别显眼。喧闹跺脚的人群簇拥着他，
他那饱经蹂躏的躯体仿佛在绚烂的笑容里获得了生机。随着他
的移动，激动的人群越发大声地喊着他的名字：

　　"贝——京！贝——京！贝——京！"

　　焦虑的安保人员、服务员、助理和警察们不断推搡着人群，
从中开出一条通道好让这位胜利者进入大厅。贝京缓缓地向舞
台走去，高高举起双手挥舞着。最后他登上讲坛，整个会场爆
发出巨大的欢呼声，*Am Yisrael Chai*——以色列人民万岁！

　　贝京在相机的闪光灯下浑身发亮，他带领人群鼓掌，像犹
太教拉比一样跟随节奏一上一下弯曲着膝盖。

　　电视节目主持人见缝插针迅速抓住机会，抬手示意降低欢
呼声。电视节目评论员讲解道，梅纳赫姆·贝京 63 岁，已经在
以色列生活了 35 年。

　　歌声和欢呼声渐渐平息下来，会场一片肃静，围在当选总
理身边的人散到旁边，给他腾出舞台的中心位置，留下他独
自站在两幅巨大的肖像画下面——那是他心目中的两位英雄，

西奥多·赫茨尔和亚博廷斯基。他就那么一个人静静地站在那里，享受着人们的爱戴，他身材细长而虚弱，穿一套深色西装，脸色苍白但双眼炯炯有神。

贝京怀着深深的崇敬，从口袋里掏出一顶黑色犹太圆顶小帽，背诵起赞颂祷文 Shehecheyanu（他使我们存活），感谢万能的上帝帮助他走到庆祝的这一天。大厅里回响着"阿门！"，声音大得足以让麦克风发出刺耳的声音。紧接着，贝京背诵了一段表达感激之情的诗篇，再接着是他的胜利演说，这是一篇表达和解的演讲，他呼吁民族团结精神，开头引用亚伯拉罕·林肯的名句："对任何人不怀恶意；对一切人宽大仁爱；坚持正义，因为上帝使我们懂得正义；让我们继续努力去完成我们正在从事的事业。"

会场里再次响起掌声，梅纳赫姆·贝京转过身朝向一直静静站在他身旁的妻子阿莉扎。她身材娇小，一头灰白色卷发，戴着一副厚厚的镜片，身穿一袭简洁的灰色套装。贝京的眼神中满含爱意，嗓音因为深情而变得沙哑，他向妻子表达了永恒的爱，对她一如既往支持自己而心中怀着的永恒歉疚，并感谢她40年来所做出的巨大奉献和牺牲。

他引用耶利米先知的话赞美道："你幼年的恩爱，婚姻的爱情，你怎样在旷野，在未曾耕种之地跟随我，我都记得。"接着他把这段话改成了，"你在四处布满致命雷区的旷野之地跟随我，我都记得。"

贝京如此深情的当众表达和伊扎克·拉宾出了名的感情内敛形成鲜明对比，整个会场爆发出一片赞许之声。人们长时间地鼓掌，吹口哨，以至于很多人也许根本没听见贝京献给他心目中的"大师兼导师"亚博廷斯基的一段话。亚博廷斯基是一位具有超凡魅力的民族主义理论家，是修正派犹太复国主义运动的创建者，贝京是他的虔诚追随者。

"亚博廷斯基有异常惊人的天赋，"他说，"他比身处的时代先进数十年，他是个伟大的犹太复国主义战士—政治家，一个真正的先知，他领导了定居《圣经》中以色列之地的运动，他是第一个发出大屠杀警告的人，他号召建立一支犹太人军队为自由和具有独立主权的犹太国家而战斗。"

演讲结束时，他承诺要实现亚博廷斯基的遗志，然后深鞠一躬，整个会场起立齐声唱起以色列国歌《希望》。人们相互拍手拥抱，尽管已是凌晨三点，大家却希望时间永远停留在这一刻。但它终究是要结束的，贝京在安全人员和官员们的警戒保护下，挥手离开讲台。他满脸笑容，和每一个他可以够到的人握手，亲吻每一位朝他伸手的女士，尽现一名波兰贵族的绅士风度。[55]

电视镜头立刻切换到外面灯火通明的大街上，高音喇叭大声播放着爱国歌曲，贝京的崇拜者在蓝白色的彩旗下又唱又跳。人群中男女老少都有，大部分人都有着橄榄色的皮肤。他们来自摩洛哥、突尼斯、也门、伊拉克、利比亚、库尔德斯坦、阿尔及利亚、埃及、伊朗和印度等地。电视评论员稍后解释了，为什么贝京在政治圈闯荡了近30年后，会被这些东方移民推上权力的宝座。这些人主要是塞法迪犹太人，他们十分贫穷，敬畏上帝，他们一直以来自认为是被忽视和被遗忘的一群人，他们受够了贫民窟生活和各种各样的施舍品，最后终于展示力量，力推贝京击败西蒙·佩雷斯所象征的欧洲精英式、家长作风的老资格工党。

电视记者把麦克风伸进周围的人群中。

"你为什么选梅纳赫姆·贝京？"他问，"他和西蒙·佩雷斯有什么不同？佩雷斯原名佩尔斯基（Perski）。他们俩都出生在波兰。贝京难道不是和佩雷斯一样，都是阿什肯纳兹犹太人（Ashkenazi）吗？"

"阿什肯纳粹（Ashke NAZI）！"有人在电视镜头之外大声喊道。

"闭嘴！"一个肩膀壮实得像拳击手一样，身穿侍者制服的男人吼道，"你想知道我们为什么选贝京？因为他不是西蒙·佩雷斯那样的无神论社会主义者。他从不会像他们那样中饱私囊。他谦虚诚实。贝京说话像一个犹太人，那是犹太人应该有的说话方式。他从不羞于说'上帝'这两个字。他是怀着一颗犹太人的心在说话。正因为那样，工党才总是嘲笑他，像威胁我们一样威胁他——就像对待糟粕一样。"

"你难道说佩雷斯和整个世俗的工党不是真正的犹太人？"采访者挑衅地问。

那人吐了口口水，眼睛里充满轻蔑。"他们可能算是犹太人，但他们的行为像异教徒。你见过他们中有谁进过犹太教堂吗？不去犹太教堂的人算什么犹太人？他们的自尊，他们的骄傲哪儿去了？"

"说的对，亲爱的，"一个留着一头浓密、油光水滑黑发的人插话道，他也穿着侍者制服，"30 年前那些工党权贵愚弄了我们。他们把我们带到这里，告诉我们这就是救赎。廉价劳动力，他们让我们来是为了这个目的。我父亲在卡萨布兰卡是个有地位的人。他是我们家族的族长。他受人尊敬。"

"为了荣誉！"人群齐声高喊起来。

349　　"每个人都尊敬他，因为他在卡萨布兰卡经营着自己的香料店。现在他在干什么？他在建筑工地拼命干活儿。谁会尊敬他？

在摩洛哥，只有阿拉伯人才会在建筑工地上干活儿。他的荣誉被人偷走了。"

周围的人一个劲儿点头。

"你叫什么名字？"记者问。

"马塞尔。"

"那么，马塞尔，你告诉我们，你在卡萨布兰卡是干什么的？"

"我是个会计，那是份体面的工作。现在我是个招待员。在摩洛哥，只有阿拉伯人才会去当侍者。在卡萨布兰卡我住着带庭院的大房子。现在，我和妻子、三个孩子、我的父母——我们所有人住在四个破败不堪的房间里。我们的荣誉遭到了践踏。这都是德系犹太人的工党大佬们干的。现在梅纳赫姆·贝京要把荣誉还给我们。"

他用胜利的口吻说着，一个男人激动地在电视镜头前跳上跳下，兴奋地拍着手，用摩洛哥希伯来语喊着一些我听不懂的话。周围的人欢呼起来，唱起激动人心的歌曲。与此同时，他们相互把胳膊搭在肩膀上形成一条人链，欣喜若狂地四处走动，高声唱着 "Begin，Melech Yisrael" ——贝京，以色列之王。

这是他们的大日子。对他们——约占以色列一半人口——而言，梅纳赫姆·贝京这个名字有一种近乎神秘的吸引力。不用讨好，不用吹嘘，贝京就赢得了他们的心，拆除了二三十年前他们大规模移民以色列后，将其同以色列主流社会隔离开的那堵傲慢与教派主义的高墙。自从以色列获得民族独立，甚至更早之前起，这个国家的人就知道只有一个执政党——马帕伊，即工党。工党也自认为是一艘实力强大的政治战舰，其目标就是永远统治这片政治海域。可是这艘战舰偏离了航线，被一条由梅纳赫姆·贝京掌舵的船撞了个措手不及。贝京寂静无声地

从一次次选举中慢慢崛起——从 15 席、17 席，到 26 席、39
席——直到最后在 1977 年大选中以 43 席的优势超过任何单一政
党赢得议会最多席位闪亮登场，这个议席数量足以组建一届联合
政府。

工党极为震惊，他们起草请愿书，开会，组织抗议，发表
演讲，写文章，一次次召集会议。许多人坚持认为，这次选举
落败是美国总统吉米·卡特的错。他公开倾向阿拉伯国家一边，
公然向伊扎克·拉宾发起挑战。他还公开了一份相当于单边和
平计划的文件。工党一直自诩在国际事务中有着丰富的经验，
能够赢得并保持白宫和美国人民的信任，但卡特让这一切变得
一钱不值，无声无息地在其背后捅了一刀。但归根结底，真相
其实简单多了。工党败在了自己手里。它执政太长时间已经身
心疲惫，老百姓也感觉疲沓了。

正因如此，这个国家的许多人都准备给梅纳赫姆·贝京一
个机会。他的正直闪亮夺目。即便是对手也承认他是个谦逊的
人，过着近乎修道士的生活，恪守个人道德。因此，许多温和
派也投票给他，他们设想——并且希望——总理面临的重担和
现实能让他的激情誓言变得更加成熟，决不放弃任何一寸挚爱
的家园——以色列的土地。于是，他们也甩开工党，甘愿由未
经考验的贝京掌舵，让国家这艘大船驶离熟悉的港湾，沿着未
曾走过的航线驶向未知的水域。

以色列驻华盛顿使馆发来电报，汇报美国方面对梅纳赫
姆·贝京当选总理感到十分惊讶。卡特总统的某些助手建议卡
特冷落这位当选总理，别邀请他到访华盛顿。吉米·卡特看了
美国广播公司"问题和答案"节目对贝京的采访之后，被自己

听到的内容惊呆了，他在 1977 年 5 月 23 日的日记中写道：

> 我请他们把即将担任以色列总理的利库德集团主席梅纳赫
> 姆·贝京在"问题和答案"节目上的讲话再播放一遍。他
> 在实现中东和平必须解决的问题上的固执态度，令人吃惊。
> ……他在回答第一个问题时说，整个西岸是以色列领土不
> 可分割的一部分，是在"六日战争"中"解放"的，犹太
> 人和阿拉伯人将在那里共居，犹太人占多数，阿拉伯人占
> 少数。这番话和以色列之前的政策大相径庭，而且一脚踢
> 开了以色列曾经投票赞成的联合国第 242 号决议。我简直
> 不敢相信自己的耳朵。[56]

　　国际媒体纷纷嘲弄贝京。《时代》杂志甚至在大标题里用
了暗含反犹太意味的词语来报道这次选举："贝京赢了"
（BEGIN WINS，Begin 和 Fagin 押韵[①]）。伦敦《泰晤士报》在
有关大选的评论最后引用了一句罗马谚语："上帝要谁灭亡，必
先让他疯狂。"除了同务实的工党有过接触，一些从未和以色列
其他领导人打过交道的重要离散犹太人团体领袖，对贝京在选举
中胜出感到非常震惊，并敦促他在发表公开声明的时候要温和
些，尤其是在定居点政策上。选举获胜第二天，贝京前往纳布卢
斯附近一个名叫卡杜姆（Kaddum）的国防军营地，这个营地位
于山区人口稠密的阿拉伯人居住区。他在现场召开新闻发布会，
宣布兴建定居点的行动将覆盖整个约旦河西岸，而且他坚持根据
《圣经》，将这块地方称为朱迪亚和撒玛利亚。

351

---

　　① Fagin 即"费金"，是狄更斯小说《雾都孤儿》中犹太教唆犯的名字。——
　　　译者注

"既然那样，未来被占领土会怎么样？"一名记者问。

贝京像一名耐心的老师温和地纠正无知的学生一样回答道："我的朋友，这些不是被占领土。自 1967 年以来，这种表达方式你用了 10 年。现在是 1977 年，我希望从今往后你开始称它为被解放的领土。一个犹太人完全有权利在被解放的领土上定居建立家园。"

"那么住在这里的阿拉伯人呢？"有人问。

贝京答道："我们不想驱逐任何人。这个美丽的国家既有地方让阿拉伯人在自己的土地上劳作，也能让犹太人建设家园。"

"你真的想吞并这些地区？"另一名记者问。

"我们不用'吞并'这个词，"贝京责怪道，"你可以吞并外国领土，但不可能吞并自己的国家。"

"那么国际法呢——日内瓦第四公约，其中提到禁止在被占领土上兴建定居点？"一名提问者开口道。

贝京并没有被激怒。他温和耐心地解释道："我建议你仔细研究一下你所说的那些领土的法律地位，然后你就会明白，日内瓦第四公约并不适用于这些地区。联合国 1947 年分治决议因为阿拉伯国家拒绝承认而无效。你所谓的'被占领土'仍然是国际联盟最高委员会于 1922 年 7 月 24 日所定义的可供再造的犹太人民族家园的一部分，早在阿拉伯人战争入侵并实施驱逐之前，犹太人就已经拥有这些土地，在这片土地上居住并耕作了上百年。"

"那么约旦河西岸也要引入以色列法律吗？"

贝京亲切地答道："我的朋友，你所说的约旦河西岸，应该被称作朱迪亚和撒玛利亚，以后请这么称呼它们。这是它们原本在《圣经》里的名字。至于以色列法律，这件事情还需要再斟酌。在我组建起政府后，我们会对是否支持此事进行投票，而后

再考虑采取什么样的措施。谢谢你。"说完他起身加入一群未来 352
的定居者中间。他们正在临时犹太教堂里庆祝安放新的《托拉》
卷轴，贝京此行到卡杜姆主要就是为了这件事。

几天以后，贝京被火速送进了医院。有传言说，他心脏病
再次发作。但医生们予以否认。他们说，贝京是因为过度劳累
导致的心脏并发症，需要休息。于是贝京休了病假，在医院的
病床上草拟了新的内阁名单，于 1977 年 6 月 29 日准时把方案
递交给议会。

这是近乎完美的一天，他先去西墙祷告。包括一身黑衣的
朝圣者、身着夏威夷衬衫的游客等在内的一大群围观者，注视
着一辆竖起三根天线的灰色普利茅斯轿车跟在一辆白色标致
504 后面驶过来，贝京在一群保镖的簇拥下走下车，其间新闻
记者和摄影记者记录着总理迈出的每一个脚步。塞法迪犹太妇
女兴奋地哭起来，犹太学校的男孩子们又唱又跳，欢乐的人群
瞬间将贝京一行人围在中间，原本庞大的人群变得更加可观了。

梅纳赫姆·贝京朝西墙的方向走去，他戴着眼镜，高贵的
脸上洋溢着闪亮的笑容，由衷地向人们挥手点头致意。他走到
墙边，把头靠在饱经风霜的岩石上，这个自然流露的动作是如
此具有象征意义，引得周围的闪光灯亮成一片。一群受惊的椋
鸟尖声叫着从高处墙缝里的刺山柑丛中飞了出来。

贝京神色庄严地从口袋里掏出一本《诗篇》，充满敬畏地
背诵哀歌和感恩诗篇。他心里很清楚，几个小时后议会就要通
过对他的信任投票，他的双肩将前所未有地挑起国家领导者的
重担。

人们默默地看着他祈祷。他亲吻了西墙，转身朝轿车走去，

许多人围着他，高声唱着"贝京，你是以色列的王"。

喧闹声中，一个声音喊道："那么，贝京先生，您当上总理后，会拿出什么样的方案来解决巴勒斯坦难民问题？"

353 　　提问的人身材魁梧，他的夹克翻领上挂着《纽约时报》的标签。

"我有现成的解决方案，"贝京毫不迟疑地回答，"1948 年我们获得独立那天，五支阿拉伯国家军队入侵了我们。我们为抵抗他们，付出了重大的人员代价。那次侵略行为引发了两个，而不是一个难民问题——除了阿拉伯难民，还有犹太难民。从阿拉伯国家和其他伊斯兰国家逃往以色列的犹太人，他们的数量几乎等同于从这里逃往阿拉伯国家的阿拉伯人的数量。因此，实际上人口变化早就开始了。"

"您愿不愿意就这个问题以及其他问题，直接和亚西尔·阿拉法特及他的巴解组织进行谈判？"一名高个子、灰白头发的《基督教科学箴言报》记者用"波士顿婆罗门"（Boston Brahmin）式的语气问道。

贝京的眼神隐约闪烁了一下。阳光照在他的眼镜上，他的脸上闪过一道刺眼的光，他语气坚决地答道："不，先生——永远不会！那个人是国际恐怖主义的教父。他的组织，所谓的巴勒斯坦解放组织，是一群铁了心要破坏以色列的杀人犯。他所谓的《巴勒斯坦宪章》是阿拉伯版的《我的奋斗》。我们永远不会和那个罪魁祸首去讨论如何毁灭自己。"

"那么，如果阿拉法特先生承认以色列的存在——您还愿意和他谈判吗？"

"不，先生！"

"为什么？"

"因为我不相信他。那肯定是个圈套、一个诡计，是他有计划有步骤地破坏以色列的一个阶段。"

"在这一点上，我能不能插句话，"一个打着领结温文尔雅的高个儿小伙子用低沉而标准的 BBC 嗓音趁势问道，"阿拉法特先生主张，根据国际法，以色列是一个没有生存权的非法实体。阿拉伯国家政权也都持相同的看法。对此您怎么看？"他浓重的英国口音极具挑衅意味。

贝京显然从他的话语中嗅到偏见的气息，但他毕竟经历多年的法律培训，因此他控制住自己的情绪，用一种老练的律师风度答道："传统上，国际法对于国家的地位有四条主要标准。第一条，一个有效而独立的政府；第二，能有效而独立地控制其人口；第三，有确定的领土；还有第四，能够自主从事外交活动。以色列符合所有这四条，因此，完完全全是个主权国家，是完全得到公认的联合国成员国。"

BBC 记者有关以色列生存权的尖刻评论激怒了贝京，因此贝京在即将代表政府接受议会信任投票的演讲稿中做了最后的补充。投票的时刻终于到了，议会大厅里座无虚席，一片嗡嗡声中弥漫着兴奋之情。总统坐在他的荣誉之椅上，高级官员挤挤挨挨地坐在专属座位区，每一条走廊上都挤满了大使、高级军官，以及各路显要，梅纳赫姆·贝京自信地登上讲台提交内阁方案，等待批准。

在场的老资格们发现贝京的手上竟然拿着一叠讲稿，不禁惊讶地议论起来，"看，他要念讲稿！"

贝京自从 29 年前以色列诞生那天，在伊尔贡地下电台发表告同胞书之后，就再也没有念过演讲稿。虽然他毫无疑问是个即兴演讲大师，但在这个重要场合，他还是念起了讲稿。

开场白平平淡淡，大致介绍了由工党执政改为利库德集团执政是一个怎样的民主过程，但是当他进入发言的主体内容时，他的声音愈来愈有激情。他讲到了以色列的重生，以及其在世界民族大家庭中应有的生存权。说到这里，他晃动着一个手指用颤抖的声音问："有没有任何一个英国人或者法国人、比利时人、荷兰人、匈牙利人、保加利亚人、苏联人或者美国人会想到为自己民族争取获得认可的生存权？他们本身的存在，就是他们的生存权！"

说到这里，他踮起脚，大厅里的所有窃窃私语顿时静了下来。他用双手指尖弯出个拱形，盯着手里的讲稿大声念道："四千年前人类文明刚刚露出曙光时，上帝就赋予我们生存的权利！所以，犹太人对以色列——我们父辈的土地拥有历史性的、永恒的、不可剥夺的权利。这份权利已经在一代代犹太人的血液中变得神圣而不可侵犯，我们已经在民族史册上付出了巨大的代价。"

联合席位上爆发出掌声，许多人干脆站立起来。这是一个激动人心的时刻，但坐在我左边高级助理席位上的一个人看上去丝毫不为所动。他正在笔记本上飞快地记录着一串串名字和数字，他是那么与众不同，我忍不住开始注意他。他发现我在看他，便咧开嘴报以善意的一笑。

"耶歇尔·卡迪沙伊。"他大声地自我介绍，声音盖过了周围的掌声，他友好地伸出手同我握手。

355　　　他五十五六岁上下，中等身材，高高的前额，一头银发。议会的老资格议员们私下对他评价不错，因为他是个热爱交际、头脑机智而且性情不羁的人。然而除了性情随和、平易近人，据说他还是贝京身边小圈子里最有影响力的人物，是贝京最亲密的知己、至交、杂务总管，是那个能一大早去见没刮胡子、穿着睡衣的贝京的人。

贝京还在继续慷慨激昂地演讲，卡迪沙伊继续在笔记本上写着，但很快他就起身离开了，估计是有什么紧急的差事。此时，贝京渐渐冷静下来，开始平实地讲述新政府的政策目标概要，以及他准备任命的各位部长，之后各党派发言人相继发表讲话。

当摩西·达扬起身准备发言时，工党的座位上突然出现一阵骚动。一双双眼睛充满仇视地盯着这个曾经的战争英雄、劳工运动坚定分子。他做事一向特立独行，这次更是跳槽加入了梅纳赫姆·贝京的内阁，担任外交部长。他一开口，老战友们的怒火便一股脑儿向他扑去。

"叛徒！"有人尖叫道。

"背叛者！"另一个声音高喊。

"还我们席位！"第三个人咆哮道。

"辞职！"第四个人大喊。

"真可耻！"其他人也怒吼起来。

在一片嘲弄、蔑视和辱骂声中，摩西·达扬控制着自己的情绪，脸上像戴了个面具。他在演讲中提到，以色列准备参加基于联合国安理会 242 号决议的日内瓦和平会议，并确认在以色列与邻国进行和平谈判时，不会有人采取任何措施强行吞并朱迪亚和撒玛利亚。

一名出离愤怒的工党成员跳起来喊道："你完全没有资格代表以色列当我们的外交部长。从这里滚出去！"这句话引发一片叫喊声，议长只得威胁终止会议。然而摩西·达扬还在继续往下说，丝毫没有半点停顿，他强调，以色列正面临关键抉择，需要达到空前的民族团结。几乎没人听见他在说什么，因为密集的叫骂声淹没了他所说的每一句话。

诘问声此起彼伏，一直坐在我后面的弗利卡·波兰靠过来说道："达扬受到攻击时就是这副样子，连表情都一模一样——面无表情！炮弹在他四周围爆炸，但他就好像什么也没听见一样继续干他的事情。他现在就是这个样子——他已经脱离了现实。别人可以喊个没完，他连眼皮都不会抬一下。"

几个小时后，时间已过午夜，激烈争论之后绝大多数时候是单调乏味的辩论。经过对新政府的信任投票后，梅纳赫姆·贝京和他新任命的部长们一个个走上讲台宣誓就职。当议长重重地落下槌子宣布散会时，我一眼瞥见伊扎克·拉宾正尝试挤入在新总理周围表达祝贺的人群。

"恭喜！"拉宾脸上露出他那羞涩而不对称的笑容，伸出手表示祝贺。

贝京同他握手，躬身致谢道："明天上午9点我去总理办公室拜访您，不知您是否方便？"

拉宾咧嘴笑了。"是否方便？无论如何我得给您方便。现在您是总理！"

第二天上午8点45分，伊扎克·拉宾身穿休闲的长袖白衬衫和法兰绒宽松长裤走进总理办公室的外间，他看上去毫无压力，甚至还很愉快，仿佛他的烦恼痛苦已经奇迹般地在前一天晚上清空了似的。

"该收工啦。"他略带自嘲地宽慰我们这些私人助理，大家都是赶来告别的。自贝京赢得大选那天起，拉宾就结束休假，依照法律规定继续履行总理职责，直到当选总理结束各种讨价还价和争论，组成新的联合政府。这一天终于到了，拉宾等着贝京 9 点前来造访，大家聊起了前一天晚上达扬在议会上引发的轩然大波。他的背叛和担任外交部长的行为不仅激怒了工党成员，也让"赎罪日战争"中的遇难者家属感到很气愤。他们从未原谅过他在战争之初的失策。只要达扬出现在公共场合，他们就会嘲讽他，有时候甚至还会朝他扔烂菜叶，所以他现在当上外交部长更是让他们的怒气有增无减。

拉宾虽然从来不是什么达扬派，但他认为任命达扬当外交部长不失为贝京的精明之举。贝京需要达扬，他说。新总理在犹太人世界之外几乎鲜为人知，但达扬是个国际知名人物。这次任命是要让外国政府看看，贝京的内阁是严肃认真的，他们并不是一帮退居二线的恐怖分子。

357

"相信我，"拉宾得意地笑了笑，"外国大使来造访外交部长摩西·达扬的时候，达扬肯定领带笔挺，每个字都说得滴水不漏。贝京的内阁里，论气场谁也比不上达扬。"

闲聊间，我打开了通往总理办公室内间的门。

"关上门！"拉宾说。

"为什么——您不是要在里面见贝京吗？"我问。

"那个屋子现在不属于我了。别人请我，我才进去。"接着，他问新闻秘书丹·帕蒂尔："记者们都在隔壁？"

隔壁的房间是准备举行交接仪式的地方。帕蒂尔告诉他，记者和摄影师已经全部到了，高级职员们也来了，他拿起日程安排给他看。这是一个直截了当、朴实无华的仪式——几个演讲和几次祝酒，仅此而已。

拉宾显然很满意，他双手插兜走到窗前，凝视着大路，梅纳赫姆·贝京的车即将从这里一路驶来。他看了看表——还有两分钟。

办公室里一片寂静。这是个尴尬的时刻。大家都不知说什么好。我们的办公桌已经收拾得一干二净，抽屉清空了，该打的电话都打了，该做的告别也做了。拉宾没有转过身，但他说希望我们相互之间继续保持联系，我们都说会的，但其实大家心知肚明。我们在很大程度上只是办公室的同事，而非有私交的朋友。我们之所以在一个团队里工作，是因为拉宾把我们召唤到总理办公室这个受到千般宠爱的特殊环境里，忠心耿耿地为他服务。可是现在，他要离开了，我们也将在不同的利益和抱负指引下，不尽相同的不安全感驱使下，各奔东西。至于我，我将回到外交部恼人的官僚环境中，毫无疑问地被安排到某个遥远的第三世界国家，将我和我的家人置于动荡不安的生活中。

讽刺的是，打算留下来和贝京共事的竟然是他最大的反对者——弗利卡·波兰将军。新总理邀请他继续担任军事秘书；可想而知，拉宾已经用最直白的方式告诉过他，这是军人的职责，必须接受。拉宾坚信，弗利卡只需单枪匹马就能妥善地处理好新总理和国防军、情报部门以及国防部之间敏感的关系。他说服弗利卡推迟一年退休。

358

"他来了！"拉宾说着，突然从窗口转过身，"他9点准时到，我得下去迎接他。"

白色标致504沿着大路缓缓驶来，后面跟的是安全人员乘坐的灰色普利茅斯轿车。车很快就驶到总理办公室的门廊下，守卫敬礼致意。警卫们围着车形成一个半圆，照相机咔嚓咔嚓响个不停，周围的人开始鼓掌。车里的人走出来和前来欢迎他的人紧紧握手。

6 月的晨光中，一身正装，光鲜整洁得毫无瑕疵的梅纳赫姆·贝京总理和身着随意衬衫长裤的伊扎克·拉宾形成鲜明对比。用亚博廷斯基的话来说，这就是"hadar"，在希伯来语中是"光彩、显赫"的意思。"Hadar"所指的不仅仅是时尚，还包含心态和态度。它暗含了一种高贵的精神、骑士风度、自尊、威严、荣誉和庄严。一个犹太人应在行为举止上注重"hadar"。今天早上，贝京的"hadar"展示了一个新型的政府、一个具有社会自由主义倾向的民族主义信条，它们将替换掉前不久那个已不受尊重、不登大雅之堂的工党。

贝京在拉宾陪同下开怀地笑着，后面跟着包括耶歇尔·卡迪沙伊在内的三名随从。他走上台阶进入外间办公室，热情地同我们一一握手。拉宾上前一步打开内间办公室的门，示意它的新主人进去，但贝京迟疑了。他皱了皱眉头，坚持让拉宾先进屋。

"但这现在是你的办公室。"拉宾半开玩笑半认真地说。

"的确是，"贝京回答道，他情绪很高，"所以，它的主人是我，而不是您。应该是我为您开门。我坚持要您先进去。"

俩人一起跨过门槛，坐到角落里的一对双人沙发那里私聊，助理们谨慎地小声闲聊着。最后，贝京召唤卡迪沙伊给拉宾展示一封他刚刚收到的美国总统吉米·卡特的来信。卡迪沙伊把手伸进塞得满满的公文包里，迅速抽出一份文件递给拉宾。拉宾读着信，扬起了眉毛。他对贝京耳语几句，贝京迅速扫了我一眼。之后，贝京建议先到旁边的会议室，媒体在那里等候已久。当俩人一起走进大门的时候，会场响起一阵掌声，照相机忙个不停。

伊扎克·拉宾虽然不是一个杰出的演说家，但极其优雅地移交了政权。他在讲话中提到自己非常荣幸能有机会将毕生献给为人民服务，确保和贝京先生顺利换岗是他的民主责任，并且祈祷贝京政府获得成功。

接下来，贝京衷心地感谢拉宾"几年来的贡献"。他"为以色列成熟的民主制度感到非常骄傲，因为它使以色列选举日成为美丽的一天"。除此之外，"语言已经不足以表达整个国家对议会成员拉宾的感激之情，他见证了行政机构的历史性变化"。

每个演讲都以祝酒结束，随之而来的是一轮接一轮的握手，直到在摄影记者的要求下俩人短暂拥抱之后，热烈的气氛才有所平息。经过最后一轮的握手和感谢之后，新总理就准备踏入自己的办公室。正当他转身时，一名大胆的《耶路撒冷邮报》记者从后面叫住他，"贝京先生，当了这么多年的反对党之后，您在踏进那间办公室的时候心情是怎样的？"

贝京停下脚步，撅起下嘴唇想了想，极其严肃地说："这是一个引人瞩目的时刻，我的朋友。同时它也令我百感交集。"

"您举个例子吧，贝京先生？"

"比如说……"他举起右手掌，轻轻地翻转着，以便强调他准备说的那个论点，"比如说，一方面，这是一种让人恐惧的感觉，另一方面，也是让人兴奋的。我感受到极大的荣幸，又感受到深深的谦卑。它是一种重大的责任，也是美好的希望。既是一种兄弟情谊，也是一种孤独感。它……"他停下来，使劲盯着门口好一会儿，似乎准备承担起跨进门后的一切后果似的，然后用十分自信的语气说："我感觉自己是个独唱者——在最神圣的日子里，独自站在藏经柜前以所有人的名义呼唤万能的上帝，对上帝说，'虽然我并不称职，但以色列人让我作为他

们的信使，我代表他们到您的面前，哦，上帝，请让我不辱使
命吧。'"

"阿门！"后面的一个声音喊道。

"*Ken yehi ratzon*。"（但愿如此）贝京态度神圣地回应着，
紧握双手，低垂着眼帘走进总理办公室。

360

1977 年 6 月 21 日，拉宾和贝京总理在权力交接仪式上和高级工作人员在耶路撒冷的总理办公室

图片来源：雅各布·萨尔、以色列政府新闻办公室。

1977 年 6 月 21 日，耶路撒冷，总理贝京为接过总理职位干杯

图片来源：雅各布·萨尔、以色列政府新闻办公室。

第三十章　一个多才多艺的犹太人

半小时后，我把脚翘在自己那张空无一物的办公桌上，盯着窗外胡思乱想，一想到待会儿不得不按照约定去和外交部人事部门的官员见面，我就不由得心烦意乱。这是个阳光灿烂、夏花怒放的好日子，很适合在和这个办公室告别前忆旧，正当我沉浸在回忆中时，电话铃响了，一下子把我从遐想中拉回现实。

"我是耶歇尔·卡迪沙伊。总理要见你。"

"见我？什么时候？"

"现在！"

我沿着走廊一路疾步走去，尽量让自己显得不慌不忙的样子。我穿过安全屏障，走进铺着高雅地毯的门厅，这里通向总理套间的外办公室。卡迪沙伊让我直接进去。

我一推门，梅纳赫姆·贝京抬起头。他坐在巨大的红木书桌后面显得个子很小，仔细观察就能看出来他前不久刚刚得过心脏病。他面容憔悴有些浮肿，但仍然气宇不凡，像个贵族，令人觉得不能直呼其名，只能尊称其头衔。我走过波斯地毯，清了清嗓子开口道："总理先生，为了我们所有人的利益，作为一名以色列公民我祝愿您一帆风顺。"

他微微起身，主动握了握我的手，点头示意我坐在一张椅子上。我像个新人一样僵硬地按照他的意思坐下，只见他在一堆文件中翻找着，一边用一种非常正式的官方语气说道："我这些天收到美国总统吉米·卡特发来的一份重要信件，拉宾议员建议我让你看看，帮我想想怎么写回信。他说你在这方面很有经验。"

事情的转折让我惊讶不已，我只能点着头，趁着他在找那封信的时候尽量按捺住兴奋之情。

要不是撤走了私人相片、奖杯、奖状和一些装饰物，这间镶着木板的办公室和伊扎克·拉宾在的时候没什么两样。一排高背椅子像训练有素的卫兵一样立在总理的办公桌前，桌子后面的书架上装满了深蓝色封面的议会立法文件卷宗，以及用棕色小牛皮装订的镶金犹太经典。书架旁边是一张从天花板落到地面的以色列地图，旁边插着国旗。办公室里还有一片休闲风格的座位区，占据了剩余空间，来访者斜靠在天蓝色的扶手椅上，抬头可见墙上的一幅巨型航拍黑白照片，那是耶路撒冷老城——这个国家首都永恒而不可分割的心脏和灵魂。正对挂着蕾丝窗帘的三扇防弹窗户还有一面墙，上面挂着一张世界地图；地图旁边角落里，稍高于视线的地方不起眼地挂着梅纳赫姆·贝京几个前任的照片：戴维·本－古里安、摩西·夏里特（Moshe Sharett）、列维·艾希科尔和果尔达·梅厄。旁边留下了足够的空间用来悬挂伊扎克·拉宾的照片。

"请看这个。"贝京说着，把信递给我。

我请他允许我离开一会儿以便好好读一读信，并起草回信，这是他的几位前任和我之间的习惯做法。但他用一种有一些目空一切的语气说，以后不必这么做了。他不习惯在并非自己写的东西上签字，哪怕是演讲稿和英文信。

"我会自己写一封给总统的回信，"他说，"至于你"——他热情地微笑着，用英语说——"替我润色（polish）一下我的波兰式（Polish）英语。你做我的莎士比亚。你把它'莎士比亚化'。"

我很快发现，贝京喜欢发明新词——用已有的词语发明新词或者赋予词语新的意思。他现在就发明了一个。

这时电话响了。

总理的办公桌上有两部电话，浅黄色带按钮的是常规电话，红色的是点对点的军事专线，直接联通特拉维夫国防部。他盯着嗡嗡作响的红色电话，好像有些反感的样子，然后抿紧嘴唇，轻轻拿起话筒，严肃地说："你好，我是贝京。"

电话那头是他的国防部长埃泽·魏茨曼（Ezer Weizman），我从听到的只言片语中得知，巴勒斯坦解放组织从黎巴嫩南部向以色列北部发射了两枚喀秋莎火箭弹，所幸没有造成人员和财产损失。另外，头天晚上伊斯兰武装对黎巴嫩北部基督教马龙派教徒居住的村庄发起进攻，屠杀了平民。

在贝京询问魏茨曼的时候，弗利卡走进来，他显然已经获悉了相关情况。他迅速写了张纸条放在贝京面前，后者看了一眼后对着电话厉声道："波兰将军认为，巴解组织这次进攻是蓄意挑衅，是想在我上任第一天试探我的决心。我认为他的看法是对的，请你和总参谋长商量如何坚决回应，随时向我报告。"接着，他用一种更加坚决而专制的口气说道："至于伊斯兰军队袭击基督教平民，我们政府的态度很明确，作为一个犹太国家，支援黎巴嫩的基督教少数派是我们的道义责任。我们犹太人很了解，少数族裔要承受什么样的痛苦。中东地区的任何少数族裔受到压迫，我们都会伸出援助之手。基督教世界放弃了黎巴嫩基督徒，我们不能这么做。我们会在内阁会议上讨论这件事。"

当他放下电话时，我看见他脖颈上青筋暴露。

弗利卡看上去很不安，两只脚动来动去。梅纳赫姆·贝京刚才完全改变了以色列对黎巴嫩的处事原则。伊扎克·拉宾从来不允许以色列部队卷入黎巴嫩的大屠杀，担心深陷其地狱般的内战。黎巴嫩从 1975 年以来饱受内战蹂躏。弗利卡想要说明的正是这一点，正当他准备开口时，耶歇尔·卡迪沙伊从门外探进头来说，拉斐尔先生（Reb Raphael）来电话了。

"把他接进来。"贝京说着，脸上一亮。他慵懒地靠在椅背上，交叉着两条腿，舒舒服服地把电话贴在耳朵上。"很快，要不了一分钟。"他懊恼地对波兰将军说，随即又亲切地对着电话道："啊，拉斐尔，你来电话真是太好了。"

波兰将军摸着鬓角的胡子等着。

366 "我一直很看重令尊，"总理说道，"我非常了解，他为我们成立政府的这一天祈祷了多久，牺牲了多少。我们会一直忠于他的遗志，我向你保证。"

我知道拉斐尔这个人。他已故的父亲是广受崇拜的阿里耶·莱文先生（Aryeh Levine）——"犯人们的拉比"——拥有一段传奇人生。英国人统治巴勒斯坦的时候，梅纳赫姆·贝京指挥地下组织伊尔贡，阿里耶不辞辛劳一直坚持为被捕的伊尔贡战士提供帮助和抚慰，其中许多人被判了很长的刑期，甚至绞刑。阿里耶一成不变地在绞刑架下给予他们最后的拥抱。现在他的儿子掌管着父亲创建的规模不大的耶路撒冷犹太学校。

总理询问着犹太学校的情况，听着听着他显得有些困扰，面露同情之色。"天哪！"他叹了口气，"我很抱歉，拉斐尔，情况竟然那么困难。我和几个朋友商量下怎么帮忙。还有，把电费、水费和电话费账单给耶歇尔·卡迪沙伊。我会亲自过问这些事情。这是我要履行的诫命。所以，拉斐尔，别烦恼。你的任务就是坐在那里学和教。其他的事情交给我们去办。"

从波兰将军的脸色看得出来，他认为眼下黎巴嫩局势火烧眉毛，总理和一个犹太学校的拉比这么亲切地聊天显然让他无法接受。他转身向门口走去，贝京叫住他。"波兰将军！"他的声音低沉而威严。

弗利卡蓦地转过身。

"你要是对我的黎巴嫩政策有看法，咱们有机会再说，现在不行。我要你时刻向我汇报，我们对巴解组织的回击。如果有必要，你可以半夜叫醒我。请让耶歇尔·卡迪沙伊进来。"

贝京花了几分钟时间简单给耶歇尔讲了讲拉斐尔的困境，让他去找伦敦的艾萨克·沃尔夫森（Isaac Wolfson）爵士。（此人最重要的地方在于，他是个非常有钱的犹太人。）接着他开始大声地讲自己打算如何给卡特总统回信，并且认真地问我："你看完总统的来信了吗？"

我点点头。

"那么你告诉我，他在信里邀请我访问华盛顿，除了寻常一般的客套话，以及表达共同价值观和利益等，你有没有和我一样，觉得这封信里有什么特别之处？"

从他说话的方式中，我已经明显感觉到，他正在试探我的能力。

"我觉得有。"我冒险答道。

"那是什么？"

"最后一段。"我大声念："因此，我想邀请您于 7 月 18 日那周访问美国，与您建立起基于共同原则的伙伴关系，进而公正而和平地解决以色列和邻国之间的争端。我们有幸抓住这个历史性的机遇，将社会的宗教意义具体化。"

"怎么说？"总理用一种考察的语气问道。

"最后一句话有点特别，在一个将政教分离奉若神明的国家，总统竟然说出这样的话。"我斗胆说道。

"是吗？"贝京的话里带着一丝嘲讽，"但是，难道你不认为，美国的宗教生活所涵盖的内容比这里更多吗？你还发现什么了？"

很明显，他是在考验我。

"第一句——里面有影射，"我说，"卡特邀请您去华盛顿，和他'建立起基于共同原则的伙伴关系，进而公正而和平地解决争端'。什么叫'基于共同原则的伙伴关系'？这是个新说法。我们在和美国的对话中有固定的外交辞令，在此之前我从来没有听见过这种表述。所以卡特似乎想说，他想和您见个面，看看能否建立基于共同原则，也就是一种共同战略的伙伴关系。而现在，他不确定双方之间是否存在共同战略。"

贝京的眉毛略微动了动。"我同意。我也是这么理解的。"

那部白色的电话又响了，辨认出电话那头的声音时，总理双眼欣喜地一亮。"艾萨克爵士！"他声音洪亮地说，"太好了，是你。"

他一边听艾萨克·沃尔夫森爵士说着，一边仰面靠在椅子里，他的英语虽带着口音却无可挑剔，他诚心诚意地感谢对方的祝贺，以及提供的支持。他保证说："*B'ezrat Hashem*（有了上帝的帮助），我们的新政府会为以色列和犹太人造福。"说着，他眼光淘气地一闪，语带讥讽地问道："那么告诉我，艾萨克，英国媒体对我第一天上任有没有说半句好话，我还是不是他们最爱报道的魔鬼？"

不知道对方说了些什么，听了艾萨克·沃尔夫森的回答后，总理收起了那副顽皮的表情。他咂咂嘴摇了摇头，暴躁而鄙视地说："这么看起来，《泰晤士报》又开始宣扬中东绥靖主义了，就像他们在 30 年代宣扬德国人的绥靖政策一样。记住，就是这张报纸把希特勒纳粹冲锋队的暴行轻描淡写地说成是'革命的热情'。呸！他们现在想让我怎样——再制造一次慕尼黑事件？他们难道想仿照内维尔·张伯伦强迫捷克斯洛伐克放弃苏台德区一样，让我放弃朱迪亚和撒玛利亚的安全？我们会怎么办——难道像捷克斯洛伐克那样自取灭亡吗？"

艾萨克显然还在继续说着一些让贝京倍感沮丧的事情，后者一边听着，一边不敢相信地发出"难以置信！""太震惊了！""无耻！"之类的感叹。最后他无可奈何地说道："这么看来，那里的人还认为我是个前恐怖分子，是吗？这么多年过去了，他们仍然被偏见蒙蔽着双眼。但我无所谓。恐惧害怕的是他们，不是我。"他长长地叹了口气，喃喃道："悲哀啊！很悲哀！然而，真理终将实现，正义终将胜利。事情总是这样。"

这句格言似乎让贝京重新打起了精神，他起身正了正肩膀提高嗓门宣布："你是了解真相的，艾萨克。你知道，我们从伊尔贡那时候起就从来不是什么恐怖分子。我们是自由战士。我们的抗英斗争是勇敢的，正大光明的，针锋相对的。我们从来没有蓄意伤害过普通平民。可是你告诉我，那里居然仍然有人认为我是恐怖分子，把亚西尔·阿拉法特称为自由战士？好吧，你听我说，我非常瞧不起他们。"

他情绪高涨起来，大声继续道："那个所谓的巴勒斯坦解放组织……'解放？'呸！……那是罪犯亚西尔·阿拉法特领导的纳粹杀人组织，他们专门针对平民，男男女女和儿童。所以，是的，艾萨克，我要再说一遍，真理终将实现，正义终将胜利！"

他欢欣鼓舞地大声说着，就像在集会上做最后的演讲一样。释放了激动的情绪之后，他坐回椅子里，斜靠着安静下来，用胜利者的平静语气花几分钟时间说起了正题。他表示，这是来自心底的呼唤："艾萨克爵士，我深深地相信，拯救拉斐尔的犹太学校是一桩善行——一个神圣而高贵的举动，我要不这么想，就不会现在来麻烦你。我了解你在做慈善，我在想，你愿不愿意参与进来？"

369　　慈善家的回答非常慷慨，梅纳赫姆·贝京高兴地双颊泛起红晕，一遍一遍地说着感谢的话。他的一言一行让我感到激动。如果有人碰巧听见贝京如何向拉斐尔和艾萨克·沃尔夫森敞开心扉，他很可能会以为以色列总理的工作就是帮犹太学校解困，间或地处理些国家事务。看着他一边给美国总统写信、处理黎巴嫩军事冲突，一边抱着同样的热情为耶路撒冷犹太学校请求援助，真是一种引人入胜的体验。

对我这么一个恪守教规的犹太人来说，这确实是件让人兴奋的事情。到今天上午为止，我已经为列维·艾希科尔、果尔达·梅厄和伊扎克·拉宾工作过，他们都是杰出的领导人，忠实的理想主义的犹太复国主义者，但是他们谁也不像梅纳赫姆·贝京那样，对犹太传统怀有如此深沉的敬意，对上帝怀有如此真切的认同，并且如此谙熟古老的习俗，对犹太民族有一种与生俱来的亲密感。他来自波兰，虽然不是严格遵守教义的忠实信徒，却是个保守的传统主义者，极富感染力，平易近人，能让各个地方的犹太人感觉到自己受到了重视。最后，他还是我心目中理想的总理——一个典型的犹太人。

即便我陶醉其中，脑海里始终挥之不去的还是有作为政治家的贝京，他是个内心坚硬如铁的元老，从不在任何事情上妥协。他是以色列历届总理中意识形态色彩最浓的一位。因此，当他放下电话，用一种不容置疑的口吻问我以下这句话的时候，我简直不敢相信，他说："我想，你会作为我的工作人员留下来？"作为在选举中获胜的党派领导人，他身边的许多人都是从地下活动开始跟随他，在风风雨雨的政坛上同他一起奋战了几十年的老战友——而他竟然邀请我，一个籍籍无名的党外人士，加入他的工作团队，这实在是让人感受到不敢相信的莫大荣幸——我惊讶地脱口而出："可是，贝京先生，我不是你们的党员啊。"

"我从没问你是不是。你这么说，是认为自己不合适吗？"

"不，可是——"

"可是什么？"

我迟疑了，不知道该如何表达自己的想法，我一直认为我们应该同意在领土上做些让步，一寸土地换一寸和平。但是，我的嗓子干涩，终究没有把这些话说出口。我之所以感觉嗓子发干，是因为这些话并非我自己的想法；它们是艾希科尔、果尔达和拉宾的想法。将近 20 年来，我以他们的名义，根据他们的指示写了大量的演讲稿、信件和备忘录，而这正是其中的精髓。那是我的工作。而现在我要找到自己的声音，理清自己的思绪，用我自己的方式来表达这些想法，以我自己的名义把它们说出来。于是我说："总理先生，可不可以给我一点时间好好考虑一下这件事？"

"多长时间都行啊。"他宽容地说。

我站起身，快到门口时，他从后面叫住我。"你为前几任总理工作的时候，是什么身份？是政务官，还是公务人员？"
他问。

"公务人员，"我回答，"是应各届总理的要求从外交部借
调过来的。"

"既然这样，"贝京断然道，"我就继续照办。这届政府是
来服务的，不是来收割的。你能理解吧？"

我耸耸肩膀。

"好吧，那我就来解释一下。这是以色列历史上第一次出现
政治管理变化，我们不是来夺取权力的。我们必须有延续性。
这是一次民主变革。整个世界必须看到这一点，整个国家必须
看到这一点。我不会解雇任何专业的公务人员，除非发生了我
认为合理的特殊情况。"他面无表情地继续道："我模仿的是英
国的系统，公务员知道以合理的政府名义，在合理的时间用合
理的方式对合理的人说合理的话。所谓合理的政府就是当下由
选举产生的政府。现在你明白了？"

我回答明白了，但是他不再望着我。他的目光越过我，看
着门口，眼睛一亮。"内阿马！"他喊起来。"真想不到！美好
的旧时光又回来了！"

一个穿着羊毛开衫的端茶女士推着小推车从地毯那边摇摇
摆摆地走过来，她和总理握了握手，满是皱纹的脸上兴奋地发
亮。"祝贺您，贝京先生！"她笑着说，"祝贺您！真高兴看到
您回来。"

他俩显然是老相识，从贝京在列维·艾希科尔和果尔达·
梅厄的联合政府里担任不管部长的时候起就已经认识。

"和以前一样？"内阿马调皮地问。

"和以前一样。"贝京热情地回答。

她用玻璃杯给他倒了杯加柠檬和甜味剂的茶。

这时贝京对我说道："不管你的回答是什么，请在今天下午四点到我办公室来一趟，到时候我们再过一遍给卡特总统的回信，你帮我'莎士比亚化'一下。"

我回到自己办公室，给拉宾拨了个电话。"伊扎克，"我不假思索地脱口而出，"贝京让我替他工作。我要不要接受？"

"你当然要接受。他是个诚实而负责任的人。我认识他很长时间了，我要告诉你的是，他永远把国家利益置于个人利益之上。除此之外，他还是和你一个类型的犹太人。你会喜欢与他共事的。"

梅纳赫姆·贝京给吉米·卡特总统的回信草稿一共有三张纸，是从他的速记本上撕下来，显然这是他手头仅有的纸。他用红墨水写下的字密密麻麻，紧挨在一起难以辨认。我用一支黑笔费劲地在潦草拥挤的字迹间游走，一边润色，一边在红色底稿上标注黑字，到最后整页纸就像蜘蛛爬过一般。贝京用词非常老道，只是语法上稍有欠缺。

在我改稿的时候，他一直安静地坐着，偶尔凑过来细细地看我到底润色得怎么样了。我把完成的稿子递给他，他仔细看过改稿后微微一笑，夸了一下我的文笔，但对我改动的几处词语表达了保留意见。他不喜欢我将他的形容词"模糊化"。比如我把"崇高的"换成了"高尚的"，他认为"富有成效的"不应该被改成"建设性的"。而且，他刻意将信件中的称呼写成了"阁下"，而非"亲爱的总统先生"。毕竟，这封信是写给一国总统的。

我试图劝他，"阁下"这种称呼不适合用在这种场合，但他摇摇头表示不信，认为称呼世界上最强大国家的总统就应该用这样的敬语。于是他打电话给外交部礼宾司负责人，请他核实。趁着他和礼宾司那可怜的哥儿们反复检验信里的用词，我坐着想：一个在以色列政坛搁浅了近30年的人会有多少名正言顺的理由给美国总统写信。不管梅纳赫姆·贝京对国际事务的掌握程度如何——我后来发现，他相当谙熟——他在上任第一天对外交礼仪方面的琐事了解得并不够。

他放下电话，和蔼地冲我耸耸肩，坦白地承认："你是对372 的！"他轻轻地笑着补充道："但这是一次愉快的合作。当年西奥多·罗斯福刚刚当上美国总统的时候，收到德国皇帝和英国国王的祝贺信。罗斯福不在乎什么外交礼仪，也从来没和这两位打过交道，他在回信中不称'尊敬的陛下'，而是冒冒失失地把德国皇帝称作'我亲爱的威廉皇帝'，对英国国王称'我亲爱的爱德华国王'。结果两国皇室纷纷侧目，美国方面只得打发大使出面道歉。"

梅纳赫姆·贝京愉快地讲述着这些逸闻趣事，我趁势问他，是不是喜欢读历史，他肯定地说："我最喜欢读历史和政治传记，我通常读的是英文本。"为了便于说明，他还顺便提到了最近读到的四位作者。听他如此行云流水般地罗列那些作家，我意识到这是一个多才多艺的人：他不仅细致，而且博学，是个充满犹太特色的波兰式知识分子。

趁着那封信被送去打字的工夫，他兴致勃勃地说起了自己学英语的故事。那是在伊尔贡时期，他四处躲避英国人的追捕——那个时候，人必须机智灵敏，满腹计策，想要活命就得了解敌人在想什么、说什么、计划什么，得掌握他们所写、所读以及正在广播的内容。语言就是武器，他必须学好英语。于是他日日夜夜盯着 BBC 国际频道，发疯一般地研究新闻和学习英国国王的语言。他喜欢 BBC 那种简洁的风格，它波澜不惊，表达准确，而且表述非常清晰。

他积累了丰富的英语词汇，人们可以感觉出来他是单纯地喜欢英语词汇本身。在他的地下工作年代，以及这么多年身为反对党的岁月里，言语是他唯一的武器。他是个激情四射的辩论家，引人入胜的演讲者。他深深地热爱以色列议会。他热爱辩论，喜欢写作，爱好阅读，酷爱宣讲。他还热衷于新闻事业，也喜欢写信。他认为，写信是一种正在走向衰亡的技能。语言正在渐渐失去准确性和明晰性。政治家是这一切的罪魁祸首。各个国家的议会辩论逐渐衰落。美国国会和英国议会还算是相对比较体面的场合，而在以色列议会也能见到难得一见的真正的辩论。只是太少见了！但是，大体来说，有话好好说的时代已经过去了。人们站起身讲话，却言之无物。没有人听别人说话——然后个个都表示反对。两党之间毫无理由地相互争斗。政客们毫无幽默感，成了精明现实的实用主义者。“如今哪里还有什么议会雄辩家，”他语带讥讽地说，“谁还能像本杰明·迪斯雷利（Benjamin Disraeli）那样优雅地向对手格莱斯顿（Gladstone）喊话，‘这位尊敬的议员是个强词夺理的雄辩家，陶醉在自己的洋洋洒洒的长篇大论中。’” 373

他引用的这段话准确地让我惊讶不已，不禁问他到底是怎么记住这句话的。他沾沾自喜地答道：“这是我在干地下工作的时候从 BBC 听到的，当时就记在心里了。我用它来练词汇。直到现在，我早晨起床的第一件事就是打开收音机听 BBC 的广播。”

确实，久而久之我发现，有时候梅纳赫姆·贝京在做政治决策的时候会部分或者全部地以 BBC 的内容为基础，因为他知道虽然 BBC 的评论员不会在批评以色列的政策时网开一面，但他们在大多数情况下是公平准确且公事公办的。在梅纳赫姆·贝京看来，英国广播公司是忠实报道的优秀标杆。[57]

下午晚些时候，总理问起给卡特总统的信是不是可以校验了。可是不行。我的秘书诺玛正在着急上火，她费尽心思地努力搞懂贝京的红色笔迹和我叠加在上面的黑色改稿。这会儿她的打字速度比平时慢了许多，等到终于完成时，总理已经准备赶赴下一场活动了。他和贝京夫人要在大卫王饭店为从海外赶来的好朋友们接风。他建议我陪同他一起去饭店，这样就可以在路上看一遍这封信。

我们刚一坐进车里，他就埋头集中精力读起信来。他在这里删掉一个词，在那里添加一个词，车到饭店门口时，他还在匆忙做着最后的修改。车一停下，他迅速面带微笑起身下车。祝福他的人纷纷向他伸出手，饭店大堂一片拥挤，为了拿回那封回信，我只得迂回地尾随在安全人员身后，努力往前挤。走到电梯旁时，贝京在鼓掌的人群中发现一张熟悉的面孔。他笑得更加开心了，伸出手道："以赛亚先生，欢迎你来耶路撒冷！"

以赛亚·柏林（Isaiah Berlin）是英国著名思想家、哲学家，牛津大学教授，多年前我曾经在牛津辩论社的招待会上和他打过照面，只见他脸色阴郁，满含敌意地瞥了总理一眼便傲慢地背过身子。贝京收起笑容，紧紧抿着嘴唇，抬起下巴努力挽回尊严，转身走进电梯，那封信已经在他手里被捏得皱成一团。我目睹这一幕后，惊讶地呆站在那里，电梯门在我眼前缓缓地关上。

我突然想去喝一杯。

大堂旁边的酒吧里全是人，我奋力挤到吧台边，所有的人都在一边喝着酒，嚼着花生、脆饼和薯片，一边大声聊天。突然，以赛亚·柏林出现在人群外围，他表情冷冷的，脸上的肌肉拧作一团。酒吧里的人都穿着衬衫、棉布宽松长裤或牛仔裤，个个兴致勃勃、情绪高昂，只有以赛亚身着深色三件套西装，打着暗色领带，显得和周围格格不入。

"我是不是见过你？"他朝我大喊，声音盖过了周围的喧嚣。

我提示他，我俩曾经在牛津辩论会有过一面之交，但他根本想不起来。

"但是，伊扎克·拉宾当总理的时候我见过你，那是你吧？"他追问。

我告诉他是的，我们在伦敦和耶路撒冷都见过。

"可是，你刚才是和梅纳赫姆·贝京在一起？"他问道，反感地皱起眉头。他戴着一副大大的眼镜，学究一般弓着背，浓密的眉毛已经开始变白，秃顶的头上发色灰白，看上去像个愤愤不平的学监。

我肯定了他的说法，几乎能从他接下来的咆哮声中感觉到他对我的鄙视，"你跟着贝京干什么？"

他听我解释着，一开始还是一副超然的样子，当我提到自己怎样加入贝京团队的时候，他突然凑近了凝视着我，好像我是什么哲学谜题似的。"我明白了，"他喃喃地说，"你是一名公务员，是吧？麻烦了！你别无选择。做得对。"说到这里，他果断地一口喝下一杯威士忌，接着又要了杯苏打水，然后迅速转换话题，自己一个人滔滔不绝起来，我在一旁听得半懂不懂。

我分辨不出这是他一贯的说话风格，还是一次情绪爆发。他这番话的主要意思是，虽然他自认为是个脾气和蔼、沉着冷静的牛津学者，不习惯激烈地公开表达自己的意见，但作为一个犹太人，他实在无法容忍眼睁睁地看着梅纳赫姆·贝京当上总理。他不能和那个人握手。这个要求对他来说很过分。他担心这个国家会被毁掉贝京的东西毁掉。他为以色列的犹太复国主义梦想担忧，他为自己的犹太复国主义梦想担忧。他觉得非常震惊，非常困惑。

他说，自己一直是个支持两国论的犹太复国主义者——一个犹太国家和一个巴勒斯坦国家。道德生活也只能接受这样的解决方式。阿以斗争是两种同等有效的民族自决权力之间的冲突。因此，以色列只能在土地上做出让步。二者必须分而治之。这就是他作为一个犹太人的深刻哲学观点。

而且，作为一个犹太人，他讨厌暴力。无论其目标多么高尚，任何形式的恐怖主义都令人厌恶。60 年代，他曾经谴责法国人残酷镇压阿尔及利亚叛乱，接着他又谴责阿尔及利亚"民族解放阵线"对法国平民采取的反恐怖措施。梅纳赫姆·贝京曾经在 1946 年下令炸毁大卫王饭店，致使 90 人丧生，他怎么能同这个人握手呢？

我插话说，关于那段往事有各种不同版本的说法，可是他说得太快太仓促，根本没有听见我的话。直到最后我提高嗓门大声争辩说，我们的总理是以色列人用自由的、无记名投票的方式选举出来的时候，他才停下来承认："对，是的，没错。可是，我该通过谁向你们提供建议呢？你们是不会接受意见的。和其他地方一样，我在以色列也不被人理解。虽然我经常来这里，但我不知道自己是不是真的了解以色列。我不知道离散犹

太人中，到底有多少人真正了解以色列。说到这里，我也不知
道到底有多少以色列人了解离散犹太人。"

他说着，笨手笨脚地取出拴在背心口袋链子上的一个迷你
放大镜，在酒吧昏暗的灯光下凑近去看表，之后抱歉地表示自
己该走了。

"我也该走了。"我说。

我坐电梯来到六楼的总理套房，敲敲门。贝京夫人微笑着
招呼我进去，和蔼地邀请我喝杯咖啡。

"啊，你来了。"总理说着，离开客人，从口袋里掏出那
封写给卡特总统的信。我为自己耽搁了时间表示歉意，他却
一边递信，一边道歉说："抱歉，把这封信弄得这么皱。需要
握手的人太多了，我在走进大堂的时候随便把它塞到了口袋
里。"

他带我去休息室，把我介绍给客人们——那是六对衣着考 376
究的中年夫妇，相互之间的对话中夹杂着意第绪语、波兰语和
英语。他们看上去像是从美国来的，是生活富裕的大屠杀幸
存者。

"我正和我的朋友们说起以赛亚·伯林。"贝京语带讽刺。

"别往心里去，梅纳赫姆，"贝京夫人责怪道，"你30多年
来遭这么多人背弃，现在你突然开始对其中有些人仍然对你心
存芥蒂感到惊讶。坐下来，放松。来，吃一个。"她递过去一个
盘子，上面放着面包卷、点心、饼干，还有一杯冒着热气的茶。

"当然，以赛亚的头脑与众不同。"贝京嘴里承认着，坐到
沙发上，周围全是他的仰慕者。他抿了几口茶，轻轻咬了口饼
干继续道："作为一名哲学家，他是真正有创见的理论家。但是
作为一名犹太复国主义思想家，他是……"——他的眼神里闪

过一丝鄙夷——"他是个 J．W．T．K.。"

"那是什么？"

"两腿发软的犹太人（A Jew with trembling knees）。"

周围的人笑了起来。

"几十年来，伯林这样的乌托邦式犹太复国主义者一直在用他们编织的白日梦蛊惑犹太复国主义运动，"贝京的神色变得非常认真，"如果我们走了以赛亚·伯林的道路，那就不可能建立起犹太国家。他们幻想阿拉伯人会为了取得经济发展而与我们达成妥协。这简直太荒谬了！亚博廷斯基太看得起阿拉伯人了，竟然认为他们会为了眼前的小利走到和平的谈判桌前来。"

提到亚博廷斯基，几个老牌修正主义者以门徒一般的崇敬之情追忆起他们这位逝去的领袖。我站在外围，听梅纳赫姆·贝京忆起他心中先知一般的"大师兼导师"。他提醒客人们，在大屠杀终结后的支离破碎的犹太世界里，亚博廷斯基的修正派犹太复国主义是唯一坚定的现实主义。在欧洲的灾难来临之前，亚博廷斯基是第一个发出警告的人；他是第一个组织人们用非法救生船奔赴以色列的人；他是第一个为犹太军队喊出战斗口号的人；他是第一个坚持为建立犹太国家而斗争的人；他还是第一个提出建立"铁壁"（iron wall）威慑的人，以此终将让阿拉伯人认识到，除了和犹太国家达成妥协之外别无选择。

377　　"泽埃夫·亚博廷斯基早在 20 年代就已经提出了'铁壁'学说，"贝京总结道，"它最终成为所有以色列领导人的战略需要。如果没有'铁壁'，以色列国防军又算什么？很少有人能够如此得到历史的肯定。"

　　我觉得自己应该趁此时机抽身离开，去寄出总理给美国总统的那封信。这时，我突然意识到，眼前发生的这一幕真是充满了戏剧性——贝京和伯林：这两个杰出人物完美地代表了犹太人性格中的冲突方面，以及在犹太叙事和犹太人生存方面的矛盾观点。

　　而这也在给总统的信中有所体现，信中写道：

亲爱的总统先生，

　　感谢您热情洋溢的贺信。我与同仁们深深感谢您对以色列新政府获得成功的美好祝愿。5月17日，我们自由的人民通过投票决定进行政府的更迭。从那时起，我们依照宪法采取了三项行动。共和国总统指派我组建新政府。议会通过多数投票表达了对政府的信任。我与同仁们在议会宣誓效忠国家，效忠宪法。

　　事实证明，我们是个自由民主的国家。权力交接是以一种极为有序的方式进行的。美国以庄严的方式进行这样的权力交接，我们从中获益良多。

　　总统先生，虽然我国与美国之间尚存众多差异，但我想说的是，两国之间也存在诸多共同之处。人类崇高的理想、民主、个人自由以及对神的旨意的深深信仰，这些都是伟大的美国人民和新生的以色列的珍贵传统。总统先生，我可以向您保证，我们两国之间的友谊将成为，并且永远成为我们的政策基石，它体现在我们两国的特殊关系中，而且我相信，它以承认双方的共同利益为基础。

　　以色列人民寻求和平，渴望和平，祈祷和平。因此作为以色列人选举的发言人，我和我的同仁们将竭尽全力与我们的邻国达成真正的和平。秉持这种精神，我非常感谢并接受您的邀请，将于7月18日那一周访问你们伟大的国家，我期盼着与您见面，与自由世界的领袖——美国总统进行最富成果的交流。

送上我最诚挚的祝福。

梅纳赫姆·贝京

1977 年 6 月 21 日，贝京总理浏览各家晨报，旁边是他多年的助手耶歇尔·卡迪沙伊

图片来源：雅各布·萨尔、以色列政府新闻办公室。

第三十一章　耶歇尔与贝京

　　与之前几位总理的办事机构的高效相比，梅纳赫姆·贝京的稍稍有点无序。负责这些事务的耶歇尔·卡迪沙伊忙得直打转，开玩笑，出主意，审议，做善事。耶歇尔永远和和气气，不擅长系统性的规划和管理工作。把这项任务交给他是个错误。然而，尽管忙乱，他却能以非凡的天分即兴处理各种事务，总理需要任何文件他都能天才地找到它们在哪儿。他的办公室大门敞开，三教九流各种人物不停地进进出出——有穷人、移民、粉丝、记者、政客，还有江湖骗子。一次，在他适应工作节奏大概一周后，我正要去他办公室，迎面看见一个头戴破呢帽、身穿破雨衣，看上去衣衫褴褛的人正从里面出来。我认识他，他是耶路撒冷城里的一名小贩。

　　"那个小贩来干什么？"我问，"你认识他？"

　　"当然。他叫克赖斯基。"

　　"谁？"

　　"沙乌尔·克赖斯基，奥地利总理布鲁诺·克赖斯基的兄弟。"

　　我惊讶地张大了嘴巴，眼看着那个来访者蹒跚地沿着走廊向出口走去，耶歇尔却一直不动声色。他难道真的是那个因为向阿拉伯恐怖分子的勒索妥协，而让果尔达·梅厄饱受指责的奥地利总理的兄弟？

　　"你开玩笑吧！"我说。

　　"不，我没开玩笑，"耶歇尔回答，"他在这儿住了许多年。

总理时不常地帮他渡过难关。他非常崇拜贝京。不信你就追上去问问他。"

我真的这么做了。这一切的确是真的。

卡迪沙伊不讲等级排场。他拒绝接受专车和司机的福利待遇，而是选择在日出时分从特拉维夫的家坐早班公交车赶到耶路撒冷上班。他和妻子班比（Bambi）毫无悬念地成了每份邀请函上的嘉宾，而他有一种让人羡慕的本事：即便在一个全是陌生人的场合，他也能让满腹牢骚的人露出笑容，让态度冰冷的人开怀大笑。在他上任不久之后的一次外交招待会上，我就亲眼看见他满脸温和地向几位面无表情的大使说起了自己第一次见到梅纳赫姆·贝京时的情景。那是 1942 年，在特拉维夫的一间地下室里，空空如也的屋子里只有几条板凳。这里正在召开贝塔和伊尔贡成员会议，参会的大多是英军巴勒斯坦特殊军团中的志愿者。他们准备听一场有关欧洲犹太人未来命运的讲话。当时，有关大屠杀的传言已经开始蔓延。

"这时候，进来一个脸色灰黄，戴着一副约翰·列侬式眼镜的家伙，穿着极不合身的英国军装，"耶歇尔描述道，"他的军用宽短裤长得过了膝盖，军便帽上别着象征波兰流亡政府的波兰国徽。他要求发言，并非常简明地指出，解救欧洲犹太人的唯一办法就是迫使英国人尽快离开巴勒斯坦，打开大门允许自由移民。我问旁人这家伙是谁，他们说他叫梅纳赫姆·贝京，在波兰的时候，他是贝塔运动领导人。但我从来没听说过他。"

耶歇尔继续道，在接下来的两年里，他先后在西部沙漠和欧洲工作，在欧洲离散者营地工作的时候，他听说梅纳赫姆·贝京被任命为伊尔贡地下组织的领导人。

1978 年 11 月，耶歇尔·卡迪沙伊和作者在一起

图片来源：杰玛·莱文（Gemma Levine）、伦敦，英国。

"您那时候在营地具体做什么工作？"一名外交官问。

384　　"走私"，耶歇尔坦率直白地回答，"英国军装为我这个走私者提供了极大的便利。"他说话的口气如此大大咧咧，几个大使不禁扭过头连声笑起来，其他人则向他投去惊异的目光。

"您走私什么呢？这个问题是不是太敏感了？"其中一位大使问。

"死亡集中营的幸存者，我帮这些所谓的'非法移民'越境到南部港口去以色列。"耶歇尔回答他。随后他又告诉大使们，1948 年夏天他坐着那艘倒霉的伊尔贡"阿尔塔莱纳"号回到以色列，刚刚抵达就遭到了以色列同胞的扫射。

"后来呢？"另外有人问。

"后来，我开始代表伊尔贡牺牲者和受伤者们的家庭为他们争取权益。早先，我们的国防部支持前哈加纳战士，歧视伊尔贡成员。然而我发现，国防部也有一些人持公正立场，他们帮我解决了问题。就在那时，我引起了贝京先生的注意，我从1964 年开始为他工作。后来一直没有间断过。"

后来，我听见大使们在讨论卡迪沙伊的发迹史。其中一人的个人看法是，对贝京来说，一个人的忠诚比能力更重要。贝京和卡迪沙伊形影不离，贝京在身为在野反对党的那些孤独岁月里，曾经连续八次在选举中惨遭失败，但卡迪沙伊一直坚定不移地尽忠职守。他们得出的结论是，卡迪沙伊是值得栽培的。

我很快就了解到，耶歇尔有一种直觉能力，能够预期到贝京的每一个想法，就好像俩人之间心有灵犀似的。耶歇尔是唯一一个贝京在家庭成员之外可以完全放松面对的人。俩人既可以分享机密，也可以随意聊天。贝京的老战友们证实，耶歇尔只要一见到贝京就会不知不觉地流露出一种低调内敛的崇敬之情。贝京希望周围的人对自己绝对服从。我每天都能看见这些老兵对他怀着一种近乎完全服从的忠诚。对他们而言，他就是元老。

"当然，有时候他会问我的意见，但那通常是为了向我证明他自己的观点有多么正确，"一次，耶歇尔向我透露，"大多数时候，我们无须言语就能相互理解。"

这使得作为总理办公室主任的耶歇尔无可替代。他知道重要的职位应该推荐谁来担当，才能获得贝京的同意；他会在议会和党派大佬们走进总理办公室前先缓和下气氛；即便身不在 385

场，他也能确切地掌握谁对谁说了什么话；他可以不用和总理商量，一手包办总理接见来访者的日程安排；他会拦截或转移那些他认为贝京不想看见的东西。

虽然总理是一个刚刚康复的心脏病人，但他每天的工作日程都安排得满满当当。天一亮，他就泡上一杯柠檬茶，开始浏览新闻。他从收音机里听 BBC 广播，聚精会神地阅读当天各大日报的内容，偶尔还要做笔记，把报纸上的内容印刻在脑海里。接着他还要看国外的新闻报道。然后，他要察看手头正在办理的文件，简单吃个早饭，给内阁成员们打电话，8 点赶到办公室。在那里，他要研究前一天晚上发来的各种电报，和工作人员坐在一起听取他们的简报、发布指令。然后他离开办公桌，到休息区接待来访者。中午一点他会雷打不动地回家和妻子共进午餐，之后打个盹儿，3 点半回到办公室直到晚上 6 点。下班前一小时，他通常用来口述或签署各类信件，之后他要浏览一遍第二天的日程安排，和每个秘书一一道过晚安，在耶歇尔的陪同下离开办公大楼。耶歇尔会把贝京的公文包递交给安保小组负责人，里面装着两份文件，一份有关内政，另一份有关国防和外交。

大多数时候，贝京晚上要参加各种官方活动，活动结束后回到自己家，他会在厨房的餐桌前喝着当天最后一杯柠檬茶，研究公文包里的两份文件。最后，他会捧一本书上床休息，四五个小时后，新的一天又开始了。

贝京自诩是历届总理中第一个用铁腕方式管理内阁的人。他在就职会议的开场白中就提到"内阁会议绝对禁止吸烟！"他要求部长们尊重议会并准时参加会议——尤其是在需要完成大部分议会工作的周一和周二。

1977 年 6 月 20 日，贝京总理和外交部长摩西·达扬在一起

图片来源：雅各布·萨尔、以色列政府新闻办公室。

会议桌四周响起一片反对之声。总理打断大家，要求保持肃静，他要说一下自己的想法。

"我们必须更多地参与议会，以便重建国家生活中议会的尊严，"他告诫大家，"民众每次打开电视，发现议会会场空荡荡的，这很丢人。如果内阁成员做出榜样，那么其他议员就会效仿。"

国防部长埃泽尔·魏茨曼小声对农业部长阿里尔·沙龙（Ariel Sharon）说："简直是个疯狂的主意！没有用！"总理瞥了魏茨曼一眼，显然这番话被他听见了。空军前司令只得喏喏着请求原谅。摩西·达扬递给贝京一张纸条，后者停下来说道："外交部长认为我的要求不可行，因为这样你们就剩不下什么时间来运作你们各部的工作。好吧，我接受他的建议，你们把参加议会会议分一分工——内阁的一半成员参加周一的会，剩下一半人参加周二的会议。"

大家都对此舒了口气。

和拉宾的内阁部长们相比，贝京的内阁算是温和的。拉宾和佩雷斯彼此不对付，因此必须时时提防对方。这种现象在工党圈子里并不少见。工党内阁总是显得很不和谐，时不常就会走漏消息、传出爆炸性新闻。工党领导人多半真诚率直、酷爱争辩——其中有工会主义者、基布兹成员，以及党内强势人物——他们虽然一致遵守社会主义的信条，但却因为多种细微的差别而相互割裂。两败俱伤成了常态，每个领导人都创建了自己的阵营并拥有一批追随者，想方设法在别人背后不择手段地行事。相比之下，新的利库德内阁只有一个极具魅力的统帅，大家严守纪律绝不泄露消息，至少一开始的时候是这样的。

内阁的守口如瓶让媒体心烦意乱，特别是总理此时正在准备初访美国，可每一个官员都把嘴巴闭得紧紧的。梅纳赫姆·贝京知道，对于吉米·卡特和他的首席顾问们——国家安全顾问兹比格涅夫·布热津斯基（Zbigniew Brzezinski）和国务卿赛勒斯·万斯（Cyrus Vance）——来说，虽然阿拉伯国家的敌意一直是种威胁，但它并非中东地区争端中最重要的因素，重中之重是巴勒斯坦问题。他们认为，解决了巴勒斯坦问题，就拿到了打开和平之门的钥匙。卡特的抱负是通过一次有巴勒斯坦代表参加的日内瓦和平会议，全面解决巴勒斯坦问题。为了达到这个目的，他已经同大多数阿拉伯国家首脑进行了会面。早先的福特－基辛格政府曾经立誓，只要巴勒斯坦解放组织不承认以色列的生存权，就不会将阿拉法特和巴解组织纳入和平进程，我们预想这一任美国总统会愿意忽略这一点。此外，我们推断，如果有一天贝京履行承诺，开始在西岸和加沙地带实施定居点行动，那么以色列不仅会受到美国的谴责，而且还可能遭到美方在经济和军事方面的制裁。实际上，据一名官员估计，"贝京和卡特的方式之间存在巨大的意见分歧，它反映的是一种无法跨越的哲学鸿沟，除非能找到一种双方相互能够接受的方式，否则未来将经历重重磨难，将美以关系降至以色列建国以来的最低点。"

此时，新任美国驻以色列大使已经到任，并展开了调查研究。塞缪尔·刘易斯（Samuel Lewis）出生在休斯敦，毕业于耶鲁大学，是一位经验丰富、自信幽默、心胸豁达的职业外交家。我们俩第一次见面喝咖啡时，他就坦率地告诉我——这番话显然是说给贝京听的——卡特总统在中东外交方面很有耐心，即便遭遇"对抗"也不会退缩。同时，他也直率地透露说："我已经告诉华盛顿方面，对贝京先生需要谨慎行事，双方有话好说，而不是恶语相向，以便双方达成进一步合作。我准备先行一步飞到华盛顿，希望能让大家冷静一点儿。"

我把刘易斯的话向总理做了汇报，他没发表任何意见。他将除睡觉以外的所有空闲时间都用来计划和美国总统之间的较量。他一遍一遍地仔细阅读 3 月拉宾和卡特之间的冲突记录，反复研究卡特所有关于中东的声明文件。他几乎每天都要和高级部长们一起计划以色列在日内瓦和平会议上的位置。他在一次会议上总结了自己对美国总统的看法：

"我相信吉米·卡特是个正直的人，他的动机十分真诚。在宗教上，他是个虔诚的南浸信会（Southern Baptist）教徒。我听说，他白天要私下里祷告好几次，每天晚上休息前，他还要和妻子一起学习西班牙语的《圣经》，以拓宽自己的知识面。他是个真正信仰重生的基督徒，他相信上帝派他到地球上来是

388

为了完成一个使命。他认为自己是个治疗师，他想给这片圣地带来和平。然而，虽然我很敬佩他的宗教信念，但我和拉宾一样，不能确定他是否理解了中东问题的复杂性。看得出来，他对于犹太人有权拥有以色列的土地知之甚少，也不了解我们真正的安全考虑。但既然我相信他是个诚实的人，我相信一旦他明白了这些问题，就会发现真相，因此他会对我们持开放的心态。"

贝京一边说，一边转向波兰将军道："弗利卡，请给我准备三份地图——第一张画出巴解组织在黎巴嫩南部地区的火力集中地区；第二张要体现和我们的 22 个阿拉伯邻国相比，以色列是多么渺小；还有第三张，在上面标出 1967 年边界与地中海之间的距离有多近。既然美国人喜欢用首字母缩写"——说到这里，他脸上露出顽皮的表情——"那我们就给第三张地图命名成 INSM。"

"那是什么意思？"弗利卡问。

"当然是，以色列国家安全地图（Israel's National Security Map）。"他回答，然后又对卡迪沙伊道："耶歇尔，准备一份美国城镇的名单，标上《圣经》中的名字，一个州一个州地来。"最后，他又对我说："这个安息日的下午你能来吗？我要举行家庭招待会。请你来帮忙。"

第三十二章　家庭招待会

安息日下午，耶路撒冷沐浴在暖风中，盛夏弥漫在里哈维 389
亚空气中的白杨和松树味道更加浓郁了。宽敞的总理官邸就坐
落在这个高档社区。蓝天上有几缕橘色的云彩，黄昏将近，在
这个不寻常的午后，游客、士兵、犹太学校学生、邻居，甚至
是经过的路人都在大门口排起队等待进入总理的家。

人们都还记得，贝京一家曾经在特拉维夫狭小的家中举行
过安息日下午的家庭招待会。他们早就打算在耶路撒冷的官邸
继续这项活动。两处居所的差别相当大。特拉维夫罗森鲍姆街
1 号是一套拥挤的，只有两个房间的一层公寓，他们在那里抚
养了儿子和两个女儿。朋友、熟人——任何人——顺便路过时
都会进去道一声"安息日平安（Shabbat shalom）"，聊聊天，喝
杯橘汁，直到天色将晚才互道"一周愉快（Shavua tov）"，然
后继续赶路。

当梅纳赫姆·贝京出人意料地成为国家领导人之后，就有
消息传开说，他打算继续举办家庭招待会。民众得知消息后充
满期待、无比喜悦，安全部门却极为头疼。从来没有哪个总理
会向所有的人敞开家门，负责总理安全事务的工作人员完全懵
了，不知该如何应对。

"安息日平安。请进，来喝杯冷饮。"贝京夫妇向进门的客 390
人们伸手表示欢迎。许多人手里捧着庆贺乔迁之喜的蛋糕、鲜
花、巧克力和红酒。有些人则充满敬畏，他们本能地鞠躬致意，

踮着脚轻轻跨过门槛。

　　一进屋，客人们就被装饰豪华的起居室惊到说不出话来，房间里铺着昂贵的地毯，当代以色列的装饰风格中带着一丝旧时代欧洲风味。他们静悄悄地欣赏着餐厅里的枝形水晶灯、墙上以色列著名画家的作品、还裹着蜡的银色安息日枝状大烛台，以及三角钢琴上摆放着的贝京孙辈照片。客人们站立欣赏的时候，贝京的两个女儿哈西娅（Hassya）、利亚和一个外孙，端着果汁、苏打水和小饼干穿梭在人群中，告诉每个人别客气，放轻松。

　　一位身着安息日盛装的瘦削老人走过来，他的双眼下有一对疲惫的眼袋，面颊和下巴忧伤地低垂着，他像研究一件博物馆藏品似的凝视着贝京的脸。他坚持要给贝京看一张褪色破损的照片，上面是他的妻子和四个孩子。他把照片伸到贝京眼前，打着手势用意第绪语大声说，他的家人死在奥斯威辛集中营的毒气室里，那些年里他始终好好保存着这张照片，只要纳粹党卫军来搜查，他就把照片塞进嘴里，所以它才会变得这么破旧，污渍斑斑。

　　贝京紧紧拥抱老人，这名幸存者的说话声渐渐弱了，眼里噙着泪水。俩人无声地交流着，老人平静下来。他使劲眨着眼睛不让眼泪掉下来，一语不发地离开了。

　　接下来是个留着一小撮胡子，头发卷曲的也门人。他头戴一顶白色无边便帽，顶上垂下来一缕流苏，只见他上前一步自我介绍说，自己是一名杂货商。当被问起在哪里做生意时，他说在一个破败的社区开杂货店，于是总理说：“你以我的名义，去告诉你的顾客和所有的朋友，我们即将重建你们的社区。”

　　“重建？那是什么意思？”杂货店老板完全没听明白。

　　“那意味着，我们的新政府正在努力实施一项名叫‘重建工程'的计划。在我们的离散犹太人同胞们——犹太联合捐募协会和以色列联合呼吁组织（Keren Hayesod）——的帮助下，我们要让以色列再也没有贫民窟，包括你们的社区。我们要重建你们的家园，和你们这些居住者商量建造新家园。这将是大家的努力，上帝的意愿，我们要让所有的社区成为居民们为之骄傲的地方。"

杂货店老板认真地听着，他那被烈日暴晒过的脸上流露出信任，突然他跪倒在地，虔诚地去吻总理的手。可是贝京怎么会接受。他柔声地责备道："除了上帝，犹太人不向任何人下跪。"

客厅里人满为患，我走进花园去透透气。这里也聚集着许多人，我认出总理办公室的司机也在其中。他叫拉哈明（Rahamim），此时正和十几个肌肉发达的年轻人在一起，所有的人都身穿 T 恤熟练地嗑着瓜子。他们热情地邀请我加入，给我说起了梅纳赫姆·贝京与他们西班牙裔犹太人之间的爱心聚会。

已是黄昏，总理走出拥挤的客厅来到灯火通明的花园，脸上炫目的笑容让他看起来活力十足。人们吹口哨鼓掌欢迎他的到来。在一张张充满渴望的笑脸中有个孱弱的身影，他身上的外衣松松垮垮，牙齿是卡其色的，皮肤因为营养不良而十分苍白。他几乎没有什么毛发，只剩下一片新月状的铁灰色胡子茬。这个人看上去至少有 50 岁，只见他握着贝京的手，勉强收拾起自己的那点尊严向总理鞠了一躬。

他说一口流利的希伯来语，自称米沙·利普（Misha Lippu），是个专业艺术家，在罗马尼亚流放地被关押了 5 年后刚刚获释。他是通过以色列的配额系统，两天前到达以色列的。以色列政府每年用这样的配额机制和罗马尼亚共产党领导人尼古拉·齐奥塞斯库（Nicolae Ceauşescu）做交易，花高价让犹太人逐渐移民到以色列。

周围所有能听到这番话的人都把注意力集中到这个人身上。只见贝京抓着他的肩膀，满怀同情和尊敬地说道："*Shalom Aleichem！Baruch haba！*（欢迎！欢迎！）"

利普低着头，咬紧嘴唇努力控制着情绪，贝京一把抓住他，轻声说："现在没事儿了，利普先生。你现在和我们在一起。你到家了。你现在很安全，没有人能够伤害你。"紧接着，他话锋一转欢快地问："你的希伯来语说得真流利，从哪儿学的？"

利普受到鼓励，擦了擦眼泪解释道，自己年少时曾经在犹太学校上学，后来在流放地遇到一名天主教牧师，奥拉迪亚神父。神父的希伯来语非常好，于是俩人经常在一起练口语，做392 练习。"奥拉迪亚神父是被作为奸细关进去的。"利普用十分肯定的语气说。

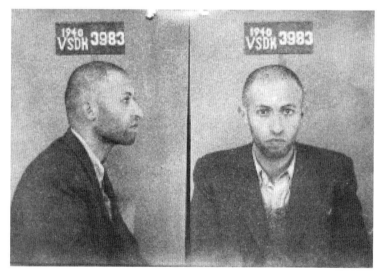

1940 年梅纳赫姆·贝京在苏联劳改营中的标准照

图片来源：梅纳赫姆·贝京遗产中心。

"那你呢——你犯了什么罪？"

"他们指控我是犹太复国主义者的同谋犯。"

贝京闭了会儿眼睛，会心地喃喃道："这个词儿，我太熟悉了。那么，你具体是因为什么被认定有罪？"

米沙·利普情绪激动起来，他咬着手指关节努力控制着自己。"犹太和犹太复国主义艺术。"他断然回答道。

贝京有点困惑。

利普忍不住告诉贝京，离开犹太学校之后，他追随艺术的召唤进入一所艺术院校。苏联时期强调无产阶级的艺术风格，那些年里他接到许多创作任务。他变得很出名，得到了许多荣誉。这让他受到了鉴赏家们的鄙视，但得到了那些他所鄙视的人——有钱有势的人和政府官僚——的奉承献媚。于是，他最后放弃了这一切，开始画犹太信仰和犹太复国主义主题的作品，抒发自己内心最深处的情感。他曾被多次警告放下画笔，但他没有听从。根据斯大林主义的刑法，他的这种行为是阴谋叛国。他因此遭到流放，被送到采石场做苦力。

总理的眼睛湿润了，望着他说道："我，也在古拉格当过采石工。"

米沙·利普惊呆了，他紧盯着贝京轻声道："您也被共产党关过监狱？"

贝京点点头说，1940 年 9 月，天气晴朗，三个苏联安全特工来到维尔纳，把他从家里带走。他当时是贝塔青年运动在波兰的领导人，苏联法庭宣布他是"异端"，判决他到西伯利亚的古拉格集中营做八年苦役。苏联审讯人员对他说："你永远也看不到什么犹太国家。"绝大多数犯人都很绝望，其中有个人曾经对他说，想想自己要到 1948 年 9 月 20 日才能得到释放——

听起来简直是天方夜谭。几乎没有什么人能够活着从那里出来。1941 年春，德国入侵，苏联和波兰流亡政府达成一项协议后，贝京才得以释放。他加入波兰自由军，跟随其中一支队伍于 1942 年抵达巴勒斯坦。

"该做晚祷了。"有人喊道。人们仰望天空，天空中出现了三颗星星，象征着安息日结束了。人们集结在花园的一角做祷告，贝京夫人从厨房拿出一根大蜡烛、一个银色的香料盒和一杯倒得满满的葡萄酒。简短的祷告结束后，贝京先生抱起孙女坐到椅子上，点燃蜡烛，让小女孩举着。他举起酒杯，诵读着 *havdalah*（安息日结束时的祈祷文），安息日的仪式就这样结束了。所有的人齐声诵道 "*shavua tov*" ——祈祷下个星期天天开心。

在客人们陆续离开时，总理在背后一再嘱咐："我们马上就要去华盛顿了，请等我们回来后，再来参加招待会。"客人们开心地回应："我们会来的。我们会来的。"

"不，他们别来了，"筋疲力尽的首席安全官焦虑地对部下嘟囔道，"不能再举行这样任何人都可以参加的活动了。"他对总理说："先生，如果你想继续举行这样的家庭招待会，那所有来访者必须事先登记，所有人都必须经过严格审查。"

"太遗憾了，"贝京叹了口气道，"这可一直是接触老百姓的最好方式。"

第三十三章　《圣经》研究小组

贝京先生虽然放弃了家庭招待会，但他又搞了个《圣经》
研究小组，成员们每周六晚上在他家聚会。这个小组大约 20
人，其中有几位极具名望的《圣经》研究学者，他们会坐在总
理的沙发周围，花费一个多小时钻研《圣经》中一些特别引人
注目的段落。我当然也要参加这个集会，出席总理参加的活动
是我工作的一部分。

《圣经》研究小组第一次聚会是在贝京启程前往华盛顿的
前夜，那天挑选的是《圣经》中的《民数记》第 22 至 24 章，
内容记述了以色列的子民们在离开埃及四十年后，即将到达应
许之地的几个月前，异教先知巴兰（Balaam）受到摩押国王巴
勒（Moabite King Balak）的劝诱——实际上是贿赂，巴勒要求
巴兰诅咒以色列人，让他赶在以色列人消灭摩押之前，先发制
人消灭以色列人。然而，让巴勒生气的是，巴兰依照神的命令，
身不由己地为以色列人许下了祝福。

当天晚上的讨论主要集中在第 23 章第 9 节，巴兰以非凡的
先见之明预言了犹太人未来的命运，"……这是独居的民，不列
在万国之中"。

总理大声地念着这一段，轻声笑道："不一定只有神秘主义
者才会想象出这么不靠谱的事情，让一个国家永远'独居'。
这难道不正好准确地预言了我们犹太人的历史吗？"

贝京说这番话的时候，我立刻清晰地回想起果尔达·梅厄

总理曾经说过的一句话，她讲述了自己在每次参加联合国会议时都会体会到的孤独感。"我们在那里没有家，"她当时说道，"以色列非常孤独。为什么会这样？"

果尔达·梅厄是社会党人，不信奉神学，也无意回答自己提出的这个重大问题。可是现在，梅纳赫姆·贝京却就这个无可争辩的事实展开了讨论。

"为什么犹太国家会在国际大家庭中受到孤立？"他问道，"难道就因为我们是世界上唯一一个犹太人国家吗？难道因为我们是说希伯来语的国家吗？为什么除此之外就没有别的犹太国家？这个世界上有那么多基督教国家、伊斯兰国家、印度教国家、佛教国家、英语国家、阿拉伯语国家、法语国家，为什么就没有别的希伯来语国家？简单说，为什么世界上没有哪个国家是我们的亲朋好友？在联合国，每个国家都属于某一个区域集团，每个集团都有共同的地理条件、宗教、历史、文化或者语言。他们团结一致，相互投票。但世界上没有其他国家和我们一样，有这么独特的经历。从地理位置上说，我们属于亚洲，但亚洲集团不接纳我们。我们的阿拉伯邻居们盯着呢。事实上，他们是想破坏我们。因此，在地理上，我们真的不属于任何地方。鉴于联合国安理会成员是同地区集团相对应的，所以实际上我们根本没有机会被选为其中的一员。如果说，我们在这个世界上还有什么家族血脉的话，那就是我们的离散犹太人，他们在任何地方都属于少数派，他们不享有民族或文化自主权。"

以法莲·乌尔巴赫（Ephraim Urbach）教授身材矮胖，头发半秃，一看就是个文雅、睿智且很有才华的学者，他接过话题，引用著名评论家的话说，巴兰所谓的"独居的民"实际上是指按照自己的意愿将自己与他人隔离开。换句话说，犹太民族是因为独特的宗教和道德法律而将自己与其他民族区别开，认为上帝在各个民族中选中了自己来行使神的旨意。"从这个意义上说，犹太人的独居出于自己的意志。"他说。

一位五十多岁的女士请求发言。她身材瘦高，一张长脸，穿着朴素，眼睛里闪耀着聪慧。她是著名的《圣经》研究学者内阿马·莱博维茨（Nehama Leibowitz），她每周所做的律法评论脍炙人口，易于理解，因而名声在外。她巧妙地将众人的注意力集中到原文的语法结构上，并对乌尔巴赫教授的观点进行更详细的阐述和强化。她解释道，yitchashav 这个词，通常被翻译成"认为"——"不列在万国之中"（shall not be reckoned among the nations）——在这里应该理解为反身形式，因此句子的意思应该是"不自列于万国之中"。她还插了一句题外话，指出这种特殊的语法现象在整部《圣经》中也只出现了这一次。

雅各布·卡茨（Yaakov Katz）教授身材瘦小，脸色阴沉，善于进行深入分析。他插话道，著名犹太法典编著者马库斯·贾斯特罗（Marcus Jastrow）曾经提到，这个词的词根"chashav（reckon）"的意思是"共谋"，这就意味着以色列是个"独居的民族，不会与他国共谋反对其他国家"。

哈雷尔·费什（Harel Fisch）教授是从事文学研究的学者，未来以色列奖得主，他举起一根手指示意。只见他摸了摸山羊胡子，沉思着说，在现代社会中，犹太人独一无二地体现了民族意识和宗教信仰的完全融合，这个犹太国家的品性来自两桩重大事件：出埃及，使得犹太人作为一个民族走进历史；在西奈山领受律法，使得犹太人作为一个有信仰的民族走进历史。因此，犹太人是两种特征——出埃及记和西奈山——的融合。

虽然几个世纪以来，许多人试图将二者剥离开，但作为犹太人，二者缺一不可。不管你是犹太教信徒还是怀疑论者，这种微妙的民族与信仰融合的特性是不可分割的。这是犹太人有别于其他民族之处，因此人们总是特别强调"独居的民"。

另一名参与者被大家称为苏里克（Srulik），他头发浓密，戴一顶从门口自取的翠绿色圆顶小帽，他是名考古学家、研究《圣经》的奇才。他激动地表示，无论怎么解释巴兰的预言都是在强调，犹太人在世界民族大家庭中永远是个不正常的民族——而这违背了传统的犹太复国主义信条，因为犹太复国主义的目标就是让犹太人实现正常化，使他们成为 *goy k'chol hagoyim*——一个无异于其他民族的民族。实际上，19 世纪和 20 世纪初的犹太复国主义思想家，特别是劳工犹太复国主义者的中心论点认为，一旦犹太人和其他正常民族一样拥有了土地，他们就会自动成为世界民族大家庭中的一个正常民族。因此传统的犹太复国主义理论提出，一旦犹太人掌握了土地，反犹主义就会枯萎消亡。然而，目前为止它尚未消亡。相反，正是犹太国家的存在经常引发反犹偏见，这无疑令犹太复国主义的基本信条蒙上了一层阴影。

对此，以色列圣经公会（Israel Bible Society）主席哈伊姆·盖法亚胡（Chaim Gevaryahu）博士补充道，他不明白昔日那些才华横溢的世俗犹太复国主义开国元勋何以如此自信地认为，犹太人的民族自决本身就可以实现民族正常化，消灭反犹太主义。确实，一旦犹太人成为一个正常的民族，犹太人可能就不再做犹太人。可这是不可能的，没有任何事物可以消灭反犹太主义。实际上，从这一段《圣经》内容可以得知，所谓的先知巴兰就是个典型的反犹分子。他的整个意图就是诅咒，而非保佑犹太人。真正保佑犹太人的是上帝，而不是他。

总理忍不住打断了争论，就犹太民族独一无二的地位阐述道："正如哈雷尔·费什教授所指出的那样，其他国家的人民信仰多种宗教，其他地区存在着多种民族。但我们犹太人完全相同——作为一个地区，作为一个国家都是如此。乌尔巴赫教授和莱博维茨教授认为，我们因为拒绝被其他民族同化，因而一直保持着这种特殊性。这一切从我们民族的祖先——来自迦勒底地区吾珥的亚伯拉罕身上就已经开始了，他在 75 岁那年悟出了一神论的永恒真理，为崇拜上帝摆脱了父辈们的偶像崇拜。几百年后，我们发现他那被奴役的子孙又踏上了一条上帝吩咐的旅程——逃离偶像崇拜的埃及之地——这一次还是为了崇拜唯一的神。两次旅程的目的地都是以色列，去完成他们的宗教－民族使命。在犹太人的历史上，二者从未分离。"说到这里，他收紧嘴角准备得出一个可行的结论："既然民族和信仰不可分离，那就意味着在犹太国家，宗教和国家是完全不可分割的。"

这番话引发了巨大争议，因为在座的一部分学者认为《圣经》是上帝的杰作，而另一部分人认为它是世俗的，是一部特殊的文学作品。总理聚精会神地听着，然后真诚地为大家解围道，无论各种观点之间存在多少差异，一个永恒不变的事实是，每种对《圣经》的解读都认为，犹太人确确实实是世界历史上的一种特殊现象。为了证明自己的观点，他引用了一段雅科夫·赫尔佐克博士的话。在我当年第一次踏入外交领域的时候，雅科夫是我的导师和引路人。1972 年，他才 50 岁就过早地离世了。梅纳赫姆·贝京当时恰当地形容他是"一名纾解国际外交困局的大师，犹太学领域的奇才"。贝京说："事实上，他是我见到过的唯一一位既受列维·艾希科尔之邀担任总理办公室

399

主任，又被英国犹太界邀请担任英国首席拉比的人。"

当天晚上的讨论即将结束时，梅纳赫姆·贝京朗读了赫尔佐克渊博的哲学文集《独居的民》中的一段文字：

> 传统犹太复国主义的理论是实现国家的正常化。这个理论的问题在什么地方？它认为，"独居的民"是一个非正常概念，而实际上"独居的民"是犹太人的自然概念。正因如此，我们至今仍然可以用这个表述来描述以色列复兴这一非同寻常的现象整体。如果有人问，他做梦也想不到，流亡的人们是如何聚拢到一起的，或者以色列是如何忍受如此严重的国家安全上的挑战的，或者以色列是如何发展起繁荣的经济的，或者离散犹太人是如何做到始终如一团结一致的，那我们就必须追溯到"独居的民"这个最基本的思想。除此之外，我们不但要用这个概念来理解犹太人为何能够存在如此久远，而且还要用它来证明犹太人在他们的复兴之地拥有生存权。[58]

"好了，现在大家了解了吧，"贝京猛地合上书总结道，"没有独居，我们就不复存在。这是个多么费解的难题！"

第三十四章 华盛顿

"稍息！"

"立正！"

"举枪敬礼！"

仪仗队在此起彼伏的军鼓声中向总理致敬。梅纳赫姆·贝京昂首挺胸地检阅以色列国防军，并在一片军旗面前鞠躬致意。

内政部长优素福·伯格博士一向诙谐，他在迎宾队列中靠近我，调皮地在我耳边轻声道："自从被果尔达·梅厄叫停之后，这样的国家级出发仪式已经有 5 年没有举行过了。亚博廷斯基喜欢这种场面。对贝京来说，这就是荣耀！"

这样的盛况、排场、荣耀完全是贝京的风格。他要向这个国家强调，这次旅行具有极为重要的使命。虽然贝京这次出行搭乘的是普通的以色列航空公司商业航班，但以色列的社会名流们都赶到本－古里安机场来送别。整个内阁都来了，外交使团、军队高层、宗教名流、议会成员，以及其他重要官员一个也没落下。重要人物们沿着地毯一直排到锃亮的蓝白色飞机前，机上的乘客纷纷挤到舷窗前呆呆地看着下面这难得一见的场面。总理不紧不慢地沿着队伍向前走着，一路上不停地跟人握手拥抱，至于他采取什么样的告别方式，那就得取决于他对每一位祝福者的偏爱程度了。

他登上讲台宣布，自己将满怀希望地飞赴美国，他要给美国总统带去一份深远而具体的和平建议。"我要告诉他，"他热情地强调，"以色列人渴望和平，长久的和平，真正的和平，公正的和平。我们的人民一直以来，总是在经受失去亲人成为孤儿的痛苦。在我们的国家，没有哪个家庭未曾遭遇过失去亲人的痛苦——父亲、母亲、兄弟、儿子——这样的痛苦永远伴随我们，直到生命的最后一息。我们厌恶战争，我们痛恨流血，我们不对任何人构成威胁。"接着，他将话锋对准埃及总统，后者前不久刚刚声明，如果不满足其要求，就要向以色列发出威胁。对此，总理语带嘲讽地谴责道："真的，萨达特总统！我建议，您能不能停止威胁我们？以色列毕竟不是胆小鬼，难道不是吗？"说着，他大手一挥，继续充满热情与正义地大声道："是的，萨达特总统，我们需要和平。但如果我们遭到攻击，我们会起来保护自己，竭尽全力还击入侵者——就像很久很久以前，《圣经》里所记载的那样，'主啊，求你兴起，愿你的仇敌四散，愿恨你的人从你面前逃跑。'"

最后，他满怀深情地柔声道："以色列的公民们，请你们为我祷告，愿我今天以你们的名义所执行的任务能够取得成功。虽然我并不配担此重任，但是为了所有的以色列人，我恳求万能的主容我此行成功。"[59]

话音一落，军鼓声再次长时间地响起，军乐队奏起国歌，梅纳赫姆·贝京站得笔直，神色果断而专注。

飞临德国上空时，总理让新闻发言人丹·帕蒂尔——和我一样也是从上一届政府留任的——邀请飞机上同行的以色列媒体到头等舱进行一次非正式的、不公开攀谈。很快就有十几名记者围到贝京身边，他们跪坐在座位和地板上，竭力想在引擎的轰鸣声中听清总理的话，飞快地记录着，试图抓住所有的信息。

贝京和他们相识多年，彼此之间很熟悉，气氛很轻松。他脱了西装，解下领带，谈起了对吉米·卡特的看法。和往常一样，贝京此举的目的是将这些意见领袖带入自己苦心抉择的轨道上来，希望在和美国总统的较量中赢得他们的支持。

403

记者们的问题接踵而来：

"卡特不准备隆重地欢迎您，这是真的吗？"

"咱们只能等着瞧。"贝京狡黠地回答。

"您在本－古里安机场举行了盛大的送别仪式——您的批评者说，您对红地毯非常着迷。是这样的吗？"

贝京会心而真诚地笑了："胡说八道！我着迷的是荣耀——民族尊严和犹太人的荣耀。至于那些说我沉迷于自我膨胀的人则已经忘记了，或者他们根本不愿意记住，我曾经在地下生活了五年，那里根本没有什么地毯。这种话只有那些从来没经历过地下斗争的人会说，他们根本不懂什么叫隐姓埋名——那是一种绝对的灰色存在，你不能拜访朋友，朋友也不能来看你。"

"可是贝京先生，现在您不必躲躲藏藏了，"有人说，"为什么您一直不见我们？为什么您突然变得这么羞于同媒体打交道？您为什么说话这么谨慎？您有什么秘而不宣的东西要带给卡特总统？"

"啊哈！我的内阁滴水不漏，是吧？十分抱歉！"他说着，得意地笑了，带着一种胜利者的姿态。

"那您告诉我们，到底是怎么回事？"

总理突然变得十分严肃并解释道，过去的一周里他一直专注于为这次访美做准备，现在要带着自己的劳动成果去华盛顿。这份机密文件的内容获得内阁的一致通过。文件的题目叫"和平进程的框架"，内容围绕整个日内瓦和平会议。最重要的是，它先发制人地防止阿拉伯国家要求让亚西尔·阿拉法特和他的巴解组织参加会议的要求。

"如果卡特坚持让他参加呢？"有人问。

"那我就坚持反对。他们在任何情况下都不能参加！"他的话语很生硬，但很快就调整好情绪解释道，出于对卡特总统的尊重，不能将文件内容提前透露给媒体。"总统必须是第一个得到消息的人，直接从我这儿，"他说，"记住，这是我第一次以总理的身份访问华盛顿，此行将为今后很长时间内我和卡特总统之间的关系定调。"

404

"那么，既然这次行程那么重要，为什么外交部长达扬没和您一起呢？"有记者问。

"因为这是我和卡特总统第一次见面，至关重要的是我们俩可以有机会不通过任何中间人，面对面地近距离交流，只有他和我两个人。"

五个小时后，飞机正在大西洋上空航行，我从一阵阵的瞌睡中醒来，猛地看见精神矍铄、衣冠楚楚的贝京总理正蹲在地上帮夫人穿鞋，却怎么也穿不进去。我连忙从航班上配备的洗漱包中取出一个隐藏得极其巧妙的鞋拔子，穿过走廊递给贝京夫人。

"梅纳赫姆，"贝京夫人戏弄地说道，"你可以起来了。耶胡达给了我一个鞋拔子。"

贝京起身，佯装恼怒道："婚姻不是承诺，而是苦行。"

我受到这种亲密气氛的感染便问起，他俩结婚多久了。贝京夫人说，他们是在德国被占之前三个月，也就是 1939 年 5 月结婚的，算起来已经 36 年了。贝京眼神打趣，欢笑着透露："我们是在一个共同的朋友家里认识的，那是个退役的波兰贝塔

老兵。当时阿诺德家的两个女孩都去了，她们是一对双胞胎，
17 岁！她俩看上去很相像，但我能看出来俩人不一样。我当场
就决定了，这个"——他竖起大拇指——"要做我的妻子。第
二天，我就给她写了封信。"

贝京夫人摇摇头，嘲笑挖苦道："那是一封什么信哪！"

总理率真地笑着说："我写道，'我亲爱的女士——我虽然
第一次见到你，但我感觉已经认识你很长时间了。'后来，我就
告诉她生活有多艰难。没钱，还有很多麻烦，甚至还会坐牢。
我们必须为以色列而战斗，我告诉她。"

"您是怎么回答的呢？"我大胆地问阿莉扎·贝京。

她对我随和地一笑，贝京替她回答了这个问题："她回答，
'我不怕麻烦。'她就是这么说的。"

我告诉他们，美国驻以色列大使塞缪尔·路易斯曾向我透
露，在他们动身访美之前，美国国务院在一份内部简报中将俩
人的婚姻形容为"堪称典范"。

"直到现在"，阿莉扎（贝京和他们的亲密好友都叫她阿
拉）声音略带嘶哑地说，"我负责为他打理这个世界的生活，405
他负责为我提供下一个世界。"

贝京率真地轻声笑着说："我们每天都要相互敬酒。真希望
永远都能这样。"他说着，悄悄把手伸过扶手，以一种占有的姿
态爱抚着她的手。

贝京到达肯尼迪机场后，身材矮小、充满活力的纽约市长
亚伯拉罕·比姆（Abraham Beame）登上讲台通过麦克风，代
表纽约市以及在场的三四十名政客、犹太族群领导人、以色列
官员向总理一行致欢迎词。总理做了相应的回应，接下来是记

者提问时间，总理应对自如。第一个提问的是以色列媒体：

"总理先生，您和卡特总统都笃信宗教，非常熟悉宗教名言。我想知道，你们会不会在讨论中涉及《圣经》？"

贝京回答："我了解到，卡特总统是个有信仰的人，毫不惭愧地说，我也笃信神的旨意。我认为，这样的共同点对于双方提升建设性的对话具有非常积极的意义。"

最后提问的是纽约《村声》（the Village Voice）杂志的一位女士，她说话非常率直。"总理先生，您说您此行是为了和总统商讨推进和平，可是既然您不同意成立巴勒斯坦国，那又何谈推进和平呢？"

"女士，您刚才所提及的是永无止境的战争和流血，"贝京声音低沉地回答道，"您所谓的巴勒斯坦国将对以色列构成致命威胁。这样的国家永远不能成立。"

"那要是亚西尔·阿拉法特承认以色列国呢？"

"所谓巴解组织的领导人是国际恐怖主义的教父。总有些人，特别是在欧洲，毫无疑问还有一些美国人，他们有一种虚妄的冲动，去曲解那些虚假的友善、冷静和让步。那些都是谎言。谢谢。"

那天是星期五，梅纳赫姆·贝京等到日落便在华尔道夫酒店睡下了。接下来的一天里，他放松身心，主要看看书，并花费了一两个小时见老朋友。星期天，他会见了来自全美的犹太人世俗和宗教领导人。他与相识多年的约瑟夫·B. 索洛维切克（Joseph B. Soloveitchik）拉比在一起待了一整个小时。索洛维切克是著名的拉比的后代，他是一名犹太教法典方面的专家、杰出的教师，也是叶史瓦大学（Yeshiva University）犹太教神学院负责人。他是一名出类拔萃的宗教领导人，是现代正统派犹太教的重要人物，是全美国以及其他地区成千上万犹太人的引路人、导师和典范。

　　两人驾轻就熟地聊了聊犹太人社会发展情况——特别是在以色列和美国的情况。接着便谈到了现代犹太教一年一度的禁食日圣殿被毁日（Tisha b'Av，犹太教历中的五月第九日）。再过几天就是禁食日，它本是为了纪念犹太日历上最悲惨的事件，总理询问拉比，将纪念大屠杀融进这个传统的悲伤之日是否合适（在以色列，官方的大屠杀纪念日恰好是华沙犹太人起义纪念日）。拉比认为，这个想法非常好并表示，犹太教传统赞成将这样纪念日合并在一起。这两个纪念日，一个是古代的，一个是现代的，两者合二为一，犹太人受难、命运和不朽的主题将得到加强。

　　索洛维切克拉比和梅纳赫姆·贝京在亲切的气氛中作别，总理稍作调整准备迎接下一位客人，那是他的另一位老朋友——卢巴维奇派拉比曼纳汉姆·门德勒·斯奇尔松（Menachem Mendel Schneerson）。

　　卢巴维奇运动总部位于纽约布鲁克林皇冠高地（Crown Heights）东部大道770号，斯奇尔松拉比站在门口迎接客人。两人在一片相机的闪光灯下相互拥抱。双方互致问候时，拉比脸上洋溢着喜悦之情。他长着一张天使般的脸庞，灰白色的胡子挡住了半张脸，头戴卢巴维奇哈西德派教徒的标志性黑色软呢帽。帽子戴在他的头上看上去就像是一座防止邪恶思想入侵的堡垒。

　　一名记者高声问："贝京先生，您为什么要过来见拉比？您是以色列刚刚选出来的总理，难道不应该是他去见您吗？"

　　"为什么呢？的确，"总理从容而优雅地回应道，"这个问题问得好。"接着，他带着深深的崇敬说："我来见拉比，是因为我准备去华盛顿和卡特总统首次会面。所以，对我来说，找伟大的犹太圣人寻求祝福是最自然不过的事情了。"

"他有多伟大？"另一名记者问。

"斯奇尔松拉比是我们这个时代最重要的犹太知名人士之一。他在我们犹太人心中有独一无二的地位。我确信，他的祝福将给我力量，让我去完成这次有关我们未来的最重要的使命。"

"拉比会就此发表评论吗？"又有记者问。

"只有满满的祝福，"拉比用带着浓重口音的英语说道，"还有，总理来访这份荣誉并不属于我本人，这是肯定了卢巴维奇运动在广大犹太人中间为传播上帝之爱及其律法所做的奉献。"

两个人私下会谈了整整一个小时，最后，贝京先生告诉斯奇尔松拉比，等我们从华盛顿回来后，我作为总理的助手将就白宫会谈的进展情况向他做简要汇报。

1977 年 7 月 17 日，纽约布鲁克林，贝京总理和卢巴维奇派拉比曼纳汉姆·门德勒·斯奇尔松

图片来源：雅各布·萨尔、以色列政府新闻办公室。

第三十五章　会晤总统

总理的车队在警车的开道和护送下向布莱尔宾馆驶去，那是美国官方接待外国元首下榻的饭店，坐落在白宫斜对面，街道两旁装饰着以色列国旗。第二天上午十点半整，贝京总理夫妇的专车在三军仪仗队的敬礼中，缓缓驶向白宫南草坪，载着他们前去与卡特总统夫妇见面。白宫的欢迎场面非常盛大，相比之下，本‑古里安机场的送别仪式倒是显得平常了。

天空万里无云，二百多名客人心情愉快，迎接来访贵宾的老卫士横笛鼓号乐队列队走过装饰着旗帜的南草坪。走在最前面的旗手举着一杆挂着流苏的军乐队彩旗，身穿白色制服的仪仗队随着笛子的颤音和断断续续的鼓点行进得毫无瑕疵。他们在总统的讲台前停下等待检阅，19声礼炮响彻云端，人们安静下来。

总统发表了经过一番精心遣词造句的欢迎讲话，特地表达了对梅纳赫姆·贝京的赞赏：

"对我而言，在拜读了我们这位杰出客人的作品和传记之后，我在以色列是什么，它代表什么，以及贝京总理是谁，他代表什么，这两者之间发现了一个巨大的共同点。他是一个为了原则甘愿受苦的人，他在磨难、挑战和失望面前表现出超凡的个人勇气，因为他的倾情奉献和他的个性，最终他获得了胜利。"

接着，他特地赞扬了贝京"深刻而坚定不移的宗教信仰"。

他用一种出人意料的亲密语气说道："这一直是贝京意识中及追求坚定目标过程中的一个指导性因素。他是个恬静文雅的人，同时是个果断的人，以一种炽热的精神向公众表达自己的信念。干事业本当如此。"[60]

站在旁边的耶歇尔·卡迪沙伊在我胳膊上重重拧了一下表示满意，三四步之外的塞缪尔·刘易斯大使向我使劲眨眨眼，用拇指和食指比画了一个圆圈，似乎在说"讲得好极了!"或许刘易斯参与起草了演讲稿。当然，整个欢迎仪式也体现了他的态度：甜言蜜语比辛辣的言辞有用得多。

总理一脸惊喜地站在讲台上。这是多大的赞誉！多大的荣耀！太出人意料了！盛大的欢迎仪式让贝京深受感动，他慷慨激昂地用希伯来语做了一番充满感情的即兴回应，他在开场白中说道："总统先生，我来自锡安之地，来自耶路撒冷，我为一个古老的民族代言，也为一个年轻的国家发声。你们是人类的希望，上帝保佑美利坚。愿这个伟大的国家永远和平。"

接着，他用英语发表即兴演说，以同样的热情讲述道："总统先生，我们在以色列，不仅把您看作美国这个威武强大的国家的第一公民，而且还认为您是整个自由世界的领导者、捍卫者。"他用了大量篇幅讲述以色列争取和平的斗争，以及面对苏联的威胁，自由世界正在不断萎缩。"在我们这个时代，民主好比是大海中遭遇狂风暴雨、滔天巨浪的一座岛屿，"他激情澎湃地说道，"因此，所有自由的人们都应该团结起来坚持为人权而战斗，为保护人类自由而战斗，确保民有、民治、民享的政府不会从这个地球上消失。"

持续不断的鼓声淹没了热烈的掌声，军乐队纹丝不动地站立着，他们先后演奏了《希望》和《星条旗永不落》，乐器、扣带和徽章在太阳下闪闪发光。卡特总统轻轻挽起贝京的胳膊说："走，咱们去谈一谈。"我们余下的众人与他们保持一定距离，步调一致地向白宫走去。

卡特总统嘴角漾起从容的微笑，他打开话匣道："总理先生，有您在座，我们感到非常愉快并荣幸。如您所知，外界对于你我这次如何相处很是兴奋且充满了期待。当然，还有各种可怕的猜测。"

411

他转而大笑起来。

"噢，是的，我们以色列国内的报纸预测今天会有盛大的烟花。"贝京笑着，眼神中带着幽默。

"烟花？今天是 7 月 19 日，不是 4 日。今天没有烟花表演。"卡特说道。

巨大的橡木会议桌四周响起一片真挚的笑声。侍者端上咖啡，总统和总理静静地抿了几口。我们所在的是内阁会议室，这是一间具有殖民时期朴素风格的椭圆形办公室，周围是白色的墙面，其中一面墙的壁炉上方悬挂着和真人一般大小的哈里·杜鲁门画像。房间里唯一亮眼的颜色是金色的窗帘和角落里从银色立柱上垂下来的国旗。房间里格外安静，只有瓷器碰撞的声音，官员们在低声细语，头顶上隐约传来飞机的轰鸣声。

卡特坐在椅子里向前欠了欠身，继续致欢迎词："非常高兴今晚我们一起用餐。我邀请了 59 位客人。这是我就任以来最大型的一次宴会。有那么多美国人想见见您。我已经请求总理"——他转向自己的助理——"在餐后给我多留一点时间，以便我俩进行私人会谈，彼此做个更深入的了解。"

"非常荣幸。"贝京说着，向卡特微微鞠了个躬。

总统看一眼手里的笔记，语气坚定地说："那么，现在我开始了。"

他解释说，中东是本届美国政府重点及优先关注的问题，如果在 1977 年无法解决和平问题，那么今后会更加困难。美国想成为一个能够赢得以色列以及各个阿拉伯国家等各方信任的调停者。因此，在此之前，他已经将今天即将和总理谈及的一切内容，以同样的语气传达给了之前与他见面的埃及总统萨达特、约旦国王侯赛因，以及叙利亚总统阿萨德。

他强调，本届政府摒弃了前任总统杰拉尔德·福特与其国务卿亨利·基辛格的政策。上届政府试图采取缓慢、递增、循序渐进的方式获得和平。而现在，达成全面和平协议，彻底解决巴以冲突的时机已经成熟。以此为目标，应尽快在日内瓦召开一次各方会议。为了这次会议的召开，各方需要在几个基本原则上达成一般共识。他已经将这些问题向阿拉伯领导人做了通报。

他说，首要的原则是接受 1967 年联合国安理会 242 号决议作为日内瓦会议的法律依据。而且他已经决定将决议推进一步。原版决议只是将"结束交战状态"作为阿以谈判的目标。这是不够的。现在，他要将其内涵扩展到一个成熟的和平解决方案。换句话说，日内瓦会谈的目的是达成真正的全面和平。

"阿拉伯领导人是怎么回应的呢？"贝京问。

"他们很难接受这个概念，"卡特坦率地回答，"但是他们并没有表示拒绝。"

总理不可抑制地露出一个神秘的微笑，非常冷静地靠在椅背上。这是个好消息！从来没有哪个美国总统以这种方式对 242 号决议做出解释；他们从来没有如此直截了当地正视过阿以和平解决方案。但贝京没有发话，他还想继续听下去。他想了解，卡特总统对萦绕在他头脑中的另外两个问题有什么想法——一个是土地问题，也就是以色列的领土完整；另一个是日内瓦会议上的巴勒斯坦代表问题，是不是要将阿拉法特的巴解组织排除在外。

卡特总统好像猜到了他的心思，他迅速扫了眼笔记，用一种几乎随意的语气说道，在土地问题上，很明显，以色列必须从被占领土撤回到双方认可的新的安全边界上。关于巴勒斯坦人的前途，阿拉伯领导人已经告诉他，他们要被当作一个单独的国家来对待。而他的立场是，巴勒斯坦人应该有一个和约旦相连的"家园"，而不是一个独立的国家。但是，一切都尚未有实际具体的计划。至于参加日内瓦会议的巴勒斯坦代表这个程序性问题，各阿拉伯领导人的意见也不一致。埃及和约旦认为，巴勒斯坦人应该被纳入约旦代表团，而叙利亚认为阿拉伯人应该组成一个阿拉伯代表团作为一个整体参加谈判。

说到这里，卡特总统探身仔细询问他的同事们。"大家还有什么要补充的吗？"他问。

"看起来没有了，总统先生。"国务卿赛勒斯·万斯代表众 413
人答道。他疲惫的长脸上挤出一丝似笑非笑的表情，似乎是表示同意，他肯定地说："您已经非常准确地概括了所有内容。"

总统向贝京转过身，眼神里更多的是挑战而非好奇，他说："现在该您发言了，总理先生。我们很想听听您的意见。您希望我们从中扮演什么角色？您对日内瓦会议有什么想法？您认为阿拉伯人有诚意吗——还有您的诚意？您的政府准备如何取得阿拉伯人的信任？"接着，他以南方人那种考究的方式问道："还有，是的，我必须再加上一条，并不是每个人都信任美国，难道不是吗？"暗指贝京也是其中之一。"但总理先生，我可以全心全意地向您保证一件事情"——他扬起眉毛以显示自己的真诚——"我们应该尝试一下，我们应该为了和平真诚地尝试一次，尽可能做到最好。所以，我们迫切地想听听您的感受和想法。"

贝京对总统的款待表达诚挚谢意，之后他沉思着抿了抿嘴说："在我谈及您刚才提到的重要问题之前，我想先说一下有关埃塞俄比亚的一些重要事情。"

美方人员全都猛地抬起头。卡特深吸一口气，咬起嘴唇，嘴型拉成了细长条。"埃塞俄比亚？"他问，"埃塞俄比亚为什么会引起您这么大的兴趣，把它作为咱们会谈的开场？我们和那个国家之间存在很多问题。"

当时冷战正酣，苏联为控制非洲之角陷入了一场高风险的争斗。非洲政治的现实是，部落忠诚度转瞬即逝，各种同盟毫无征兆地来回变换；应对这种形势正好是苏联的优势。他们一开始支持索马里对抗埃塞俄比亚，后来改变立场帮着埃塞俄比亚反击索马里。卡特和贝京第一次会面时，苏联人正支持苏丹入侵埃塞俄比亚。

梅纳赫姆·贝京看似温和地凝视着卡特说道："总统先生，今天一早我接到一条来自埃塞俄比亚统治者门格斯图（Mengistu）的信息。他是来请求帮助的。门格斯图直接和我取得了联系。他说，受到苏联支持的侵略者正准备肢解他的国家。事态非常严重，他的请求让我无法释怀。他请我转告您，他有个提议，想改善你们两国之间的关系。我觉得有责任把他的请求转达给您。"

"赛勒斯、兹比格涅夫，你们收到类似消息了吗？"总统向他的国务卿和国家安全顾问发问。

两个人摇摇头，一脸疑惑。

"请您再告诉我们，到底是谁送的信？"兹比格涅夫·布热津斯基问，很显然，这名波兰人是个遇事冷静的知识分子。

"是埃塞俄比亚国家元首，海尔·马里亚姆·门格斯图上校，今天一早。"贝京回答。

这个消息是通过摩萨德传递到布莱尔宾馆的，贝京看了之后心里五味杂陈。他和埃塞俄比亚总统之间关系有点复杂。门格斯图是个暴君，在以色列问题上秉持道义。多年来，在以色列被敌对伊斯兰国家围困的非洲之角遭遇海空困境时，是他为以色列船只和飞机提供了港口和航空设施。眼下，贝京比以往任何时候都需要来自门格斯图的善意。埃塞俄比亚有成千上万的犹太人——受到饥饿和战争威胁的赤贫黑人犹太人。贝京想把这些人带离这个国家。这一支犹太人的历史可以追溯到中世纪甚至更早以前，他要把这个遥远而古老的群体带回以色列。他已经派出密使和这些人取得了联系。但这么做是需要付出代价的，门格斯图要求在军事和经济上得到相应的回报。双方已经在极为秘密的情况下形成了一个计划：以色列向埃塞俄比亚空运军事装备，然后载着犹太人回国。这笔交易本已达成——但就在今天早上，出现了新情况。门格斯图在给贝京的信中暗示，要求贝京向卡特转达信息并得到正面回应，并将此作为运送埃塞俄比亚犹太人的筹码。对此，贝京没有作答。考虑到门格斯图在腐败和暴政上的劣迹，以及他和美国人打交道过程中的种种口是心非，贝京无法确定卡特对解放埃塞俄比亚犹太人的这桩交易会有什么反应。它甚至还可能起到适得其反的效果。因此，他选择用符合美国利益的方式来表达："您应该同意，总统先生，冷战当前，埃塞俄比亚凭借其在非洲之角的地理位置，具有极大的战略重要性。考虑到门格斯图已经对苏联人大失所望，因为他们现在正在帮助他的敌人，他希望您了解他已经改变了立场，他给我写信就是想向您求情。"

卡特聚精会神地听着，不断用手指关节轻抚着脸颊，万斯和布热津斯基簇拥在他身边不断小声地提供看法和建议。俩人说完，卡特语气略带尖刻地问："您能给我一份这条消息的文本吗？"

"乐意效劳！"

"谢谢您。我们长期以来向埃塞俄比亚提供了大量援助，但他们背叛了我们。所以这件事对我们来说有点难以接受。门格斯图的人权记录非常糟糕。我只能说，我们会研究这个问题。但我无法做出承诺。"

他目不转睛地盯着总理，眼睛里有一种深不可测的神情。贝京除了对此表示感谢之外别无选择，他开口道："在涉及有关日内瓦的具体问题之前，我想谈谈黎巴嫩南部问题。我这儿有一张地图，想请您看看。"

波兰将军动作迅速地在架子上展开一幅地图。上面一簇簇小小的、绿色的标识是基督教村落，周围的红色标识是大片的伊斯兰村庄。贝京谈到，孤立的基督教村民正面临种种威胁，与此同时弗利卡在地图上指明，各自分散的绿点已经被规模过于庞大的红色区域所控制。贝京指出，基督徒们不仅孤立无援，而且还遭到遗弃，5000 名装备精良的巴解组织恐怖分子占领了黎巴嫩南部地区，每晚针对他们进行炮击。正是鉴于这种情况，以色列政府检讨了对黎巴嫩政策，并得出了与工党前任略显不同的结论。

　　1977 年 7 月 22 日，贝京总理在华盛顿结束与卡特总统的会谈后，到联合国再次讨论了黎巴嫩边境的紧张局势，使用的是同一张地图，图中与贝京一同在座的是联合国秘书长瓦尔德海姆与作者

图片来源：雅各布·萨尔、以色列政府新闻办公室。

　　贝京明确表示："我们的政策要点是，

　　"第一——我们不想占有黎巴嫩的任何一部分，一寸也不要。

　　"第二——我们不希望目前黎巴嫩局势导致战争。

　　"第三——我们不想让黎巴嫩的基督教少数群体感到失望。

　　"第四——无论发生什么，总统先生，我们都不想让您感到措手不及。如果出现意外需要采取行动，我们一定会和您商讨。"

　　说着，他抬起手告诫道："但我认为，最重要的是，我们必须向您说明，我们不能背弃基督徒。作为犹太人，我们肩负着一种人类责任——而且是一种神圣的职责——绝不能让基督教少数群体受到损害。"

卡特惊讶地提高了嗓门。"您难道不认为，黎巴嫩中央政府是基督徒最好的保护者吗？我们正在考虑扩大对他们的援助。"

"当然，黎巴嫩总统埃利亚斯·萨尔基斯（Elias Sarkis）是个基督徒，但他几乎帮不上什么忙，我确信您的专家们可以证明这一点。"贝京答道。

布热津斯基把手拢在卡特耳边匆匆耳语了几句。卡特点点头，对贝京重申道："不管怎么样，我们还是打算继续向他提供军事上的支持。"

"好！"贝京刚说完，便立即转而带着一种不祥的口吻道，"但我必须告诉您，阿拉法特正在破坏黎巴嫩。他目前正在和基督徒开战。基督徒必须拥有保护自己的手段。终有一天，阿拉法特会把矛头指向我们。"

卡特没有作答。问题变得很棘手，他不想被拖进去。于是他收紧下巴，眯起眼睛盯着贝京道："我可不可以建议咱们开始谈谈您的第二个问题。"

"当然，"贝京说着谈笑风生地转向他的左边，向卡特介绍首席情报顾问什穆埃尔·卡茨（Shmuel Katz）博士，"我想让我的老朋友、老伙伴卡茨博士，给您说说，我们是如何在更加广义的历史背景下看待朱迪亚、撒玛利亚和加沙地区的。"

什穆埃尔·卡茨出身南非，是个说话温和的知识分子，曾经作为伊尔贡首席理论家，是其最高指挥部的成员。事实上，他是贝京集团中亚博廷斯基意识的维护者，以色列土地信念的守卫者。很显然，他在这个场合充当的是一名意识形态发声者。梅纳赫姆·贝京要让初次见面的美国总统了解，他的对话者代表的是什么立场。

什穆埃尔·卡茨举起一张中东地图，他一贯的忧郁气质此时更浓了。地图上展示的是 22 个阿拉伯国家包围着一个小小的犹太国家，孤立的情形显而易见。

"在这 22 个国家里"，卡茨说，"每个孩子从小就被教导，把这个小国家从地球上抹掉"——他的手指停在以色列的位置上，将它整个盖上——"是一种爱国主义和道义上的责任，因为这个国家是强加入阿拉伯世界的邪恶分裂因素。"

总统听着，脸上丝毫没有表情。

"事实上，在巴解组织的宪章《巴勒斯坦民族宪章》中，最优先的是将所谓的'犹太复国主义殖民者'从阿拉伯世界驱逐出去，而不是'清除犹太复国主义者在巴勒斯坦的存在'。"

卡特紧紧抿着嘴唇，很明显，他没有耐心倾听这类民族信仰。他有一副工程师式的头脑，全凭经验判断，只注重结果。他浅蓝色的眼睛紧盯着卡茨，目光强硬而不耐烦，仿佛在问，"你到底想说什么？"卡特身边的顾问们发觉他这种态度，不安地动动身子，相互交换着谨慎的目光。相比之下，贝京则面无表情地坐着听卡茨博士继续说下去。

"从逻辑上说，所有阿拉伯国家承认巴解组织是巴勒斯坦人的唯一代表，所有阿拉伯国家由他们武装并提供资助，还接受他们的培训。为了支撑这样的情节，即所谓掠夺成性的以色列人将一个民族驱离了自己家园，他们甚至还虚构了一段与事实无关的历史。1974 年，阿拉法特在联合国发表讲话称，巴勒斯坦人已经持续在巴勒斯坦从事了数千年的农业和文化活动。很难想象出比这更离谱的说法了。"

"那是怎么回事？"万斯和气地问。

"因为那片土地上几乎空无一人。作为美国人，你们肯定会对你们自己的一手证据感兴趣——这份证据反驳了阿拉伯人荒谬的说法。我建议你们读一读或者去重读一下马克·吐温的《傻子出国记》（*Innocents Abroad*）。"

卡茨低头从文件中抽出一张复印的书页。他扶了扶眼镜，微微清清嗓子道："这是 1867 年马克·吐温写下的他在上加利利看到的情景，'方圆 30 英里范围内没有一个村庄，有那么两三丛贝都因人的帐篷，但没有任何永久的住所。在这一带骑马走上 10 英里，也见不着 10 个人……灰色的蜥蜴在岩石丛中进进出出，或者一动不动地晒着太阳，它们是这片废墟的继承者，守护着坟墓和荒凉。曾经的繁荣已经消亡；炽热的荣耀已经熄灭；欢乐已成过去，眼前只有哀伤；曾经的浮华生活变成了寂静和死亡，如今爬行动物在这里安家，嘲讽着人类的虚荣。'"[61]

"哦，马克·吐温可真能写！"梅纳赫姆·贝京开怀地笑着说。"谁想得到，他的所见所闻有一天竟然成了具有如此政治意义的证词？"他靠在椅背上，心满意足地欣赏着古旧的铜质枝形吊灯，评论道："太美妙了。"

卡茨继续道："马克·吐温所写的，只是 18 至 19 世纪描写以色列之地无比荒凉的诸多证明文献中的一例。事实上，巴勒斯坦过去不是，也从来不是"——他轻轻地拍着马克·吐温的作品加强语气道——"其他民族的家园；除了犹太人的中心，它从来不是，也永远不会成为其他任何民族的中心。犹太人和这片土地的纽带会永远延续下去。巴勒斯坦从来就是个犹太国家，这是西方文化的一部分。"

卡特总统表面看起来很礼貌，但从他咬紧的牙关可以看出，他正强压怒火。显然他既不想听卡茨的长篇大论，也不愿意听见有人在这样的场合，引用一位美国文学奇才的文章来对付他。

"是的，它确实是个犹太国家。"贝京回应卡茨道，摆出一副挑衅的姿态。"1920 年圣雷莫会议（San Remo conference）确定巴勒斯坦交由英国托管时，其措辞是'承认犹太人与巴勒斯坦的历史联系'。总统先生，请注意，是犹太人与巴勒斯坦。这个名字，巴勒斯坦，"他语气爽快地澄清道，"是公元 133 年罗马皇帝哈德良镇压巴尔·科克巴（Bar Kochba）起义后，给这片土地命名的。非利士人销声匿迹之后，他想利用叙利亚与巴勒斯坦（Syria et Palestina）这个名字，抹去犹太人曾经在这里生活的每一个印迹。然而，一直以来，所有文明国家都认为这种历史联系只存在于犹太人和巴勒斯坦之间，而不是其他什么民族。"

　　什穆埃尔·卡茨接过话茬。"现在那里的阿拉伯人，顶多也是近期迁过去的，从 19 世纪开始，尤其是 20 世纪犹太复国主义复兴以后。这也许可以解释为什么 1948 年会有那么多人出逃。原住民不会这么做，那些留下来的阿拉伯人才是真正土生土长的。"

　　"是这样的吗？再给我们说说！"布热津斯基语带讥讽。

　　卡特冷冷地盯着卡茨，他面无表情，早已经没了耐心。原定的会晤时间已经过了一半，贝京还只字未提日内瓦的事。席间的其他人已经开始坐立不安，纷纷用眼神暗示同僚们。但卡茨根本不为所动。他提到，因为巴勒斯坦是以色列的土地，所以美国以及其他地方的老牌犹太复国主义组织理所当然地会在他们的名号中使用巴勒斯坦这几个字；他提到，1919 年伊拉克王国国王费萨尔（Faisal）与哈伊姆·魏茨曼曾经明确宣布签订了一份"阿拉伯国家"，即阿拉伯人和"巴勒斯坦"，即犹太人之间的协定①；他提到，阿拉伯人一度坚持认为，根本不存在

419

---

① 即《魏茨曼—费萨尔协定》。——译者注

巴勒斯坦这个国家，那里实际上只是叙利亚南部；他提到，根据国际法，以色列有权拥有朱迪亚和撒玛利亚，因为1948年外约旦王国（the Kingdom of Trans-Jordan）的占领是一种侵略行为，是非法入侵，以色列对那里拥有"优先的所有权"；他提到，英国专横地将最初的巴勒斯坦——现在的约旦王国——土地的四分之三给了阿拉伯人，而巴解组织却坚持认为约旦河两岸都是巴勒斯坦人的家园。因此，他们在约旦河对岸早已经有了自己的家园。卡茨话音刚落，总理将手轻轻放在他胳膊上，示意他停下来，用低沉而强烈的语气插话道："如果您允许，总统先生，我有些重要的话想说。"

"当然可以。"卡特的眼神里仍然带着怒火，他认为这次会晤已经偏离了正题。

梅纳赫姆·贝京和他对视一眼，神色肃然，威风凛凛。"总统先生，我想告诉您一些个人的事情——不是关于我，而是关于我这一代人。您刚才听到的话，听上去有点学术性、理论性，甚至对您来说并没有实际意义，但对我这一代人而言，可不是这样的。对我们这一代犹太人而言，这些都是无可争议的事实。它触及我们民族的核心。因为我们是一个回归者的国家，我们回归自己的家园，以色列的土地。我们是毁灭和救赎的一代。我们基本上就是《圣经》里所说的受难且有勇气的一代。我们是从地狱的无底深渊里崛起的一代。"

420

屋子里非常安静，贝京的声音让人无法抗拒。演讲者的激情驱散了所有人的躁动。

"总统先生，我们是一个无助的民族，"贝京继续道，"我们曾经流血，不是一次两次，而是一百年接着一百年，循环往复。我们失去了三分之一的人口——就在我这一代人中。其中

150 万人是儿童——是我们的孩子。没有人来营救我们。我们孤零零地受难，孤零零地死去。我们过去无能为力，但现在我们可以了。现在我们有能力保卫自己。"

他突然起身，像个军人一样，坚强勇敢地说："请允许我向您展示一幅地图。我称它'INSM——以色列国家安全地图'。波兰将军，请把地图拿过来。"

弗利卡迅速起身在卡特和贝京面前的桌上展开地图。贝京解释道："总统先生，这张地图没有什么特别之处。这是一张我们国家的标准地图，上面显示的是 1967 年'六日战争'之前所存在的、1949 年划定的停战线，也就是所谓的'绿线'。"

他的手指沿这条已经废弃的边界，在国土中间游移。

"您看，我们的军事地图测绘师在上面描绘了我们在那场战争中所保卫的那一小块土地。从最真实的意义上来说，这是一场生存之战。我们背水一战，完全没有任何的防御纵深。其间的距离非常小。请允许我指给您看，这块土地是多么小。咱们从北边开始看。"

他靠着桌子，指着地图上方离卡特最近的那一片山地。

"您看这些山地，总统先生。叙利亚人和黎巴嫩人占据着高处，而我们在下面。"

他用手指着戈兰高地和黎巴嫩南部的山区，然后停留在二者之间绿色的狭长地带。

"这是胡拉山谷，几乎不到 10 英里宽。他们日日夜夜从山顶自上而下地炮轰山谷里我们的城镇和村庄。"

卡特点点头，两手交叉托着下巴。

总理的手指接着向下移动，往南指到了海法。

"海法，总统先生，您知道，这是我们重要的港口城市。停火线离这里只有 20 英里。"

总统又点了点头。

421 　　贝京的手指再往南移动，停留在旅游城市内坦亚（Netanya）。

"这里是内坦亚，距离那条形同虚设的防线只有 9 英里。我们的国家被削成了一个窄条。"

"我明白。"卡特总统说着，努着嘴陷入沉思。

但贝京总理并不相信他真的明白一切。他手指颤抖着，大声道："9 英里，总统先生！这简直无法想象！根本无法防卫！"

卡特总统不作声。

贝京把手指移到特拉维夫的位置，敲打着地图。

"这里，在特拉维夫，住着 100 万犹太人，离那条无法防御的停战线只有两英里。还有这儿，在北部的海法和南部的阿什克伦（Ashkelon）之间"——他的手指上上下下地游走在海岸平原地带——"住着 200 万犹太人，占我们国家总人口的三分之二，还有我们几乎所有的国家基础设施。这片海岸平原被分成了如此狭窄的几块，只要用一队坦克进行突袭，就能在几分钟内把这个国家一分为二。不管是谁，只要占据了这几座山"——他用指尖轻轻敲打着朱迪亚和撒玛利亚，那片地区远高于狭长的海岸平原地带——"就是把以色列的颈静脉攥在了手里。我们的邻国拥有苏联人提供的大炮，射程有 43.8 公里。换句话说，他们可以从所谓的绿线上的任何地方，用常规大炮击中我们国家的每一个城市和乡镇；每个家庭、每个男人、女人和孩子。这是一个致命的危险。这意味着我们的建国、独立和自由将由此终结。"

贝京深邃的目光警惕地扫视着眼前这些大人物一张张阴郁的脸，他简短地宣布："先生们，我要告诉你们的是，在我们这个地区，没有哪个国家是如此的脆弱，又是如此地希望生存下去。我们不会退回到这条线。阿巴·埃班把它称作奥斯维辛线。没有哪个国家能够靠借来的时间活下去。"

卡特身体前倾，以便更仔细地察看地图，他仍然什么也没说，看上去深不可测的样子。

贝京更加专注地凝视着他，字斟句酌地用一种官方的、确凿的口气说："对以色列而言，国家安全不是自我扩张的借口。国家安全不是掩盖扩张主义野心的外衣。国家安全恰恰是——生存；它是我们国家每个男人、女人和儿童的生命。"

他心潮澎湃地说着这番话，眼神中突然闪现出一种超脱。 422 他望着眼前这个心平气和、重生的美南浸信会教徒——仿佛正站在自己的内心深处，那是犹太人记忆中最隐秘的地方，那里有犹太人的泪水和希望。他站在那里，用一种不容漠视的语气宣布："先生们，犹太民族安全过去与现在的差别在于，现在男人有能力保护妇女和儿童。过去，在大屠杀中，他们必须把他们交出去，交给刽子手。我们遭遇的是'三分之一'（tertiated），总统先生。"

吉米·卡特抬起头。"总理先生，您刚才提到的那个词是什么意思？"

"Tertiated，不是 decimated（大批杀害）。'Decimated'这个词指的是十分之一。罗马军团中一旦出现不服从的现象，十个人中会有一人被杀。而我们的同胞被杀害的比例是三个人中间有一个——是三分之一！"

然后他的口气变得固执、挑衅、倔强起来，他站直身体，一拳砸在桌子上，大声道："总统先生，我以犹太人的名义在您面前发誓！这样的事情绝对再也不会发生了。"

他停下来，嘴唇颤抖着，攥着的拳头紧紧压着桌子，手上的关节都发白了。他只管两眼盯着地图，努力地眨着眼睛不让眼泪掉下来。谁也不知道此时此刻他想到了哪个遇难的亲友，他只是庄严地站在那里，内心在哭泣。

房间里静得能听见大理石壁炉上的老式挂钟滴答滴答的声音。时间似乎在每一秒之间停滞了。美方所有人员都低垂着眼帘，直至梅纳赫姆·贝京一点一点，慢慢直起身子。会议室好像渐渐地活了过来。

"您要不要休息一会儿，总理先生？"卡特总统看起来好像被感动了。

"不，不，"贝京的眼睛里依然闪烁着痛苦，"非常抱歉说了那么长时间。您看，关于我们的人民、我们的土地、我们的历史、我们的遭遇，还有我们的未来，我有这么多话想说。但首先，我要告诉您——自由世界的领袖，我们的父亲和母亲因为是犹太人而遭到屠杀。我们不想让孙辈再遭受这样的噩运。我相信，如果我们撤回到之前的那条线，那我们就会失去实现和平的机会。"

423　　兹比格涅夫·布热津斯基向总理发问，他一开口便犹如北极吹来的寒风。他问，这是否就是贝京在西岸和加沙地带设定居点的理论依据？贝京想说的是否就是定居点计划是个国家安全问题？贝京的回答十分肯定。他先前提到，对以色列而言，国家安全不是自我扩张的借口，或是掩盖扩张主义野心的外衣。定居点对以色列的安全至关重要。同样，定居点也表达了犹太人可以在他们历史家园的任何一个地方定居，这是他们的固有权利。

赛勒斯·万斯看起来不像往常那么镇静，显得很激动，他坚持认为新的定居点会成为和平道路上不可逾越的障碍，会破坏日内瓦会议成功的希望。卡特也持同样的想法。他提出，拉宾政府一直不鼓励建造这样的定居点。

但贝京看不起这样的悲观主义想法。他说，犹太人和阿拉伯人已经在雅法、耶路撒冷和海法等地一起生活了很多年。而且，新的定居点并不会建造在阿拉伯人拥有的土地上，而是建在未开垦的、无法耕种的岩石地带，这样的地方有很多。

美方代表谨慎地互换了一下眼神。他们早就听说过贝京的为人——一个顽固而倔强的民族主义者。这时，卡特总统开口替大家说出了心里的忧虑："稍后我会就这个非常棘手的问题说几句。与此同时，我还想听一听，您对日内瓦和平会议有什么想法。"

但是梅纳赫姆·贝京还没准备谈到这个问题，也不想匆忙就此发表意见。他还有一件事需要补充，而且一定要说出来。

"我还有最后一句话，总统先生。"他说。

他从衣服内的口袋里掏出一张纸，整了整眼镜，仔仔细细地看着它，然后突然用幽默的口气道："总统先生，美国有 11 个名叫希伯仑（Hebron）的地方，还有 5 个示罗（Shiloh）、4 个伯特利（Bethel）、6 个伯利恒（Bethlehem）。"

吉米·卡特的眼神里透出些许兴趣。"的确是有这样的名字。在距离我家 20 英里之内就有一个伯特利，一个示罗。"

"我可以哪天去拜访这些地方吗？"

"当然，非常荣幸！那里还有三座相当不错的浸礼会教堂。"

"要是这样的话，我该带上我们的大拉比去保护我。"

大家都在笑，不过那是干笑。

"请允许我问您一个假设的问题。想象有一天，这些希伯　424

仑、伯特利、示罗、伯利恒所在州的州长们颁布了一项法令，宣布所有美国公民都可以去那里定居，只有一类人除外——犹太人。禁止犹太人在美国的示罗、希伯仑、伯特利、伯利恒创建家园——这就是法令的内容！"

贝京摊开双手夸张地叹了口气："天哪！除了《圣经》中的子民，谁都可以在根据《圣经》命名的地方定居。任何地方的善男善女都会为之呐喊——'可耻！''歧视！''偏见！'我难道说得不对吗？"

吉米·卡特终于听明白了，但他并不喜欢这个假设。"这只是个假设。"他并不觉得好笑。

于是贝京总结道："所以，您想想，我作为一个在犹太国家，领导着由 15 名犹太人——15 名自由的犹太人——组成的内阁的犹太人总理，怎么能禁止我的犹太人同胞在真正的示罗、伯特利、伯利恒、希伯仑获得一块土地，建一个家呢？我们犹太人的祖先不就从这些地方来的吗？这难道不可耻吗？"

吉米·卡特不耐烦地抛出了重话。"如果建立这样的家园会阻碍和平，会妨碍日内瓦会议的召开，那就不行，"他斥责道，"我感觉，这会被当作一种不诚实的行为，标志着你们的意图很明显，就是想永久性地军事占领约旦河西岸和加沙地带。这就严严实实地封死了谈判的希望。另一方面，如果你们在日内瓦会议准备期间不再建造新的定居点，那将是个令人鼓舞的积极信号。"他已经完全被激怒，"贝京先生，如果我不这么坦率直白地向您说明这一点，那显然这种做法与我作为美国总统的职责是背道而驰的。"

贝京靠在椅背上，双眼盯着卡特总统上方的天花板。两个人在定居点的问题上意见针锋相对，立场势不两立。但是贝京不想争吵，双方这么"拔河"没有意义。他知道，在定居点问题上，卡特总统同他本人一样坚决。但是，无论如何他必须劝说这位下了主观判断的总统，因为后者真的很想实现和平，成为一名和平缔造者。于是他转换了话题焦点，十分镇定、彬彬有礼地说道："总统先生，我要代表以色列政府，非常荣幸地给您送上我们对日内瓦和平会议的官方建议。这份文件的题目是'建立和平进程的框架'。"说着他将文件放到卡特面前的桌子上。

425

卡特翻看着文件，贝京继续道："我们的意见和您完全一致，日内瓦会议的目标是达成一种彻底的、正常的和平状态。我们犹太人被排斥在历史之外已经太久。我们现在有了自己的国家，必须运用国家的一般规则办事。战争之后接踵而来的是和平条约，谈判的目的就是达成和平条约。正因如此，我们的立场与原则是直接谈判——不设任何前提条件的直接谈判。"

"在所有问题上？您的意思是所有的问题都可以谈？"布热津斯基问，他和贝京一样带着浓重的波兰口音。"边界、撤军、约旦河西岸，这些问题都可以放在台面上——您真的是这个意思？"

"布热津斯基博士，我们从来没说过'不可谈判'这样的话，"贝京略显得意地回应道，"每一个问题都可以公开地谈。每个人都有权将自己认为适合的问题放到桌面上讨论。就拿埃及总统萨达特来说吧，他说，我们必须退回1967年停战线，必须在朱迪亚和撒玛利亚建立一个所谓的巴勒斯坦国，还要横穿我们的内盖夫（Negev）——但愿不会发生这样的事！——建一条通往加沙地带的域外通道。我们问萨达特总统，这就是您想要的吗？很好！您完全可以把这个见解带到日内瓦，这就如同我们也可以表达我们的看法。另外一个例子是——耶路撒冷。

在以色列，有一个几乎全国性的共识，那就是这座城市要永远保持完整，要成为犹太民族永恒的首都。但我们不会把这当作参加日内瓦会议的前提条件，要求阿拉伯人接受这个立场。我们绝不会这样做！我所说的'不设任何前提条件'就是这个意思。先生们，请理解，以色列没有条件，只有立场！"

"这很好。"卡特总统的口气略有缓和。但随即他又尖锐地问："那么安理会 242 号决议呢——您同意将它作为谈判的法律基础吗？您接受这个条件吗？"

"当然！它已经写进了我们的建议中。事实上，我们的建议对应的是第 338 号决议，它已经将 242 号决议囊括在内，但特别强调指出要在各方之间展开直接谈判。我非常乐意公开这一点。"

"那将会很有帮助。"总统说。

接着，贝京总理继续罗列他在日内瓦会议建议中提出的其他要点：以色列非常愿意在 1977 年 10 月 10 日——也就是在犹太新年之后，参加大会；其他参与大会的人员应为叙利亚、埃及、约旦和黎巴嫩授权的代表；大会应设开幕环节，由各方代表公开发表开场陈述；之后，应该分别设立双边委员会——埃及‐以色列、叙利亚‐以色列、约旦‐以色列、黎巴嫩‐以色列——分别就各自的和平条约展开谈判。这些都完成后，就可以重新召集公开会议，举行签字仪式。

"如果巴解组织没受邀请，埃及就拒绝参加，那该怎么办？"卡特总统问，他眼神犀利，仿佛在掂量着什么。

"那么埃及就成了扼杀日内瓦会议的罪魁祸首，"贝京泰然自若地反驳道，"以色列的立场是，而且一直是，巴解组织无论在任何情况下都不能参加会议。他们有自己的宪章和盟约，它们都号召毁灭以色列这个犹太国家。因此，如果巴解组织参加，那么以色列就退出。巴解组织是个恐怖组织。无论如何"——他安抚道——"我们不反对巴勒斯坦人作为约旦代表团的一分子；我们不会去调查他们的个人资质。"

似乎每个人都很乐意听到这番话，贝京忍不住又嘲讽道："顺便提一句，我们犹太人，其实也是巴勒斯坦人。在英国人的托管下，我们都曾经有过巴勒斯坦护照。有巴勒斯坦阿拉伯人，也有巴勒斯坦犹太人。"

在场的人似乎都不爱聊这个话题，于是卡特总统接着道："但是如果巴解组织承认了以色列的生存权，到那时你会和他们展开谈话吗？我们已经通知巴解组织，如果他们完全认可第242号、第338号决议，并且承认以色列的生存权，我们就会展开谈话，听取他们的立场。"

贝京的回答针锋相对："我告诉您，总统先生，我不需要任何人来承认我的生存权，即便阿拉法特那个恐怖分子这么宣布了，我也不会相信他的话。这就相当于有人拿着一把刀对我说，'拿着这把刀，插进你自己的心脏。'要是那样，我就会回答他，'我为什么要用刀伤害自己？'他会说，'为了和平。请你为了和平自杀。'您是让我考虑和这样的人去谈判吗？巴解组织对和平的愿景就是毁灭我们。不！这绝对不可以！"

"但是如果因为抵制巴解组织，导致您提议的双边委员会无法正常展开活动呢？"国务卿万斯试图搞清楚每一个可能存在的漏洞。

"那么美国外交会寻求其他的谈判途径。"贝京回答。

"比如什么呢？"

"比如，举个例子来说，近距离间接会谈。让一位美国调停人在我们几个代表团之间来回穿梭，在同一个屋檐下保持近距离接触，直到他真正取得进展。除此之外，还有其他的办法。重要的是开始。总统先生，我已经把我们的‘建立和平进程的框架’的精髓给了您。我们认为，这些建议是严肃而认真的，旨在启动一项新的方案，让它保持活力，实现我们预期的和平。我们对所有这些主张都持开放的态度。在上帝的帮助下，在美国的帮助下，我们一定会取得进展。"[62]

这场历时两个小时的会面结束时，白宫新闻办公室发表了如下声明：

> 今天上午的会议中，双方就如何推进全面解决阿拉伯－以色列冲突的问题进行了全面而深入的讨论。卡特总统和贝京总理都对所涉及的问题提出了自己的看法。双方一致认为，所有直接相关的政府都已经接受联合国安理会第242号、第338号决议，各方应以此两项决议为基础，通过谈判解决所有问题。双方还同意，实现这一目标的最佳途径是，尽快在今年召开日内瓦会议，与此同时，至关重要的是精心准备……总统和总理今晚将在白宫举行的工作晚宴上再次见面。

1977 年 7 月 19 日，卡特总统在白宫晚宴之后与贝京总理手挽手到他的私人住所夜谈

图片来源：雅各布·萨尔、以色列政府新闻办公室。

第三十六章 晚宴

　　吉米·卡特天生笃信加尔文主义，把自己打造成公民总统的角色，他执政时期白宫行事简朴。他禁止向统帅致敬，削减娱乐方面的预算，卖掉总统游艇，精简豪华车队，就连他的官邸也没有什么奢华、精巧和浮夸的东西。他甚至还自己提包。所以，当晚在行政餐厅举行的晚宴是一场典型的商务宴会。宴会气氛热烈，总统面带微笑开场宣布：

　　"女士们，先生们——今晚是一个创造历史的时刻。这是白宫有史以来第一次在犹太拉比的严格监督下采用了完全符合犹太教教规的洁食菜单。这是出于对我们尊贵的客人，以色列总理梅纳赫姆·贝京的尊重，向他表示敬意。"

　　我跟随大家热烈鼓掌，回想起陪同其他总统在此用餐时，别人大快朵颐而我却只能尝点蔬菜。在访美行程开始的几周前，贝京交给我一项几乎不可能的任务，即应白宫的要求，与驻美使馆协商推荐一名犹太晚宴高级负责人。这个任务基本上是无法完成的，因为潜在的候选人之间竞争太激烈了。我很快就把这项挑战交给了美国拉比理事会（Rabbinical Council of America），由他们和白宫女管家玛丽·卢（Mary Lou）审查核实菜单并做决定。其结果就是这场饕餮，其间有烤羊、西红柿干、烤土豆和青豆炒杏仁，接着是水果和各种甜品，所有这些都是就着优质的以色列葡萄酒享用的。

　　客人们都是乔治城的媒体精英和政治人物，以及少数几位犹太界要人，当贝京起身向卡特总统举杯致意时，大家面带笑容热烈鼓掌。贝京半开玩笑地说道："总统先生，在感谢您的热情款待之前，我要宣布一份个人声明。在这个具有历史意义的房间里，我欠您，还有其他人一个深深的道歉。我知道，我在选举中获胜对您来说完全是个意外，所以我渴望得到您的谅解。顺便说一句，我的名字确实与费京是押韵的。"

"哦天哪，他太有趣了！"坐在我对面的一位女士对贝京表现出极大热情，她抓起一支笔飞快地记录着总理的话。我们坐在一张长餐桌旁，它是从总统和总理的主桌上出来的四张像枝型烛台一样的餐桌之一。总统年轻的白宫幕僚长汉密尔顿·乔丹（Hamilton Jordan）早些时候向我介绍过她，她的名字听起来像是梅里·特拉什（Merry Trash）。她伸出的那只手上戴满戒指，身上的装束好像裹着个米袋子。她脸上的皱纹被一副角质架的深色墨镜分成两块区域。我断定她是个成功的华盛顿八卦专栏作家。

"哇！"梅里·特拉什猛地吸口气大声喊道。引起她如此反应的是贝京总理刚才的祝酒词，其中提到"以色列是一块很小的土地，上帝很英明地几乎没有赋予它什么自然资源。为什么？因为当万能的上帝把我们从埃及领出来时，他告诉摩西向左拐，而不是向右拐。于是阿拉伯人得到了石油，以色列人得到了石头——两块石板，上面写着'十诫'。我们依据它塑造了一种道德文明，依据它努力地生活。"

"哦，天哪，他听起来多么熟悉《圣经》啊，"梅里·特拉什发出一声惊叹，像格洛丽亚·斯旺森①一样充满激情，"他把

---

① Gloria Swanson，著名无声电影女演员。——译者注

自己的信仰当作一种卑微的负担。"

坐在我右边的是佛罗里达参议员理查德·斯通（Richard Stone），他完全没有理会梅里的感慨，只是干巴巴地说："我现在明白了，为什么总统今天的表现比预期的好。"

我表示赞同。

"也许并没有什么深奥的原因，"参议员补充道，"但是很明显，你们以色列人在谈判桌上表现得比预期的要好，你们的收获也比预期的多。"

431 "我认为，总理和总统只是比预期的要更加相互欣赏一些。"汉密尔顿·乔丹轻松地说。他大约三十五六岁，看上去像个运动员。

塞缪尔·刘易斯大使朝我们这边凑过来，点起一根雪茄说："参议员，您也许知道，这次访问的气氛并不是自然而然得来的。我们中的不少人费了好大的劲去给总统身边的人做工作"——他凝视着汉密尔顿·乔丹，后者也笑眯眯地望着他——"调整准备工作，让这次访问有点别样的气氛，不至于火药味太浓。"

梅里·特拉什开始记录大使的话，但对方狠狠地瞥了她一眼，告诉她这只是私下里的谈话。梅里放下了笔。大使用雪茄指着国家安全顾问兹比格涅夫·布热津斯基的方向补充道："我想，兹比格还是对这种软接触方式持怀疑态度。他想让总统对贝京更强硬些。但是在我看来，总统的做法是对的——要团结他，带着他一起，而不是和他过于针锋相对。毕竟，我们的目标是让他参加日内瓦大会。"

梅里·特拉什（她真的叫这个名字？）脱口而出，"可是大使先生，亲爱的，贝京先生实际上做了什么让步呢？他到底妥协了什么呢？他做了什么，可以让阿拉伯人想参加日内瓦大会呢？"

这时，一位男仆来问刘易斯，想要什么甜点。刘易斯选了柠檬酥皮馅饼，他朝梅里·特拉什微微一笑，说："亲爱的，就这么回事——做正确的选择。"他抽着雪茄，抬头望着天花板，似乎在凝视着一个神秘的未来。很明显，他不想被卷进这个话题，更不想回答八卦专栏作家的问题。

"您了解贝京是个什么样的人？"斯通参议员问刘易斯，"或者，这么问是不是太不慎重？"

"不，我喜欢他。我认为，我们相处得很好。我和他面对面时，感觉他和我从简报中读到的不一样。和他的公众形象正好相反，他下定决心不让以色列卷入战争。我认为，他想在历史长河中成为像摩西一样的和平缔造者，而不是成为参孙那样的人。"

"说得真棒，"梅里·特拉什边吃边说，嘴里塞满苹果派，"我可以引用这句话吗？"

"不可以！"刘易斯回答。

"那么，您的意思是，"参议员继续道，"他最终有可能软化立场，在巴解组织和定居点这些问题上和卡特取得一致？"

"不，我不这么认为。他在这些问题上，立场非常坚定，他会抵抗任何压力。"

432

晚宴结束，人们开始三三两两聚在一起，我突然感觉有人在我肩上轻轻拍了一下。一扭头看见一个银发的高雅男士，厚厚的镜面下面是一双快活而真诚的眼睛，正在微笑着望着我。

"还记得我吗？"他笑着问。

"戈德堡法官！"

周围的人纷纷站起身和他握手，在美国，没有哪个犹太人能够比阿瑟·戈德堡（Arthur Goldberg）更有公众威望。

戈德堡现年 70 岁，是东欧移民的后代，曾当过工会领袖，担任过肯尼迪总统的劳工部长，之后成为最高法院大法官。约翰逊总统委任他担任美国驻联合国大使，他是安理会第 242 号决议的主要起草者。之前的几位总理曾经把我介绍给他，我跟他略有交情。

"我能不能和你私下聊几句？"他友善地问，随即把手伸进我的臂弯带我穿过聊天的客人们。几乎有一半的客人都列队围在林肯的肖像底下和总统、总理交谈着，还有些人在向他们索要签名。

我们穿过一条大理石走廊，来到一间墙上蒙着红色丝织物的休息室。进门时，两名穿着白色制服的海军勤务兵向我们行了标准敬礼后便离开了。显然，阿瑟·戈德堡很熟悉这个地方。

他关上门，脸上的亲切和蔼随之没了踪影，他说："我之所以把你叫到这里来，是因为你是我过去认识的人。有些难以接受的事实，你们耶路撒冷的新执政者必须明白。"

我吃惊地张开嘴刚想回答，他举起手示意我先不要说话，表示他不需要评论、回应，也不需要意见，只希望我听他说，然后把其中的内容传递给任何我认为合适的人。他认为，首先，贝京的访问并不如其表面所见。卡特非常希望事情能向积极的方向发展，尽量避免对抗。贝京必须明白，所有的历任美国总统、国务卿和五角大楼的官员们只认识一种以色列——工党的以色列、本-古里安、艾希科尔、果尔达、拉宾的以色列——一个务实的以色列，愿意为了和平而做出领土让步的以色列。

433 　　他情绪激动起来，"对大多数美国人来说，贝京的思想是一个谜。对总统来说，这种在以色列的土地上'寸步不让'的态度让人感到很挫败。对此，大多数美国犹太人也感到不可理解。

当然，美国犹太人会公开支持以色列总理。这么做是正确的。毕竟，贝京是一个自由选举产生的民主政府的首脑。但是私下里，很多犹太人都很困惑和迷惘，我自己也包括在内。"

我试图插进几句话，想告诉他，完全可以把这些话面对面告诉贝京，而不是说给我听。但是他再一次阻止我，继续坚持说道："卡特总统对以色列怀有真挚的情感。但我担心终有一天，他会在失望和挫败中断定，贝京有关保留整个《圣经》中的以色列的愿景是那么不切实际——太不现实，太不合理，也太容易将美国拖入战争，到那时他就会发现，他最大的责任，不是他的宗教义务，而是拯救以色列于其自身。如果这一切真的发生了，不管官方声明怎么表达，意思只能是一个——各超级大国会强加给以色列一份违背其意愿的方案。"

"但是我们曾经在 1975 年 9 月 1 日收到过一封福特总统的信，他在信中向拉宾总理保证，美国绝不会强加给以色列任何对其不利的解决方案。"我急迫地说。

"算了吧，那又不是什么约束性承诺。如果你现在正在想，是不是椭圆形办公室里的人派我来说这番话的，那你就想错了。这都是我，阿瑟·戈德堡，发自心底的话，犹太人对犹太人说的心里话。我要说的就是这些。谢谢你听我说完。现在我建议你回去参加聚会。我要回家了。"他说完这番话便转身离开，我感觉有一把匕首刺穿了我的心脏。

当我回到宴会厅的时候，那里响起了长时间的掌声。总统和总理正准备离开，挥手向人群告别。两人准备上楼到卡特的私人住所进行一次坦白的、面对面的交谈。迈上楼梯之前，卡特往回撤一步，正好让贝京可以充分地出现在灯光之下。我在猜测，他们俩到底会谈些什么内容。

我随着人群从宴会厅向大理石门厅走去，弦乐三重奏演奏的是晚安小夜曲，我和梅里·特拉什并肩而行，她正在和旁边一位身穿绿衣服的大个子、尖鼻子女士说话。

"亲爱的，你今天看起来真漂亮，"紧接着那位女士神神秘秘地说，"你知道阿莉扎·贝京今天晚上去哪儿了吗？"

"我当然知道，"八卦专栏作家当仁不让地回答，"她去 La Grand Scene 赴宴了，然后去肯尼迪中心看《波吉与贝丝》的演出。"

434 　"这个女人真不简单，你觉得呢？"绿衣女人问道。

"亲爱的米利森特，"梅里·特拉什一边惊叹，一边飞快地翻开笔记本，"你是不是有什么关于阿莉扎·贝京的故事要告诉我——说吧！"

"嗯，你知道格蕾丝·万斯（美国国务卿的妻子）今天中午请贝京夫人吃饭的事儿吧。"

"我当然知道，"梅里·特拉什狡黠地答道，"有什么新鲜事儿吗？"

"好吧，我发誓，我说了你也不信。"

"那就说出来听听吧。"

"格蕾丝·万斯站起来介绍阿莉扎·贝京的时候，我们都坐在那里鼓掌——我们大概有 75 个人——等着阿莉扎站起来做演讲。可是，她一直坐着没动。"

"怎么会？！"

"我发誓！老实说，气氛有点尴尬。我们在这边鼓掌，她在那儿坐着。最后，格蕾丝说服她站起来。这个灰白头发的小个子女人站起来说，'请大家原谅。我是家里的葛丽泰·嘉宝，不善言辞。我不会演讲。'天哪，我们都笑了！但这时候，另一张桌子上有人坚持问她，关于在约旦河西岸兴建定居点，她对她丈夫的立场有什么想法。"

"她怎么回答？"梅里·特拉什飞快地记录着。

"你绝对想不到，她直接走到那个女人面前，把一只手放在她肩膀上说，'女士，你想知道我的想法？非常抱歉，这样的问题你只能自己去问我的丈夫。当选总理的是他，不是我。'哇，她把我们逗得大笑起来。她实在太聪明了。"

"阿拉！"梅纳赫姆·贝京精神饱满地叫住妻子，大踏步走进布莱尔饭店的休息室，那里仍然保留着一个半世纪前的样子，巨大的雕花镶嵌家具上垫得又软又厚。耶歇尔·卡迪沙伊、波兰将军、丹·帕蒂尔和我疲惫地跟在他身后。在他结束和总统的私下会谈之前，我们为了等他已经在隔壁的房间里消磨了很长时间。

他握住妻子的手开心地说："进展得非常顺利，阿拉，比我预期的好。我们在一些重要的事情上达成了谅解。我们分手的时候，场面相当暖心。"

阿莉扎·贝京身穿一套低调的家常服，甜美地笑着点起一根雪茄，随着烟圈盘旋着升向天花板，她用略带沙哑的声音道："太好了！梅纳赫姆，现在坐下歇会儿，我给你泡一杯茶。"

壁炉前的桌子上放着一把瓷壶，旁边是一圈杯子和浅碟，周围还有面包卷、糕点、奶酪、蘸酱和自制的面包和黄油。桌子上有一张名片，上面写着巴尔的摩一名犹太食物备办者的名字。

我决定趁此机会向贝京汇报邂逅阿瑟·戈德堡的经过。他听完后什么也没说，身体前倾，把脸埋在双手中，陷入了沉思。最后，他说："哦，戈德堡是这么理解的，是吗？好吧，我可没这么想。尽管我们有分歧，但我认为，我和卡特的会面很鼓舞

435

人心，我会这么宣布的。"

贝京坐在壁炉旁的金色沙发里，喝了一大口妻子给他倒的柠檬茶，表示要立刻给外交部长摩西·达扬和国防部长埃泽尔·魏茨曼写一封电报。他们在等着听消息。

时间已近午夜，尽管已经忙了漫长的一天，贝京依然谈笑风生，精力充沛，准备大干一场的样子。他斜靠在沙发上回忆起晚宴后，总统带他参观条约厅（Treaty Room），那曾经是尤利西斯·格兰特（Ulysses Grant）召开内阁会议的地方。格兰特的桌子仍然在那里。它有7个抽屉，是专门用来让每位内阁成员存放文件的。"这就是我所说的节约的政府。"卡特开玩笑说。总理在讲述这个故事时，笑着透露说，他强烈地感觉到，卡特之所以带他参观条约厅，是为了和他搞好关系，赢得他的心，软化他的立场。事实上，当他们走向总统的私人寓所时，卡特已经友好地将一只手搭在他肩膀上说："很高兴我们有这个机会能更好地认识对方。你会发现我是个直率的人。我喜欢有话直说。"

"当然，总统先生，那么您也愿意听我开门见山啰？"贝京回答。看起来两人之间的关系已经打破了坚冰，有了个良好的开端。

梅纳赫姆·贝京含笑回想着刚才发生的事情，他取块点心一边吃一边慢慢转着圈晃着身子告诉我们，总统对以色列独立战争的事情了解得不多，刚才问起了他在其中所起的作用。"我告诉他，对我来说，我们1944年的抗英起义丝毫不逊色于二百年前美国开国元勋们的抗英斗争——甚至可能更为重要。然后，卡特问起我年轻时在英国的生活，我告诉他，生活在反犹社会中是一种怎样的感受，我的父亲泽夫·多夫（Ze'ev Dov）教会我，当一个犹太同胞受到迫害时，我永远不要袖手旁观。我告诉卡特，有一天，我父亲在街上看见一名波兰警察正试图剪掉一名拉比的胡子——那时候反犹分子侮辱犹太人的一种常见手段。我父亲毫不犹豫地上前用手杖打警察的手，他当时的这种做法相当于自寻死路。我告诉总统，后来那名拉比和我父亲都被捕了。警察把他们带到布格河边，威胁要淹死他们，把他们打到流血。那天，我父亲回家时样子惨不忍睹，但他很开心，因为他维护了犹太人的尊严和拉比的尊严。"

贝京带着好胜的口气继续道："我两眼直盯着卡特说，'总统先生，从那天起，我就永远记住了关于我的青春的两件事情，对我们无助的犹太人的迫害，以及我父亲捍卫尊严的勇气。'我明确告诉他，这就是我迄今为止的思想根基。我想让他明白，我是从哪里来的，他是在和一个怎样的犹太人打交道。"

贝京身体僵直着站起身，打起精神，吩咐耶歇尔准备记录发给部长们的电报内容。他在房间里一边慢慢踱步一边思考着，看上去更加坚定了。了解贝京的人都很熟悉他的这副样子：他正在心里一段一段地组织讲话内容。他用这种方式准备演讲，作为一名演说家，他那极为精彩流利的篇章、那些结构精巧的段落就是这么创作出来的——所有的一切都是预先在他脑海里组织创作而成的。

他首先想让部长们了解的是——他口授给耶歇尔——与人们的各种推测相反，他和美国总统之间并没有直接对抗，也没有受到压力。双方在一些重要的问题上达成了共识。在那些尚未达成共识的问题上，"我们表现得像朋友一样——认可相互之间存在的意见不一致。"因此，他要告诉部长们，多亏"建立和平进程的框架"文件中正式体现了以色列有关中东和平的新方案，这使他成功驱散了卡特与拉宾3月会晤以来，一直挥之不去的损害双方关系的对抗阴霾。

　　说到这里，他停下来喝完剩下的茶，在继续口授之前，向我们谈起了他的想法，那就是为什么当天他和总统的会面很顺利，而 3 月份拉宾却没有做到。他像一名批评学生的拉比一样，晃动着一根手指叹口气道："3 月的时候，压力都是拉宾自找的。他就不应该去参加那次会议。这么做太蠢了！拉宾知道卡特当时正在努力通过日内瓦会议全面解决问题，但他仍然坚持他的循序渐进原则，和基辛格的主张一样。俩人的立场相去甚远，他还试图在日内瓦会议之前与卡特在领土问题上达成共识，这有什么意义？时机完全错了。尽管拉宾准备在领土上做出让步，但他和我一样，拒绝退回到 1967 年的边界。而这才是卡特想要的——我们做出实质性的完全撤退。所以，拉宾凭什么认为，卡特会支持他的和平地图而非支持我的呢？在日内瓦会议之前向卡特提出这样的要求，只能是自找麻烦。而拉宾正是这么做的。正是为了避免这种局面，我精心打造了一份具体的日内瓦提案——'建立和平进程的框架'。"

　　眼见大家都充分理解他的意图之后，他感到很满意，继续向耶歇尔口授道："我建议不要提出任何实质性的事先协定，因此没有受到任何压力。相反，我坦白地告诉卡特总统，以色列将在日内瓦会议上和我们的阿拉伯邻国展开和平谈判，而不是和我们的美国朋友进行和谈。日内瓦模式必须保证这一点。关于这一点，我强调，直接谈判并不仅仅是一种形式，而是有其构成、内容和实质。卡特总统接受了这一做法。重要的是，目前桌面上已经有了一份以色列的主动倡议 ——'建立和平进程的框架'——我们的阿拉伯邻国也必须亮出他们的想法。"

　　他进一步说："卡特总统承诺，他会避免发表那些针对以色列在日内瓦会议上的谈判立场的先发制人的声明（他曾经在与拉宾会谈之后，发表过类似讲话），比如在公开场合表示以色列必须撤回到略经调整的 1967 年边界，或者使用'巴勒斯坦人对家园的权利'这样的表述。作为回报，总统希望我承诺在日内瓦会议之前停止所有定居点活动。我拒绝做出这样的承诺。"

关于日内瓦会议本身，"总统期望阿拉伯人和以色列人能够在不设先决条件的情况下参加会议。我向他保证，这正是我们的看法。以色列没有条件，只有立场。而且，总统认为'建立和平进程的框架'是一份坚实的提案，他同意提请各个阿拉伯国家予以重视并做出回应。最重要的是，总统同意认可，日内瓦谈判的目标是达成一份彻底的和平条约，而非过去那种短期的、临时的妥协。我也向总统表示，我会在日内瓦会议之外，试探性地接触最重要的阿拉伯领导人，从埃及总统萨达特开始。"

接着，梅纳赫姆·贝京告诉部长们——不能对外泄露——自己是如何"自行决定，以一种高度自信的态度，把'建立和平进程的框架'中的高度机密部分透露给卡特总统的。上午的会议上，因为有许多助理在场，我对此只字未提，只是提到了程序步骤。我和总统单独相处时，我谈了谈实质性内容。这段高度机密的内容一共只有三小段，在此之前，我说，希望他是作为一个朋友，作为自由世界的领导人来听我读这些内容的。它们事关以色列如何与我们的每一个邻国和平共处的实质性原则，我强调，虽然每一段的篇幅都很短，但它们对我们的未来至关重要。接着我就把这些原则读给他听了。

"第一——关于埃及：鉴于两个国家之间存在大片区域，以色列准备在和平条约的框架内，在西奈半岛大量撤军。

"第二——关于叙利亚：以色列将继续留在戈兰高地。但是我们准备在和平条约的框架内，从目前的边界撤退，沿着另一

438

条边界重新部署军队，并将其作为永久边界。

"第三——关于约旦河西岸：以色列不会将朱迪亚、撒玛利亚和加沙地区转让给任何外国政权。这一立场有双重基础，首先，我们的国家对这块土地拥有历史性权利；其次，出于我们国家安全的需要，我们需要拥有保卫国家和保护公民生命的能力。

"概括起来，我对卡特总统说的就是这些。"[63]

这三段审慎的文字意在打造一条通往日内瓦会议的路径，外交部长摩西·达扬一直在为此暗中使劲，希望能引起各方的注意。即将出访华盛顿的前几天，他一直在和总理为敲定'框架'文件私下密谈。其中最艰难的部分是第三段，即与高度敏感的约旦河西岸问题相关的部分。贝京想要明确主张以色列的道义、法律和历史权利，要求拥有整个朱迪亚、撒玛利亚和加沙地带。对他来说，这是'框架'的核心。即便他内心非常抵触在西岸问题上做出让步，但作为一个政治家他还是控制住自己的冲动，努力寻求找到一种方式，既可以明确对以色列土地的整体主张，又可以避免破坏卡特总统的日内瓦会议美梦。就在他字斟句酌反复考虑时，摩西·达扬最终劝说他很不情愿地吞下这颗苦果。因为他知道，如果拒绝的话，前面可能还会有一枚更加难以下咽的苦果在等着他。因此，他最终勉强同意用达扬式的精明方式提出，"以色列不会将朱迪亚、撒玛利亚和加沙地区转让给任何外国政权。"这种说法并非直接公开宣布以色列的主权，也没有对任何人做出让步，而且还是梅纳赫姆·贝京暂时可以接受的。[64]

与布热津斯基共进早餐

虽然卡特总统已经接受将贝京提出的"建立和平进程的框

架"作为一条谈判的合理途径，但我们知道，他的国家安全顾问兹比格涅夫·布热津斯基提出了反对意见。卡特急于尽快召开日内瓦会议，因此无视了他的意见。"当我们达成和平的时候，就可以跨越这些主权问题了。"他说。

总理的所有幕僚都很好奇，这位美国国家安全顾问到底是个什么样的人——他是民主党版本的基辛格，名字的发音很难念。我们在想，他和贝京同样出自波兰，不知道俩人之间是否存在文化上的亲和感，些许自然的和谐感。但是，除了他们的口音以外，我们没有找到任何相似之处。怎么可能会有呢？他们在波兰的背景渊源不同：一个是天主教外交官的儿子，另一个是被压迫却又满怀骄傲的犹太人的儿子。

"截然相反！"耶歇尔声音沙哑地说。

事实的确如此。横亘在他们俩之间的是大屠杀的幽灵，以及荒芜而深不可测的千年波兰犹太文明，它已经在一夜之间被抹杀殆尽。尽管如此，梅纳赫姆·贝京还是发现了一条能够触及布热津斯基心灵的有效路径。抵达美国的第二天早上，他邀请国家安全顾问到布莱尔饭店共进早餐。布热津斯基到达后，惊讶地发现等待他的还有一大群电视摄像师和摄影师——而他之前理解这顿早餐应该是一次私下谈话。当总理面带微笑地迎接他时，他就更诧异了，因为贝京脸上的热情显然就是为了电视镜头而准备的。

梅纳赫姆·贝京手里拿着一份卷宗。他举起来让所有人看，向媒体宣布，装在其中的文件是耶路撒冷大屠杀档案中新近发现的内容。这些文件证明，1931～1935 年之间，兹比格涅夫·布热津斯基的父亲塔德乌什·布热津斯基（Tadeusz Brzezinski）在担任波兰驻德国外交官期间，目睹纳粹上台，之后一直致力于营救纳粹集中营里的欧洲犹太人。贝京希望让全世界了解这件事情，所以邀请媒体记录下他将卷宗交给布热津斯基的这一幕。贝京高度赞扬并缅怀了老布热津斯基，让小布热津斯基几乎落下泪来。

早餐时，布热津斯基吐露，总理的举动让他很受感动，因为当时某些犹太人社区正在对他进行严厉的人身攻击，媒体也大体如此。许多报纸、杂志和电视记者都把他塑造成了总统团队中的反以色列分子。

"我不是，"他说，"有些人甚至还利用我的波兰基督教先辈，含沙射影地说我是反犹分子。我不是。"仿佛是为了强调自己真的不是反犹分子，他郑重其事地宣布："总理先生，我要向您表达的是，您深深地承受着人民的苦难，我对此深表钦佩，您是以色列胜利的化身。但愿在您的领导下，通过以色列与邻国们的和解，这种胜利很快就能成为永久性的。"

随后两人讨论了当晚华盛顿会谈结束后即将发表的美以联合声明的措辞。国家安全顾问带来了他起草的一份文件请总理批准，贝京用犀利的眼光分析了每一个措辞后说："除了两句话之外，其余的我全部接受。"

"哪两句话？"

"请删掉'美国肯定以色列固有的生存权利'。"

"为什么？"

"因为美国肯定以色列的生存权，这既不是一种特殊照顾，也不是一种可以谈判的让步。我不会与任何人谈判我的存在，我不需要任何人来肯定它。"

布热津斯基的回答表示他有些意外："但据我所知，历任的每一届以色列总理都曾经寻求得到这样的一个承诺。"

"我真的非常感谢总统的一番美意，"贝京说，"但希伯来　441
语《圣经》早在一千年前就已经承诺并确立了我们对这片土地
所拥有的权利。几个世纪以来，我们从来没有放弃或丧失这一
权利。因此，作为以色列总理，我请您删去这句话，是与我的
职责相符合的。"接着，他继续道："同样，也请删除其中关于
美国对以色列的生存做出承诺的内容。"

"您是在哪种意义上觉得那些内容难以接受？"

"那是因为，只有我们犹太人自己才能对国家的生存负责，
而不是别人。"

布热津斯基看上去很困惑，他一语不发删去了那几句不讨
人喜欢的话，总理对此表示非常满意。[65]

1977 年 7 月 20 日，时任美国国家安全顾问布热津斯基查
看贝京总理递给他的档案材料，上面记录了他的父亲在 20 世
纪 30 年代为营救德国犹太人所做的努力，旁边站立者为耶歇
尔·卡迪沙伊

图片来源：雅各布·萨尔、以色列政府新闻办公室。

第三十七章　点亮灵魂

按照事先的安排，白宫会谈结束后，我回到纽约拜访卢巴维奇拉比，向他汇报事情的进展。拉比住在东方公园大道770号，镶木板的屋子布置得十分简朴，他开心地笑着迎接我。书架上排列着卷着角的《塔木德》法典和其他厚重的书籍，显然这都是他平时经常翻阅的，这里凝聚着几个世纪的学识和争论。

我们用希伯来语交谈，拉比使用传统希伯来语，而我说的是现代希伯来语。谈话过程中，最吸引我的是拉比的双眼。它们相互之间分得很开，藏在厚重的眉毛下。这双深海一般的蓝眼睛有一种强烈的说服力，而我知道，一旦拉比的心中开始不安，它们就会黯淡下来变成一种不祥的灰色，就像铅灰色的天空一样。这双眼睛散发着智慧、感知、善良和友好；拥有这双眼睛的人，可以于平淡无奇中窥见神秘，于世俗中看见诗意，于渺小中发现大问题；这双眼睛能让信徒们感到愉悦、快乐和敬畏。

他详详细细地分析我讲述的内容，权威感愈来愈浓。他的权威来自某种超越了知识的东西。他的灵魂中有一种我无法解释的东西，这是纽约布鲁克林的栗树和枫树所赋予他的，而不是耶路撒冷的白杨和松树给予他的。而让人难以理解的是，他竟从来都没有踏足过耶路撒冷。

我从来没有向他询问过其中的缘由，因为我感觉他和我处于两个完全不同的空间——他所在的那个神秘空间，是我这个小小的外交官根本无法涉足的。卢巴维奇拉比是个神学家，不是犹太复国主义政治家。但如果犹太复国主义是一种对以色列的土地及其安全、幸福的无条件的、充满激情的奉献，那么梅纳赫姆·门德尔·施尼尔森拉比就是一个狂热的犹太复国主义者。

我的讲述，他的询问以及他的进一步阐述持续了将近三个小时。等到一切结束时，时间已近凌晨两点。此时的我已经精疲力竭，但拉比没有倦意。他精力充沛，活力十足地说："听了你的这些话，我希望你能把下面的信息传达给贝京先生。"于是他便开始向我口授内容，他的声音听上去很柔和但却充满了火一般的激情：

"您在白宫坚定地维护了对以色列土地的立场，您给整个犹太民族提供了力量。您不但保护了以色列土地的完整性，而且避免了与美国发生对抗。这是真正的犹太政治家的品质，直率、大胆、不虚伪、不道歉。请您继续保持'刚强壮胆'。"

接着他对我说：

"我对贝京先生说的'保持刚强壮胆'是什么意思？我想说的是，以色列的犹太人不能只靠有形的力量活着。什么是有形的力量。它主要分四大部分。第一，武器，你有没有武器可以用来展示有形的力量？第二，意志，你有没有运用武器的意志？第三，能力，你有没有高效利用武器的能力？第四，感知，敌人知不知道你具有高效调动有形力量的武器、意志和能力，他们准备如何遏制你的力量？"

然后他放缓语气道："但即便你拥有所有这些，耶胡达，如果你忘记了'荣耀的王是谁呢？就是有力有能的耶和华，在战场上有能的耶和华（*Mi hu ze Melech hakavod? Hashem izuz v'gibor, Hashem gibor milchama*）'这句话，那么所有的有形力量注定要以失败告终，因为它们失去了犹太道义作为指针就难以为继。"

说到这里，他一改平日里亲切和蔼的样子，神色变得严峻起来，双眼中显现出淡淡的灰色，"无论是哪一代人，每当有亚玛力人（Amalek）起来反对我们的时候，宇宙之主（*Ribono shel Olam*）就会保证，寻求毁灭我们的暴君必然会自取灭亡。只有在神的保护下，以色列民族才能永生（*Am Yisrael chai*）。我们在以色列土地上的同胞们一次又一次地遭到被毁灭的威胁。445 他们一次又一次地挣扎、跌到、流血。在万能的神一次又一次的帮助下，他们历经风雨，克服每一道障碍，经受住每一次考验，最终变得比以往更加强大。这就是 *hashgocho*（神的护佑）。"

他神色缓和下来，眼睛盯着我，异常和蔼地笑着问："耶胡达，你现在能不能告诉我，你这么频繁地来拜访我们，可你自己不是卢巴维奇派的。这是为什么？"

我还在努力消化他之前所说的内容，这个直截了当的问题让我一下子不知所措。事实的确如此。这已经是我第五次，或第六次与拉比见面了。这么多年来，我一直充当着历任总理与卢巴维奇派之间的联络人。

我重重地咽了口唾沫，低声道："也许是因为我遇到过很多信仰拉比的人，这些力量拉比自己都没有意识到。"

我说着便感觉我擅自做了假设，于是说话声音越来越小。

拉比的眉毛拧在一起，深蓝色的眼睛里再次显现出灰色，他庄严而略带伤感地说："显然，人们太需要支持了。"他的话语中流露出无限的慈悲之心。

他仿佛是沿着我的思路，抬起手示意我不必紧张，微笑着说："耶胡达，我告诉你，我想做什么？想象一下，你眼前有一根蜡烛。实际上，你真正看到的只是一块蜡和在它中间的一根棉线。那么棉线和蜡是什么时候变成蜡烛的呢？换句话说，它们什么时候去完成生来的使命呢？当你在线头上燃起火焰的时候，那时候蜡和棉线结合在一起，就变成了蜡烛。"

他像塔木德学者吟诵经文一样，充满节奏、抑扬顿挫地说道："蜡是身体，芯是灵魂。把犹太律法的火焰赋予灵魂，身体就会去完成其生来的使命。耶胡达，这就是我要做的事情——带着我们传统的热情和神圣的遗产，去点燃每一个犹太人的灵魂，让每个人实现他生来的真正目标。"

房间里的蜂鸣器一直在间歇性地作响，这表示有人正在等着聆听他的教诲。我起身告别，拉比陪我走到门口时，我问："拉比，您点亮我这根蜡烛了吗？"

"不，"他握着我的手，"我已经给了你火柴。只有你自己才能点亮你的那根蜡烛。" 446

我几乎颤抖着离开了拉比的寓所。

启程回国之前，贝京总理展开了在纽约的密集行程。他拜访联合国秘书长，向编辑记者和专栏作家们开吹风会，会见学术界和商界领袖。"圣殿被毁日"前夜，他来到犹太会堂，哀伤地坐在地板上聆听关于古耶路撒冷遭到毁灭的耶利米哀歌。第二天，他出现在美国全国广播公司（NBC）的"与媒体见面"（Meet the Press）节目中。NBC的新闻节目主持人比尔·

门罗（Bill Monroe）开场便问："请告诉我们，总理先生，您和卡特总统的会谈进行得怎么样？"

"在回答这个非常重要的问题之前，"贝京说，"我想先说几句今天的事情，因为它具有普遍的重要性。按照我们的犹太历，今天是埃波月（month of Av）的第 9 天。公元 70 年，罗马军团——第五和第十二军团——对圣殿山发起了最终攻击，他们点燃圣殿，摧毁耶路撒冷，征服了我们的人民，占据了我们的土地。从历史上看，这是我们民族所有苦难的开始，人们流离失所，遭受屈辱，上一代人几乎被消灭殆尽。我们永远记得这一天，将其称为'圣殿被毁日'，而现在我们有责任去确保我们的独立永远不再被摧毁，犹太人永远不再无家可归、手无寸铁。事实上，这就是我们未来面临的问题的关键——确保悲剧永不重演。简单来说，这就是我与卡特总统会谈的根本主题。"[66]

除了这些特别的介绍之外，总理不管走到哪里，说话的实质内容都一样：以色列新的和平战略的具体目标是在日内瓦会议的框架内缔结和平条约，它促成以色列与美国总统之间达成了新的谅解。

在曼哈顿一次熙熙攘攘的犹太人集会上，贝京发表了一场鼓舞人心的演讲，令那些曾经把他当作好战分子的人听得纷纷欣喜若狂地站起身。"自豪的美国犹太人，"他勉励大家，"提高你们的嗓门，让全世界听到你们的声音，见证我们永恒的犹太情谊、我们的团结、我们永恒的兄弟姐妹情谊，团结在一起，永远与锡安山同在。"

447　　最后，7 月 24 日晚上，在隆隆的夏季雷声中，以色列航空公司的大型喷气式客机载着总理一行从肯尼迪机场起飞，越过屋顶、树木和湖泊，呼啸着掠过长岛上空，最后终于调整到稳定的飞行状态朝着祖国的方向飞去。总理解开安全带，帮妻子脱下鞋，把我叫过去。他要在飞机上给卡特总统写一封告别信。"写在这上面，不会很长。"他说。

1977 年 7 月，贝京总理帮妻子阿莉扎脱鞋

图片来源：大卫・鲁宾格（David Rubinger）、
以色列报纸 *Yediot Achronot*。

贝京递给我机上的菜单，我单膝跪地把纸靠在总理座位的扶手上，一字一句地记录他说的话，耶歇尔、弗利卡和帕蒂尔三人像看下棋比赛一样在我上方弓着身子看。很明显，总理打算用令人愉悦的言辞去消除 3 月拉宾留在白宫椭圆形办公室里的尴尬气氛。他要求机长立刻把信发出去，因此我根本来不及将其"莎士比亚化"。这封信写道：

亲爱的总统先生，

请允许我在即将离开美国上空时，在飞往耶路撒冷的途中，代表我的妻子、我的同事和我自己，向您和卡特夫人，以及您身边的工作人员表达我们最深切的感谢，感谢您在我们逗留贵国期间给予我们的热情款待。总统先生，我一生中几乎没有享受过什么美好的日子。我们遭遇过可怕的暴行。我们曾经战斗，经历痛苦，哀悼忧伤。我想告诉您，在华盛顿的这几天是我一生中最美好的时光之一。我会永远记在心里，非常感谢您和您的亲切款待。我非常清楚地记得，我们俩之间的交谈和书信都是坦诚的，双方都在努力达成全面理解，即使存在意见分歧，也不会导致我们之间和我们的国家之间产生裂痕。当我踏上归乡之路时，我深切希望，我们正满怀善意和诚意朝着和平的方向迈进。这在很大程度上取决于另一方。我们诚心诚意地向他们伸出双手，希望他们不会拒绝。

抛开政治不谈，贝京总理和反对党主席西蒙·佩雷斯一直保持着不错的关系，这是在某一次针锋相对的议会辩论之后的情景

图片来源：雅各布·萨尔、以色列政府新闻办公室。

第三十八章　一场议会争斗

"贝京要发言了！"丹·帕蒂尔打开议会餐厅大门，探头喊道。

议员们匆忙回到自己座位上，正在闲聊的人立刻安静下来，记者们就像听到号角的猎犬一样猛然起身上楼回到记者席盯着下面的讲台，充满期待地准备聆听贝京充满智慧和经验的演讲。

这是 1977 年 9 月，总理和美国总统会谈的几个月后，此时为期一天的外交事务辩论即将接近尾声。贝京在发言中开门见山地表示，他正在为日内瓦会议起草一份和平条约。反对派领导人西蒙·佩雷斯对"起草和平条约"的说法表示不屑，称其为"天上的馅饼"。他认为，只要贝京政府不愿在约旦河西岸和加沙地带的领土上做出痛苦但意义深远的让步，以色列就永远不可能与其邻国和平相处，更不用提西奈半岛和戈兰高地了。"所以，别再让这个国家做白日梦了。"他嘲讽道。

"西蒙·佩雷斯议员，"贝京在他的结束语中提到，"我想引用几句话读给你听。"他拿起一张纸，挥舞着让所有人看。"我敢肯定，你会觉得听着耳熟，佩雷斯先生。"

总理自我感觉相当满意，期待着他即将向议会提出的挑战。他把那页纸移到眼前，调整下眼镜，朝记者席瞥了一眼，确保大家都已经到位，便用一种略带夸张的语气念道："有些人认为，解决阿拉伯－以色列冲突的办法取决于我们是否愿意在领土上做出让步，这是一种谬论。"

"怎么样？"贝京挥舞着那张纸，朝佩雷斯的方向窃笑着，"您觉得这是谁写的？"

他抛出问题后，面带嘲弄，扬着下巴从左到右扫视着全场，最终把目光落在他要戏弄的那个人身上。佩雷斯正好坐在他对面的第一排第一个座位上，向他怒目而视。

"西蒙·佩雷斯议员，这是不是您写的？"他又瞥了一眼那张纸继续念道："'我知道，我们不在领土上做出让步，阿拉伯人就不会做出正面回应。其他的想法都是徒劳。'这是谁写的，佩雷斯先生？"

拥挤的会场里响起一片嗡嗡声。议员们有的在笑，有的在做鬼脸，站在佩雷斯一边的则一个个怒不可遏。

"我再问一遍，是谁写的？"贝京追问。

会场上的议论声更大了。"安静！"议长那里传来一声大喊。"安静！"

"那我来告诉你们，这是谁写的，"贝京大声道，"是西蒙·佩雷斯议员写的！还有，'怎么会有人相信，如果我们只在东撒玛利亚，而不是去西撒玛利亚建定居点，阿拉伯人就会更愿意接受和平？'这又是谁写的？"

会场里的两派人开始争论起来。根本没人理会议长用小木槌维持秩序的敲击声。

"是西蒙·佩雷斯议员写的，"贝京在一片骚动声中，带着调侃说，"还有，这句话又是谁说的？'每个人都同意，我们必须占据戈兰高地，因为那是战略要地。但朱迪亚和撒玛利亚地区也有战略要地，以色列人口最稠密的海岸平原就在它脚下。'"

　　议长手里的小木槌仿佛成了无声的摆设。他只得满脸怒气地缓缓站起身。相比之下，总理倒是看上去挺愉快。他斜靠在讲台上，十个手指搭在一起，嘴角泛起一丝自鸣得意的微笑。议论声渐渐平息下去，他换了副表情皱起眉头，挺直身子，用手指着反对派领导人厉声道："现在您听好了，我还要补充一些内容，佩雷斯先生。重要的是，国民要听取事实。重要的是，他们得知道什么样的领导人会一天提倡这种政策，换一天又改成另一种政策。"

　　佩雷斯刻薄而轻蔑地反击道："总理先生，我一直都在认真听您的议会发言。但您今天不能误导大家。在座的每个人都知道，您刚才引用的这些话，是我在另一个完全不同的时间，不同的场合下所说的。"

　　总理听佩雷斯开口认领了那几句话，便摸着下巴露出满意的神色。"真的！"他假装出乎意料地说道，"我曾经听您说过很多次，您总是非常明确地表示，领土上的让步能带来和平，这种想法是非常荒谬的。我刚才引用的那几句话，表达的是您认真而坦诚的政治信仰——确切地说是到最近为止的信仰。那么，是什么让您突然改变主意了呢，佩雷斯先生？从您发表刚才我引用的那些言论，到最近几天您所主张的鸽派观点，这期间究竟发生了什么事？佩雷斯先生，请您跟我们说说。"

　　贝京的话语中透着剃刀一般的锋利，让人感觉他马上就要痛下狠手，但佩雷斯先发制人地反驳道："情况变了，位置变了。只有傻瓜才不懂得变通，只有傻瓜才会抱着幻想不放手，做着过时的美梦。"

　　佩雷斯发出的每一个音节都尖锐有力；显然，他已经准备好要顽强地面对这场决斗。他说完这番话后自信地靠回座位上，就好像刚刚躲过险招的击剑手一样得到了解脱，追随者们纷纷围绕在他周围使劲鼓掌。

贝京很不客气地微微一笑。"您是说，只有傻瓜才那么做？这难道不是温斯顿·丘吉尔说的吗，'人生最重要的一课就是傻子有时候也是对的。'那么，西蒙·佩雷斯议员，今天晚上，我就是对的！"

"可是丘吉尔还说过'我宁愿保持正确，而不是坚持到底'。"佩雷斯反击道，从执政党到反对派，在场的每一个人都大笑起来。

贝京连忙插话："他可能是说过这样的话，但我现在要告诉大家的是，什么原因使你从鹰派变成了鸽派，佩雷斯先生——是什么让你改换了想法。你想从伊扎克·拉宾手里夺走工党的领导权。但要除掉拉宾，你首先得赢得党内左派的支持。为此，你唯一能做的就是用你的意识形态做交易，把你自己从鹰派彻底改造成鸽派。你就是这么做的。难道我说得不对吗，西蒙·佩雷斯议员？"

佩雷斯站起身猛烈摇着头，握紧拳头在空中挥舞着，用冰冷的眼光盯着对手。他毕竟不是个轻易服输的人。无论他和拉宾之间存在什么样的敌意，佩雷斯拥有光辉的职业生涯。他开创了以色列的迪莫诺（Dimona）核设施项目；实质性地创立了国家航空航天业。现在，他刚刚接手一个在竞选中落败的政党，正在用技巧和耐心一点一点地重建该党。所以当他大声回应贝京时，原本忧郁的声音里充满了愤怒，他说，自己从不曾"为一己私利而牺牲原则"，也从来没有"为了政治利益出卖灵魂"。他一直是个"以道德责任为引导的实用主义者和现实主

454

义者"。以色列正致力于"为生存而斗争"，必须与时俱进地"认清新的形势"。因此，他拒绝"受困于过时的理论"。他的"诚实和正直促使他重新评估形势"。他从来不曾像总理现在这样，如此误导人民。

"我从来没有向国民承诺，我会毫不让步，我会立刻给他们带来一纸和平条约，让他们获得彻底的和平，"他怒不可遏地喊道，"这不是政策，这是不负责任的天马行空的想象！"

这句话切中了要害。

贝京架着胳膊，紧闭嘴唇一动不动，他脸色发白，眼神冰冷，冷静而坚定地说："我从来没有做过这样的承诺，佩雷斯先生。你这不是空穴来风。这完全是谎言！你可以拿出证据来。"

但他的对手没被吓倒。他知道自己的话很有杀伤力，于是继续道："您再三暗示，通过和平条约，我们已经站在和平的门槛上。您今天也这么说了。"

俩人之间的气氛剑拔弩张，眼神分明在公然对抗。

"西蒙·佩雷斯议员，"贝京情绪激动地说，"我刚才在这里引用的话，都是您自己亲口说的，亲手写的。我字字句句如实照搬。现在，请您到讲台上来说说，关于我们已经站在和平的门槛上，我当时到底是怎么说的？我从来没有说过这样的话。所有在场的人都知道我没说过这些话。他们不会被蒙骗的。"

"他们当然不会，"佩雷斯回击道，"所以在座的大多数人早已经看穿了你那些异想天开的幻想。你被自己的话迷住了，你以为它们能移动大山。可是它们不能。你以为光凭一场精彩的演讲就能把事情搞定。可是它不能。你以为你能靠三寸不烂之舌去运转一个政府。可是它不能。你以为你有了和平条约就等于实现了和平。可是它办不到。"

贝京的回应充满了高度的决心和使命感。"我向您保证，向整个议会保证，"他庄严地说，"我对日内瓦的和平会议上等待我们的重重障碍不抱任何幻想，如果会议能召开的话。我给美国总统留下了一份提案，其内容是我们对组织会议，谁应该参与会议的想法，仅此而已。事实上，如果说这么多年来有什么人一直在欺骗我们的国家，那就是你们的党，佩雷斯先生，是你们工党，一直在灌输用领土让步换取和平的故事。这么多年来，你们一直在向我们的阿拉伯邻国做出巨大让步，可他们的回答永远只有一句，'完全不能接受！'。"

他停了一小会儿，带着戏弄和嘲讽的表情说："所以，至少输也要输得漂亮点，佩雷斯先生。您记住，您已经输掉了选举。那就像个男人一样接受现实，别再生闷气了。如果您愿意，就向我们提出批评。这是一个自由民主的议会。为什么要怀着这么大的敌意呢？为什么控制不住愤怒呢？为什么要毫无根据地指责别人呢？您到底是怎么了，佩雷斯先生？您得控制住自己。"他说完走下讲台，来到会场中心，他对自己能够强辩到底感到满意，嘴角泛起一丝顽皮的笑容。[67]

当他在一片刺耳的议论声中坐到内阁首席的座位上时，他不知道，而且也不可能知道的是，他的和平条约模型很快就会引起注意。没过多久就发生了一件让人感觉出乎意料的事，这件事令人难以置信，它不但即将改变历史进程，而且还盖过了吉米·卡特为日内瓦会议所做的努力。

埃及总统萨达特决定亲自到耶路撒冷同梅纳赫姆·贝京谈一谈和平的问题。

1977 年 11 月 19 日，埃及总统萨达特到访

图片来源：摩西·米尔纳、以色列政府新闻办公室。

第三十九章　萨达特夜访

"安息日什么时候结束？"贝京急切地问。耶歇尔·卡迪沙
伊翻着袖珍日历回答："这次的安息日是 11 月 19 日，5 点 12
分结束。"

总理脸上恢复了笑容。"那好，山姆。你去告诉开罗使馆，
对埃及人说，8 点钟完全可以。我们有足够的时间做准备迎接
萨达特总统，不用亵渎安息日。"

这一幕发生在 1977 年 11 月 16 日，星期三下午。总理所说
的山姆，是美国驻以色列大使塞缪尔·刘易斯，几天前他曾受
埃及总统之托急着见总理。萨达特想知道，周六晚上什么时间
他乘坐的飞机可以降落在本 - 古里安机场。

这个突如其来、令人震惊的问题起源于一周前，当时安瓦
尔·萨达特在议会——人民议会——演讲时突然提道："我不会
让任何一个埃及士兵受伤，为此我要和他们一辩高下，哪怕是
到世界的尽头，甚至到他们的老窝，到他们的议会去。以色列
人要是听见我对你们说这些话，肯定会惊讶地不知所措。"

"真主伟大（*Allahu Akbar*）！"议员们齐声对这番话表示
肯定。

第二天早上贝京从 BBC 全球服务里听到了这个消息，他满
腹狐疑地嘟哝着："那就看看他到底是不是认真的！"他一到办
公室就叫来耶歇尔说："我们得考验一下萨达特。"他让阿拉伯事
务助理用阿拉伯语帮他起草一份欢迎词，从电视和广播发出去。

总理在其中向埃及人民保证，以色列一定会按照总统的身份地位隆重地接待他，并说了一句从此以后被载入史册的话："让我们彼此立下一个无声的誓言——不再发生战争，不再流血，不再相互威胁。让我们创造和平，让我们走上友谊之路。"[68]

塞缪尔·刘易斯——如今因为在耶路撒冷和开罗之间来回传递信息而被称为"快乐的邮差"——很快就带来了萨达特总统的反馈：他听到了总理发表的声明，但想要一份正式的书面邀请。

"一定照办。"总理说完，当场写道："我谨代表以色列政府，诚挚地邀请您到访耶路撒冷，并访问我们的国家。正如您在埃及人民议会所表示的那样，我们已经注意到您准备进行这次访问，并且希望在以色列议会发表演讲，与我会面，我们对此深表赞赏。

"假如，如我所盼，您接受了我们的邀请，我们将为您安排在议会发表演讲。如果您愿意，还可以与支持政府或反对政府的议会各团体会面。总统先生，我可以向您保证，以色列议会、政府和以色列人民将满怀敬意和热忱地接待您。"

从那时候起，以色列人便满怀期待，而美国总统吉米·卡特却在担心，该如何让这两个交战国之间的直接接触与他一个月前和苏联人联合发表的声明保持协调一致。美苏在这份声明中宣布，两国有意以联合主席国的身份召集日内瓦和平大会。后来，卡特对此解释道：

> 美国唯一能够着力促成的会议是联合国主持下的日内瓦会议，我们正在煞费苦心拟定会议的形式，而该形式必须取得担任共同主席的苏联同意。9月23日，我会见苏联外长葛罗米柯（Gromyko）时，他对我说，"我们只要能为巴

勒斯坦人建立一个哪怕只有橡皮那么大的国家，巴解组织参加日内瓦会议的问题也就迎刃而解了。"我说要建立这么一点儿大的国家可不是容易的事情。他笑了，接着便同意中东和平应该不仅仅是结束战争而已。他承认，最终目的是在阿拉伯各国和以色列的政府和人民之间建立正常关系。[69]

459

　　显然，梅纳赫姆·贝京和安瓦尔·萨达特身上本能的全球地缘政治意识告诉他们，这次会议将使苏联重新回到中东制衡的核心。萨达特曾经把苏联人踢出局，他再也不愿意受他们摆布。因此他认识到，与其再次成为超级大国在中东棋局中的一粒棋子，还不如与以色列达成双边和平。而此时，以色列外交部长摩西·达扬的几份报告也进一步证实了萨达特的直觉。达扬数月前在摩洛哥秘密会见了萨达特的一名多年密友，并获知"苏联人不会在未来的谈判中发挥任何积极作用，不会扮演什么建设性角色"。与此同时，贝京访问了罗马尼亚首都布加勒斯特，他向尼古拉·齐奥塞斯库表示，希望能和埃及达成协议。齐奥塞斯库随即见了埃及总统并转告："贝京是个很难应付的谈判对手，可他一旦同意了什么事情，就会将它落实。你可以相信他。"伊朗国王也向萨达特提出了类似建议，萨达特访问伊朗之前，国王曾经和贝京在德黑兰私下会面。（当时，以色列与伊朗国王保持着非官方的密切联系。以色列甚至还在德黑兰设有一个不具名的使馆，将其称作"外交代表处"。它不挂牌、不升旗，也不列入任何使馆名册。）[70]

　　经过这么多轮的试探之后，对贝京来说，埃及总统戏剧性地绕过日内瓦会议，飞往以色列商讨和平一事，并非特别出乎意料。"这其中最讽刺的是，"贝京对我们这些工作人员说，

"这么多年来，他们一直诋毁我，诽谤我，把我说成是战争贩子、恐怖分子，但萨达特选中了我，来找我谈和平。"

11 月 19 日星期六晚上 7 点 58 分，号声响起，以色列总统伊弗雷姆·卡齐尔（Ephraim Katzir）和总理梅纳赫姆·贝京到机场迎接埃及总统。由 72 名从国防军各部挑选出来的军官学员组成的仪仗队点旗举枪向他们致敬。超长的红地毯两旁是高级政要们，所有的人都充满期待，望着天空中渐渐临近的白色灯光。飞机降落下来，轰鸣声淹没了人们的掌声，它速度渐渐慢下来，转过弯，朝着等候的人群滑行过来。

总统的波音专机按照预期准时于 8 点降落。在探照灯的光线下，白色的机身显得愈发耀眼，上面装饰着一行字 ARAB REPUBLIC OF EGYPT（阿拉伯埃及共和国）。看到这一幕，即便是最阴沉的愤世嫉俗者也会露出笑容，就像露齿笑的蒙娜丽莎一样。

飞机缓缓地停靠在灯火通明的红地毯一头，司仪大声喊："立正！举枪！"仪仗队按照精心设计的动作，抱紧武器站得笔直。

本 - 古里安机场从来没有像这个星期六夜晚如此张灯结彩地装饰过——它被淹没在一片灯光和色彩之中，数百面以色列和埃及国旗迎风飘扬。停机坪上士兵们列队行进，旗帜高高飘扬，停机坪的另一端是军乐队，他们的铜管乐器在聚光灯下闪闪发光。[乐队指挥伊扎克·格拉齐亚尼（Yitzhak Graziani）由于找不到埃及国歌的乐谱，只得匆匆忙忙听着开罗广播电台的结束曲抄录谱子。]

舷梯迅速到位，人群静静地期待着，甚至好像连空气都凝固了。然而，不知什么原因，机舱门没有打开。激动的心情渐渐褪去，人们凑在一起，脸上微微有些不安，彼此小声议论着为什么过去这么长时间还不见动静。

难道是出什么麻烦了？

有几个人向总参谋长莫迪凯·古尔（Mordechai Gur）将军投去猜测的目光，因为他曾经公开表示，突然提出造访耶路撒冷也许是埃及总统的诡计，以便在下一次阿以战争中占据有利起点。难道埃及人在机舱门背后布置了一个敢死队，准备冲出来摧毁整个以色列内阁？

尽管气氛紧张，贝京总理仍然毫不动摇地站在舷梯旁，仰头望着紧闭的舱门，举止中看不出一丝不安，脸上像狮身人面像一样毫无表情。他知道，根本不存在什么诡计。

机舱门终于打开了，成群的记者蜂拥着奔下舷梯，相互推挤着想要抢一个最佳拍摄角度。栏杆后面的一大群官方媒体记者、电视记者和摄像师大喊着骚动起来——大约有4000人——他们拍摄两国领导人第一次握手的视线完全被刚下飞机的埃及记者们挡住了。于是他们使劲冲破警察的阻拦，站在红地毯边的前排重要人物们纷纷被挤到了后面的二三排。

然而，机舱门口仍然黑黢黢的，空空如也。突然，喧闹声像耀眼的烟花一样爆发，上千台照相机的闪光灯划破夜空，一个瘦长的身影出现在机舱门口。

身材高大的安瓦尔·萨达特衣冠楚楚地出现在众人的视线中，周围是欢迎他的号角声和热烈的掌声。以色列礼宾官陪同他以极慢的速度步下台阶，将他介绍给舷梯旁的以色列总统和总理。我被记者们挤到果尔达·梅厄身边，她正语带讥讽地对伊扎克·拉宾说："他总算来了！他怎么不在'赎罪日战争'前来？那样的话，双方就不用死那么多人了。"

461

1977 年 11 月 19 日，本 – 古里安机场上飘扬着以色列和埃及两国国旗

图片来源：摩西·米尔纳、以色列政府新闻办公室。

以色列总理贝京和总统伊弗雷姆·卡齐尔欢迎埃及总统萨达特到访

图片来源：摩西·米尔纳、以色列政府新闻办公室。

演奏两国国歌时，埃及总统萨达特、以色列总理贝京和总统伊弗雷姆·卡齐尔立正致意

图片来源：摩西·米尔纳、以色列政府新闻办公室。

1977 年 11 月 19 日，萨达特总统和贝京总理在耶路撒冷大卫王饭店共进工作餐期间交谈

图片来源：雅各布·萨尔、以色列政府新闻办公室。

掌声淹没了拉宾的回答，那是贝京总理在向客人介绍红地毯旁边的部长们。轮到阿里埃勒·沙龙时，埃及总统停下脚步和颜悦色道："啊，您在这儿！我在沙漠里追您。您要是再跨过运河，我就得把您关起来了。"沙龙曾在指挥"赎罪日战争"时，带领以色列部队发动反击跨过苏伊士运河。

"不会了，"沙龙笑了，"我很高兴您来访问。我现在是农业部长。"双方热烈地握了手。

我听见萨达特对外交部长摩西·达扬说，"别担心摩西，一切都没问题。"但有人在一旁听见他又加了一句，"您要是到开罗来，必须提前告诉我，我得把博物馆的大门锁上"。他是在挖苦达扬的私人爱好——挖掘以色列文物。

他又笑着对总参谋长莫迪凯·古尔说："您看，将军，这不是什么诡计，我没骗您。"

464　　将军回应一个正式的敬礼。

现在，他来到果尔达·梅厄面前。俩人严肃地对视了一眼，萨达特握住她的手，微微弓下身。

"我一直想跟您谈谈。"他说。

"我等了您很长时间。"她回答。

"但是现在，我来了。"他回应。

"您好，欢迎。"她说。

他继续沿着地毯向前走，和其余的部长们和重要人物握手。一名年轻军官挺胸抬头走到他面前，向他敬礼并请他检阅以色列国防军仪仗队。萨达特迈着标准的步伐检阅队列，他向以色列国旗微微鞠躬行礼之后便站到卡齐尔总统和贝京总理旁边，军乐队奏起埃及国歌，之后是以色列国歌，期间响起21声礼炮。

一辆高级防弹轿车在埃及总统旁边刚停下，便被记者们团团围住，人群淹没了正打算陪同萨达特前往耶路撒冷的卡齐尔总统。总统上了年纪，温文尔雅，走路步伐缓慢，被人群冲到了一边。要不是汽车旁边的安全特工眼疾手快，把他安全送进车里，他就被抛在后面了。

总统车队终于启程前往耶路撒冷。城里的建筑物上都装饰着以色列和埃及国旗，街上挤满欢呼的人群。这里正在创造历史。素不相识的人们怀着无限的乐观相互拥抱，一浪高过一浪的欢呼声透过窗户飘进埃及总统下榻的大卫王饭店。普通老百姓整夜地守在饭店外，好像在无声地乞求萨达特能够带来佳音，从此永远结束战争。

埃及总统在以色列逗留了 36 个小时，其间都是在参加仪式和各种公共活动：参加圣殿山阿克萨清真寺的祷告仪式，参观以色列犹太大屠杀纪念馆，与议会政党代表会面，与总理和其他高级官员举行工作午餐，共进节日晚餐，以及召开一次联合新闻发布会。这次访问的重头戏是在以色列议会发表演讲。

那天，议会大厅里挤满了人，大家满怀期待，气氛甚至还有点催人泪下的感觉。埃及总统终于在以色列总统的陪伴下进入会场，所有人起身鼓掌。

465

"我来到议会，"来访者说，"是为了我们能够一起建立一种以和平为基础的新生活。"

会场响起掌声，他用拘谨的英语冗长地歌颂和平，演讲期间掌声一直没有停过。直到他向以色列提出绝大多数人都认为是站不住脚的条件时，会场才安静下来，开始全神贯注地倾听。萨达特认为，如果以色列想要获得阿拉伯人的承认，就必须接受这些条件。他说，他不会同以色列签署单独的和平协议，也不会达成过渡性协议。他不会为了任何一寸阿拉伯的土地同以色列讨价还价，也不会在耶路撒冷问题上妥协。巴勒斯坦人没有自己的国家，双方之间就不会有和平。

贝京的回应热情中带着果决：他的客人在来耶路撒冷之前就明确地知道，以色列在这些问题上的看法。他敦促对方不要给谈判设置前提条件。他善意地补充道，双方会找到一种补救的方式来解决所有公认的复杂问题。

或许是两位领导人已经在私下的闭门对话中找到了弥合这些貌似不可逾越的鸿沟的方法。或许萨达特宣布的和平条件并非雷打不动，因为就在他的专机启程飞往开罗后，贝京便意气风发地隔着机场跑道把我叫过去，说："马上发一封电报给卡特总统。"他一边向汽车走去一边开始向我口授电报内容。所有有过类似经历的人都知道，边走边写绝不是件容易的事，我的字迹潦草不堪，最后连自己都难以辨认。最后，这封电报的内容是这样的：

> 亲爱的总统先生——昨天晚上，我和萨达特总统谈至深夜。我们要避免在中东燃起另一场战火，并为实现这一目标做出了切实可行的安排。我会在书面报告中说明详细情况。我们非常深入地交换了意见，从他的立场来说，这场对话意义深远。我很累了。我一天工作了 20 小时。我们之间存在意见分歧，双方打算将来对它们做进一步讨论。我有一个请求。您马上要计划另一次全球旅行。请把埃及和以色列纳入您的行程。萨达特对以色列民众的接待深表感动。您来到以色列，必然会度过一段美好的时光。去埃及也是一样。您可以花两天时间访问耶路撒冷和开罗。请您考虑这个建议。

466

[手写信件图像，内容为 1977 年 11 月 23 日给美国总统卡特的书面报告底稿]

**1977 年 11 月 23 日，给美国总统卡特的书面报告
底稿，内容是关于埃及总统萨达特访问耶路撒冷**

　　当天晚上，总理虽然已经相当疲惫，但还是接待了由犹太
联合募捐协会的慈善家们组成的一个四人代表团，他们是特地
从美国飞来见证这个历史性时刻的。其中有一个是我的老相识，
俄亥俄州哥伦布市的戈登·扎克斯（Gordon Zacks），大家都叫
他戈蒂。

　　戈蒂是个活力四射、有魄力、很慷慨的理想主义者，他不
但出手大方，而且很善于创新性思考。1975 年，正当美国国务

467

卿亨利·基辛格穿梭于开罗和耶路撒冷之间，竭力在萨达特和拉宾之间促成一份西奈临时协议的时候，他自己展开了一场和平使命之旅。他飞到埃及，从医药、农业、灌溉、工业和社会福利领域遴选出一百个未来有可能建成埃以合资企业的项目。他认为这是迈向和平的垫脚石，因此带着他的计划到以色列让我替他安排一次和拉宾的会面。

在拉宾翻看厚重的项目文件时，戈蒂靠近他身边满怀热情地说："伊扎克，听我说，这是一桩稳赚不赔的买卖。"

"到底是什么意思？"拉宾啪地合上文件夹，甚至都不屑于装模作样地仔细研究下其中的某个项目。

"我的意思是，可以用这种方式试探一下，萨达特对于和平的真正意图是什么。"

"戈蒂，你生活在一个什么样的世界里？"拉宾挖苦地嘲笑着，一把推开文件夹，仿佛它的主人是个天真幼稚的人。

"我跟您说，这是个可靠的建议，"戈蒂生气地反击道，"以色列可以成为任何或所有这些项目的其中一方。它们能为开启真正的对话打下基础。"

"那么如果埃及人说他们不需要我们呢，我确信他们会这么说。"

"那么你就每周公开向他们提供两个项目，一直持续50周。你会成为散发着玫瑰般芬芳的和平缔造者，而萨达特则会被看成是个顽固不化的人。"

"简直疯狂，天真的美国人，"拉宾说着站起身，伸出手准备和他告别，"戈蒂，老朋友，这只是一种公关手段。回美国去，干点你擅长的事情——替犹太联合募捐协会筹钱去吧。"

戈蒂最后满怀沮丧地离开了。

两年后，梅纳赫姆·贝京继任总理，他要求查看以色列在争取与埃及达成和平方面的所有相关材料。其中就包括戈登·扎克斯的建议。总理对此非常好奇，向我打听这个人是谁，我告诉他此人在犹太联合募捐协会担任领导角色，他在涉及以色列的利益问题上是个政治激进主义者。他说："他的想法都是空想，但显示出他的胆量和想象力。哪一天我得见见这个人。"

我马上把这个消息通知了戈蒂，不到一个星期后，他便坐在大卫王饭店的椭圆形房间里和总理共进午餐了。"扎克斯先生，您蹲过监狱吗？"上第一道菜的时候，贝京问。

"没有，总理先生，"戈蒂迫不及待地回答，不明白贝京到底想说什么，"我从来没进过监狱。"

"那是个遗憾，"贝京小口吃着鸡肉，神秘莫测地说，"您看，我蹲过三座不同的监狱。"

"三座？为什么？"戈蒂·扎克斯放下刀叉，他感到很震惊。

"第一次是共产党把我抓进维尔纽斯（Vilna）监狱。我当时正在下棋。苏联特工把我拖走的时候，我记得我对同伴大喊，'我认输了，你赢了。'苏联人把我锁在一座牢房里。我被关了六个星期，脑子整天想的是怎么出去，如何回家。我第二回蹲监狱是在一个强制劳改营——古拉格监狱，在西伯利亚。在那里待了六个星期后，我梦想着要是能回到先前那个牢房里该多好。第三次，苏联人把我关进了单人禁闭室，我那时候就梦想着能回到劳改营。所以，你看，扎克斯先生，作为以色列总理，我的职责就是要让犹太孩子们有自由人的梦想，让他们的梦想里没有监狱、劳改营、禁闭室。我要给他们和平，但是我们只有强大起来才能获得地区和平。"

"那么，我能怎么出力呢？"戈蒂问，带着他那特有的执着。

468

"您就跟我说说您的埃及之旅，以及一旦实现和平，我们也许能和埃及人一起做些什么项目。"

那天晚上萨达特结束访问后，贝京对扎克斯及其同伴们说："朋友们，你们听了一定会高兴，萨达特总统已经和我达成了谅解。你们听了他在议会的演讲，也听到了我对他的回应，我们之间仍然存在分歧，但我们一致认为不会再有战争。我也把这个情况写信告诉了卡特总统。耶胡达"——他对我说——"电报发出去了吗？"毫无疑问，有了先前的那段经历后，戈蒂听到这番话该有多么兴奋。

"当然，我从机场回到耶路撒冷就发出去了。"我回答。

469

"那就现在给总统打个电话吧——听听他的反应。"

"您有他的电话吗？"我问。

贝京无辜地摇摇头。

"那我最好赶紧去趟办公室。我把它写在保密电话簿上了。"我说。

"为什么不给国际电话局打电话呢，让他们转白宫的分机，"戈蒂在一旁出主意，"我确定他们有白宫总机的电话号码。"

"我试试。"我说着很快拨通了 001 202 456 1414。接电话的是白宫总机的一位女士，她肯定觉得我是个怪人。

"很抱歉，先生，"她语气坚决，"您不能和美国总统通话。"

"不是我要和他通话，是以色列总理梅纳赫姆·贝京。"我傲慢地回答。

她半信半疑，"梅纳赫姆什么？"

"贝京。"

"您别挂。"

"您好，请问有什么需要帮忙的吗？"这回换了一名语气更加温柔的女士。我解释了事情的经过，她通情达理地回答我："请您把总理的电话号码给我，我会给您打回去。"

我在电话上找总理的号码，可是没有。怎么可能有呢？这是总理官邸，他的电话号码怎么可能公然让人看到。于是我向正在客厅和客人聊天的总理喊道："贝京先生，您的电话是多少？"

"我不知道。我从不给自己打电话。"他说。接着，他出来到走廊上对着楼上的妻子大喊："阿拉，咱们的电话号码是多少？"

"664 763。"总理夫人大声回答。

我记下电话号码，重复了一遍告诉华盛顿的那位女士。

"谢谢您，"那个声音说，"我们会马上给您打回去。"几分钟后，电话铃果然响了，一个声音说："请接通总理，我现在就接通总统。"

我递过电话听筒，站在旁边准备记录。因为手头没有分机，我只能记录贝京这边的对话。

"希望您已经收到了我的信，总统先生。"他欢快地说。

然后是长时间的停顿。

470

"哦，是的，当然。明天我就把完整的记录给您发过去，通过我们的大使。"他说。

又是长时间的停顿。

"当然，总统先生。是的，确实有具体成果。萨达特总统和我同意继续展开两个层面的对话，政治和军事层面。我们希望双方代表之间能尽快举行这样的会议。我们在耶路撒冷的联合记者招待会上庄严许诺，我们之间不会再有战争了。这是一个伟大的道义上的胜利。我们一致同意，未来任何一方都不会采取动员和调兵行动，这样才能让'再也没有战争'这个共同承诺得到落实。"

他直起背抬起头，前额皱起眉头，"不，不，总统先生，我向您保证——是的，是的，如果您认为有用的话，我们还是想去日内瓦。这是一个合适的时机。萨达特总统和我讨论了这个问题，但没有谈到确切日期。我们就最本质的问题交换了意见，我们知道双方之间存在分歧，我们彼此承诺会在未来进一步讨论这些问题。重要的是，从始至终会谈的气氛是友好、坦率和亲切的。"

接着，他面带微笑滔滔不绝地说道："总统先生，如果没有您，这一切永远不会发生。因此，请允许我对您的伟大贡献表示最深切的感谢。全世界热爱和平的人和世世代代的犹太人，将永远感激您在这次历史性的访问中所发挥的作用。未来我们仍然需要您的理解和帮助。上帝保佑您，总统先生。再见。"说完，他挂了电话。

在场的客人们对这番对话听得真真切切，纷纷热情祝贺他进行了一次友好的交谈——所有的人，除了戈蒂·扎克斯之外。他不得要领地问："总理先生为什么？为什么？为什么要将这么多功劳都归于卡特？萨达特来这儿是因为您的付出，不是卡特的功劳。他想的是到日内瓦和苏联人打交道。"

"这么说又有什么关系呢？"贝京的脸上露出一丝顽皮的表情，"我将来还需要他，不是吗？所以，现在把功劳稍微分给他一些，将来他也许会帮上大忙。重要的是，我和萨达特一致同意，不管日内瓦大会开不开，我们都要实现和平。"

一周以后，11月28日，总理在议会演讲中对这次历史性的访问做了总结，说明了它的缘由。他反复向美国表示感谢，并解释了为什么要特意选择让埃及总统在8点到达本-古里安机场：

萨达特总统表示，他希望星期六晚上到访。我认为合适的时间是 8 点钟，正好安息日刚刚结束。我选择这个时间是为了避免亵渎安息日。而且，我希望全世界都了解，我们是一个尊敬安息日的犹太国家。我再次阅读了那些永恒的《圣经》诗句："当记念安息日，守为圣日。"再一次被它们的意义深深打动。这些话呼应了人类历史上最神圣的思想之一，它们提醒我们，从前我们曾经是埃及的奴隶。议长先生：我们尊重穆斯林的休息日——星期五。我们尊重基督徒的休息日——星期日。我们请求所有国家尊重我们的休息日——安息日。我们只有尊重自己，才能让他人尊重我们。[71]

1977 年 11 月 20 日，埃及总统萨达特在结束对耶路撒冷的访问前发布埃以联合公报，这是作者修改过的原稿

1977 年 12 月 25 日，作者和埃及总统萨达特在埃及伊斯梅利亚

图片来源：以色列政府新闻办公室。

第四十章　僵局

　　仅仅几周之后，埃以会谈一切准备就绪，双方之间的会议开始了。整个国家都沉浸在一片期盼之中，仿佛在等待奇迹出现；期盼它创造出一份立刻带来救赎的和平条约。但这是不可能的。梅纳赫姆·贝京就像西西弗斯一样，每当他把大石头推上陡峭的谈判之坡时，石头总会滚下来再次砸中他的脚，带来旷日持久的痛苦。

　　安瓦尔·萨达特认为，他访问耶路撒冷是一个重大的和解姿态，对此，梅纳赫姆·贝京也要做出相应的和解姿态作为回报，那就是全面撤回到1967年"六日战争"之前的边界，并且默许建立巴勒斯坦国。因此，毫无疑问，任何时候只要埃及和以色列的代表会面，双方就会面临一道充满误解和僵局的不可逾越的深渊。联合委员会在愤怒的争吵中解散，双方的往来信件中充满愤慨，卡特政府告诉美国犹太领导人，贝京政府太顽固了，而受到严格审查的埃及媒体则对以色列充满蔑视，对总理恶语相向。贝京被描述成《威尼斯商人》里面的夏洛克。

　　这样的公开冒犯让贝京非常不快。他明显受到了伤害，以至于他在给我工作笔记的时候，偶尔会自嘲地称它们是"从夏洛克到莎士比亚"，还在上面署名"梅纳赫姆·门德尔·夏洛克"。

　　1978年春天，谈判陷入僵局，吉米·卡特不得不紧急插手干预，拯救那微弱的希望。他向贝京施压，让他到华盛顿去研究并解决问题。总理很清楚即将发生什么事情，因此要求外交部长摩西·达扬陪他一同前往。

我逐字记录了 3 月 21 日和 22 日发生在白宫内阁会议室里的这些唇枪舌剑，它们的完整内容是这样的：

贝京：去年 7 月，我们双方决定要进行坦诚的会谈。当时（私下里）我给您念一份含有三个要点的文件。您给了我五点回应，当时您说的是，我们必须'撤离所有阵地'。我说，我们不同意这样的表述。我后来说，虽然我们有权对朱迪亚、撒玛利亚和加沙地带享有主权，但我们会搁置这一权利要求。因此，为了（和埃及）达成协议，我们做了两件事。第一，我们不会在朱迪亚、撒玛利亚和加沙施行以色列法律，并提议将其主权问题留待未来探讨。第二，我们同意这些地区的巴勒斯坦阿拉伯人实行自治，并建议在 5 年后对其自治进行重新评估。5 年后，所有问题都可以拿来重新公开谈判。总统先生，我提出的这些建议都是从长远的角度来看问题的。

卡特：但是这代表和上一届政府（工党）相比，你们的立场发生了变化（也就是说，工党政府准备撤离所有阵地，包括约旦河西岸）。

贝京：是的，但并不是根本性的改变。上一届政府把约旦河认定为以色列的安全边界。以色列不会自约旦河后撤。工党政府只计划撤离约旦河西岸的部分地区。以色列军队仍然会驻扎在约旦河沿岸。

卡特：为打破目前的僵局，您能不能正视这一点，在约旦河沿岸，或者在耶路撒冷周边的山上驻军五年，就应该能满足你们的安全需求？换句话说，您是否同意用一种既能满足阿拉伯人的需求，又能保证你们安全的方式撤回到兵营？有没有那种可能性？

1978 年 2 月 6 日作者在给贝京总理的信上所附的纸条，上面写着贝京的回复

　　译文："您给（加拿大总理）特鲁多的信。"贝京的答复是："从夏洛克到莎士比亚——非常感谢。免付费。"

476　　贝京：我不明白您所说的"兵营"是什么意思。我们可以考虑撤回到炮位。无论在什么情况下，我们的军队必须留在朱迪亚、撒玛利亚和加沙。

　　达扬：我想说一说，与过去的（工党）政府相比，目前政府的政策是否发生了变化。我以前在工党政府任职，我可以告诉您，"六日战争"结束几个月后，以色列的立场是，我们可以归还整个西奈半岛和戈兰高地以换取安全保障，但完全将约旦河西岸排除在外……目前政府的计划是给巴勒斯坦阿拉伯人提供一个自治政府，向他们提供真正的，比以往以色列政府所计划的更强的自我表达方式。我们目前的计划初衷是，我们不想让我们的军队去统治阿拉伯人。我们不想向他们施加压力。我们不想告诉他们如何谋生。但我们必须有权利检查那些进入我们领土的人在从事什么活动。巴勒斯坦人中有难民，有劳工，是的，还有恐怖分子。作为一名老兵，我想知道由谁来负责从约旦和叙利亚进入巴勒斯坦和以色列地区的边境检查站。如果我们自己的士兵不去检查，那么我们就得用铁丝网栅栏隔离整个国家。我不希望以色列成为孤立的堡垒。因此，我们将不得不在西岸，加沙以及任何我们有安全需求的地方部署我们的士兵，我们不会给阿拉伯人的日常生活施加压力，他们将根据政府的计划享受自治。

　　卡特：我再重复一件事。我毫不怀疑，萨达特是真的想和以色列达成一份和平协议。我曾经和他进行过数个小时的私下会谈，他在这些问题上是可以变通的。他承担着对其他阿拉伯人的义务，他是他们的利益代言人。他是你能与之谈判的最好的阿拉伯领导人。但是由于恐怖分子施

加压力，再加上萨达特本人受到的各种压力，我担心我们
会失去达成协议的时机，断送和平的前景。

477

（……）

布热津斯基：当我们试图解决问题的时候，至关重
要的是，你得知道，可以有很多方式来看待你们的自治
方案。坦率地说，可以把它看作是你们对西岸和加沙进
行军事和政治控制的延续。如果这么看的话，它显然是
不可接受的。它模糊了联合国安理会第 242 号决议，表
明你不愿意从西岸和加沙"撤回"。如果以色列提出撤出
对西岸和加沙的控制，退回到双方认可的位置，那么你
们的计划可能就是解决问题的基础，可以打开通往和平
的道路。但如果不是这样的话，人们就会强烈怀疑，你
们是不是打算长期控制这些被占领土。中东是与我们利
益相关的一个重要地区，这还需要我说吗？这个地区必
须与西方国家接触，让它迈向缓和与稳定。这既符合你
们的利益，也符合我们的利益。

贝京：我们所有人都明白，需要和阿拉伯人签订协议。
因此，我们详细制定了一份和平计划，让巴勒斯坦阿拉伯
人能够选出他们自己的行政委员会——进行自治——以便
在不受我们干涉的情况下运营他们的日常生活。我们只要
求保留维持治安和公共秩序的权力。

卡特：你们打算在西岸和加沙执行一份为期 5 年的自
治协议，我说得没错吧？

贝京：没错。

卡特：五年之后呢？

贝京：到那时候，我们再看。我们仔细考虑了进行全

民投票的可能性，这样的话，巴勒斯坦阿拉伯人既可以选择继续维持现状，也可以选择加入约旦或以色列。然而，在巴解组织的武力胁迫下，这些人几乎每天都面临着暗杀等各种威胁，举行全民投票是徒劳，也很危险。巴解组织会强迫他们抵制投票，或逼迫他们投票要求成立一个巴勒斯坦国。这是我们不允许的。因此，我们建议，不如拭目以待，看看（5年）自治会产生什么效果——现实到底会变成什么样子。

卡特：这实际上让以色列拥有了否决权——事实上的否决权——甚至是在阿拉伯的行政事务上。它让以色列得以无限期地控制约旦河西岸。以色列根本不想让巴勒斯坦阿拉伯人在决定自己未来前途方面拥有发言权，也就没有机会达成和平解决办法。我知道，如果不能确保巴勒斯坦人拥有选择自己未来的机会，萨达特就不会同意让以色列保持对西岸的持续控制。如果以色列坚持不让他们发声，那就不可能达成和平解决方案。你的要求越来越苛刻。是你关上了这扇大门。

布热津斯基：我们必须达成一份既在安全方面令你们满意，又在政治方面是现实的协议。如果你们想要获得真正的安全，同时让巴勒斯坦人拥有身份并实现真正的自治，那是可行的。要安全——可以，要进行政治控制——不可以。

贝京：在我们的自治计划中，我们提出，巴勒斯坦阿拉伯人可以在5年后选择拥有（以色列）公民身份。他们要是愿意，还可以参加议会投票。

布热津斯基：但事情要从两方面看，以色列人可以在约旦河西岸购买土地，而阿拉伯人在以色列却没有相应的权利。这就是不平等的地位。

贝京：这是我们的公民权利。

布热津斯基：但以色列人不是约旦河西岸的公民。

贝京：可是我们给他们选择权，他们可以成为我们的公民。

达扬：根据我们的计划，巴勒斯坦阿拉伯人5年后既可以选择成为约旦公民，也可以选择获得以色列公民身份，或者他们可以维持现状，保留他们目前的当地身份证。我们不会给他们的选择设置障碍。今后任何全民公投的重点是，允许个人决定其公民身份，而不是决定朱迪亚、撒玛利亚和加沙的主权地位。您所建议的全民投票，决定的是领土主权，而不仅仅是人民的地位。如果在领土问题上，我们允许他们进行您所谓的"决定自己的未来"，那他们决定的不光是自己的未来，还有我们的未来。如果他们有权决定要不要把以色列赶出这块领土，那么事实上，他们就是在决定我们的未来。

贝京：什么也没有被排除在外。我们会在5年后进行一次重新考虑。但我们现在还不准备举行全民投票，在目前巴解组织的恐吓和威胁下，公民投票的结果必然是建立一个巴勒斯坦国。因此，我们建议把这些事留待探讨。现在同意举行全民投票可能会对我们的未来造成无法估量的后果。

卡特：总理先生，我认为与埃及缔结和平条约的障碍在于，您坚持保留对约旦河西岸和加沙的政治控制，不只是当下，而是在5年后继续保持下去。我曾经希望，我们可以在和平进程中达成某种成果，可现在我们就要眼睁睁地看着它毁于一旦。①

　　1977 年 12 月，贝京提出在朱迪亚、撒玛利亚和加沙实行巴勒斯坦人自治的"建议原则"初稿，即这次讨论中提到的建议（其中第七段提到巴勒斯坦人未来的投票选项，以及参与议会选举）

---

① 1999 年 11 月，我在亚特兰大的吉米·卡特总统图书馆进行研究访问时，见到了一份"经过净化"的该次会议记录副本，上面附了一张国家安全顾问兹比格涅夫·布热津斯基写给国务卿赛勒斯·万斯的纸条，内容是："这份对话备忘录的主题非常敏感，不应公开。只供你私人参阅。"

第一轮白宫会谈就这么不欢而散。第二天会谈继续，还是在内阁会议室，卡特总统手里拿着一份打印的材料，他对总理怒目而视，语气中带着蔑视：

"总理先生，以我的理解，以色列的立场是，即使我们明确声明反对以色列从约旦河西岸全面撤军、反对建立巴勒斯坦国，即便埃及也接受了这份声明，以色列仍然不会停止建造新的定居点或扩大定居点；以色列不会放弃在西奈半岛的定居点；以色列不允许由埃及或联合国来保护以色列在西奈的定居点；以色列不会从西岸和加沙撤出其政治权力；以色列不会承认第242号决议适用于所有方面，包括从西岸撤离的原则；（5年）过渡期满后，以色列不会让巴勒斯坦阿拉伯人选择，自己是愿意隶属于以色列还是约旦，或是按照过渡方式生活。这是我对目前局势的理解。如果我说对了，那么与埃及继续进行和平对话的可能性非常小。目前无法展望，有什么做法可以促成和平协议。我想听听您的意见。"

卡特说完，全场气氛沉重，一片寂静。达扬脸上毫无表情；贝京脸色阴沉。但沉默片刻后，这场政治斗争激发了贝京内心的反抗精神，他用火爆的语气宣布：

"总统先生，您用消极的方式来陈述我们的立场，而我将用积极的方式来陈述一遍。以色列已经制定了一份积极的、有建设性的和平建议。它有两部分。第一部分，我们决心为达成和平条约展开谈判，目的是与我们的所有邻国达成一个全面解决方案。我们已经同意将第242号决议作为与所有邻国展开谈判的基础。我们决定进行直接谈判。正如第242号决议中所要求的，我们希望获得安全的公认边界，但第242号决议并没有要求以色列撤离所有的边界。我们不但可以考虑在朱迪亚和撒玛利亚部分撤军，而且也可以在西奈半岛和戈兰高地这么做。然而，以色列已经表示愿意全面撤离至西奈半岛的国际边界。我们要求在西奈半岛的吉迪和米特拉两个山口以外地区实现非军事化。我们还建议，在我们从西奈全面撤出后——我再说一遍，这并不是第 242 决议所要求的——在那里的定居点周围建立两个联合国区，并将其置于以色列特遣队的保护之下。我们本来可以向埃及提出改变边界的要求，但我还要再说一遍，为了和平，我们没有这样做。

"现在再说说我们积极的和平建议的第二部分，这一部分涉及朱迪亚、撒玛利亚和加沙。我们向这些地区的巴勒斯坦阿拉伯人提出了自治——或者说行政自治。他们可以选出自己的行政委员会来处理日常生活中的所有问题，不会受到以色列的干涉。以色列只保留对安全和公共秩序的控制权。这意味着我们的部队会驻扎在朱迪亚、撒玛利亚和加沙的指定营地。这些地区的未来主权问题仍然有待探讨。我们处理的是人的问题，不是领土的地位问题。巴勒斯坦阿拉伯人应该享有充分的自治，巴勒斯坦犹太人应该获得安全的生活环境。我们同意五年后重新评判形势。我们建议双方，不管是犹太人还是阿拉伯人，都有机会并肩工作，共同生活；由此我们看看这样的现实将如何展开。五年后，一切都将接受公开评判。总统先生，这就是我们积极的和平建议的第二部分。"

482　　贝京的话没起到什么作用。事态陷入了完全的僵局。白宫的这次会面相当失败。两天后，梅纳赫姆·贝京在回到本－古里安机场时，毫不隐讳地向等候在那里的媒体记者通报了事态的严重性：

"我们在华盛顿的会谈进行得很艰难。对方向我们提出了一些让我们无法接受的要求。如果我们当时满足了这个世界上最强大的国家所提出的要求，那我们的日子就会简单得多，但是我们不能这么做。我们代表的是一个狭小而勇敢的国家，我们作为它的发言人，关心的只是保护我们人民的未来。我们要牢记，有些事对强大的美国来说不过是重要的政策问题，对我们而言却可能是生与死的问题。我现在还不能透露会谈中所探讨的问题。当然，我们将继续与总统和他的顾问们保持接触。我毫不怀疑，美国政府希望实现中东和平。我们当然也全身心地渴望和平。因此我们希望，尽管目前存在种种困难，和平进程仍将继续下去。"

接下来，贝京回答了记者提出的一些尖锐的问题。

"有消息披露说，一名美国资深众议员坚决主张，为实现和平，以色列必须更换总理。您对此怎么看？"

"我不知道你指的是谁，但总理是以色列人民选举出来的，不是哪一个美国众议员选出来的。"

"在您回以色列的途中，您的国防部长（埃泽尔·魏茨曼）呼吁建立一个紧急国家和平政府。您怎么看这个提议？"

"我还没有看到他的这份建议。如果需要一个和平政府——那么它已经存在了。国防部长本人所在的这个政府就是一个和平政府。"

"您在开场白中说，您希望将和平进程继续下去。它会以什么方式继续下去呢？采用什么样的形式？"

"用任何我们可以采用的方式。"[72]

在接下来的紧张而令人沮丧的几个月里，对卡特总统来说，实现和平的最佳途径竟然是一场巨大的赌博。1978 年 9 月，他邀请贝京总理和萨达特总统，以及双方的高级助手前往位于马里兰州的总统度假地戴维营。在这大门紧闭，远离华盛顿的强大压力和虎视眈眈的新闻界的地方——梅纳赫姆·贝京称它为

"豪华集中营"——双方全力以赴奋战了 13 个昼夜，卡特则充当了一个不知疲倦的中间人。最后双方达成了一项两部分协议，第一部分要求在朱迪亚、撒玛利亚和加沙地带实行巴勒斯坦阿拉伯人自治计划，五年后通过谈判做出永久性安置。第二部分是以色列与埃及缔结和平条约框架，双方实现全面的正常化和建立外交关系，条件是以色列在 3 年内完全撤出西奈半岛，拆除那里所有的定居点。作为对这份协议的肯定，梅纳赫姆·贝京和安瓦尔·萨达特共同获得了诺贝尔和平奖。

埃及和以色列代表团回国后，继续开展密集谈判，将双方在戴维营商定的一般原则转化为具有约束性的具体合约语言。这项工作说起来容易做着难，最后卡特总统不得不前往耶路撒冷和开罗进行旋风式访问，落实协议中的每一个细节，并为建立一个巴勒斯坦人自治谈判机制做了充分准备。尽管该谈判机制最终化为乌有，阿拉伯世界一片哗然，但萨达特仍然决定继续与以色列签署和平条约。

理所当然的，在吉米·卡特的见证下，一场庆典即将在华盛顿的白宫草坪上举行。

1978 年 5 月 1 日，白宫会谈——贝京总理一行和卡特总统的团队在内阁会议室的会议桌上相向而坐

图片来源：雅各布·萨尔、以色列政府新闻办公室。

1979 年 3 月 26 日，贝京在埃以和平协议签署仪式
当天早晨写下的演讲稿初稿的最后一页

第四十一章　拯救和平协议

总理拍拍脑袋，脸上荡漾起一个神秘的微笑，他打趣地对我说："耶胡达，就在这儿。完成了马上给你。"

这是 1979 年 3 月 25 日，离和平条约签字仪式只有一天时间了，梅纳赫姆·贝京还在酝酿他的演讲稿，而这次讲话计划向全世界播出。他原本打算在特拉维夫到华盛顿那段漫长而乏味的飞行途中完成初稿，但那次行程中让人分心的事情太多。当时我们搭乘的是一架陈旧的以色列空军波音 707 飞机，机舱里用的是翻新后的以色列航空公司废弃的座位，坐的是内阁部长和反对党代表团。为显示国家团结，伊扎克·拉宾和西蒙·佩雷斯组织了一支规模相当大的队伍。一路上，同行的人不时找总理谈事，占据了他相当多的时间。大西洋上空气流湍急，我感觉自己就像沙拉一样，被一个精力格外充沛的厨师抛来抛去。因此抵达入住地康涅狄格大道的华盛顿希尔顿酒店时，我迫不及待地只想上床睡觉。

"睡觉去吧，"见我前去打探演讲稿的进展，总理说，"你看上去疲倦不堪。我一写完就叫你，明天一早。"

他的确一大早就叫醒了我——清晨 5 点。

我睡眼惺忪地走进总理套房，只见他穿着睡袍一副精力充沛的样子。"好好帮我润色润色。"他说着递给我八页字迹潦草的稿纸，上面密密麻麻布满他特有的字迹。

我立即投入工作，把润色过的稿纸一页页地交给我的秘书诺玛，她一遍遍地仔细核对，而且尤其重点检查了《诗篇》126的英文译文。总理的原文是用希伯来语写的，我在床头抽屉里发现一本基甸《圣经》，摘录了其中相应的英文。最后一遍核对了打印文稿之后，我把它放进一个专门从耶路撒冷带来的豪华黑色皮革文件夹，送到总理的套房。总理正与外交部长摩西·达扬和国防部长埃泽尔·魏茨曼共进早餐。

"请放在窗边的书桌上，"他说，"如果有改动，我通知你。"

整个上午，我没有收到总理的消息。于是我收起他的手稿放进口袋，刮完胡子洗个澡，收拾整齐后登上一辆标有"以色列代表团——总理工作人员"的面包车前往布莱尔宾馆。美国国务卿赛勒斯·万斯要在那里为埃及、美国和以色列代表团成员举行午宴。一小时后，贝京和萨达特在白宫与卡特总统共进午餐，之后，下午2点整，他们会在众多重要人物的见证下在白宫北草坪参加协议签署仪式。

汽车沿着康涅狄格大道向布莱尔宾馆驶去，我们的美国司机在一个路口遇到红灯停下来，但波兰将军突然猛敲仪表盘，命令他不要停车。"闯过去！"他命令道。司机和我们所有人一样，迷惑不解地转头盯着他，我们都没发现弗利卡从后视镜里看到的景象——大约30名阿拉伯示威者正喊着口号从一条岔道向我们冲过来。

汽车轰鸣着穿过混乱的车流向前挪动，但是太晚了。示威者蜂拥在我们周围，有人举着反对和平的标语牌，所有的人都在疯狂地咒骂并威胁萨达特、贝京及他们的和平条约。我偷偷瞥了眼窗外，看到的是一张张充满仇恨和恶意的面孔，而与我同行的人却都保持着异常的冷静。这时，有个戴头巾的男人举起一根木棍开始猛敲车顶；其他人则奋力地用拳头砸车，他们起哄、发出嘘声、吐口水，然后开始从两侧掀我们的车。司机吓得目瞪口呆，他虽然有心，却无力甩掉这些人。汽车猛烈地颠簸着，所有的人都尽量抓住座椅目光紧盯前方。直到骑警飞舞着警棍赶来清出一条路，我们才获救。司机加大油门，在车胎扭曲下车子猛地一颠后开始移动，他的指节绷紧成了白色。安全抵达目的地后，他皱着眉头接受了我们的谢意并低声说："这是我最后一次为以色列人开车。"

布莱尔宾馆的门廊有一面大镜子，我们在这里确保各自衣着无碍后，便跟着人群来到自助餐桌旁。我刚夹起一块沙拉，负责总理安全事务细节的欧瓦德（Ovad）便过来告诉我，贝京正急着找我。他为我接通了保密电话。

"贝京先生，您找我？"我气喘吁吁地问。

"是的，我的演讲稿呢？"

"在您套房窗边的书桌上，您让我放那儿了。"

"不，不是那份——我的原稿。"

"在我口袋里。您需要？"

"是的——马上！"

"您什么时候出发去白宫？"

"12 点 40 分。"

我看了下表，已经 12 点 20 分了。我只觉得后脊梁自上而下一震。"我马上就送过去。"虽然不知道该怎么办，但我立刻应承下来。此时我发现美国国务卿赛勒斯·万斯正在和一名埃及人闲聊。我不顾一切地上前，冲他挥舞着演讲稿十分严肃地说："国务卿先生，我必须在十分钟内把这份文件送到希尔顿饭店交给贝京先生，否则今天就无法举行签字仪式。"

他满腹狐疑地盯着我。

"跟我来。"他大步走到门口揪住一名正走下台阶准备上警车的高级警官，并命令车里的警察："十分钟内把这个人送到希尔顿饭店，不然我要你的脑袋。上车。"

警笛声大作，我们以 80 公里的时速向前驶去，车上的警察伸出大手："*Sholom aleichem*！（祝你平安！）我叫阿比·芬戈尔德（Abie Finegold）。我是华盛顿四名犹太警察之一。很高兴认识您。"

"*Aleichem shalom*，"我大吃一惊，"我们能赶到吗？"

"当然，放心吧。阿比·芬戈尔德一踩油门，大家就知道得让路。嘿，女士！"他冲着一名开着老爷车的老太太喊道，"灯已经绿了，还不快走？走！走！走！"他贴着那位女士的车开了过去，经过的时候老太太冲我们做了个下流的手势。又有一辆车在一个没有任何标志，也没有红绿灯的路口放慢了速度。阿比一边闪灯，一边摁喇叭，嘴里叽叽着再次提高了刺耳的警笛声，紧接着来了一个急转弯，"上帝，差点撞到那个臭小子。"他骂骂咧咧地超过了一辆以 40 公里的时速往前开着的车，又紧紧跟着前面的车，直到前车被追得没办法只得开上人行道，让他先过去。

我开始喜欢上了这一切：康涅狄格大道的正午，我就是加里·库柏。[①]

"*Mazal tov*！（真走运！）我们到了！"阿比嚷嚷着，车猛然停在希尔顿饭店门后。

汽车仪表盘上的时钟正好指向 12：39。

---

① 《正午》（*High Noon*）为加里·库柏（Gary Cooper）主演的电影。——译者注

我奔进大厅时，贝京夫妇正好在一群保镖的簇拥下走出电梯。

"*Baruch Hashem*！（赞美上帝！）"我递过手稿时，贝京大声道，"感谢上帝，你赶上了。"

"我把演讲稿放在您桌上了——您不要那份吗？"我问，心里多少有点不快，"您对我改过的地方不满意？"

"哦，不是，它们很棒，"他宽慰我，"只是我刚才看打印稿的时候，突然有种感觉，在今天这个特殊的日子，我想读自己亲手写的演讲稿。"为了说得更清楚，他补充道："这是我发自内心写成的，我想发自内心地去朗读它。"

卡特总统第一个发言，接着是萨达特总统，然后是贝京总理讲话。他们向白宫草坪上应邀前来的 1600 名客人，以及全世界数百万电视观众承诺，埃及和以色列将永不再战。三个人不约而同地引用了《以赛亚书》中有关"将刀打成犁头"的名句。然而，在他们朗读这些激动人心的词句时，大家却听见了附近拉斐特公园里数以千计阿拉伯抗议者的喊叫声。他们的声音飘过宾夕法尼亚大道向白宫传来，仿佛在提醒人们，整个阿拉伯世界仍然在执拗地反对领导人们刚刚签署的文件——阿拉伯国家与犹太国家之间的第一份和平条约。

491

贝京的演讲最饱含个人感情。"和平是生命之美，"他动情地说，"它是阳光。它是孩子的微笑，是母亲的爱，是父亲的欢乐，是家庭的团聚。它是人类的进步，是正义的胜利，真理的胜利。"

他对萨达特说："这是您生活中一个伟大的日子，阿拉伯埃及共和国总统。您面对逆境和敌意，展现出可以改变历史的人类价值——公民的勇气。一位伟大的战地指挥官曾经说过，有时候拿出公民勇气比展露军事勇气更艰难。总统先生，我们在您身上看到了这两种勇气。但现在，我们所有人都应该拿出公民勇气，向我们的人民和其他人宣告，不会再有战争，不会再有流血，不会再痛失亲友——你们将得到和平，shalom，salaam（和平），永远。"他饱含深情地说："此时此地，让我想起了记忆中父母在家时教我的有关感恩的歌曲和祈祷，这个家早已不存在，它同其他六百万人——男人、女人和孩子——一样，把神圣的鲜血奉献给主的圣名，从莱茵河到多瑙河，从布格河到伏尔加河，鲜血染红了欧洲的河流，因为——只因为——他们生来是犹太人；因为他们没有自己的国家，也没有一支勇敢的犹太军队去保卫他们；因为没有人——没有人——去拯救他们，尽管他们大声喊着"救救我们！救救我们！"那是从苦难的深渊中发出呼喊，那是 2500 年前写成的《上行之诗》，那时候，我们的祖先结束第一次流放回到耶路撒冷，回到锡安。"

说到这里，贝京把手伸进口袋掏出一顶黑色的丝质圆顶小帽戴在头上，做了一个具有象征意义的手势，背诵起《大卫诗篇》的希伯来语原文——"*Shir hama'alot b'shuv Hashem et shivat Ziyon hayinu k'cholmim*"[①]——而且没有将其翻译成英文。

"我不打算翻译这段文字，"他说，"每个人，不管是犹太人、基督徒还是穆斯林，都可以用自己的语言从《圣经》上读到这句话。这出自《诗篇》126。"

他的讲话激起一片掌声，听得出来，掌声最响亮的是犹太团体所在的区域。当三位领导人全心全意地相互手拉手时，所

492

---

① 出自《诗篇》126：1，"当耶和华将那些被掳的带回锡安的时候，我们好像做梦的人。"——译者注

有人都站起身热烈鼓掌，这是一个让人难忘的和谐场面，在三人离开草坪再次走进白宫后，欢呼声依然久久不散。

那天晚上，白宫南草坪上支起一个巨大的橙黄色帐篷——其长度超过了总统官邸——1300 多名受邀者齐聚一堂，参加国宴庆祝和平。15 页的来客名单上按字母顺序排列着一个个阿拉伯人和犹太人名字，这看上去很新奇。老练的华盛顿政界观察人士评论说，这是首次有如此多的华盛顿社会团体进入卡特的白宫，使之成为美国有史以来场面最大的总统晚宴。

每个人之间似乎都相互认识，客人们混杂在一起来回穿梭，就像中学同学聚会一样不拘礼节。正当我和伊扎克·拉宾聊天时，亨利·基辛格穿过人群朝我们走来，他大大地张开双臂仿佛要来拥抱他的老对手兼老朋友。

"伊扎克！今天好忙啊，"他大声说着，脸上露出开心的笑容，"你我都可以骄傲一把，促成了这桩美事。"

前总理微微一笑。"这里有多少人了解那些事儿，亨利？"他心平气和地说，"有多少人知道 1975 年我和萨达特签署的 493《西奈过渡协议》是迈向如今和平成果的第一步？"

"还有多少人知道，我发疯一般追着你去办成那件事儿？"基辛格开玩笑地说，在微妙的平衡中巧妙地道出了真相。

"亨利，请原谅，"拉宾严肃地说，"我们俩在许多具体问题上有分歧，但在实质性问题上是一致的。我们都在寻求同一个目标——埃及前线的脱离接触和冲突消散。"

"它当然起到了作用。"基辛格的眼神熠熠发光。

"是的，它起到作用了，"拉宾表示同意，"想象一下，如果我们仍然在西奈半岛相互开火，而不是建立互信，萨达特怎

三方握手：1979 年 3 月 26 日，萨达特总统、卡特总统和贝京总理在白宫签署《埃以和平条约》后

图片来源：雅各布·萨尔、以色列政府新闻办公室。

么会到耶路撒冷来。还有"——他脸上毫无掩饰地显露出钦佩的神色——"尽管那时候贝京反对我签订的协议，但他在接任总理后，处理问题相当出色。"

管乐声响起，人们纷纷站立起来表示欢迎，埃及总统夫妇和以色列总理夫妇在美国总统夫妇的陪同下走进来。三位男士都穿着深色西装，夫人们穿的是长款礼服——卡特夫人穿的是珊瑚色，萨达特夫人的是米黄色，贝京夫人身着绿色。礼宾官把他们带到其中一张装饰着连翘和黄色郁金香的桌子上，每张桌上都有装着蜡烛的小型风灯照亮。

"对不起，请问您是阿夫纳先生吗？"一个头戴圆顶小帽的中年男人对我说，"我是巴尔的摩施奈德犹太餐厅的总经理。我想知道，您对我们的准备是否满意。"

周围很喧哗，他不得不提高嗓门说话。听见我称赞宴席非常优雅得体，他高兴地扬起了眉毛。

"我们准备得十分仓促，"他说话时带着职业性的骄傲，"我们直到周六晚上（当时是周一晚上）才从白宫得到消息，要为这次宴会准备 110 份犹太餐。他们还要求我们为贝京总理夫妇准备签字仪式前与卡特总统、萨达特总统的午餐。希望总理夫妇喜欢。"

"我相信他们很满意"我自认为他们是这么想的。

他仰起脖子踮着脚，以便更好地看清楚周围的情况。"我要盯着我手下的侍者，确保他们没搞错服务对象。"他解释道。

犹太宾客的席次牌在颜色上和其他人稍有差别，他手下的服务员在着装上也和其他人略有不同。此时，侍者正在上奶酪焗哥伦比亚河大马哈鱼，紧接着是烤牛肉和蔬菜，甜点是榛子巧克力慕斯。

"你看，"他说着，伸手指着我们身旁侍者手上的盘子，"我们的犹太菜单和他们的很相似——大马哈鱼奶油冻，后面是无骨牛肋条，蔬菜也是一样的。我们的甜点是植物奶油做的巧克力慕斯。"

我再一次表达了钦佩之意，他劲头十足继续道："我们本来打算为这次宴会拿出我们最精美的金质餐具和最棒的菜肴，但白宫让我们低调点。他们说，我们的菜品不能和他们的差别太大。所以，您看"——他指着我盘子里的东西——"它们的差别确实不大。"

干杯声打断了我们的谈话，侍者们在拥挤的餐桌之间来回穿梭，开始上咖啡、白兰地和雪茄。接下来是娱乐节目，表演者是来自三个签约国的艺术家——美国挑选的是女高音蕾昂泰茵·普莱斯（Leontyne Price），埃及派出了一个由吉他手、鼓手和电子琴演奏家组成的三人演奏团，以色列选派的是小提琴家伊扎克·帕尔曼（Yitzhak Pearlman）和平夏斯·祖克曼（Pinchas Zuckerman）。

在之后的一片喧闹中，我偶然遇见了塞缪尔·刘易斯大使，他显然刚给国务卿讲了个笑话，把素来古板的塞勒斯·万斯逗得笑得直不起腰来——直到看见我。国务卿突然一脸严肃地问："你在布莱尔宾馆说，一定要准时把那份文件送到贝京先生手里，否则就没法签字——你那是开玩笑吧，是不是？"

我给他讲了当时的紧张情况，他听得饶有兴味。我们正聊着，有人从背后挤过来，万斯转身见是个六十多岁、面貌和蔼的高个子。他相貌端正，充满热情，一双敏锐的蓝眼睛满含笑意。"祝贺您，国务卿先生，"他说，"我猜，为达成这个具有历史意义的和平条约，最近几个月您肯定忙极了。"

"是啊，头都大了。"国务卿玩笑着答道。

来人是参议员亨利·杰克逊（Henry Jackson），外号"斯库普"（Scoop），他是少有的主张支持以色列的人物，不遗余力地拥护并支持在重重"铁幕"背后的犹太人。

"我确实不是很了解萨达特，"参议员说，"不过我知道贝京先生是个很有原则的人——一个很难应付的谈判对手，但他说话很靠得住。"

"我完全同意。"刘易斯大使说。

"确实如此，"万斯也善意地回应道，"但这次谈判中有一个问题是，贝京先生与萨达特不同，他是个健谈的人。有时候，那可能会非常刺激人，但他享受辩论，往往纯粹就是为了辩论而辩论。我想，他因此才成为一名出色的议员。但是在和平谈判的过程中，我们有时候在争论词语的含义上浪费了很多时间，在这个过程中，他偶尔会在细节中迷失方向。这就是萨达特和贝京之间存在的诸多问题之一。萨达特看问题的全局，他的视线总是落在地平线上。他既不愿意也不准备去深入探讨文件中的细节。他把这些事情留给他的下属去做。贝京则迷失在各种细枝末节中，他会在语义上钻牛角尖。"

"可是那些语义至关重要啊。"杰克逊参议员也是一名传说中强硬的谈判高手，尤其是在倡导美国增加对以色列援助方面，而且只要苏联禁止犹太人自由离境，他就会极力阻止苏联在美苏贸易中占据优势。

"重要，那是当然，但你还得考虑到贝京先生是个非常高超的扑克玩家。"刘易斯大使毫不客气。

"哦，他确实是——一个一流的扑克高手，"万斯表示同意，"他出牌狠——是我遇到过的最出色的谈判对手。"

"从哪方面来说？"杰克逊问。

"和他谈判时，我很快发现，他有时表现得伤心欲绝，好像是在怀疑地问，'你怎么能要求我做出这样的牺牲呢？'然后，他会寸步不让地坐等，直到对手屈服为止。他可以反反复复地和谈判桌对面的人僵持下去。所以，我叫他扑克高手。"

"照您这么一说，他听起来很狡猾，"杰克逊说，"我不相信他是这样的人。他这个人言行极为一致。他因为大屠杀而饱受困扰。他是个爱国者。他担心国家的未来。他一生都在为以色列而奋斗。这就是他的全部。"

"我没有别的意思，"万斯辩护道，"他当然是一位爱国者，心里装着自己国家的利益。实际上，我发现他目标非常明确，只要涉及以色列的防务，他的思路就非常精准。我想说的是，他有时候会提出愿意稍后作出让步的要求，并将此作为谈判筹码。所以说，他是个很老练的谈判者。"

"我必须再补充一点，他是个把握时机的高手，"刘易斯肯定地说，"他会拖延局势，把每个人耗到发疯的边缘，然后，在最后一刻，当一切似乎都快要崩溃的时候，他会做一点小小的让步，到那时候，这点让步在每个人看来都不小。他用直觉找到最后的时刻来做出妥协，到那时，他看上去好像做出了巨大的牺牲。这是一种绝妙的谈判技巧。"

"那么，和平条约签订后，接下来干什么呢？"杰克逊问。

"约旦河西岸和加沙问题，"万斯严肃地回答，"以色列决定继续就巴勒斯坦人自治和埃及人展开谈判。双方已经确定，在实行自治五年之后进行公开评估。"

"我认为，贝京先生五年之后不大可能会在约旦河西岸问题上做出让步。"参议员冷静地说。

"上帝自有妙招，"万斯扬起眉毛，仿佛在等待奇迹降临，"我今天所认识的贝京，绝不会在他所谓的朱迪亚和撒玛利亚做出丝毫让步。他对此直言不讳。他对我说，'我永远不会把任何一寸以色列的土地转让给任何政权，因为这个国家属于我们。在我之后，可能会有人和我持不同的看法，但我绝不会。'他是这么说的。"

"但是他不是已经同意了，在五年自治期间——假设会有这五年，以色列不会宣布对西岸和加沙的主权吗？"

"确实。当我问他五年之后西岸的主权地位时，他给我的回答是，'到那时候，我可能就不在其位了。'"

"他这么说了？"

"他确实是这么说的——'我可能就不在其位了。'"[73]

华盛顿的签字仪式结束后，总理飞往纽约，在那里受到了英雄般的欢迎，活动安排中包括参加周末公众集会、招待会、接受采访、与世俗和宗教领袖见面，以及出席为以色列举办的筹款宴会。这是一场狂欢热烈、痛快淋漓，充满美酒、美食的犹太庆祝活动，贝京陶醉其中。他照惯例在华尔道夫酒店38层的套房里度过安息日，但到了周六傍晚，他走进了酒店的大舞厅，那里有两千位西装革履、华服闪亮的嘉宾在等他，他们起立喝彩，慷慨解囊，为以色列开具一张张支票。

接下来的星期天是严肃的公务活动。总理一大早前往下东区①拜访世界著名犹太律法权威摩西·范斯坦（Moshe Feinstein）拉比。随后，他在华尔道夫酒店38层的套房里接受哥伦比亚广播公司"面向全国"（Face the Nation）栏目的采访，与此同时，另一个摄制组在旁边准备一场另类的采访。这是一部可以留给子孙后代的纪录片——一段放松的独白，从头到尾都是贝京在坦率而深入地讲述他的一生和他所在的时代。这是美国拉比中央会议（Conference of American Rabbis）负责人亚历山大·申德勒（Alexander Schindler）拉比的想法，拍摄影片是为了存档，以便在将来某个不确定的时候公之于众。他是贝京的老朋友，两人在申德勒担任美国主要犹太人组织主席会议（Major American Jewish Organizations）主席期间有过密切合作。

497

---

①　纽约市曼哈顿区沿东河南端一带，犹太移民聚居地。——译者注

就在我和申德勒翻看着他的笔记等待总理到来时，楼下的派克大街正在酝酿一场示威活动。我们已经知道，警察向一个极端正统派团体颁发了活动许可证，示威目的是抗议在耶路撒冷一个名叫"G区"的地方进行考古发掘。据称那里发现了人的尸骨，因而那块地方也变得神圣起来。参加抗议的都是狂热的反犹太复国主义信徒，有纽约的萨特马尔（Satmar Rebe）、约尔·泰特尔鲍姆（Yoel Teitelbaum）拉比，他们的许多追随者都与一个名叫"城市守护者"（Neturei Karta）的狂热教派有关。在这些犹太人眼里，以色列国的存在是一种世俗的亵渎，人为的冒犯，是在通往神的救赎之路上的罪恶障碍。

纽约市警察局之前向我们保证，虽然游行示威中会用到麦克风，但示威声不会传到总理套房所在的38层。我向下俯瞰，只见警戒线标识的区域内游行队伍正在第49和第50街之间聚集，正好面朝酒店。从我所站的位置看，一切尽收眼底。街区中心南向的巷子里安置着一个可移动的演讲台。数以百计身着黑衣的人，正逐渐默默地向警戒区聚拢。街上的噪音并没有穿过窗户传进酒店套房，一切都看起来井然有序，经过了精心的安排。黑色的人丛中散落着一些深蓝色的点，那是上岗的警察。他们没戴头盔，也没有携带盾牌或警棍。据说，犹太人的示威从来不诉诸暴力。一切都丝毫没有什么不祥的征兆。事实上，让我不能不感到惊奇的是，这个大都市竟然允许反犹太复国主义者在一个周日下午，在曼哈顿这样的心脏地带举行极端正统派的犹太人示威，就像法律允许其他纽约人社团以自己的方式行事一样。

总理对楼下的情形全然不知，他走进客厅热情地迎接辛德勒。见我看着窗外，他便打听起来。当他得知楼下有示威时，大踏步走过来俯瞰。"喏，喏，"他说，"感谢上帝，美国是个自由的国家，犹太人可以大胆地示威。"然后他拍拍手，坐到扶手椅上，面对镜头愉悦地问："我们开始吧？"摄像机转动起来。

辛德勒问起他年少时的家庭生活，早年成为犹太复国主义者的岁月，作为地下组织伊尔贡指挥官时所做出的努力，他作为政治家所经受的种种挫败，以及他作为政治家的愿望。留到最后的，是一些最私人、最难回答的问题——大屠杀期间贝京家族的命运；作为一个人，作为一个犹太人，屠杀对他产生了什么影响？还有，那时候上帝在哪里？

就在贝京开始解释什么是 kiddush Hashem 时——即使在大屠杀的地狱里，全能者的名字也是神圣的——糟糕的事情发生了。楼下突然响声大作，一个高音喇叭里呐喊着贝京是纳粹，呼吁联合国铲除犹太国家。贝京好像并没有受到打扰，继续详详细细地讲述他的 ani ma'amin——他的信念——为什么大屠杀之后，他仍然是个有信仰的犹太人。

但此时，楼下的街道远远传来上百人的声音，一个声音变成了许多声音，并渐渐地扩大成了咆哮，他们用一致的节拍恶毒地叫骂着："贝京，Yemach Shimcha！（愿他的名字被抹去！）贝京，Yemach Shimcha！"

抗议者们不断地乞求上帝惩罚贝京，从地球上抹掉他的名字，而贝京却在不停地谈论他对 Elokei Yisrael——以色列的神——永不磨灭的信仰。他凝视着摄像机低声说："大屠杀之后，最至高无上的命令就是，犹太人绝不该相互谩骂，绝不该相互动一根手指头，应该爱人如爱己。"他说着说着红了眼眶，离开了房间。

第四十二章　埃尔阿里什之子

　　几个月后，5 月 27 日星期日凌晨，四辆旅游巴士（两辆埃及，两辆以色列）相向出发，沿着西奈半岛北部的海岸公路向埃尔阿里什驶去。那时候，埃尔阿里什黄沙漫天，是一块只有 4.5 万人口的绿洲，它稳坐于沙丘之间享受着天鹅绒一般海浪的拍打。这里是西奈半岛的行政首都，所以梅纳赫姆·贝京和安瓦尔·萨达特总统选择在此会面，以便举行仪式将西奈半岛正式移交埃及管辖。《和平条约》已经开始执行，与此同时，以色列国防军开始逐渐撤出西奈半岛。

　　旅游大巴上坐的并不是游客，而是两国的伤残退役军人，数十年来他们曾经在西奈半岛的沙漠里坐着坦克、半履带车、装甲战车、指挥车、直升机和战斗机相互攻击。现在，在贝京的鼓舞和萨达特的赞许下，这些带伤的老兵同意到埃尔阿里什展现相互和解的姿态。

　　他们抵达前，两军的仪仗队和军乐队已经排成五列纵队整齐划一地依次走过阅兵场，接受两位领导人的检阅。开始的时候，这看上去是个令人激动的场面，但随即响起军号声，预示着以色列国旗即将落下，取而代之的是埃及国旗。目睹此情景，

犹太人的脸上瞬间布满忧郁，这是一种无法言说的忧虑。谁知道这样的和平能维持多久？

　　双方领导人怀着敬意聆听演奏两国国歌，之后俩人进行闭门谈话。我们这些随行人员散步来到附近装饰着旗帜的康乐厅，

伤残老兵们即将在那里汇合。

　　首先抵达的是埃及大巴。车辆远远驶来进入人们的视线，带起一路沙尘，最后在大厅入口处停下。车上总共约有 70 人，他们华丽的新制服上别着不同的军衔和徽章，每个人都佩戴着许多军功章。他们下车的速度极为缓慢，有人缺了一只脚，有人缺了一条腿，至少有 4 个人双腿截肢。有些人失去了双手，取而代之的是钩子一样的假肢，失去双臂的人把空荡荡的袖子折向后面用别针固定在肩膀上。有些人遭到了可怕的毁容，还有些人双目失明。他们或走，或坐轮椅，或拄拐杖进入凉爽的大厅。医护人员带着他们来到大厅尽头，为他们递上茶点小吃。

　　五分钟后，两辆红白相间的以色列大巴来到大厅门口，上面的一幕又重演了。以色列老兵一个个走下车，他们有的瘸着腿，有的遭到毁容，有的装着假肢，有的身体瘫痪，有的双目失明。和埃及人不一样的是，他们中间没有一个人身穿制服，也没有佩戴任何军衔或勋章。他们在医护人员的协助下坐着轮椅或拄着拐杖缓缓进入大厅，在埃及人对面排成一排。

　　一片寂静！

　　人们心情矛盾，眼神里流露出明显的不安。伤员们相互审视着对方，仿佛想要努力找出那个扣动扳机、引爆火线，或是按下按钮的人。他们虽然勇敢地来了，却从来没有从头至尾好好地思考过。两组曾经对立的人相隔十码左右，中间隔着一道无人区，他们不知道该做什么，该说什么。大厅里弥漫着骚动和不安。有人要求看护让自己离开这个地方。伤痛仍然记忆犹新。

　　靠近我站立的地方，是一个 30 多岁双目失明的以色列老兵，他俯身拥抱着一个哭泣的孩子。孩子八九岁年纪，长着一双黑色的大眼睛和一头蜷曲的黑发。俩人容貌极为相像。

"*Kach oti eleihem*（带我过去）。"父亲小声吩咐孩子，但孩子恳求地看着爸爸。"*Ani m'fached mihem*（我害怕他们）。"他啜泣着。父亲轻轻地把孩子往前推，男孩怯生生地把父亲带到两国老兵之间的无人地带。他刚刚迈出第一步，就有一个双腿截肢的埃及军官推动着轮椅朝他们过去。两个人相遇了，军官握住失明者的手。紧张的气氛瞬间消解。一名犹太人开始鼓掌，阿拉伯人也跟着鼓起掌来。当埃以双方相互靠近时，稀稀拉拉的拍手声迅速汇集成热烈的掌声，人们相互拥抱、握手，拍着肩背互致善意。他们是 1948 年战争、1956 年西奈战争、1967 年"六日战争"、1970 年消耗战和 1973 年"赎罪日战争"中的伤残军人，他们在欢笑和泪水中高喊着"Shalom!"、"Salaam!"、"Peace!"（"和平!"）。

此时，贝京总理和萨达特总统步入大厅，掌声更加热烈了。两位领导人走到人群中，询问了大家的伤势和曾经战斗过的地方。当二人走上讲台，赞美勇敢的军队和伤病的老兵时，人群中许多人落下了眼泪，他们用希伯来语、阿拉伯语和英语相互喊着："L'chayim!"、"Lihayot!"、"To Life!"（"为了生命!"）。

那个男孩在一片喧闹声中紧紧地抱着失明的父亲。男孩看上去迷惑不解，他来回扫视周围的阿拉伯人和犹太人那生气勃勃的脸庞。他还记得，父亲就是因为这些阿拉伯人而失明的。对他来说，他们永远是敌人，顾名思义就是坏人。父亲感觉到儿子的疑虑，把孩子揽入怀中，温柔地吻着他说："别害怕，我的孩子。这些阿拉伯人是好人。"

1979 年 5 月 25 日，英国首相玛格丽特·撒切尔在唐宁街 10 号迎接贝京总理

图片来源：以色列政府新闻办公室。

第四十三章　贝京的收获与负担

　　几个月后，贝京受英国犹太社团之邀前往伦敦。不久之前，许多社团大佬还把他当作一个民族主义疯子而疏远他，可是现在他们都对这位世界级政治家敞开了大门。正因如此，英国首相玛格丽特·撒切尔请他到唐宁街 10 号共进午餐。

　　能跨进唐宁街 10 号让贝京备感高兴，因为在 40 年代中期，英国人就是在这里发出命令用 1 万英镑——当时是个大数目——悬赏那些为抓获贝京（无论死活）提供情报的人。令人诧异的是，如今英国记者们仍在拿这件事嘲笑他。总理迈出轿车时，一个啤酒桶般身材的秃头男人在马路对面喊道："贝京先生，英国人现在仍然称您是个被通缉的恐怖分子。您对此有何评论？"

　　贝京走到混乱的记者面前，用一种相当理性的语气问那人道："你真的想听听我的意见？"

　　"是的。"

　　"那么你就听好了。肯尼亚的茅茅党（Mau Mau）领导人访问英国时，你们管他们叫自由战士。塞浦路斯叛乱分子、爱尔兰革命者和马来西亚民兵到英国来的时候，你们都叫他们自由战士。只有我，你们叫我恐怖分子。难道就因为我这个自由战士是一个犹太人吗？"

　　"您是不是打算请撒切尔夫人支持，承认耶路撒冷为以色列首都？"另一名记者用装模作样的口气问道。他个子很高，身穿笔挺的蓝色哔叽绒西装，胸前的口袋里整整齐齐地掖着一块丝织手绢。

总理冷淡地回答："不会，先生——绝不会。"

"为什么？"

"因为，先生，早在伦敦成为英国首都之前，耶路撒冷就已是犹太人的首都。大卫把王国的首都搬到希伯伦，在那里统治了 7 年，而他在耶路撒冷统治了 33 年，那时候世界上还没有伦敦这个名字。事实上，那时人们连大不列颠都没听说过。"他说着转身向首相府门口走去，撒切尔夫人正等着迎接他。

上餐前酒的时候，双方谈论的大多是英国领导人为了苏联境内希望移居以色列的犹太人，而向全世界犹太人运动所提供的支持。

"对那些想方设法出来的人，你们的国家乐意接收他们吗？"撒切尔问，"他们在那里落地生根，容易吗？"

贝京喜欢用讲故事的方式阐述论点，和女人打交道的时候，他应该很招人喜欢，他用柔和的声音回答："哦，他们扎根得很好——相当安稳。他们为我们的社会做出了巨大贡献。我完全可以想象，您的前任，丘吉尔先生，也会在这间屋子里问同样的问题。"

"为什么？"撒切尔夫人感到不解。

"因为，"贝京愉快地答道，"1921 年丘吉尔第一次到以色列的时候，特拉维夫还只是沙子路上的几间房子而已。当时的市长梅厄·迪岑哥夫（Meir Dizengoff）非常想给丘吉尔留下个好印象，于是他从别处迁移了几棵大树种到小小的市政厅前，想增点颜色。然而在人群的推搡下，有一棵树竟然倒了，差一点砸到丘吉尔。丘吉尔掸掸身上的灰说，'我亲爱的市长，如果想给人留下好印象，就得牢牢地扎下根。没有根，那是不行的。'"

笑过之后，撒切尔夫人给客人讲了几段故事，表达她对犹太人的佩服之情。"那和我从小是卫理公会教徒有关，"她说，"您知道，卫理公会教义（Methoclism）意味着方法（method）。那意味着"——她把手指握成一个拳头——"攥紧你的枪，尽心尽力，决心果断，战胜逆境，崇尚教育——这些正是你们犹太人一直珍视的品质。"

贝京谦虚地微微一笑。"我不能否认，"他说，"一千年前，英国人还不知道怎么写自己的名字时，我们的祖先就已经发展出一套义务教育系统。"

撒切尔眼里充满热情："这儿非凡的首席大拉比，伊曼纽尔·雅克博维奇（Immanuel Jakobovits）爵士（后来成了勋爵）最近也表达过同样的观点。他告诉我，'犹太文盲'这个词是一种自相矛盾的说法。他说得太对了！他有……"——她停顿了一下，似乎想再次补充她的敬畏和尊重——"如此崇高的道德地位，他如此鼓舞人心地遵循传统美德，比如社区自助、个体责任和个人担当——我对所有这些都深信不疑。"接着，她又以一种出人意料的刻薄口气道："哦，我多么希望我们的宗教领袖能好好地以你们那些大拉比为榜样。"

贝京点点头，什么也没说。也许他认为不该表达赞同意见，那样太不谨慎；也许是因为他和英国首席大拉比在对犹太国家的看法上并不总能达成一致。

两位领导人一直站在蓝厅里交谈。一名男侍走到门口，悄悄咳嗽一声示意道："首相、总理、各位先生们，午餐准备好了。"

"您知道，"撒切尔夫人领路走进镶着橡木的餐厅，"这么多年来，我一直是芬奇利①的议会代表，那里的居民大多是犹太人，从来没有哪个犹太人因为穷困潦倒而来找我。他们总是自食其力把自己照顾得那么好。那绝对是棒极了！"

权威人士认为，正是因为这样的心态，所以历届撒切尔政府中犹太人的数量相当多——一度达到 6 人，更不说她近旁的诸多犹太顾问了。在英国这样具有阶级意识的社会里，贵族几乎都坚定地信奉圣公会，她因为出身卫理公会而被当作是个野心勃勃的局外人。因此，作为一个杂货商的女儿，她也许自然而然地就把犹太人当成了志趣相投的人。

"现在，聊聊你们的国家吧。"撒切尔说。两人在六名内阁成员以及助理的陪同下来到餐桌旁边。透过窗户可以看见首相的丈夫，瘦高个的丹尼斯正在后草坪上练习高尔夫；长方形的餐桌上方，霍雷肖·纳尔逊子爵（Viscount Horatio Nelson）和威灵顿公爵（Duke of Wellington）正从镀金的画框里傲慢地审视着坐在桌边的一边四个，共八个人。贝京在撒切尔身边坐下，抬抬下巴向我示意，轻声道："耶胡达，*mach hamotzi*（意第绪语，意为'面包祝福仪式'）。"

他指的是一个低矮的角桌上覆盖着一块白色丝质安息日布的结绳状面包——哈拉（Challah），它装在一个银色大浅盘里，旁边是一把装饰性的安息日面包刀、一壶水、一个玻璃碗和一块绣着希伯来语安息日祝福的手巾。面包旁边不显眼的地方有一张卡片，上面写着，"塞法迪犹太洁食认证委员会"。

撒切尔夫人是个时刻警觉的女强人，被称为"铁娘子"，

---

① Finchley，英格兰东南部城市。——译者注

为了取悦客人，确保我们能享用到符合犹太教规的食物，她竟然把平常的周二午餐变成了一顿传统的安息日盛宴，甚至连仪式也没落下。我思考着自己该怎么做。屋子里安静得像坟墓一样，我能感觉到脊背上撒切尔夫人锐利的目光，她在等待仪式开始。既然无处可藏，我只能按照教规净手，背诵祝福，切开哈拉。面包非常新鲜，在手里碎成了几块，我放一块到嘴里，胃里一紧，绕桌一周，鞠了个躬，把银盘上的碎面包呈送给女主人，一边吟唱着："首相女士，一起享用面包吧？"

撒切尔对这一切很着迷。"多么令人愉快的习俗啊，"她柔声地说，"我一定要告诉礼宾司。应该经常这么做。"

和所有伊顿公学和桑德赫斯特英国皇家军官学校毕业生一样，外交部长彼得·卡林顿（Peter Carrington）勋爵自信满满、巧言善辩，他用英国上层阶级那种命令式的、自视高人一等的颤音道："贝京先生，我跟您打个赌，我知道刚才把我介绍给您的时候，您心里在想什么。"

"是吗，卡林顿勋爵？我可不是赌徒，不过请您告诉我，我刚才到底在想什么呢？"贝京浑身带着一丝不羁的笑意。桌边所有的人都笑嘻嘻地听着这个玩笑。

外交部长轻声窃笑着。"您在想，的确，英国外交部的这些家伙都是一帮拼命维护阿拉伯人利益的阿拉伯专家。我说得对吗？来吧——快承认吧。"他放肆地笑着，摇着一根手指恣意地戏弄着。

贝京举起双手佯装投降的样子，眼神里充满笑意。"您是怎么猜到的，卡林顿勋爵？您猜对了！而且您说得简明扼要。"

大家哄堂大笑，撒切尔夫人施展出她的所有魅力欢快地说："行了，行了，总理先生，彼得是在开玩笑。以色列在这里有好

507

朋友，即便我们不是在每件事情上都能看法一致。"接着她又关切地问："您觉得大马哈鱼怎么样？这是特地按照犹太洁食的方式做的。"

"相当美味。感谢您考虑得如此周到。"随即，贝京向坐在对面的外交部长道："请问，如今咱们在哪些问题上看法不一致？"他很想把话题转到关键性问题上。

卡林顿勋爵没了刚才的那股热情。他淡淡地回答："大部分情况下，是您对待定居点的扫荡方式。"

以色列总理的眼神中闪过一道火光。"扫荡？"

"对，我是这么说的，"卡林顿仿佛走进拳击场，开始一下、两下猛烈地出拳，"你们的定居点政策是扩张主义者的做法。它毫无节制，是和平的障碍。这些定居点建造在被占的阿拉伯土地上。它们夺走了巴勒斯坦人的土地。它们毫无必要地激起了温和的阿拉伯人的仇恨。它们违背了国际法——《日内瓦公约》。它们与英国的利益是矛盾的。"

玛格丽特·撒切尔用柔中带刚的语气断言道："在这件事情上，外交部长代表的是女王陛下政府的意见。"

贝京选择向卡林顿发起反攻，而不是撒切尔。他身体前倾把注意力集中在对方身上，两人的眼神里充满敌意。然后，他开口反击道：

"先生，定居点不是和平的障碍。在定居点出现之前，阿拉伯人也不愿意讲和。大多数定居点都建在朱迪亚和撒玛利亚这些《圣经》省份，那里从来没有存在过任何阿拉伯主权国家，因此《日内瓦公约》并不适用。此外，我们是在自己国家所有的，并非阿拉伯人拥有的土地上建造定居点。建设定居点是对我们基本的历史性权利的一种肯定，而且它们对我们的国家安全至关重要。"

卡林顿勋爵的脸上红一块白一块。他对此完全不能接受，看上去马上就要爆发了。

508　　贝京突然转过脸向玛格丽特·撒切尔。"首相，"他语气威严地说道，"您的外交部长否定了我们国家的历史性权利，藐视我们生死攸关的安全需求。我来告诉您，为什么定居点至关重要。因为我要说的以色列的土地，是一块得到救赎的土地，而不是占领而得的土地；因为没有这些定居点，以色列就会任凭一个巴勒斯坦国家横跨朱迪亚和撒玛利亚这两块高地。那样的话，我们就只能苟且偷生。而且，"——他脸上的表情像他的眼神一样变得坚毅——"我们犹太人不管在哪里受到威胁或是攻击，总是被孤立的一方。大家记不记得 1944 年，我们是如何乞求活命的——就在这个大门口？"

英国首相的眉毛皱成一团，她沉思着喃喃道："1944 年？是不是你们要求我们去轰炸奥斯维辛？"

"不，夫人，不是奥斯维辛。我们请求你们轰炸通向奥斯维辛的铁路线。1944 年夏天，艾希曼每周都要通过这条线运输十万名匈牙利犹太人到奥斯维辛集中营受死。"

撒切尔用手捂住下巴陷入了深深的思考，"您知道，总理"，过了一会儿，她突然开口道，"我时常会想，如果当年我在唐宁街 10 号会怎么做。我必须坦率地告诉您，同盟国当时的策略是尽快毁掉希特勒的战争机器。其他偏离目标的事情，哪怕再小，我也不会同意去做。"

梅纳赫姆·贝京脸色发白。显然，眼前的这个女人不知道对面坐着的是谁——这是一个大屠杀幸存者，事实上是整个家族中唯一生存下来的人。

"可是女士，那是在 1944 年，"他声音不大，仿佛经历着什么可怕的事情，"所有的同盟国都赢得了战争。你们一夜就向德国派出了 1000 架轰炸机。其中分出 50、60、70 架飞机去轰炸这些铁道又能怎样呢？"

"这和定居点有什么关系？"卡林顿仍然怀着敌意插话道。

贝京脸色铁青地转向他厉声道："卡林顿勋爵，请您不要打断我和首相的谈话。我可以继续说了吗？"

卡林顿满脸通红。

突如其来的沉默让人吃惊不小，直到撒切尔夫人做出了一个非同寻常，不拘礼节的举动——她安抚地把手放在贝京的胳膊上说道："请您别动气。这儿都是您的朋友。在我的选区，我去犹太会堂比去教堂还要勤。无论何时，只要你们的国家陷入危机，一半的选民就会消失，我知道他们去哪里了。他们去您那儿了。他们是去以色列帮忙了。"

"确实如此，首相女士，"贝京说，"正如我所说，无论何时，只要我们遭到威胁或攻击，我们只能依靠自己的犹太人伙伴。"

"彼得"，撒切尔夫人柔声道，"我想，你有必要道个歉。"

外交部长摘下眼镜，在上面哈了口气，从定制西服的口袋里掏出手绢轮流擦了擦镜片。他看上去想要开口，却又犹豫了一下，然后他下定了决心。"当然，首相，"他带着歉意说，"贝京先生，不知为何，你们这个小小的国家能唤起各种各样的情感。可以说是，让人热血沸腾。"

贝京恢复了镇定，脸上笑着回应："我们的经历，在很大程度上就是一部被迫保护自己免受各种非理性和歇斯底里攻击的故事。每一代人都有过这样的遭遇。"

"是的，是的。"撒切尔夫人看起来对他的反应感到有些困惑。接下来，为了缓和气氛，她用一种和缓的口吻说："咱们谈谈双边贸易关系吧。我认为，它相当不错。"接下来的十分钟里，双方一致肯定了贸易状况，之后谈话逐渐停止下来。我们该走了。[74]

我始终将这次对话铭记在心。几年后，还是在撒切尔执政期间，我出任以色列驻英国大使，期间经常遇到否定以色列政策的各种激烈言论——主要来自新闻界——他们使用的是一种在我看来毫无必要的、极具攻击性的语言。每当遇到类似的事情，我脑海中就一定会出现卡林顿勋爵的话："不知为何，你们这个小小的国家能唤起各种各样的情感。可以说是，让人热血沸腾。"

为什么会这样？我在想。真正的批评从何结束，偏见从何而起？

我很快就认识到，各种各样的反犹偏见仍然存在于英国的各个地主阶层中，这些人构成了英国真正的贵族。我自己就亲身体验过不止一次，它有时微妙模糊，有时明目张胆，其中最难忘的一次是 1985 年在汉普顿宫庆祝伊丽莎白女王生日的宴会上。

510　　那一年，各路小报报道了大量有关王室的小道消息。装饰着佛兰德挂毯的汉普顿宫天花板高耸，那里是亨利八世曾经住过的宫殿，充斥着有关英国未来国王——威尔士亲王查尔斯的八卦。他是广受喜爱的戴安娜王妃的丈夫，却被传有一个情妇。她的名字叫卡米拉·帕克·鲍尔斯（Camilla Parker Bowles），是个已婚女人。宴会那天我的右边坐着一名男爵夫人，她的名字我已经不记得了，但她的外表令人难忘。她的脸看上去像傲慢的狮子狗，长长的脖子上缠绕着长长的珍珠项链，喉结相当突出，身穿一件红得像消防车一样装饰过头的礼服。

"查尔斯肯定是继承了亨利八世的传统，我敢打赌，"她用一种谴责的口气说道，"你知不知道，1533年亨利和安妮·博林（Anne Boleyn）结婚后，仍然在和她的妹妹玛丽干些见不得人的事情——还有她们的母亲，就在汉普顿宫。你知道吗？"

我承认，我没听说过。

"而且，与此同时，他还和一个名叫伊丽莎白·布朗特（Elizabeth Blount）的侍女有外遇，也在这个汉普顿宫。你知道吗？"

我再次承认，自己不知道。

"那么你知不知道，她不但是他的情妇，还给他生了他唯一的儿子？"

我又一次承认了自己的无知。

那个女人透过夹鼻眼镜犀利地盯着我，好像在说"你简直是个傻子"，然后用挑剔的眼光扫视着戴着白手套的男侍，后者正在我面前殷勤地摆放用金色盘子盛装的犹太洁食。

"你是哪儿来的？"她突然问。

"以色列。"我回答。

"哦，那儿。呸！"她低头吃起自己盘子里的菜，满是轻蔑的样子。

我没有时间去揣摩，她到底是想诋毁我的信仰，蔑视我的无知，还是攻击我的国家。因为就在此时，坐在我左边的客人——威斯敏斯特教堂牧师团长的妻子卡朋特女士注意到我的餐点，开始传授起宗教传统的美德。她是个修饰整齐、外表虔

诚的中年贵妇——没有化妆，不戴首饰，衣着朴素，一头银发
梳得简简单单。她旁边坐着一位强壮结实军人模样的人，他看
上去 70 出头，长着贵族的鼻子，光滑的秃头，一双敏锐的蓝眼
睛。他插进来愉快地大声说："真巧，上个星期我在纽约也享用
了一顿犹太洁食。"

"多有意思。"卡朋特女士赞叹起来。她听上去对此非常
着迷。

"那天我和一个穆斯林外出，他是个巴基斯坦人，"他详详
细细地讲述着，"因为找不着清真饭店，最后我们只能去吃了犹
太洁食餐。鸡汤棒极了，我跟你们说。哈哈！"

他口音优雅，胸前的红色腰带上装饰着皇家徽章和军功章。
他向我伸出手道："我叫霍华德，但大家都叫我诺福克。"

我因为自己的无礼而脸红起来，竟然连诺福克公爵都没认
出来，他是老牌的英国贵族，英国天主教会的首席平信徒。

"那个巴基斯坦人是伊纳穆拉·卡恩（Inamullah Kahn）博
士——世界穆斯林大会秘书长，"他解释说，"我们刚刚给他颁
发了坦普尔顿奖（Templeton Prize）。"

坦普尔顿奖是世界上奖金最丰厚的奖项之一——相当可观
的 150 万美元——用来奖励那些对宗教和科学和谐共存做出创
新性贡献的人。我推断公爵是该奖项的评审团成员之一。

"你们知道吗，"他继续说道，"一个在纽约相当具有影响
力的游说团体曾经在最后一刻厚颜无耻地向我们施压，试图迫
使我们收回奖项。"

"真的吗，阁下？"卡朋特女士叹了口气，"真可怕！可他
们为什么要这么做？"她的声音越来越小，变成了悲伤的哀叹。

"女士，那是因为，"公爵欣然回答，"伊纳穆拉·卡恩博

士是亚西尔·阿拉法特的朋友，是他及其事业的支持者，这就是原因。"

"游说团都是些什么人？"我问，不禁坐直了身体。

"哦，得了，得了，大使先生，您和我一样非常清楚游说团是什么人。"他一本正经地说着，嘴角挤出一丝僵硬的笑容。

"不，我不知道。是谁？"

"当然是纽约那帮犹太人。"

"什么？"

"纽约的那帮犹太人。"他不肯作罢地重复了一遍。

我几乎不敢相信自己的耳朵。"先生，您是个反犹人士。"我结结巴巴地说。

"我是吗？我可从来没这么想过。"他看上去真的很吃惊。

卡朋特女士显然被我气喘吁吁的样子吓坏了，她抚着我的背轻声道："大使先生，请不要再次撕开两千年前的旧伤。请让我来抚平它们。"

当她摩挲着我的脊背时，诺福克公爵一遍遍地重复着："这无关个人，朋友——一点不关个人。"

这戏剧性的一幕最终被英国前首相哈罗德·威尔逊打断了，他走过来问我："您怎么在这儿？"

"我是受邀而来的。"我回答。

"可是，总统不是让您陪他一同出访莫斯科吗？"

"没有。"我答道。

"哦，上帝，您不用告诉我了。我真是老了，又弄错了。您不是亨利·基辛格。您是约旦大使。请原谅。"说完他迈着大步走了，显然对自己的言行感到很吃惊。

这时，穿着红色制服的宴会主持人号召安静，请大家起立为女王祝酒。每个人都站起来祝酒，然后坐下来聆听演讲。

演讲结束后，客人们来到旁边的会客厅，那里有白兰地、利口酒、咖啡和雪茄，一支弦乐五重奏乐队正在演奏巴赫的作品。在一片喧哗中我来到男爵夫人面前，她正在品尝烈性酒。她站在一幅盖恩斯伯勒的绘画作品下面，不远处是苏格兰事务大臣马尔科姆·里夫金德（Malcolm Rifkind），他正和自由党党首大卫·斯蒂尔（David Steel）激烈地谈论着什么。男爵夫人已经微微有点醉意，她轻蔑地嘲笑着："看看他们——这些政客！就知道说！说！说！"

"苏格兰人确实挺有的说的。"我没话找话地开玩笑道。

男爵夫人脸上露出讥讽的表情，用下巴指着里夫金德的方向嘲讽道："他不是苏格兰人，他和你们一样。"

太过分了！先前，这个让人厌恶的女人就对我居高临下，相当傲慢。现在，又表现出了这种赤裸裸的傲慢——一种反犹的傲慢。我很生气，反驳道："他生在爱丁堡，长在爱丁堡，在爱丁堡接受教育，代表爱丁堡选区，他是苏格兰事务大臣，怎么就不是爱丁堡人呢？"

男爵夫人噘着嘴，露出一个鄙视的笑容，指着撒切尔夫人内阁中的另一名犹太成员——工业和贸易大臣大卫·扬（David Young）勋爵，轻蔑地低声说："扬是什么样的英国人，里夫金德就是什么样的苏格兰人。"

513 我吃惊极了，开始在这个大房间里寻找玛格丽特·撒切尔内阁中的其他犹太成员。"看，"我挑衅地说，"那是教育大臣基思·约瑟夫（Keith Joseph）。再那边是内政大臣利昂·布里顿（Leon Britain）。窗户旁边那个是财政大臣奈杰尔·劳森（Nigel Lawson）。还有那边的地方政府事务大臣迈克尔·霍华德

（Michael Howard）——再加上马尔科姆·里夫金德和大卫·扬。您对此怎么看？撒切尔夫人的内阁里为什么有这么多犹太人？"

男爵夫人的眼神里闪着一种恶意，她缓缓地、傲慢地答道："因为玛格丽特·撒切尔最喜欢跟下层阶级混在一起。"说完她转身走了。

我会偶遇许多像男爵夫人一样傲慢的贵族，不过也有许多各领域的高层人士非常钦佩犹太人，认为以色列是个非凡的国家。我有个多年的相识就是这么一个人。贝京总理访问伦敦期间，在唐宁街 10 号吃过那顿糟心的午宴后，我们去拜访了他。约会地点同样是个非常精致的地方——蓓尔美尔街（Pall Mall）和滑铁卢广场拐角处的雅典娜酒店（The Athenaeum）。雅典娜酒店是伦敦最著名的绅士俱乐部之一，初建于英国还是海上霸主的时期，那时候船长们聚集在蓓尔美尔街的各个绅士俱乐部里，那里是英帝国的中心。

走进雅典娜饭店，首先映入眼帘的是一尊裸体雕像下的一个指示牌：请务必时刻系好领带。门房留着白色的络腮胡，憔悴的脸上透着自负，问我有何贵干。我告诉他，我找赫伯特·哈德威克（Herbert Hardwick）爵士。

"赫伯特·哈德威克爵士已经来了，请上楼。"他说。

我在一间豪华的会客厅门口看见了要找的人。那是一间阴冷的大屋子，里面悬挂着维多利亚时代上流社会的人物肖像，画中人正傲慢地盯着众人，他们有的在打盹，有的斜靠在椅子上，还有的在窃窃私语，其中有内阁部长、高级公务员、教会高层，以及各种各样的名流，所有人都在 60 岁以上。我认识赫伯特爵士这么多年来，他一点没变。他身穿细条纹西装，一手握一顶圆顶高礼帽，另一只手里拿着一把卷得紧紧的雨伞，脸上的表情沉着中透着忧郁。

"我先去趟衣帽间。"他说着，指了指帽子和雨伞大步离开了，身姿笔挺像个英国兵。

514 　　我们最早是在 1967 年相识的，我当时正好在伦敦参加一个纪念《贝尔福宣言》的集会，赫伯特爵士到场发言。集会由一群议员——他们都是以色列的朋友——主办，地点在议会接待大厅。活动结束后，赫伯特爵士邀请我到议会走廊喝茶，他吃着德文郡奶油做的司康饼向我透露，他的父亲，一名殖民部的前官员，和著名的亚瑟·詹姆斯·贝尔福勋爵是同一个古老的苏格兰血统，他自己和父亲一样是虔诚的长老会教徒。正因为在血统上存在关联，他受邀在当年的纪念大会上发表演讲。1917 年贝尔福勋爵以女王政府的名义宣布，"赞成"犹太人在巴勒斯坦建立"一个民族家园"，这是大国首次投票支持犹太复国主义事业。我后来了解到，赫伯特爵士的父亲和贝尔福勋爵的侄子布兰奇·达格代尔（Blanche Dugdale，大家叫他"巴菲"）熟识，而后者是哈伊姆·魏茨曼的知己。

"巴菲过去总在苏豪区的饭店包间举办犹太复国主义者沙龙，我父亲是那里的常客，"他告诉我，"他们经常和奥德·温盖特（Orde Wingate）、温德姆·迪兹（Wyndham Deeds）和 C. P. 斯科特（C. P. Scott）等基督教犹太复国主义者一起吃饭。"他兴致勃勃地继续道："确实，在父亲的影响下，我一直对《旧约》中的希伯来精神和犹太人深感兴趣。我可以告诉你，基督教及其文明亏欠犹太教太多，令人羞愧的是无以回报。因此，以色列未来的福祉对我而言具有巨大的道德重要性。"

他轻声笑着继续讲述自己如何在 50 年代，动用家庭关系获得了一个英国驻特拉维夫使馆的初级外交官职位。"可惜我没在那儿干多久，"他有点惆怅，"因为我支持犹太复国主义，大使给伦敦发了份电报，说我患上了如今所谓的'耶路撒冷综合征'，很快就被打发回国了。后来我一直在东欧任职，并在某种意义上成了苏联集团（Soviet bloc）问题专家。"

退休后，赫伯特爵士因为熟悉苏联事务而成为"让我的人民离开（Let My People Go）"运动的一名坚定而有力的支持者，到世界各地游说争取让犹太人获得离开苏联的权利。因为参与这项运动，再加上他强烈热爱以色列，作为战略事务研究所的高级研究员，他会定期在一两名同事陪同下到访耶路撒冷。1967 年 6 月，就在"六日战争"前那些紧张且难熬的日子里，我在大卫王饭店大堂再次偶遇他。一开始谁也没有认出对方，我俩稍作犹豫，在记忆中搜寻着，他先想起来了。

"天哪，"他温和地用颤抖的声音道，"你是几个月前在贝尔福纪念集会上和我一起喝茶的小伙子。"他充满善意地握住我的手。我邀请他加入正在饭店阳台上喝酒的战地记者群，从那里可以鸟瞰整个壮观的老城。赫伯特爵士仍然不合时宜地穿着他的细条纹西装，戴着圆顶礼帽。他坦率地承认，自己很担心以色列来日无多，脸上更加沉静忧郁起来。

"还能怎么样呢？"他用他那贵族口音沮丧地说，"现在你们怎么自救？你们这支小小的军队怎么抵抗得住所有阿拉伯的联军，他们现在正结伙对抗你们。"

他瞟了一眼老城墙，阿拉伯军团正藏在壁垒里放哨。

"而且，除此之外，除了全世界成千上万拥有石油和巨额财富的穆斯林，他们背后还有苏联，而你们，甚至连所谓的朋友都抛弃了你们。"他那悲观的论调让我心烦。可是他还在继续："即便你们现在暂时挡住了他们，不出 10 年或 20 年，巴勒斯坦人就会在数量上赶超你们。埃及人口会迅速增加到 7500 万，沙特阿拉伯人口达到 2500 万。再乘以阿拉伯国家的人口出生率，最后是多少？你们将会遭遇一大群愤怒的阿拉伯人，其中大多数人年纪不到 35 岁。以色列无法抵挡如此具有敌对性的人口压力。"

他忧郁地看着自己的空杯子，失望地扭曲着嘴唇，又要了一杯酒。他喝着最后一杯，含含糊糊提到了"纳赛尔的暴民""美国的背信弃义""欧洲的口是心非""勇敢的以色列人""国防军的决心""我们永不投降"以及"一线希望"。

当我们起身准备离开时，他做了一件非常不符合他阶级身份的事情。他举起手搭在我肩膀上，用嘶哑的嗓音焦虑地说："只是运气太糟了，老朋友。你们犹太人总是这么不走运。情况对你们很不利。我今天晚上要飞回英国了。你们得转运，才能渡过这一劫。"他挺直僵硬的身体离开了，好像没有勇气转过身做最后的道别。

516

如今，12 年过去了，在雅典娜俱乐部一片冷漠的维多利亚式气氛中，他还和从前一样高大挺拔，保持着长老会教徒特有的严谨和活力，显然精力非常充沛。

"好啊，好啊，事态真是大大地改善了，"他热情地掰着手指头列举着以色列经历的人世沧桑，"第一，你们每一次都能打败阿拉伯军队。第二，你们的贝京先生和阿拉伯国家中最大、最强、最有影响力的埃及签订了和平协议。第三，没有埃及，其余的阿拉伯国家就会束手无措，所以战争是不可能的了。第四，你们的其他邻国迟早都得与你们讲和。第五，你们取得的这些胜利彻底钳制住了苏联的两翼。第六，苏联犹太人的斗争已经取得了成效，你们很快就会接收成千上万的俄罗斯移民，天知道你们会增加多少人口。还有"——他尴尬而自嘲地笑了笑——"我当时真蠢，竟然以为你们会失败。我说的那些都是废话，简直是胡说八道！要当心"——他突然止住笑意——"还需要对付伊朗和伊拉克。不过，抬起头来，老朋友！无论如何，潮流变了。你们现在是顺风而行，要站稳了。要坚强，要有勇气。要无所畏惧——时代站在你们这一边！"他说完这些热情洋溢的长篇大论，痛痛快快地喝了口黑方威士忌。

"班卓，你这个老话匣子，在跟谁吹牛呢？"我抬头看见一个高个子秃顶的家伙，长着一个鹰钩鼻，方形的无框眼镜后面是一双鹰眼。我猜想，班卓应该是赫伯特爵士的绰号。

赫伯特爵士介绍他是查尔斯爵士，后者听说我从以色列来，便抓过一把椅子坐下，狠狠地盯着我说："我过去和摩萨德的家伙们打过交道。很狡猾，很鬼祟。"

我不敢确定这番话是属于专业评价，还是出于偏见，但不管他是什么意思，赫伯特爵士插进来解释道，他是从军情六处退休的大人物，他用老朋友的口气说："查理在英国情报部门赫赫有名，下属们都怕他。是吧，查理？"

退休老间谍觉得一点儿也不好笑。他梳理着秃顶上仅有的几根白头发，忧心忡忡地说："告诉你们的贝京先生，当心后院着火。"

"您指的是哪个后院？"我问。

查尔斯爵士靠近我，神神秘秘地小声说："首先发难的是伊拉克。还有伊朗的那些血腥狂热分子——阿亚图拉们。他们废黜了伊朗国王，如果我们不加以阻止，他们总有一天会在整个中东地区横冲直撞。"

穿着白色制服的男侍穿过一片扶手椅和盆栽向我们走来，贴心地端着两个酒瓶，为我们满上威士忌和白兰地。查尔斯爵士斟满威士忌后，继续往下说。

"西方文明与伊斯兰教在千年来的历史战争中相持不下。我们以为可以凭借技术优势，一劳永逸地解决这个问题。但看看现在怎么样。

"原教旨主义者正在崛起，他们沉迷于神圣的圣战使命，从阿富汗向苏丹甚至更远的地方输出他们的伊斯兰主义。你们的贝京先生必须警惕。在我和班卓看来，以色列就是我们的前线。"

"准确地说，"赫伯特爵士沉思着说，"宗教狂热对于一个人的危害，就好比狗得了狂犬病一样。"

"伊斯兰激进派好战且具有煽动性，"查尔斯爵士说，"而且现在什叶派狂热分子接管了一整个国家——伊朗——他们也有能力让整个中东地区燃烧起来。"

赫伯特爵士听了这番话咕哝道："那里有很多可燃物。几个月前，我和查理去了几个阿拉伯国家，我们所到之处，人们都把自己社会的污点赖在以色列头上。他们认为，埃及和以色列签订和平条约就是一场灾难——"

"贝京不能心存幻想——这不是人民之间的和平，它只是政府间的和平。"查尔斯爵士接过话茬道。

"——我们见不到任何形式的自省、自我批评或是道德探究——只有受害者文化，"赫伯特爵士总结道，"阿拉伯国家的政府正在蓄意煽动这种替罪羊的言论，因为他们需要借用一个外部的敌人来保留自己的权力。"

说到这里，我提起了外交大臣卡林顿勋爵和贝京总理在唐宁街10号午宴上的敏感对话，赫伯特爵士回应道："我完全知道外交部的那些家伙们都在想些什么。其中没有一个人，尤其是彼得·卡林顿，有能力理解我们刚才的谈话。我们谈论的是我们的未来文明，他们脑子里只有贸易和石油。"

"问题是，"查尔斯爵士说，"即使在我们自己的国家，我们也没有足够的情报来了解表象之下的问题。它不像北爱尔兰，我们可以如鱼得水一般展开卧底工作。只要施加一点点胁迫，或者花费点现金，即便最顽固的爱尔兰共和军民族主义分子也会发生动摇。但你们面对的任何一位伊斯兰狂热分子，即使他出生在这里——他首先想到的是自杀，而且还要带你一起走。在狂热分子聚集的伊斯兰国家，我们最先进的技术简直一文不值。不管你部署动用多少卫星监视和计算机解密，都跟踪不了他们多久。跟踪他们的唯一方法是回到最基本的情报方式——人力情报收集、个人反间谍手段。"

赫伯特爵士神秘地补充道："安拉容不得被人嘲笑。他逗弄我们那些聪明的小玩意儿，当众嘲笑我们。伊斯兰主义者只需要战胜我们的技术，就等于发动了圣战。"

"所以我们需要的是，"这名军情六处的老情报员说，"一流的人员——他们要看着像阿拉伯人，说话像阿拉伯人，还能像阿拉伯人一样思考。你们的人最擅长干这种事情。"

"您是什么意思，我们的人？"我问。

"你们以色列人——你最擅长干这种口是心非的活儿。"

"您到底想说什么？"

赫伯特爵士赶紧插话调解："你们的摩萨德和辛贝特中有很多这样的特工，能够让人相信他们是穆斯林——他们是出生在阿拉伯国家的爱国犹太人，他们把阿拉伯语当成母语，随时就能伪装成穆斯林。"

"你说得完全正确，班卓。"查尔斯打断了他，随即对我说："你们的情报部门非常出色。你们每次都能打入阿拉伯人内部——通过渗透、伪装、欺骗。"

我开始感觉到，这次在雅典娜酒店邂逅查尔斯爵士恐怕并不仅仅是偶然。

519　　"可是，英国也有许多说阿拉伯语的群体，"我肯定地说，"为什么不从这些人里面招募特工呢？"

"不相信他们。"查尔斯爵士一脸轻蔑的神色。

赫伯特爵士表示赞同。"伊斯兰教对其信徒有很强的控制力，招募穆斯林从事间谍活动相当困难。"

"那所有这些和我有什么关系？"我问。

"你和贝京关系近。告诉他，我们可以靠他的情报资源做点事情，"查尔斯爵士放回酒杯，用手背擦了擦下巴，"你告诉他，从我们的角度来说，我们需要你们这样的人——他们符合阿拉伯人的要求，能够赢得原教旨主义者的信任，理解那些人的心态，可以为我们收集到货真价实的情报。你能不能把这些告诉他？"

"我不做这样的事情。"我说着，准备起身离开。

"为什么不行？"班卓看上去有点恼怒。

"因为你们都知道，有专门的渠道可以传递这样的敏感信息，而我不是。此外，你们二人都退休了，没有权利提这样的建议。"

他们的脸沉了下来。我意识到自己竟然在这么个过时的地方，盯着两个一心要干点大事，满脸皱纹的遗老。

查尔斯爵士阴沉着脸，焦虑地说："英格兰以前从未遇到过这样的安全问题。"在威士忌的作用下，他有点吐字不清，甚至在说话的时候也开始打盹。我收拾起东西，在赫伯特爵士的陪同下走下楼梯出门来到大街上。

"天哪，看那个！"赫伯特爵士大叫一声，停住了脚步。

只见附近墙上《伦敦晚报》的布告牌上映出一行字：伊朗人袭击美国驻德黑兰使馆——掳走52名美国外交官作为人质。

赫伯特爵士气得脸色发白，鼓起腮帮大声说道："天知道接下来怎么办。"说完他迈开大步离开了。

飞回以色列后，我向总理汇报了在雅典娜酒店的这次会面。他认真地听完后说："至少，它反映出我们的情报队伍还是不错的。"然而，只要稍稍提及卡林顿勋爵，就会点燃他深藏的怒火。"这个人太傲慢了，"他咆哮道，"从他说话的口气来看，他以为自己仍然是殖民地长官，而我们是他手里的土著。"对于玛格丽特·撒切尔，他评价道："她是个信念坚定的女强人，对我们怀有好感。确实，她在大屠杀的细节方面相当无知，但世界上的许多领导人确实就是这样。"接着，他愁眉苦脸地说："我想，我不会再去英国了。我给他们的安全人员造成了太大的压力。"

确实，不管贝京去哪里，他周围的保护和警戒范围总是空前地大。但这究竟是他下此决心的真正原因，还是仅仅是个托词——因为他不想和卡林顿一干人打交道——他从来没透露过。事实是，他确实再也没有去过英国。

1980 年 12 月 28 日，贝京总理和伊弗雷姆·波兰将军（弗利卡）在一起

图片来源：以色列政府新闻办公室。

第四十四章　纯粹的武器

1980 年 5 月，国防部长埃泽尔·魏茨曼因为政策分歧辞职，总理接管国防部长职务。魏茨曼认为贝京过于固执，而贝京认为魏茨曼在与埃及就巴勒斯坦自治问题进行谈判的过程中表现得太温和。最终，两人只能分道扬镳。

总理相当倚重波兰将军来帮自己熟悉新掌管的部门。6 月的一天晚上，波兰将军带总理来到位于犹太山丘陵地带的一个装甲兵团基地，亲眼见证在约旦河西岸的纳布卢斯地区部署了32 天的坦克后备部队如何抵挡恐怖分子的侵犯。

除了弗利卡·波兰，陪同贝京一起前往的还有参谋长拉斐尔·埃坦（Raphael Eitan）中将，大家也叫他拉富勒（Raful），以及一名健壮结实、话不多、全副武装的士兵。我和耶歇尔紧随其后，了解总理的新职责。

接待总理的基地指挥官阿萨夫（Assaf）40 多岁年纪，和蔼可亲，身材粗壮，身穿邋遢的橄榄绿军装，一头卷发上戴着顶针织圆顶小帽。参军前，他是个成功的企业主，从军服的肩章上看，他是个上校。

首先参观的是一座貌似已经一个月没打扫过的窝棚。里面散发着一股来苏水的味道。屋里摆放着几朵花，让塑料贴面的桌子和晒褪色的窗帘有了一丝生气。除此之外，屋子里唯一的装饰品是一幅从下到上占据了整面墙壁的地图，阿萨夫用它来指挥部队在岩石嶙峋的复杂地形中展开巡逻，寻找可疑的巴解组织恐怖分子藏身之地。接着，他领着我们来到外面的一片砾石地，十多辆坦克边停着一溜弹药车。在刺眼的车前灯照射下，后备役军人正在副指挥官警觉的目光下装载弹药。阿萨夫不苟言笑，严厉地命令军士们集合起来，马上开始演习。他向贝京汇报了一连串有关最高速度、火力、射程范围、军备、机动性的技术数据和其他细节。

"大家准备登上坦克！"他喊道，"大伙儿，上！"

巴顿 M－60s 坦克在我们眼前轰鸣着发动引擎，排出柴油废气，扬起尘土，叮当作响地出发了。阿萨夫跳进指挥吉普车，他旁边坐的是弗利卡，我和耶歇尔坐在后排。贝京先生坐拉富勒的四轮驱动车紧随其后。

坦克沿着崎岖的斜坡在灰色的石头上爬行，最终下到一条长长的、堆满岩石的山谷里。山谷延伸出去呈窄窄的 V 形，两边大多是陡峭的山丘，零星地长着一些树木。山谷尽头是一堆破碎的混凝土块、土砖和粉碎的泥灰碎石。这片废墟之上是奇形怪状如神龛一般的演习目标——一圈围成半圆形的空坦克和几辆已经损毁过半的装甲运兵车。

钢铁雄狮们浑身吱嘎作响，颤抖着，炮火齐鸣，发出霹雳一般刺耳的声音和闪光，让人联想起柴可夫斯基的《1812 序曲》。在不知什么信号的指挥下，其中一头巨兽沿着山谷开始爬行，阿萨夫打开指挥系统，手持耳机对着我们，以便大家都能听到里面的声音。

"驾驶员，急转向右！停！左侧有障碍物。现在，向前！全速！后退！现在，再急转向右！走！炮手，作战范围！2000米！开火！装弹手，继续装弹药！驾驶员，快！小心，你左边还有一个障碍！炮手，作战范围！1500 米！开火！好！直接命中！"

两个小时后，演习结束，队员们走出装甲车，摘下头盔卸下枪，到山谷边的一个营地围着篝火露营。大家一边大口嚼着大号三明治，一边听着贝京提出的问题。他不明白，坦克指挥员为什么要向驾驶员下达这么精准的指令。难道驾驶员自己看不见身处哪里吗？

"既是，又不是，"指挥员回答，"驾驶舱门关上后，实际上除了瞭望镜里看到的 17 度视角内的事物，驾驶员看不见其余的东西。驾驶员在很大程度上只能依靠炮塔上的指挥员来引导。"

我脑子里闪过上周在 CNN 新闻中看到的一则报道。那名记者说，我们在屏幕上看到的以色列坦克关闭了炮塔在约旦河西岸小镇的巷子里行进，恶意剐蹭并破坏两侧的商店门面。

我向阿萨夫说起这条新闻时，他语带讥讽地笑着说："我向您保证，驾驶员已经在尽力避免撞到这些店面。在这么狭窄的空间里，稍稍一个角度的变化就能引起剐蹭，而驾驶员根本不可能觉察。"总理转向我，带着挑战和玩笑的意味说："耶胡达，何不自己试试呢？"

"试什么？"

"爬进去看看，舱门关闭后，坦克驾驶员到底能看见什么？"

我很吃惊，但又不好意思承认。这时一双又大又厚的手把我拉上炮塔，递给我一顶头盔，抓住我的腰部和腋窝，把我向下塞进一个窄小的舱门。我的肩膀被挤压着，身体扭曲着，两条腿无处安放，最后终于坐到了下面驾驶员的位置上。我往下继续蹭了蹭，让脊背贴在座位上，发现自己身处一个狭窄密闭的钢铁容器中，周围布满了各种仪表盘、包装好的弹药，以及

525

526

1980 年 6 月，作者在犹太山体验操作坦克

其他可怕的设备装置。空气中满是呛人的火药、柴油、燃油和汗味儿，简直要让人患上幽闭恐怖症。

头盔的耳机噪声中微弱地传来阿萨夫的声音："我现在要把你关起来了——关上舱门。"

周围成了漆黑一片。我这个战士真的高兴不起来了。

在炮塔上探照灯诡异的光亮下，我分辨出有三个瞭望镜，一个在正前方，另外两个呈夹角位于两侧。我现在看到了坦克驾驶员所能看到的——一个狭窄的视野，既看不到侧面，也看不到后面。

我正准备爬出坦克，耳机的嚓嚓声里又响起阿萨夫的声音："下面有个油门踏板。你现在处于空挡状态，踩一脚。感受一下引擎发动的感觉。"我照做了，感觉自己像坐进了打击乐器里。

感觉时间过了很久，阿萨夫才打开舱门把我拽了出去，总理为了抚平我不安的心情，带领士兵们善意地为我鼓掌。随后他与众人告别，表示晚些时候会再和大家见面，便和拉富勒、弗利卡和阿萨夫一起驱车离开了。弗利卡后来告诉我，贝京先生是要和他们商量如何应对后备役士兵在经济困难时期面临的挑战。在1980年的那段时期，以色列经济滑入低谷。

我后来得知，阿萨夫因为使用开创性的方法维持部队士气，而在高级军官中非常出名。他的许多部下都生活得很艰难，但只要听到召集就会前去报到。军官们纷纷向他请教成功经验，例如如何制定互助方案、就业计划，为提高士气举行家庭联欢等。

不难理解，为什么这群人愿意相互伸出援手：是极具感染力的同志友情让这支后备军——其成员年龄都在22～45岁——年复一年地离开舒适温暖的家，冒着危险到前线作战，组成一条无法言说、牢不可破的纽带。因此，弗利卡精心挑选了这个基地。他想让贝京见见阿萨夫，评价他的积极成效。

我和耶歇尔同士兵们一起坐在篝火旁边聊边吃，等待总理 527 一行人回来。我先前以为副指挥官是个精明执拗的人，此时他自以为是地朝我一笑问："坐在坦克里的感觉怎么样啊？"

"很好啊。"我撒了个谎。

"那咱们出去兜兜风；你看看它走起来是什么感觉。"

"好主意，"耶歇尔恶作剧地说，"把他放进去，他会很享受的。"

我还没来得及争辩，就有一帮说着俏皮话的士兵过来给我戴上头盔，穿上护具，把我塞进了装弹手的座位。我一抬头，副指挥官正从指挥员的炮塔上低头笑眯眯地看着我。他迅速打开探照灯，通过耳机下命令："驾驶员，带我们穿过山谷，上山，再回来。"

坐在坦克肚子里的人开动引擎。这个怪物摇晃着，轰鸣着，嘎吱作响地在山谷里的岩石地上东倒西歪地向目标区域出发了。它爬上斜坡时，我的脑袋像一个装在盒子里的玩偶一样在肩膀上摇晃不停。我无法想象一个人在实战中被塞进这个破旧的金属盒子里，在枪林弹雨和震耳欲聋的爆炸声中，再加上混乱、疲惫和恐惧，那是一种什么样的体验。等我们回到露营地的时候，我已经完全瘫痪，我的脸色肯定像我的头发一样是灰色的，面对四面迎上来冲着我哄笑和赞扬鼓励的家伙们，只能报以尴尬一笑。

时间已近午夜，贝京一行人回来了。他站在一片高地上，旁边是参谋长和指挥官，预备役军人列队在他们面前，有的坐着，有的躺着。坦克的聚光灯映照出总理厚重的眼镜、高高的前额和有力的下巴，他的身后是漆黑的天空。他今年67岁，穿着干净利落的纯白色开领衬衫，看上去要比实际年龄年轻10岁。

"我今天是作为国防部长在这里给你们讲话，"他开口道，"我为你们的奉献和勇气，为你们彼此之间的互助，向你们致敬。"

后备军人们一起把晒得黝黑的脸转向他，微笑着表示赞同。他们喜欢得到这样的肯定。

"如你们所知，"贝京继续道，"以色列国防军在战斗也要恪守道德规范——犹太人的道德法典——即使要针对的是巴解组织的野蛮恐怖行为，而你们也即将在纳布卢斯地区遭遇这些。我们的军队要让受到侵犯的人权重见天日。惩罚那些虐待无辜平民的行为，并且伸张正义。"他转向阿萨夫轻松地说："但是我认为，中校，有这样一支队伍，你们不会遭遇这些问题。"

"其实，"阿萨夫直视着贝京，好像准备接过话茬，"偶尔也会遇到那些问题。"

队伍中响起一阵轻微的骚动。

"比如什么呢？"贝京问。

"是这样，当我们采取行动搜捕潜伏在平民区的可疑恐怖分子时，经常会面临困难的抉择。"

"在场的有谁能给我举个具体的例子，你是怎么做这个困难抉择的？"贝京问大家。

有人举起了一只手。"我做过。"回答的是一个笨拙的高个子，眼窝深陷，牙齿黄黄的。

"没当兵时，你是干什么的？"贝京问。

"我是个卡车司机，但我失业了。"

贝京同情地点点头道："给我说说，你是怎么想的。"

那人耸耸肩，用一种毫无感情的声音讲述了在约旦河西岸城镇杰宁郊区，自己指挥的坦克与一辆拦路的奔驰车面对面遭遇的经过。奔驰车停在一座孤立的阿拉伯房子外。于是他命令驾驶员撞上去，把车推到一边，继续前进。

"你为什么不敲敲门，让车主把车挪到一边呢？"贝京尖锐地问。

"那我的坦克的安全呢？"

总参谋长迅速插话："总理先生，常规的命令是，在可能存在敌意的环境下，无论发生任何情况士兵都不得离开坦克。"

"我明白。"贝京这个国防部新手回答道。

"而且，"一名长相齐整，曾经当过历史课讲师的坦克手补充道，"我们那时候已经筋疲力尽，睡眠严重不足。我们已经

36 个小时没合过眼。天气很热，我们已经受够了。我们已经痛失了两名战友，他们就是在那个地方走出坦克之后遇难的。"

阿萨夫脸色阴沉地解释说，在之前一次执行任务时，一枚小型爆炸装置在杰宁的小巷里撞到了坦克边缘，造成了轻微损失。两名队员违反命令走出坦克去检查损毁情况，被枪击中。

"我明白了，"贝京脸色忧郁，"不简单啊。"他停顿了很长一会儿，挺起肩，用一种确凿而权威的口吻说道："我来给大家解释一下，我们——我们所有人——面临的是什么。传统的战争从根本上来说是一场意志的较量，是给敌人施加压力，让他失去斗志。反恐战争有同样的意图，但有一点非常可怕的变化——敌人可以是任何人，存在于任何地方。他不穿制服，无法识别身份。他的目标是随机的。他的武器相当可怕。他做事没有底线。他全面伪装，通常打扮成受害者的样子。他渲染当局无力保护人民，以此从精神上折磨人，瓦解士气。他用妇女和儿童当盾牌。他试图激怒防守者，迫使他们采取更严厉的对抗措施，引发普遍的仇恨。他竭力播种绝望，残酷地对待紧张不安的心。与此同时，他想尽办法通过战斗压力、瓦解士气、疲劳战术、无聊厌倦和过度杀戮来破坏防卫者的军事专业精神和纪律，也就是我们一直在谈论的东西。哦"——他加快了语速——"没有哪个敌人能摧毁我们的心灵，他们无法破坏我们的军事专业精神和纪律。以色列国防军有一种人性的传统，打击没有人性的敌人。我们是一支捍卫道德和正义事业的犹太军队。所以，我们要在上帝的帮助下，消灭那些企图毁灭我们的人。"

说着，他微微鞠躬致意，大家欣喜地为他鼓掌。

1980 年 6 月，在耶路撒冷希尔顿饭店举行以色列筹款晚宴

第四十五章　哦，耶路撒冷

531　　一个月后，耶路撒冷希尔顿酒店，梅纳赫姆·贝京站在装饰着国旗的讲台上，台上挂着一面广告牌一般大的横幅，上面写着："以色列债券——耶路撒冷团结使命——1980年6月。"拥挤的宴会厅里传出欢呼声，近两百名美国房地产大亨和企业家正在展示他们对耶路撒冷的情谊。他们满怀赞许地听取以色列总理的发言，听他严厉批评联合国最近谴责以色列的决议。以色列议会提出立法提案，要将耶路撒冷定为以色列的永久首都；联合国颁布了一项措辞严厉的决议，谴责这一提案。让听者大为崇拜的是，贝京大无畏地宣布，作为回应，他打算将自己的办公室从西耶路撒冷搬到东耶路撒冷——联合国坚持主张那里是被占领土，而不是以色列的合法部分。

　　他满脸鄙视，义愤填膺地面对电视摄像机挥舞着一根手指怒吼道："厚颜无耻！简直傲慢！联合国有什么权利敢告诉我们，以色列的首都应该在哪里？谁授予他们权利来告诉我们，以色列总理办公室应该在什么地方？难道伟大的美国的国家创始人在定都华盛顿之前曾经征求谁的同意了吗？他们这么做了吗？"

532　　演讲者炯炯有神地扫视着下面的听众，人群中爆发出笑声和响亮的鼓掌声。稍稍安静后，贝京脸上露出一丝调皮的笑容，他暗笑着说："顺便提一句，我可不可以问大家一个问题？如果耶路撒冷不是以色列的首都，那我们的首都在哪里？难道是佩塔提科瓦（Petach Tikva）？”

大厅里充满笑声。

“就像华盛顿的建设者在首都的名字里加入了两个字母‘DC’，耶路撒冷的建造者也在首都的名字里加入了‘DC’——‘David's City’（大卫之城）”

大家哄笑着拍起手来。

“我们到底犯了什么罪，女士们先生们？我们到底做错了什么，让联合国这么恼火？”

他走出来站到台前，用低低的声音说道：“我悄悄地告诉你们，我们到底犯了什么罪。因为我们至高无上的议会勇敢地单方面宣布，耶路撒冷是我们的首都。是啊！单方面！没有经过联合国允许！这是多大的罪名！”

他跃回到讲台上，举起双手攥成拳头，用响亮而颤抖的声音喊道：“我们犹太人并没有单方面选择耶路撒冷作为我们的首都。是历史单方面地选择了耶路撒作为我们的首都。大卫王单方面地选择了耶路撒冷作为我们的首都。所以，重聚到一起的、不可分割的耶路撒冷应该作为犹太人永远的首都。”

全场爆发出热烈掌声，贝京再次提高声音重复道：“是的，永远，永远！”接着他讲述了1978年在他与吉米·卡特和安瓦尔·萨达特的戴维营会谈尾声，签字仪式开始前几分钟，美国总统要和他谈一谈“最后一个正式问题”。卡特说，萨达特要求贝京在一封信上签字，要他承诺将耶路撒冷放到最终和平协议的谈判桌上。

“我拒绝接受这封信，更不用说签字了，”贝京声音低沉地说道，“我告诉美国总统，‘耶路撒冷啊！我若忘记你，情愿我的右手瘫痪。情愿我的舌头粘在嘴上！’”

　　古老的箴言在空中回荡，欢呼声更响亮了，总理总结道："我的犹太兄弟们，耶路撒冷是一部史诗。它是文明的源泉。没有耶路撒冷的文明，世界的精神历史将会停滞不前。有谁曾经听说过，萨拉丁①的后代会为了纪念古代耶路撒冷的痛苦而每年斋戒禁食？一个都没有！有谁曾经听说过，十字军的子孙会为了纪念古代耶路撒冷遭受的折磨而在婚礼上打碎玻璃杯？一个都没有！整整3000年的漫长历史中，耶路撒冷一直不是别人的，而是犹太人的首都。它过去是。它现在是。因此，它永远都将是。"

　　在晚会主席萨姆·罗思伯格（Sam Rothberg）带领下，所有人欢呼雀跃，站起身长时间鼓掌。萨姆·罗思伯格长得棱角分明，是个直言不讳的慈善家。他和总理一样出身艰难。他生于伊利诺伊州皮奥瑞亚，和其他著名犹太社团领导人不同的是，他们更器重久经考验的联合犹太求助会，而他多年来一直是以色列国债运动的发起人和自愿领导者。梅纳赫姆·贝京非常尊敬萨姆·罗思伯格，有时会把他当成当然的内阁部长，请他为国家的发展预算提供帮助。同时，贝京还邀请身为希伯来大学校董会主席的罗思伯格为学校筹集资金，以满足学校不断增长的资金需求。

　　总理说完刚坐下，罗思伯格便热情地握住他的手，在一片喧闹声中大声道："梅纳赫姆，太棒了！你到底哪来那么多能量来对付政府里最累人的两桩差事——总理和国防部长，而且到晚上这个时候还能保持这么精神？"

　　"我努力向拿破仑学习，"贝京笑着，再次起身向鼓掌的人

① Saladin，埃及阿尤布王朝的创建者。——译者注

1980 年 7 月 29 日，贝京总理为《耶路撒冷法案》投票

图片来源：尼诺·赫尔曼、以色列政府新闻办公室。

群鞠躬挥手，"拿破仑说，他把头脑分成几个主题区域，当他需要在一个问题上集中注意力的时候，就关上其他几个区域的门，今天晚上，我把其他所有的门都锁上了，只留下耶路撒冷，在这个问题上，上帝给了我巨大力量。记住关于上帝的这句古话，'*Hanoten l'ayef koach*'（疲乏的，他赐能量）。"

"您一天睡几个小时？"罗思伯格在一片议论声中问道。

"虽然我昨天晚上只睡了两个小时，但上帝的力量让我度过了这一天。所以，现在我得回家了，和我妻子安安静静地聊聊天，看看最新的急件，休息几个小时，这是上帝的意志，为明天重新开始做准备。"

第二天，总理心脏病突发被送到哈达萨医院急救。还好，这次的病情相对较轻。他和其他八个病人同住在冠状动脉病房，医生出于照顾，允许他在病房一角拉上帘子稍微干点儿工作。我被他召到床边，发现他正在看电报。他身穿睡衣，肩膀弯着，两颊凹陷，但眼神还是一如既往的锐利。

"*Hosht du gehert aza meisa*？（你听说过这样的事情吗？）"他故意用最通俗的意第绪语问我，"卡林顿勋爵居然问我，我想在自己的首都干什么？我从今天早上伦敦的报纸上看到的。"

此时，英国外交大臣和以色列总理之间的关系，已经陷入了一种长期敌对的僵局。"我要给他写封信！"贝京说着，马上向我口授了一封愤怒的谴责信，主要内容是告诫卡林顿勋爵管好自己的事情，重复他拜访撒切尔夫人时在唐宁街 10 号门口向一位记者所说的那番话。

"卡林顿勋爵，请您翻开《圣经》，"他口授道，"读一读《列王记上》2：11，您会发现大卫王从统治了 7 年的希伯伦迁都到耶路撒冷，他在那里又统治了 33 年，而那时候，文明世界还从未听说过伦敦二字。"

十天后，贝京出院在家养病，他似乎并不担心 13 家外国驻耶路撒冷使馆中的 11 家——其中包括最先在耶路撒冷开张的荷兰使馆——为抗议议会法案，搬回特拉维夫的事情。他还收到了萨达特总统写给他的一封 14 页的信，其中对耶路撒冷法案提出了尖锐抗议。埃及总统虽然很生气，但还是关切地询问了他的病情。这并不是虚情假意，这两个过去说不到一起去的人，现在已经真正喜欢对方了。

当天晚上，贝京用同样私人的语气草拟了一封回信，在其中强烈地感叹了一番人心的脆弱。他写道：

请允许我跟您说一说，在我突然病倒期间产生的一些

1977 年 6 月 7 日，当选总理梅纳赫姆·贝京在西墙祷告

1977 年 6 月 21 日，拉宾和贝京总理的权力交接仪式（上）

1977 年 7 月 17 日，贝京总理在纽约布鲁克林和卢巴维奇派拉比曼纳海姆·门德勒·斯奇尔松（下）

1977 年 7 月 22 日，贝京总理同联合国秘书长
瓦尔德海姆一起讨论黎巴嫩边境局势（上）
1977 年 7 月 19 日，卡特总统与贝京总理在白
宫晚宴后（下）

1977 年 11 月 19 日，埃及总统萨达特到访以色列，以色列总理贝京和总统伊弗雷姆·卡齐尔在机场
欢迎（上）

1977 年 11 月 19 日，埃及总统萨达特到访，奏埃以两国国歌时的致敬场面（下）

1979 年 3 月 26 日，萨达特总统、卡特总统和贝京总理在白宫签署《埃以和平条约》后握手

1979 年 5 月 25 日，英国首相玛格丽特·撒切尔在唐宁街 10 号迎接贝京总理

1981 年 9 月 9 日，贝京总理和里根总统在白宫美国总统办公室（上）

1981 年 10 月 10 日，贝京总理一行赴开罗参加萨达特总统葬礼（下）

1992 年 3 月 9 日，贝京遗体在耶路撒冷橄榄山下葬

想法。医生把我放在一个庞大的机器下面，它是以色列制造的，其复杂程度可谓独一无二。他们给我拍了片子，并让我看。那么，人类的心脏是什么样子的？简单来说，它就是一个泵。我心里想，万能的上帝，只要这个泵还在工作，人就能有感觉，能思考，能写字说话，爱家人，会哭会笑，会享受生活，会生气，会交朋友，收获友谊，能祈祷，能做梦，能忘记，能记忆，能影响别人，也能被别人影响——这是生命啊！可一旦这个泵停止工作，那就什么都没有了。宇宙太神奇了，人类的躯体如此脆弱，但没有它，意志将荡然无存。因此，只要这个泵还在跳动——每个负有使命的人，就该尽其所能，为他的人民、他的国家，为人类的正义事业而付出。

发完感慨之后，他切入萨达特来信的主题，温和地指责对方，暗示其在耶路撒冷问题上受到了误导：

> 我希望您能原谅我这个算不上哲学的开场白，但它是有来由的。我们两国都渴望和平。正是本着这一精神，为了清楚起见，我必须纠正您来信中的几个有误之处……您也会承认，我们之间的会面都不是你或我的个人独白。我们举行的是相互之间的对话。您说，我回答了。我说，您回答。所以，让我们来重温一下当初说过的话。
>
> 您在给我的信中写道，"您应该记得，（在阿里什）我曾经同意通过内盖夫向耶路撒冷供水。然而，您误解了其中的意思，竟然认为贵国人民的民族愿望是不可以收买的。"
>
> 总统先生，我相信，您只要回想一下在阿里什的那次短

536

暂对话，您就会同意：第一，您向我建议，把尼罗河的水引到内盖夫沙漠。您从未提及把水引到耶路撒冷；第二，我从没说过，我国人民的民族愿望是不可以收买的这样的话。我不会在和您谈话时使用这样的语言。您主动提出了一项双重建议。您说，"我们采取行动时必须有远见。我准备让您从尼罗河引水灌溉内盖夫。"您还说，"我们得解决耶路撒冷问题，因为如果解决了这个问题，那么一切都将迎刃而解。"对此，我回应说，"总统先生，从尼罗河引水到内盖夫沙漠——这真是个好主意，确实非常有远见。但是我们必须始终分清，耶路撒冷是关乎道德和历史价值的问题；向内盖夫引水是关乎物质进步的问题。所以，我们要把这两个问题分开——一边是耶路撒冷；另一边是从尼罗河向内盖夫引水。"

他接着详细地罗列了他一向强调的原则和一贯拒绝将耶路撒冷放在谈判桌上的做法，并且反对有人暗示，在犹太主权下，穆斯林和基督徒的宗教权利不能得到保障。他喜欢谈这个话题，于是信中写道：

> 我们知道，从宗教信仰的观点来看，耶路撒冷对基督徒和穆斯林是神圣的，但对犹太人来说，耶路撒冷是他们三千年的历史，他们的心，他们的梦想，是他们国家救赎的具体象征。

安瓦尔·萨达特当然不会接受这番说教。两周后，他写了一封35页长的反驳信，其中大部分是对他之前的书信的概括，只不过这一次他冗长地讲述了促使他进行所有谈判的宗教使命。

loves his family, smiles, weeps, enjoys life, gets angry, gives friendship, gets friendship, prays, dreams, remembers, forgets, forgives, influences other people, is being influenced by other people, — lives; but when this pump stops — no more. What a wonder is the Kosmos, and the frailty of the human body (without which the mind does become still, helpless, or hopeless.

Therefore, it is the clear duty of every man, who is called upon to serve his people, his country, humanity, a just cause — is in duty bound to do his best — as long as the "pump" pumps.

I agree with you wholeheartedly that there is no nobler task than to work for peace, yes indeed a comprehensive peace between all nations, and notably between the nations which originate from and live in our region, known as the Middle East.

1980 年 8 月 3 日，贝京在给萨达特总统的信中回忆了最近犯心脏病的经历

他写道，他在一次访问西奈山的过程中得到启发。贝京对这一部分特别感兴趣，于是邀请副总理伊伽尔·亚丁（Yigael Yadin）、外交部长伊扎克·沙米尔和内政部长优素福·伯格到他家，听取他们对萨达特来信开头部分的印象，他读道：

我此刻与你们分享的想法，是我在西奈山山顶上，在这块见证过伟大使命诞生的埃及的神圣土地上，背诵着

《古兰经》敬奉神的时候想到的。当我在这个无与伦比之地背诵《古兰经》时，我更加确信自己以前曾经说过的一个事实，我的和平倡议是一项神圣的使命。以色列人的故事始于埃及之地。显然，神的旨意是，这个故事也将在埃及结束。

优素福·伯格是个虔诚教徒，睿智且平和乐观，他的确感到很困惑。"他真的相信自己能直接和神通话，"他觉得有些好笑，"他这是从西奈山顶上向我们布道呢。"

伊扎克·沙米尔是个脚踏实地的强硬派现实主义者，简直不相信自己的耳朵。他让总理给他看看这封信的开头，并且逐字逐句地把它慢慢翻译成希伯来语念了出来，温文尔雅的亚丁在一旁琢磨着那些模棱两可的措辞，确保没有产生歧义。三位部长知道，贝京喜欢法律，擅长华丽的风格，因此建议他在回信中明确阐明要点。那天晚上，总理耐心地研究了那封信，写了一封热情洋溢的回信。"在耶路撒冷问题上，"他提到，"我已经尽我所能，用口头和书面的方式，将一切都告诉了您。耶路撒冷是我们的首都，是一个不可分割的城市，我们保证让所有的宗教徒都可以自由出入各个圣地。"

他已经完全厌倦了陈词滥调，于是接下来干脆打开天窗说亮话。

沙特阿拉伯石油资源丰富，法赫德王子号召他的阿拉伯兄弟向以色列进军发动一场圣战。我们并不在意。总统先生，到目前为止，您已经了解，我从灵魂深处厌恶战争。我热爱和平。我和同事们为和平作出了巨大牺牲。如果任何地方存在忘恩负义的人，故意忘记我们所做的一切，以及我们为神圣的和平事业作出的牺牲——那就让他们买石油，卖武器，和暴君交朋友，举个例子，就像伊拉克的统治者一样。那就让他们出卖原则和尊严。事实无可辩驳，他们无法改变。

接着，他又大谈了一番历史：

是的，我们厌恶战争，渴望和平。但我要说，任何时候，如果有人为了抢夺我们的首都、我们热爱和为之祈祷的耶路撒冷，而对我们使用武力，我们犹太人将为耶路撒冷而战，自马加比家族的时代以来我们还从未如此做过。犹大·马加比和他的弟兄们是如何战斗获胜的，每一个学习历史和战略的学生都很清楚。我们根本不关心法赫德王子的威胁。他不了解——他怎么会了解？——这一代犹太人经历过难以形容的劫难和前所未有的胜利，他们有能力保护人民、国家和耶路撒冷，不畏牺牲。他可能拥有数十亿石油美元；我们拥有意志和无条件自我牺牲的准备。

显然，对埃及总统来说，这已经足够了。一周后，他写来一封简短的确认信，建议俩人什么时候找个地方举行峰会见个面。但梅纳赫姆·贝京发誓不会在任何一个论坛上再次提及这个问题，因此也就没有召开什么峰会。联合国仍旧很固执，拒绝承认耶路撒冷是以色列的首都，即便1967年前的西耶路撒冷也不行。根据政策，所有大使馆仍然位于特拉维夫，包括美国大使馆，尽管在国内选举时，美国人并不是这么承诺的。

第四十六章　德国——永恒与地狱的幻想

1981 年 5 月初的一天下午，总理一踏进会议室便受到大约
30 名美国青年的热烈鼓掌欢迎。他们隶属于犹太联合募捐协
会，是刚刚崭露头角的犹太社团积极分子。贝京绕桌一圈，以
他那老派的魅力亲吻年轻姑娘的手，和小伙子们握手，询问每
个人的名字和家乡。他的开场白中不时夹杂着咳嗽声，他抱歉
地清了清嗓子解释说，那是因为在最近参加大屠杀纪念日开幕
式时感了轻微的支气管炎，那是一年一度纪念命丧纳粹之手
的 600 万犹太人的日子。

负责这个访问团的犹太联合募捐协会执行副主席欧文·伯
恩斯坦（Irving Bernstein）是个不服输的人，他直截了当地问：
"请告诉我们，贝京先生，大屠杀的记忆通过何种方式影响了您
如今对待德国的态度？"

每个人都直起身子，只见总理把脸埋进双手中。他透过指
缝看着大家，告诉他们，这个话题太容易让他激动。他悲痛地
轻声说："我知道我的母亲、父亲、兄弟、两个表兄——一个四
542 岁，一个五岁——他们都是怎么死的。我父亲是布里斯克犹太社
团的秘书。死亡来临的时候，他走在 500 个犹太同胞的最前面，
他带领着大家高唱《希望》和《坚信不疑》（Ani ma'amin），宣
告救赎即将来临。敌人用机枪向他们扫射，鲜血染红河水。他
们的遗体顺河漂流而下。事情的经过就是这样。我的母亲——
她老弱患病住在医院里——他们把她和其他病人赶出医院，就

地处决。我一直背负着这样的创伤。它影响到我所做的每一件事。我直到死都不会忘记这些。"

贝京两眼空空地盯着这些年轻的面孔。过了一会儿，他走出沉思恢复了镇静，微微一笑："如今，*baruch Hashem*（赞美上帝），我们犹太人有了保卫自己的方式。我们有自己勇敢的以色列国防军。"

"可是，永远都不会原谅了吗？"一个名叫鲍伯，来自丹佛的年轻人问。他是个认真的小个子，眼睛炯炯有神，说话带着南方口音。"会不会到了某个时候，我们不得不把过去的事情抛在身后？"

"不，鲍伯，我不会那么做，"贝京回答，"我不会忘记，也不会原谅德国人对我们的人民所做的一切。每当我见到那一代德国人，就会在心里思忖，也许他就曾经对犹太人作恶。几年前，我和妻子去罗马参观梵蒂冈图书馆。我俩都在学生时代学习过拉丁语，正在那里看拉丁语的《圣经》译本，把它和希伯来语原文作对比。这时一对夫妇走近我们，用英语询问我们的母语是哪种语言。'希伯来语。'我们回答。'那你们一定是从以色列来的，'他们说，'你们不知道，我们有多么崇拜和敬重你们的国家。'他们说。'你们来自哪里？'我问。'德国。'他们回答。'您多大年纪？'我问那位男士。'45 岁。'他说。于是我说，'第二次世界大战时，您应该差不多 20 岁。'他说，'没错。'我和妻子立刻本能地往后退，我们再也没和他们说话。我心里想，也许这个男人就参加过对我父母，对我们犹太孩子的屠杀。我所说的父亲，是指所有遭到杀戮的父亲，我所说的母亲，是所有被杀戮的母亲，当我提到我的弟弟和表兄时，我指的是所有被杀戮的犹太人孩子。有多少犹太天才被闷死烧死？有多少人遭到了活埋？谁能算出来？对我们来说，大屠杀的损失永远无法得到补偿。"

房间里笼罩着悲哀的气氛，贝京咬紧牙关继续道："德国人对这样的恐怖行为负有集体责任，因为上帝创造人，人又创造了撒旦。只要所有邪恶的化身——阿道夫·希特勒——给他们带来胜利，德国人就为他欢呼。只有当他大势已去时，他们才开始背弃他，即便到了那时候，背弃他的也只是极少数人。所以，不，我永远不会和德国人握手——绝不！"

"可是作为总理，如果您必须正式接待德国人时，您怎么办呢？"提问的是个身穿花连衣裙的年轻姑娘。她长着一双聪慧的大眼睛，名叫希拉里，来自美国克利夫兰。"即便在那种场合下，您也不和他们握手吗？"

"哦，那就是另一码事了，"贝京打消了她的疑虑，"作为总理，我必须尽我的职责。德国代表来见我的时候，我会礼节性地接待他们。那是我的公民义务。我们需要讨论重要的问题。"

"您用德语和他们交谈过吗？"

"不，我虽然会德语，但我不会去使用他们的语言。我们用英语交流。"

"可是，有传言说，"一个声音沙哑、肌肉发达的小伙子开口道，他叫托尼，来自底特律，"最近，您拒绝和德国总理赫尔穆特·施密特（Helmut Schmidt）说话，您还羞辱了他，在德国差点儿引发一场危机。这是真的吗？"他盯着总理，眼神里充满好奇。

一阵沉默。

贝京坐回到椅子里，双眼盯着天花板，一个字一个字慢慢地重复着托尼刚才的问题，一边思考着。只见他脸颊微微抖动着，用诚恳的语气回答道："托尼，你显然没有注意到德国总理最近说的话——他践踏了我们人民的尊严、荣誉和历史的正义。"

托尼耸耸肩。"是的，我可能是没注意到。"

"好吧，那么我来告诉你，"贝京神色严峻地说道，"赫尔穆特·施密特总理最近访问了沙特阿拉伯，他在一次公开演讲中说，德国对许多人欠下特殊的债务，这些人中就包括巴勒斯坦阿拉伯人。可是他丝毫没有提及德国对犹太人欠下的债。他们国家消灭的犹太人数量超过了瑞士的人口、挪威的人口，几乎和瑞典人口一样多，而他却只字不提他对犹太人所负有的责任。哦，是的"——他语气中带着辛辣的嘲讽——"他要把最动听的话说给沙特人听，他想卖武器给他们。他竟然把沙特阿拉伯这个从头腐败到脚的社会说成是继美国和欧洲联盟之后，德国最重要的伙伴。"

总理双眼直盯着托尼，提高嗓门接着道："这还不够丢人吗？难道不是每个德国人都该感到羞耻吗？我听到这些话的时候，简直不敢相信。我不禁自问，这怎么可能，他怎么可能在所有人当中偏偏有意识地省略掉德国对犹太人所欠下的债——而且是在沙特阿拉伯？所以，是的，我发表演讲表达了我对他的看法。"

"您是怎么说的？"

"我公开谴责了他。我指出，他的讲话是对德国人在二战中灭绝犹太人的行径的漠视。我提醒他，他曾经是德军的一员——至少也是一名军官——他曾经坚定地效忠于希特勒直到最后。他既在俄罗斯前线打过仗，也在西线上过战场，直到

544

1944 年被英国人抓获。"

"他有什么反应？"

"他要求我道歉。"

"您道歉了吗？"

"当然没有！我告诉他，我是作为一个自由的人说出那番话的，我忠告他，我是一个曾经为自己人民的生存和解放而战斗过的人。我对他说，施密特先生，拿你的前任维利·勃兰特（Willie Brandt）举个例子。他去过华沙。去了犹太人曾经居住过的地方，并且他为你作为德国国防军军官曾经效忠过的纳粹政权对犹太人犯下的罪行下跪并请求原谅。我建议施密特先生也这么做。"

贝京的声音里透露些许不安，他略微有点羞愧地接着道："但是，托尼，我得承认，我犯了个错误。"

"什么错误？"

"我得知，施密特中尉被挑去观看由绞死德军军官的录像制作而成的影片，这些军官参加了 1944 年 7 月密谋暗杀希特勒的叛乱。然而，我后来获悉，施密特先生虽然被请去观看放映，但却没有出席。不过，他确实参加了"——他的声音里再次出现了先前那种蔑视的语气——"一场可耻的，针对反对纳粹者的审判，由德国柏林法院的臭名昭著的'绞刑法官'弗莱斯勒（Freisler）主持。弗莱斯勒参加过 1942 年的万湖会议，那次会议决定了灭绝欧洲犹太人的最终解决方案（the Final Solution）。"

"您因为那个错误向德国总理道歉了吗——关于看电影？"托尼问。

"不，我不会。我选择了告诉写信给我的某个德国联邦议会成员，我当然愿意承认在看电影这件事上搞错了，但即便如此，施密特先生还是参与了第三帝国最可怕的法官弗莱斯勒主持的臭名昭著的法庭审判。那本身就是一个第三帝国德国军官身上擦不掉的污点。"[75]

接着，贝京出人意料地笑起来，就好像听见了什么有趣的传闻一样。"最讽刺的是，"他说，"我听说，赫尔穆特·施密特总理的父亲竟然是一个犹太人公开承认的私生子。"

"还有这样的事！"托尼诧异极了。

这时，耶歇尔·卡迪沙伊进来提醒总理，下一个会议要开始了。

"总理，在您离开之前，"欧文·伯恩斯坦急切地想让贝京在分别时给他的团员们留下几句至理名言，"能不能为这些美国犹太社团未来的领导人们说说，对他们来说大屠杀意味着什么？"

梅纳赫姆·贝京环视着围绕在他身边的年轻人，摸着下巴沉思了好一会儿，从椅子里探出身子道："我全心全意地祈祷你们能够永远享受宁静与安全的生活。然而，你们必须永远记住，我们的犹太人有一种可以追溯到几个世纪以前的集体的民族经验。根据这一经验，我相信大屠杀的教训是以下这些。第一，如果敌人说，他想要毁灭我们，相信他。一刻也不要怀疑。不要轻视他的话。尽你所能，阻止他的邪恶行径。第二，当任何一个犹太人在任何一个地方受到威胁或攻击时，尽你所能，去帮助他。不要驻足犹豫，想别人会怎么说怎么想。这个世界不会同情被杀戮的犹太人。这个世界也许不喜欢战斗的犹太人，但他们不得不顾及这样的犹太人。第三，犹太人必须学会自卫。他必须时刻准备好应对随时现身的威胁。第四，要在任何情况下保护犹太人的尊严和荣誉。毁灭犹太人的根源在于犹太人被

546

动地接受敌人的羞辱。只有当敌人将犹太人的精神践踏成生命中的尘埃和灰烬时，他才能把犹太人变成尘埃和灰烬。大屠杀期间，敌人羞辱了犹太人，践踏他们，分离他们，欺骗他们，折磨他们，让兄弟反目，只有到了那时候，敌人才能毫无阻力地把他们送进奥斯威辛的大门。因此，自始至终，无论以任何代价，都要捍卫犹太人的尊严和荣誉。第五，在敌人面前保持团结。我们犹太人热爱生命，因为生命是神圣的。但是生活中还有比生命本身更珍贵的东西。有时候，人们必须冒着生命危险去拯救他人的生命。当少数人为了众人的利益去冒生命危险时，他们也获得了拯救自己的机遇。第六，犹太人的历史有一种模式。在我们长长的民族历史记载中，有起有落，有回归，有放逐，我们遭到奴役，我们奋起反抗，我们解放了自己，我们再次受到压迫，我们重建，我们再次遭受毁灭，我们在最痛苦的灾难中达到了自己人生的顶点——大屠杀之后便是犹太国家的重生。所以，是的，我们在上帝的帮助下完成了整个循环，随着以色列国的重生，我们终于打破了历史性的循环，不再有毁灭，不再有失败，不再有压迫——只有犹太人的自由、尊严和荣誉。我相信，这些就是我们应该从无法言说的大屠杀悲剧中汲取的教训。”

大屠杀的阴影一直像块裹尸布一样笼罩在梅纳赫姆·贝京身上。它极大地影响了我对德国和德国人的看法。确实，如果不是因为在梅纳赫姆·贝京身边工作的那些激情岁月，我怀疑自己是否还会那么鲁莽地在担任以色列驻英国大使期间，因为到英国进行国事访问的德国总统，而一反常态地在白金汉宫引起轰动。

事情要从1986年7月的一天说起，那天我收到一封王室来信，它摸上去像夏天的奶油一样又软又厚。信封里是一张用女王封印密封的烫金卡片，上面用优雅的花体字通知我：

王室事务长接到女王陛下的命令，邀请大使阁下和阿 547
夫纳夫人出席由女王和爱丁堡公爵菲利普亲王殿下在白金
汉宫为德意志联邦共和国总统冯·魏茨泽克（von
Weizsacker）及其夫人举行的国宴。

那天，在站立着的王室贵族、政府要人、市政要员和外国使节——其中许多人都佩戴着耀眼的地位勋章和家族徽章——的鼓掌声中，伊丽莎白二世女王和丈夫陪同德国总统夫妇步入白金汉宫辉煌的宴会大厅。当他们走过红地毯时，女士们穿着晚礼服行屈膝礼，男士们系着黑色领带纷纷鞠躬，天花板的枝形吊灯洒下令人愉悦的光亮，照在庚斯博罗（Gainsboroughs）、雷诺兹（Reynolds）、霍尔拜因（Holbeins）、霍格思（Hogarths）和康斯太布尔（Constables）的画作上，那是维多利亚女王1856年为庆祝克里米亚战争结束而悬挂在那里的。

系着银纽扣的男侍忙着为我和妻子准备豪华的犹太洁食，它们在每个细节上都和其他客人的餐食极为相像：清炖肉汤、香草比目鱼、罗勒味鸡肉配卷心菜、烤土豆和沙拉，以及香草果仁糖和咖啡冰激凌。唯一不同的是，我们盘子里的食物堆得有其他人的两倍高。

随着击鼓声，一队穿着短裙、身披华丽格子呢披肩的苏格兰皇家风笛手过来了，哀怨而尖厉的笛声中夹杂着桌边传来的一串串笑声。随后，身穿红色制服的宴会主持人大声宣布："请大家安静……"闪闪发光的大厅里安静下来，女王起身为贵宾敬酒。英国近卫步兵第一团铜管乐队演奏起德国国歌，所有人起立举杯。

我的妻子米米坐在英国反对党领袖尼尔·金诺克（Neil Kinnock）身边，她犹犹豫豫地起身，勉为其难的样子相当显眼。我也作势要站起来，但两条腿不听使唤。它们不愿意直起来。宫廷管家、女侍和其他尊贵的客人向我投来反感的目光，我心里迟疑着。但这时，梅纳赫姆·贝京的形象出现在我眼前，我不能为这首国歌起立。虽然歌词确实改了，但音符没有变。它的旋律中仍然回响着希特勒第三帝国的胜利欢呼声。

548　王座室的晚餐之后是白兰地、利口酒、咖啡和雪茄，在客人们高声谈话的同时，一支五人弦乐和竖琴乐队旁若无人地演奏着约翰·塞巴斯蒂安·巴赫的作品。一片喧哗声中，一名身材高大穿着黑色双排扣长礼服、胸前扣着军用绶带的王室侍从向我们走来说，德国总统阁下想请我过去私下说几句话。总统正站在房间另一头拱门下方华丽的王座旁，和英国首相玛格丽特·撒切尔说话。

冯·魏茨泽克总统一头银发，身材清瘦，胸前的绶带使得原本就仪表堂堂的他看上去更加不同凡响。当侍从报上我们的名字时，他向我妻子略微鞠个躬，握住我的手说道："我刚才注意到，演奏我国国歌的时候，您没有站起来。"

我无话可说，只能说实话："我不能——"

他从中间打断了我："我只是想让您知道，我并不生气。"

"我不想冒犯您个人，先生。"

"历史无法倒退，"他说，"大屠杀永远不会被人忘记。记忆就是一切。"

他那略带口音的英语中带着真诚。这位德国总统因为曾经公开质疑那些声称对大屠杀一无所知的德国人而名声在外。在去年10月对以色列进行国事访问的时候，他曾公开承认德国的罪行。

"抱歉我插句嘴，我刚才在旁边听到了你们的谈话。"开口的是撒切尔夫人。她语气坚定，像是在说祝酒词："我们应该为所有的人感到骄傲，经历过敦刻尔克大撤退，解放了奥斯维辛集中营，今天我们为了友谊一起在这里——您是德国总统，您是以色列大使，而我是英国首相，这里曾经是丘吉尔的伦敦，我们都是女王请到白金汉宫的客人。此时此刻，这是一件了不起的事情！这证明，虽说人不该忘记过去，但我们决不能让它决定未来。"

"上帝啊，如果我们一直生活在过去，那我就还得和苏格兰人、西班牙人和美国人继续战斗。"说话的是伊丽莎白女王，脸上带着随和的微笑。她和冯·魏茨泽克夫人一直在附近，女王穿着皇家蓝的豪华礼服走近前来，徽章闪闪发亮，表现得既威严又随和。

"夫人，"撒切尔夫人接着这个诙谐的话头继续道，"那么我们女人就仍然没有选举权。"接着，她转向我："我还得谢谢您，大使先生，感谢您的国家给予我们的盛情款待。"

一周前撒切尔夫人在丈夫丹尼斯的陪同下对以色列进行了正式访问，她是第一位访问以色列的英国首相。

"耶路撒冷怎么样？"戴安娜王妃问，她刚才悄悄加入了这个圈子，身穿简洁优雅的红色时装。"我听说那里非常迷人。"

"确实，"撒切尔夫人热情地大声说，"可是如果要实现和平的话，那将是一个棘手的问题。然后还有贝京先生挑起的定

549

居点问题，当然我们的意见并不一致。但他们那老式的爱国主义确实值得让人称道。他们为世界动荡地区的利益和保护做了很多工作，比北约的任何一个部门做得都要多。"

德国总统说了一些有关和平进程的话，他认为，由于风险太高，以色列狭小的地理环境已经成了和平进程中的一个复杂因素。与此同时，他的夫人正在向戴安娜王妃打听，威廉和哈里两个小王子的近况。戴安娜王妃坦率地笑着说，四岁的威廉和两岁的哈里已经成了"一对爱各种各样恶作剧的捣蛋鬼"。

女王的丈夫爱丁堡公爵菲利普亲王走过来。他正在和德国驻英国大使吕迪格·冯·韦希马尔男爵（Baron Rüdiger von Wechmar）聊天。德国大使身材高大，一头银发，他是个高度专业且擅长社交的外交家，我们第一次见面时，他就坚持让我称他吕迪。他想和我成为朋友。

"你俩是朋友？"公爵用他那典型的直来直去的方式问道。

大概是出于多年的无聊生活，女王的丈夫有一种唯恐天下不乱的架势。毕竟，除了在妻子身后背着手，毫无意义地闲聊几句，行使一下官方职能之外，他还有什么工作呢？无论什么时候，只要他看见我按照既定顺序，站在伊拉克和伊朗大使之间准备递交国书，他就一定会抛出几句俏皮话，比如，"你们三个在一起玩得很开心，是吧？"或者"是不是准备相互之间干一场，是吗？"我们三个都会向他报以勉强的微笑，同时继续保持相互之间的无视状态，那是宿敌之间的习惯性沉默。

此时，爱丁堡公爵开玩笑地对我说："你知不知道，战争期间冯·韦希马尔男爵曾经在西部沙漠和隆美尔的非洲军团打过仗？这是他刚刚告诉我的。"

贝京的形象再次出现在我脑海中。一想到眼前这个友好的德国大使穿着国防军制服的样子，我脸上便不由自主地露出厌恶的神情。大使赶紧试图安抚我，连连自我贬低地说："别担心，耶胡达，我大部分时间都是在逃跑，怕被蒙哥马利将军抓着，直到最后落在美国人手里。后来，战争期间我一直待在战俘营攻读学位，准备加入新德国的外交使节团。"

"多有意思，"公爵打了个哈欠对妻子说，"亲爱的，该休息了，你不累吗？冯·魏茨泽克总统夫妇已经忙了整整一天。"

"是的，确实是，"女王回答，"咱们不走，大家都不会离开。好吧，大家都该休息了。"

王室侍从、宫廷大臣和侍女们立刻不知从什么地方冒出来，准备护送大家离开。身穿红衣的宴会主持人再次高声宣布："请大家安静……"大家纷纷鞠躬或行屈膝礼，女王陛下和她的丈夫，以及衣着华丽的王室客人们一起缓缓穿过镀金大门，庄严地向大家点头致意道晚安。

第四十七章　大屠杀幽灵重现

　　距离总理接见犹太联合募捐协会青年领导者代表团，与他们分享他从大屠杀教训中得到的信条还不到一周，一天早上，总理和内阁成员便得到一个坏消息。他们严肃而紧张地听取了陆军情报主管和摩萨德负责人对巴格达附近法国人建造的奥西拉克（Osirak）核电站的评估。无可推翻的证据表明，这个伊拉克所谓的核电站是个基本上已建成的核设施，它能迅速转变成核武器制造厂。

　　三周后，正值七七节前夜，我在家里忙着做节日前的准备，电话铃响了。是波兰将军打过来的。"我们遇到紧急情况了，"他听起来压力很大，"不管你现在正干什么，赶紧停下，直接到总理官邸来。他在等你。"

　　"发生什么事了？"我心里一紧。

　　"电话里不方便说，你过来就行了。"

　　我喘着气穿过贝京堆满书的门廊，只见他正穿着衬衫坐在书桌边埋头看文件。他敷衍地瞟了我一眼，冷静而简短地说了句："让弗利卡告诉你来龙去脉。"

　　我从他的语气，他下沉的肩膀，以及他眼睛周围的灰色眼圈可以判断出，一定是发生了什么严重的大事。

　　红色的紧急电话突然发出刺耳的铃声，把我们吓了一跳。贝京站起身，眼神犀利地紧紧盯着抓起话筒的弗利卡。国防部长一边听，一边点头。"再重复一遍。"他再次点点头，放回话筒，面无表情地对贝京道："飞机刚刚起飞。总参谋长亲自通知了飞行员。他告诉他们，如果不能取得胜利，我们也许就会遭到毁灭。"

"*Hashem yishmor aleihem*（愿上帝保佑我们）。"总理虔诚地说了一句。我能清楚地看到，他脖子上的静脉在不停地跳动。

弗利卡把我叫到一边，讲述了事情的来龙去脉。此刻正在执行的是世界上首次空袭核电厂的任务。我们的战机已经飞往巴格达准备炸毁奥西拉克核电厂。根据以色列情报部门的评估，核电厂即将启动，有能力生产出一颗甚至多颗原子弹。这次代号"歌剧行动"的空袭风险很高。我们的飞行员要在敌人领土上方飞行 1100 公里，以密集队形近空飞越沙漠，以躲避约旦、沙特和伊拉克的雷达防线。他们要在 5 点之前完成任务。弗利卡说，我的任务是协助总理写一份英文的官方公报，并获得内阁通过。

"内阁知道这件事吗？"我问。

"大多数人一无所知，"弗利卡说，"这件事非常保密，贝京让我用电话单独通知每个人 5 点准时过来。他们都以为是过来单独会面。有几个信教的成员还抱怨 5 点的时候太阳快下山了，要过七七节。"

"我建议你看看这个，"贝京递过来一份他正在看的文件，"看看我们要针对的是一个多么残忍的暴君——巴格达的屠夫。"

这是一份摩萨德提供的萨达姆·侯赛因的心理描述报告，我刚读了第一段，便感觉胸口遭到一记重拳。其中写道："萨达姆·侯赛因是一个固执的自大狂，他狡诈、世故而且残酷。他愿意冒高风险，采取激烈的行动来实现他自我膨胀的野心。拥有并使用核武器有助于他威胁和打击以色列，从而赢得在阿拉伯世界的霸主地位。他准备尽早伺机采取行动，即便明知会遭到报复也在所不惜。"

553　　贝京僵硬地站起身，脸色凝重地低着头，背着双手在房间里徘徊着。他的嘴唇在蠕动，显然是在自言自语地祷告着什么。走到一半，他痛苦地咆哮道："我们在这里等待决定以色列生死的消息，而西蒙·佩雷斯（仍是工党领袖）却鲁莽地让我停止采取行动。你们听说过这样的事情吗？"

他从口袋里掏出一封信，抖落出信纸递给我们。"你们自己看看。"

信上标记的日期是 5 月 10 日，签着"私人""最高机密"的字样，信中写道：

> 1980 年 12 月末，您把我叫到耶路撒冷的办公室，和我谈了一件极为严肃的事情。您当时没有征求我的反馈意见，而我自己也没有在当时的情况下做出反应（尽管那么做违背了我的直觉）。然而，经过郑重考虑，在权衡了国家利益之后，我认为出于最高的公民职责，我要劝告您放弃这件事情。我是作为过来人跟您说这番话的。我们所说的最后期限是不现实的。（我非常理解大家焦虑的心情。）物质之间是可以互换的。我们的本意是阻止（灾难），但结果却可能催生（灾难）。到那时，以色列就会成为沙漠里的一株蓟。当然在当前的形势下，持这种观点的并不是只有我一个人。

贝京把信揣回口袋说："我们马上就要举行选举，我相信佩雷斯会说，我发动袭击的目的是为了大选（后来事情确实如此）。我会为了大选而拿我们任何一个飞行员的性命去冒险吗，我问你们？我相信，如果我在大选中落败，佩雷斯是没有能力做出空袭决定的，到那时，我就会后悔自己当初没有采取行动。我们民族的未来已经到了紧要关头，所有的责任都落在我们肩膀上。"他瞟了一眼手表，严厉地问："还要多久？"

"他们将在十分钟内结束任务。"弗利卡轻声回答。

"该通知内阁了。"他大踏步走进隔壁的休息室，里面坐满了一脸疑惑的内阁部长们，大家正不解地面面相觑。当他宣布这个令人震惊的消息时，一时间大家惊得哑口无言。随后便是各种刺耳的问题。有人要求立刻讨论，如果行动失败，该如何抉择。但贝京坚持认为，进行这样的讨论为时尚早。

"我正在等待总参谋长的电话，到时候我们再争论无论发生什么情况，下一步最好怎么办。"他说。

他回到自己的书房，走到窗前拉开那扇出于安全原因整日合拢的窗帘，说："太阳已经开始落山了。再过一个小时就是七七节。我不想把内阁一直留到节日开始，但是任务不结束，他们就不能解散——无论如何也不行。必须万无一失。"他又一次陷入沉思，嘴唇无声地蠕动着。 554

房间里极度寂静。没有一丝动静，甚至连轻声细语都听不见。贝京的表情让人无法捉摸；丝毫看不出他的感受。此时此刻不适合谈话，更适合一个人做祷告。

接着，丁零零！

梅纳赫姆·贝京沉着地慢慢从窗边转过身子，弗利卡冲过去拿起电话。

"是吗？什么时候？多长时间？你们确定？你能百分之百确认吗？"弗利卡的嗓音都尖了。说完，伊弗雷姆·波兰将军手臂僵硬地转身面对梅纳赫姆·贝京总理，立正并汇报："先生，我代表总参谋长向您汇报，我们的空军战机刚刚摧毁了萨达姆·侯赛因的核反应堆，奥西拉克，直接命中。我们的飞机正在返航途中。这次空袭总共历时不到一分半钟。"

"摧毁到什么程度？"总理问。

"完全摧毁。"将军回答。

"*Baruch Hashem*（赞美上帝）！"贝京大喊一声，欢呼着鼓掌。"哦，感谢上帝！哦，感谢万能的上帝保佑我们有这么优秀的飞行员。"接着，他冲我说："请帮我接通美国大使。"

塞缪尔·刘易斯的电话通了，我不假思索地打开分机记录对话。

"山姆，请你帮我向总统转告一个紧急消息，"贝京极力控制着自己兴奋的口气，"我们的空军刚刚摧毁了奥西拉克。请把这条消息尽快转告白宫。"

"完全摧毁了？"刘易斯听起来对这次大胆的行动及其成功感到十分震惊。

"是的，直接命中。"

"好的，我知道了，总理先生，我马上联系白宫，"刘易斯稍稍停顿了一下，"关于这件事，您还有什么要告诉我的吗？"

555　　"现在没有，山姆。我们军方会给你们军方发一份详细说明。"

"我明白了。我会忠实地向总统传达您的信息。谢谢您，总理先生。"

贝京又开始在房间里大踏步地踱来踱去，不过这次比刚才的速度慢多了。他向弗利卡询问，战机在回程途中会遇到什么危险。

"沙特、伊拉克或者是约旦的防空炮火，萨姆地对空导弹，也许还会发生技术性故障。"弗利卡像看购物单的家庭主妇一样，冷静地罗列着。

贝京不慌不忙地来回踱着步子，神情变得越来越忧郁，直到他渐渐变得坚定起来。我能分辨出，此刻他已经开始在脑海中组织语言，准备向世界汇报关于这次袭击的情况。最后，他平心静气地向我口授了公报，以供内阁批准。

"7月7日，星期日，"他开始说道，"以色列空军向巴格达附近的奥西拉克核反应堆发动了一次空袭。我们的飞行员圆满完成了任务。反应堆被摧毁。该核反应堆有能力制造核弹，无论其原材料是浓缩铀还是钚，它们的威力可比广岛核弹。因此，它已经逐渐成为对以色列人民的一个致命威胁——"

红色的电话再次响起尖锐的铃声。

"太棒了！"弗利卡听了几秒钟后，冲着电话说。他转身对总理道："我们所有的战机都已经毫发无损地着陆了。"

"把这个加到最后一段，"贝京对我说，"你写'我们所有的飞机都已经安全返回基地。'"然后，他继续探讨这次空袭在军事、道德和司法方面的正当性，并在结尾警告此种做法将成为一种原则。"让全世界知道，在任何情况下，以色列都不会允许敌人发展大规模杀伤性武器对付我们的人民。一旦出现这种威胁，我们将采取一切必要的先发制人的措施，用我们所掌握的一切手段保护以色列公民。"

消息发出去之后，全世界一片哗然。据说，当美国总统罗纳德·里根从刘易斯大使那里收到贝京的消息后，简直"遭到了雷击"。他在日记开头这样写道：

6月7日——得到消息说，以色列轰炸了伊拉克的核反应堆。我敢说，大决战即将来临。事情发生后，贝京总理通知了我。他坚持认为，核电站正在准备生产用于以色列的核武器。如果等到法国的"热"铀运达时，他就无法下令轰炸，因为到那时放射物会扩散到整个巴格达。我能理解他的恐惧，但我觉得他做了错误的选择。他本应该告诉我们和法国人，我们可以做点什么来消除这个威胁。[76]

贝京早已告诉美国人，局势变得非常危险，但即将离任的卡特政府并未将此事告知即将接任的里根政府。美国新政府上上下下没有一个人知道，贝京曾经不止一次地警告美国大使，"要么美国出手阻止这个反应堆，否则我们就会被迫动手！"

而刘易斯自己是这么说的："我以非官方的形式和华盛顿取得了联系，以确保过渡小组可以就此事准备一份完整的文件。我后来得知，文件准备好了，可是它的保密级别太高，分发范围限制非常严格——无论是指定的国务卿亚历山大·黑格（Alexander Haig），还是下届白宫重要官员，谁也没见到它。这次政府交接过程中出现了真正的官僚'故障'，这意味着从来没有人向里根总统汇报过这件事情的来龙去脉，所以以色列采取行动后他会感到震惊和'被蒙在鼓里'"。[77]

联合国安理会谴责了以色列，美国暂停向以色列交付军用飞机，理由是这些飞机本来应该仅用于自卫。美国的律师和高级官员纷纷质疑，以色列的攻击行为是否属于这一范畴。如果不是自卫行为，那么美国将依法暂停向以色列输送所有军用物资。

梅纳赫姆·贝京对国际社会的一致谴责予以蔑视。让他恼火的是，"西方的善人们从来没有对萨达姆·侯赛因的谋杀意图提出过任何反对意见"。一天早上，他在详细查看媒体报道后告诉我们这些身边的工作人员："听听玛格丽特·撒切尔是怎么指责我的。她说，'在这种情况下发动武装袭击是不正当的；这是严重违反国际法的行为。'啧啧——我是个多么调皮的孩子。"他的声音很尖刻。"这儿还有一篇《纽约时报》社论说，'以色列发动偷袭'——请注意是偷袭——'这是一种不可原谅的、目光短浅的进攻行为。'还有，《时代》杂志告诉他们的读者，我'大大加剧了和平解决中东对抗的难度'。哦！都是我的错！但其中最棒的是法国外长克洛德·谢松（Claude Cheysson）。他说，'法国认为，以色列的所作所为不利于地区和平事业。'好，好。真的！我们的所作所为不利于地区和平！那么"——他往上撇了撇一边的嘴角——"法国总统吉斯卡尔·德斯坦（Giscard d'Estaing）率先向伊拉克提供了核反应堆——他的所作所为倒是有利于地区和平了？"

他啪的一声合上文件靠近我们，降低嗓门像密谋什么事情一样，眼睛里闪过一丝狡黠，说："我给你们透露一个个人秘密。每当我必须在拯救我们孩子的生命，和获得安理会以及那些所谓好朋友的批准，这二者之间做出选择时，我宁可选择前者。千万别把这个说出去。现在我要给美国国防部长卡斯珀·温伯格（Caspar Weinberger）写一封信，我听说，他特别热衷于惩罚我们。耶胡达，记下来。"

尊敬的部长先生，我觉得在道义上我有责任问您，您在做出任何行动和判断时，是否考虑过以下问题：您的孩子和孙辈会一直生活在美国这样的大国，而我的孩子和孙辈会一直生活在小小的以色列，这个国家有许多敌人，他们想看到她遭到彻底摧毁并完全消失。难道因为这些，以色列就必须受到武器禁运的惩罚吗？……您读完这封信，当您看着你的孩子和孙辈的照片时，你可以想想，有一百万和他们一样的人生活在以色列。我在写信就是为了这些人。

秘书从门口探进头来通知我们，马克斯·费希尔（Max Fisher）已经到了。

贝京起身迎接这个器宇轩昂、身材魁梧的老人，他比屋子里所有的人都要高出一头。他做石油和房地产生意赚了数百万元，为人慈善慷慨，是犹太事务局理事会主席。但那一天，对贝京而言更重要的是，费希尔在华盛顿的共和党圈子中很有影响力，最明显的是在白宫，他是长期捐款人，他是自艾森豪威尔开始，历届共和党总统在以色列和犹太事务上一个很受信赖的顾问。

558　　"请坐，马克斯。"总理殷勤地招呼着，指着角落里一张舒适的扶手椅。

"我想和您单独聊几句，如果可以的话。"客人身着裁剪考究的西装，坐到椅子里。

除了他们，屋子里还有三个人：耶歇尔、新来的新闻秘书什洛莫·纳克迪蒙（Shlomo Nakdimon），还有我。

"我们现在就是单独谈话，"贝京说，"我完全信赖这几个朋友。您可以畅所欲言。"

"既然这样，那好，"费希尔用他那典型的不慌不忙的语气说道，"我个人认为，您在巴格达取得的成功很了不起，但我不用说您也知道，您在华盛顿捅了多大的马蜂窝。正如您所了解的，他们认为您做得很过分。"贝京一点儿也不生气。"哦，我当然知道，"总理说，"在伊拉克的反应堆什么时候变'热'这个问题上，美国朋友和我们的专家意见不一致。但坦白地说，这和我没关系。我们掌握的确凿的证据说明，这个反应堆迟早会致命，核武器一旦掌握在伊拉克这么残暴的敌人手里，我们成千上万的孩子就会被毁于一旦。伊拉克孩子又会怎么样呢？笼罩在巴格达的放射性尘埃将毁灭、污染好几代人。这是显而易见的。"贝京停顿了一下，再次张口时，他内心的愤怒通过言语激动地爆发出来。很难判断这是一种无意识的情绪爆发，还是一种希望通过客人传递给里根总统的刻意表现。

"没有哪个国家能够苟且偷生地过日子，马克斯，"他厉声说，"几个月来，我度过了无数个不眠之夜。我日复一日地扪心自问，做还是不做？如果我不采取措施，我们的孩子会怎样？如果我做点什么，我们的飞行员又会怎样？我无法把这种焦虑说给别人听。妻子问我，为什么心烦意乱，可我不能告诉她。我也不能告诉儿子，虽然我一向对他很信任。我得独自承担这些责任和负担。"

他的声音越来越弱，好像一时间陷入了沉思，但他很快重整旗鼓，挖苦讽刺道：

"我听说国防部长卡斯珀·温伯格在禁运方面施压最狠。从他的名字来看，难道他有犹太血统？"

马克斯·费希尔的眼神里掠过一丝笑意："我知道他父亲的祖父因为和捷克犹太教堂发生争执而放弃了犹太教，成为一名活跃的圣公会教徒。不过那只是传闻而已。据说是这样的，卡斯珀·温伯格年轻的时候，失去了一个成为加州州立检察长的

559

机会，当被问起原因时，他回答，'因为犹太人知道我不是犹太人，而异教徒认为我是犹太人。'"

贝京听了得意地笑起来，但笑意很快就消失了，他问："可是这样的人依靠什么道德标准活着呢？他想惩罚谁——是实行自卫的以色列，还是企图把我们从地图上抹掉的残暴的刽子手伊拉克？"然后他愈发愤怒地说："温伯格有没有听说过，150万犹太儿童被扔进毒气室，因吸入齐克隆 B（Zyklon-B）窒息而死？萨达姆·侯赛因企图利用核力量让以色列屈服，屠杀我们的人民，摧毁我们的基础设施，毁灭我们的民族，我们的国家，不让我们生存，就这样摧毁伊拉克的核潜力还不是一种自卫行为吗？"

马克斯·费希尔呆呆地坐着，看上去可靠而充满力量。他慢慢地试探着问道："您是个有信仰的人，是吗？"

这句话让贝京大吃一惊，浇灭了他的怒火，他回答道："如果您的意思是问我，我是不是一个神秘主义者，那我告诉您，我不是。但至于我是不是一个有信仰的人——我是不是信仰以色列之神？那么我绝对是。我们成功地完成了不可能的任务，这还能有什么别的解释呢？当我们的飞行员进出巴格达上空时，敌人搬出所有武器来对付他们。他们被迫面对高射炮、地对空导弹、战斗机——所有这些都是用来保卫奥西拉克的——但却毫发无伤。只有神的恩典才能帮助我们胜利完成使命。"

"我之所以这么问，"费希尔慢悠悠地说，"是因为总统也是个虔诚的人，他对以色列生来有好感，我觉得您和他一旦相互认识了，渐渐地就能相处得不错。"

"您是什么意思，他对以色列生来有好感？"

费希尔投入而得意地笑了笑："好吧，我自己曾经听他说过，尽管基督教和犹太教之间存在分歧，但我们崇拜同一个上帝，所谓圣地也是我们大家的圣地。他说，我们所有美国人的祖先都来自世界的其他地方；除了以色列，没有哪个国家和我们更相像了。他说，这两个国家都是熔炉，人们来自五湖四海，到这两国自由自在地生活。他是这么说的，我相信他是真心实意的。还有，他看上去对大屠杀的恐怖印象很深，我相信他有某种道德负罪感，在某种程度上愿意保护以色列。"

贝京没说话，费希尔继续道："战争期间，里根在军队的电影部门服役。一次，他洗印了一批有关纳粹死亡集中营暴行的保密影片胶片，那些影片显然让他受到了震撼，后来他选取部分最有表现力的胶片制作了一部彩色影片，名叫《我们不能忘记》（*Lest We Forget*）。他自己留了一份副本，这么做可能是违反规定的。不管怎么样，他还留着那电影，他说自己偶尔会私下里拿出来放映。据说，当他的两个儿子罗恩和迈克尔长到14岁时，他让他们从头至尾看了一遍。所以我说他的感受很深刻。"

贝京仍然一言不发。

"当然，您知道，里根政府和卡特政府在中东问题上意见大不相同。"

一提到吉米·卡特的名字，怒气便在总理身上蔓延开来。他刻薄地说："卡特先生在帮助我们与埃及达成和平条约这件事上，当然发挥了历史性的作用。然而有时候，当我认为有必要拒绝他那些可能置我们于险境的、过分单方面的让步要求时，他对我们的态度变得越来越模糊，有时甚至还带有偏见。戴维营会谈之后，他甚至毫无理由地指责我在冻结定居点的问题上食言。这纯粹是误会，但他从此记恨上我了。"

"好，我想一旦厘清了目前伊拉克的这团乱麻，您会惊喜地发现，我们这位新总统是怎么看中东的。"

"您说，他会让我惊喜？"贝京问。

"首先，他仰慕您强硬的反共立场。他几乎完全通过冷战这面透镜来观察这个地区；非黑即白。我们支持以色列，因为以色列站在我们的一方，而许多阿拉伯国家是苏联的盟友。事情就是这么简单。比如对于黎巴嫩局势，他就是这么看的。"

总理半开玩笑地说："我听说他出身好莱坞，有的时候会把电影和真实生活混淆在一起。"

费希尔笑了。"有些人确实说，在他心里，历史就是传奇故事，是善良勇敢的人们历尽千辛万苦，努力做正确的事情。据说他最喜欢的电视剧就是《草原上的小木屋》。"

屋子里再次陷入沉默——长时间的沉默。贝京坐着沉思。

561　关于里根总统对以色列的好感，他从别处也听到过类似的说法。要是这些说法是真的，那么，举例来说，如果里根对逐渐恶化的黎巴嫩局势看法与贝京相同——叙利亚占领军在苏联的支持下支持巴解组织接管黎巴嫩南部地区，同时袭击了马龙派基督徒社区，制造了一块国中之国的武装飞地，以便不断骚扰以色列——如果里根总统确实也这想，那么未来美国与以色列正式结盟的可能性就非常大。这意味着，华盛顿将不再把以色列仅仅看作是一个凭借共同的民主价值观获得帮助的，有价值的小地方或附庸国，而是当作与美国肩并肩对抗苏联扩张主义的真正盟友。因此贝京想，这就推动两个国家之间展开全面战略合作谈判。

马克斯·费希尔打断了他的思考："巴德·麦克法兰（Bud McFarlane）那边有什么进展？"

巴德·麦克法兰是美国国务院法律顾问，里根总统派他设计出一份类似美以联合声明的文件，以便结束或者至少暂时平息双方因以色列袭击伊拉克核反应堆而产生的争议，这样美国就可以继续向以色列交付美国飞机。

贝京表情阴郁地回答："今天上午我和他谈了三个小时，但我们还没有在语言上达成共识。我们今天晚上会再次见面。"[78]

"您觉得他怎么样？"费希尔问。

"他看上去是个正直的人，但我感觉他并不十分喜欢这项使命。"

"您是指什么？"

"或许是他缺少经验，或许他很清楚正义在我们这一边，因此觉得把我不能接受的语言强加给我，并且暗示我们在某些方面应该受到谴责，这样做让他很尴尬。"

"我想，他的工作平息您的怒气，继续完成未竟的事情。"费希尔乐观地说。

"我希望您是对的。"

的确如此。当天晚上，俩人努力地寻找在法律上既能让以色列免除责任，同时又能让华盛顿乐于接受的语言，其间巴德·麦克法兰拿着一张贝京用铅笔写成的修订建议离开房间给白宫打了个电话。他很快就回来了，竖起拇指，脸上洋溢着笑容。"总统说，好极了！"他大声说。

1981 年 7 月 13 日，双方一致同意的美以联合声明上写道：　562

美国和以色列两国政府就以色列对巴格达附近的核反应堆所采取的行动进行了深入的讨论，该核反应堆为伊拉克政府提供了发展核爆炸装置的选择。讨论是在朋友和盟友之间坦率而友好气氛中进行的。两国政府宣布，上述行动之后可能出现的任何误解已经得到澄清，结果令双方满意。[79]

两国议员纷纷对此表示赞赏，而那些一度将矛头对准贝京的外国媒体则开始道歉。对贝京而言，让他最受感动的是一封由 100 名以色列议会成员——包括伊扎克·拉宾在内——签名的信，他们为他在袭击中表现出来的勇气和领导力向他致敬。

直到十年以后，"歌剧行动"才画上最后一笔。1991 年 6 月，美国国防部长切尼送给在当年空袭时担任以色列空军司令的大卫·伊夫里（David Ivri）少将一张伊拉克反应堆被炸毁后的卫星照片。他在旁边的题词是："感谢并赞赏 1981 年针对伊拉克核计划达成的杰出成就，它为我们的'沙漠风暴'行动提供了极大的便利。"

尽管如此，梅纳赫姆·贝京在和马克斯·费希尔密谈时，除了解决与美国在巴格达突袭中的分歧之外，总理脑海中最重要的事情是如何大幅提升以色列与美国新政府之间的关系。得知美国新总统将以色列看作反对共产主义扩张的斗争伙伴之后，他有了一个新的想法：寻求与美国达成战略合作正式协议。为此他准备亲自到华盛顿与罗纳德·里根总统进行第一次会晤。

The Governments of the United States and of Israel have had extensive discussions concerning the Israeli operation against the atomic reactor near Baghdad which gave the Iraqi government the option of developing nuclear explosives. These discussions have been conducted with the candor and friendship customary between ~~nations~~ ~~allies~~ friends and allies. ~~Both sides~~ declare that any misunderstanding, which might have arisen in the wake of the aforementioned operation, have been clarified to the satisfaction of both sides.
the Governments of the two centries

1981 年 7 月 13 日，以色列炸毁伊拉克的核反应堆后，贝京总理草拟的美以联合声明，他希望以此结束和华盛顿之间的争论

1981 年 9 月 9 日，贝京总理和里根总统在白宫美国总统办公室

图片来源：雅各布·萨尔 、以色列政府新闻办公室。

第四十八章　是资产，还是盟友？

众所周知，里根总统特别喜欢夹心糖豆。他从 60 年代初戒烟的时候开始嚼糖豆，入住白宫时，他在总统办公室的书桌上、内阁会议室的桌上、客房里都放了透明的糖果罐子。"空军一号"上还有个特制的容器放糖果，以防飞机起飞、降落或遇到气流时糖果掉出来。有小报报道称，参加罗纳德·里根就职舞会的客人总共吃掉了 4000 万颗糖豆，其数量几乎等于他在选举中获得的票数总和。

"我在开会或者做决定之前，先要把糖豆罐子传一圈，"1981 年 9 月初，里根第一次见到贝京时打趣地说，"你可以从中看出一个人的性格，看他拿的糖豆是同一种颜色，还是随便抓一把。来，拿一些。"

贝京咧嘴一笑，抓了一小把糖豆。"我刚加入议会的时候，有时候遇到特别无聊的辩论时，"总理愉快地告诉里根，"就会溜出去到电影院看您的电影，您可比我那些议员同事们有意思多了。为您的演艺生涯，我欠您一个情。"里根笑了。"您知道吗，"他说，"有些人问我，演员怎么能成为总统，我回答他们，总统怎么就不是演员呢？"

这个玩笑逗得两人大笑起来。毫无疑问，里根和蔼的语气，颇有感染力的好性情让梅纳赫姆·贝京备感轻松。里根诚恳地要求，"请叫我罗恩。我可不可以称您梅纳赫姆？"——他说成了"梅纳克姆"——贝京听后开怀大笑起来。贝京假意推辞表示反对，"哦，不，总统先生，"他说，"我只是个总理，您是世界上最强大的国家的总统。所以，无论如何，请您对我直呼其名，但我不能这么称呼您。"

"您当然可以，梅纳克姆。我愿意。"总统说。

"既然这样，罗恩，那好吧。"总理很兴奋。

他们面对面地坐在总统办公室的印花长沙发上，在场的还有两名做记录的助理——我是其中之一。长窗外是阳光明媚的玫瑰花园，总统旗帜的一侧是著名的托马斯·杰斐逊肖像，房间里到处点缀着纪念品、奖章和签名照片——这些都是总统作为一个公众人物的小摆设，他曾是二流电影明星，也是一位颇受欢迎的州长。这个夏天，贝京在国内政治上获得了成功——击败西蒙·佩雷斯赢得了第二次大选——然而在国际上，以色列最重要的对美关系却更加紧张了。里根和贝京最早在轰炸伊拉克核反应堆的问题上产生了冲突，之后不久，美国向沙特阿拉伯出售先进的军事设备再次导致双方产生分歧。贝京无法确定，里根的殷勤和蔼中有多少演戏的成分，到底在多大程度上又是真诚的；然而他知道里根对以色列的钦佩之情是真的，而且他自己也因为选举胜利而深受鼓舞，因此他告诫自己要轻松看待里根的洒脱。

最高规格的接待一个小时前就已经开始了，总统在白宫草坪上举行了一场盛大的欢迎仪式——包括红地毯、仪仗队、飘扬的旗帜和乐队演奏等所有环节。里根总统衣冠楚楚、风度帅气，看起来比实际的 70 多岁要年轻十岁。他对受邀的上百名客人说："我非常期待有机会进一步加强美国与以色列之间牢不可破的联系，总理先生，我向您保证，我们会对以色列的安全和福祉恪守承诺。过去几年，中东在公正和持久和平的道路上达到了里程碑，您强有力的领导、巨大的想象力和熟练的政治才能在其中发挥了必不可少的作用。"

接着，里根转过身直接面对贝京，嗓音几乎带着沙哑："我知道，您把整个一生献给了人民的安全和幸福。这非常不简单。您从年轻的时候，就尝尽了饥饿和痛苦，但正如您所写的，您很少哭泣。有一次您却哭了——在您最热爱的以色列宣布建国的那天晚上。您说，那天晚上您流泪了，因为'那既是获得拯救的热泪，也是悲伤痛苦的眼泪'。好，让我们在上帝的帮助下共同努力，也许总有一天，所有的中东人民将不再有悲伤痛苦的眼泪，只有获得拯救的热泪。愿平安康泰归与远处的人，也归与近处的人。"[80]

这番动情的致词触动了总理内心最核心的部分，他善意地回应："总统先生，我们这一代经历过两次世界大战，以及其中所有的牺牲、伤亡和苦难。最终，人类粉碎了有史以来最黑暗的，奴役人类灵魂的暴政。"贝京以纳粹主义作为开头，接着猛烈攻击极权主义，用这样精心设计的措辞来吸引这位反共十字军的兴趣。他要让里根相信，在对付苏联的持久战中，美国完全可以将以色列作为忠实盟友："二战后，人们相信我们已经终结了人对人的暴政。但这是不可能的。一个又一个国家已经沦陷在极权主义手里。因此，自由仍然受到威胁，所有自由的男男女女都必须团结一致捍卫它，确保后代继续享有自由。"然后，他满怀感激地柔声说："总统先生，感谢您这番热情洋溢的讲话，您提到了我的国家和人民，还有那些关于我人生的感人之语。我只是成千上万数不清的人中的一员，他们在漫漫长夜中遭受痛苦，战斗着，坚持着，直到看见太阳升起。"[81]

567

两国国歌响起时，所有人都立正站立。如果贝京此时想一想为什么会有这场奢侈华丽的欢迎仪式，他八成能猜到，这一切得归功于他十分信任的美国驻以色列大使塞缪尔·刘易斯。大使说服总统身边的人，告诉他们一定要用最高的礼仪规格接待贝京，把他当作一个同盟国家的首脑看待，而不是一个顽固执拗的食客——总统身边的一些人确实是这么认为的。

568

随后俩人在总统办公室进行了一对一的闭门谈话，这本身就是一个不同寻常的姿态。在贝京看来，总统有意通过公开展示俩人之间的友情打破僵局，以便让他有个难得的机会在闭门密谈中敞开心扉，畅所欲言。可是，当他刚想张嘴谈谈美以关系、和平的希望、巴解组织的恐怖主义、黎巴嫩局势升级、巴勒斯坦自治谈判止步不前时，里根总统却打断他。可想而知，贝京有多吃惊，甚至还有点慌张困惑。里根说："必须请您原谅，梅纳克姆，但我们只有一刻钟的时间，之后我们就得去内阁会议室和大家一起谈。所以我想说明"——他把手伸进口袋，取出一盒小卡片——"几点。第一是……"

贝京直盯着里根，简直不敢相信美国总统竟然用呆板的口气给他念了一系列"谈话要点"，其中大多是标准地重申了美国在以色列和中东问题上的已知立场。

里根是继约翰逊、尼克松、福特和卡特之后，我见到的第五位美国总统，他是其中唯一一个需要使用提示卡的总统。他中间停顿了两次，贝京以为是让自己发表意见，但并不是。里根只是停下来确认自己有没有念错而已。

这难道是因为里根不学无术，所以只能像个三流演员一样照本宣科地读卡片上的那些要点？其他所有总统都能全盘掌握材料；他们不需要教练，也没有提示卡。显然，里根的顾问们并不希望他毫无准备地就复杂的问题和别人交换意见，他们担心他迷失在错综复杂的议题中。因此，贝京只能坐着洗耳恭听。对他来说，这可不是件容易的事。以色列在数百年间辩论家、谋略家、健谈者、诡道者辈出，在这个文化背景下，贝京是个天生的激情辩论家。而罗纳德·里根注定要成为一名历史上杰出的沟通者，他在吉米·卡特乏善可陈的执政岁月后唤醒了美国人的活力，恢复了国家自信，他实施的一系列政策最终击败了共产主义苏联。但在他和贝京初次见面时所有这些并未显现，总统把卡片放回口袋说："梅纳克姆，美国人就是这么看事情的。"贝京亲切地回答："谢谢你，罗恩，说得很全面。"

"现在我们去内阁会议室吧。"总统说着，在前面带路走进隔壁的房间。会议室是一个殖民时期风格的房间，白色的镶板墙，黄铜枝形吊灯，金色的窗帘，巨大的橡木会议桌边摆放着真皮高背椅，高级助手们恭敬地站在椅子后面。贝京径直朝国防部长卡斯珀·温伯格走去，握住他的手假意道："啊，温伯格先生，终于见到您了！认识您太高兴了。"

卡斯珀·温伯格身材瘦小，一头油亮的黑发，面无表情地报以彬彬有礼的回应。与此形成鲜明对比的是国务卿亚历山大·黑格，他是贝京的崇拜者，军人出身的他体格强壮，热情地表示了欢迎。东道主把大家带到桌边，里根特别欢迎了最近刚刚获得任命的以色列国防部长阿里埃勒·沙龙（Ariel Sharon）、外交部长伊扎克·沙米尔和内政部长优素福·伯格，伯格现在是处理长期停滞的巴勒斯坦自治谈判的以方谈判小组负责人。

里根坐到桌子中间面对贝京的位置，从口袋里掏出一盒卡片，以老练的深夜脱口秀主持人风格，温文尔雅地用最简短、

569

最亲切的措辞介绍并欢迎贝京一行。他把以色列描绘成"一份战略资产"，然后邀请总理再说点什么。

贝京答应了这个要求，他全面回顾了美以关系中所有相关问题，并且提到以色列是"美国对抗苏联在中东的扩张主义，最可靠、最稳定的自由世界的盟友"。然后，他用极其谨慎的措辞补充道："总统先生，您刚才说我的国家是一份战略资产。这当然有积极的一面，但我发现，其中有一点点高人一等的意味。我们拥有共同珍视的价值观，我们在许多基本问题上存在利益融合，我认为时机已经成熟，美国是否可以公开确认，以色列不仅是一份战略资产，而且还是一个全面的战略盟友。"

贝京的这番话如果放在吉米·卡特的内阁会议室，必然会招来冷淡的目光和冰冷的拒绝。卡特曾经给所有助手发出明确指令，在描述美国与以色列关系时不得使用"盟友（ally）"或"联盟（alliance）"这样的字眼。实际上，此刻里根总统桌边有些人听了这番话确实有点不安起来。温伯格竟然还皱起了眉头。然而总统仍在全神贯注地听贝京发言，听着听着还轻声地笑起来，只听客人说道："您知道，总统先生，我有时候觉得我们之间的关系有点像海因里希·海涅（Heinrich Heine）那首著名的诗，柏林的资产阶级绅士恳求情妇在这座城市最时髦的大街上散步时不要和他相认，他乞求她，'不要在菩提树下大街（Unter den Linden）上跟我打招呼。'我担心今天有人会对以色列说出同样的话。"

桌子四周的美国人要么一脸困惑，要么恼怒不快，但总统 570 毫不在意。他满怀敬意地看着总理，肯定地说："任何地方，任何时候，我会非常骄傲地和您相认的。"

里根说话的方式让贝京有一种直觉，这是一个正直的人，是个心态开放的聆听者。要是每次出现政策分歧时都能和里根单独谈一谈——必然会出现政策分歧——两人必定能找到共同语言，解决问题。可是当他扫视了一遍坐在对面的一张张面孔之后，他知道总统身边的人不允许发生这样的事情。

贝京受到鼓舞，继续道："当然，在这样的同盟关系中，以色列资历尚浅，但我们毕竟是伙伴。而且，我敢说"——他嘴角泛起一丝淡淡的笑容，轻描淡写地低声说——"过去几十年中，以色列一定做过一两件对美国在中东地区的战略利益有利的事情。我们非常感激这些年来美国在军事和经济上给予的帮助，但我想说，这并不是单向的——恕我直言，它不是一种慈善行为。"

他终于说了：他痛痛快快地说出来了。迄今为止，没有哪个以色列总理这么做过——以色列不仅仅是一个收受者，而且也是给予者。贝京发言的时候注意到，里根频频点头表示赞许。总统环顾四周想听听其他人的意见，但大家看起来都相当沉默，于是贝京抓住时机继续道："总统先生，我可不可以建议，在这个问题上拟一份协议——关于我们两国之间的战略关系。我这里所说的'战略关系'并不是为了我们自己的防御。我们在五次战争中保卫了自己，我们从未要求任何国家为了我们的利益而牺牲士兵的性命。如果战争再次爆发，我们会继续保卫自己，但愿上帝不让这样的事情发生！我要说的是，在中东地区为保护我们共同的利益进行战略合作，这个地区是苏联扩张主义的目标，自二战结束以来苏联从未表现得如此咄咄逼人。"

卡斯珀·温伯格一双灰色的眼睛冷冷地盯着贝京。他似乎有所保留地嘟囔了几句。相比之下，亚历山大·黑格倒是友善得多。

里根总统说："我觉得总理的建议是个好主意。我们来研究一下。"

梅纳赫姆·贝京听到这里倏地站起来，浑身充满能量。美

571　国总统给予以色列一个全面战略同盟的地位，这一刻他已经等待很久了。因此他说："总统先生，请您允许我邀请国防部长沙龙给大家说几个想法，他或许能进一步说明这个概念。"

"当然可以，"里根回答，"请讲。"

沙龙因为粗壮的腰围、专制的作风及其军事胆识，经常被人称作"推土机"。此刻他站起身，拿出一套地图，详细介绍了以色列和美国在战略上可能展开合作的方式。温伯格一直对美国与主要阿拉伯国家——最主要是沙特阿拉伯这个他在加入里根政府前曾有过密切接触的国家——的关系非常敏感，沙龙来势汹汹的风格让他涨红了脸。美国方面的其他代表则相互交换着不安的眼神，但沙龙继续不为所动地说着。他提出，这实质上是一个广泛的共同防御条约。贝京感觉到桌子周围的人情绪越来越不安，于是建议总统授权两位国防部长进行商议，以便找到一种双方都可以接受的方式。

"好主意。"黑格说。

"那你们二位何不在一起研究下，看看能不能在这个领域想出些解决问题的办法？"里根对温伯格和沙龙说。

温伯格看上去一副目瞪口呆的样子。他显然很恼火，没想到总统会要求他和一个让他无法接受的人商议一份他完全反对的协议。[82]

第二天，总理接受了以色列电台的采访：

问：您刚才提到和总统的会谈非常成功，并且已经达成了一项关于战略合作谅解备忘录的原则性协议。这份备忘录有什么深远的影响？

答：我听说国内有些人认为，整个战略安全合作备忘录归结起来就是一点点物资储备，盖几座医院。并非如此。我们谈论的是真正的合作。我们目前还没有签署任何文件，但我们已经就此在原则上达成一致。这其中有很多细节，难度很大。我们谈论的是陆地、海上和空中的真正合作。

就在以色列电台播放贝京讲话的同时，美国国防部长温伯格嘱咐他的高级助手们："我不想公开这件事情。这件事情，能不提就不提。以色列当然会大张旗鼓。他们想要一份包含大量细节的，具有约束力的公开文件。我们根本不会同意这么做。无论签署什么，它都得是一般性的，内容空洞的，这样我们才能够在阿拉伯世界面前为它进行辩护。我想让谈判在华盛顿举行。清楚了吗？我要亲自掌控整个过程。"[83]

他确实掌控了整个过程。

初步会谈后不久，几周之内，以色列国防部向五角大楼的谈判人员递交了一份29页的小册子，其中包含一份关于军事合作建议的全面清单。这催生了更进一步的反反复复的谈判，就像一名参与谈判的美国人所说，"就像在洗衣机里，有时候进行得很顺滑，水是暖的。然后突然之间，凉水不知道从什么地方冒出来，你被调转了方向，不知怎么一下就撞到了头。这是一个有趣的时刻：一方面，事情在沿着总统的方向史无前例地行进着；另一方面，他的国防部长在拆台。"[84]

沙龙很快就对整个概念失去了幻想，他想洗手不干了，但贝京让他继续坚持。如果实在达不成什么结果，贝京就要寻求一个联盟的象征。他最后得到的是一份 700 字的简短谅解备忘录，其中几乎没有什么新的或实质性的内容。1981 年 11 月，沙龙和温伯格在华盛顿国家地理学会举行的一次非正式晚宴上悄无声息地签署了这份备忘录。在刻意操作下，整个签署过程十分低调，没有邀请新闻界，五角大楼甚至没有在事后向媒体做例行的通报。温伯格与沙龙也没有留下签署文件的照片。

第四十九章　总统之死

尽管贝京对掺了水的战略合作协议心怀疑虑，但1981年10月6日下午这一切都被抛到了脑后，因为他得到一个惊人的坏消息。贝京的和平伙伴——安瓦尔·萨达特总统去世了，他在开罗的一次阅兵式上遭到伊斯兰狂热分子刺杀身亡。

"你确认他死了？"贝京倍感震惊，猛地吸了口气，"这个消息绝对可靠？"他问电话那头通报消息的波兰将军。那天，总理通知我到他的住处记录材料，我听见这个消息僵直地坐在那里，手里的笔停在半空中。

弗利卡的回答显然有点含糊，因此贝京说："我需要完整的，最终的确认。"接着，他嘱咐我："打开收音机。听听国外电台是怎么报道的。"

我摆弄着他书桌上的收音机，开始搜索短波频道。美国之声正在说，萨达特受了伤，但并没有生命危险。蒙特卡洛电台说，萨达特的两名保镖当场死亡，但他毫发无伤地被带走了。然而英国广播公司毫不含糊地宣布，埃及总统遭到了暗杀。

贝京的表情非常痛苦，就像他自己遭到了枪击一样。"如果BBC这么直截了当地宣布了，那就是真的了。"他说。然后他又发话道："请帮我接通弗利卡。"

"弗利卡，"他用命令的口气道，"立刻联系总参谋长。我们必须全面警戒以防发生任何意外。谁知道开罗到底怎么了。

这也许是场政变。"

国防部长向他保证所有的预防措施已经就位，贝京连连点头，"好，好，好。"

他回过头对我说："我要跟耶歇尔说几句。"

耶歇尔告诉他，终于打通了派驻开罗的大使摩西·萨松（Moshe Sasson）的电话，大使目睹了枪击过程，并且确认萨达特已经死了。

"告诉他，"贝京下指令道，"让他通知埃及人，我想带一个以色列官方代表团参加葬礼。"

这个想法仿佛触到了某一根神经，他好像刚刚听到这个灾难性结果似的，整个人突然紧张起来，脸色愈发阴沉，他痛苦地叹息一声，重重地靠在椅背上喃喃道："天知道这件事情会对和平条约产生什么影响。我们本来打算几个月之内在西奈完成最后的撤军，拆除那里的定居点。"

"您要不要发布一份吊唁声明？"我小心翼翼地问，生怕惹他更加心烦意乱。

"是的，是的，当然。"他回答着，于是口授道：

> 萨达特总统是被和平的敌对者谋杀的。他做出了访问耶路撒冷的决定，并且受到了以色列人民、以色列议会和以色列政府的款待，这一切将被铭记成为我们这个时代最伟大的事件之一……令人难以忘怀的，是他作为埃及总统和我作为以色列总理共同签署两国之间和平条约的时刻。我们在一次次的会面中建立了个人友谊。我不仅因此失去了和平的伙伴，而且失去了一个朋友……我们希望将和平进程继续下去，这也正是萨达特所希望的。[85]

然而每个人都在疑惑，和平进程真的能继续下去吗？

随后一周的星期五，梅纳赫姆·贝京与三位高级部长一起飞往开罗出席国葬，他们的到访令埃及当局面临双重困境，感到非常不安：一方面是这次访问必须具备的安全措施，另一方面是因为有众多与以色列敌对的阿拉伯国家代表出席而造成的前所未有的礼宾难题。而且，葬礼被安排在周六——安息日——安全问题变得更加复杂，因为以色列人拒绝在这一天乘坐装甲车，而是坚持要从住处步行至葬礼现场。以色列人的胆量令人吃惊，对他们来说这是一次意义重大的体力付出，但对埃及人来说这绝对是一场噩梦。

575

1981 年 10 月 10 日安息日，贝京总理带领包括伯格、沙龙和沙米尔等部长在内的以色列代表团赴开罗参加萨达特总统的葬礼，他们为尊重安息日习俗，一路步行加入了送葬队伍

图片来源：尼诺·赫尔曼、以色列政府新闻办公室。

然而，一切都很顺利。周六晚上，一身疲惫的总理向等候多时的新闻界发表讲话。他告诉大家，他和同僚们感觉参加这场葬礼非常重要，此举一是向和平伙伴表示尊重和敬意，二是向吉安·萨达特夫人及其全家表达个人慰问。"那些前去表达慰问的人，"他说，"都反过来得到了她的安慰。她对我们一行人说，'我一直担心失去他。但上帝比那些杀死他的人更强大，他把生命献给了和平，和平必须继续下去。'"

"总理先生，"一名记者问，"和平进程真的能够继续下去吗？"

贝京毫不犹豫地回答："我相信它会的。我和候任总统穆巴拉克私下里进行了一番长谈，我们主要就在谈这个问题。我们俩毫无疑问地认为，这即将成为事实。"

"总理先生，以色列人非常关心埃及政权的稳定。您刚从那里回来，能对此说几句吗？"

"没有理由相信埃及的政局不稳定。我们看到的是一个痛失亲人的政府，他们失去了一位伟大的、受人尊敬的领导人。但与此同时，我们还看到了一个强大的政府。几天之内，新总统胡斯尼·穆巴拉克（Hosni Mubarak）就将宣誓就职。"

"您能不能谈谈，您和候任总统穆巴拉克的关系？"

"可以。告诉你们，我们见面时出现了非常能体现人性且戏剧化的一刻。我们俩相向而行，向对方伸出手，而且我们俩绝对发自内心地同时开口说了句，'永远和平。'当然，谁也不能保证任何事物能永久保持。但我们想要表达的是，我们两个人会致力于建立一种可以让子子孙孙继承下去的和平。"[86]

577　　萨达特遇刺几周后，11月的一天晚上，梅纳赫姆·贝京在卫生间洗漱的时候滑倒了。他试图站起身，却浑身疼痛难忍。他疼得直皱眉头，大声叫妻子来帮忙，可是卫生间里收音机的音量太大，淹没了他的叫喊声，妻子听不见。

幸好贝京夫人很快凑巧来到卫生间。一打开门，她就看见丈夫俯卧在地板上。

"梅纳赫姆，出什么事儿了？"她惊慌失措地问他。

"我摔倒了。"

"那你起来。"

"我起不来。"

他们的女儿利亚听见之后跑过来问："爸爸，你怎么了？"

"我摔倒了，爬不起来。你们让我在这儿躺一会儿，我再试试能不能自己站起来。"

妻子和女儿略微商量后，决定最好还是把他轻轻扶起来，抬到床上去。

"别动，"总理的表情很痛苦，"你们没力气，只会让我更疼。我可能什么地方骨折了。把警卫叫来。我告诉他们怎么扶我。"

几分钟后，两个高大健壮的年轻人来到总理身边，等着他发指令。"把手放在我背后，一鼓作气把我抬到床上去，"他交代他们，"但是请你们不要拉扯我的四肢。"

一辆救护车把总理送到哈达萨医院，给他做检查的是三名高级医师，其中包括他的私人医生默文·戈茨曼（Mervyn Gotsman）。X 光检查的结果是左股骨骨折，医生很快给他动了手术。事后，由于认为公众有权利知晓有关他们领导人健康状况的每一个细节，贝京专门写了一篇文章，用生动的细节描述了当时的情况，以及当他躺在手术台上，眼前被屏障挡住动手术的大腿，麻醉药开始起作用的时候，他心中的所思所想：

578　　　　手术开始了。而我并不知道。我完全没有任何感觉。
我在跟旁边的戈茨曼教授说话。突然，我听见了锤子砸钉
子的声音。这个声音越来越大。我却没有感觉。我没有去
数到底砸了多少下，但我认为锤子断断续续地敲打了九下
或十下。过了一会儿，他们告诉我手术就快结束了，一切
都非常顺利。又过了一会儿，他们说手术完成了。[87]

　　18 天后总理出院，开始了漫长的恢复期。他仿佛一夜之间
苍老了十岁。有时候疼痛把他折磨得几乎动弹不得，药物又让
他疲乏不堪。他只能坐在轮椅上四处活动。他无法在办公桌上
舒适地工作，只能坐在办公室角落的沙发上管理政府运行。而
比身体不适更让他焦虑的是国家和家庭：经济一直处于低谷，
丝毫没有改善的迹象，一些内阁成员为一点小事的争吵也让他
失望不已；而最令他忧虑的是，他心爱的妻子阿莉扎已经患哮
喘很长时间，身体变得非常虚弱。

　　12 月中旬的一天晚上，他独自坐在公寓里，陷入了深深的
忧思。收音机里正在播放晚间新闻，他似听非听，房间里像地
窖一样安静。然而，突然之间，他的耳朵竖了起来，播音员正
在引用科威特报纸上叙利亚总统哈菲兹·阿萨德（Hafez al-
Assad）发表的一份声明：

　　　　即便巴勒斯坦人愿意屈尊让步，他也不会承认以色列。
只要战略平衡掌握在以色列人手中，以色列人与阿拉伯人
之间就不可能达成和平。他呼吁阿拉伯国家坚持拒绝主义
的立场，直到获得必要的力量，以便按照阿拉伯人的要求
向以色列提出和平的条件。

贝京轻轻擦了擦额头上突然冒出的一层汗，沉思起来。叙利亚的局势恶化了许多。叙利亚人几乎占领了黎巴嫩，并在其领土上部署了先进的地对空导弹，牵制了以色列的空中自由。更糟糕的是，亚西尔·阿拉法特的巴解组织控制了黎巴嫩南部，正从那里向以色列北部更频繁地发动致命袭击。这样的局势反过来也损害了以色列－美国的关系，因为里根总统明确表示反对以色列为清除巴解组织入侵黎巴嫩。

总理拿起电话拨给耶歇尔·卡迪沙伊。"耶歇尔，请找一份戈兰高地的人口资料，马上给我回电话。"

半个小时后，耶歇尔打回电话。"戈兰高地大约住着一万至两万德鲁兹人，还有几千名以色列定居者，其余就没有了。"他汇报说。

贝京闭上眼睛强迫自己忍着痛去思考。戈兰高地高于农田肥沃的胡拉山谷约600米。这块地方如果掌握在友邻手里，无关紧要；可一旦落在敌人手中，那就是个战略噩梦。以色列在"六日战争"中占领了戈兰高地，因此结束了叙利亚对山谷中村庄城镇的连年轰炸。"赎罪日战争"中，叙利亚几乎占据了戈兰高地，叙军推进到通向海法的公路。哈菲兹·阿萨德是所有阿拉伯领导人中最难对付、最不肯妥协的一个，他屡次扬言，叙利亚绝不会承认以色列。那还等什么？为什么要把这个人烟稀少的重要战略高地置于军政府的法律边缘，而其实，只要通过一项简单立法，它便可以被纳入以色列的主权范围内。现在正是绝好的时机，国际社会都把注意力集中到波兰危机和阿根廷的动荡上了。在波兰，共产党人正在镇压反共的团结工会运动；而阿根廷即将在马尔维纳斯群岛和英国开战。

贝京明确地安排行动。"耶歇尔，"他吩咐，"明天上午首先在我的住所安排一次特殊内阁会议，提醒议长下午晚些时候安排一次立法会议。还有，告诉司法部长给我打个电话。"

耶歇尔·卡迪沙伊是最称职的总管，他没有打听这一切的原因。

第二天上午，总理对倍感震惊的部长们说："先生们，我要向你们提议立一部《戈兰高地法》。"他笔直地坐在轮椅上，部长们在他身边围成了一个半圆。

"什么法？"一位部长问。他事后告诉我，当时他心里在想，是不是药物对贝京的大脑产生了影响。其他人则被这个突如其来、野心勃勃的想法怔住了，他们坐在那里一个劲地琢磨，他们的这位领导人到底怎么了。

580 "我和司法部长商量过了，我希望再仔细检查一遍我所说的'戈兰高地法'的措辞。"总理回答。他引述了这部法律的几个条款，然后解释道：

"以色列独立后，叙利亚人控制了戈兰高地，让我们看到了他们能对高地之下，我们的村镇平民做些什么。叙利亚人把成千上万的人投进地狱。他们怀着深深的宿怨从高地上开火，在整个地区实施血腥恐怖统治。他们的目标是男人、妇女和儿童，袭击造成大量死伤。据说，那些在那山谷出生的孩子都被称作'避难所的孩子'。为什么？因为每次警报一响——次数相当多——他们就要奔向避难所逃命。毫无疑问，在戈兰高地这一问题上，以色列全国实际上达成的共识是，我们不能从戈兰高地上撤下来，把它交还给叙利亚人，永远不能这么做。"

"那么您有什么建议？"有人问。

"我提议将以色列法律用于戈兰高地。"

"这是不是相当于吞并？"另外有人问。

总理或许是没听见，或许是故意不想听见。"我要问自己的问题是，我们是不是应该无限期地等待，寄希望于有一天，叙利亚统治者会表现出和平谈判的意愿。我个人对此不存在幻想。我一次又一次地在议会呼吁叙利亚总统访问耶路撒冷，或者，他邀请我到大马士革进行和平谈判。近 15 年来，他拒绝了历届以色列政府的各种提议。但最重要的是，我昨晚听到了他最新的一次拒绝。与以往不同的是，他这次详细说明了原因。"

"他是什么意思？"刚才提问的那位部长满腹狐疑地问。

"内阁应该知道，我们从极为可靠的消息源获得了有关最近召开的非斯会议①的情报。叙利亚外交部长在会上宣布，"——贝京拿起一份标记着"绝密"字样的文件，整了整眼镜——"他宣布，我来引用一下他的原话，'我们阿拉伯人绝不能提出任何和平建议。我们必须情愿等待一百年甚至更久，直到以色列的军事力量衰落，然后我们再采取行动。'"他把文件放在轮椅旁边的一张小桌上，又拿起另一份。"就在昨天，阿萨德总统还公开说了同样的话。我从收音机里亲耳听见，而且今天的阿拉伯媒体的评论中也出现了这些话语。"他语气确凿地引用了科威特报纸的内容。

"所以我要问问你们，既然知道他们打算什么时候动手，既然他们只有到了感觉自己变得很强大，或者我们变得很衰弱（但愿不会如此），他们具备足够的资本开列条件时才会谈和平，既然话都说到这份上了，难道以色列还要再徒劳地等着叙利亚来和谈吗？与此同时，叙利亚正在黎巴嫩扩大控制范围，杀气腾腾的

---

①　1981 年 11 月 25 日召开的一次阿拉伯国家领导人峰会。

巴解组织已经占领了黎巴嫩南部。我们还要等什么？"

有人担心地问："您认为，联合国对您提出的'戈兰高地法'会有什么样的反应？"

"这个问题值得研究。很明显，我的提议是个大胆的动作，我毫不否认，它会招致国际社会的强烈反应。其一，我预计会有一项安理会决议对我们进行严厉谴责。"

"那么美国呢？"另一位部长问道，"您认为里根会怎么回应？"

"十有八九，美国人会支持这样的联合国决议，而且美国人自己还会提出直接抗议。我们的美国朋友会说，'戈兰高地法'是一种单边行为，他们不会承认。美国国务卿黑格或者里根总统自己就会用这样的语气给我写一封信。我们会在回信中告知我们的真实想法——正义在我们这一边，我们认为在当前面临的环境下，我们的做法是完全有效的。"

坐在贝京身边的不少人依然面露不安之色，于是他激动地继续道："出于对我们伟大的美国朋友的尊重——我们最近和他们签署了一项战略合作协议——以色列是一个主权国家，我们的政府是民选政府。我们在这里谈论的不是什么心血来潮的奇想，也不是一时的任性；我们讨论的是国家的生存和未来。'六日战争'后，我们已经足足等待了15年，在这个地球上，谁也没有权力倚仗权势强行要求我们在'六日战争'结束后去和叙利亚谈和平，我们一次次地遭遇阿拉伯人的拒绝主义。"接着，他更加坚定地说道："我相信，我们的人民会在这件事情上尽可能地支持政府。因此，我建议今天下午将经内阁同意的《戈兰高地法》提交议会立法通过。"[88]

接下来的部长讨论并没有总理设想得那么顺利，但最终所

有人达成了一致意见。当天下午，所有人到议会落座，总理请　582
求议长允许他不站上讲台，而是坐在轮椅上原地做了开场白。

"议长先生，出于无法控制的原因，请允许我今天在这里发
表讲话，"他用庄严的议会发言语气说，"而且请允许我破例坐
着发言。"接着他重复了之前在内阁会议上的讲话内容。当天议
会以 63 对 21 的多数通过了《戈兰高地法》，这立即在华盛顿引
发了一场风暴。

"你要知道，"里根总统对国务卿亚历山大·黑格说，后者
曾经与卡斯珀·温伯格意见相同，"相比伊拉克的反应堆，这个
《戈兰高地法》更让我心烦。我现在发现，以色列的单边行动
将中东和平进程大大地复杂化了。"

1981 年 12 月 14 日，贝京总理在议会

图片来源：尼诺·赫尔曼、以色列政府新闻办公室。

"坦白说，我觉得被出卖了，"黑格生气地表示赞同，"我
没想到会这样。我赞成您让温伯格去谈谅解备忘录，因为我以

为，无论备忘录的内容多么模糊，确立了正式的伙伴关系后他
们就不会再做出类似轰炸奥西拉克那样让我们吃惊的事情了。
我当时还想当然地以为，从现在开始，以色列在采取如此激烈
的单边行动之前会和我们充分商量。"

"备忘录中要求他们必须和我们商量了吗？"总统问。

黑格耸耸肩，他微微眯起眼睛，眼神犀利地回答："备忘录
中说得没这么具体。确切地说，以色列从未许诺会和我们商量，
但我们完全有理由认为，我们作为战略盟友不该对影响如此之
大的行动事先一无所知，这件事显然影响了双方的利益。"

"那你有什么建议？"总统倒出几颗糖豆放进嘴里。

黑格字斟句酌地从容回答："好吧，总统先生，我认为不能
再像上次那样，采用延迟交付军机的方式，万一伊拉克发生战
事，那会削弱以色列的防御能力。但我们必须向贝京先生传达
一个信息，明确地让他记住，不能再让我们毫无准备地陷入
被动。"

"怎么说呢？"

"我认为我们要做的第一件事就是澄清双方之间的基本规
则，这样我们就知道以后该如何相处。不能再搞意外举动！因
此，我建议推迟签订贝京很想达成的战略合作协议，而是先共
同复审一下双方对协议内容的解释，以及以色列这次行动的
影响。"

总统想了想说："你说得对，亚历山大。这就对了，就这
么办。"

"那我通知大使，总统先生。"国务卿答道。[89]

第二天，塞缪尔·刘易斯大使给耶歇尔·卡迪沙伊打来电

话："耶歇尔,我要约见总理。事情非常紧急。"

"什么事情这么急,山姆?难道是耶路撒冷这里有人让华盛顿头疼了?"

向来随便的耶歇尔喜欢和美国大使开玩笑,大使深知这一点,兴致勃勃地接了招。

"算是吧,"他回答,"我老板让我带信儿来了。"

"好吧,我觉得总理也有消息要带给你老板。"耶歇尔说着,似乎在玩味贝京先生要对刘易斯说什么。

第二天上午,总理在住处接待大使。总理坐在椅子里,一条腿架在板凳上,旁边的桌子上堆满报纸。 584

二人都很欣赏对方。贝京欣赏刘易斯彬彬有礼、细腻老练的外交艺术,因此大使和他极富魅力的夫人莎莉成了以色列精英社交圈的常客。事实上,刘易斯在任驻以色列大使的八年间,经历了卡特和里根执政时期,他在以打下了很广的人脉,而且很受信任,不管持何种立场的政客,在他们心烦意乱的时候都会不时向刘易斯吐露一番心声。

"山姆,来。"贝京见刘易斯和一名记录员出现在门口,便招呼道。

"您感觉怎么样了,总理先生?"大使跟他握手,一边热心地询问。他注意到总理的颧骨和下巴看上去比以往更突出了,且眼里流露出痛苦的神色。

"好多了,谢谢你,"总理努力用轻松的口气回答,"现在的麻烦是,我的腿不能弯曲。山姆,你知道的——犹太人只对上帝下跪。"

刘易斯猜不透这到底是一句戏言,还是一句反抗宣言。

刘易斯和屋子里的另外两个人握了手——国防部长阿里

尔·沙龙和外交部长伊扎克·沙米尔，俩人生硬地嘟哝了声"Shalom（您好）"，便只是瞪眼看着他。总理请刘易斯坐下，伸手从旁边拿过一叠纸，绷着脸语气强硬地开始了长达几乎一个小时的演讲。他从头至尾没有停下来看手里的材料，声如洪钟地列举几十年来叙利亚种种背信弃义的行为：他们从戈兰高地对胡拉山谷的居民发动无休无止的进攻；"赎罪日战争"期间叙利亚几乎占领了戈兰高地，以色列为打退他们做出了巨大牺牲。最后他说："大使先生，我个人有个非常紧急的消息要告诉里根总统，请您立即转告他。"

"当然可以。"刘易斯之前曾经有过类似的经历。每个人都知道自己的角色，知道自己该说什么话。

"大使先生，过去的 6 个月里，美国政府惩罚了以色列三次。6 月 7 日，我们摧毁了巴格达附近的核反应堆。我们丝毫不怀疑，那个反应堆总有一天会启动。因此，这是一次真正意义上的拯救行动。然而，你们却违背了交付 F－16 战机的书面合同，宣布以此惩罚我们。"

"那不是惩罚，总理先生，只是延迟——"

贝京急急忙忙地继续往下说，刘易斯听得出来这场暴风雨时间不会短。"不久后，我们轰炸了巴解组织在贝鲁特的总部——出于自卫，巴解组织屠杀我们的人民，其中还有奥斯维辛集中营的幸存者。令人遗憾的是，那一次造成了平民伤亡，于是你们又惩罚我们。你们推迟交付了 F－15 战机。"

"对不起，总理先生，它不是——"

"你们凭什么在有平民伤亡这件事上教训我们，大使先生？我们想尽办法避免平民伤亡。我们有时候为了避免伤亡，还要让士兵们去冒险。我们熟悉第二次世界大战，大使先生。我们知道，在我方军队和敌军打仗时，平民会遭遇什么。我们也都熟悉越南战争，我们知道你们所谓的‘敌军死亡人数统计’是什么意思。"

"总理先生，我必须澄清——"

"一周前，在政府的建议下，议会以三分之二的压倒性多数通过了《戈兰高地法》，你们再次宣布要惩罚我们。这是什么话——惩罚我们？我们难道是附庸国吗？我们难道是香蕉共和国①吗？我们难道是犯了错误就要挨揍的 14 岁小男孩吗？"

"这不是惩罚，总理先生；这只是推迟，直到——"

"我告诉你，大使先生，这个政府是由什么样的人组成的。这些人曾经冒着生命危险战斗过，他们遭受过苦难。你们的惩罚不可能，也不会吓倒我们。我们不会理睬各种威胁。但我们愿意服理。你们没有权利惩罚以色列，我抗议你们使用这样的词。"

"可是我们没有用这个词。我们的意图是——"

"对不起，大使先生，你刚才宣布，你们打算推迟签订战略合作谅解备忘录，至于它什么时候继续推进，现在取决于有关巴勒斯坦阿拉伯人自治谈判的进展，以及黎巴嫩局势。"

"根本不是这样的——"

"换句话说，你们想让以色列受制于这份谅解备忘录。我把你们的声明视为，美国政府宣布放弃达成谅解备忘录协议。我们不会让达摩克利斯之剑悬在我们的头上。以色列人民在没有与美国签订谅解备忘录的情况下已经生活了 3700 年，我们还能在没有它的情况下继续再过 3700 年！"

586

---

① banana republic，最初是指洪都拉斯、危地马拉等经济命脉掌握在美国的中美洲国家。

"请允许我解释——"

"另外，在对我们实行经济制裁这件事上，你已经违背了总统的话。国务卿黑格在这里时，他向我们宣读了一段美国总统的话，内容是美国将从以色列采购价值 2 亿美元的军事和其他装备。现在你说，这项承诺不算数了。这违背了总统的诺言。这合适吗，大使先生？够了吗？你们到底想干什么，是想从经济上打压我们？"

"您要是让我解释——"

"1946 年，就在今天我们坐着的这个房间里，生活着一个名叫贝克的英国将军。今天，住在这座房子的人是我。在我们和他作斗争时，他称我们是恐怖分子，但我们还是继续斗争。当我们摧毁了他设在大卫王饭店的总部时，贝克说，'你只有从经济上打压，才能严惩他们。'他向英国军队发布命令，禁止他们进入犹太人的咖啡店。他说的是'从经济上打压'，这是贝克的逻辑。好，我现在明白了，为什么参议院为赢得多数席位而同沙特达成的军火交易，要搭配上一场丑陋的反犹活动。"

"并非如此——"

"就是如此。一开始是喊口号，'要么贝京，要么里根！'——意思是，反对和沙特做交易就等于支持我这么一个别国的总理，也就意味着对美国总统不忠诚。难道像肯尼迪、杰克逊、莫伊尼汉、帕克伍德，当然还有博希威茨（Boschwitz）这样表达反对意见的杰出参议员，他们都是不忠诚的公民？他们是吗？接着，又有口号称，'我们绝不允许犹太人左右美国的外交政策。'那么好，我告诉你，大使先生，没人可以恐吓伟大而自由的美国犹太社区。反犹宣传吓不住他们。他们和我们站在一起。这是他们祖先的土地，他们有权利、有义务支持它。"

"总理先生，您当然不会相信——"

"有人说议会通过的《戈兰高地法》最终会被放弃。'放弃'这个词，大使先生，是宗教裁判所传下来的概念。我们的祖先宁可走向火刑柱，也不愿意放弃信仰。我们现在不用走向火刑柱，大使先生。感谢上帝，我们有足够的力量来保卫我们的独立，捍卫我们的权利。放弃《戈兰高地法》——"

"我们只是建议做一次复审——"

"放弃《戈兰高地法》，这才是你们想让我们做的事情，这并不取决于我。它取决于以色列议会。我坚定地相信，没有哪个人能够让以色列议会放弃这项法律。所以，请你转告国务卿，《戈兰高地法》继续有效。没有什么东西，没有什么人能够废除它。"

刘易斯显然已经忍无可忍。他甚至顾不上客套，反击道："总理先生，您还没有允许我作解释。我当然会把您个人的紧急消息转达给总统。但与此同时，我也有消息要告诉您，朋友和盟友之间不应该存在意外。在影响到另一方利益的事情上，一方应该与其进行协商。"

"你说得对，但是在这次的事情上，之所以存在意外，那是因为我们不想让你们难堪，免得你们在面对阿拉伯朋友时陷入窘境。如果我们提前告知我们的意图，你们必然不同意。我们不想在被你们否定之后继续立法，所以就只能这么办。"

在大使看来，这接二连三的质问似乎有点夸张，甚至有点偏执，他觉得没有必要再听下去，于是起身告辞，开车回到特拉维夫的大使馆，把电报发了出去。在驶离耶路撒冷的途中，他打开收音机，完全被听到的内容搞糊涂了。

587

"我真不敢相信，"他满面愁容地对记录员说，"难道这就是贝京要传递给美国总统的私人紧急信息？天啊，华盛顿方面对此肯定会有话说的。"

他从收音机里听见的是，以色列内阁秘书长正在贝京的住所外，逐字逐句地用英语向外国记者们重复贝京刚才长篇大论中言辞最激烈的那部分内容。

588　白宫得知消息后非常气愤。美方认为总理的措辞非常过分，语气很不恰当，认为以色列此举公然冒犯了美国大使。当天，里根读着报告，看上去非常困惑。他挠挠头喘息着说："好家伙！贝京这家伙，真的很难和他做朋友。"

没过多久，刘易斯大使陪同一名资深参议员同贝京见面，评估当下骤冷的形势。见面结束后，大使开口道："总理先生，我有些话想告诉您。是有关我个人的。"

贝京亲切地看着他："说吧，山姆。你有什么想法？"他的语气中没有丝毫的欺骗和狡诈。

"是关于您让我转达给总统的私人紧急消息，"刘易斯说，"那天我刚离开，您就立刻授权媒体发布了消息。说得客气些，这么做违背了外交惯例和实践。您这么做，让我觉得您把我当成了傻瓜。"

"但是当然，你会发现我所说、所做的并不针对个人，"刘易斯的怨恨让总理感到意外，"我考虑的是贵国政府的行为造成了这么严重的后果，我必须当场向我们的人民充分告知我们的立场，我们需要澄清，我们也是有红线的。"

"是的，但我还没离开耶路撒冷，就从收音机里听到了您的发言人在逐字逐句地引用您对我说过的话，而我以为那是要转达给总统的私人消息。"

贝京抿着嘴沉思着，然后说："我只是没有考虑到这一点，山姆。我想到的是，美国和以色列在戈兰高地这一事关我们未来的重大问题上，存在如此大的意见分歧——而且目前也是如此，我感觉我的公众有权利知道你我之间都谈了些什么，以及我们各自的立场是什么。如果我冒犯了你个人，那我向你道歉。请原谅。"

总理悔悟的语气让山姆·刘易斯感到一种不同寻常的困惑。他从未想过这个最骄傲的人，竟然会如此谦卑地向别人道歉。[90]

第五十章　有约必守

有些人说，此后里根和贝京的关系进入了冷藏期，但另一些人则认为双方只是发生了暂时的误会。前者关注的是关系的破裂和分裂，而后者认为那只是摇摆不定。然而，当以色列内部发生剧烈动荡时，俩人的关系在某种程度上得到了恢复：在为从埃及最终撤出以色列军队做准备的过程中，西奈半岛的犹太人定居点被拆除了。华盛顿方面有人担心，萨达特被暗杀后，出于围绕他的继任者胡斯尼·穆巴拉克所产生的不确定性，再加上伊斯兰主义高涨的前景，贝京很可能重新考虑撤军之事，寻求最后的借口避免撤军。但是当和平条约规定的最后日期来临时——1982年4月25日——他撤军了。

"*Pacta sunt servanda*——有约必守，"贝京十分坚定地说，"这是国际法的黄金法则。遵守国际协定是一种绝对义务。如果一方如约执行，那就会迫使另一方也这样做。如果一方违约，那么另一方也有权这样做。"

贝京现在已经能借助拐杖蹒跚着行走，他仔细读完我送到他住处的信件和待批文件，在房间里走动着。但他的心思并不在这儿。他拿起一份一周前的报纸，盯着头版的大照片，眼里充满忧伤。照片上的以色列士兵正踩在梯子上艰难地拆除设置了障碍的建筑物，强行驱逐抗议的居民和其他从亚美特（Yamit）赶来反对撤军的顽固分子。亚美特是个美丽而崭新的城市，它建在西奈半岛地中海沿岸的沙丘地带。和平条约一旦实施，亚美特将不再归属以色列。

贝京放下报纸，眼神却没离开那张照片。"悲剧啊，"他喃喃着，"多么痛苦的创伤。"他确认了强行疏散并放弃亚美特的有效性，最后说："我们必须尊重自己的签字，必须遵守承诺。有约必守！"

以色列将在第二天中午结束在西奈半岛的 15 年存在——这 15 年里，以色列人辛苦劳作，投资基础设施，进行了石油勘探、沙漠填海和广泛的定居点建设。中午，以色列将在靠近蒂朗海峡已经开始修建的度假胜地奥菲拉举行一场低调的军事仪式，最后一次降下以色列国旗。再过一天，亚美特将恢复其原来的阿拉伯名字：沙姆沙伊赫。

以色列国防军在当天执行的命令中写道：

"我们离开西奈半岛主要是为了我们自己——为了我们的孩子和将来的后代，试图找到一种除战争以外的途径——一种和平的方式。"

一名军方情报人员在下面潦草地写着："埃及人向当地居民分发了国旗，预计随着我们的部队撤退到以色列边境，后面会跟着一群欢呼嘲笑的贝都因人，他们会沿路宰羊以示庆祝。"

"就这样吧，"总理叹了口气，"让他们心满意足地宰羊吧。要是萨达特还活着，事情或许不会这样。时间可以证明一切。"然后，他近乎听天由命地说："穆巴拉克当然不是萨达特。和安瓦尔打交道时，虽然我们之间存在分歧，但我们建立了一种非常密切的关系，它首先是建立在互信基础上的。我们曾经彼此敞开心扉。我们常常谈及我们的信仰和古老传统，我们的经验，以及它们如何影响我们的生活，并使我们成为现在的样子。他常常告诉我一些不足为外人道的事情，包括他对副总统穆巴拉克并不是十分的敬重这一点。"

他拄着拐杖，费劲地回到原来坐着的地方，充满怀旧地说："我们两个家庭的关系变得很近。我们相互吸引——我们的妻子、孩子。他的家人就像我的家人一样。安瓦尔遭到暗杀时，我们很悲伤，非常悲伤。我告诉吉安，还有他们的儿子女儿，我说的每句话都是认真的，他的离开是全世界、整个中东、埃及、以色列的损失，也是我的妻子，以及我个人的损失。我们邀请他们一家人来以色列。这个邀请始终有效，他们是我们家的私人贵客。"

"您和萨达特夫人保持这么近的私人关系，穆巴拉克会怎么想？"我问。

他冲我不耐烦地耸耸肩，似乎根本不愿意去想问题背后的意义，用粗哑而幽远的声音喃喃道："我相信安瓦尔。到了执行和平条约时，我感觉到，尽管经历了各种起起落落，但他是真的希望这份条约能让两国人民达成和解，而不仅仅是一份两个政府间的合约。我们曾经谈到，我们的生命是短暂的，但和平一定会比我们的生命更长久。有一天在亚历山大，我们坐在他家的阳台上，只有我们两个人，他抽着烟斗望着大海说，'你知道吗，梅纳赫姆，总有一天我将不再是埃及总统。'我对他说，'你知道吗，安瓦尔，总有一天我将不再是以色列总理。'说着，我们相互拥抱着哈哈大笑，彼此真情实意地说，即便我们不可避免地离开了这个世界，我们的国家不会离去，上帝的恩典与和平不会离去。"

他眼睛闪烁着，仿佛凝视着难忘的彼时彼地，继续回忆道："哦，记得阿里什吗？还记不记得我们双方在五次战争中的伤残军人，他们是如何见面，拥抱彼此的？人必须眼见为实——亲眼看看这样的和解是可以达成的。这些士兵，有的失去了双手，有的失去了双腿，有的永远失去了光明，他们拥抱亲吻，一遍一遍地相互喊着'永不再战！永不再战！'我很怀疑还有哪个国家，哪个地方，哪个时候曾经出现过这样的场景。"

然后，他像一名祷告者那样恳求道，"愿全能的上帝在胡斯尼·穆巴拉克的心中激起他对这种和平的信仰——我和安瓦尔所信仰的和平。"[91]

他说着，从桌子对面探起身子拿过纸和笔，开始全神贯注地给吉安·萨达特写信：

> 夫人，今天我们的心和您以及您的孩子们在一起。已 592
> 故的安瓦尔·萨达特原本应该和我们一起见证这份荣耀，
> 这是他为实现埃及和以色列两国人民之间的和平与和解努
> 力得来的。为证明他没有离我们而去，他将永远被铭记在
> 善良的人们心中，我们必须为神圣的事业而奋斗："永不再
> 战，永不流血，我们两个国家之间只有和平、salaam 与
> shalom。"
>
> 拥抱你，亲爱的朋友
阿莉扎和梅纳赫姆·贝京

他放下笔，把纸递给我说："确保让我们的驻开罗大使尽快把它亲手交到萨达特夫人手里。"

Our hearts, Madam, go out on this day to you and the children and grandchildren. Anwar Sadat of blessed memory should have been with us to see the glory of his efforts to make peace and achieve reconciliation between the good peoples of Egypt and Israel. To prove that his memory did not die, that it will live forever in the hearts of women and men of goodwill that we all toe to work for the sacred cause:, no more war, no more bloodshed, peace, salam, shalom between our nations."

We embrace you, our dear friend
Aliza Menachem Begin

1982 年 4 月 25 日，以色列最终撤离西奈半岛那天，贝京写给吉安·萨达特夫人的私人信件

第五十一章　安息日女王

和平条约的最后阶段刚刚完成，总理便焕发活力全身心地
投入国内事务中。长期以来，他一直渴望与全国最强大的工会组
织之一——以色列航空员工工会接触。他希望停掉周五日落至周
六日落（犹太安息日），以及犹太重大节日期间的以色列国内航
线。1982 年 5 月，贝京在议会就航班问题发表讲话，这是他在骨
折半年后第一次甩掉轮椅站到讲台上。然而，伤痛还在，他踏上
台阶时脚步沉重，拄着拐杖，倚靠在引导员的手臂上。

几天来，议会里气氛日益紧张，一群肌肉发达、身材敦实的
人在走廊和餐厅四处游荡，他们同议会委员会接洽，人数每天都
在上升。这些人是以色列航空工会的工头们，陪在他们旁边窃窃
私语着的是律师，他们意图阻止贝京总理有关在宗教节日停运的
计划。他们不断施压，不停地纠缠，向议员们请愿。就连最机警
的内政部长优素福·伯格博士也难逃其扰。一名工会成员半路杀
出，用胳膊揽住他的肩膀，食指戳着他的胸膛面对面地咆哮起
来。博士被迫仰着头，仿佛对方把话活活塞进了他喉咙里。

“议长先生，女士们，先生们，议员们，”贝京开口说道，
“政府已经决定，三个月后，以色列航空的国内航班将不在犹太
安息日和其他节日执行飞行任务。”

话音一落，坐在公众旁听席上的工会成员脸上立刻露出仇
恨的神情。反对党的座席上爆发出激烈的质问：

“那你为什么不在安息日关闭电视广播？”一个声音大声道。

"你是不是还打算停运海上的以色列商船？"另一个人大声喊。

这些嘲笑之语丝毫没有打扰到总理。相反，它们还为他提供了新的灵感。"你们想喊就喊吧，"他一边奚落着，一边轻蔑地扫视着反对党们，最后将目光锁定在年轻的激进左派分子约西·萨里德（Yossi Sarid）身上，"我对你和你们这些人无话可说。事实上，我对任何支持建立巴勒斯坦国的人都无话可说，那对我们的人民来说是致命威胁。"贝京笃信演讲术是一种至高无上的武器，是一门综合了风格、节奏和运用强大知识能量的艺术。他换了种语气，用平淡而响亮的声音辩解道："40 年前，我结束流亡回到以色列的土地。刻在我记忆中的是数百万犹太人的生活，他们都是简简单单的普通人，他们是被遗弃的离散犹太人，他们在肆虐的反犹风暴中勉强挣扎度日。他们不被允许在基督教的休息日——周日——工作，他们遵守'当记安息日，守为圣日'这条诫命，拒绝在自己的休息日——周六——工作。因此，他们放弃了每周整整两天的来之不易的收入。这对许多人而言意味着贫困。但他们绝不会亵渎安息日。"

"这么说，安息日也不能踢球了？"萨里德质问道，又引发一阵嘲笑、嘘声和辱骂声。

贝京不慌不忙地打断这乱哄哄的场面，讲述了一个关于萨洛尼卡（Salonika）的故事，整个议会都静静地听着。"在希腊有一个名叫萨洛尼卡的港口城市，战前那里有大量犹太人。码头工人中大多数是犹太人，他们都在安息日休息。这些装卸工宁可放弃收入，也不愿意亵渎安息日。当地的异教徒们接受了这个生活现实，码头一到安息日就会关闭。大家不妨想象一下！"

"难道您打算让整个国家停摆，把我们打回黑暗时代吗？"有人叫喊道。

贝京总理和内政部长优素福·伯格博士

图片来源：尼诺·赫尔曼、以色列政府新闻办公室。

热情而充满活力的贝京总理正在说服议员们

图片来源：尼诺·赫尔曼、以色列政府新闻办公室。

598　　"哦，黑暗时代，"总理讽刺地回应着，让支持者们欣慰的是，他冷静地举起右手好像在空中接住了一个球，朝着质问者扔了回去，然后继续用夸张的语气说道，"你提到了黑暗时代。好的，我亲爱的社会主义朋友，我来告诉你：安息日珍视无与伦比的社会伦理原则。安息日是全人类最崇高的价值观之一。它源于我们犹太人。它是我们所有人的节日。历史上其他文明从不知休息日为何物。古埃及拥有灿烂的文化，其宝藏至今仍然展现在我们眼前，然而古代埃及人不知有休息日。古希腊人擅长哲学和艺术，但他们也不知道休息日为何物。罗马人建立了强大的帝国，创建了影响至今的法律体系，然而他们也不曾听闻休息日。亚述、巴比伦、波斯、印度、中国这些文明无一了解休息日的存在。"

"那就戴上你的圆顶小帽吧。"有人嘲笑道。

"放肆！"贝京用深沉而洪亮的声音怒斥道，"我说的是我们人民最神圣的价值观，而你竟敢报以嘲笑。太无耻了！"他高举起双手，怒喝道："只有一个国家将安息日奉若神明，这是一个小国家，他们在西奈半岛听到一个声音在说，'使你的仆婢可以和你一样休息'。我们就是这个国家，我们让最卑贱的人也能得到一天的休息，我们将它传承给人类。我们的国家赋予劳动者和雇主同样的尊严，双方在上帝的眼中是平等的。我们的国家将这一礼物馈赠给其他信仰。基督教——星期日；伊斯兰教——星期五。我们的国家将安息日奉为至高无上的女王。"

政府议席上发出异口同声的赞许，盖过了反对的声音。作为普通人眼中的偶像，贝京沉浸在积极性和使命感之中，他提高嗓门道："所以我们，在我们自己获得重生的以色列国，难道还要在安息日让以色列航空蓝白相间的飞机来回穿梭吗，就好比告诉全世界，以色列没有安息日？我们这些出于信仰和传统听到西奈诫命的人，难道要通过以色列航空告诉全世界——'不，把安息日忘了吧。别把安息日当回事！'一想到这么多年来，我们国家航空公司的飞机在安息日那天，当着所有犹太人和异教徒的面，在全世界各地飞来飞去，我就不由得浑身发抖。"

这番话引发了巨大的骚动。议长坐在位置上徒劳地敲打着手里的木槌，但仿佛那木槌是用天鹅绒做的一样，大家充耳不闻。于是贝京抬起两个手掌，然后轻轻落下，一次、两次、三次，直到喧闹平息。他两眼盯着公众旁听席，庄严地凝视着那里的听众。"我要对你们说几句，以色列航空的好员工们。如果我们做出这个决定，那么政府就一直是你们中间某些人的威胁目标。但我们不会把这样的威胁放在心上。在一个民主国家，政府不会在胁迫之下做决定。在事关犹太人永恒遗产的问题上，我们不能算计利润盈亏。我们无法用经济上的得失来评估安息日的宗教、民族、社会、历史和伦理价值。在这个复兴的犹太国家，我们绝不能这么算计。在这个饱经风霜的国家，如果没有安息日年复一年地修复我们的灵魂和精神生活，一次次的磨难和沧桑早已将我们拖入物质主义和道德的最底层，令我们的智力大大衰退。"为了强调自己的观点，他用一句著名的谚语结束了演讲："不是犹太人保留了安息日，而是安息日保留了犹太人。"

说完，他在一片欢呼声和嘲笑声中费劲地转过身，准备回到座位上。他刚迈开步子便突然有了新的想法，于是取回麦克风宣布道："议长先生，请允许我再说一点。在座的应该都知道，不是只有最严守戒律的犹太人才能充分领悟安息日这个

599

'完美礼物'中所蕴含的所有历史和宗教氛围。安息日禁律并不具备强制性。但它能让人远离日常的腐蚀，帮人抵挡世俗的亵渎，它创造神圣的时空，丰富了人的灵魂。总之，一个人不一定要虔诚才能接受安息日的重要原则。他只需要做一个骄傲自豪的犹太人。"

议长大声表示，他准备就总理的声明进行投票，并指示唱票员开始计数。最终结果是 58 票赞成，54 票反对，梅纳赫姆·贝京长出一口气，蹒跚着走出议会大厅。[92]

然而这场精神胜利带来的满足感并没有持续多久，贝京回到办公室后，国防部长阿里尔·沙龙向他描绘了黎以边境的严酷景象。

20 世纪 70 年代末，亚西尔·阿拉法特在贝鲁特西部建立巴解组织总部，此后占领黎巴嫩南部，并很快形成一个被称为法塔赫家园（Fatahland）的小型巴勒斯坦国。从此以后，黎以边境的山区变成了一个火药桶。加利利北部的城镇和村庄经常遭到零星轰炸，人们的正常生活陷入停滞状态。许多人南下逃难，留下的人只能蜷缩在避难所里焦虑地苦熬日子。随着事态恶化加剧，里根总统意识到问题严重，派遣特使菲利普·哈比卜（Philip Habib）尝试调停休战。1981 年 7 月，特使完成这项任务，停火持续了 11 个月，但期间违反停火的事件层出不穷。贝京在议会针对以色列航空公司发表演讲的当天，沙龙见到总理后立刻递上一份档案，上面记录了 240 桩违反停火的案例——其中包括炮击、入侵、恐怖袭击等，其中有些相当惊人。

"除非他们停止并恢复平静，"国防部长警告，"否则局势将彻底恶化成全面战争。"

贝京总理和议员阿里尔·沙龙

图片来源：雅各布·萨尔、以色列政府新闻办公室。

第五十二章　发动战争，宣扬和平

　　如果说巴解组织直接违反美国主导的停火，持续不断地进行恐怖袭击，就表明战争的警示黄灯已经亮起，那么 1982 年 6 月 3 日他们企图暗杀以色列德高望重的天才外交家——驻英国大使什洛莫·阿尔戈夫（Shlomo Argov）即暗示着战争的红灯已经亮起。当天大使在伦敦参加一场宴会，他在离开多尔切斯特酒店（Dorchester Hotel）时头部遭到枪击。一名专家称，自从 1914 年斐迪南大公在萨拉热窝遇刺，还从来没有哪个暗杀小组——这次是巴勒斯坦人——采用如此类似的手段制造战争。

　　枪击事件发生的第二天一早，总理找到国家宗教党党首优素福·伯格博士，请他到自己的办公室紧急商讨。他要劝说伯格支持国防部长沙龙制定的一份计划，允许以色列国防军大举进入黎巴嫩南部赶走巴解组织恐怖分子。贝京了解伯格是内阁中颇具影响力的人物，对此类计划持强烈的保留意见，但他希望这份计划能够获得内阁的一致同意。

　　"你可以用各种方式打击他们，"伯格说，"但是不要搞全面的地面入侵。"

　　优素福·伯格生性机智诙谐，胖胖的脸颊上一双眼睛亮闪闪的，目光相当敏锐。他同时还是个受命担任圣职的拉比、哲学博士，掌握八种语言，自从建国以来就一直担任议员。他曾经在六任总理麾下领导过多个政府部门。凭着多年的经验，他深深了解，黎巴嫩的灾祸一旦爆发，就很难收场。

美丽的黎巴嫩曾经是一个平静的国家，在经历了多年的种族和宗教纷争之后，陷入严重的宗派分裂。浩劫、屠杀和背叛成为一种生活方式：什叶派反对逊尼派；逊尼派和什叶派反对德鲁兹派；基督教派反对逊尼派和什叶派；德鲁兹人和基督徒反对叙利亚人；简而言之，黎巴嫩已经成为一块被诅咒的土地，巴解组织发现，在那里可以轻易地建立一片强大的武装领地——确切地说就是，一个国中之国。

"我们已经开始空袭他们在贝鲁特的基地，但他们还在沿着边境线持续不断地轰炸我们的村镇。这是绝不能容忍的！"贝京对伯格的告诫回应道。

"但是，全面战争让人更加不能容忍。"伯格很坚决。

"优素福，我们绝不能让大使白白受袭，"贝京不耐烦地反驳，"阿尔戈夫大使是他们精心挑选的目标，因为他是犹太人，是以色列人，他是这个国家的象征。袭击大使就相当于袭击这个国家。"

"也许是这样，但我们不是在谈国际协议。"伯格的话音里带着辛辣的讽刺。

贝京严肃地看着他："那么我告诉你，如果我们不使用武力回应，不把这些杀手除掉，我们就会羞愧地抬不起头来。"

伯格的想法看起来出现了点变化，他的眼神黯淡下来。"如果我支持这个计划，"他问，"大约会造成多少伤亡？"

贝京忧心忡忡地望着他："我的心情和你一样不安，相信我。我们会有伤亡。只有傻子才会说，这是要打一场胸有成竹的仗。巴解组织的暴徒手里有苏联提供的先进武器，他们会奋力打仗。但我们的国防军会更加勇猛，我们会击败他们的。"

"是的，我们会赢。可我还是要问，代价有多大？"

贝京用缓慢而庄严的语气回答："我们会尽一切可能防止人员伤亡。鉴于这次行动性质简单，就是为了把我们的村镇转移到恐怖分子的火力射程之外——也就是说，从我们的边界，把敌人往回赶 40 公里——我确信伤亡率将相对较小。但不可否认，军事行动意味着损失，损失意味着失去亲人和成为孤儿。如果'加利利和平行动'——预期行动的代号——成功地将加利利北部地区从永久的威胁中解放出来，这本身将是一桩有价值的成就，即使这种平静不会永远持续下去。"

"可是一旦我们撤走，恐怖分子就会重新集结起来，回来骚扰我们，你怎么能管这个叫成就呢？"

贝京的眼神坚定起来。"我告诉你，尽管我无法作出任何最终的承诺，但现在发起这项行动，我们可以确保摧毁并根除大部分恐怖主义基础设施。如果能消灭成千上万的恐怖分子，那也是一桩成就。"

"那么叙利亚人呢？"伯格问，"他们在黎巴嫩北部和东部部署了 3 万人的部队，还有地对空导弹。"

"我们的目的，"贝京语气谨慎，"是尽量避免和叙利亚人发生正面冲突，除非他们非要和我们正面交锋。"

"很好！那么'加利利和平行动'结束后呢？我们去哪儿？"

"我们谁也回答不了这个问题。我不是江湖骗子，当然不可能保证之后会发生什么。也许我们介入之后会使黎巴嫩基督徒获得上风。也许这次行动能一并摧毁巴解组织背后的靠山。现在我只能说，我们一旦结束'加利利和平行动'，就可以考虑如何巩固战果。有一件事是肯定的，我们不会留在黎巴嫩。以色列绝不寻求黎巴嫩的一寸领土。"

伯格苦笑着问："你通知我们的美国朋友了吗，免得他们再抱怨我们让他们措手不及？"

总理愤愤地叹了口气："有，也没有。沙龙上个月在华盛顿，他基本上就已经对国务卿黑格和其他人警告说，如果我们对不断发生的违反停火的行为做出剧烈反应，他们不应该感到诧异。"

"他们有什么反应？"

"黑格当然同情我们面临的问题。他毫不怀疑我们固有的自卫权。但他没有给我们开绿灯。他也许是亮起了黄灯，但我也不会指望他。"

伯格一言不发，凝视着贝京书桌旁墙上的地图。地图最上方深棕色的区域是加利利山脉，它那崎岖的斜坡、深深的沟壑和干涸的河床延伸进入颜色更深的黎巴嫩南部。也许伯格此刻想到了自己的儿子阿夫朗姆，他是一名预备役伞兵军官，几乎肯定会被征召上前线，到这片令人生畏的断裂地带投入战斗。

贝京似乎看出了他的心思，双眼一眨不眨地盯着他，动情地说："优素福，现在的问题是，谁会占上风——是禽兽压倒我们，还是我们压制禽兽？这个决定得我们来做。我认为我们别无选择。我们犹太人不畏惧任何势力。我们不会坐等美国人或联合国来救我们。那样的日子已经一去不复返。我们必须自己保护自己。如果我们不愿意自我牺牲，那就会出现另一个奥斯维辛。如果我们必须为自卫付出代价，那就来吧。是的，战争会流血，会夺走亲人，会产生孤儿——这些事情想想都可怕。但是，当我们的人民正在加利利流血，而我们必须保护他们，不再让他们流血，此时难道还有谁会疑惑我们该怎么办吗？"[93]

6月5日周六晚上，总理召集内阁为第二天一早即将打响

606

的"加利利和平行动"进行最后的投票。一共有三人弃权，其中就有伯格的一票。次日，塞缪尔·刘易斯大使赶到耶路撒冷向总理递交了里根总理的一封紧急信：

亲爱的梅纳赫姆，

阿尔戈夫大使遭遇枪击以及随后的暴力升级之后，我相信您已经了解，我们正在努力与欧洲和中东各方接触，敦促他们不要对以色列采取任何可能导致局势恶化的行动。在我们持续努力的同时，我希望您将……尽一切可能避免采取军事行动，以免扩大冲突，甚至给以色列带来更大的伤亡。

……

我希望您认可，各方有必要共同努力达成条件，随着时间的推移，这些条件将重新创造出一个稳定、安全的黎巴嫩，并最终给以色列北部带来安全。我非常希望，我们的努力取得成功，确保局势不会在最近几个小时的暴力基础上更加恶化。如您所知，以色列的安全一直是我最关心的问题。

谨致问候

罗纳德·里根

总理在回信中写道：

亲爱的总统先生，我的朋友：

非常感谢您的来信。您的同情、友谊和理解之词深深地打动了我。我一直在与给阿尔戈夫大使动了手术的外科医生保持联系。他是一个出色的医生，昨天晚上他刚从伦敦打来电话；他告诉我，尚不能做出一个明确的预后。然而，似乎已经很清楚，大使即便在这次暗杀行动中能够幸存下来，他也会瘫痪。至于他的心智功能，那更是无法确定的事情。

在过去的 72 小时里，巴解组织恐怖分子用苏联提供的重炮和喀秋莎火箭，持续袭击了我们在加利利的 23 个城镇村庄。成千上万的男人、妇女和儿童日日夜夜藏身在避难所。我们遭遇了伤亡……敌人的目的是杀人——杀死犹太人。世界上还有哪个国家能容忍这样的情况？《联合国宪章》第五十一条（自卫的固有权利）不就适用于我们吗？所有的规则都适用于所有其他国家，难道只有犹太国家是例外？这些问题的答案就包含在问题本身之中……

我们的军队受命将恐怖分子向北击退 40 公里，以便我们的公民及其家人能够安安静静地生活，不用在时刻存在的死亡威胁下过日子。

总统先生，我非常希望您能考虑一下我们的特殊处境：恐怖组织在苏联的支持下在以色列国内国外令我们的人民流血，他们一次次地向我们发动侵略。

我们将尽我们神圣的义务，请上帝帮助我们。

此致

梅纳赫姆

一周后，以色列国防军大举推进并占领了黎巴嫩大片领土，总理准备前往美国。他此行的目的是在联合国大会关于国际裁军问题的特别会议上发表讲话。更重要的是，他要与里根总统 608

会晤，希望解决他们在黎巴嫩战争问题上的尖锐分歧。

就在我忙于打磨总理的裁军讲话时，他正与国防部长阿里尔·沙龙深入地探讨黎巴嫩战事。显然，这场战争并没有按计划进行。叙利亚人卷入了战事，战斗扩大成为激烈的遭遇战，伤亡越来越多。正因如此，当他准备登机前往美国，在贵宾休息室门口被一群以色列记者拦住时，表现得很不高兴：

"贝京先生，眼下黎巴嫩打得这么激烈，国际舆论谴责以色列国防军造成了上千名黎巴嫩人伤亡，您不考虑推迟访问美国吗？"

"不，我根本没考虑过要推迟。我受邀在联合国大会上就裁军问题发表讲话，我认为对以色列总理而言，在这样的场合发表这样的讲话是一个极好时机。此外，美国总统罗纳德·里根先生邀请我访问白宫。我们有很多事要谈，需要澄清，特别是被严重夸大的黎巴嫩人员伤亡情况。所以，是的，这是对国家至关重要的一次访问。"

另一名记者上前问道："总理先生，我们的部队现在已经到贝鲁特，而且——"

"纠正一下，我们的部队不在贝鲁特，他们是在靠近贝鲁特的地方。"

"抱歉，是在附近。这已经远远超过了'加利利和平行动'官方宣布的 40 公里安全线——行动目标本为沿我们的北部边境，将巴解组织的火力推出我方的村镇范围之外。"

"没错。但这是挫败敌人的必要军事手段。这不是我们的战略目标。"

"可是现在，敌人已经被驱赶到北部，你们打算怎么处理他们设在贝鲁特的众多基地和指挥中心？"

梅纳赫姆·贝京低头盯着自己的鞋想了想，谨慎地回答道："我很愿意回答你的问题，我不喜欢回避问题，但这其中涉及一个安全问题，过几天你们就知道了。"

"您打算如何应对里根总统对这场战争的指责？"第三个记者问。

"是的，的确如此，我们在一些细微的方面存在分歧，但我们之间有一个基本共识，即黎巴嫩不能再回到过去的那种状态。现在请你们原谅，6月18日我要在联合国裁军会议上发表讲话，那是明天，而且我不想让以色列航空的乘客们一直等我。谢谢，再见。"

梅纳赫姆·贝京之所以决定在战争期间出席纽约的会议，并非出于对联合国地位的尊重——主导联合国的国家不辨是非，而且花费了大量时间谴责以色列。他学历史出身，酷爱研究温斯顿·丘吉尔，他熟知这位传奇的战争领袖在1946年联合国成立前夜发出的告诫："我们必须保证联合国的工作取得成果，收到实效而不致沦为虚饰；成为行动的力量而不仅只是口头的空谈；成为一座真正的和平殿堂，令各国在未来的某一天可以在此解衣卸甲，而不仅仅只是巴别塔中的座舱。"

多年来，没有哪个国家像以色列一样深陷战争的泥沼，正因如此，贝京才很珍惜这次机会，他要在联合国告诉大家，是以色列的先知第一个设想出和平的世界。他准备的不是一篇雄辩的演讲，而是一次以《以赛亚书》为基础的布道。

贝京走近讲台时，阿拉伯国家和共产主义国家的代表如事先预想的一样，纷纷离开会场。然而，联合国大会偌大的会场中依然坐着各国总理、外交部长、大使以及其他高官，在场的

609

人数比平时在以色列议会听他演讲的人还要多，他对此感到很满意。

总理把讲稿捧到眼前念道：

"以色列有两个知识渊博的古代先知，耶沙亚胡·本·阿默兹（Yeshaul Ben Amotz）和米哈·哈默拉什迪（Micha Hamorashti），他们提出了与彻底裁军和永久和平虽不完全相同，却十分类似的愿景。以赛亚的愿景与之相比则更为久远。在此，我引用一下预言书的第二章，其中说道，'末后的日子，耶和华殿的山必坚立，超乎诸山……必有许多国的民前往，说，来吧，我们登耶和华的山……因为训诲必出于锡安，耶和华的言语，必出于耶路撒冷……他们要将刀打成犁头，把枪打成镰刀。这国不举刀攻击那国，他们也再学习战事。'"

贝京凝视着来自秘鲁的联合国秘书长哈维尔·佩雷斯·德奎利亚尔（Javier Pérez de Cuéllar）沉思着说："秘书长先生，早在我们召开裁军大会的数千年前，以赛亚就预言了世界裁军和世界和平的非凡景象，难道不是吗？"

哈维尔·佩雷斯·德奎利亚尔抿嘴沉思着，似是而非地点了点头。

"那么，这样的世界和平——它什么时候才能实现呢？"

总理扫视着在座的各国代表，整了整眼镜，好像研究一份博物馆手稿一样，再次凑近准备好的讲稿。"尊敬的代表们，请注意希伯来语原文中是这么写的，'vehaya b'acharit hayamim'，这在经典的英文翻译版本中就是'在末后的日子里（in the last days）'或者'在末日（in the end of days）'。"

听众们仔仔细细地听着他那详细的翻译。"难道这个说法是在暗示，我们必须等到末日——或者末后的日子——才能获得世界和平以及裁军之后的宁静吗？然而众所周知，随着末日——或者末后的日子——到来，冰雪将覆盖泥土，火山岩浆会覆盖大陆。那么"——他的声音里突然出现一丝讽刺——"神圣的和平到底在哪里？哪里有安宁？哪里有援助？如果末日来临时，地球上充斥着冰雪和岩浆，那么以赛亚的愿景能给苦难的人类带来什么慰藉呢？该拿什么来治愈人类的苦难？"

会场里响起一阵困惑的嗡嗡之声，但那很快就随着演讲者的声音突然变得高亢而消失，"各位代表，希伯来语中有很多同义词，还有很多响亮的同音异义词。它们经常在翻译的时候被会错了意。然而，对那些熟悉《圣经》原文的人来说，这些词句简直就是诗歌。"

他微微一笑，满意地发现这个偌大的会场里只有他一个人掌握《圣经》原文，于是说："在希伯来语中，我们把'末后的日子'或者'末日'翻译成'*B'ACHARON hayamim*'。然而，以赛亚用的并不是这几个词，而是用了一个完全不同的说法——'*B'ACHARIT hayamim*'。虽然'*b'acharon*'和'*b'acharit*'读音类似，但它们的意思大相径庭。'*Acharit hayamim*'不是'末后的日子'或者'末日'的意思。完全弄反了！其中的关键词是'*acharit*'，它意味着光明的未来。它的意思是'*tikva*'——希望，正如《耶利米书》29：11中写的'*latet lachem acharit v'tikva*'——'赐给你们美好的前程和盼望'，或者'要叫你们末后有指望'。'*Acharit*'还有子孙后代的意思，《以西结书》23：25中提到——子孙后代中也存在希望。因此，'*b'acharit hayamim*'真正的意思是希望的日子、未来的日子、救赎的日子，到那时候，人类的子子孙孙就可以享受永久的和平。这才是先知以赛亚的真正愿景。"

611

　　梅纳赫姆·贝京站直身体，用一种高昂、骄傲、坚定中带着犹太使命感的语气大声宣布："如今距离以赛亚提出不朽的词句——'*vehaya b'acharit hayamim*'已将近三千年。数千场战争摧毁了土地，夺去了无数人的生命。正如针对犹太人的大屠杀所显示，许多民族到了灭绝的边缘。犁头变成了刀剑，镰刀变成了矛枪。先知的愿景去哪儿了？我们人类该不该绝望？"

　　我坐在代表席上环顾四周，心里估量着人们对这篇裁军演讲的反响。中国大使看上去谜一般的神秘莫测，日本代表完全就是个身心疲惫的官僚。在座的还有充满小资情调的法国人和一脸不自信的印度人。英国代表一脸冷漠；意大利代表满是困惑；奥地利代表则是一副漠不关心的样子；埃及代表——唯一在场的阿拉伯人——让我捉摸不透；只有美国代表坚定支持的眼神让我深受鼓舞。

　　"当然不能，"贝京自问自答，洪亮的嗓音中略带颤抖，"犹太人经常沦为无人性和残暴的受害者，对我们而言，以赛亚的话语仿佛就是昨天说的，一直言犹在耳。犹太人说，千万不能绝望！他的愿景就是北极星。它遥远但却明亮，它给我们指引道路。的确，未来光明的那一天'*b'acharit hayamim*'到来时，世界当然就实现了和平。所以，是的，让我们继续努力。我们要有信心。"

　　说到这里，总理把话题转到了政治主张上，如对全球核不扩散条约、建立无核区，以及对延长《美苏限制战略核武器条约》的具体建议。提完这些建议，他总结道："各位代表，我们不妨扪心自问，不管我们之间存在什么样的仇恨，我们相互之间如何指责，以及是不是处于战争状态，我们都能彼此谈谈吗？以色列的答案是响亮的，'是的！我们必须谈！我们可以！'"

他用拳头捶击着讲台，说起了他和埃及总统萨达特的故事，两个持续数十年的宿敌最终实现了和平。"所以，是的，我们可以做到。是的，光明的未来——*vehaya b'acharit hayamim*——一定会到来，到那时，我们的孩子，以及孩子们的孩子要将刀打成犁头，把枪打成镰刀。这国不举刀攻击那国，他们也不再学习战事。"

他走下讲台时，一些太平洋岛国的代表奔过去和他握手，公众旁听席上传来零星的掌声，那里坐着的是一群犹太人。

随后，总理坐飞机去了华盛顿。

第五十三章 "我没有误导您"

"总理先生，我必须和您谈一谈，为避免遗漏，我自己做了些笔记。"

这是 1982 年 6 月 21 日，说这番话的是美国总统罗纳德·里根。他手里拿着一摞提示卡，按照提示，他首先说的是"欢迎您，总理先生"。

贝京团队的成员已经对里根使用这些奇奇怪怪的提示卡见怪不怪了。自从上次会面以来，总理已经认识到，这位总统的长处在于，他懂得如何下放权力，他相信自己的直觉胜过脑力。因此，当在总统办公室举行这种一对一的面谈时，他更愿意严格遵守预先准备好的剧本。虽然有明确的迹象表明乌云正在逼近，但他像谈论天气一样，一直用简洁的语调读着手里的材料。贝京身体微微前倾，十指紧扣，等待着暴风雨来临。

"非常高兴再次见到您，"总统说，"我本希望能在另一种情境下和您见面。既然事已至此，我们现在就不得不把注意力集中在你们的黎巴嫩行动所造成的严重风险和带来的机会方面。6 月 6 日一早，我得知以色列军队发动了一场大规模入侵，其目标是一个我们承诺尊重其领土完整的国家，我真的感到非常震惊。过去，我曾经试图清楚地表明，我很理解你们出于安全考虑关切黎巴嫩局势的影响，但我一再表明，外交手段是解决问题的最佳途径。"

贝京热切地凝视着里根，希望理解他说的每一个字。后者停顿了一下，换了张卡片继续道：

"听说阿尔戈夫大使在伦敦遭遇可怕的袭击后，我立即给您写信。这种恐怖主义不可能有什么合理的理由，我和您一样，一直在为他的康复祈祷。但是，由于你们的行动，以色列在很大程度上失去了我们的民心。他们无法相信，卑鄙的恐怖主义袭击，哪怕是自去年夏天以来以色列因为巴解组织的恐怖主义活动所遭受的种种损失，可以成为以色列国防军在过去两周内对这么多人实行杀戮和破坏的正当理由。"

"杀戮和破坏？"总理打断道，露出痛苦的表情，"您使得它听起来……"

"显然，覆水难收，"里根毫不让步地继续道，"但我决心从这场悲剧中拯救出一个新的黎巴嫩，它不会再对以色列构成威胁，并可能成为和平进程的一个伙伴。我知道这也是您的主要目标。这场危机是个机会，可以借此一举清除多年来存在于黎巴嫩的外国军事力量，特别是叙利亚部队和巴勒斯坦武装分子。必须将巴勒斯坦人的战斗部队解除武装，并且（或者）疏散出去。那些留在黎巴嫩的巴勒斯坦人必须作为和平的居民，服从中央政府的权威。"

贝京用牙咬着下嘴唇点点头，好像在说"Halaveye!"（意第绪语，意为"要是能那样就好了！"）

里根总统又换了张提示卡片，继续道："按照您在6月6日来信中对我所说的目标，您必须将你们的部队从北部边境后撤40公里。然后我们可以讨论出一个分阶段撤出以色列部队的现实时间表，并派驻维和部队维持局势直到黎巴嫩实现稳定。还得有一个撤出叙利亚部队的现实时间表。正如我曾经多次说过，"——他再次停下来换一张卡片——"您必须对我们有足够的信心，以便我们能够在中东实现更广泛的目标。"

接着，他坚决地说："总理先生，您在黎巴嫩采取的行动严重损害了我们与阿拉伯国家政府之间的关系。为保护中东地区免受外部威胁，反击由苏联主导并且在该区域日益猖獗的激进主义和伊斯兰原教旨主义，同那些阿拉伯国家展开合作至关重要。这些政府希望以色列受到惩罚。美国对阿拉伯世界的影响，以及我们实现战略目标的能力，已经受到严重损害。我决定与我们的阿拉伯朋友继续保持关系。"

他翻到最后一张卡片。"我们在中东地区的战略态势增强，和平进程中取得长足进展，这些当然也都符合以色列的利益。我有时候可能会采取一些您并不认可的行动。我不指望您出头支持，但看在上帝的分上"——这里出现了很少见的强调——"请不要反对。我要再次强调，我承诺保持以色列方面的军事优势。我们的最终目标是创造出更多愿意与以色列实现和平的埃及人。这就是我想说的。"他收起卡片并装进口袋。"现在，我想听听您的意见。"

梅纳赫姆·贝京思考了片刻，看起来在犹豫自己该表示礼貌还是愤怒，但接着他选择了前者。"总统先生，我非常仔细地听了您刚才的话，并且记住了您说的每一句话，包括您提出的批评。您提出了许多批评，作为好朋友，我想坦白地回应其中的每一条。但首先，我要告诉您，我们在黎巴嫩发现的武器的情况。我们发现了十倍于我们预期的苏联武器。三天前，我们的部队在西顿（Sidon）发现了一处巴解组织军火库，里面的武器需要五百辆货车才能运走。想象一下：五百辆货车。"

他的声音变得不快而低沉，但从里根的表情判断，他的话没有起到什么作用。于是他继续用更低沉、更灰暗的语气道：

"总统先生，我们现在估计，需要十辆大型马克卡车日夜不停地工作六周，才能把我们缴获的所有苏联武器和弹药运到以色列。事实上，我们现在认识到，黎巴嫩已经变成了苏联的一个重要基地。它已经成为苏联在中东活动的主要中心。它是一个强大的国际恐怖主义中心。我们有文件可以证明，而且很乐意和你们分享这些资料。此外，这些文件中还包括炮击和空袭我们民用设施的具体命令。我们正在对付的是这种人。"

"我很乐于见到这些文件。"里根的声音中不带任何立场。

总理知道，任何与苏联有关的事情都能引起总统的关注，于是他朝着这个方向进一步说道："总统先生，我们的行动不仅使得北部地区的人口摆脱了时时刻刻的死亡威胁，而且还为美国和自由世界提供了巨大的服务。我们根除了一个苏联基地，以及设在中东核心地带的国际恐怖组织总部。"

616

总统仔仔细细地看着自己修剪整齐的指甲，看上去仍然不为所动。最后，他终于抬起头问："那么叙利亚呢？你们为什么还扯上了叙利亚？"

"我们尽力了，总统先生，我们力图和叙利亚军队保持距离，但他们坚持要参与战斗。我们在空战中以零代价击落了100架叙利亚人的苏制米格战机，这是自二战以来从未有过的战况。我们凭借自己开发的新技术，端掉了他们的苏制萨姆－6导弹发射装置，为了自由世界的利益，我们很愿意与你们分享这种手段。"接着，他得意地说："总统先生，在每一次交锋中，美国武器的质量都远远超过了苏制武器的质量，大大增强了自由世界的威望。"

对方仍然没有表现出正面回应。贝京先生的眉宇间涌起一股忧伤，他伤感地轻声道："当然，也有伤亡。您必须相信我，当我跟您提起这些的时候，每一次伤亡都让我心痛，最重要的是为我的同胞们感到心痛。我们总共失去了 216 人，1000 人受伤。对我们，在大屠杀中损失了 600 万人的犹太人来说，这是个沉重的代价。"

贝京在里根的眼睛里搜索着，仿佛是在寻求理解，但却只看到一种深不可测的疏离感。于是他提高嗓门用一种坚定而不失温和的语气道："总统先生，还有一些别的事情深深困扰着我。您是不是认为，我误导了您？"

里根总统两眼直盯着总理："您确实在 6 月 6 日的信中向我保证，你们的部队不会超越边界以外 40 公里的地方。然而在某些地方，你们已经远远超出了这个界限。他们几乎抵达了贝鲁特。"

"40 公里的前进限制从过去到现在一直是我们的目标，"贝京无畏地回答，"但为了确保这个目标，我们不得不在一些地方有所超越。这纯粹是战术措施，为确保我们认定的 40 公里区域的安全，任何军队都可能这么做。"然后，他诚挚地说："总统先生，我没有误导您。我是个上了年纪的人，我这一生中从未故意误导过任何人。我当然不会误导地球上最强大的国家的总统。"

617　　里根点点头表示理解，让贝京详细说说刚才所说让他深受困扰的到底是什么。"总统先生，您在一开始就断言，我们大规模入侵了黎巴嫩。现在，看在上帝分上"——里根挑衅地扬起一边眉毛——"我们没有入侵黎巴嫩。我们受到跨境组织的攻击，我们不得不捍卫自己。如果苏联仍然占领着阿拉斯加州，并且允许武装组织对你们实施跨境行动，您会怎么做呢？美国在墨西哥边境不也曾经有过至少两次同样的经历吗？亚伯拉罕·林肯在墨西哥战争前发表了一次著名演讲,解释了为何不能容忍这样的入侵。当墨西哥武装组织穿越边境进入得克萨斯州时,伍德罗·威尔逊不也采取同样的措施,派潘兴将军去追击吗?我们采取的行动和你们没什么两样。我们因几个月来遭受的侵略而保卫自己。当凶手企图在伦敦暗杀我们的大使后,我们再也不能保持被动了。阿尔戈夫大使命悬一线,即便他幸存下来也会终身瘫痪。所以,我们怎么能无动于衷呢?"

"是的,但是在此过程中你们造成无数平民伤亡。"

总理脸色发白,嗓音中出现一丝颤抖。"并非如此,先生。阿尔戈夫大使遇袭后,我们谨慎选择了两个贝鲁特的纯军事目标——一座被恐怖分子改造成军火库的体育馆,以及一个恐怖训练营。部队在作战过程中非常谨慎,极力避免伤害平民,而且确实没有一人受伤。"

"但我们这里公众的看法是,大使遭到枪击后,你们轰炸了贝鲁特,因而巴解组织对你们进行报复。这是我们必须要面对的公众认知。"

"这些指控完全是离谱的谎言和夸大之词。我们没有轰炸贝鲁特。他们轰炸了我们的平民中心,枪击了我们的大使,而我们极为谨慎地打击了两个军事目标作为报复。"

"也许是这样的,但不幸的是,我们的公众不这么想。我们和世界人民从电视新闻里看见了贝鲁特的残垣断壁,对你们的行动有另一番解读。"

"总统先生"——贝京现在真的恼怒了——"在我们打击了那些军事目标后,巴解组织连续三天对我们的城镇进行了不间断的轰炸。我们不得不采取行动。我们北部地区的人民长期以来一直是巴解组织手里的人质。每当凶手们实施恐怖袭击时,

我们无法反击，因为他们会轰炸我们的平民作为报复。所以，
619 我们的部队必须进入，去把他们清除干净，彻底解决问题。"

1982 年 6 月 21 日，贝京总理和里根总统与各自的顾问在白宫内阁会议室举行工作会议

图片来源：雅各布·萨尔、以色列政府新闻办公室。

"好吧，那我不得不再说一遍，对于你们在黎巴嫩所采取的行动，公众认知中突出的是无辜者的人间悲剧。"

"这种认知是不公平的。媒体对我们有偏见，他们严重夸大了伤亡数字。巴解组织四处散布谣言，说我们在黎巴嫩南部的行动造成 60 万人无家可归。这是不可能的。黎巴嫩南部根本没有 60 万人口。确切的数字是大约 2 万人。当然，就算不把它夸大 30 倍，它也是一个很令人痛心的数据。西顿有大约 400 人死于战火，而不是广为传播的 4000 人。当然，即便是 400 人死亡也很可怕了，但传言竟然夸大了 10 倍之多。人们为什么要相信这些针对我们的不实指控？"

**1982 年 6 月 21 日，贝京总理
和里根总统在白宫花园热烈讨论**

图片来源：雅各布·萨尔、以色
列政府新闻办公室。

对于任何曾经质疑媒体有关战争期间巴以冲突报道真实性
的人来说，里根与贝京之间的这场争论颇具启发性。美国总统
想在公众认知的基础上制定政策，而不是根据以色列总理所了
解的事实。总统的认知主要来自浮躁的——事实上专制的——
24 小时不间断的媒体报道，他们贪婪地获取新闻，却经常无法
与不断变化的地面军事现实保持一致。事实证明，在透明实时
的战时信息环境下，要推翻不实报道，只有即时准确的信息才
有说服力——但以色列在这方面屡屡受挫。

而这一次，贝京至少看起来已经成功说服里根总统，让他

相信真相与新闻报道是不相符的。里根总统站起身，说："咱们该去内阁会议室了，我想让大家听听您刚才告诉我的这些话，我建议咱们就从这个话题开始。"[94]

当两人步入内阁会议室的时候，他们的高级顾问早已等候在那里。梅纳赫姆·贝京感觉到，他已经与里根总统重新建立起一定程度的默契，那将有助于促进双方在未来几个月中的对话。事实确实如此，在例行的寒暄和媒体拍照后，总统在贝京的这次访问中首次对他直呼其名，"梅纳克姆，请您把刚才告诉我的，有关在贝鲁特轰炸体育馆和巴解组织训练营的情况，给我的同事们再讲一遍。"

620　　总理欣然响应。

总理说完后，国务卿亚历山大·黑格说："来自贝鲁特的最新有线新闻报道说，轰炸仍在持续，苏联大使馆被炮火击中，造成伤亡。"

"那篇报道只有一个消息来源，"说话的是总理的随从之一，以色列军事情报主管萨吉（Sagui）将军，"它至今未得到证实，我建议无论如何等它得到证实以后再做评论。"

贝京补充道："双方都开火了，也许是巴勒斯坦人的炮弹击中了苏联使馆。我们当然没有兴趣和贝鲁特的苏联外交官打交道。"（事后的报道证明贝京的说法是对的。）

"巴勒斯坦人难道不愿意待在黎巴嫩，在黎巴嫩政权下成为当地社会的一部分吗？"总统并无特定指向地问道。

"根据我们的情报，"黑格回答，"黎巴嫩总统埃利亚斯·萨尔基斯（Elias Sarkis）曾经说过，巴勒斯坦人可以留下，但只能作为没有投票权的居民。"

"您的看法呢，梅纳克姆？"里根问。

"我认为，出于为黎巴嫩的未来着想，应该让一部分巴勒斯坦人离开。毕竟，利比亚和伊拉克是两个几乎空荡荡的国家，他们也许可以收留这些人。可以肯定的是，如果允许巴解组织解除武装留在黎巴嫩，那么他们很快就会重新武装起来。我们无法阻止苏联人的军火走私。黎巴嫩的中央政权又不够强，无法阻挡这一切。他们必须离开。"

"事实或许真是这样，"里根让步道，"但您一定会同意，不解决巴勒斯坦难民问题，中东问题就不会有圆满的答案。"

"我同意，并且认为那是可解决的，"贝京说，"这是一个人道主义问题。只要阿拉伯人有意愿，他们就可以在短期内解决这一问题。毕竟，二战后欧洲的难民问题就是这么解决的。巴基斯坦和印度之间、希腊和土耳其之间的难民问题也是这么处理的。我们也是这么解决自己的难民问题的。以色列接纳并重新安置了被阿拉伯国家驱逐出来的大约 80 万犹太难民。阿拉伯人却让他们的难民滞留在永久营地，拒绝任何重新安置的方案，因为对他们而言，难民是对付我们的武器。"

总统希望继续推进话题，于是瞥了一眼提示卡念道："卡斯帕，你能否总体上说一说我们的中东军事战略？"　621

"当然可以，总统先生。"国防部长卡斯帕·温伯格说着，开始向总理以及我们这些围坐在铮亮的橡木会议桌旁的其他人解释，美国正在如何设法劝诱那些在战略上具有重要意义的阿拉伯国家（其中一些拥有丰富的石油资源）摆脱苏联的影响。

"作为一项战略目标，美国决定寻求获得一种保护中东石油国家的能力，"他在简洁而快速的讲话中提到，"这是一个敏感的、事关国家利益的问题，因为如果这些油田落入东方世界之手，那么西方国家就会很难生存。"

贝京觉得哪里不对劲，于是便仔细审视着国防部长，对方也牢牢地盯着他看。

"苏联很快就需要从阿拉伯国家进口能源，他们可能不愿意使用常规手段，"温伯格继续说道，"所以我们必须做好一切应对任何意外情况的准备。为保护这些地区，我们已经和沙特阿拉伯、约旦和阿曼谈过了。迄今，我们在阿曼有海军权益，在埃及拥有若干基地。我们正在努力提升与其他阿拉伯国家的关系，但他们不怎么愿意和我们打交道。例如，我们曾和约旦谈过，并敦促他们购买美国武器，可侯赛因国王转而向苏联购买军火。这意味着我们无法控制这些武器的供应、数量和使用情况。对我们而言，争取阿拉伯国家非常重要，但我们很难实施我们的军事供应政策，因为阿拉伯人认为，我们不是可靠的供应商。"

温伯格的语气听起来像是在做诊断，但贝京的感觉是这是个现实存在的威胁。我们的队伍中出现了一阵不满的低语声。贝京咬着嘴唇好像在说："竟然有这么冷酷、贪婪、目光短浅的人？"于是他语带轻蔑地说："总统先生，我绝不认同这种说法。不能武装约旦！约旦和伊拉克存在军事联系，伊拉克同苏联有联系。就在我发言的同时，苏联的船只正在亚喀巴港（Akaba）卸载准备运往伊拉克的武器呢。"

对此，里根虽然体谅却坚决地说，"但是，以色列作为一个武装营地能在敌对世界里存在多久，梅纳克姆？正如我之前所说，我们必须制造出更多像埃及那样的国家。是的，我们正在鼓励约旦沿着萨达特的道路走下去。但是为引导侯赛因国王朝向正确的方向，我们必须通过同意出售武器来提升他对我们的信心。我们绝不会在把武器卖给约旦后，在他们使用武器时躲到一边。在这个问题上，以色列必须信任我们。我与侯赛因国王举行了一次不错的会谈，我有信心对你说，梅纳克姆，美国将继续要求约旦主动和以色列打交道，就像埃及之前所做的那样。我们认为，约旦已经做好了准备。约旦之所以购买苏联武器，是因为我们过去对售出的武器在用途上做了诸多限制，以至于他们几乎无法使用。然而，我们知道国王对购买的苏制武器很不满意。他想要我们的。我们绝不会尝试把武器卖给叙利亚，我们只对表现出责任感的政权感兴趣。相信我，我们不会只凭信任做交易，而是会坚持保险。我们有良好的判断力，梅纳克姆。"

他发言时，贝京一直在摇头。

"我发现您不认可，"总统说，"那么您说说，还有什么其他选择？你们的经济永远受限，你们的生活水准持续下降，你们怎么可能长久地生活在敌对邻国的包围之下？这是没有前途的！因此，我们主动向约旦、沙特阿拉伯和阿曼提出了建议。"

贝京打算回应，但里根总统抢先发话。"请让我说完我的想法。我们打算向约旦、沙特那些逐渐依靠我们的阿拉伯国家提供军事装备，让他们用于自卫。我相信这些做法有利于增进阿拉伯国家对我们的信任，我们在中东的战略位置会得到改善，由此我们会鼓励这些阿拉伯国家为和平承担风险。现在让我听听您对此的想法。"

贝京瞄准目标，放言反击："总统先生，我有责任告诉您，武装约旦将对我们的生存构成致命威胁。你们是一个强大的国家，我们是'小人国'。约旦的善意难道真的取决于飞机吗？当然，我们信任美国，但约旦从不遵守承诺。你们向约旦提供武器，几分钟后，他们就能袭击以色列的人口中心。努力改变

侯赛因国王，让他加入和平进程当然非常重要。我随时准备在
耶路撒冷接待他，或者让他邀请我去安曼也可以。但是，如果
美国武装了约旦，还有沙特和其他国家——他们本就有前所未
有之多的财富——我们就算是努力抗衡，也得破产。"

"那么，如果真的是那样，你们未来怎么办，梅纳克姆？你
们有什么解决办法？"里根听起来真的挺善解人意。

623 　　"我的办法就是告诉您，五年前，没有人相信我们会和埃及
达成和平条约。这是以色列凭借震慑力，通过做出巨大牺牲实
现的。这促使埃及走向和平谈判，也能让其他国家坐到和平谈
判桌前来。如果黎巴嫩问题得到解决——我希望'加利利和平
行动'有助于解决这一问题——以色列将与黎巴嫩保持和平。
如果现行政策能凭借以色列的威慑力量得以维持，约旦也会有
充分的理由加入和平进程。至于沙特阿拉伯，我唯一可说的就
是这个所谓的国家——如果它还算是个国家的话——是所有努
力摧毁以色列的阿拉伯国家中最为狂热的一个。我再多说一句，
美国支付给沙特用来购买石油的钱，最后都被苏联用来给巴解
组织买武器用了。"

"并非如此！"国防部长怒气冲冲地咆哮起来，下巴上的肌
肉抖动着，"美国与沙特的关系有助于让巴解组织接受我们主导
的黎巴嫩停火，直到你们入侵之前停火持续了将近一年。这是
因为沙特能够利用它对叙利亚的影响，而叙利亚能对巴解组织
施加影响。"

"事情是这样的吗？"里根四面张望着问。

"不，总统先生，事情不是这样的，"贝京回答，"温伯格
部长说错了。沙特并没有劝说叙利亚——"

"对不起，他们确实——"

"温伯格先生，请您不要打断我。总统这是请我发言。"

国防部长脸涨得通红，扭过头去。贝京转身背朝他，面对总统大声道："安瓦尔·萨达特直接亲口告诉我，被巴解组织屡屡违反的所谓的停火之所以能够达成，是因为沙特往亚西尔·阿拉法特的银行账户里直接打了 2000 万美元——2000 万美元。就这么简单！至于沙特，我再说一遍，那是最仇恨我们的国家。"

"您也一度这么说过埃及，"总统的话音里略带讽刺，"沙特对自己的未来深感担忧。他们既担心国内动乱，也担心苏联算计他们的石油。正如卡斯帕所指出的那样，我们在沙特的战略利益非常重要。因此，你必须相信我们，梅纳克姆，我们不会为了追求这个利益而让以色列付出代价。"

"哦，我们绝对信任美国，"总理说，"但有时候善良的愿望很难实现。"

其实他倒不如说，通往地狱的路上撒满了善意。

624

里根抓住这点微妙之处，反驳道："我承认，在过去的几年里（意指卡特执政时期），美国在国际事务上少有作为。但现在，情况不同了。现在，我们重新变得强而有力，各国也开始注意到这一点。因此苏联准备和我们谈裁减军备。所以，要是以色列对我们的所作所为有更多信心，我们就可以在中东实现更广泛的和平。"

国务卿黑格会谈期间几乎一直沉默不语，此时他也许是接到总统的暗示，起身道："没多少时间了，我们得总结一下。虽然我们所有人都为黎巴嫩付出了代价，但仍然可能产生一些好的结果。我们必须尽快走出黎巴嫩的悲剧，回到和平的任务上来。显然，约旦是继埃及之后的下一个选择，所以，是的，我们想把约旦纳入进来，我们也希望沙特参与进来，支持我们取得的和平成果。然而，正如总统刚才所说，美国不能在争取将这些国家纳入和平进程的同时，无视安全方面的关切。所以，总理先生，请你们理解，我们为什么要对这两个国家实施总统刚才所描述的政策。如果我们不这么做，美国和以色列就会在中东受到孤立，这对我们来说是不能接受的。因此，我们的当务之急是——恢复和平进程，从约旦开始，后面是沙特，我知道，要做这件事，相关各方都得表个态。"

"我同意，"贝京出人意料地说，"没有永远的敌人。如今德国甚至还在特拉维夫派驻了大使。"

贝京的这番话到底是出于战术考虑，还是另有考虑，这其中的原因很难说清楚。重要的是，里根总统向他满意地点点头，俩人一起走到南草坪，迎接等在那里的记者。跨出门时，贝京打趣道："不需要我说，罗恩，我们有多感激你给予的帮助。美国飞机和以色列的飞行员简直就是个无敌的组合。"里根听了大笑起来。

罗纳德·里根在媒体面前表现出自信和天然的魅力，使得这次会议听起来就像是一场热情而随意的聊天："贝京总理再次访问白宫，此行很有价值。我们的共识是，要给中东带来和平与安全。今天，我们有机会就如何推进这一事业交换了意见。在黎巴嫩问题上，显然我们都清楚地看到，美国和以色列都在寻求结束那里的暴力，建立起一个在强大的中央政府管辖下的主权独立的黎巴嫩。我们同意，以色列不该承受来自北部的暴力袭击，美国将继续努力实现这些目标，并确保将所有外国部队撤出黎巴嫩。现在，我邀请我们的客人，贝京总理来说几句。"

贝京远远没这么乐观，说话也更直率。"每个人都知道，我们现在面临一个需要行动，需要极大的关注和理解的中东局势。我曾经在这个伟大国家的一些报纸上读到，以色列入侵黎巴嫩。这是一个错误。以色列没有入侵任何国家。入侵者进攻的是一块想要征服或吞并的土地。而我们不垂涎黎巴嫩的任何一寸土地。我们希望尽快撤出我们的部队，让他们回国——只要能采取措施，让我们的公民（男人、妇女和儿童）再也不会受到来自黎巴嫩，且得到苏联及其卫星国支持的武装团伙的袭击和伤害。我们希望能采取措施，在保证黎巴嫩领土完整的基础上，将所有外国部队无一例外地撤出黎巴嫩。我们祈祷这一天临近，黎巴嫩将与以色列签署和平条约，并永久地生活在和平之中。谢谢。"

第五十四章　一场徒劳的"和平"

　　罗纳德·里根在他的回忆录《一个美国人的生平》中提到了他对以色列的深厚感情，以及他和以色列领导人——虽然没有提到名字，但料想应该是梅纳赫姆·贝京——打交道时，那些让他感到恼怒的事情。他写道：

> 在我的一生中，我相信过许多事情。但是在我所持的信念中，最坚信不疑的莫过于，我认为美国必须确保以色列的生存。我认为，美国在道义上有责任保证犹太人在希特勒统治下遭屠杀的悲剧永远不再重演。我们绝不能让这种事再次发生。文明世界对这个在希特勒的疯狂行动中蒙受最大牺牲的民族欠下了债。我决心维护以色列，这种心情在我离开白宫时，像我进入白宫时一样强烈。在我担任总统期间，这个在民主以及其他方面同我们具有相同价值观的小盟邦一直是我极其关注的对象。[95]

　　里根的"极其关注"事出有因。1982 年 8 月 31 日，他发给塞缪尔·刘易斯大使一份绝密电报，并要求大使将其中包含的信件立刻交到贝京总理手中。贝京当时正在黎以边界以南几英里处的一个海边小城纳哈里亚（Nahariya）度假。

　　里根写这封信的时候，以色列国防军不但已经将巴解组织清除出黎巴嫩南部，而且剿灭了西贝鲁特巴解组织的最后一支残余势力，将亚西尔·阿拉法特及其部下全部赶出了这片支离破碎的土地，迫使他们逃散到以突尼斯为主的其他阿拉伯国家。双方在美国总统密使菲利普·哈比卜的斡旋下进行了艰苦的斗争和曲折的谈判才取得了这些成果，且任务刚完成，华盛顿和耶路撒冷之间便又产生了新的矛盾。和以前一样，总理与总统的意愿是相互抵抗的。里根总统认为，正如他在俩人最后一次会晤中所指出的，"加利利和平行动"的目标已经达到，现在该由他来实现自己长远的中东和平计划了。这个计划后来被称为"里根计划"。

刘易斯大使知道，这封信必然会打扰贝京在经历了战争的紧张和压力之后，好不容易得来的闲暇。他犹豫再三拿起电话准备约时间，但心里感觉不是滋味。他并不赞同之前接到的指令，可是他又有什么权力去质疑总统的命令呢？

"您好，我是美国大使，"刘易斯拿起电话说，"请原谅，但是——"

"啊，刘易斯先生，您好吗？"接电话的是声音沙哑的阿莉扎·贝京夫人。

贝京夫人虽然仍在病中，但已经能够正常起居了。

"我很好，谢谢您。非常抱歉打扰——"刘易斯开口道。

"我猜想您要找的不是我，而是我丈夫。稍等，我去叫他。"

他从电话里听见贝京夫人正在告诉丈夫接电话，感觉脖颈微微冒汗。

"山姆，下午好。有什么事儿吗？"

总理听起来身体状况不错。他当然有理由轻松一下，虽然战争比之前希望和祈祷的更血腥，但对他来说，结果是完胜：　629

以色列国防军不仅将巴解组织赶出了黎巴嫩，而且还给了叙利亚一个难忘的教训，新当选的黎巴嫩总统巴希尔·杰马耶勒（Bashir Gemayel）是个亲西方的基督徒，看起来很愿意和以色列展开和平谈判。

"请原谅，总理先生，"刘易斯说，"我本不该打扰您，但我刚刚接到通知——"

"说吧，山姆，这条电话线通话质量不太好。"

"我刚刚接到命令，总统有一封紧急信件要我亲手交给您。"

总理叹了口气。"我听见了，山姆，可是请你理解，这几个星期压力太大了，我得休息几天。我希望不管什么消息，都先等几天。"

"恐怕不行。"

贝京听上去有点不快。"山姆，我上一次休假还是四年前。我只是需要个假期，我肯定总统会理解的。"

"我明白，可是——"

"我之所以选择到纳哈里亚来，是为了让每个人都知道我们的北部边境已经再次恢复了平静。所以，我建议你打电话给耶歇尔约个时间，我几天之内就回去办公。"

刘易斯的双手变得又湿又凉。"平时我会那么做，总理先生，但这次真的不能等。总统本人亲自给我下的指令。"

贝京咕哝了一声让步了："要是那样的话，你就不得不照做了。"

"谢谢您，总理先生。我现在就从特拉维夫出发，几个小时后到您那里。"

"我等你。"贝京心烦意乱地答道。

塞缪尔·刘易斯即将执行的是他职业生涯中最令人不快的任务之一。他要去和总理商讨一份美国总统认可的中东和平蓝图。他要告诉贝京，里根打算在接下来的 72 小时内向全国公布其和平计划，因此时间很匆忙。虽然一方面他要向总理保证，将向美国国内汇报两人谈到的关于总统计划的一切内容，但另一方面他还不能让总理以为，这份计划本身还有修改的余地。

信中提到，美国迄今一直担任调解人的角色，但现在要公开表达自己的观点。这个观点即是，为实现持久的和平，一直以来深受冲突影响的各方都应该参与到这个计划中。只有一个参与者更广泛的和平进程——最迫切的是约旦人和巴勒斯坦人——才会让以色列相信其安全性和完整性将受到邻国的尊重。因此，里根在信中写道，至关重要的是找到办法，"将以色列的合法安全问题与巴勒斯坦人的合法权利协调一致"。美国首选的解决办法不是在西岸和加沙地带建立巴勒斯坦国，因为那是不可行的，而是按照《戴维营协议》所设想的，在被占领土上建立为期五年的巴勒斯坦自治政府，并逐渐将其演变成为约旦王国的一个政治团体。此外，"美国不支持在过渡期间以定居点为目的使用任何额外的土地。事实上，各方需要足够的信心才能更广泛地参与和谈，而在这方面，以色列立即冻结定居点，比其他任何行动都更有效。"

美国驻利雅得、开罗和安曼大使在同一时间展开了完全相同的外交活动，和在耶路撒冷不同的是，那些活动实际上都是摆摆样子而已，因为华盛顿方面早已和他们沟通过了。

汽车沿着海岸公路向纳哈里亚行驶，刘易斯一路上把总统的信件及其附带的和贝京的谈话要点看了一遍又一遍，他研究得越仔细，心里越生气。举例来说，他对谈话要点和信件的风

格和内容感到不舒服。他感觉其措辞不当，更像是他的约旦、
埃及和沙特大使同僚写信的口吻（他后来也学会了）——似乎
用那些为阿拉伯人及其利益量身定制的条件就能够说服梅纳赫
姆·贝京参与谈判。

刘易斯只能假设，接替亚历山大·黑格的国务卿乔治·舒
尔茨（George Shultz）目标远大但做事墨守成规。因此这位新
任国务卿错误地认为，在中东诸国的大使们必须采用同样的稿
子，这样以后就不会有人指责他是两面派了。

631　　另外，让刘易斯大使颇感懊恼的是，他只是被敷衍地征求
过对这份和平计划的意见。相比之前美国提出的任何计划，这
份计划要解决的是最复杂的政治和领土问题，它包含的细节要
多得多，但甚至都没有尝试征求问题中涉及利益最多的一
方——以色列——的想法。

汽车一路向北驶去，刘易斯知道等待他的是一场棘手的会
面，他脑海中挥之不去的困惑是：这份计划如此意义深远，为
什么筹备期间他竟然几乎一无所知？他并不反对其核心内容，
但让他生气的是，自己竟然已经被排除在新任国务卿的小集团
之外——而他曾经宣誓要对此绝对保密。他是最有资格为以色
列相关事务提供想法的人，最具能力向总统和国务卿建议应该
在何时，用何种方法将该计划交给梅纳赫姆·贝京的人。在他
看来，整件事情都犯了策略性错误，注定要失败。外交和生活
一样，时机和要旨同样重要，而在这件事情上，眼下的时机实
在是糟糕透了。如果之前有人来请教，刘易斯一定会敦促他们
保持谨慎和耐心：黎巴嫩战火尘埃尚未落定；以色列国防军仍
驻扎在该国，时局依然一团乱麻；以色列举国仍在为死者哀悼；
以国内左右两派正在为战争的生命代价、拖得过长的战争时间

以及战争的政治获益争得不可开交；在这种时候让以色列接受这项计划，单方面做出巨大牺牲，冒险交出约旦河西岸和加沙地带，这个时机实在是再糟糕不过了。现在，这份计划无论怎么修改，在贝京看来，只要接受这份计划就意味着投降，彻底背叛了他的政府所代表的一切。

塞缪尔·刘易斯的心里被这些想法困扰着，与此同时，汽车离贝京所在的度假公寓越驶越近。它坐落在纳哈里亚海边一条未完工的马路上，是一栋正面被漆成浅浅的芥末色的小屋。刘易斯向总理的警卫们露出一贯的微笑，不过那是装出来的。当他朝门口走去的时候，贝京夫人穿着家常便服和拖鞋热情地出门招呼他。她愉快地解释说，没住大型海滨酒店的好处是，她丈夫可以躲开那些带着吵闹的孩子的度假者。

"啊，山姆，你来了。"大使进门时，总理从扶手椅里站起身和他握手。这是个看上去相当舒适的大房间，又软又厚的椅子上放满了针绣花边的靠垫。 632

"总理先生，我真的非常抱歉打扰您——"

"别说了，山姆。这是你的职责，如果你的任务不能等，那我就必须执行。"

刘易斯从没见贝京总理这么放松过。总理没有身着平时的西装领带，而是穿着运动衫和长裤，那发自内心的款待——再加上贝京夫人刚沏的茶和饼干——让刘易斯觉得更加不自在了，因为他即将执行一桩令人不快的任务。

"好吧，山姆，"寒暄一阵后，总理说道，"总统到底有什么事情这么等不及？"

"总统让我把这个交给您，总理先生。"刘易斯面色凝重地说着并递过那封信。

"我可不可以当着你的面读这封信？"贝京问，还是带着他那老式的礼节——大使非常了解他那套礼仪。

"您请吧。"

贝京整了整眼镜，把信拿到眼前，全神贯注地研究起来，琢磨着每个单词的意思。看着看着，他皱起眉头，脸沉了下来，等他看到总统的签名时，他已经满脸怒容，很不愉快地抿起了嘴。

"山姆，"他说，"这是我当上总理以来最难过的一天。你就不能让我们享受一两天胜利的愉悦吗？你非得现在就把它给我送来？"他突然激动起来，眼神和脸上的表情一样坚毅，"大使先生，就这些了？或者你还有什么别的要补充吗？"

"是的，总理先生，确实有。"刘易斯暗暗咽了口唾沫，开始念那份谈话要点，总理一边听着，脸上的表情从愤怒变成了焦虑，转而又回到怒气冲冲的样子。当大使提到，华盛顿方面正在同时和约旦、埃及、沙特商讨总统的计划时，贝京已经怒不可遏，他咬紧嘴唇，从牙缝里挤出话道："难道你是说，你们在和沙特商量？沙特和以色列的和平到底有什么关系？难道你是要告诉我，你的那些华盛顿上级正和反以色列的伊斯兰狂热分子勾搭在一起决定我们的未来，我们的命运？"

"我接到的指令说——"

"我听得清清楚楚您的指令说什么，大使先生。你已经告诉我了。他们说，除了以色列政府，华盛顿方面已经和每个人都商量过了。他们说，约旦国王倾向于赞成总统的计划。和这份计划关系最大的是以色列，但我的政府对此是了解得最少的。"

总理一言不发地盯着信，脸色十分可怕。大使保持沉默。整个房间里静得像地下的坟墓一般。最后，贝京恼怒地瞥了大使一眼，痛苦地说："请告诉总统，我已经看过这封信了，对其中的内容及其意图感到非常不快。我还仔细听了你带来的口信，对其感到相当失望。你可以告诉总统和国务卿，我感到震惊的是，贵国政府在制定这份计划的过程中竟然没有告知以色列政府，也没有同以色列政府进行商讨。这是完全不能接受的。整个计划完全违背了我们与贵国达成的所有谅解。它不符合《戴维营协议》；事实上，它违反了协议。当然，我会和内阁商量，然后给你答复。我们是一个民主国家——与贵国政府认为适合商讨的那些国家不一样——我需要一定的时间再给你正式的答复。"

"我理解，"刘易斯回答——他确实理解——"但是我必须告诉您，总统打算在 72 小时之内公布他的计划。"

"既然这样，那请你代表我问问总统，能不能把他的讲话推迟五六天，以便我回到耶路撒冷召集内阁做充分的辩论。"

"我当然会汇报您的要求，总理先生，但我不知道总统会不会等那么久。他很在意过早泄露消息。"

贝京带着疲惫的庄严，用充满恳求的语气说道："山姆，这份计划是强加给我们的。它关系到我们的生存。我认为里根总统至少应该给我们的政府提供时间，让我们经过深思熟虑之后再给出回应。"

"我保证会尽力，"大使说着拿起笔记本轻轻放进公文包里，"我已经记录下了您所说的每一件事，我现在马上回特拉维夫，把您的反应和要求发电报回去。我再次请您原谅。很抱歉为了这件事情打扰了您的假期。"

"山姆，我也是。"总理心情低落地喃喃道。

第二天晚上，大使在鸡尾酒招待会上，接到了工作人员送来的一封刚刚抵达使馆的紧急绝密电报。刘易斯来到一条偏僻的走廊里打开电报，他一边读着一边扬起了左眉毛，心脏瞬间停止了跳动，嘴里喃喃地惊叹着。他接到的指示是，赶在第二天上午以色列内阁形成答复之前，立即将这一信息传达给贝京总理。刘易斯斟酌着最佳方案——是直接开车去纳哈里亚亲自传达信息，还是打电话接受无法回避的批评？他看了看表。太晚了——开车到纳哈里亚已经来不及了，于是他找到司机，让司机带他回大使馆。"我得打个电话。"他说。他一路上都在考虑如何把这件事办成功。

"晚上好，贝京夫人。很抱歉再次打扰您。我是塞缪尔·刘易斯。我可不可以——"

"别挂，我丈夫就在这里。梅纳赫姆，拿起分机。是刘易斯先生。"

"你好，山姆。你有新消息？"

"确实是，总理先生。不过恐怕不是什么好消息。"

电话两边都沉默了片刻。

"总理先生，您在听着吗？"

"哦，是的，大使先生，我在，我正等着听你说呢。"他的语气中升腾出一丝责备。

刘易斯尽可能地用理性的口吻说道："我接到的任务是告诉您，总统无法按照您的要求推迟公开演讲的时间。"

"无法推迟？为什么？"电话听筒里传来贝京的失望和痛苦。

"因为有些内容已经被泄露了，因此总统决定今天晚上发表演讲，华盛顿时间。"

"今天晚上？总统今天晚上就要公布——我的内阁甚至都没　635
有机会在明天早上再考虑一下？"

"恐怕是这样的，总理先生，非常抱歉。"

"你确实应该感到抱歉，大使先生。"

贝京愤怒的语气中带着一丝冷嘲热讽。"你们难道就这么对待朋友？这就是你们对待盟友的方式？你们的政府和我们的敌人沆瀣一气，而且在对我们的未来至关重要的问题上无视了我们的意见？珍惜共同价值观的民主国家之间难道就这么商量事情吗？这是实现和平的道路吗？我们不该被这样对待。"然后，他用强硬的口气说道："大使先生，请向总统转达我刚才所说的话。告诉他，我真是伤透心了。并且告诉他，我们的内阁明天将按计划召开会议，然后我们将向贵国政府提供我们的正式答复。晚安！"[96]

以色列方面的回复对总统计划的每一点都做出了细致而全面的反驳。其倒数第二段中写道："由于美国政府的立场严重背离了《戴维营协议》，与它相抵触，并可能对以色列及其安全和未来造成严重危险，以色列政府已经决定，不会在此立场的基础上与任何当事方进行任何谈判。"[97]

完成上述回复后，总理请我看下他随附的一封给里根总统的信。这封信是他离开纳哈里亚之前，在度假屋里写的。经过轻微的'莎士比亚化'之后，信是这么写的：

亲爱的罗恩：

谢谢您1982年8月31日的来信，刘易斯大使根据政府的指令，把信送到如今已经平息战火的纳哈里亚并交给了我。

函内附件是 1982 年 9 月 2 日以色列内阁的一致决定。文中各段已经阐述得很明白，我毋需再做详细说明，但——请允许我效仿您的说法——以色列政府将全力支持它所做出的决定。

在我们进行内阁商讨的 24 个小时前，我读到了您的演讲。它更进一步地证实了您的观点和决心。我同意，自我们 6 月在华盛顿会晤以来又发生了一些重大事件。但我对所发生的事情有不同看法。1982 年 6 月 6 日，以色列国防军进入黎巴嫩并非为了征服领土，而是为了打击和摧毁以这个国家为基地，从事反对以色列及其平民的活动的武装匪徒。以色列国防军就是这么干的。您还记得，我们曾经非常遗憾地无法接受您的建议，在 6 月 10 日（星期四）6 时宣布停火，因为那个时候敌人距离我们的北部边境迈图拉（Metula）只有 18 公里。然而 24 小时之后，我们迫使敌人北撤，并在 6 月 11 日（星期五）中午 12 时单方面提出停火。但此举遭到恐怖分子拒绝，故而战事继续。6 月 21 日，我们建议所有恐怖分子离开贝鲁特和黎巴嫩，数周之后他们最终在菲利普·哈比卜特使的大力帮助下离开了那里。以色列在战斗中死亡 340 人，伤 2200 人，其中重伤 100 人。

当叙利亚军队——不顾我们的呼吁和恳求——加入战事之后，以色列国防军摧毁了 405 辆叙利亚的苏制坦克，击落了 102 架叙利亚的苏制米格战机（包括一架米格－25 战机），击毁了 21 座致命的萨姆－6、萨姆－8 以及萨姆－9 防空导弹群。然而，总统先生，您在写给我的信中及您向美国人民发表的演说中，甚至都没有提到以色列士兵的英勇及以色列军队和人民所做出的巨大牺牲。人们可能已经有这样的印象，即菲利普·哈比卜先生在以色列远征军的帮助下取得了成果。总统先生，我对此种疏漏感到震惊。但说实在的，我并不抱怨。

我尤其要对您在决定向约旦和沙特阿拉伯提出您的建议之前未同以色列协商这一疏忽提出抗议。约旦是《戴维营协议》的公开反对者，沙特阿拉伯是该协议的局外人和敌手。

在事先没有经过任何协商的情况下，美国政府竟然采取了让约旦河西岸重新与约旦联系在一起的立场。总统先生，那个被称为约旦河西岸的地方就是古代的朱迪亚和撒玛利亚，这是永远不会改变的、很简单的历史事实。有人嘲弄历史，他们如果愿意的话可以继续嘲弄。但我将坚持真理，那就是：数千年以前，有一个由朱迪亚和撒玛利亚组成的以色列王国，在那里，我们的国王都信奉上帝，我们的先知憧憬永久的和平，我们发展了使我们刻骨铭心的灿烂文明，我们在超过18个世纪的全球大规模迁徙中，一刻也没有忘记它，并且又带着它回到了家乡。

（约旦的）阿卜杜拉国王在1948年入侵并征服了朱迪亚和撒玛利亚的许多地方，在1967年由于遭到（约旦）侯赛因国王的进攻，我们在一场最为正当的自卫战争中，在上帝的帮助下解放了自己祖国的这块地方。

朱迪亚和撒玛利亚再也不会是在法国军队把费萨尔国王赶出大马士革之后（一战末期），英国殖民主义建立的约旦哈希米特王国的"约旦河西岸"了。

我们在戴维营提出的建议是——是的，那是我们的倡议——巴勒斯坦阿拉伯人、朱迪亚和撒玛利亚以及加沙地带的居民实行完全自治，过渡期为五年。这份慷慨的建议中所提出的，是我们这个时代世界上最为广阔的自治范围……

地理和历史决定了，至关重要的是安全。朱迪亚和撒玛利亚是山区，而以色列 2/3 的人口居住在三面临山的沿海平原。因此可以从山上打击我们的每一座城镇和村庄。最后但并非最不重要的一点是，我们的主要机场（本－古里安机场）就位于山脚下的平原上。我们过去一直生活在距海滨 8 英里的狭长地带。现在，总统先生，您又建议我们重新回到几乎是与过去一模一样的处境中。

您的确说了不支持在朱迪亚、撒玛利亚和加沙地带建立一个巴勒斯坦国。但当朱迪亚和撒玛利亚在司法上归约旦管辖的那一天，这个巴勒斯坦国也就自行诞生了。到那时，你我会发现，这块中东的心脏地带将立即出现一个苏联基地。我们无论如何都不会允许此种会危及我们生存的可能性出现。

总统先生，最近这两年里，我们两国选择成为"朋友和盟友"。既然如此，一个朋友是不会削弱其朋友的，一个盟友是不会伤害其盟友的。这是我 8 月 31 日得知有关"立场"将成为现实后，不可避免地得出的结论。

638   我不相信有关立场会成现实。

"*L'ma'an Zion lo echeshe, u'l'ma'an Yerushalayim lo eshkot*"——我因锡安必不静默，为耶路撒冷必不息声。《以赛亚书》62）

梅纳赫姆[98]

1982 年 9 月 2 日，贝京总理写给里根总统信件的第一页的草稿，其中总理断然拒绝了对方提出的和平计划

第五十五章　贝鲁特难民营的犹太新年

　里根雄心勃勃的计划包含如此缺陷，因此尚未实施就注定要失败。此外，随着一场可怕的灾难震撼了整个黎巴嫩，计划很快就被一连串事件压倒。1982 年 9 月 14 日，一直被贝京锁定为和平希望的黎巴嫩当选总统贝希尔·杰马耶勒遭暗杀。作为报复，基督教民兵在贝鲁特西部的萨布拉（Sabra）及夏蒂拉（Shatila）两座巴勒斯坦难民营屠杀了数百名穆斯林。这场骇人听闻的屠杀发生在 9 月 16 日，犹太新年的前夜。第二天一早，贝京先生让我在他住处的走廊等候，陪同他一起前往犹太教堂。他脸上的表情像石头一般冰冷，突然问我："*Host du gehert aza meisa?*（你听说过这样的事吗？）基督徒屠杀了穆斯林，而那些外族人却都在指责犹太人。"

我目瞪口呆地回答："我不明白。"

"这正是我要告诉你的。我最开始是在 BBC 的节目里听到的。我向我们在当地的指挥官求证。他们告诉我这是真的。基督教民兵闯入贝鲁特西部的两座巴勒斯坦难民营清除残留的巴解组织恐怖巢穴，然后把枪口对准平民，屠杀了上百人。我们

的人上前制止了这一行为，但可想而知，外国媒体都在指责我们。"他看了看表。"来，让我们走。我在路上告诉你。"

总理的髋骨尚未完全恢复。他撑着手杖，把装着祈祷披肩的天鹅绒口袋递给我，抓住我的手臂作倚靠。我们在保镖们的簇拥下，慢慢地朝着几个街区外的耶路撒冷大教堂走去，一路

上不时地停下来和路人互致新年问候。贝京重重地斜靠在我的胳膊上，讲述着他所了解的过去几天贝鲁特发生的可怕事情。

报道中说，许多住满了人的建筑物被炸毁。两个难民营内的小巷子里到处是横七竖八的尸体、匆忙挖就的大坟坑，小巷两边也堆着尸体。自 1975 年以来，黎巴嫩已经在内战中被消耗得奄奄一息，战争夺去了许多人的生命。尽管每个人都知道过去几年里，黎巴嫩的阿拉伯穆斯林和阿拉伯基督徒彼此间可怕的冲突不断升级；尽管每个人都知道，没有以色列人直接参与最近的这些屠杀；但公众舆论仍然指责犹太人坐视并任由这场屠杀发生。

"没有谁比我更加尊重世界舆论，"我们接近大教堂的时候，贝京语带嘲讽地说，"但是当华盛顿、伦敦和巴黎的报纸把我们当成侵略者，而对那些企图杀死我们无辜平民的人毫无非难之辞时，我们不得不说，我们所面临的是公然的媒体偏见。"

"换句话说，是反犹主义。"我说。

他停下脚步忧郁地望着我，说出了心里话："非犹太人中有许多悲天悯人者，他们会说，'不可能。我们反犹太人？不，绝没有！我们只是反对以色列。'相信我，人与人之间未必能分得这么清楚。所以，我们必须站直了面对这些人，不必急于道歉。我们必须经常提醒他们，当我们的 600 万同胞遭到屠杀时，他们的报纸对此只字不提。他们从来没有努力向政府施加压力，去拯救哪怕是一个犹太孩子。所以我对这种天生的偏见一点也不感到惊讶。从来都是这样的"——说到这里，他咆哮起来——"异教徒杀了异教徒，他们却绞死了犹太人。"

这并不是总理在犹太新年这天感到悲伤的唯一原因。让他深感遗憾的是，与邻国签署和平条约的希望破灭了。黎巴嫩当

选总统贝希尔·杰马耶勒对以色列抱有好感，他已经开始认真
考虑，要成为继埃及之后的下一个条约签署国。事实上，总理
和国防部长阿里尔·沙龙一直与杰马耶勒保持着密切接触，就
细节问题进行谈判。但正当这位年轻的当选总统准备正式就职，
并正式掌控难以应付的全局时，他遭到了谋杀，和平条约在他
身后散落一地。

　　那天，我们俩一路朝着大教堂走去，让总理感到痛苦的还
另有原因。尽管"加利利和平行动"已经结束，他对此感到满
意，但事实上以色列军队仍然深陷黎巴嫩战事，伤亡数字一直
上升，致使越来越多的公众对这场战争失去了信心。不断恶化
的局势——原本构想的短暂行动从 6 月延长到 7 月、8 月，甚
至现在拖到了 9 月——引发愤怒和沮丧的情绪，以色列人几乎
每天都在抗议和示威。一群反战示威者干脆在总理官邸前 24 小
时不眠不休，巨大的标语牌上不断更新总计阵亡人数，到犹太
新年这一天，这个数字已经超过 600 人。每当贝京看见新的伤
亡数字时，我们这些他身边的工作人员都会注意到他那深切的
悲痛。他的心在默默哭泣，无声的哀痛占据了他的整个心灵。
"我似乎再也没有家了，"一天，他在提到外面的示威者时，疲
惫地对伯格博士说，"感觉就像住在大街上一样。"

　　"我把他们赶走。"伯格表示说，他作为部长有权这么做。

　　"绝对不行。"贝京说。

　　"可是，他们太扰民了。其他国家绝不会允许游行示威者在
总理的家门口示威。"

　　"这是他们的民主权利，"贝京坚持自己的意见，"让他们
待着吧。我只希望，他们不要过于打扰到邻居们。"

　　也许贝京指责作为反对党的工党领袖西蒙·佩雷斯，加深

了国内的裂痕是件再自然不过的事。贝京曾经直指佩雷斯只顾
把"国家的栋梁"拉下马，而不考虑战争的对错，使以色列出
现了首次党派政治分歧导致国家分裂的情况。

佩雷斯（实际上贝京自己的内阁中也有一些人有同样的想
法）最想拉下台的是国防部长沙龙。在对手眼里，沙龙就像鸡
舍里的狐狸一样有着明确的企图。他长期以来凭借勇气、决断
和战术能力声名在外，现在则被描绘成了一个邪恶的军国主义
者。工党指责沙龙是每一次乱局的罪魁祸首，尽管他不可能预
见到可怕的后果，但现在工党还是决定以战事处理不当、允许
基督教民兵进入难民营为由，将沙龙解雇或辞职。

"不会有人辞职，也不会有谁被解雇。"我们登上神殿台阶
的时候，总理说。踏进神殿，他立刻平静下来，仿佛臣服于它
神圣的怀抱。他裹着披肩，满怀激情地默默做礼拜，用他年少
在华沙时那轻柔的阿什肯纳兹口音读着一本破旧的祈祷书，那
是他 13 岁的成年礼物。当唱诗班哀伤的祈祷达到高潮，众人唱
响 "U'Netaneh Tokef Kedushat Hayom（让我们来告诉你，今天是
多么神圣，因为它是那么可怕）"时，他的眼睛闪闪发光，身
体虔诚地前后摇摆。

领唱者缓慢而哀伤地唱到了令人心碎的段落："它写于一年
之始，它缄于赎罪之日：有多少人会死去，有多少人会出生。
他要活着，他将死去。"梅纳赫姆·贝京附近的座位上传出叹息
和抽泣的声音。领唱者的声音在痛苦中膨胀，他闭上眼睛，身
体摇晃着向上伸出双手："谁将被刀剑杀死，谁将被野兽吞噬，
谁会饿死，谁会渴死……谁会获得和平，谁被穷追不舍。谁会
得到安歇，谁将备受折磨。谁必被高举，谁必将消沉。谁将繁
荣，谁将贫穷。"

作为这首挽歌中的结论部分，独唱者踮起脚尖战栗着，用最高音大声地唱出了狂喜的大结局，所有参加集会的人也加入雷鸣般的合唱中，其中有许多人都经历过大屠杀的折磨，遭遇过以色列历次战争中失去亲人的痛苦。"*U'teshuvah u'tefillah u'tzedakah ma'avirin et ro'a ha'gzeirah*（但是忏悔、祈祷和慈善能躲避严酷的法令）"。

这时我感觉到有人仿佛从天上伸出手在我肩膀上轻轻拍了一下，但那是当天负责总理安全具体事项的扎布什（Zabush）。

"外面正在集结一场声势浩大的示威活动，"他在我耳边低声道，"你得带着总理从后门出去。我们从后面的小巷抄近路，穿过马路就是他家。"

645　　我悄悄地把这些话告诉坐在我前排的贝京先生，可是他没有做出认可的表示。他埋头看着祈祷书，沉浸于唱诗和诵读中，以一名信徒的热情喃喃地念着每一句祈祷词。祷告仪式达到了高潮，祈祷者们得到了乐观的回应，集会者蜂拥到总理周围祝福他"*Shanah Tovah*"——新年快乐。

贝京笑着和每个人握手，当他最终挽起我的胳膊准备离开时，扎布什轻声道："跟我走。"我领着总理穿过留下来表达祝福的集会者，向教堂后门走去。

"你们要带我去哪儿？"贝京走到一半停下来问。

扎布什连忙解释。

"我绝不会从这条路出去，"他生气地责备道，"我不会从教堂逃跑。我从哪扇门进来，就从哪扇门出去，不管有没有游行示威。"

扎布什紧急地拿起对讲机说话，提醒外面的警卫小组。当总理出现在教堂前院时，一大群示威者试图扑上去压在他身上。

他们握着拳头，吐着唾沫高喊"杀人犯！"，破坏了这个日子的神圣氛围。焦急的警察和卫兵们一边推一边踢，推挤着叫嚷的人群，在我们周围开出一条通道，形成一道紧密的警戒线，成群的记者记录下了这乱哄哄的场面。

总理戴着眼镜，身形消瘦，但却充满胆量和魄力。他靠在我身上，手指紧紧地捏住我的手臂，我感觉到愤怒在他的心中升腾起来。他故意用缓慢的步伐一瘸一拐地走着，用来表示他的蔑视，而我的每一根神经都在颤抖。

犹太新年这天，针对漫长的黎巴嫩战争的所有怨气似乎都在大教堂外面爆发了，抗议者一遍遍地大喊："贝京是个杀人犯！"一些人拥到前面来到总理家街对面，那里驻扎着纠察队。贝京在警察和保镖们的层层护卫下，迈着蜗牛一般缓慢的步伐往前走，他沉重地靠在我身上，我感觉胳膊已经麻木了。贝京刚刚安全回到官邸，抗议者便大喊着叫他出门。"出来，杀人犯，"他们怒吼着，"出来，萨布拉和夏蒂拉的凶手！"

贝京瘸着腿独自上楼回自己的房间，他生病的妻子正在等他。然后，我从一扇边门离开，迅速回到自己家。我的家人们从头至尾目睹了这场新年里的可怕事件。 646

果然，示威者要求成立一个官方调查委员会，针对萨布拉和夏蒂拉难民营大屠杀的真相做出判决。由此成立了以最高法院院长伊扎克·卡汉（Yitzhak Kahan）命名的卡汉委员会。委员会成员都是声名显赫的人物，他们要用虽然礼貌，但同时也是最详尽的方式对包括总理在内的每一个人进行质问。

委员会于1983年2月发布报告，认为沙龙作为国防部长因为允许基督教长枪党成员（Christian Phalangists）进入难民营，而对萨布拉和夏蒂拉的暴行负有"直接责任"。此时就需要政府做出决定——是全盘否定委员会的调查结果，还是接受或部分接受这些结论。内阁为确定立场连续举行了三次会议，每一位部长都被要求必须发言，阿里尔·沙龙不耐烦地等待着结果。表决的最终结果是，内阁以 16 票对 1 票的优势，赞成全部接受委员会的调查结果。

1982 年 11 月 8 日，贝京总理就萨布拉和夏蒂拉的屠杀事件接受卡汉委员会调查取证

图片来源：以色列政府新闻办公室。

647　　凭沙龙的脾气，他当然不愿意承认错误，断然拒绝接受这样的耻辱。在此之后的许多年里，评论家和各党派人士之间针对卡汉委员会的调查结果、沙龙到底有罪还是无辜，以及梅纳赫姆·贝京对沙龙的真实想法展开了激烈争论。无可争辩的是，贝京接受了沙龙辞去国防部长一职，但仍将他留在内阁担任不管部长。

尽管以色列在调查难民营事件真相时进行了严厉的自我审查，但却无论如何也阻挡不了海外的批评和谴责浪潮，其中一些人甚至是犹太国家的坚定支持者。其中一位名叫艾伦·克兰斯顿（Alan Cranston）的美国参议员在大屠杀发生几天后发表了一封致贝京总理的公开信，其中写道：

> 我没有谴责以色列最初进入黎巴嫩，因为那时候以色列曾经声明此举是为了保护以色列公民不再受到巴解组织反复不断的攻击。虽然我内心存在深深的疑虑，但还是对你们包围贝鲁特并进入其西部地区采取了容忍的态度。我不愿意在军事斗争中去批评一个宝贵的朋友和盟友。但是，屠杀成百上千的男人和妇孺就是另一码事了。我们需要花点时间去调查清楚，到底谁是这场大屠杀的罪魁祸首。我们也许永远得不到真相。……也许，目前这场黎巴嫩冲突最严重的后果是，四面楚歌的以色列曾经拥有一座鼓舞人心的道德灯塔，而现在这座明亮的灯塔已经渐渐黯淡下去。[99]

梅纳赫姆·贝京在愤怒之下拿起笔给参议员写了一封回信。他在这封一气呵成的信上写道：

> 对我这个历尽沧桑的老人而言，将大屠杀的道德责任归咎于以色列，这场谴责简直难以置信、不可思议，而且是非常卑劣的。黎巴嫩当选总统贝希尔·杰马耶勒于9月14日遭到暗杀后，我们决定将以色列国防军调动到贝鲁特，以防基督教信徒对穆斯林展开报复。谁也没有想到，

与之交手的黎巴嫩部队最后竟然闯入萨布拉和夏蒂拉难民营实施了一场大屠杀。第一个可怕的真相是，阿拉伯人杀了阿拉伯人。第二个真相是，以色列士兵阻止了这场残杀。第三个真相是，如果正直的人面对目前这场针对以色列的诽谤没有做出愤怒的反应——是的，愤怒——那么在数周或几个月内，世界上每个人都会认为，这场可怕的杀戮是以色列军队干的。[100]

他说得太对了。读者可以浏览互联网看一看。

　　贝京总理同美国国务卿舒尔茨、美国驻以色列大使刘易斯在一起谈话，作者在场

　　图片来源：雅各布·萨尔、以色列政府新闻办公室。

第五十六章　物各有时

　　"我又该去见里根总统啦，"总理流露出听天由命的口气，"这场误会只有我才能澄清。要是能和他面对面坐下来谈一谈，我就肯定能让他相信，我们根本不该因为难民营事件受到谴责，黎巴嫩战争是一场经过深思熟虑的正义行动。我们的所作所为完全符合美国和我们双方的利益——让黎巴嫩摆脱巴解组织的暴徒，剪掉叙利亚的羽翼。里根应该会明白吧？"

　　"根据我从塞缪尔·刘易斯那里了解到的情况，"我尽量让他振作起来，"政府当中有些人很气恼，但不——"

　　"那个我很清楚。"贝京用疲惫的声音插话道。

　　"——但不包括总统。他对这场战争不满意，对您拒绝他的和平计划感到失望，但他仍然把我们当作是阻止苏联扩张的一道屏障，仍然看重以色列。而且，他对您个人一直评价很高。"

　　"说得好听。"贝京阴沉着脸盯着前方，他的脑海中仿佛出现了什么令人不安的景象。

　　"我必须和他们重新建立个人关系和信任，不仅是总统，还包括那些他身边的人，"他喃喃地说道，"而且，我还得和那些犹太人谈一谈。"

　　交流活动于1982年10月中旬举行。黎巴嫩难民营屠杀事件刚过去不久，卡汉委员会决定推迟数月公布调查结果。大屠杀事件后，我准备了一份有关离散犹太人对以色列态度的报告。在某些重要地区，状况令人担忧。贝京把这份三页的报告拿在手里看了几分钟，长叹一声。最后，他抬起头疲惫地再次说道："是的，我必须得跟犹太人谈一谈。"

他的语气中没有自怜，但从他的说话方式可以看出，他的烦恼和疾病日益加重。他瘦了。他脸色憔悴，失去了平日里居高临下的神态。他的公开演讲成了敷衍了事。对手们因为黎巴嫩战争决策对他展开攻击，让他颇受伤害；黎巴嫩形势的变化意味着他失去了又一个签订和平条约的机会，这让他颇为沮丧；各种旧病积累——心脏病、轻微中风、髋部骨折——消耗了他的身体；最让他焦虑的是，他心爱的妻子、终身伴侣阿莉扎的健康。她的慢性哮喘突然发作，此时正戴着呼吸器躺在耶路撒冷的哈达萨医院里。他每天一次，有时候两次，要赶到医院陪在她的病床边。他的批评者开始宣称，以色列总理因为严重的抑郁症已经没有执行力了。

考虑到贝京遭遇的种种，他确实似乎陷入了抑郁之中。耶歇尔试图让他振作起来，一直反复建议他去最喜欢的开发区走走。但是贝京不让他提起这个话题，并表示不想再听了。"现在对我来说，重要的事情是见到里根。"他反反复复地说。

耶歇尔听到这个意愿，仿佛抓住了以色列总理正在良好履行职责的铁证一样，表示要马上和刘易斯大使取得联系落实这件事情。

"但不要敲定确切日期，"贝京提醒他，"只要阿莉扎还没出院，我就不会出国。"接着，他恢复了往日的职业姿态，对我说："你去想想，我应该到哪个美国犹太人论坛发表演讲。我们必须把自己的信息传达给他们，他们是我们自己人，这是最重要的。晚上你去大卫王饭店见以色列债券的领导层时，把这个意思告诉他们。告诉山姆·罗斯伯格，我真的很抱歉不能亲自去见他。"

653　　大卫王饭店的那个夜晚非常重要。这是犹太世界里最重要的网络中心，大厅里鸡尾酒会上人们欢声笑语，似乎再也没有什么比相聚在这里更让人愉悦的事情了。大人物们一个个走进大卫王饭店的大门。饭店大厅的天花板高高在上，到处装饰着古老的闪米特图案，它们让人想起了传奇的大卫王所在的辉煌时期。这是个特别的夜晚，以色列债券分布在世界各地的重要人物在这里互致问候。

　　我挤过喧闹的人群寻找山姆·罗斯伯格，他是债券组织的全球主席，也是我亲密的私人朋友。在场的许多大佬都是我多年的相识，因此我只得一边往前移动，一边不停回应着"哈喽"并热情握手。当我终于在拥挤的人群中找到罗斯伯格时，他正愉快地和一位穿着讲究，上了年纪的女士开玩笑。那位女士身着闪闪发光的晚礼服，戴一副带翼边的太阳镜。"格洛丽亚，"山姆戏谑着说，"您简直太漂亮了！太好了，您没忘记戴墨镜，因为在耶路撒冷有时候晚上也会出太阳，而且很亮，然后还会下雪。"

　　那位女士毫不在意，和山姆一起大笑起来，但山姆一看见我，脸色立刻严肃起来。我们走进旁边一间没人的阅览室。

　　"他怎么样？"他问。

　　"他个人非常抱歉。今天恐怕你得和我这个替身凑合一晚上了。"

　　"那没问题，但他为什么不能像以前那样在私底下和我见面呢？"

"他谁也见不了。他精神状态不好。这种事情以前也有过。医生说，他会迅速恢复过来。他以前总能渡过难关的。"

"佩雷斯告诉我，他不正常。"

"胡说！他是情绪不好，但他还是那么智慧。我刚刚参加了一个会议，他在会上决定要再次访问美国——去见总统，并且和犹太人对话。不正常的总理可不会说出这样的话。他很在意难民营事件后犹太人对以色列的支持程度，这也是我今天晚上的发言内容。"

"太好了！他计划什么时候动身来美国？"

"越快越好，我想——一旦贝京夫人出院，并且和总统确定了时间。"

"告诉他来洛杉矶。"

"为什么是洛杉矶？"

654

"因为他总是去见纽约的犹太大佬们，而洛杉矶是美国犹太社区发展最快的地方，他已经很久没去那里了。我们正计划在11月中旬举办一场有史以来规模最大的国际盛宴——有2000人参加，包括好莱坞明星、政界大佬，等等。如果他作为嘉宾前来，我保证让他接触大量来宾，参加各种顶级会议。他会不虚此行。告诉他，这是我说的。"

"我会的。"

"告诉他，我想让他去。"

"我会转告你说的每一个字。"

这就是典型的山姆·罗斯伯格——固执而坚定。他一旦有了想法，就不会放弃。

第二天上午，当我把这个建议转告总理时，他的第一反应是，"我怎么能拒绝山姆呢？如果他觉得洛杉矶很重要，那就把它列入我的行程中。"接着，他轻轻地自言自语："当然，还得等阿莉扎身体足够好了，我才能走。"

我把洛杉矶列入日程并告诉山姆，如果不出意外，总理非常乐意于 11 月 13 日星期六晚上作为嘉宾出席在洛杉矶世纪广场酒店举行的正式晚宴。按照行程，他将于次日上午飞往达拉斯，在一场基督教支持者的大规模集会上发表演讲，然后前往华盛顿与总统会面。考虑到紧张的日程和复杂的后勤工作，我们决定租用以色列空军一架陈旧的波音 707 飞机，并向随团的大量媒体收费，以此填补使用飞机的费用支出。出发日期定在 11 月 12 日星期五上午，计划除途中加油之外直接飞往加州，多亏有 10 个小时的时差，使我们正好赶在安息日之前抵达洛杉矶。

一切都进展得非常顺利，直到出发前几天，耶歇尔·卡迪沙伊在我门口探进头来抱怨道："我们有麻烦了。"

"多大的麻烦？"

"大麻烦！贝京不想去了。医生为了让阿莉扎能够呼吸，给她做了气管切开术，贝京不愿意离开她。所有的安排都得取消。我跟塞缪尔·刘易斯以及达拉斯那边的人都说了。你去通知罗斯伯格。"

655　　　他转身走了，我简直要疯了。因为贝京要出席，山姆·罗斯伯格提升了整个宴会的规格，我该怎么把这一切告诉他？我让秘书诺玛接通他的电话，但随即又改了主意，让她放下电话。现在美国还是半夜，我至少还有几个小时可以缓缓。

下午耶歇尔又来了，笑容满面。

"有什么事这么高兴？"我问。

"你跟罗斯伯格说了吗？"

"还没有，我正打算说。"

"好吧，那就不用说了。我们还是要去。"

"怎么回事？出什么事儿了？"

"阿莉扎的坚持。他们给她插了管，她没法说话，只能用笔交流。贝京告诉她自己决定不去美国后，她给他写道'你必须去。这是和总统见面。这对国家很重要。我不会有事儿的。'他真的很受煎熬，不知道该怎么办。最后，他和医生进行了商量，医生让他放心，阿莉扎虽然很虚弱，但她的状况相当稳定，他们认为他没有理由改变计划。所以，我们还是要去。"

我作为整个行程的负责人，率先飞到美国，确保总理日程中的每一个细节最终都已落实到位。到达洛杉矶时，山姆·罗斯伯格邀请我在宴会之前参加他为最大的债券买家们举办的一场鸡尾酒会。这次珠光宝气的聚会是在贝弗利山庄的一处宅邸举行的，有大约50位客人。我的任务是发表鼓舞人心的讲话。当我完成任务后，女主人起身问道，1947年，我还仅仅是个18岁的男孩，究竟是什么吸引我离开曼彻斯特舒适而安逸的家庭，前往饱经战争摧残的巴勒斯坦。作为回答，我描述了大屠杀后备受折磨的气氛，以及我第一次从"爱琴海之星"号的甲板上看到海法时那种兴奋的心情。

"'爱琴海之星'？你刚才说'爱琴海之星'？"听众中有人打断道。他说话时带着浓重的欧洲口音，非常吃惊的样子。

"这个名字对你来说很特别吗，杰伊？"女主人问道，并向大家介绍这位名叫杰伊·科尔（Jay Cole）的客人。

"你没开玩笑吧？"杰伊·科尔将信将疑，"我也在那艘船上，天啊！"

他看上去五十多岁，身材矮胖，从深棕色的肤色来看，他显然经常出入于高尔夫球场、邮轮和沙滩俱乐部。他一头稀疏的金发，身穿天蓝色短袖丝绸衬衫，一条分量不轻的金项链在衣领边作为装饰。不过，尽管他穿着时髦且染了头发，我仍然能看见他的眉毛上有几道伤疤。这些伤疤和他胳膊上的死亡集中营记号，让我确信眼前这个人就是 30 多年前的那个人。

"尤塞尔·科洛维茨。"我控制不住地兴奋大叫起来。

他得意地咧开嘴笑着穿过一片摆放成扇形的椅子，嘴里说着："就是我。你是曼彻斯特来的那个孩子。"

"你们俩以前见过？"女主人一脸困惑。

整个屋里的人顿时对此充满了兴趣，接下来的半个小时里，杰伊·科尔讲述了尤塞尔·科洛维茨的故事——他从奥斯维辛集中营侥幸活下来后，想跳船离开"爱琴海之星"号却失败了，他被英国人拘留了一段日子，之后加入了贝京的伊尔贡，独立战争期间他有过多次英勇的冒险经历，最后他说起了自己在 Mishmar HaEmek 基布兹的生活。

后来，在泳池边喝酒时，尤塞尔给我讲了后面的故事。他最终选择了去和那个在没有宗教色彩的基布兹的叔叔一起生活，而不是追随另一个在耶路撒冷犹太学校的叔叔。他在基布兹过得不错，学会了做管道生意，和当地的一个姑娘结婚生了两个孩子。他是以色列国防军后备军人，"六日战争"期间应征作战，负了伤。在美国休养身体期间，他决定留在气候宜人的洛杉矶，在那里当管道工并过上了体面的生活。后来，两个儿子追随他进入管道行业，他们做管道零部件生意发了家。

当我问起他的两个儿子喜不喜欢美国时，他开心得脸都红了。"他们让我当上了爷爷，"他高兴极了，"我有六个孙辈。我的大儿子和一个犹他州的姑娘结了婚，小儿子娶了个怀俄明州的姑娘。"

他肯定是注意到了我脸上迟疑的笑容，于是立刻凑近过来，几乎带着威胁的语气在我耳边低声地咆哮道："当然，我也想让我的儿子跟犹太姑娘结婚。可是，我能怎么办，和他们断绝关系吗？这是美国，是吧？美国一天到晚都在发生着这样的事情，是吧？"

我想要避开他的痛苦，他却不管不顾地继续往下说。

"别以为我无所谓。我当然很难过。这里的人都叫我杰伊·科尔。这是一种伪装。我又重新玩起了在奥斯维辛时的老把戏。我穿上漂亮的衣服，摆出花哨的架子，在我自己的乡间俱乐部里逗大家开心。他们觉得我是他们中间的一分子，但内心深处我在哭泣，我永远是个幸存者。所以，保留你自己的意见，大能人，别告诉我什么是对什么是错。梅纳赫姆·贝京也是个幸存者。他会明白的。再见！"他说完这些，便转身离开了。

11 月 13 日，贝京到达洛杉矶的第二天下午，天气好极了，有阳光，有微风，很凉爽。酒店前的广场装点着喷泉和各种植物，冬日里的花朵从台阶上泻下，铺满花坛。快到酒店时，我发现耶歇尔·卡迪沙伊正来回踱步，眼睛四处搜寻着，像是在急切地寻找什么人。

"出什么事儿了？"我问。

"你上哪儿去了？"

"和朋友去做安息日祷告了。怎么了？有什么事吗？"

"我在等戈茨曼医生。有急事找他。"

默文·戈茨曼是平常跟随贝京出国旅行访问的医生。

"出什么事了？"我问。

"阿莉扎去世了！"

惊骇和悲伤使我的后脊梁自上而下一阵冰凉。耶歇尔虽然心烦意乱，但令人钦佩的是，他仍然非常冷静地讲述了总理的儿子本尼从耶路撒冷打电话来告诉他这个令人心碎的消息的经过。耶歇尔的第一反应是马上通过寻呼机找到戈茨曼医生，但对方没有回应。他要和戈茨曼一起，把这个痛苦的消息通知贝京，以及这次陪同他一起出访的女儿利亚。

"看起来我们今天晚上就要直接飞回去了。"我大胆预测。

"是的，我已经通知机组人员做好准备晚上9点起飞。与此同时，这件事别传出去。"

戈茨曼出现的时候，已是黄昏。他去犹太教堂做午祷了，在背诵经文的时候传呼机响了起来。他立刻给总理套房所在的酒店19层以色列值班军官打电话，但对方对此一无所知。于是他赶紧回来，听到消息便立刻抓起药箱和耶歇尔、哈特，以及贝京的老朋友西蒙娜·海斯顿（Simona Hasten）一起往贝京的套房走去。他们默默地鱼贯进屋，只见贝京正穿着笔挺的礼服坐在沙发上看书，准备参加晚宴。

"出什么事了？"他抬起头，顿时脸色苍白。

"阿莉扎走了。"耶歇尔悲痛地轻声回答。

悲痛一下子击垮了贝京，双眼立刻噙满泪水。"*Lama azavti otta*（我为什么要离开她）？"他恸哭起来，悲伤地前前后后反复摇晃着身子。他一遍遍地自问，谁的安慰也起不了作用。

耶歇尔进屋找利亚。当他陪着利亚出来时，女儿看见父亲便大哭起来："妈妈！是妈妈！我妈妈到底怎么了？"听到阿莉扎去世的消息，她立刻倒在西蒙娜·海斯顿怀里。西蒙娜把她扶到沙发上，女儿倚靠在父亲身上抽泣着。

耶歇尔走出房门向我描绘了刚才的情形，让我通知山姆·罗斯伯格，我们要立刻出发回国。山姆就在走廊尽头，脸上毫无血色。他是在刚才去总理套房的路上碰见哈特·海斯顿时得知的，他本打算趁晚宴开始前陪贝京到大厅里走走闲聊几句。

一个多小时后，梅纳赫姆·贝京脸色苍白，眼神恍惚，跟跄着登上飞机，耶歇尔把他安顿在狭小的卧舱里。在前往特拉维夫的 16 个小时沉闷的航程中，贝京几乎一刻也没离开那里。飞机在纽约短暂加油时，机上的媒体记者纷纷冲向电话亭，往回发报道。我趁此机会伸展四肢，听到了几段记者们的电话报道，所有的人都在讲述同一件事情：

"这是一场简单、老式、一辈子的爱情……"

"总理对她十分依赖……"

"她是他唯一真正信任的人……"

"她掌管着他所有的个人事务……"

"他只有和她在一起的时候，才会彻底开诚相见……"

"贝京特别想要三件东西——奉献、宁静和陪伴，她把这些都给了他……"

飞到大西洋上空时，我问耶歇尔，打算把贝京夫人安葬在哪里。他说，离开洛杉矶之前已经谨慎地问过总理。

"我不想用'安葬'这个词，"他说，"我觉得这个词很可怕。于是我用了'葬礼'。'梅纳赫姆，'我问，'你想在哪里给

659

阿莉扎办葬礼？'他说，'和我在同一个地方。'于是我说，'可我不知道那是哪里。'他回答说，'我在遗嘱里面提到了。我很早之前给过你一个封好的信封。'我说，我的确有这个信封，但一直没打开过，因为那要等到他去世以后才能打开。他好像曾经确信，自己会先走一步。他很理解我的窘况，于是说，'我想在橄榄山（Mount of Olives）举行葬礼，尽量靠近摩西·巴尔扎尼（Moshe Barazani）和梅厄·范斯坦（Meir Feinstein）。信里就是这么写的。'"

摩西·巴尔扎尼和梅厄·范斯坦是梅纳赫姆·贝京从事地下活动时的两位英雄。他们被判处了死刑，但他们宁愿自杀也不愿意被英国刽子手绞死，于是两人拥抱在一起用一颗简易手榴弹结束了生命。

62 岁的阿莉扎·贝京安息在橄榄山的两位烈士旁，耶歇尔确保了旁边的空地为梅纳赫姆·贝京保留着。

660 　　葬礼之后是为期一周的哀悼，痛失亲人的至亲们坐在矮凳上，穿着撕破的衣服，男性亲人们蓄须哀悼，总理悲痛地接待前来吊唁的人。来自各行各业的人们排成一行，表达他们的哀思：其中有商店业主、教授、政治家、犹太学校的学生、企业家、士兵、拉比、外交官、家庭主妇；甚至还有蹲过监狱的男男女女，以及有前科的吸毒者和妓女，他们都曾经暗中接受过阿莉扎·贝京的资助，过上了正常生活。而贝京此前对所有这些一无所知。

正如我们所见，贝京尊敬那些沉浸于犹太经典的虔诚教徒，尤其钦佩他的同事优素福·伯格博士的学识。伯格博士于战前毕业于著名的柏林希尔德斯海姆犹太教学院（Berlin Hildesheimer Rabbinical Seminary）以及柏林大学。他在丧礼上

1982 年 11 月，贝京在阿莉扎墓前

图片来源：伊扎克·哈拉里（Yitzhak Harari）。

所致悼词充分展示了其博学。

"卡巴拉（Kabbalah）告诉我们，"伯格博士说，"有一种经文无法记忆，无法书写。它不是用来研究或学习的，它无关才智也无关学识，它无法创新也无法争辩。它是一种无字的经文。它是灵魂的经文，它是最动听的。

"无论我们说什么，写什么，都不足以公正地评价，或者真正彻底了解阿莉扎·贝京的灵魂——从她内心流淌出的温暖和爱，她日复一日对自己的要求，她为以色列的土地默默做出的牺牲，她为贫病交迫者、身心受创者所做的一切；她的勇气、她的活力、她的信仰、她的坚韧；她的爱和笑声，她为孩子们和丈夫甘愿付出一切。只有当我们走到一起，在这里默哀，提起她的美德时，我们才能领会到一点点阿莉扎·贝京高贵的灵魂。

"在犹太教中，记忆即是一切。律法中至少有 169 次提到，要求我们牢记过去。记忆的重要意义在于，过去可以凭借记忆成为当下的一部分。如果抹去记忆的力量，就会失去对时间的感觉。时间就是过去、现在和未来。在犹太教中未来的存在即为永恒。对痛失亲人者而言，未来也是一种"慈悲的爱"（*ma'aseh chesed*）——一种仁爱的神圣之举。因为即便你忘不了爱人的逝去，悲伤的痛苦也必定会随着时间而变得芳醇。

661　　"犹太教中存在两种记忆：纪念（*zikaron*）和追悼（*yizkor*）。纪念是短暂的，它会渐渐消逝。追悼是永恒的。如果你失去一位远方的友人，就要承受记忆的痛苦，体会他/她过去的存在感。这样的死亡，最折磨人的不是它留下的空白，而是记忆会仅仅成为一种过往的回声。这就是纪念。

"但是，还有一种永远不会黯淡的记忆。它之所以不会渐渐消失，是因为我们追忆的这个人本身就是我们自己的一部分：'basar m'basarcha, nefesh m'nafshecha'（你肉体的肉，你灵魂的灵魂）。逝者会永远活在你的灵魂中。这是追悼。

"在追悼时，我们承认死亡最终是生命的一部分。或者，用《传道书》中的话说，'物各有时：生有时，死有时。'我们经常目睹万能的上帝采摘美丽的生命之花，在我们看来，这朵花开得正艳。于是我们问，这是为什么？为什么？先知以赛亚给出了答案。他说，万能神的思想远非凡人能够理解。因此，我们感到困惑和害怕，并提出那些无解的问题，只有《申命记》

32：4 这样回答：'*Hatzur tamim po'alo, ki kol devarav mishpat.*'（他是磐石！他的作为完全，他所行的无不公平。）

"这意味着在犹太教中，并不存在非理性的、无意义的命运。用著名犹太教学者优素福·贝尔·索洛维切克（Yosef Ber Soloveitchik）的话来说，犹太教拒绝接受生命随机的观点。犹太教不相信什么确定的运气或者盲目的命运。我们不像希腊人那样相信命运，希腊人认为源自遥远未知的荒谬、不可改变且无情的天意影响了万物。这种信仰粉碎了人的梦想，没有考虑到个体的行为。对希腊人来说，这就是人类悲剧的根源。人在连众神都无法挫败、不可阻挡的力量的手中只是一个无助的棋子。"

伯格博士说到这里停顿了一下，直视着总理，以及坐在总理下方的儿子本尼、女儿哈西娅和利亚，最后道："虽然犹太教试图去理解残酷地摧毁人类梦想的灾难性事件，但终究不能接受人类生活中最终非理性的存在。我们所谓的悲剧性事件属于更高的神圣秩序，人类鞭长莫及。世界不受制于命运的法令，而是由我们无法理解的原因所驱使。我们通过积累科学知识，对生命的物理性质有了深刻见解，但我们仍被排除在神的睿智之外。我们无法掌握个体之间的关系和人的遭遇。因此，虽然我们为你们心爱的妻子和母亲阿莉扎的去世而哀悼，但我们也承认，对上帝来说，这并不是一桩随心所欲的决断。所以，听说她去世的时候，我们要说，'*Baruch Dayan ha'emet*！'（评判真理的人有福了！）所以，我们要在她的坟墓边确认，'*Hashem natan, Hashem lakach, yehi shem Hashem l'olam va'ed.*'（赏赐的是耶和华，收取的也是耶和华。耶和华的名是应当称颂的。）祝福是对阿莉扎·贝京永恒的纪念。"

总理脸色憔悴，像屋外 11 月的天空一样灰白，他起身握住优素福·伯格的手，但伯格让他坐下并说："按照惯例，痛失亲人者不必表达谢意。"

"无论如何，我得谢谢你，"贝京说，"你的话对我是极大的安慰。"

"晚祷告时间到。"有人说道。本尼·贝京作为逝者的儿子是带领大家一起做晚祷的合适人选。对于当晚许多不知情的人来说，这场祷告就像一场嘈杂的低语和念诵，其间不时夹杂着一声响亮的"Oomeyn"（阿门）。有时候，不参加祷告的人会因为聊天的声音太大，引来"嘘嘘！"的责备。然而，当本尼·贝京背诵着哀悼的祷文，结束这场祷告时，所有的人都肃立。这场祷告以赞颂上帝的伟大开始，在祈愿和平中结束，所有的人一起赞颂"阿门！"

埃及已故总统安瓦尔·萨达特的遗孀吉安·萨达特听到阿莉扎·贝京去世的消息后，立即从尼罗河边的家里拨通了以色列驻埃及大使摩西·萨松（Moshe Sasson）的电话。萨松对阿拉伯国家事务经验丰富，他准确地推测出，埃及前第一夫人请他喝咖啡，其实是希望和他私下里谈一谈。

尽管距离萨达特遭遇暗杀已经一年多，但吉安·萨达特仍然是埃及社会有影响力的圈子中很受欢迎的人物，这要归功于她敏锐的头脑、惊人的美貌，以及她一直以来代表埃及妇女采取的各种坦率且勇敢无畏的举动。考虑到阿拉伯社会的专制特性，以及吉安·萨达特的形象远胜穆巴拉克夫人的形象这一点，胡斯尼·穆巴拉克总统确实有可能对她的一切动向保持警惕。

“我有一封吊唁信请您转交总理，”吉安一见到萨松大使便 开口道，“如果您能尽快转交，我将不胜感激。”她递过一个信封。

“那是当然。”萨松把信装进口袋。

“咖啡？”见女佣进来，萨达特夫人问道。

“好的。”

吉安·萨达特和摩西·萨松在一起的时候感觉很放松，这不仅是因为后者的阿拉伯语说得绝对地道流利，而且她知道，自己的丈夫曾经和萨松关系密切。

“我想贝京先生一定很难接受这个噩耗，”她充满同情地说，“他们俩关系非常亲密，我知道。”

“我听说，他因为夫人去世的时候，他出国在外不在她身边，因此格外悲痛。”萨松回答。

“你知道，”吉安说，“我当时本能地知道我丈夫会死。我记得当时就坐在这里，孙子坐在我的膝盖上，看着电视直播里安瓦尔的飞机降落在本-古里安机场，我感到很害怕。我知道他会因为他所做的一切而遭到杀害。但我不知道它会在什么时候，在哪里发生，也不知道那个扣动扳机的凶手是谁。我只知道，我们俩在一起的日子已经不多了。”

大使放下杯子，用一种安慰并恭敬的语气说：“既然您提起这件事，请允许我分享一段插曲。在您丈夫遭到暗杀的大约两个月前，我们单独坐在一起时，他突然对我说，‘摩西，我觉得自己快要去见安拉了。’‘这是从何说起？’我问他。但他只是不停地抽着烟斗并没有回答。”

吉安·萨达特微微地惨然一笑道：“我和他有过一场荒谬的争论。我知道他最初在遗嘱中写道，他想被埋在西奈山。他告诉贝京先生，他计划在那里建造一座清真寺、一座教堂和一座犹太教堂。多好的主意！不过，当他极其严肃地告诉我时，我对他说，安瓦尔，你的孩子——意思是埃及人民——中，谁会登上西奈山顶去看望你？他没有回答，但他明白我在说什么。问题是，他直到被暗杀时也没有改主意。最后是我坚持把他安葬在开罗的无名战士墓旁边。"[101]

664　　萨松大使回到使馆便嘱咐首席安全官，让他安排信使当晚带着外交邮袋前往耶路撒冷，确保萨达特夫人的信能够尽快送到总理手中。因此第二天早上，当梅纳赫姆·贝京做完晨祷包起经文匣的时候，耶歇尔·卡迪沙伊递给他一封信。信上是吉安·萨达特粗大醒目的手写笔迹，其中写道：

> 亲爱的梅纳赫姆，
>
> 　　我可以想象，当你听到阿莉扎去世这个残酷的消息时，该有多么震惊和无助。你们生命中共享希望和失望，共同经历欢乐和悲伤的时光就这么突然间粉碎了。当然，只有经历过同样痛苦的人，才能充分了解你现在的感受。虽然什么也无法真正抹平你心里的伤痛，但我还是要表达衷心的悼念。同情不足以发挥作用，还请接受我对这位我热爱并尊敬的了不起的女士，发自内心的感情流露。在这个让人难以忍受、极度孤独的时刻，请接受我伸出的友谊和团结之手。
>
> 　　记得，一年多前我也被迫经历震惊和孤独的低谷，我还清楚地记得你当时对我的善良和真诚的同情。我也体会过你现在的感受，我也曾不得不寻找克服绝望的理由。我们都相信神的旨意，这是所有痛失亲人者最大的安慰之一。

但是，你和我已故的丈夫共同对和平事业作出过深切的承诺，我确信，对亲人的思念将鼓励我们继续追求那些曾经激励他们的理想。我们要活下去，幸福的记忆让我们感到温暖，希望我们能够为后代留下一个更美好、更友善的世界。

放心，亲爱的朋友。我知道安瓦尔·萨达特对你的和平信念与人类和谐抱有极大的信心，他也许和你在达到崇高目标的手段上有不同的看法，但我确信你们都致力于同样的和平理想。

吉安·萨达特
1982 年 11 月 15 日

很快，12 月 8 日，总理在经历了一个不眠之夜后披上睡袍，在幽暗的晨光中一丝不苟地写了一封回信。他写道： 665

亲爱的吉安，

衷心感谢你的来信，对此我将铭记一生。我从你的话语中找到了真正的友谊、人性和深切的同情。自从和你见面，你便赢得了我们的尊敬和钦佩。阿莉扎和我经常谈论到你。我们永远记得我难忘的朋友安瓦尔的勇气和远见，我们过去常对彼此说：吉安是个有个性的人。亲爱的朋友，这么多年来，你向每个人证明了这一点。所有看见你遭受痛苦的人都为你的尊严向你致敬。

眼下，我和至爱亲朋遭遇到丧亲之痛。我刚认识阿莉扎的时候，她还是个小女孩。除了在我于俄罗斯被捕期间我们分离过一段时间之外，我们俩已经在一起度过了 40 多年的光阴——一生的时间。她为我们为之奋斗的事业做出了无止境的奉献。她时刻准备牺牲，在逆境中无所畏惧。事实上，她遭受的痛苦比她丈夫多：焦虑成了她形影不离的同伴。但她从未抱怨过。她在这种情况下照顾孩子们，支撑了一个幸福的家庭。

阿莉扎帮助过许多需要帮助的人。最近几年里，我们甚至不知道她的人道主义工作覆盖了多大的范围。在哀悼她的那些日子里，人们写信或者亲自来告诉我们，令越来越多的细节展现在我们眼前。我知道，你在这方面和她有许多共同点。我知道这项事业加深了你和她之间的友谊。她曾经告诉我，你经常看望受苦受难的人，给他们带去安慰。

我们失去了很多。我必须谦卑地接受，甚至感谢我们在一起度过的幸福岁月。

谢谢你的来信。我们要继续分享亲爱的人留给我们的记忆。你我都应永远对我们为之付出巨大努力的正义的和平事业抱有信心。

> 上帝保佑我亲爱的朋友
> 梅纳赫姆[102]

our dearest to continue to serve the ideal which inspired them. Let us live, warmed by the memory of past happiness and sustained by the hope that we in our turn may leave this world a better and a kinder place for generations to come.

Take comfort, dear friend. I know that Anwar El Sadat had great confidence in your own faith in peace and human concord, and I may have differed with you on the means towards a noble end, but I am certain that you were both dedicated to the same ideal of peace.

Jehan Sadat

15 November 1982

阿莉扎去世后，吉安·萨达特于 1982 年 11 月 15 日写给梅纳赫姆·贝京总理的慰问信

Jerusalem, December 8th 1982.

ואת המשפחה

Dear Jihan,

Thank you from the heart for your personal message. I will remember it all my life. In your words I have found real friendship, humanity and profound compassion. Since we met in other days, for all of us - you won our respect and admiration. Aliza and I often talked about you. Always remembering the courage and vision of my unforgettable friend Anwar, Aliza and I used to say to each other.... but Jihan is a personality in her own right. The passed it, dear friend, to tragedy for years. And all those who saw you in pain and suffering bowed their head before your dignity.

Now because the bereavement struck my dear ones and myself. I met Aliza when she was a young girl. Except for a period of separation, as a result of my arrest in Russia, we were together for more than forty years - a life-time. Her devotion to the cause for which we fought and suffered was limitless. She was prepared for every sacrifice, and in adversity was fearless. In fact she suffered more than her husband: worry was her inseparable companion for so many years. But she was complaint and in such circumstances she took care of the children and raised a happy family.

Aliza helped many people, who needed help. During the last year we didn't even know the scope of her work. More and more details are revealed to us, from what people write to us or come to tell us during the days of mourning and expression of sympathy. I know that in the humanitarian work you had much in common. I know that this great human work deepened the friendship between you and her. She herself told me about your common paths to the suffering, and the consolation you brought to them.

Great loss. I hope to accept in humility and even be grateful for the years of happiness we spent together.

Thank you again for your wonderful letter. We shall continue to serve the memory of our dear ones who left us. I'm and I will always labor in the field, that cause of peace, for which we all made so great endeavors.

God bless you, dear friend

Yours wholeheartedly

Menachem

1982 年 12 月 8 日，贝京总理写给吉安·萨达特的回信

1982 年 11 月，在长达一个月的哀悼期间，蓄须的贝京孤独地坐在议会里

图片来源：伊扎克·哈拉里。

第五十七章　"我坚持不住了"

阿莉扎去世后的几个月对梅纳赫姆·贝京而言是一段严峻的考验。虽然按照惯例，坐七结束后他可以继续日常工作，但他还是选择按照犹太传统在家度过三周的深度哀悼期。他无法离开住所。他脸上出了疹子没法刮胡子，只能情绪低迷地继续待在家里，因为他不愿意以这样的面貌出现在办公室或者公众场合。1983年1月初，他回到办公室，接受的采访少了，会见的人少了，参加内阁会议的次数少了，介入的磋商也减少了，即便确实要参与，他通常也只是消极地提些宏观意见。实际上，随着时间的推移，除了身边几个心腹，他变得越来越难以接近；我每周给他送几次需要批准认可的信件草稿，但他几乎连看都不看。他无精打采地在上面签上名字之后，我就不声不响地离开。耶歇尔让我们安排他参加些活动，希望能让他转移注意力，于是有人悄悄地说，刘易斯正计划去趟华盛顿。但很显然，作为总理，他的活力正在渐渐流失。

这一点在1983年6月15日，他决定亲自回应反对派的挑衅时暴露无遗。当时，反对派要求再建立一个有关黎巴嫩战争的调查委员会，这次是为了调查政府在整场战争中的决策有效性。

由于贝京先生登台阶有困难，一名工作人员托着他的胳膊肘扶着他走上主席台。上台后，他斜靠着熟悉的讲台，仿佛在聚光灯的魔力下又成为原来的那个自己，一如既往的那么机智、敏捷而无畏。

他轻松地开口说道："议长先生，内阁决定采取'加利利和平行动'只有一个目标，那就是确保加利利的居民再也不必躲进避难所，再也不用没日没夜地担惊受怕。我真的对反对派成员的声明感到不解，他们是想让人们忘记这才是真正目标。我们争论的"——他重重地砸了下讲台——"是一场合法的国家防卫行动。我们的谢莫纳城（Kiryat Shmona）、纳哈里亚正面临毁灭，但愿不会如此。危险是实实在在存在的。加利利的居民已经成了敌人火箭弹下的人质。再也不能这么下去了！"

他停顿一下深深吸了口气，但当他继续发言时，音调越来越弱，他嗓音沙哑，话语不再那么豪放。"我们难道是第一次在战争中遇到挫折？"他向议员们发问，"即便最正义的、计划最周密的军事行动，也会出现各种复杂的状况。所以，我不明白，我的反对党同事们为什么总想造成一种印象，在某种意义上，以色列突然在黎巴嫩行动中成了侵略者？再有一个调查委员会又能得出什么结论呢？"

他说着说着便忘了自己要说什么，翻动着手里的笔记，反反复复嘟囔着几个词，声音越来越小。"所以，是的……所以，是的……再有一个调查委员会……再有一个调查委员会又能得出什么结论呢？我们已经按照委员会所要求的，把一切都做了，这可不是一件简单的事情。而现在，反对党要求再成立一个？为什么？……这是出于什么目的？难道是为了破坏我们的民族士气？为敌人提供帮护，给敌人提供慰藉？当然……当然……现在……现在当然应该团结一致，而不是成立什么调查委员会。"

他东拉西扯地说着，听者惊诧于他那疲惫的样子。他胸中烈火已经熄灭，曾经犀利的雄辩变得陈腐不堪，他的口才失去了往日的风采。他越来越喜欢模糊的修辞和过时的玩笑，往日那种让支持者们激动不已，让对手们怒不可遏的热情早已烟消云散。

671 　　他忧心忡忡地走下讲台回到政府席的前排落座。虽然挫败了反对派的行动，但这个体弱早衰的老人需要坚忍的意志来维护自己的尊严。他蹒跚着走出议会会议室，来到餐厅里他惯常坐的餐桌旁，挑选了一盘少得可怜的蔬菜，而不是像往常那样享用妻子规定的午餐——一碗热气腾腾的鸡汤。

　　没了阿莉扎的照顾之后，梅纳赫姆·贝京的健康每况愈下，他已经没有什么胃口了。妻子的去世让他感到极度绝望，再加上黎巴嫩和平政治梦想的瓦解，更是残酷地加剧了这种绝望的心情。未婚的女儿利亚和他生活在一起，尽心地照顾他的起居，但还是无法替代母亲。总理一脸深深的皱纹，有时候看上去非常憔悴。他的脖颈瘦得皮包骨。他的衬衫比原来大了许多，西装外套可怜巴巴地罩在外面。他看上去消瘦虚弱，脑袋显得格外大。70 岁的年纪，看上去却像耄耋老人。

　　议会辩论 5 天后，6 月 20 日，耶歇尔·卡迪沙伊兴冲冲地大步走进总理的房间说，塞缪尔·刘易斯大使要求和总理见面，重新商议总统邀请访问华盛顿的事情。贝京出人意料地突然打起精神回答道："好啊，我一定去见他。定时间吧。"

　　第二天，刘易斯精神饱满地走进来道："太好了，又见到您了，总理先生。"贝京从办公桌后摇摇晃晃地起身，热情地握手，大使掩饰得相当好，在看见贝京深陷的双颊，骨瘦如柴的身上松松垮垮的外套后没有显得太过吃惊。贝京振作起精神邀请客人入座，脸上热情的微笑掩盖了几个月来突然降临到他头上的种种不幸。在那一瞬间，梅纳赫姆·贝京又恢复了往日的魅力，而大使的一席话让这一刻变得更加美好了。"总理先生，里根总统让我告诉您，他盼望与您恢复黎巴嫩战争之前的关系。他非常渴望和您见面。"

总理真的很感动："请替我感谢总统的邀请以及他的一片善意，我也一样。"

"我一定转告。真的很遗憾，你们俩之间的关系因为黎巴嫩战争而疏远了一些。"

贝京紧绷下巴，再也掩饰不住内心深处的感情。"山姆，你记得吧，去年 10 月我飞到美国。我当时的目的就是弥补这一切。但接着，你也知道，我在洛杉矶的时候，我妻子——"

他眼神里闪烁着痛苦，刘易斯同情地点点头，双眼盯着自己的鞋。

"——我当时真的相信，就像我此刻一样，"贝京继续道，"如果总统能和我一起坐下来，我们就能消除所有的误解。"

"所以时隔这么久，他还是真心希望和您见面，"刘易斯精神饱满地说，"他想知道什么时候有可能。我们正在考虑，也许，7 月中旬的某个时候，还有大概三周。"

总理心不在焉地冲大使点点头说："我查看下日程表，然后告诉你。"

"太好了！"

沉默了一阵之后，总理又陷入了忧伤的回忆中。直到刘易斯提起处理地区事务的白宫高级官员即将有人事变动——巴德·麦克法兰将取代菲利普·哈比卜担任总统的中东特使。

"我知道了。"贝京淡淡地回应了一声，没有做出进一步表态。

这让刘易斯感到很惊讶。菲利普·哈比卜非常专业，他事务缠身，但不知疲倦，总理曾花费无数个小时与他一起深思熟虑、激烈谈判，偶尔还会发生一些争执，这使如今身为总统特使的哈比卜已经疲惫不堪。他在黎巴嫩战争中身处旋涡中心，勇敢地将自己的生命和健康置之度外，为了达成休战和停火进行了一次次谈判，最终将阿拉法特的巴解组织武装力量驱离贝鲁特。他还协助斡旋了一度接近达成的以黎长期和平协议。菲利普·哈比卜的介入如此之深，刘易斯理所当然认为总理对他的离职有话要说，而不仅仅是"我知道了"这几个字。刘易斯想知道，贝京特有的刨根问底的劲头上哪儿去了？这段经历是贝京整个职业生涯中最忙碌、强度最大、最具挑战性的篇章之一，而那句敷衍了事的"我知道了"却让他听起来更像是个被动的旁观者。

会议结束后，我送刘易斯上车，他跟我说了很多。"他变了很多，是吗？他看上去状态很不好。"

673 　 我老老实实地回答："还用我告诉你吗，山姆，这段时间他过得很艰难。他仍然处于悲痛之中。谁也安慰不了他，但他很快会走出来的。他现在固定工作的时间越来越长，出访美国会对他很有好处。"

刘易斯怀疑地看了我一眼，直截了当地问："你觉得他能应付华盛顿之行吗？"

"他当然可以，"我不屑一顾地答道，"你知道，他很看重和总统之间的关系，你自己也看到了，他在收到邀请时有多高兴。"

"没错，但你也知道，即便在情况最有利的时候，出访华盛顿也是件非常费劲的事情。我在想，他能不能应对这一次必须要面对的高强度曝光和压力。"

"你说的'这一次'是什么意思？他是个游戏老手。他很享受这其中短兵相接的交锋。"

"是的，以前是这样，可是现在他不一样了。他会遇到许多满腹怀疑的听众。他必须为自己在黎巴嫩战争中的所作所为辩护，如为什么不在距离边境40公里处罢手，而是一直打到了贝鲁特。他得去见那些一肚子疑问的国会议员，其中有些人还是某些重要委员会的成员。他还必须面对吹毛求疵的媒体。他还得解释难民营屠杀事件。另外，他还必须回答犹太团体提出的许多问题。"

"山姆，"我警觉起来，"你说得严重了。你提出的每一个问题他都经受过一次次诘问了。何况我们仍然在美国有许多朋友，对我们怀着极大的善意。我们每天都会收到大量的支持信件。"

"但无论如何，这次行程不轻松啊。"

他弯腰迈出一条腿踏进车里，嘴角带着微笑："最重要的是，里根真的很希望他到访。但是看在上帝的分上"——他伸出一根手指晃了晃——"你们慢慢来，尽量保持轻松。别让他太辛苦。"

"我能不能引用你的这句话？"我轻松地问。

"当然。你知道我喜欢他。"[103]

6月24日星期日下午，总理把我叫到他的办公室，以相当正式的口吻告诉我："耶胡达，经我推荐，并征得外交部长伊扎克·沙米尔同意之后，今天上午内阁通过了由你替代史罗莫·阿尔果夫（Shlomo Argov）担任驻英国大使的提议。考虑到这个职位已经空缺了将近一年"——史罗莫·阿尔果夫瘫痪在床一直住在哈达萨医院——"如果可能的话，一旦安排好让哈里 674

接手你这里的工作，你最好尽快到任。"

哈里·赫维茨（Harry Hurwitz）长期以来一直是总理的政治伙伴，当时正负责华盛顿使馆信息处的工作（他后来创建了著名的耶路撒冷梅纳赫姆·贝京遗产中心，并担任主席）。

贝京宣布的消息对我来说并不意外，几周前我就得知自己即将成为驻伦敦大使的候选人。多年来我一直被从外交部借调到总理办公室从事兼职或全职工作，但我仍是一名职业外交官，因此这次任命顺利获得通过。

正当我和总理谈论交接工作时，耶歇尔·卡迪沙伊一脸烦恼地进来说，塞缪尔·刘易斯又打电话来了——这三天他每天一个电话——要求以官方信件的形式确定总理的华盛顿之行。我明白，刘易斯一直在想尽办法让贝京下定出行的决心，因为他曾这么说过，而且贝京也确实对这次访问的前景犹豫再三。尽管如此，双方最终把日子定在 7 月 15 日，里根总统据此发出了一封正式的邀请函。我的任务是起草一封表示总理接受邀请的官方回信，耶歇尔闯进来的时候，这封信仍旧原封不动地在总理的书桌上。贝京伤感地看着那封信，拿起来看了一会儿又放下，他满是皱纹的手放在信纸上，遗憾地说："我现在这副样子怎么能代表以色列呢？我现在这种状态怎么可能去见美国总统呢？"

他的样子让人同情，我心情沉重地悄悄离开房间，留下他和耶歇尔继续讨论这个可怕的话题——以色列总理因为身体太虚弱而无法担当起会晤美国总统这么重要的使命。

回到办公室，我的电话响了。是刘易斯大使打来的。

"耶胡达，出什么事了？"他问。

"哪方面？"

"你知道的——贝京先生出访华盛顿的事。"

"你想问什么？"我问。

"因为我听到有小道消息说，他不打算访美了。"

"什么人说的？"

"知情人士。"

"你问耶歇尔，"我回答，"这件事他管。"

675

"这是不是在暗示，他准备辞职？"

"你在说什么呢？还是去问耶歇尔吧。"我不知道该说什么。

第二天，贝京花了好几个小时纠结于如何告诉美国总统，自己现在无法在既不损害官方形象又兼顾自我尊严的情况下出访美国。耶歇尔让我斟酌措辞，可是我根本想不出合适的词句。最终，贝京的意见占了上风，他决定直接给里根打电话说明情况。

"总统先生，"贝京说，"我非常遗憾地告诉您，因为我个人的原因——不是因公——而是因为私人原因，我这次无法到华盛顿旅行。如果您觉得可以，我愿意在将来的某个时候接受您的邀请。"

总理聚精会神地听着总统的回应，轻声重复道："是的，没错，罗恩，完全是出于个人原因。"

他再次停下来倾听，然后说道："非常感谢您刚才所说的一切，以及您的一片善意。至于让两位部长代替我出访，我会等待您的邀请信。再一次感谢您的理解和友谊。上帝保佑您，我的朋友。"

他放下电话，重重地松了口气，喃喃道："感谢上帝，这件事终于结束了。"

欢送会上，同事们喜气洋洋地为我举杯，我虽然有点不好意思，但感到莫大的荣幸。贝京满怀深情地举杯，把我这个助理夸赞成了"一个值得珍惜的朋友，一个不可缺少的同事，一个名副其实的莎士比亚，必然会成为一名骄傲的大使"。

虽然去伦敦走马上任让我感到兴奋，但难过的是，我即将离开身边的人，其中最令人难舍的是贝京总理，当然还有耶歇尔。同样让我难舍的还有这间办公室，这些年来，它的主人轮换得比家具还要勤。它们自我1963年第一次紧张不安地踏足这里以来一直保持着原样，当时迎接我的是列维·艾希科尔总理，他用意第绪式的妙语连珠让我放松了下来。

676　　我在这里见证了许多事情。我曾经目睹一个最和蔼的人在上任4年后，在"六日战争"前夕被饱受惊吓的国民指责优柔寡断时，表现出钢铁般的意志。他阻止了武将的草率行动，不仅在6天之内打赢了一场战争，而且还播下了与美国结成未来联盟的种子。我曾经目睹果尔达·梅厄在同一个总理座位上向奥里亚娜·法拉奇透露个人私事。1973年，我还曾亲眼见证年迈的她虽然丝毫不懂军事，却带领国家毫不妥协地扛住了恐怖的"赎罪日战争"。接着是直言不讳、善于分析的伊扎克·拉宾。我在华盛顿与他结识，升任高级顾问后，得以有机会观察他指挥人们记忆中最大胆的营救任务——恩德培突袭行动。眼前的是梅纳赫姆·贝京总理，在我怀揣委任状准备奔赴自己的出生地时，他向我挥手告别。

打包行李！

打包行李是搬家的一部分，绝不能在压力之下做这件事。之前整理得越充分，收拾行李的时候就越轻松，也不太容易丢三落四。1983年7月25日，我和家人准备启程前往伦敦的前一天，我们已经用集装箱运走了笨重的家具，但还需要打包一些个人物品。之所以临行前最后一刻还在打包行李，是因为我没有考虑到这期间连续不断的各种事情：祝福者的电话、往来告别的亲戚朋友——亲切的握手、大大的拥抱、砰砰的拍肩膀，还有各种亲吻——所以直到快半夜了，我还在打包自己的个人物品，时间已经相当紧迫了。然而此时，电话响了，妻子米米接起电话。

"总理要和你说话。"她不耐烦地叫我。

"我的护照找不着了。"我们的小女儿雅艾尔哭起来，她最近刚服完兵役，打算去伦敦和我们住一阵子。

"您好，贝京先生？"

"耶胡达，非常抱歉这么晚给你打电话。我刚才接到美国总统的一封重要电报，如果你能帮我回复一下，我将非常感谢。我的一个'bachurim metzuyanim'（'出色的小伙子'，这是他对保镖的称呼）会立刻把信给你送去，其中还有我建议的回复要点。"

"有谁看见我的护照了吗？"雅艾尔喊道。

677

"贝京先生，如果您希望我取消伦敦之行，我一定照办，"我几乎已经忍无可忍，"我明天不会走。"

"不，不。你走你的，那很重要……"

"爸爸，我的护照找不着了。谁来帮帮我？"雅艾尔还在抱怨。

"对不起，请稍等，贝京先生。"我捂住电话听筒。"雅艾尔，看看我的箱子。也许在那里面。"我又对着电话道："您说，贝京先生……"

"哈里·赫维茨几天后就到任，所以你应该走。只是，我今天晚上就要给里根总统回一封电报，很紧急。非常抱歉打扰你。向你的妻子致以最深的祝福。一路顺风。再次感谢你为我所做的一切。"

总统的电报有一页半，而总理的回复要点只是琐碎而难以辨认的几行字。上面写道：

> 耶胡达——附上里根总统给我的来信。关于回信，我的建议是：
>
> 第一，表达感谢。
>
> 第二，向菲利普·哈比卜表达真诚祝福，对任命麦克法兰表示满意。
>
> 第三，关于两位部长出访——同意。
>
> 梅纳赫姆·贝京

我的第一反应是恼怒。我依然清晰地记得贝京上任第一天对我说过的话，他绝对不会在不是自己写的，或者并非根据自己口述记录下的任何东西上签字。而就在我急急忙忙即将赴任伦敦大使的紧要之时，此刻我竟然不是在打包行李，帮雅艾尔找护照，而是在拼命翻译总理潦草写下的字条。然而很快，一个更令人伤感的想法替代了我的恼怒：我意识到，过去六年里我热爱并钦佩的这个人已经变得如此虚弱，事实上他几乎已经没有能力以自己那独特的风格给人回信了。这着实让我感到心痛不已。

于是我坐下来，抓紧时间把字条充实成为一封完整的信。总理在信中向里根总统所表达的友谊致谢，高度赞扬了菲利普·哈比卜作为总统中东特使的专业精神和宝贵贡献，并对新任命的继任者巴德·麦克法兰表示满意。他感谢总统邀请外交部长伊扎克·沙米尔和国防部长摩西·阿伦斯（Moshe Arens）——二者在贝京相对不活跃的时候承担了许多工作——代替自己赴美商谈有关共同利益的问题，同时他也为自己目前因个人原因无法前往而感到遗憾，信的落款处他祝福了两国人民永恒的友谊。

　　由于身边没有秘书打字，我迅速用清晰的大写字母重新抄写了一遍回信，打电话到外交部，请他们派人取走这封信并发出去，然后再以最快的速度继续打包行李。第二天，我和妻子、女儿启程前往伦敦。

1983 年 7 月 24 日，作者在启程前往伦敦赴任前夜收到的贝京总理的字条

图片来源：西德尼·哈里斯（Sidney Harris）。

我们在希思罗机场受到热烈的欢迎，其中有使馆工作人员、英国犹太社团领袖，还有一队立刻将我置于其保护之下的伦敦警察厅保镖，礼宾司的一名陆军上校甚至隆重地称我为"阁下"。

679

向伊丽莎白二世女王递交国书的日子到了，我必须穿上硬领衬衫，打着雪白的领结出席仪式。领子和领结用大头针固定在礼服衬衫上，我的胸前像戴着僵硬的盔甲。我穿着紧身白色马甲，外面是一件黑色的燕尾晨礼服。

我坐着一辆18世纪金黑漆色的礼仪马车，看上去一定很气派。马车的车轮和我个头齐高，身穿制服、头戴礼帽的皇家骑兵驾驭着四匹白马穿过海德公园向白金汉宫大门驶去。进入白金汉宫大门时，身穿红色制服的仪仗队岗哨向我列队致意，游客们纷纷兴高采烈地鼓掌、照相。我冲游客们挥了挥手但又自觉可笑，不由得汗流浃背。

我在一名穿着打扮很像惠灵顿公爵的王室侍从陪同下进入女王的宫殿，同时履行着礼宾司司长教我的，经过精心安排的整套礼仪：在门口点头致意，上前两步，轻轻鞠躬致意，再向前两步，再鞠一躬，然后到女王面前亲手递上一份压印着图案的文件，并说，"尊敬的陛下，我很荣幸作为以色列大使来到圣詹姆斯宫向您递交哈伊姆·赫尔佐克总统的国书。"

国书上写着：

致伊丽莎白二世陛下……我伟大的挚友，

为尊重贵国与以色列之间的友谊和相互谅解，并进一步发展现有的友好关系，我依照法律赋予我的权力，决定任命耶胡达·阿夫纳先生作为特命全权大使前往贵国。阿夫纳先生的性格和能力使我相信，他是个值得我信任的人，他将获得陛下的信任和认可，并圆满完成使命。因此，我请求陛下接纳我们的大使，并接受他代表以色列政府与陛下交流。请允许我向陛下表达崇高的敬意，并向您致以最良好的祝愿，祝愿您幸福，祝愿您的国家繁荣昌盛。

您的挚友

哈伊姆·赫尔佐克

681

女王点头认可，用戴着白手套的手接过文件递给宫廷大臣，用略显困惑的语气问道："我确实是第一次收到出生在我国的外国大使前来递交国书。这是怎么回事呢？"

我料到会遇上这样的问题，因此已经提前准备好了一个相当高大上的答案。"陛下，"我说，"我虽然出生于贵国，但我的灵魂生于耶路撒冷，我的祖先两千年前在那里遭到罗马军团的流放。"

"真的吗？"女王道，"太遗憾了！"接着，她便谈论起天气来。

这是个值得玩味的场景。我在这边暗指犹太历史难题，她却在那边谈论天气。

当我介绍妻子时，女王再次好奇地发现，她也出生在英国。然而，她俩聊起了各自的母亲。我的丈母娘和伊丽莎白女王的妈妈——太后年龄相仿。

"我的母亲，"女王对米米说，"有时候真的让我无所适从，感觉自己还是个小姑娘。她和我不同，今年83岁了，还不需要戴眼镜。她的腿脚也没什么毛病。她能站好长时间，走起路来也很稳当。所以，如果我胆敢告诉她我有点累了，她会立刻反驳'一派胡言'，然后毫无疲态地继续往前走。我觉得，出生在马车时代的人，他们的体力就是比我们这一代人强。"然后，

**1983 年 8 月 8 日，作者登上马车准备前往白金汉宫向女王
递交国书**

她叹口气双手合拢摆出全盘接受的样子。"他们好像比我们更懂
得循序渐进，您认为呢？他们懂得如何保存自己的体力。"

这时候，宫廷大臣明智地暗示，我该介绍使馆高级官员了，
之后，他谨慎地咳嗽一声暗示会见结束。我们按照理想中的编

排或鞠躬或行屈膝礼，后退两步，再鞠躬行礼，再后退两步，

最后一次鞠躬行礼，以完美的方式退出宫殿。

古老的马车咯噔咯噔地穿过海德公园驶回使馆，我的思绪却回到了耶路撒冷和贝京身边，我突然想到在自己慌慌张张地打包行李时，那封写给美国总统里根的信竟然未经总理批准认可就被我发了出去。不过，转念我又安慰自己，那封信肯定说出了总理想说的话，因为最近没听到什么相关的负面消息。

几周后，8月20日，我正在使馆的办公室里，哈里·赫维茨打来电话。

"哈里，你来电话真是太好了，"我说，"工作干得怎么样？"

"我不知道自己现在还有没有工作，"他回答，"贝京刚刚辞职了。"

"你在开玩笑吗？什么时候？"

"一个小时前，在内阁会议上。他今天上午来办公室的时候，脸色看上去比以往更加苍白。他把耶歇尔叫过去。耶歇尔出来的时候，脸白得像纸一样。我问他怎么了，他说，贝京刚才告诉他，准备这就向内阁递交辞呈。然后，他真的这么做了。他只对部长们说了句，'我坚持不住了。'"

"就这样了？"

"大家都很震惊，请求他再考虑考虑。然而他说，如果自己有什么拿不准的，肯定会接受大家的劝告，但既然他决心已定，那就无论如何也不会改变想法。"

"然后呢，他又干什么了？"

"然后他回到自己的办公室，把我叫进去，握住我的手说，'哈里，对于你和我的其他朋友，我感到非常抱歉，但是我希望你能理解。我只是坚持不下去了。'"

"可为什么选在今天？为什么不是上周？为什么不是下周？"

"我有个想法，不过你肯定不信。"

"你说说。"

"他对我说完那些话后，走到窗边站在那里盯着什么东西一直看。"

"那是什么？"

"德国国旗。"

683　"德国国旗？"

"对，就是德国国旗。他站在那里，脸上露出一丝奇怪的笑容，我清清楚楚地听见他自言自语，'这样的话，那个问题也解决了。'"

"什么问题？"

"德国总理赫尔穆特·科尔明天要来正式访问。正常情况下，贝京要去机场迎接。可是你觉得他会站在那里听德国国歌吗？我觉得他不会。你能想象他在官方宴会上为德国举杯吗？我想象不出来。天知道，这个念头在他脑子里转了多久。我觉得他挑选今天辞职就是出于这个原因。但就我对梅纳赫姆·贝京的了解，他永远不会向任何人承认这一点。"

据我所知，梅纳赫姆·贝京确实没有向任何人提及最终阻断他内心动力的到底是什么，以至于他决定辞职并隐居长达9年，过起了离群索居的生活，直到他人生的尽头。他离开总理职位时没有发表公开声明，也没有全国讲话。他成了一个沉默684　的人。有许多关于他辞职的猜测——健康状况不佳、妻子去世、黎巴嫩战争损失惨重、调查委员会紧追不舍、对沙龙的强烈不满、经济状况日渐恶化。但没有人能够肯定这其中到底是什么原因。

在他远离公众视线的那些年里，我只见过他一次，那是

1991 年 3 月，梅纳赫姆·贝京经过第二次髋部手术后离开医院

图片来源：亚龙·莱维奇。

在 1984 年我从伦敦休假回家的时候。耶歇尔·卡迪沙伊给我回电话时我非常吃惊，他告诉我，贝京先生同意我前去拜访。我之所以出乎意料是因为，我曾听说贝京先生除了自己的家人、几个老伙伴，当然还有他忠实的总管耶歇尔之外，其他人一概不见。

贝京先生朴素且不大的住所位于耶路撒冷近郊绿荫密布的雅法（Yefe Nof），离他儿子本尼不远。耶歇尔在路上告诉我：

"你会发现，他的头脑还是和以前一样犀利。"走进客厅时，我看见他穿着便袍正坐在沙发上看报纸。他脸上毫无血色，并无愉悦地冲我笑了笑。

"听说警官伊芳·弗莱彻（Yvonne Fletcher）在利比亚大使馆外被杀害，我很难过。你回伦敦的时候，请替我问候她的家人和她的上司。"

我简直不敢相信，他和我见面说的第一句话竟然是这个。

伊芳·弗莱彻是一名英国警官，几天前她在于伦敦市中心举行的反利比亚游行示威中执行任务时，被一颗从利比亚使馆内射来的子弹击中身亡。我眼前这个身体虚弱的人显然熟悉事件的细节，而且还为了这桩发生在遥远国度的人间悲剧，让我转达他的同情之心。我们之间接下来的谈话同样充满忧思。其间他问我，英国王室成员是否有可能接受邀请正式访问以色列。这样的访问是之前从来没有过的。我告诉他，就我的试探而言，希望很渺茫。

"赫尔佐克总统和夫人最近对伦敦进行了非正式访问，"我告诉他，"罗斯柴尔德勋爵动用他的影响力促成王室在温莎城堡为他们举行了一次私人午宴。有媒体问我，赫尔佐克总统是不是打算利用这个机会邀请女王和爱丁堡公爵访问以色列。我回答，他当然会这么做。几个小时后，我收到了一个好像名叫汉弗莱的女王秘书打来的电话，他说，赫尔佐克总统绝不能那么做。'在私人午宴上发出这样的邀请不符合礼仪。'当我把这件事汇报给赫尔佐克总统时，他笑了，他已经发出了邀请。而他得到的是一个礼貌的回复，'谢谢，总有一天我们会去的。'"

梅纳赫姆·贝京听到这里笑了，而当我向他述说起时任总理西蒙·佩雷斯在伦敦的肯辛顿宫参加午宴的情形时，他是真的笑了。肯辛顿宫是查尔斯王子和戴安娜王妃的住所。佩雷斯当时没有带夫人桑娅（Sonya），出席宴会的还有我和妻子米米以及其他客人。

这是个非正式的休闲场合，查尔斯王子身穿蓝色休闲西服、带领扣的衬衫，系着斜纹领带，戴安娜王妃穿的是一条漂亮简洁的高领长袖夏季连衣裙。客厅里装饰着大花壁纸和粉色窗帘，一派休闲而愉快的气氛。开场喝过几杯酒之后，温文尔雅的西蒙·佩雷斯微微一鞠躬道："两位殿下，我从耶路撒冷带来了礼物。"他说着递给戴安娜一枚雕刻着狩猎女神戴安娜图案的罗马硬币，送给热衷于马术的查尔斯一尊古希腊陶瓦制成的马匹雕像，两件礼物都是从耶路撒冷出土的。

戴安娜王妃一脸喜悦地观赏着硬币，查尔斯略微尴尬地捧着他的马说："这实在是太棒了！非常感谢！恐怕我给您的礼物就要逊色多了。"他说着从钢琴上取下两本书："总理先生，您是个非常有文采的人，希望您对此感兴趣。这是我们的诗人托马斯·斯特恩斯·艾略特（T. S. Eliot）的最新传记，以及我已故的叔祖父缅甸蒙巴顿勋爵的传记。"

"强烈推荐。"生性活泼的安东尼娅·弗雷泽（Antonia Fraser）在一旁说，她是一位多产的历史传记作家，剧作家哈罗德·品特（Harold Pinter）的妻子。

"它们能给您的藏书增辉，我保证。"著名的学术型贵族安南勋爵大笑着说道，他已经七十多岁，身形像个军人，秃顶的脑袋像台球一样光滑。

西蒙·佩雷斯表达了感谢之意，随后正式说道："殿下，我很荣幸邀请您在方便的时候正式访问以色列，您将作为最尊贵的客人受到热烈欢迎。"

戴安娜双眼闪闪发亮，她的丈夫回答道："非常感谢！我们非常愿意，"他随即又像平时一样有所保留地加了句："在适当的时候。"

"午餐准备好了。"戴安娜王妃随和地微笑着带领大家来到一间舒适的餐厅，窗外是一座漂亮的带围墙的花园。11 个人在枝形吊灯下围着一张圆桌纷纷落座，周围墙壁上是贵重的油画杰作。

686

"佩雷斯先生结婚了吗？"我刚在戴安娜王妃身边坐下，她便马上在我耳边问道。

"当然，"我小声回答道，"但是他的妻子桑娅不愿意介入他的公开活动。"

"我深有同感。"王妃轻声喃喃道。

戴安娜王妃一向以通情达理，做事能干而著称，据说温柔的外表掩饰了她内心的精明和率直。她说："人一不小心，就会在这种毫不隐秘的场合枯萎。我喜欢出去走走，认识真正的人。听说你们以色列人不拘礼节，不会动不动就搞什么仪式。"这句话充分证实了外界的判断。

"我想是这样的。"我毫无意义地回应道。

"我记得上学时，"戴安娜继续调皮地说道，"我们这些女孩子，除了像期末成绩、气象报告那些实在藏不住的东西之外，什么也不跟父母说。我们特别怕被爸爸妈妈当成傻子，所以我们不愿意暴露自己的灵魂，展示自己的感情。这样不对！我可不想让我的孩子也这样。"

"想起来，"查尔斯王子突如其来地对整桌人说，"我有一次差点去了以色列。那是去年——而且还是非法的。"

人们停止了高谈阔论，所有人都面带微笑期待着听故事。

"哦是的，确实，"王子用上层贵族的口吻继续道，"我当时在约旦，你们知道，作为侯赛因国王的客人在阿卡巴湾（Akaba Bay）滑水。突然"——他的声音里出现了一丝恶作剧的语气——"我发现自己的快艇后面跟着约旦海岸警卫队。他们冲我大声地拉警笛，让我立刻掉头；要不然，我就会遭遇以色列海军，因为我已经接近了埃拉特水域——大概就是这样。"

"真遗憾，您掉头了，"佩雷斯诙谐地说，"我们的海军会在水上为您展开红地毯。"

大家不失礼貌地笑了起来，一名男侍从再次给每个人斟上酒。

"佩雷斯先生，我一直认为以色列是个有胆量的小国家。"戴安娜双手托腮，露出神秘的微笑。

"感谢您的夸奖。"佩雷斯回答。

"对我而言，总理先生，"查尔斯一边思考一边说，"我总是发现中东地区错综复杂的关系令人费解。您是否认为，您和您的邻居们终有一天会和平相处？" 687

"终有一天。"佩雷斯满怀希望地说。紧接着，他习惯性地充满诗意地说道："一个人必须记住，就像鸟儿不能靠一个翅膀飞行，一个人孤掌难鸣一样，一个国家也不能靠一厢情愿实现和平。"

"当然。"查尔斯说着，开始高度赞扬洁食菜单，在席间引发出一番有关尊重传统美德的谈论。之后是餐后甜点，大家聊起了王室成员与客人们所遇到过的各国领导人的八卦和笑话。其间，戴安娜王妃的一双大眼睛恳切地注视着我的妻子，靠近她轻声说：“帮我个忙。告诉他们，我没得厌食症。看，我已经在吃第二块布丁了。”她自顾自地轻声笑着，接着加入了一场有关伦敦艺术界的谈话。佩雷斯先生正在说，他前一天晚上刚刚观看了一场精彩的《悲惨世界》。

“哦，它在巴比肯（Barbican）首演的时候，我去看过，后来它搬到了皇宫剧院（Palace Theater），”戴安娜兴致勃勃地说，“皇宫剧院的问题是，那儿很难找到停车位。”

“您作为王妃，还会有停车的烦恼？”佩雷斯惊讶地问。

“不是现在，”戴安娜认真地回答，“我说的是，我还没当上王妃的时候。”

“我们可不可以见见两个小王子？”安东尼娅·弗雷泽趁机提议。

“他们是真正的小恶魔！”戴安娜热情的笑容很有感染力，而且还在某种程度上兼顾着王家气派和欢乐愉悦，“他们有各种各样的把戏！威廉4岁，哈里2岁，昨天，在白金汉宫，我松开威廉的手让他自己玩。这孩子绝对是公牛闯进了瓷器店。他绕着王座一边跑，一边喊着‘砰！砰！砰！’”

她一边说着，一边举起两个手指做出手枪的样子瞄准丈夫。

查尔斯王子僵硬地站起身道：“总理先生，朋友们，咱们离席？”他带着大家到后面的会客室喝咖啡或饮酒，很快一名保姆便领着两个小王子出现在众人面前。戴安娜伸出手深情地把哈里搂进怀里，威廉蹦蹦跳跳地跨过每一道障碍来到屋子中央，伸出一个指头对着秃顶的安南勋爵大声叫道：“妈妈，为什么那个大个子没有头发？”

688　　“威廉，不可以这么说话。”戴安娜强忍着笑警告孩子，安南勋爵在一旁大笑起来。就连查尔斯王子也忍不住露出了笑容。

我的妻子看起来按捺不住身为母亲的本能，给了威廉一个大大的拥抱，让他坐在自己腿上，轻声细语地教他用希伯来语说"你好"和"再见"。因此，告别时，这位未来的英国国王向西蒙·佩雷斯总理伸出手，在他母亲的鼓励下说了句"Shalom"。

当我向贝京讲述这一切的时候，我发现他的眼睛里闪过一丝往日那种调皮的神色。他是个了不起的历史迷，向我展示了一番他的传奇之处，讲起了英国王室的姓名起源。他回忆说这些名字最初来源于德国血统，并引用了许多王室近亲为纳粹担任地方长官，与包括党卫军在内的纳粹国防军共同作战的例子。然后，他详细列举了王室家谱，解释是维多利亚女王与艾伯特王子的联姻造就了温莎王室，而艾伯特王子是德国萨克森－科堡－哥达（Saxe-Coburg-Gotha）公爵的儿子。

"所以，英国王室应该姓萨克森－科堡－哥达，而不是温莎，"他略微开心地笑着说，"然而，在1917年，第一次世界大战正打得火热，反德情绪高涨，乔治五世命令王室弃用萨克森－科堡－哥达，赞成使用听起来像英国名字的温莎。同样的，菲利普亲王、爱丁堡公爵虽然出身希腊，其实也都是德国血统，来自石勒苏益格－荷尔斯泰因－桑德堡－格律克斯堡家族（Schleswig-Holstein-Sonderburg-Glücksburg）。因此可以认为，其继承者应该姓这个，而不是目前所采用的蒙巴顿－温莎（Mountbatten-Windsor）。"

说到这里，他憔悴的面容阴沉下来道："但是，这其中应该受到谴责的是爱德华八世国王。他崇拜希特勒，那简直就是一桩国家丑闻。他和一个名叫沃利斯·辛普森（Wallis Simpson）

的美国弃妇有染，并在 1936 年退位和她结婚。1937 年他们去德国拜访了希特勒。分别的时候，爱德华称希特勒是个体面的人，而希特勒则恭维沃利斯·辛普森本有可能成为出色的王后。但爱德华放弃了王位，只保留了公爵头衔，乘船到百慕大群岛并成了那里的统治者，他在那里一直住到二战结束，很快就淡出了公众的视线。"

689　　在他滔滔不绝地说话的时候，我明显地感觉到他此时此刻并不是在和我交流，而是在锻炼大脑，检验自己的记忆力。他结束这番洋洋洒洒的朗诵之后，一瘸一拐地走过来伸出瘦骨嶙峋的手和我道别，并交代我替他向玛格丽特·撒切尔首相问好。

　　这是我最后一次见到梅纳赫姆·贝京。1991 年他过 78 岁生日时，我和他通了最后一次信。他在回信中写道：

亲爱的朋友，

　　我衷心地感谢你，在我生日之际送来的问候。我们共同度过了一段美好的时光，那段我把你称作"我的莎士比亚"的日子，直至你将埃塞俄比亚移民迎接到埃拉特（意指我在国家最动荡的日子里，从外围参与了将犹太人从埃塞俄比亚偷运出来的秘密任务）。我们的共同努力一直让我深感满足。向你的妻子和家人致以最美好的祝愿。

最诚挚、最温馨的问候

梅纳赫姆·贝京

מנחם בגין
תל-אביב

תל-אביב, כ"א באב תשנ"א
1 באוגוסט 1991

לכבוד
השגריר יהודה אבנר
רח' דיסקין 13
ירושלים

ידידי היקר,

קבל נא את תודתי מקרב לב על ברכתך לרגל יום הולדתי.

לשנינו זכרונות טובים מן הימים בהם קראתי לך: "השקספיר שלי", ועד ליום בו
קיבלת את פניהם של עולי אתיופיה באילת.

עבודתנו המשותפת תמיד הביאה לי סיפוק עמוק.

דרישת שלום לרעייתך ולכל בני ביתך.

בכבוד רב ובברכה לבבית,

מנחם בגין

贝京写给作者的最后一封信，写于 1991 年 8 月 1 日梅纳赫姆·贝京存放在耶歇尔·卡迪沙伊处的"遗嘱"

第五十八章　最后一程

1992 年 3 月 9 日，大幕落下，灯光熄灭。

以色列第六任总理梅纳赫姆·贝京因心脏病辞世。他留给耶歇尔·卡迪沙伊一封信，里面是一张手写的字条，上面写道：

> 亲爱的耶歇尔，
>
> 　　当那一天到来时，请你向我的至亲好友和战友宣读以下要求：我请求安葬在橄榄山下，紧邻梅厄·范斯坦和摩西·巴尔扎尼。感谢你以及实现我请求的所有人。
>
> 　　顺颂
>
> 梅纳赫姆·贝京

世界各国领导人纷纷准备飞赴耶路撒冷参加葬礼，但以色列各个使馆很快就收到了政府的通知，根据死者的要求，将按照犹太传统方式举行葬礼：不瞻仰遗容，没有军方仪仗队，不派官方代表团，甚至不发表悼词。

尽管先前梅纳赫姆·贝京离群索居沉寂了 9 年，但还是有成千上万的人自发拥上街头表达悲伤和敬意。面对时而充满敌意、时而冷漠的世界，贝京曾经替他们发声，传达犹太信仰、犹太荣誉、犹太爱国主义和犹太人的骄傲。

当贝京的遗体准备运送到桑赫德里亚（Sanhedria）殡仪

馆安葬时，耶路撒冷的大街小巷被人群围得水泄不通，其中有他的朋友，也有对手；有爱他的人，也有曾经反对他的人；有富贵者，也有贫贱者，所有的人都在为他守夜祈祷。青灰色的天空下，护送灵柩的伊尔贡老兵们把这位 1978 年诺贝尔奖获得者送到橄榄山种满肉桂树的山坡上，这里是世界上最古老的犹太墓地，他将和他最爱的阿莉扎以及两名肩并肩战斗过的老战友安息在一起。人们的嘴唇在颤抖，眼睛湿润了，许多人在哀悼过程中忍不住抽泣起来。贝京的棺架上覆盖着简单的寿衣和祈祷披巾，陪同送葬的队伍绵延足足 4 公里。耶路撒冷从来没有见证过这样的葬礼，没有见证过人们用这样的方式表达对一个人的敬意，显示国家的团结。

当时我也是那成千上万的悼念者之一，跌跌撞撞地行走在橄榄山层层叠叠的古墓之间努力寻找有利地形。直到一名贝京的旧日保镖认出我，我才得以挤过栅栏进入贝京家人所在的封闭起来的安葬地点。本尼·贝京背诵祈祷文，耶歇

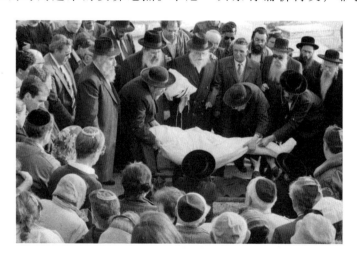

1992 年 3 月 9 日，耶路撒冷，梅纳赫姆·贝京遗体在橄榄山下葬

尔·卡迪沙伊念着"*Eil malei rachamim*"——安魂祈祷。大家轮流铲起泥土洒在坟墓上，年迈的伊尔贡老兵肃立着唱起旧日的伊尔贡赞歌，向他们的总司令致以最后的敬礼。贝京在大半生里都是个充满争议的人物，但在下葬的这一天，他获得了整个国家的敬仰。

后　记

　　伊顿广场是伦敦城里一块绿树成荫的地方，周围坐落着旧式的房屋建筑，许多富人、社会名流和要人在这里安家。这里是当之无愧的伦敦一流庭院，将在这里居住过的人罗列在一起，简直就是一部英国政治和文化界的名人录。这里已经成为旅游巴士的一个站点。

　　伊顿广场93号是个特殊的地方。两任英国首相曾经住在这里：20世纪30年代中期的斯坦利·鲍德温（Stanley Baldwin），以及玛格丽特·撒切尔——后来成为女男爵，后者曾经于20世纪90年代初在此住过一小段时间。

　　撒切尔的入住有点意外。亨利·福特二世（Henry Ford Jr.）在撒切尔夫人和丈夫丹尼斯翻修自己房子的时候，提供他在伊顿广场93号的住所给夫妇二人使用。1992年4月一个晴朗的上午，我到这里与前首相会面。两年前，她被自己所在的保守党赶下台。我和撒切尔夫人的交往可以追溯到我在伦敦的那些日子，那时我担任以色列驻英国大使，她是时任首相。而这一次，我是作为外事服务监察长到伦敦出差。听说撒切尔夫人邀请我去喝茶，我在拉马特甘（Ramat Gan）巴尔伊兰大学（Bar Ilan University）的一位朋友便托我利用这个机会询问她，是否愿意接受该校的荣誉博士学位。

　　"进来，进来，"性格随和的丹尼斯连声说着迅速打开门，"玛格丽特在客厅，我正要出门，马上回来。"他说着大步走去。丹尼斯快 80 岁的年纪，一头白发，戴着眼镜，戴一顶棕色软毡帽，穿一身剪裁考究的西装，黑粗革皮鞋擦得锃亮，随身带一把卷得紧紧的雨伞。

撒切尔女男爵比丈夫年轻 10 岁，她在门廊处亲切和蔼地接待了我。她身穿苹果绿外套，脖颈上戴一串大大的珍珠项链。她领着我进入一间宽敞的屋子，那里有一架三角钢琴，布置着华丽的家具，墙上挂着莫迪利亚尼（Modigliani）的作品，玻璃落地门外是装饰着各色花朵、修剪得整整齐齐的平台。我赞美着屋里的陈设，问起有关荣誉博士的事情，她饶有兴趣地欣然接受。接着，她拍着舒适的沙发说道："来，咱们何不坐下来聊聊。来一颗薄荷糖！"

她朝我推过来一个装着绿色糖果的黄铜碟子，摇响摆放在她身边的一个小铃铛。"一起喝杯咖啡，可好？"

一名女仆托着一套瓷器走进屋里，包括一个银质的茶壶和其他必备用具。她把茶具放在咖啡桌上，桌面上大部分地方都放着《伦敦新闻画报》和《乡村生活》的旧刊。

作者拜访玛格丽特·撒切尔

699　　　"现在给我讲讲贝京先生吧。"撒切尔夫人一边倒茶，一边大声说。紧接着，她的语气突然转为关切，声音轻柔了下来。"我从报纸上看到，以色列为他举行了大规模的哀悼。非常隆重的葬礼，我听说。"

此时距离贝京下葬还不到一个月，我极为庄严地答道："贝京先生辞世的确引发了全国性的深切哀悼。"

"嗯，我必须告诉你，"她的声音再次尖厉起来，"我，就我个人而言，毫不隐讳地说是反对他的定居点政策的，但我非常敬佩他的信念和原则。"说到这里，她抿了口茶，追忆起她和以色列的交往，从她过去在伦敦西北拥有众多犹太人口的芬奇利选区，一直说到她的数次以色列之行，最后提到了她与梅纳赫姆·贝京的一次重要见面。

"我记得那是1979年我上任后不久，在唐宁街10号的一次午餐，"她说，"而且，我记得，他和彼得·卡林顿之间还发生了一点争执。"

我提醒她，当时我也在场，贝京对欧洲犹太人在二战中被抛弃的命运表达了强烈不满。

撒切尔略低下头，目不转睛地回忆道："是的，我记得。他对盟军没有轰炸通向奥斯维辛的铁路线耿耿于怀。我必须告诉你"——她看起来非常懊悔——"我在那次午宴上几乎不清楚奥斯维辛到底是怎么回事。我知道那是一个集中营，但直到后来，当我去耶路撒冷参观犹太人大屠杀纪念馆时，我才完全意识到那是个可怕的死亡营地。我顿时流下了眼泪。"

听了这番话，我顿时呼吸急促起来。"您真的不知道？"

"那时，关于大屠杀，我们还没有充分足够的认知。"她沉思着说。

"不了解大屠杀，就不可能理解梅纳赫姆·贝京，"我大胆地说，"事实上，他的全家人都遭到了灭绝。在那些年代里，无助且无家可归的犹太人占据了他的全部。他们是他诸多政策的核心所在。"

"来，我给你续上，"她一边说着，似乎想要转换话题，端起茶壶倒水，"那么，我想想——贝京先生是什么时候上任的？"

"1977 年。"我回答。

700

"哦，是的。我依稀记得我们的外交部提到，你们以色列人选出了一名好战分子、一个政治煽动家。但很快，他就成为一个让我们所有人刮目相看的世界级政治家，与埃及进行了历史性的和平条约谈判。那是一次壮举。他因此获得了诺贝尔和平奖，对吧——他和萨达特一起获奖了？"

我证实了他俩确实同时获奖，并补充道："在我看来，贝京先生应该再拿一次诺贝尔奖。"

"为什么，你说说？"

"为维护以色列的议会民主制。"

撒切尔的声音里出现了波动。"当然，你有点言过其实了。以色列因其民主而举世闻名。它的民主制是世界上最强健的之一。"

"但一开始并非如此，"我说，"曾经有两次，就在我们独立前后，贝京拯救了我们，使这个国家免于内战。"

"内战？"她听起来很惊愕。

我简短地给她讲述了 1944 年的"狩猎季节"以及 1948 年"阿尔塔莱纳"号的故事，并补充道："我曾经问贝京先生，他一生中所做过的最重要的事情是什么，他坦白地回答，'我曾经两次阻止了内战。'"

"我对此一无所知。"撒切尔听起来真的非常吃惊。

我继续说道："事实上，可以认为，是他把全国团结在民主的议会体系中。我们的人民大多数来自没有民主传统的国家，也不知道如何在民主制度下运作权力的杠杆。"

"你指的是哪些国家？"

"主要是中东和北非的阿拉伯国家；也有来自亚洲的移民。他们几乎不发声。是贝京支持了他们的事业，也是他们把贝京送到了总理的位置上。"

女仆进来递给撒切尔一张字条。她看了一眼起身说道："请允许我离开一会儿。我去接个（老）布什总统的电话。"

她轻快地走出门去，我趁机观察起周围的环境，从这个陈设奢华的房间可以看出，她仍然抱持着对权力的幻想：壁炉上方巨大的油画中是她身佩贵族徽章的庄严画像；桌子上的银色雕像上刻着她的内阁成员们的名字；旁边巨大的扁平银碗上刻着字，那是她的议会选区赠送的告别礼物；扶手椅上的刺绣靠垫上绣着唐宁街 10 号前门的样子。

"我打断你们了？"说话的是丹尼斯，他刚从外面回来，在门口探头进来。"玛格丽特呢？"

我回答了他，他解释说自己正在寻找一张地图，它也许就在落地长窗旁边的书柜里。他站在年代久远的红木家具前，好像视察卫兵的军官一样背着手察看着书架，终于发现了自己要找的东西。"有人邀请我们去巴林，我得做些功课。哈，就是这里——另一块阳光灿烂的小绿洲，我知道了。"他坐进扶手椅翻着地图说。

他的声音中带着笑意，紧接着他脸上布满笑容，整个人都高兴起来："天哪！希望他们那里有好的淋浴设备。我知道，你们的国家拥有齐全的现代化生活设备，但在其他地方就不知道了。几年前，我们受邀去阿布扎比。到达那天已经是深夜，坐上汽车时，我们的安保队长低声在我耳边说，'先生，您得知道，到达皇宫时，那里没有水。'我说，'你在开玩笑吧。'他说，'我没有，先生，那里没有水。'当我到那里的时候，我发现我的盥洗室足足有艾伯特演奏厅的一半那么大——大理石墙边有一排洗手盆，至少有四五个——但就是没有水。我把水龙头拧到头，每个水龙头里都只有一滴水。我心里想，啊，那就让这些水龙头整夜都开着吧。第二天早上，我去玛格丽特的卧室，她的房间比白金汉宫女王的卧室还要大一倍，我说，'你知道吧，这里没有水。'她说，'我知道。''好吧，'我说，'来我的浴室，我帮你冲个淋浴。'她问，'你洗澡了？''没有，'我说，"我接了几盆水，我会用帽子接水帮你淋浴。来吧。'她跟着我去了。'脱衣服，'我说。她脱了衣服，我用帽子接水淋在她身上。但是，这还是不太行。啊，玛格丽特来了。"

他在妻子脸颊上轻轻吻了一下，兴奋地解释说自己得去俱乐部了。撒切尔回到座位上说："乔治来电话——我应该叫他布什总统。他还和我保持着联系，他知道我已经不在位置上了，但我还是可以给沙漠风暴行动挑出刺来。"

"挑出什么毛病？"

她以铸铁般的信心开始说教，整个人变得严厉起来："海湾战争开始的时候，我仍然是首相。我在科罗拉多州的阿斯彭参加了一次会议，布什也在那里。当我们听说萨达姆·侯赛因这个怪物入侵科威特时，他问我对这件事情有何看法。我告诉他，我经历过福克兰群岛入侵事件，我毫不怀疑，对付侵略者只有一种办法。'听着，乔治，'我说，'没有时间摇摆。解放科威

702

特，然后长驱直入开进伊拉克，摧毁萨达姆·侯赛因及其国民警卫队。我们英国会支持你们的。我们会一直在你们身边'。"

她凝视着茶壶扬起下巴更加确信地透露："乔治的问题是，他得到的建议不行。詹姆斯·贝克（James Baker，布什的国务卿）不是亨利·基辛格。他是来自得克萨斯州的律师，做起事情来就像个得克萨斯州的律师。他不做决策，而是做交易。我怀疑，在他眼里'西奈'（Sinai）是'鼻窦'（sinuses）这个词的复数形式。"

她站起身端着胳膊注视着落地长窗外，那是一种夸张的、自以为是的姿态——此时无声胜有声，她仿佛在说："如果我仍然是首相，一切都会大不相同。"

最后，她终于露出轻蔑的神情并遗憾地说："乔治·布什需要我在背后全力支持来保持镇定，而我却在关键时刻离开了首相的位置。可是他动摇了。他纠结于伤亡数字。他试图从高空赢得战争，那里的一切都干净得一尘不染。因此，乔治没有进入巴格达，摧毁国民警卫队，捕获萨达姆·侯赛因并将他作为战犯进行审判，由此结束这场战事，而是过早宣布了胜利。"

"至少他和同盟国不用去面对核弹了。"我斗胆说道。

我之所以用"斗胆"二字是因为"铁娘子"声名在外，和她说话必须小心翼翼，她不允许别人打断，听不进任何借口，也不允许提问。

"你为什么这么说？"她盯着我。

"因为萨达姆·侯赛因在巴格达的核反应堆啊，1981年正当它即将起用时，在贝京先生的命令下我们的空军部队摧毁了它。侯赛因当时正打算制造原子弹，记得吗？"

她托着下巴缓缓地点点头，回忆渐渐渗透开来。她大步走回沙发前转身坐下，用冰冷的眼神看着我，还是没说一句话。

于是我继续道："你肯定记得，当时美国人和你们一样，对贝京的做法提出抗议。但最后，美国人衷心地感谢他摧毁了那个反应堆。他们说，如果没有及时搞垮巴格达的核反应堆，1990 年的伊拉克战争很可能变成一场大灾难。"

如果撒切尔夫人对这件事有任何意见，她更愿意把它藏在心里。

临别时，她把我送到门廊并问道："贝京先生撰写回忆录了吗？他有没有留下任何你刚才告诉我的内容？我很愿意读一读。"

"我想没有，"我回答，"他曾经有这样的打算，但没有动手去做。"

"就连他退休后的这些年里也没写吗？"

我摇了摇头，连我自己都不知道该怎么解释贝京沉默的奥秘，更不用提说给她听了。"我只能告诉您，"我说，"我记得他有一次接受《时代》杂志采访，当时他说正在酝酿一本回忆录。它将包括好几卷内容，他打算书名就叫《从毁灭到救赎》。这本书要讲述他这一代犹太人的故事，他认为，就其所遭受苦难的深度以及获得拯救的高度而言，他们的经历在整个犹太民族历史上几乎是独一无二的。采访结束时，《时代》杂志的人起身走到门口，我记得他转身问，"还剩下最后一个问题，贝京先生。您希望如何被历史铭记？"

"他是怎么回答的？"

"作为一个正直的人，一个骄傲的犹太人。"

注　释

1. 摘自贝京支持者在当地散发的模板印刷传单。

2. 梅纳赫姆·贝京（Menachem Begin），《反抗》（*The Revolt*）（Jerusalem：Steimatzky's，1951），43。

3. 同上，87。注：本书中除另有说明外，有关贝京进行地下斗争的章节大多数取材于作者与贝京的谈话回忆、贝京的回忆录《反抗》、鲍耶·贝尔（J. Bowyer Bell）的 *Terror Out of Zion*（Dublin：Academy Press，1977），以及哈利·赫维茨（Harry Hurvitz）的 *Begin：His Life，Words，and Deeds*（Jerusalem：Gefen，2004）。

4. 贝京，《反抗》，221。

5. Bell，*Terror Out of Zion*，184。

6. 梅纳赫姆·贝京遗产中心档案馆，耶路撒冷。

7. 根据贝京《反抗》第五章、第六章，以及作者的注释重新整理。

8. 果尔达·梅厄（Golda Meir），《我的一生》（*My Life*）（London：Futura，1975），266。

9. 以色列国家档案馆。

10. 根据作者的记录整理。

11. 根据 1970 年 8 月 4 日贝京辞去民族联合政府职务时的讲话中的向艾希科尔（Eshkol）致敬的内容整理。

12. 以色列国家档案馆。

13. 主要根据对耶歇尔·卡迪沙伊（Yechiel Kadishai）的采访内容。

14. 贝京遗产中心档案馆。

15. 作者掌握的资料。

16. 根据美国国家档案局会谈备忘录 RG 59 以及作者的个人笔记重新整理。

17. 根据伊扎克·拉宾（Yitzhak Rabin）的《拉宾回忆录》（*The Rabin Memoirs*）（Jerusalem：Steimatzky's，1994），95，整理。

18. 同上，111。

19. 罗伯特·达莱克（Robert Dallek），《尼克松与基辛格》（*Nixon and Kissinger*），（New York：HarperCollins，2007），222。

20. 《拉宾回忆录》，127。

21. 果尔达·梅厄，《我的一生》，316。

22. 阿巴·埃班（Abba Eban），《个人见证》（*Personal Witness*），（New York：Putnam's，1992），336。

23. 奥莉娅娜·法拉奇（Oriana Fallaci），《采访历史》（*Interview with History*），（Boston：Houghton Mifflin，1977），88。

24. 根据果尔达·梅厄《我的一生》，351，以及作者的笔记重新整理。

25. 拉宾，《拉宾回忆录》，137。

26. 亨利·基辛格（Henry Kissinger），《动乱年代》（*Years of Upheaval*），（London：Weidenfeld & Nicolson，1982），483。

27. 根据果尔达·梅厄《我的一生》，205，整理。

28. 根据果尔达·梅厄《我的一生》，361，重述。

29. 亨利·基辛格，《危机》（*Crisis*），（New York：Simon and Schuster，2003），483。

30. 果尔达·梅厄，《我的一生》，371。

31. 同上，375。

32. 拉宾，《拉宾回忆录》，189。

33. 达莱克，《尼克松与基辛格》，588。

34. 作者的笔记；"摘自美国国务卿基辛格记者发布会"，1974 年 6 月 17 日，耶路撒冷，document 11，见梅隆·梅迪兹尼（Meron Medzini）编辑的《以色列对外关系文选》（*Israel's Foreign Relations：Selected Documents*），vol. 3，1974 – 1977（耶路撒冷：以色列外交部）www. mfa. gov. il。

35. 《拉宾总理记者发布会》（"Press Conference with Prime Minister Rabin"），1974 年 6 月 17 日，耶路撒冷，document 12，见梅隆·梅迪兹尼编辑的《以色列对外关系文选》，vol. 3，1974 – 1977（耶路撒冷：以色列外交部），www. mfa. gov. il。

36. 1974 年 6 月 25 日美国总统尼克松写给埃及总统萨达特的信，安瓦尔·萨达特档案（Anwar Sadat Archives），www. sadat. umd. edu/archives/correspondence. htm。

37. 丹·考德威尔（Dan Caldwell）编《基辛格：个性与政策》（*Henry Kissinger: His Personality and Policies*），（Durham，NC：Duke University Press，1983），XI。

38. 拉宾，《拉宾回忆录》，200。

39. 同上，201；以及作者的笔记。

40. 根据 1975 年 3 月 24 日贝京在议会的演讲记录整理。

41. 以色列国家档案馆。

42. 1975 年 6 月 2 日，萨达特总统、杰拉尔德·福特总统、国务卿基辛格，以及埃及外交部长伊斯梅尔·法赫米之间的会议，会谈备忘录，安瓦尔·萨达特档案，www. sadat. umd. edu/archives/negotiations. htm。

43. 杰拉尔德·福特，1975 年 9 月 1 日与国务卿基辛格、以色列总理伊扎克·拉宾，以及埃及总统安瓦尔·萨达特就埃以协议进行电话会谈，document 516，Public Papers of the Presidents，American Presidency Project，www. presidency. ucsb. edu。

44. 1975 年 3 月 24 日贝京在议会的演讲；1975 年 8 月 29 日京在以色列《晚报》上发表的文章；《拉宾回忆录》，215。

45. 拉宾，《拉宾回忆录》，212。

46. 同上，215。

47. 根据以色列空军前指挥官本杰明·佩勒得（Benjamin Peled）的回忆录《末日审判》（*Days of Reckoning*）（希伯来语），ed. Moshe Shurin（Ben Shemen：Modan，2004）；以及《拉宾回忆录》，226，整理。

48. 《拉宾回忆录》，221。

49. 同上，208。

50. 乌里·丹（Uri Dan），《我关于埃迪·阿明的独家新闻》（"My Scoop with Idi Amin"），《耶路撒冷邮报》2006年7月6日，13。

51. 议会演讲，1976年7月4日。

52. 吉米·卡特（Jimmy Carter），《忠于信仰》（*Keeping Faith*），（Fayetteville，AR：University of Arkansas Press，1995），287。

53. 拉宾，《拉宾回忆录》，234。

54. 1992年，伊扎克·拉宾再次当选以色列总理。这时候，他已经是个老练而成熟的政治家，他和西蒙·佩雷斯达成了全面和解并任命其担任外交部长，拉宾因为经济和教育方面的举措受到赞扬。最重要的是，他和巴勒斯坦方面谈判达成了《奥斯陆协议》，其政治才能受到了全世界的赞扬（他还因此获得了诺贝尔奖），之后他又和约旦签署了和平条约。

　　然而，1993年9月13日在白宫签署的《奥斯陆协议》在以色列国内引起了极大争议。签字仪式上，拉宾和亚西尔·阿拉法特进行了一次著名的握手，拉宾认可，为了和平他将与阿拉法特一起通过谈判和巴勒斯坦人达成最终方案。这就是《奥斯陆协议》的精髓所在。

　　当时，我正担任以色列驻澳大利亚大使。1995年底，就在我准备退休回国的前一天晚上，拉宾打电话来邀请我重新加入他的团队。11月1日星期三，我在耶路撒冷他的办公室里见到了他。我的第一个问题就是，"您为什么要和亚西尔·阿拉法特握手？"

　　他和往常一样走到窗边，思考了一阵子，明确地把想法一一说给我听：

　　"第一，以色列被围在两个同心圆内。里面的那个是我们的直接邻国——埃及、约旦、黎巴嫩，再远点还有沙特阿拉伯。外部的同心圆是这些国家的邻国——阿富汗、伊朗、伊拉克、苏丹、索马里、也门和利比亚。事实上，这些都是无赖国家，有些还拥有核武器。

"第二，伊朗鼓动的原教旨主义对内部同心圆里的国家和以色列构成了同样的威胁。原教旨主义正在努力建立一个波斯湾酋长国，而且已经在叙利亚发动破坏活动造成2.2万人死亡，在约旦造成8000人死亡，在非洲之角——苏丹和索马里——造成1.4万人死亡，在也门造成1.2万人死亡。现在，原教旨主义在约旦河西岸和加沙地带的影响力正在不断扩大。

"伊朗是背后的金主，它以社会福利和健康、教育项目的形式在约旦河西岸和加沙地带投入了数百万元，所以原教旨主义在那里赢得了人心，培植了宗教狂热主义。

"因此，以色列和内部同心圆国家产生了利益共同点，他们的长期战略利益和我们是一致的——减轻外部同心圆的破坏作用。经过全面考量之后，内部同心圆国家认识到，和以色列相比更让他们担心害怕的是他们的穆斯林邻居，尤其是那些拥有核武器的激进伊斯兰国家。

"第三，以色列和阿拉伯国家之间的冲突是政治冲突，是阿拉伯人和以色列人之间的矛盾。原教旨主义者正在竭尽全力把这种矛盾转化成为宗教冲突——穆斯林和犹太人之间，伊斯兰教和犹太教之间的冲突。政治冲突可以通过谈判和妥协得到解决，而信仰冲突无法解决。然后就是圣战——宗教战争，在他们的上帝和我们的上帝之间进行。一旦他们赢了，这种冲突引发的战争就会没完没了，各方将陷入没有穷尽的僵局。

"这本质上就是我同意《奥斯陆协议》，并且和亚西尔·阿拉法特握手的原因，虽然我也有点犹豫。他和巴勒斯坦解放组织代表了最后那点世俗的巴勒斯坦民族主义。除了他们，我们没有别的人可以打交道。要么是巴解组织，要么是没有对象。达成和平方案的前景很渺茫，或许当激进分子有了核武器之后就根本不可能达成什么方案。"

我把这些话全部记录了下来，我需要反复琢磨它们。拉宾嘱咐他的首席助理埃坦·哈贝尔（Eitan Haber）在11月5日周日安排第二次会谈——可是会谈最终没有举行。会谈前一天晚上，伊扎克·拉宾在离开特拉维夫的和平集会时被一名狂热的犹太民族主义分子暗杀。

55. 根据埃里克·西尔弗（Eric Silver）所著《贝京传记》（*Begin：A Biography*），（London：Weidenfeld and Nicolson，1984），156；以及作者的记录，整理。

56. 吉米·卡特，《忠于信仰》，295。

57. 如果贝京活到现在，听到 BBC 近年来的广播，他肯定会被其报道以色列的方式惊到怒不可遏。他会口授我写信给 BBC 主席，抗议他们将过去准确、诚实、直截了当的报道改成了如今刚愎自用、带有明显倾向性和情绪化的宣传。他会向采访者表达自己的愤慨，因为他们说起话来滔滔不绝，对以色列的困境没有丝毫的同情和共鸣，他们轻蔑地提起"犹太复国主义"、"定居者"，与此同时却只将阿拉伯恐怖分子称作"激进分子"、"武装分子"或者"持枪歹徒"，而不是他们心知肚明的滥杀无辜者。

58. 雅科夫·赫尔佐克（Yaakov Herzog），《独居的民》（*A People That Dwells Alone*），（London：Weidenfeld and Nicolson，1975），52。

59. 以色列政府新闻办公室公报，1977 年 7 月 15 日。

60. 以色列总理梅纳赫姆·贝京到访：1977 年 7 月 19 日总统与总理在欢迎仪式上的讲话，吉米·卡特，总统公文，美国总统项目（American Presidency Project），www. presidency. ucsb. edu。

61. 马克·吐温（Mark Twain），《傻子出国记》（*The Innocents Abroad*），第五部分，第 47 章。

62. 根据官方记录、作者的个人笔记，以及吉米·卡特，《忠于信仰》，297，整理。

63. 作者的笔记；摩西·达扬（Moshe Dayan），《突破》（*Breakthrough*），（New York：Knopf，1981），19。

64. 同上，20。

65. 根据以下内容整理：作者的笔记；兹比格涅夫·布热津斯基的《实力与原则——布热津斯基回忆录》（*Power and Principle：Memoirs of the*

National Security Adviser），（New York: Farrar, Straus and Giroux, 1983）；1998 年彼得·杰塞普（Peter Jessup）对塞缪尔·刘易斯（大使）的采访记录，美国外交研究与培训协会（ADST）外交事务口述历史收藏（Foreign Affairs Oral History Collection of the Association for Diplomatic Studies and Training），http: //memory. loc. gov。

66. 梅纳赫姆·贝京遗产中心，耶路撒冷，新闻通讯，2006 年 8 月 2 日。

67. 根据 1977 年 9 月 2 日以色列政府新闻办公室公报整理。

68. 1977 年 11 月 11 日以色列政府新闻办公室公报。

69. 吉米·卡特，《忠于信仰》，300。

70. 摩西·达扬，《突破》。

71. 1977 年 11 月 28 日以色列政府新闻办公室公报。

72. 1978 年 3 月 24 日以色列政府新闻办公室公报。

73. 根据万斯和刘易斯的采访记录，以及作者的笔记整理。

74. 根据作者的会议记录整理，参考约翰·梅森（John Mason）爵士（前英国驻以色列大使），《外交派遣》（*Diplomatic Despatches*），Canberra: National Library of Australia, 1998, 172。

75. 作者的笔记，以及 1982 年 2 月 25 日，耶路撒冷，"贝京总理关于施密特总理讲话的声明"（Statement Made by Prime Minister Begin on Remarks Made by Chancellor Shmidt, document 108），摘自梅隆·梅迪兹尼编辑的《以色列对外关系文选》（*Israel's Foreign Relations: Selected Documents*），vol. 7, 1981－1982（耶路撒冷：以色列外交部），www. mfa. gov. il。

76. 罗纳德·里根总统图书馆。

77. 对塞缪尔·刘易斯的采访记录，美国外交研究与培训协会（ADST）。

78. 以色列政府新闻办公室公报，1981 年 7 月 13 日。

79. 以色列政府新闻办公室。

80. 1981 年 9 月 9 日在以色列总理梅纳赫姆·贝京到访的欢迎仪式上的讲话，罗纳德·里根总统公开文件，罗纳德·里根总统图书馆。www. reagan. utexas. edu。

81. 以色列政府新闻办公室。

82. 作者的笔记。

83. 根据对塞谬尔·刘易斯的采访记录，美国外交研究与培训协会（ADST）整理。

84. 丹·拉维夫（Dan Raviv）、约希·梅尔曼（Yossi Melman），《真正的朋友》（*Friends in Deed*）（New York：Hyperion，1994），200。

85. 贝京遗产中心档案馆。

86. 以色列政府新闻办公室公报，1981 年 10 月 11 日。

87. 以色列《国土报》，1981 年 12 月 4 日。

88. 根据 1981 年 12 月 12 日内阁会议记录整理。

89. 根据对塞缪尔·刘易斯的采访记录，美国外交研究与培训协会（ADST）推测。

90. 根据作者的笔记；以色列政府新闻办公室公报，1981 年 12 月 20 日；塞缪尔·刘易斯的采访记录，美国外交研究与培训协会（ADST）整理。

91. 根据作者的笔记整理；以色列政府新闻办公室公报，1982 年 1 月 26 日。

92. 根据以色列议会 1982 年 5 月 3 日会议记录整理。

93. 根据作者与优素福·伯格的谈话，以及 1982 年 6 月 5 日贝京对内阁的讲话整理。

94. 《1982 年 6 月 21 日总统与以色列总理贝京会面后的谈话》（Remarks of the President and Prime Minister Menachem Begin of Israel Following Their Meeting，June 21，1982），罗纳德·里根总统公文，罗纳德·里根总统图书馆。根据官方记录整理，www. reagan. utexas. edu。

95. 罗纳德·里根，《一个美国人的生平：里根自传》（*An American Life：The Autobiography*）（New York：Simon and Schuster，1990）。

96. 根据作者与梅纳赫姆·贝京的谈话，以及对塞缪尔·刘易斯的采访记录（ADST）整理。

97. "关于《里根计划》的内阁决定"（Cabinet Resolution on the Reagan

Plan），1982 年 9 月 2 日，耶路撒冷，文件 68。梅隆·梅迪兹尼编《以色列对外关系文选》（*Israel's Foreign Relations：Selected Documents*），vol. 8，1982 – 1984（耶路撒冷：以色列外交部）www. mfa. gov. il。

98. 以色列政府新闻公报，1982 年 9 月 5 日。

99. "克兰斯顿参议员有话说"（Senator Cranston Speaks Out），《连线》杂志 15 期，1982 年 12 月：8 – 9。

100. 以色列国家档案馆。

101. 根据 2001 年 9 月 5 日对摩西·萨松大使的采访整理；以及吉安·萨达特（Jehan Sadat），《一个埃及女人》（*A Woman of Egypt*），（London：Bloomsbury，1987）。

102. 作者保存的信件；根据作者笔记整理；对耶歇尔·卡迪沙伊的采访；参考哈特·N. 海斯顿（Hart N. Hasten）《我不能死！》（*I Shall Not Die*！），（Jerusalem：Gefen，2003）。

103. 根据作者的笔记，以及对塞缪尔·刘易斯的采访记录（ADST）整理。

参考文献

如作者在前言中所述，本书的资料大多取材于他的个人日记、他本人见证的事件回忆，其他见证者的官方和非官方记录以及备忘录。除此之外，作者参考的文献还有：

Agress, Eliyahu. Golda. [In Hebrew, with photographs.] Tel Aviv: LevinEpstein, 1969.

Begin, Menachem. *The Revolt.* Jerusalem: Steimatzky's, 1951.

Bell, J. Bowyer. *Terror Out of Zion.* Dublin: Academy Press, 1977.

Bradford, Sarah. *Elizabeth.* New York: Farrar, Straus and Giroux, 1996.

Brzezinski, Zbigniew. *Power and Principle.* New York: Farrar, Straus and Giroux, 1983.

Caldwell, Dan, ed. *Henry Kissinger: His Personality and Policies.* Durham, NC: Duke University Press, 1983.

Carter, Jimmy. *Keeping Faith.* Fayetteville: University of Arkansas Press, 1995.

Clarke, Thurston. *By Blood and By Fire.* London: Hutchinson, 1981.

Dallek, Robert. *Nixon and Kissinger.* New York: Harper Collins, 2007.

Dayan, Moshe. *Breakthrough.* New York: Knopf, 1981.

Dellheim, Charles. *The Disenchanted Isle: Mrs. Thatcher's Capitalist Revolution.* New York: Norton, 1995.

Eban, Abba. *Personal Witness.* New York: Putnam's, 1992.

Eshkol. [In Hebrew, with photographs.] Tel Aviv.

Friedman, Thomas L. *From Beirut to Jerusalem.* New York: Anchor, 1990.

Gilbert, Martin. *Exile and Return.* London: Weidenfeld and Nicolson, 1978.

_____. *Jerusalem in the Twentieth Century*. London: Chatto and Windus, 1996.

_____. *Israel: A History*. London: Doubleday, 1998.

Golan, Aviezer, and Shlomo Nakdimon. *Begin*. [In Hebrew.] Jerusalem, 1978.

Grosbard, Ofer. *Menachem Begin: A Portrait of a Leader*. [In Hebrew.] Tel Aviv: Resling, 2006.

Hasten, Hart N. *I Shall Not Die*! Jerusalem: Gefen, 2003.

Herzog, Chaim. *The Arab – Israeli Wars*. New York: Vintage, 1984.

Herzog, Yaakov. *A People That Dwells Alone*. London: Weidenfeld and Nicolson, 1975.

Horovitz, David, ed. *Yitzhak Rabin: Soldier of Peace*, London: Halban, 1996.

Hurwitz, Harry. *Begin: His Life, Works, and Deeds*. Jerusalem: Gefen, 2004.

Isaacson, Meron. *Begin*. [In Hebrew, with photographs.] Tel Aviv, 2003.

Katz, Samuel. *Battleground: Fact and Fantasy in Palestine*. Rev. ed. New York: Taylor, 2002.

Keegan, John. *Intelligence in War*. New York: Knopf, 2003.

Kissinger, Henry. *Years of Upheaval*. London: Weidenfeld and Nicolson, 1982.

_____. *Years of Renewal*. New York: Simon and Schuster, 1999.

_____. *Diplomacy*. New York: Simon and Schuster, 1995.

_____. *Crisis*. New York: Simon and Schuster, 2003.

Kurzman, Dan. *The Life of Yitzhak Rabin*. New York: Harper Collins, 1998.

Laqueur, Walter. *A History of Zionism*. London: Weidenfeld and Nicolson, 1972.

Lewis, Samuel (Ambassador). *Interview by Peter Jessup.* Foreign Affairs Oral History Collection of the Association for Diplomatic Studies and Training (ADST), 1998. http: //memory. loc. gov.

Mason, John. *Diplomatic Despatches.* Canberra: National Library of Australia, 1998.

Meir, Golda. *My Life.* London: Futura, 1975.

Medzini, Meron, ed. *Israel's Foreign Relations: Selected Documents.* 17 vols. Jerusalem: Israel Ministry of Foreign Affairs, 1947 – 1981.

Morris, Edmund. *Dutch: A Memoir of Ronald Reagan.* New York: Random House, 1999.

Nakdimon, Shlomo. Altalena. [In Hebrew.] Tel Aviv, 1978.

Nixon, Richard. *Memoirs.* New York: Grosset & Dunlap, 1978.

O'Brien, Conor Cruise. *The Siege: The Saga of Israel and Zionism.* London: Weidenfeld and Nicolson, 1986.

Oren, Michael B. *Six Days of War.* U. S. A. : Oxford University Press, 2002.

Peled, Benjamin. *Days of Reckoning.* [In Hebrew.] Ben Shemen, Israel: Modan, 2004.

Perlmutter, Amos. *The Life and Times of Menachem Begin.* New York: Doubleday, 1987.

Prittie, Terence. *Eshkol of Israel.* London: Museum Press, 1969.

Rabin, Yitzhak. *The Rabin Memoirs.* Boston: Little, Brown, 1979.

Raviv, Dan, and Yossi Melman. *Friends in Deed: Inside the U. S. – Israel Alliance.* New York: Hyperion, 1994.

Reagan, Ronald. *An American Life: The Autobiography.* New York: Simon and Schuster, 1990.

Reeves, Richard. *President Reagan: The Triumph of Imagination.* New York: Simon and Schuster, 2005.

Sadat, Jehan. *A Woman of Egypt.* London: Bloomsbury, 1987.

Schechtman, Joseph B. *The Vladimir Jabotinsky Story.* New York: Yoseloff, c. 1956 – 1961.

Silver, Eric. *Begin: A Biography.* London: Weidenfeld and Nicolson, 1984.

Slater, Robert. *Rabin of Israel.* London: Robson, 1993.

Stein, Kenneth W. *Heroic Diplomacy: Sadat, Kissinger, Carter, Begin, and the Quest for Arab-Israeli Peace.* New York: Routledge, 1999.

Summers, Anthony, with Robbyn Swan. *The Arrogance of Power: The Secret World of Richard Nixon.* New York: Viking, 2000.

Sykes, Christopher. *Crossroads to Israel.* London: Collins, 1965.

Syrkin, Marie, ed. *Golda Meir Speaks Out.* London: Weidenfeld and Nicolson, 1973.

Thatcher, Carol. *Below the Parapet: The Biography of Dennis Thatcher.* London: HarperCollins, 1996.

Tuchman, Barbara. *Bible and Sword: England and Palestine from the Bronze Age to Balfour.* New York: Ballantine, 1956.

Vance, Cyrus. *Hard Choices: Critical Years in America's Foreign Policy.* New York: Simon and Schuster, 1983.

Weizmann, Chaim. *Trial and Error.* New York: Harper, 1949.

索　引

图书在版编目（CIP）数据

以色列总理私人史：全 2 册 /（以）耶胡达·阿夫纳
（Yehuda Avner）著；马娟娟译. -- 北京：社会科学文
献出版社，2019.6
　　书名原文：The Prime Ministers：An Intimate
Narrative of Israeli Leadership
　　ISBN 978 - 7 - 5201 - 3917 - 5

　　Ⅰ.①以…　Ⅱ.①耶…②马…　Ⅲ.①总理 - 列传 -
以色列　Ⅳ.①K833.827 = 5

　　中国版本图书馆 CIP 数据核字（2018）第 257240 号

以色列总理私人史（全 2 册）

著　　者 / ［以］耶胡达·阿夫纳（Yehuda Avner）
译　　者 / 马娟娟

出 版 人 / 谢寿光
责任编辑 / 刘　娟　钱家音

出　　版 / 社会科学文献出版社·甲骨文工作室（分社）（010）59366527
　　　　　　地址：北京市北三环中路甲 29 号院华龙大厦　邮编：100029
　　　　　　网址：www.ssap.com.cn
发　　行 / 市场营销中心（010）59367081　59367083
印　　装 / 北京盛通印刷股份有限公司

规　　格 / 开本：889mm × 1194mm　1/32
　　　　　　印张：27.25　插页：0.75　字数：621 千字
版　　次 / 2019 年 6 月第 1 版　2019 年 6 月第 1 次印刷
书　　号 / ISBN 978 - 7 - 5201 - 3917 - 5
著作权合同
登 记 号 / 图字 01 - 2015 - 3942 号
定　　价 / 138.00 元（全 2 册）

.